山东大学儒家文明省部共建协同创新中心资助

当代哲学“生活儒学”学派

杨虎　郭萍　主编

山东大学出版社
SHANDONG UNIVERSITY PRESS
·济南·

图书在版编目(CIP)数据

当代哲学"生活儒学"学派/杨虎,郭萍主编.—济南:山东大学出版社,2021.11

ISBN 978-7-5607-7269-1

Ⅰ.①当…　Ⅱ.①杨…②郭…　Ⅲ.①儒学—哲学学派—中国—现代—文集　Ⅳ.①B222.05-53

中国版本图书馆 CIP 数据核字(2021)第 241064 号

策划编辑　李孝德
责任编辑　李孝德
文案编辑　张彩芸
封面设计　蓝海文化

出版发行　山东大学出版社
社　　址　山东省济南市山大南路 20 号
邮政编码　250100
发行热线　(0531)88363008
经　　销　新华书店
印　　刷　济南乾丰云印刷科技有限公司
规　　格　720 毫米×1000 毫米　1/16
　　　　　30.75 印张　571 千字
版　　次　2021 年 11 月第 1 版
印　　次　2021 年 11 月第 1 次印刷
定　　价　99.00 元

前　言

黄玉顺先生所创立的“生活儒学”，上承冯友兰先生“新理学”、蒙培元先生“情感儒学”，而形成现代中国哲学的“情理学派”；下启黄门诸君，而自成当代中国哲学的“生活儒学”学派。其间脉络，略如下表：

<table>
<tr><td rowspan="16">冯友兰：新理学</td><td rowspan="14">蒙培元：情感儒学</td><td rowspan="10">黄玉顺：生活儒学</td><td>崔发展：儒家诠释学</td></tr>
<tr><td>郭　萍：自由儒学</td></tr>
<tr><td>孙铁骑：修身儒学</td></tr>
<tr><td>崔　罡：当代儒学文献学</td></tr>
<tr><td>胡骄键：新礼教</td></tr>
<tr><td>李海超：心灵儒学</td></tr>
<tr><td>杨　虎：新基础主义</td></tr>
<tr><td>郑建钟：实践儒学</td></tr>
<tr><td>张小星：哲学训诂学</td></tr>
<tr><td>其　他：……</td></tr>
<tr><td>任文利：国民宗教儒学</td><td>……</td></tr>
<tr><td>余治平：董学诠释</td><td>……</td></tr>
<tr><td>宋大琦：儒家礼法学</td><td>……</td></tr>
<tr><td>其　他：……</td><td>……</td></tr>
<tr><td>陈　来：仁学本体论</td><td>……</td><td>……</td></tr>
<tr><td>其　他：……</td><td>……</td><td>……</td></tr>
</table>

这部文集的编纂，意在呈现“生活儒学”学派到目前为止的大致面貌：

第一编“生活儒学的开创”选录了黄先生本人的最具代表性的论文3篇。

第二编“生活儒学的学脉”选录了黄门弟子所撰写的呈现“冯—蒙—黄”传承发展谱系、亦即“情理学派”的文章3篇。

第三编“生活儒学的诠释”所选录的17篇文章，是黄门部分弟子对“生活儒学”的理解。

第四编“生活儒学的发展”所选录的12篇文章，是黄门部分弟子各自对“生活儒学”的思想理论拓展。这些各具特色的理论建构之所以归属于“生活儒学”学派，是因为它们都或多或少地继承了“生活儒学”的思想视域或其方法，犹如“现象学运动”之中的“现象学诸哲学”都或多或少地采取了胡塞尔现象学的思想视域或其方法。

鉴于本书选录的都是黄先生及其弟子们的文章，而未涉及众多其他学者的大量文章（迄今共有100多篇），特此附录《“生活儒学”研究文献总目》，以供读者检索参考。

杨虎

2020年12月12日序于兰州大学

目录
Contents

第一编

生活儒学的开创

The Beginning of Life Confucianism

“生活儒学”导论

黄玉顺

【编者按】此文作于2004年6月，是黄玉顺先生“生活儒学”的第一篇文章，原载陈明、朱汉民主编《原道》第10辑，北京大学出版社2005年版；收入《面向生活本身的儒学——黄玉顺“生活儒学”自选集》，四川大学出版社2006年版。黄先生随即出版了专著《爱与思——生活儒学的观念》，四川大学出版社2006年版（后有四川人民出版社2017年增补本、美国Bridge 21 Publications 2019年英文版*Love and Thought: Life Confucianism as a New Philosophy*）。此后，黄先生陆续发表了一系列关于“生活儒学”的文章，结集为：《儒家思想与当代生活——“生活儒学”论集》（光明日报出版社2009年版）、《儒学与生活——“生活儒学”论稿》（四川大学出版社2009年版）、《生活儒学讲录》（安徽人民出版社2012年版）、《儒教问题研究》（人民出版社2012年版）、《从“生活儒学”到“中国正义论”》（中国社会科学出版社2017年版）、《生活儒学与现代性问题》（四川人民出版社2019年版）、《哲学断想：“生活儒学”信札》（四川人民出版社2019年版）、《生活儒学与当代思想》（四川人民出版社2020年版）。此外，还有作为“生活儒学”内部次级理论的“中国正义论”著述，即文集《中国正义论的重建——儒家制度伦理学的当代阐释》（安徽人民出版社2013年版、英国Paths International Ltd 2016年英文版*Voice From The East: The Chinese Theory of Justice*）、专著《中国正义论的形成——周孔孟荀的制度伦理学传统》（东方出版社2015年版）。

生活儒学[①]在总体的致思进路上，是在与现象学——胡塞尔(E. Husserl)、舍勒(M. Scheler)，尤其是海德格尔(M. Heiddeger)的平等对话中展开的。这种对话既非“以西说中”，也非“以中说西”，因为按照生活儒学的想法，任何现成地摆在那里的“中”(如所谓“中国哲学”)或者“西”(如所谓“西方哲学”)都是子虚乌有的东西。这种对话实质上是我们自己生活的展开，亦即生活本身的一种显示形态。

这个总体致思进路分为三大步骤：破解—回归—构造。

生活儒学这种致思进路，表面看来似乎相当于胡塞尔、海德格尔那样的“奠基”(Fundierung / Gründen)。然而实际上，现象学的所谓“奠基”具有两种截然不同的观念：海德格尔接着康德讲的“形而上学的奠基”[②]，对于形而上学[③]本身来说乃是外在的，亦即是从在形而上学之外的生存论分析中去寻求“形而上学何以可能”[④]这个问题的答案，我们把大约对应于这种奠基的工作称为“形而上学的本源”问题；而在胡塞尔，“奠基”却是形而上学的内在的奠基，亦即是从在形而上学之内的先验意识之中来寻求解决“形而上学何以可能”的问题，我们把大约对应于这种奠基的工作称为“形而上学的基石”问题。对于生活儒学来说，这两种“奠基”处在完全不同的层级上：基石作为基础，本身就是形而上学这座建筑的一个组成部分；而本源则是在形而上学之外、之下支持着整个形而上学建筑的地基。这就是说，胡塞尔的意识现象学，将形而上学奠基于纯粹先验意识的本质直观，其实跟康德一样，是在用形而上学来为形而上学奠基，但我们知道，房子是不能为房子自身奠基的[⑤]；而海德格尔所谓“基础存在论”的生存论分析，归根结底奠基于作为一种存在者的“此在”(Dasein)，实质上仍然是一种主体性的设定，也就是说，实质上仍然还是一种形而上学。[⑥] 此在之为主体性设定，是因为此在乃是“人”这样的“存在者”(Seiende)，而非“存在”(Sein)本身。此在固然向来与存在本身发生着交涉，可是所有形而上学的主体性都与存在本

① “生活儒学”是作者对自己思想的一种概括，这个提法最初见于2004年5月作者与《原道》主编陈明在网上的讨论(即《关于“生活儒学”的一场讨论》，载《面向生活本身的儒学——黄玉顺“生活儒学”自选集》，四川大学出版社2006年版)。

② [德]海德格尔：《康德和形而上学问题》，邓晓芒译，孙周兴选编：《海德格尔选集》上卷，三联书店1996年版，第81～134页。

③ 本文所谓“形而上学”，取其中西共通的意蕴。汉语“形而上学”与西语“metaphysics”共通处在于：它们都致力于寻求所有的物、所有的存在者的最后根据，并将这个根据作为某种先验设定，然后以之为终极原则，去解释和构造所有的物、所有的存在者。

④ [德]康德：《纯粹理性批判》，蓝公武译，商务印书馆1960年版。

⑤ 参见黄玉顺：《形而上学的奠基问题：儒学视域中的海德格尔及其所解释的康德哲学》，《四川大学学报》(哲学社会科学版)2004年第2期。

⑥ 对此，后现代思想家已经多有批评。

身发生着交涉，这能说明什么呢？它能说明此在的本源性吗？显然不能。此在向来不是“向来”的，而是“后来”的。海德格尔之所以必须将此在设定为“向来”领先的，是因为他不可能从源始的存在本身推出此在；而这又是因为存在本身被设定为异在于生存的东西，即本来就是与此在无关的东西。这样一来，海德格尔的奠基观念在根本上就没有超越胡塞尔。

有别于此，生活儒学把自己的类似“奠基”的工作理解为这样一种更为彻底的致思进路：通过破解传统儒学，而回归作为大本大源的生活本身（这里，生活本身并不以“此在”、人的主体性为前提）；并在作为源头活水的生活感悟的地基上，重新构造儒家形而上学。这样一来，生活儒学遵循着这样一条“中道”：既克服旧的传统形而上学的“无本”性[①]，也反对后现代主义的“反形而上学”立场。换句话说，生活儒学是要在一种崭新的地基上——从真正的本源上——重建儒家形而上学。

一、破解

所以，生活儒学将从破解入手。

生活儒学的破解，表面上看起来似乎略相当于通常所谓“解构”。但生活儒学所说的破解，既不是德里达解构主义那样的解构（Deconstruction），也不是海德格尔现象学那样的解构（Destruktion）。这两种解构的共同点在于：它们都宣称形而上学的哲学存在论的终结；它们以“反形而上学”的立场来论证所谓“后形而上学时代”的到来。而生活儒学则认为，形而上学本身就是为生活所涵摄的事情。在这个问题上，海德格尔陷入了一种自相矛盾而不自知：一方面，他正确地揭示出，科学必定奠基于哲学存在论，而哲学存在论必定奠基于生存论乃至生存本身，这确实是他的真知灼见；然而，另一方面，他却宣称哲学的终结，即宣称一般存在论的终结，这实际上等于宣称科学的终结，甚至是宣称伦理学的终结，因为即便在海德格尔自己的思想中，形而上学的伦理学也属于科学。[②] 但生活的事实是，科学仍将发展下去。然而，假如没有形而上学，如何可能给出存在者领域？进而如何可能奠定以这种存在者领域为前提的科学的基础？甚至伦理规范也是以这种存在者领域为前提的，伦理学也是一门科学；但是，我们仍将伦理地生活下去，假如没有形而上学的基础，这又如何可能？所以，生活儒学

---

① “无本”乃孟子语，意谓缺乏生活的本源。参见《孟子·离娄下》，《十三经注疏》，中华书局1980年影印版，第2727页。（书中所引关于《孟子》的文献如不特殊注明均出自此版本，不再标注）

② 海德格尔另有所谓“伦理学”，但并不是科学的伦理学，而是“生存论的伦理学”，实质上并不是伦理学，而仍然是“基础存在论”。

认为,问题并不在于是否应该构造形而上学,而在于形而上学构造是否以生活本身作为自己的大本大源。儒家形而上学是在孔子那里开始确立的,然而这种形而上学正是以生活本身为自己的本源的。

说到本源,这里需要阐明:本源并不同于根据。

何为根据?我倒愿意部分地借用海德格尔的“根据”(Grund)观念:根据是个形而上学的范畴,是说的支持着某个存在者的另外一个存在者。生活儒学不同于海德格尔之处是,他仅仅把在形而上学构造中的支持着所有的存在者的那个终极的存在者称作根据;而在生活儒学看来,如果一个存在者的存在支持着另外一个存在者的存在,那么,前者就是后者的根据。例如在孟子确立的“仁(性)—义—礼—知(智)”那种形而上学构造的关系中,仁是义的根据,义是礼的根据,礼是知的根据。所以,根据之为根据,就是支持着某物的另一个物;而支持着“万物”的那个物,则是终极根据。例如,形而上学的“道”作为支持着所有的“器”的那个东西,就是一种终极根据。器是物、存在者;而道也是物、存在者。对此,《老子·第二十一章》明言“道之为物”,因为尽管它“惟恍惟惚”,但毕竟“惚兮恍兮,其中有象;恍兮惚兮,其中有物”[①]。“道”作为这样的“物象”,又被称之为“器物”。《老子·第二十一章》接着说:“自古及今,其名不去,以阅众甫。吾何以知众甫之状哉?以此。”所谓“众甫”就是说的众多的存在者;我们以“道”而知“众甫”,表明了“道”就是众多存在者的最后根据。[②]

而本源则不然,本源不是一个物,不是一个存在者。本源之为本源,在于它先行于任何形而上学构造。这种本源,在儒家话语中叫作“大本大源”“源头活水”。对于儒家的形而上学构造来说,问题在于:“问渠那得清如许?为有源头活水来。”[③]如果说,终极根据支持着其他根据,并且最终支持着所有的存在者、所有的物,那么,本源则支持着终极根据本身,从而也就支持着所有的存在者、物。例如在孟子的思想中,如果说,作为“性”(主体性、实体性)的“仁”是根据,甚至是终极根据,那么,作为生活感悟的“爱”(前主体性、前实体性)的“仁”才是那本源。这种本源,就是作为生活情感的“恻隐之心”“不忍之心”,就是本源的爱。作为儒家形而上学的本源的“爱”,支持着作为终极根据的“性”。如果说根据是说的形而上学这棵树的根系,那么本源就是说的维持着这个根系的水土。

---

① (魏)王弼注,楼宇烈校释:《老子道德经注》,《诸子集成》(三),中华书局1957年版,第12页。(书中所引关于《老子》的文献如不特殊注明均出自此版本,不再标注)

② 海德格尔将《老子》的“道”等同于他自己的Ereignis,那只是他的一厢情愿。实际上,《老子》文本与《论语》文本一样,作为中国轴心时期中期乃至后期的产物,具有观念上的层级性:有时是本源层级上的言说,而有时则是形而上学层级上的言说。

③ 这是借用朱熹的说法。此诗虽是朱熹所作,但他所说的“源头活水”并非我们这里所说的真正的“源头活水”——生活和生活感悟本身。

根据是说的形而上学建筑的“基础”或者“基石”，而承载整个建筑的那些支柱都被放置在这种“基石”上；然而这些基石本身却又被放置在“地基”上，这个地基就是我们所说的本源。本源是说的地基，而不是说的基础或者基石。康德当年就是以这样的比喻来表述“形而上学何以可能”问题的，他说：“当人们看到一门科学经过长期努力之后得到长足发展而惊叹不已时，有人竟想到要提出这样的一门科学究竟是不是可能的以及是怎样可能的这样的问题，这本来是不足为奇的，因为人类理性非常爱好建设，不只一次地把一座塔建成了以后又拆掉，以便察看一下地基情况如何。”[①]但他误把基石当作了地基本身：他找到了形而上学的根据（作为主体的心灵能力的理性），但是根本没有意识到形而上学的本源。[②]然而事情本身却是：正是本源支持着根据。因此，“形而上学何以可能”的问题，在生活儒学中就表述为：形而上学的本源问题。

生活儒学认为：本源就是生活本身。

所以，生活儒学的破解工作，不过就是从传统形而上学向生活本身的探本溯源，从而说明形而上学包括儒家形而上学何以可能。破解乃是一种“开解”——开塞解蔽。开塞是说的打开茅塞。孟子说过：“山径之蹊间介然，用之而成路；为间不用，则茅塞之矣。今茅塞子之心矣！”（《孟子·尽心下》）茅塞其心，故须开塞。解蔽是说的解去蒙蔽。荀子说过：“凡人之患，蔽于一曲，而暗于大理。”“欲为蔽，恶为蔽，始为蔽，终为蔽，远为蔽，近为蔽，博为蔽，浅为蔽，古为蔽，今为蔽。凡万物异，则莫不相为蔽，此心术之公患也。”“圣人知心术之患，见蔽塞之祸，故无欲、无恶、无始、无终、无近、无远、无博、无浅、无古、无今，兼陈万物而中县（悬）衡焉。”[③]蒙蔽其心，故须解蔽。茅塞蒙蔽，合而言之，谓之“蔽塞”；在《解蔽》中，荀子已有“蔽塞”的说法。既有蔽塞，则须开解。但必须注意的是：孟子所谓“开塞”是要回复到德性主体，荀子所谓“解蔽”是要回复到知性主体，它们本身仍然还是必须接受破解的形而上学设定；而生活儒学的破解，则是要回复到先行于任何形而上学构造的生活本源。生活本源犹如山蹊，“空空如也”[④]，并无所谓现成的“道”，而是“用之而成路”；而一旦“茅塞之”，则是蔽塞了生活本源。蔽塞了生活本源，于是乎有“万物异”的分别相；解蔽就是去除这种

---

① ［德］康德：《任何一种能够作为科学出现的未来形而上学导论》，庞景仁译，商务印书馆1978年版，第4页。

② 参见黄玉顺：《形而上学的奠基问题：儒学视域中的海德格尔及其所解释的康德哲学》，《四川大学学报》（哲学社会科学版）2004年第2期。

③ 《荀子·解蔽》，（清）王先谦：《荀子集解》，《新编诸子集成》（一），中华书局1988年版，第386、388页。（书中所引关于《荀子》的文献如不特殊注明均出自此版本，不再标注）

④ 《论语·子罕》，《十三经注疏》，中华书局1980年影印版，第2490页。（书中所引关于《论语》的文献如不特殊注明均出自此版本，不再标注）

分别相,而复归作为生活感悟的“无分别智”。

因此,生活儒学所说的“开塞解蔽”并非海德格尔那样的“解蔽”,所以我们不称“解构”,而称“破解”。这是因为,生活儒学没有海德格尔那样的“遮蔽”观念。在海德格尔看来,存在是自身遮蔽着而解蔽着的。这本来是一种极富意义的想法,可惜它是由“此在的生存”、即人的有限性来说明的。众所周知,海德格尔的生存论分析是承接着康德关于“人的有限性”观念的,所谓“此在”正是暗度陈仓地在说“人的有限性”。所以,海德格尔的“解蔽”至少依赖着两个观念前提:存在与生存的区分,此在的优先性。然而生活儒学一开始就拒绝这两个前提,因为“人的有限性”这个话题本身已经是以“人”这个主体性为前提的了,即已经是在形而上学之内的事情了,它怎么可能作为形而上学的本源奠基的出发点呢?在这个问题上,海德格尔实质上并没有超出康德。所以,生活儒学所说的破解,是要回到那先行于此在的生活本源。这种生活本源,就是存在本身。

这种破解直接指向如今被人们所津津乐道的“传统儒学”或者“儒学传统”:生活儒学的破解,就是拆除传统的儒家形而上学的大厦,让其地基暴露出来,并且重新夯实这个地基。破解之为破解,当然是一种“破坏”;但它是一种积极的建设性的破坏,即是说,它是一种在“破坏”中的“解释”,意在说明传统儒家形而上学是如何可能的,从而为儒家形而上学的重建清理场地。这种“解释”就是通过“解开”而“释放”:释放出儒家形而上学的新的可能性。因此,破解乃是一种“解放”——儒学的解放。

二、回归

这就是说,破解是为了回归。

从某种意义上可以说,回归类似于现象学所谓“还原”(Reduktion)。但是胡塞尔所谓还原,是说的回到“纯粹先验意识领域”,然而这正是生活儒学所要破解的先验性;而海德格尔所谓还原,则是说的回到“此在”的生存的“原始经验”,而这也是生活儒学所要破解的主体性设定(上文说过,此在实质上还是一种主体性)。生活儒学所要回归的,乃是非先验性的、前主体性的本源情境,亦即生活本身。而此所谓生活本身,也不是胡塞尔所谓“生活世界”(Lebenswelt),因为依照胡塞尔先验论的进路,“生活世界”观念面临着这样的两难困境:假如它是经验的现实,那么它就是首先应该被“悬搁”的“超越物”(Transzendenz);而假如它就是纯粹意识本身,那么它就是无关乎现实生活的麻木不仁的东西,因为根据胡塞尔所承认的“认识论困境”,这样的内在的“生活世界”是不可能“切中”外在的现实世界的。

而生活儒学之所谓回归，则是通过破解，回到生活这个本源。而此生活本身既非经验主义的经验生活，也非理性主义的先验生活，甚至也不是海德格尔生存论分析那样的"此在"的生存。海德格尔所谓"此在"的"生存"区别于"存在本身"，然而区别于生存的存在本身不过是巴门尼德以来的西方哲学的一种虚构，而儒家并没有这样的虚构。固然，海德格尔所谓"生存"是在说"去存在"，这是不错的；但不要忘了，更确切地说，他是在说"此在的去存在"。而生活儒学将讲到的作为生活本身的本源结构的一个方面的"去生活"，却不是说的"此在的去生活"，亦即仍然不以此在或任何存在者为前提。"在生活并且去生活"乃是生活本身的本源结构，是先行于此在的，此在恰恰是被这种本源结构造就的，或者说是这种本源结构的一种显示形态。假如一定要用"现象"这个词，那么在生活儒学这里，真正本源的现象与此在无关：真正在本源层级上的现象不是此在的生存领会，而是先行于此在及一切存在者的生活感悟，此在本身倒是在这种感悟中生成的。于是，海德格尔"此在"那样的观念也是首先必须接受破解的。

破解指示我们：回归生活本身。陶渊明《归去来辞》诗云："归去来兮！田园将芜胡不归？"破解就是回归：回归我们真正的田园。回归作为一种向某种"目的地"的进发，亦即：从最近的地方向最远的地方进发。以历时的眼光看，这个最近的地方无疑是现代新儒家，而最远的地方则是战国儒家；但是从共时的眼光看，这个最远的地方其实正是最近的地方，因为回归就是"回家"，就是回归我们自己的生活。现代新儒家作为我们回归的出发点，乃是最近的地方；然而它恰恰是最远的地方：现代新儒家是一种离家最远的儒家形而上学。我们当初离家出走，正如孟子所谓"居仁由义"(《孟子·尽心上》)：我们原本居住在生活中，居住在生活感悟中，居住在作为生活感悟的仁爱中；我们由此出发，遵"义"循"道"而去。"居仁由义"是在作为原创时代的轴心时期[①]形而上学确立起来以后的事情，此时我们已经开始离家出走。这样一来，家被抛在了身后：我们所"居"之"仁"本是生活感悟，但我们却抽身而去。我们之所以抽身而去，必定是因为我们有所算计：我们要去追逐某种东西，并把这种东西与自己的家园相比较而不满于家园。于是，家就被对象化了，我们所"居"之"仁"被对象化了。而家被对象化，是因为我们把自己设为主体：我们"先立乎其大者"(《孟子·告子上》)，亦即确立了"本心"、确立了人的主体性。一言以蔽之，我们构造出了某种形而上学。因此，我们必须首先破解这种形而上学。只有破解了传统儒家形而上学，我们才有可能回归生活的田园。

这里，我们应该讨论一下"轴心时期"(Axial Period)这个概念。这个概念

---

① 中国的轴心时期、原创时代，大致包括西周时期、春秋时期、战国时期三个阶段。

是德国哲学家雅斯贝斯(Karl Jaspers)在其历史哲学的代表作《历史的起源与目标》中提出的。其中这段话是人们非常熟悉的：

> 直至今日，人类一直靠轴心期所产生、思考和创造的一切而生存。每一次新的飞跃都回顾这一时期，并被它重燃火焰。自那以后，情况就是这样。轴心期潜力的苏醒和对轴心期潜力的回忆，或曰复兴，总是提供了精神动力。对这一开端的复归是中国、印度和西方不断发生的事情。[①]

而轴心时期究竟创造了什么？一言以蔽之：创造了形而上学。“直至今日”，我们的全部“创造”不过是向轴心时期的某种“复归”而已；这就是说，我们直至今日还在轴心时期所构造的形而上学的藩篱中。

雅斯贝斯对历史的理解多少具有一些现象学意味：他通过“现存”(Present)来凝聚历史。一方面，“现存通过我们使自己内部的实际活动获得历史基础而得到实现”；另一方面，“现存通过它内部潜伏的未来而获得实现”。[②] 因此，“理解的根源是我们自己的现存，是此时此地我们唯一的现实”[③]。这是不难理解的，因为此时海德格尔的《存在与时间》(1927)已问世22年。对此，我愿意这样来表达：历史就是现实生活；或者说，历史不过是现实的生活感悟的一种样式。唯其如此，“轴心时期”这个概念颇有意义。实际上，海德格尔“解构传统存在论”的工作与这个观念是颇为吻合的：他以其“历史学的”“返回步伐”(der Schritt zurück)首先回到康德，然后回到笛卡儿，最后回到亚里士多德乃至前苏格拉底[④]，实质上就是回到前轴心期。回到前轴心期这个最远的地方，意味着回到最近的地方；不过，这个最近的地方在海德格尔那里是“此在”的生存，而在生活儒学这里则是不以“此在”那样的存在者为前提的生活本身。

但雅斯贝斯仍然错过了现象学的视野，这表现在：他一方面在生活—历史之上设置了一个人性，以为“对人类历史的掠视，把我们引入人性的神秘之中”[⑤]；另一方面在生活—历史之外设置了一个标准，以为“我们的时代使人类生活变得具有广度和深度，因此意义最为深刻。它要求整个人类历史提供给我们藉以估量目前所发生事情之意义的标准”[⑥]。前者是历史的起源，后者是历史的

---

① [德]雅斯贝斯：《历史的起源与目标》，魏楚雄、俞新天译，华夏出版社1989年版，第14页。

② 参见[德]雅斯贝斯：《历史的起源与目标》，魏楚雄、俞新天译，第1页。

③ [德]雅斯贝斯：《历史的起源与目标》，魏楚雄、俞新天译，第18页。

④ 这是海德格尔《存在与时间》未完成的第二部的三篇内容，但实际上他一直在进行着这项工作。[德]海德格尔：《存在与时间》，陈嘉映、王庆节译，三联书店1999年版，第47页。

⑤ [德]雅斯贝斯：《历史的起源与目标》，魏楚雄、俞新天译，第3页。

⑥ [德]雅斯贝斯：《历史的起源与目标》，魏楚雄、俞新天译，第3页。

目标:“我的纲要以一条信念为基础:人类具有唯一的共同起源和共同目标。”① 这个起源直接是“轴心时期”,而根本上是共同的人性;而这个目标就是“历史的意义”,或所谓“至高无上的全面综合理解(the comprehensive)”②。总之,“轴心时期”概念仍然还是一个形而上学的观念。

再者,雅斯贝斯没有看到,恰恰是在“今日”,人类精神生活正在突破轴心时期所确立的某些根本观念。这种突破发轫于20世纪,发生在现象学运动和后现代主义运动中。我们正在进入一个伟大的时代,这个时代是迄今为止唯一可以与轴心时期相媲美的伟大时代。但是,我们切不可以误读了这个伟大时代的开端,误以为它所导向的是所谓“后形而上学”或“后哲学”时代。

为了区别于雅斯贝斯的概念,我们把轴心时期称作原创时代,而把我们正在开启的这个时代称作再创时代,此时,人类正在再次地原创,这种再创远不止于复归轴心时期,而是进一步复归前轴心期、前原创期。在原创时代,人类第一次创造了形而上学;在再创时代,人类将重建形而上学。这种重建区别于原创时代之后的形而上学构造,它首先回归前原创期,实质上是回归本源的生活本身。

回到生活本身,就是回归我们即将荒芜的田园。长期以来,我们一直是形而上学的打工仔:我们建造了形而上学这座富丽堂皇的大厦,但却阔别了我们自家的田园;我们甚至遗忘了自己的家园,连一封家书也没有。我们对田园的呼唤充耳不闻:“归去来兮!田园将芜胡不归?”现在我们终于听见了这个呼声:游子归来!魂兮归来!

三、构造

但是,回归生活并不必然意味着拒绝形而上学构造。生活儒学仍将栽种自己的形而上学的参天大树,而回归不过是预先进行的一种“水土保持”的工作。生活儒学的破解工作是为了重新构造,而回归则是为了夯实这种构造的地基。生活儒学在破解传统那种“无本的”(孟子语)和“无家可归的”(海德格尔语)形而上学的同时,拒绝“后现代主义”的“反形而上学”倾向,主张积极的形而上学重建,并自始至终把这种重建工作建立在生活感悟的地基上。

形而上学不是别的,而只是一种观念构造:在人类的全部观念构造中,形而上学是其主干的部分。如果说儒学是一棵树,那么,主体性、实体性观念就是它的根,从这个根系上生长出形而上学观念这个主干,然后从这个主干上生长出

① [德]雅斯贝斯:《历史的起源与目标》,魏楚雄、俞新天译,第6页。

② [德]雅斯贝斯:《历史的起源与目标》,魏楚雄、俞新天译,第2页。

“形而下学”的枝叶花果——科学、伦理、技术、制度等等。这显然是一种层级构造。任何形而上学都是这样的层级构造，分为三个基本的构造层级：形而上学的本源；在这种本源地基上的形而上学构造本身；在这种形而上学基石上的“形而下学”的构造。

生活儒学的构造，同样包含着这样三个基本的层级：

(一)生活本源

形而上学的本源，就是生活本身。生活本身作为形而上学的本源，当然是“前形而上学的”事情：它是先行于主体性观念、实体性观念的事情，先行于对象化、客观化的事情。

事实上，任何形而上学的构造都有其生活的本源，区别仅仅在于：这个形而上学本身是否意识到了它自己的生活本源？实际上，在轴心时期之后，传统形而上学、包括传统的儒家形而上学，都没有意识到自己的本源；它们遗忘了生活，蔽塞了本源。它们不知道自己从何而来，于是便以某种先验的预设来作为自己的根据。这种根据包括：或者是作为存在者整体的世界(理念世界、物质世界)，或者是作为所有存在者之造物主的上帝，或者是作为人之主体性的某种人性(自身所予的先验理性、直观所予的经验感知)。在儒家的传统形而上学中，这种根据被理解为作为“圣人心传”的“道统”“道心”“本心”“天理”。他们自以为这些东西是“自明的”(self-proved，笛卡儿)，因为它们都是“自身所予的”(self-given，胡塞尔)。然而这样的物、存在者不可能是自身所予的、自明的东西，它们必有自己的生活本源。

……

(二)形而上学

通过对“思”的层级分析，我们找到了一条从生活本源而通向形而上学的路径，而这条路径本身仍然是生活的事情。

所谓形而上学，是指所谓“纯粹哲学”：在历史上最初表现为宇宙论(cosmology)，后来表现为本体论(ontology 或译为“存在论”)。关于形而上学，海德格尔那里给予了一种迄今为止最为透彻的说明：

> 哲学即形而上学。形而上学着眼于存在，着眼于存在中的存在者之共属一体，来思考存在者整体——世界、人类和上帝。形而上学以论证性表象的思维方式来思考存在者之为存在者。因为从哲学开端以来，并且凭借于这一开端，存在者之存在就把自身显示为根据。……它是实在的存在者状态上的原因(亚里士多德)，是使对象之对象性得以成立的先验可能性

（笛卡儿），是绝对精神运动和历史产生过程的辩证中介（黑格尔），是那种价值设定的强力意志（尼采）。[①]

这就是说，在他看来，形而上学具有两个基本特征：在内容上，它是对作为所有存在者的终极根据的那个存在者的思考；在形式上，它是采取的论证性表象的思维方式。但实际上，"论证性表象的思维方式"并非形而上学所独有的方式，作为"形而下学"的科学同样采取这种方式。因此，形而上学的唯一特征在于：形而上学所思考者，是作为全部存在者之最后根据的那个存在者。科学仅仅思考部分存在者的根据，而哲学则思考所有存在者的终极根据。纯粹哲学就是形而上学，它是这样一种努力：说明如何确立作为其他所有存在者的最后根据的那个存在者，并说明如何根据这个终极存在者来安排其他所有存在者。因此，哲学就是：给出一个可能世界，并由此而展示一种可能生活。

那么，什么是存在者呢？我们知道，海德格尔提出了著名的"存在论区别"（der ontologische Unterschied），即存在（Sein）与存在者（Seiende）的区别。这个著名的区别对当代哲学之影响是决定性的，但也因此造成了某种严重的后果。这个后果就是：生活本身反倒变成了某种次要的事情。何以见得？因为存在论区别实质上还蕴含着另外一个方面的区分，即存在与生存（Existenz）的区分：在海德格尔的话语中，我们决不能说"生存即是存在"或者"存在即是生存"；我们只可以说：此在的存在即是生存。然而此在的存在并不等于存在本身。海德格尔之所以关注此在（Dasein）的生存，那仅仅因为在他前期看来，只有通过对此在的生存的生存论分析，我们才可能把握存在本身；也正因为如此，他才可能在其后期放弃此在的生存论分析这条进路，试图直接追寻存在本身。这就意味着：存在本身是比此在更为源始的事情，当然也就是比生存更为源始的事情。而在生活儒学看来正好相反：唯有生活是最本源的事情。生活之外并无所谓存在，生活之外一无所有。

因此，在我们的话语中，当我们说到"存在"时，它就是说的生活本身；而当我们说到"存在者"时，它是说的"物"。在儒学话语中，存在者被称作"物""器"或者"器物"。按照儒家的说法，生活不是"物"，而是"事"；在现代汉语中，"事"即"事情"。但这事情不是西语所谓"事情"：在西语中，"事"与"物"是同一个词：thing。这是因为，在西方形而上学中，一切事情都已经被器物化、客观化、对象化、实体化了。甚至海德格尔所谓"此在"，它作为一种存在者，尽管是一种特殊的存在者，也不过是一"物"而已。然而生活儒学认为，事作为存在本身，也就是

① ［德］海德格尔：《哲学的终结和思的任务》，《面向思的事情》，陈小文、孙周兴译，商务印书馆1999年版，第68～69页。括号内为引者所加。

生活本身;所以,事不是物,即不是存在者。事情本身,就是生活本身;而器物不过是生活中的存在者,它们本源于生活、隶属于生活。

然而传统形而上学所思考的不过就是一个物而已,尽管它是可以支持所有的物的那个物。形而上学思考这样一个“大物”,但它忘记了一件“大事”:忘记了作为事情本身的存在本身亦即生活本身。形而上学所思考的那个大物,哲学上叫作“本体”:在宇宙论的模式中,它是本原,是“本末”之本;在严格本体论的模式中,它是本质,是“体用”之体。[①] 总之,它是所有的存在者、所有的物的最后根据。这个本体乃是一个“实体”(substance),一个“第一实体”(亚里士多德语)。这个实体本质上就是主体性。所以海德格尔指出:“什么是哲学研究的事情呢?……这个事情就是意识的主体性”;这个主体性同时就是实体性,所以“作为形而上学的哲学之事情乃是存在者之存在,乃是以实体性和主体性为形态的存在者之在场状态”。[②] 但是,海德格尔未能说明:为什么说实体就是主体?对此,或许有人会反驳道:海德格尔不是“未能说明为什么实体就是主体”,而是从根本上就把这种工作看作是笛卡儿之后主体哲学建构者们的徒劳。然而我们的看法却是:首先,即便我们承认笛卡儿之后主体哲学建构者们的工作是一种“徒劳”,海德格尔仍然必须说明:何以“实体即是主体”?因为这正是“解构”与“还原”的题中应有之义:这种形而上学的徒劳何以可能?何况,这种建构竟然是徒劳的吗?非也!它在某种意义上造就了、至少以哲学的方式说明了一个历经数百年、至今仍然是我们的生活际遇的伟大历史运动:现代性。所以,我们将要说明这样一个重大问题:“实体以主体为前提”;形而上学的构造不是始于实体性观念,而是始于主体性观念。那将会是针对亚里士多德的《范畴篇》的,从而就是针对西方哲学的一个根本传统的。从对“实体的观念何以可能”的阐明中,我们就可以揭示西方哲学的一个根本传统:一切皆从“主—客”架构出发。

所以,生活儒学认为:并非实体就是主体,而是实体意味着主体,亦即意味着:实体以主体为前提。这是因为,当我们思考作为存在者的实体时,这个实体已经被对象化、客体化,这就意味着此时主体本身已经先行确立起来了。这就意味着:实体的观念是以“主—客”这样的架构作为自己的前提的。如果说实体以“主—客”架构为前提,这就意味着实体的主体性,这就是说,这个实体已经具有了被主体所规定的这样一种性质。这就表明,形而上学的构造是从主体性的确立开始的,这就是孟子所说的“先立大体”;由这种主体性,我们才能获得实体的观念;由这种实体性,我们才能获得本体的观念。

---

① 对于西语 ontology 来说,新的译法“存在论”反倒不如旧的译法“本体论”更贴近中国哲学的实际:中国哲学的狭义形而上学部分,讨论的正是这样的问题:本末之“本”、体用之“体”。

② [德]海德格尔:《面向思的事情》,陈小文、孙周兴译,第 76 页。

这就是全部传统的形而上学构造的秘密所在。但这也不仅仅是传统的形而上学的事情。生活儒学所要重建的形而上学，仍然必须思考这样的主体性、实体性，仍然必须思考作为所有存在者的最后根据的那个存在者；否则，我们无法构造作为形而下学的知识论、科学，无法构造作为形而下学的道德论、伦理，无法构造任何规范、制度。生活儒学之区别于传统形而上学之处仅仅在于：生活儒学的形而上学构造意识到它自己的生活本源，并在形而上学构造的每个环节上，首先对这种本源加以阐明。这就是说，生活儒学的形而上学构造工作，就是：在生活本源的地基上，重建主体性，重建实体性，重建本体论，重建范畴表。

这里，读者可能会产生一种疑问：这里似乎存在着某种循环，因为作为形而上学的本源的生活，似乎恰恰就是形而下的东西，而它们却又是以形而上的东西为基础的。这确实是一种"循环"，但它却不是逻辑的循环论证意义上的循环，而是生活本身的"循环"：它是生活情境的本源结构。形而下学在两层意义上是本源于生活的：其一，形而下的东西根据于形而上的东西，而形而上的东西本源于生活。其二，所谓"形而下"的东西，一方面作为本源结构的"去生活"方面，它是我们的构造；而另一方面作为本源结构的"在生活"方面，却正好是我们的生活际遇。我们遭遇形而下的东西，并且在重构中超越这些形而下的东西。本源意义的超越，正是这种本源情境的本源结构。

……

（三）形而下学

在这种形而上学构造的基石上，我们可以更进一步地构造出作为"形而下学"的道德论及伦理、知识论及科学、规范建构、制度安排等。

所谓"形而下学"，语出《易传》："形而上者谓之道，形而下者谓之器。"[①]《易传》作为中国哲学的"群经之首"，乃是早期形而上学构造的典型文本之一。前面谈到，"道"之为"物"乃是支持着所有存在者的那个存在者，在这个意义上，关于"形而上"的"道"的言说就是典型的传统形而上学：所有的"器"都是由这个"道"给出的，所有的存在者都是由这个终极存在者给出的。这就是说，在这种形而上学的基础上，我们拥有了"形而下学"的构造。[②] 道作为本体，是一；器作为现象，是多。这就是前现象学的"现象"观念：道是器的本原、本质，而器是道的现象。康德所谓"现象与物自身"便属于这样的"现象"观念。《易传》的"天垂象，见吉凶"（"见"读为"现"，《周易·系辞传》）也是这样的"现象"观念："吉凶"

---

① 《周易·系辞传》，《十三经注疏》，中华书局1980年影印版，第83页。（书中所引关于《周易》的文献如不特殊注明均出自此版本，不再标注）

② 参见黄玉顺：《拒斥"形而下学"：论哲学及其与科学的关系》，（台湾）《鹅湖》2000年第2期。

只是现象，而“天”是其本体。而这种现象不是现象学的“现象”观念，因为在现象学，特别是海德格尔现象学看来，“现象背后一无所有”，现象即是本质。[①] 当然，海德格尔在前期把此在的原始生存经验视为现象，后期则把存在本身或者Ereignis视为现象，而这并不符合生活儒学的想法，因为，如前所说，生活儒学并不承认“此在”或“存在本身”在本源层级上的优先性；但是无论如何，现象学的“现象”观念具有本源层级上的意义，这是应该加以肯定的。

但是，任何形而上学的构造，包括生活儒学的形而上学构造，必然进入前现象学的“现象”观念，也就是说，必然有本质与现象的区分、道与器的区分、存在者整体与存在者领域的区分。这实质上就是重新进入常识的“现象”观念。否则的话，在形而上学基础上的形而下学构造就是不可能的，从而科学也就是不可能的，伦理学也同样是不可能的。此所谓“常识”类似于海德格尔所谓“平均的日常状态”，我们在“常识”中可以发现此在或主体性。然而这不是恰恰说明了常识是以此在（主体性）为前提的吗？这样一来，海德格尔所谓“平均的日常状态”还有什么本源意义呢？常识也是基于某些形而上学的观念的，或者说，常识是某种与形而上学平行的东西；在这个意义上，我们愿意承认康德的一种说法：人天生就是形而上学的存在者。否则，人不可能拥有常识。但是我们必须从本源上阐明：常识何以可能？因此，我们必须首先破解常识。然而常识却与形而上学一样，乃是一切科学的根据。所以，对常识的阐明是一项意义重大的工作；否则，我们无以进入形而下学的构造。

所谓形而下学是说：不是关于存在者整体的形而上学构造，而是关于某个存在者领域的构造。形而上学以范畴表的形式给出若干最大的存在者领域，而形而下学则把其中的某个存在者领域执定为自己的对象，正是在这种意义上，形而上学才是形而下学的基础。这些存在者领域就是关于器物的范畴划分，可以简称为物域。所谓物域，就是对所有的物、“万物”进行最大的划分所得的区域。

这些物域的一种最常见的划分，就是“人”与“物”的区分，或者“心”与“物”的区分，或者“人”与“自然界”的区分。其实，自然界是物，人同样是物。正因为形而上学把人也理解为一种器物，孔子才希望做到“君子不器”（《论语·为政》）。“君子不器”的意思是说：人要警惕自己将自己器物化。这是因为，在本源的层级上，根本无所谓“人”，也就是说，此时作为主体的人还根本没有“诞生”。但事实上人是不可能不物化自身的：一旦人把自己形而上学地理解为“人”的时候，就已经把自身物化了。人不可能不物化，这是“思”本身的事情。

---

① 参见[德]海德格尔：《面向思的事情》，陈小文、孙周兴译，商务印书馆1999年版，第80页。

人的主体性本身就是物化的结果。然而我们一旦试图说明“人不可能不物化”，便正好是在说明“人是如何在本源的地基上物化的”，这件事本身不就表明了我们没有忘记本源吗？所以，孔子所谓“君子不器”不过是说：我们即便总在物化着自身，但我们决不能忘记了本源；这样我们才能“毋固”（《论语·子罕》），才不至于“固化”，我们才能总是不仅“在生活”而且“去生活”，我们才能拥有在本源层级上的自由。否则，物化将会导致我们将“人”与“自然界”的对待关系固化，导致我们在“征服自然”中将自然界异己化、敌对化。

另外一种常见的划分，则是“知、意、情”的区分。在这种划分的基础上，才有所谓“真、善、美”的区分，进而才可能有作为形而下学的“知识学”“伦理学”“美学”之类的“基础科学”。康德的“三大批判”加固了这种划分，却没有意识到真正的生活本源：情本源于生活情感，知本源于生活领悟，而意则根据于意欲，而最终本源于生活感悟。

还有一种常见的划分，涉及“超越性存在者”（Transcendence）。宗教神学即是以这种划分为前提的，它们把存在者区分为此岸的世俗的存在者和彼岸的超越的存在者。在这个意义上，海德格尔把神学视为科学乃至实证科学，是完全正确的。[①] 但是，生活儒学却无意于重建任何宗教神学。

……

① 参见[德]海德格尔：《路标·现象学与神学》，孙周兴译，商务印书馆2000年版，第52页。

面向生活本身的儒学

——“生活儒学”问答

黄玉顺

【编者按】此文作于 2005 年 1 月，未刊；收入文集《面向生活本身的儒学——黄玉顺“生活儒学”自选集》(四川大学出版社 2006 年版)、郭沂主编：《开新——当代儒学的理论创构》(北京大学出版社 2013 年版)。

一

问：“生活儒学”的思想是如何提出来的？

答：在世纪之交的这些年的思考中，我逐渐形成了自己的生活儒学的观念[①]；而“生活儒学”概念的正式提出，则是在 2004 年 5 月的一次网上讨论中。[②]然后，在一系列文章、言论中，我对“生活儒学”思想进行了阐述。此后，拙文《〈生活儒学〉导论》[③]发表。“生活儒学”提出以来，引起了一些反响。2004 年

① 这些年来，中国台湾的龚鹏程、林安梧先生也有“生活儒学”的提法。此外，大陆的个别学者也有“生活儒学”的提法。但他们与我的“生活儒学”观念是大不相同的。但无论如何，这表明了“面向生活的儒学”已经成为当前的儒学复兴的一种基本趋向。

② 参见黄玉顺、陈明等：《关于“生活儒学”的一场讨论》，中国儒学网（www.confuchina.com）。这场讨论围绕着我在网上发表的《“文化保守主义”评议——回复陈明的一封电子邮件》进行（此文不久即以《“文化保守主义”评议——与〈原道〉主编陈明之商榷》为题，刊发于《学术界》2004 年第 5 期）。在讨论中，我第一次明确提出了“生活儒学”的概念；但实际上在此前的一系列文章里，我就已经实质性地提出了这一思想。

③ 黄玉顺：《〈生活儒学〉导论》，陈明、朱汉民主编：《原道》第 10 辑，北京大学出版社 2005 年版，第 95 页。

12 月 11 日，由中国人民大学哲学系牵头、北京地区一部分活跃的中青年学者所组成的“青年儒学论坛”，在干春松教授的主持下，曾专门就拙文《生活儒学导论》组织了一次研讨。自此至今，围绕我所提出的“生活儒学”的讨论仍然在以各种文本形式进行着。

问：这仅仅是一种很外在的陈述。就观念本身而言，“生活儒学”是如何提出来的？

答：“生活儒学”的提出，有其当下的语境。首先必须指出的，就是当前的儒学复兴运动。“儒学复兴运动”是我在一次网上讨论中提出的，意在对中国 20 世纪 90 年代以来，尤其是 21 世纪以来的思想趋向给出一种概括性的标识。这个标识，得到了大家的认同。儒学复兴运动所面临的语境，可以区分为两个方面：一方面是观念的语境，另一方面则是现实的语境。就观念语境看，在深层观念上，儒学的复兴面对着当代哲学或者当代思想，主要是后现代主义和海德格尔现象学的观念。这是我们必须加以应对的，否则就谈不上儒学的复兴（这是我所持有的一个基本的信念：“儒学”的复兴，虽然并不等于、但无疑首先是儒家“哲学”[①]的重建）。但是，这种观念的语境有其现实生活的渊源，观念本身也归属于生活。因此，儒学的复兴，首先面对着现实的语境。这种现实语境，就是我们身处其中的当代生活样式本身。这就是我所不同于“儒家原教旨主义”的地方：我的出发点始终是我们当下的现实生活。用儒家的话语讲，唯有生活，才是我们的“大本大源”“源头活水”。

问：这就是“生活儒学”的意谓所在？也就是生活儒学之所以要特别标明“生活”的原因所在？

答：确实如此。通俗地说，“生活儒学”就是面向生活本身的儒学。所谓“面向生活”，就是：我们的一切的一切，无不源于生活、归于生活。所以，儒学的重建必须以生活为本源。这是孔子当初创建儒学的夫子之道，也是我们今日重建儒学的必由之路。

二

问：那么，究竟什么是生活？

答：严格地讲，“什么是生活”这样的问法是不恰当的。当我们问“什么是生活”或者“生活是什么”之际，生活就已经被看成了一个存在者、一个物，而不再是存在本身、生活本身了。这是因为，但凡“什么”总是意味着一个东西、一个对

---

① 本文无意于讨论“中国有没有哲学”那样的问题。此外，这里的“哲学”乃是广义的用法，例如海德格尔宣称了“哲学的终结”，但他的思想言说往往仍被人们称作“海德格尔哲学”“存在哲学”。

象、一个在形而上学“主—客”架构中的客体。但生活并不是“什么”——生活不是一个东西。

我们也不能问“生活何以可能”这样的问题。因为：这本来是康德、海德格尔提出的问题，按照他们的用法，“何以可能”这样的问题乃是针对形而上学的，是在追问形而上学的根据或者本源。然而生活不是形而上学，也不是形而上学所思考的事情。生活并没有根据，因为根据是一个存在者，而生活本身却先行于任何存在者；生活也没有本源，因为生活本身就是本源。这里我尤其要说明：生活儒学所说的“生活本源”并不是说的“生活的本源”。在生活儒学的话语中，生活＝本源。

问：如此说来，生活就是不可言说的了？

答：生活既不可言说，也可以言说。这取决于我们的言说方式。存在着两种不同的言说方式：一是符号的言说方式，一是本源的言说方式。

在符号的言说方式中，被言说者乃是一个符号的“所指”——索绪尔意义上的所指，或者弗雷格意义上的指称。现代语言科学告诉我们，一个符号有“能指”和“所指”。符号的所指，就是一个对象。这就意味着，在符号的言说方式中，生活被对象化了。生活被对象化，意味着生活成为一个客体；同时也就意味着：我们自己成为一个主体。这就陷入了形而上学的“主—客”架构的思维模式。这样一来，我们作为主体，就置身于作为客体的生活之外了。然而试问：我们又怎么可能置身于生活之外？所以我要特别强调：生活儒学所说的“生活”，就是所谓“存在”本身。然而在符号的言说方式中，正如老子所说：“道可道，非常道。”(《老子·第一章》)——我们所说的“生活”，已经不是生活本身了。在这个意义上，孔子才说：“予欲无言。天何言哉？”(《论语·阳货》)但孔子仍然要言说，一部《论语》记载着孔子的言说；老子也在言说，一部《道德经》也正是在言“道”。然而老子、孔子那里的言说，往往不是符号的，而是本源的。

本源的言说方式绝非符号的言说方式：这里，言说是“无所指”的，也就是说，生活不是一个符号的所指。如果说，符号的所指是一个存在者，一个“物”，那么，符号的言说方式是“言之有物”的，而本源的言说方式则是“言之无物”的。在本源的言说方式中，言说本身就归属于生活本身：这里，生活不是作为一个对象的“被言说者”；生活与言说是融为一体、打成一片的。比如，爱的情话、诗的絮语，都是本源的言说方式。唯其无所指，本源的言说本身便不是符号。

当然，生活也是可以，甚至必须被加以符号化地言说的。除非我们不谈“儒学”——儒家之“学”。我在这篇问答里的许多言说，其实也都是形而上学的、符号的言说方式。否则，我们就不可能建构形而上学。但是对于生活儒学来说，重建形而上学乃是重建儒学的题中应有之义。然而任何形而上学的建构，必定以“主—客”架构为先行观念，这首先就要求生活被对象化。但虽然如此，我们却应该心知肚明：这并不是本源的言说。儒家的本源言说意味着：根本无须“儒学”这样的东西。

问：那么，生活儒学如何来言说生活？

答：生活儒学这样来言说生活：生活不是存在者，而是存在本身；用儒家的话语来说，生活不是“物”，而是“事”。儒家的一个基本观念乃是：“物犹事也。”[①]这个表达的意义在于：器物是由事情生成的，而不是相反；这也就是说，存在者是由存在给出的，而不是相反。这是我跟海德格尔之间的一个基本区别。在他看来，存在本身只能通过此在的生存领会，才能“存在出来”；而此在却是一种存在者：纵然是一种“特殊的存在者”、一种充满了去存在之可能性的存在者，但他毕竟首先已经是一个存在者。但是这样一来，存在本身的显现就是以此在的生存为先行条件的了；换句话说，此在这样的存在者也就先行于存在本身了。其实，“被抛”这个词就已经预设了某种存在者的先行性。[②] 然而我们要问：此在这样的存在者是何以可能的？乃至任何存在者本身是何以可能的？存在者是何以成其为一个存在者的？难道它不是被存在本身“给出”的吗？所以，生活儒学的观念与之相反：是存在给出了存在者，生活生成了生活者。这里，不是“存在总是存在者的存在”；而是：存在者总是存在着的存在者。意思是说，一个存在者之所以成其为一个存在者，首先因为它存在着；用生活儒学的话来说，一个生活者之所以成其为一个生活者，首先因为他生活着。举例来说，在儒家的观念中，不是先有一个仁者、然后他去仁爱，而是先有仁爱、然后在仁爱中生成了仁者。首先是生活造就了人，然后人才可能改变生活。但这并不是“先有鸡还是先有蛋”的问题，因为鸡和蛋都是存在者，而生活是存在本身；我们可以问“人之为人何以可能”，却不能问“生活何以可能”，因为我们向来在生活、并且总是去生活。

问：生活儒学的观念跟海德格尔的观念之间，为什么会有这样的区别？

答：这是因为我跟海德格尔之间的另外一个基本区别，即我的“生活”观念与他的“生存”概念的区别。他把生存理解为此在的生存，而又把此在理解为一个存在者，这样一来，某种存在者就成为存在的前提。而生活儒学之所谓生活，不是此在的生活，亦即不是主体性的人的生活。这类似于庄子所说的：“有人之

---

① 《周礼·地官·大司徒》，《十三经注疏》，中华书局 1980 年影印版，第 1673 页。（书中所引关于《周礼》的文献如不特殊注明均出自此版本，不再标注）

② 在这个问题上，我倒认为萨特并未误解海德格尔。恐怕也正因为如此，后期海德格尔才会抛弃“此在的生存”这条进路。

形，无人之情。”[①]虽然无“人之情”，但是有“事之情”（《庄子·人间世》）。王国维说：

> 有有我之境，有无我之境。“泪眼问花花不语，乱红飞过秋千去”“可堪孤馆闭春寒，杜鹃声里斜阳暮”，有我之境也；“采菊东篱下，悠然见南山”“寒波澹澹起，白鸟悠悠下”，无我之境也。有我之境，以我观物，故物我皆着我之色彩；无我之境，以物观物，故不知何者为我，何者为物。[②]

此在的生存只是“有我之境”，生活本身才是“无我之境”。所以，从本源的层级上来看，生活并不是人的生活，人倒是生活着的人。这意思就是说，人之所以为人，首先是因为他生活着。有怎样的生活，就会有怎样的人。

问：那么，海德格尔为什么会把此在视为生活或生存的前提？

答：这是因为，在他看来，生存与存在是不同的事情。这是我跟海德格尔之间的又一个最基本的区别。在他那里，生存与存在之间有一种区分：虽然存在只有通过生存领会才能显现出来，但是，在他那里，我们仍然决不能说“生存等于存在”；虽然可以说此在的存在便是生存，但却不能反过来说此在的生存便是存在。总之，生存与存在不是一回事。然而在生活儒学看来，生活恰恰就“等于”存在。生活儒学的一个基本观念就是：生活即是存在，生活之外别无所谓存在。这是因为：一切的一切都源于生活而归于生活、出于生活而入于生活。正是在这个意义上，生活是一切的一切的本源。所以，海德格尔转向之后的后期思想放弃了生存论的进路，而直接诉诸存在本身，这对于生活儒学来说是毫无参照意义的。我只对他前期的生存论感兴趣，因为生存之外的“存在”，或者说不同于生存的所谓“存在本身”，只不过是在西方传统思想背景下产生的一种臆想。对于生活儒学来说，存在本身就是生活本身。

三

问：可是，你这样的“生活”观念，跟儒家本来的观念之间，真的有什么关系吗？

答：当然是有关系的，而且是实质性的关系。这种关系首先在于“生活”与情感，尤其是“仁爱”的关联。简单来说，这是因为，生活总显示为生活感悟——生活情感、生活领悟。但要注意，生活与生活感悟的关系不是传统哲学所谓“本

---

① 《庄子·德充符》，（清）王先谦注：《庄子集解》，《诸子集成》（三），中华书局1957年版，第99页。（书中所引关于《庄子》的文献如不特殊注明均出自此版本，不再标注）

② 王国维：《人间词话新注》（修订本），齐鲁书社1986年版，第34页。

质”与“现象”的关系。显示之为显示，不是说的一个本质显现为一个现象，不是说的作为本质的生活显现为作为现象的生活感悟；而是说，生活就是显示本身，或者说，显示就是生活本身；这种显示既是现象，也是本质，唯其如此，生活感悟、生活本身也就无所谓是现象还是本质。在这种意义上，生活感悟就是生活本身。而生活首先显示为生活情感：没有生活情感的所谓“生活本身”是不存在的，或者说，是不可思议的。当然，在本源上，这种生活情感不是“人之情”，而是“事之情”。儒家哲学实质上是一种情感哲学，是一种“爱的哲学”。

问：可是众所周知，在儒家思想中，“情”并不是根本的，而不过是“性”之所发。“未发”为性，“已发”为情，这是《中庸》的一个基本思想。生活儒学对此如何解释？

答：确实如此。但这只是原创时期之后的儒家的形而上学观念，而非儒家的本源的观念。它是我们今天首先应该予以颠覆的形而上学。的确，在后原创期、亦即秦汉以来的儒家观念中，有一种基本的架构，即：性本情末、性体情用（以及性善情恶或情可善可恶）。这是一种“性→情”的形而上学架构：本→末、体→用的架构。《大学》表达的就是这样的架构。就形而上学建构本身来说，这样的架构是恰当的，因为形而上学的建构首先必须确立起主体性，亦即孟子所说的“先立乎其大者”（《孟子·告子上》），这个“大者”就是“性”——主体性。这种“性”——主体性同时又是本体，即是终极的“物”——终极存在者。然而唯其是物而非事，亦即是存在者而非存在本身，我们会问：这种“性”，亦即主体性本身何以可能？如何“先立其大”？这样一问，也就打开了回归生活本源、生活情感的通道。结果，我们发现，在原创期、前原创期，尤其是在孔子那里，事情正好相反：不是“性→情”的架构，而是“情→性”的生成关系。性是形而上学的初始范畴，而情是它的生活本源。这是近年来人们在郭店楚墓竹简的儒简研究中揭示出来的一个重要事实。我的导师蒙培元先生在他新近的著作中，也已在相当程度上揭示了这一点：儒家哲学乃是一种情感哲学。[①] 当然，这并不是说传统的形而上学架构就是毫无意义的了。现在，当我们将本源的“情→性”架构和传统形而上学的“性→情”架构联系起来，就可以得到这样一个基本架构：情→性→情。后一个“情”是形下之情，即是“未发”的形上之“性”的“已发”状态；而前一个“情”才是本源之情，亦即本源的生活情感。

问：可是，我们还没有说到“生活”与“仁爱”的关联。这种关联究竟是如何在生活情感中体现出来的？

答：前面说了，生活首先显示为生活情感。在儒家，这种生活情感首先是仁

---

① 参见蒙培元：《情感与理性》，中国社会科学出版社 2002 年版，第 310 页。

爱。当然,生活情感不仅仅是仁爱。传统有“七情”之说:喜、怒、哀、惧、爱、恶、欲。这是需要仔细分辨的:“欲”是欲望、意欲、意志,它以主体性为前提,因此,“欲”显然不属于本源的生活情感的层级;“爱、恶”却是两种基本的感情,既可以指形下的道德感情,也可以指本源的自然质朴的生活感情;“喜、怒、哀、惧”则是四种基本情绪,既可以指本源的情绪、也可以指形下的情绪。情绪是先行于感情的,但感触却更先行于情绪。这样一来,在本源层级上,我们得到这样一种关于生活情感的领悟:生活感触→生活情绪(喜、怒、哀、惧)→生活感情(爱恨/好恶)。

我这里举一个典型的例子,出自孔子的言说:

> 宰我问:“三年之丧,期已久矣。君子三年不为礼,礼必坏;三年不为乐,乐必崩。旧谷既没,新谷既升,钻燧改火,期可已矣。”子曰:“食夫稻,衣夫锦,于女安乎?”曰:“安。”“女安则为之!夫君子之居丧,食旨不甘,闻乐不乐,居处不安,故不为也。今女安,则为之!”宰我出。子曰:“予之不仁也!子生三年,然后免于父母之怀。夫三年之丧,天下之通丧也。予也有三年之爱于其父母乎?”(《论语·阳货》)

孔子说出的乃是一个表达情绪的词:安。感到心安,这是一种典型的情绪感受。这是儒家特别注重的一种生活情绪。就其本义来看,“安”字从“宀”从“女”表明,这是出自早期先民的一种生活领悟,它有两个基本含义:女人哺育孩子,在家为安。小孩何以能有心安的情绪?这本是生活中的常识:小孩感到不安而哭啼时,父母会把他抱起来,于是他便感到心安了。所以孔子特别指出:“子生三年,然后免于父母之怀。”父母怀抱婴幼,这是身体的亲密的感触。对于孩子来说,这种怀抱的感触,产生了心安的情绪;而正是这种心安的情绪,才导致了孩子对父母的爱的感情:“子也有其三年之爱于其父母。”这就是孔子所言说的生活情感的自然显示:感触→情绪→感情。那样的感触是如此的刻骨铭心,那样的情绪是如此的记忆犹新,使得我们不能不产生如此的爱。假如父母新近去世了,我们就会由爱亲的感情而思及心安的情绪,由心安的情绪而思及怀抱的感触,于是自然而然地感到“食旨不甘,闻乐不乐,居处不安”。礼制何以可能?乃导源于生活、生活情感:正是基于对父母的爱,并且根据当时那种生活方式的时宜,人们才会设定形上的“至善”那样的心性,才会做出形下的“三年之丧”那样的丧礼制度安排。

问:这样的言说似乎表明:作为生活情感的仁爱,基于家庭的亲情。难怪人们指谪说,儒家伦理只是一种家族伦理,儒学也只是一种伦理学,它在今天已失去了普适的价值,因为今天已经不是家族社会。生活儒学对此如何解释?

答:其实未必。当时的儒家以血缘亲情来说明仁爱的情感,那也是导源于他们当时的生活显示样式的，即导源于宗法社会的生活方式。而这恰恰也表明，在儒家那里，生活本身总是本源：在宗法社会的生活方式中，“家→国→天下”同构外推，人们自然会在生活中领悟到“孝悌为仁之本”的道理，领悟到“爱有差等”“推己及人”的“推”的必要。但这并不是当时的儒家所领悟到的本源之仁的唯一显示样式。作为生活情感的仁爱从来都是普适的。孟子就曾给出了一种普适的本源情境，而与血缘亲情全然无关：

> 所以谓人皆有不忍人之心者，今人乍见孺子将入于井，皆有怵惕恻隐之心：非所以内交于孺子之父母也，非所以要誉于乡党朋友也，非恶其声而然也。……恻隐之心，仁之端也；羞恶之心，义之端也；辞让之心，礼之端也；是非之心，智之端也。……凡有四端于我者，知皆扩而充之矣，若火之始然、泉之始达。（《孟子·公孙丑上》）

在这种生活情境中，“今人乍见孺子将入于井”即是本源的感触，“不忍人之心”或“怵惕恻隐之心”则是本源的情绪，它们是“仁之端”，亦即仁爱这种本源的感情的发端，犹如“泉之始达”，即是本源的事情。但在这里，那个“人”与“孺子”之间并不存在任何血缘亲情。这是一种普适的情感。

四

问：这就是生活感悟中的生活情感了。而生活感悟中的生活领悟又是如何的？

答：生活领悟是处于生活情感与形而上学观念建构之间的事情，而同样归属于生活本身。我首先要特别指明：生活领悟并不是任何意义上的“认识”。生活领悟既不是形而下学的、科学意义上的乃至常识意义上的认识，也不是形而上学的认识。认识之为认识，一定根据“主—客”架构：一个主体，认识一个客体、对象。但是不论主体、还是客体，都已经是存在者，都是“物”。然而这种“主—客”架构本身，即主体性和对象性的观念本身，却是在生活领悟中生成的。生活领悟并不是对存在者的认识，而是对存在本身的领悟：我们领悟着生活本身，这种领悟本身就归属于生活。

问：具体来说，我们究竟如何领悟着生活？

答：我们这样领悟生活：领悟着存在、领悟着流行、领悟着天命、领悟着领悟本身。这些领悟，我分别称之为“存在的领悟”“流行的领悟”“天命的领悟”“领悟的领悟”。我们知道，科学基于四大预设信念：实在性、运动性、规律性（或因果性）、可知性。这些预设是科学本身不假思索而执为前提的，其实只是一些信念。不仅科学而且“常识”也都执定这些信念。有人“科学地”把“马克思主义哲学”概括为“四句教”：世界是物质的，物质是运动的，运动是有规律的，规律是可认识的。这里贯彻着科学的四大预设信念。但是我们知道，不仅科学而且形而上学本身，都无法说明这些信念本身是何以可能的——休谟已经宣告了这些信念是不可能得到哲学的说明的。然而，生活儒学试图阐明：实在性的信念导源于存在的领悟，运动性的信念导源于流行的领悟，规律性的信念导源于天命的领悟，可知性的信念导源于领悟的领悟。

问：现在就来具体地说说“四大领悟”。首先，何谓“存在的领悟”？

答：让我们首先来追问这样一种常识：我们总是不假思索地认定客观实在的东西的存在，认定存在者的客观实在性、物的客观实在性。我们说：它们是不以人的主观意志为转移的。这就是关于实在性的预设信念。显然，这是一种基于“主—客”架构的观念：我们先行区分了主观意识、客观存在。而我们知道，这样的观念导致了“认识论困境”：我们的主观意识如何可能确证客观的实在？内在的意识如何可能切中外在的实在？这在哲学形而上学的理论上是永远不可解决的问题，它仅仅是一种“相信”。但是，我们明明“知道”：它们就是客观实在的。问题不在于我们是否“知道”，因为我们已经“知道”了；而在于：我们是如何“知道”的？——我们是如何“知道”存在者的实在性的？我们如何获得了关于存在的信念？进一步问：我们是如何“知道”存在者的？换一种问法：关于存在者的观念、物的观念是如何生成的？生活儒学的回答就是：由于生活感悟。正是在生活情感中，我们才领悟到存在本身，领悟到存在者的存在，领悟到存在者本身。

第一，我们首先是领悟到存在本身，然后才领悟到存在者的存在，最后才领悟到存在者。如果说，存在先行于存在者，那么，对存在的领悟就必定先行于对存在者的领悟。存在者就是这样被“给出”的：我们首先是意识到存在本身，进而才意识到存在者的存在，这才意识到存在者；没有关于存在本身的观念，就没有关于存在者存在的观念，也就没有关于存在者的观念。老子说：“天下万物生于有，有生于无。”（《老子·第四十章》）又说：“无名天地之始，有名万物之母。”（《老子·第一章》）“无”即“无物”，即还没有领悟到任何存在者；“有”即“道之为物”，即领悟到了存在本身；由于“有”了对存在本身“纯有”[①]的领悟，才有对存在者“万物”的领悟。“有”和“无”其实是一个意思，即是同样的领悟情境：“有”言其已有关于存在本身的领悟，而“无”言其尚无关于存在者的领悟。

第二，存在即生活，存在领悟即生活领悟。存在领悟并不是说：有一个叫作“存在”的东西摆在那里，它作为一个对象，被主体所领悟。存在领悟就是存在

---

① 这里“纯有”是借用黑格尔的词语，但不是指的他那种形而上学的“绝对观念”，而是指的作为存在本身的生活本身。

本身，生活领悟就是生活本身。海德格尔在谈到 Sein / to be 时，本来应该已经意识到了这一点，然而他却没有意识到：既然存在本身只是在生活领悟中才显示出来的（用他的说法，存在本身只能在此在的生存领会中显现出来），这就已经表明，存在领悟其实就是生活领悟本身，就是生活本身。我们“知道”了生活，也就“知道”了存在；然而我们向来生活着，并且向来“知道”我们生活着，所以我们向来存在着，并且向来“知道”我们存在着。我们由此领悟着存在、领悟着生活。

第三，存在领悟是导源于生活情感的：正是在情感中，我们才领悟到生活之为存在，并进而领悟到生活者之为存在者。对于儒家来说，这种情感首先是**爱**。但这并不是笛卡儿式的“我思故我在”，而是：

爱，所以在。

没有爱，就没有存在，也就没有作为爱者的我、你、他的存在，因为是爱生成爱者、存在者。没有母爱就没有母亲，因为此时母亲还不成其为母亲；没有父爱就没有父亲，因为此时父亲还不成其为父亲；没有友爱就没有朋友，因为此时朋友还不成其为朋友；没有恋爱就没有爱人，因为爱人此时还不成其为爱人。这就是孟子所讲的：“无恻隐之心，非人也。”（《孟子·公孙丑上》）也就是《中庸》所讲的：“不诚无物。”[①]人、物作为存在者，都是由作为生活情感的爱所生成的。

常识、科学、形而上学的实在性信念，不过是把这种关于存在与存在者的存在领悟对象化的结果。这里，我们还可谈谈空间问题。常识的空间观念、形而上学—科学的空间概念何以可能？在存在本身—生活本身的层级上，并无所谓“空间”；“空间”的观念，一定以存在者作为参照——它有一个标准，而这个标准乃是一个存在者。甚至所谓的相对主义者，也是这样来思考的。例如惠施在著名的“历物十事”中就说：“天与地卑，山与泽平。”（地之卑以天为标准，泽之平以山为标准）“我知天下之中央：燕之北、越之南是也。”（燕北、越南以中央为标准）（《庄子·天下》）他甚至由此推出了更抽象的空间概念：“至大无外，谓之大一；至小无内，谓之小一。”“无厚不可积也，其大千里。”（《庄子·天下》）“小一”类似于几何的“点”概念，“无厚”类似于几何的“面”概念。如果说，存在的领悟先行于存在者的观念，那么，存在者的观念就先行于空间的观念：追本溯源，空间概念乃是存在领悟被对象化、存在者化的结果。

---

① 《礼记》，《十三经注疏》，中华书局 1980 年影印版，第 1633 页。（书中所引关于《礼记》的文献如不特殊注明均出自此版本，不再标注）

五

问:那么,何谓“流行的领悟”?

答:所谓“流行”,是说的儒家所说的“大化流行”。这里,“大化”不是任何东西,不是物,不是存在者。“大化”乃是孟子所说的“大而化之”:“可欲之谓善,有诸己之谓信,充实之谓美,充实而有光辉之谓大,大而化之之谓圣,圣而不可知之之谓神。”(《孟子·尽心下》)这似乎是在说一个人的修养所达到的境界,但这种境界恰恰是向本源的回归:倾听天命的“圣”(“圣”字的本义为倾听)、阴阳不测的“神”(“神”字的本义为显示)。因此,“大化”就是存在本身,也就是“流行”。流行即大化,大化即流行。所以,“流行”就不是说的物、存在者的“运动”“变化”;“流行”仅仅是说的存在本身的一种情境,亦即是说的生活本身的一种情境。这种本源情境,便是“生生”[①]。“生生”只是两个动词而已:这里没有主词,也就是说,没有主体、物、存在者。流行之为流行,是说:生活如水,涌流不已。生活之“活”,本来就是说的水、水流、水流之声:“活,水流声。”[②]所以,《诗》云:“河水洋洋,北流活活。”[③]如此看来,生活就是孔子所说的:“子在川上曰:‘逝者如斯夫,不舍昼夜!’”(《论语·子罕》)就是孟子所说的:“源泉混混,不舍昼夜。”(《孟子·离娄下》)生活如斯,本源如斯:生活作为本源,便是流行。

正是在这种流行着的生活中,我们才领悟到生活的流行:我们不仅领悟到存在,而且领悟到流行。我们“知道”了:生活流行着。那么,我们何以能领悟到流行?在生活情感中。我们在情感中领悟到流行,是因为情感本身便是流行:“柔情似水”“激情澎湃”,情感就是流行着的生活,就是生活的流行。于是,我们便领悟到:生活即是流行,存在即是流行。孔、孟便是如此而领悟到本源流行的:

> 徐子曰:“仲尼亟称于水曰:‘水哉!水哉!’何取于水也?”孟子曰:“源泉混混,不舍昼夜,盈科而后进,放乎四海。有本者如是,是之取尔。苟为无本,七、八月之间雨集,沟浍皆盈;其涸也,可立而待也。故声闻过情,君子耻之。”(《孟子·离娄下》)

他们的思想是“有本”的,因为他们领悟到了本源的流行;后原创期的思想

---

① 《易传》把“生生”理解为“易道”,即“生生之谓易”,这是不是一种本源的观念,另当别论。

② (汉)许慎:《说文解字·水部》,中华书局1963年版。(书中所引关于《说文解字》的文献如不特殊注明均出自此版本,不再标注)

③ 《诗经·卫风·硕人》,《十三经注疏》,中华书局1980年影印版,第322页。(书中所引关于《诗经》的文献如不特殊注明均出自此版本,不再标注)

往往是“无本”的，因为他们往往在观念上蔽塞了流行的本源。而后者是如何发生的呢？

由于“无形”的“流行”，才有“有形”的“流形”：才有“形”而上学的建构、“形”而下学的构造。不仅形而下学而且形而上学，都以“形”为参照。这种“形”也就是形体，就是物，就是存在者。而在中国传统的形而上学观念中，最大的“形”或“物”就是天地，所以：“天地有正气，杂然赋流形。”（文天祥：《正气歌》）存在者是有形的，是“有”；存在本身则是无形的，是“无”。庄子说：“泰初有无，无有无名：一之所起，有一而未形。”（《庄子·天地》）这里，“一”有两种意义：后来继“起”的有“形”的“一”是形而上学的开端（本体性的存在者），已是“流形”；而“泰初”的“未形”的“一”则是形而上学的本源（本源的存在），却是“流行”。原创时期的诸子大都能领悟到：“流形”的本源乃是“流行”。而如果不能领悟到“流行”，却仅仅领悟到“流形”，就会导向运动着的存在者、存在者的运动的观念。如果说，存在领悟的对象化，导致实在的信念；那么，流行领悟的对象化，便导致运动的信念。常识、科学、形而上学的“运动”观念何以可能？那是因为我们把生活的流行加以对象化的把握，把无形的流行理解为有形的运动——存在者的运动。此时，“流形”被把握为运动着的存在者、存在者的运动。

这里可以谈谈时间概念的问题。常识的时间观念、形而上学—科学的时间概念何以可能？从层级上来看，时间观念同样是导源于生存领悟的：具体来说，就是流行的领悟被对象化，流行本身被存在者化为客观实在的时间。单就常识—形而上学—科学的层级来看，时间观念却是根据空间观念的，这就正如存在的领悟是先行于流行的领悟的。这跟西方人对时间与空间之关系的理解截然相反，事情乃是：时间总是被空间给出的，而不是相反。我们确定年、月、日、时，正是根据的太阳、月亮的空间方位的变动位置。现在几点了？我们会去看钟表指针的空间位置。前面提到的惠施“历物十事”，也是这样把握时间概念的：“日方中方睨，物方生方死。”（日之空间方位的变动）“今日适越、而昔来。”（越之地理空间的确定）（《庄子·天下》）中国人的哲学—科学，给出了这样一个“时空连续统”：木、火、金、水→东、南、西、北→春、夏、秋、冬。可见“五行”不是所谓的五种物质元素，而是形而上学的时空同一。

六

问：现在谈谈：何谓“天命的领悟”？

答：我们不仅领悟着生活的存在、领悟着存在的流行，而且还领悟着流行的天命。何谓“天命”？“天命”在本源意义上不是说的所谓命中注定的“命运”

(destiny),而是说的存在的流行的某种显示样式。而“命运”却是一种宿命论的观念,仿佛有一个高高在上的诸如上帝之类的“天”,他预先规定了我们每一个人的“命”。这跟儒家的观念毫无关系。儒家一向主张的乃是尽心尽性、成己成物、参赞化育、而与天地同流。这绝不是一种消极的“命运”观念,而是一种积极的“天命”。当然,在原创时期、尤其后原创期的形而上学思想层级上,儒家也有某种“命中注定”的观念。但那并非儒家在本源层级上的观念。本源的天命观念,来自对“天”与“命”的本源领悟。“天命”并不是说的有一个作为存在者、作为物、作为“他者”的天,他在那里发号施令,我们只能俯首帖耳地服从。在本源意义上,天之为天就是“自然”——自己如此。然而“自然”之为“自己如此”也并不是说的一个物、一个存在者自己如此,而是说的存在本身、生活本身自己如此。作为存在本身的生活本身自己如此这般,意味着:生活、生活情感、生活领悟不是任何意义的“被给予性”(the given),甚至不是所谓“自身所予”(the self-given)。生活“给出”任何东西,然而没有任何东西“给出”生活。生活自己如此,这就是“天”;我们自己如此生活,这就是“命”。我们领悟着:存在自己如此,流行自己如此,天命自己如此。

固然,“命”的本义是“口令”“发号施令”[①],但这“口令”既不是上帝在说话,也不是人说话。“天何言哉?四时行焉,百物生焉。天何言哉!”(《论语·阳货》)这是存在本身在说话、生活本身在说话。儒家把这种本源的言说领悟为:天命。这就是说,天命乃是一种生活领悟。存在本身的言说、生活本身的言说,乃是无声之命、无言之令。“上天之载,无声无臭。”(《诗经·大雅·文王》)老子所谓“大音稀声”(《老子·第四十一章》)就是这个意思。虽然如此,我们却在倾听。这种倾听,其实就是生活领悟。假如我们没有这样的倾听、领悟,我们何以能够存在、能够言说?我们倾听天命,就是倾听生活。孔子所谓“知天命”而“耳顺”[②]就是在说这样的倾听。我们听到了怎样的消息?我们听到生活告诉我们:在生活并且去生活。不仅天命使我们有“在生活”之际遇,而且天命的领悟使我们有“去生活”之超越。我们能够倾听这样的天命,就是“圣人”:圣之为圣,就是能够倾听,所以,“圣”字(繁体作“聖”)从“耳”。“圣”字不仅从“耳”,而且从“口”[③],这就是说,我们不仅倾听天命,而且还能用我们的语言来传达天命。孔子在谈到敬畏感时说:“君子有三畏:畏天命,畏大人,畏圣人之言。”(《论语·季氏》)圣人之言之所以可敬畏,就在于他言说着存在的流行的天命。有“天命”,

---

① 许慎解释为:“命,使也。”朱骏声纠正说:“命,当训‘发号也’。”(《说文解字·口部》)

② 《论语·为政》。

③ 许慎认为:“圣,通也。从耳,呈声。”(《说文解字·耳部》)这是一种解释。也可以解释为:从耳、从口,壬声。

所以有"人言"。天命这种无声的言说,可以通过人言的有声的言说透露出来。这种有声的言说,就是我们曾谈到过的"本源的言说方式"——本源情感的言说方式。

然而,形而上学的思维方式,却将天命的领悟对象化、客体化、存在者化、物化。存在的物化导向关于实在的预设信念,流行的物化导向关于运动的预设信念,而天命的物化则导向关于因果性、规律性的预设信念。天命的存在者化作为形而上学的把握方式,最主要的表现为两种形态:宗教的因果性信念;科学的规律性信念。

七

问:刚才提到"生活本身的本源结构",那是什么意思?

答:首先我得声明:"结构"这个词语乃是不得已而用之。在形而上学—科学的思维方式中,对"结构"概念有两种理解:要素决定结构;结构决定要素。后者即是所谓"系统科学"的观念。但即使是在这样的观念中,无论是要素,还是结构、亦即系统整体,都是存在者。然而我之所谓"本源结构",所说的却是存在本身—生活本身的"结构"。生活本身的本源结构就是:在生活并且去生活。[①]我们向来在生活,这是我们的际遇;我们总是去生活,这是我们的超越。但"在生活"并非"此在的被抛",因为此时此刻尚无任何此在,即没有任何存在者;而"去生活"也非宗教的"超越"(transcendence)或者先验哲学的"超越"(transcendental),因为这两种"超越"都是存在者的超越。问题在于:这种存在者的超越是何以可能的?从被抛的所是向本真能在的超越何以可能?从小人向君子乃至圣人的超越何以可能?我的回答是:它们都导源于生活本身的本源结构。唯其如此,自由才是可能的。这种本源的超越,就是生活本身的去生活之超越:虽然我们已然在生活,但是我们还要去生活。这就是我所说的:生活本身的本源结构。我们在生活、并且去生活;我们在爱、并且去爱;我们在领悟、并且去领悟。"黄河之水天上来,奔流到海不复回!"(李白:《将进酒》)对于这样的本源结构,我们不能问"为什么",而只能说:生活本身自己如此。

问:好吧,最后谈谈何谓"领悟的领悟"?

答:我之所以提出"领悟的领悟",是为了回答"常识—形而上学—科学的可

---

① 鉴于有人将我所说的"去生活"之"去"误解为"去掉",这里有必要作一个说明:"去生活"之"去"犹如"去吃饭"之"去","去"并不是一个否定动词,而是一个趋向动词。"去生活"并不是说的"去掉生活",正如"去吃饭"并不是说的"去掉吃饭"。"去生活"只是说:生活下去。"去吃饭"就是"吃饭去","去生活"就是"生活去"。

知性信念是何以可能的”这个问题。这种可知性信念，乃是哲学“认识论”的一个基本预设。古希腊人说“我知我无知”，也是基于这种预设，因为“我无知”其实已经被“我知”，即我已经相信“我无知”是“可知”的。所谓“不可知论”，同样基于这种预设。比如，对于休谟来说，感知之外的实在是不可知的，然而感知本身却是实实在在地可知的。再如，对于康德来说，“物自身”是理论理性所不可知的，但却是理性本身所可知的，实践理性便可以通达之。然而不论是感知本身、还是“物自身”，都是某种“物”、某种存在者。这就是说，可知性信念基于存在者观念。不仅如此，存在者观念基于对象性观念（存在者是被对象化把握了的存在）；对象性观念基于客观性观念（对象即是客体）；而客观性观念基于主体性观念（客体与主体是互为条件的）。这就表明，可知性信念是基于“主—客”架构的：我们作为主体，能够认识客体；不仅如此，而且我们知道我们能够认识。这就意味着：我们知道认识本身。

但是在生活本源的层级上，根本就没有所谓“认识”这回事，因为认识总是对象性的，而在本源层级上还没有对象性。那么，我们如何知道认识本身？那必定是：认识本身就是一个对象；换句话说，认识必定是由于某种事情被对象化地把握了的结果。本源层级上的可以被对象化为认识的事情，只能是生活领悟；因为，情感是不可能被把握为认识的。因此，必定存在着这样一种领悟，它的被对象化便成为“认识”这样一种对象。那么，是怎样的事情被对象化地把握为认识了？唯一可能的解释就是：我们把某种领悟对象化了。但这种被对象化了的领悟却不可能是存在领悟、流行领悟、天命领悟，因为这些领悟被对象化了的结果乃是存在者的实在性、运动性、规律性。由此看来，必定存在着这样一种领悟，这种领悟是对前面那些领悟本身的领悟，我称之为“领悟的领悟”。

确实，我们在生活中不仅领悟着存在、流行、天命，而且还领悟着这些领悟本身。这种领悟之于其他那些领悟的关系，类似于佛学所谓“末那识”之于前面“六识”——意识、眼耳鼻舌身识——的关系。区别在于，在佛学中，“末那识”及前面“六识”都不是说的在本源层级上的事情：“末那识”相当于是对“六识”的反思，它本身又以“阿赖耶识”为根据。这个“阿赖耶识”类似于黑格尔所谓“实体即是主体”那样的形而上学根据。然而领悟的领悟却是前形而上学的、前意识的生活感悟的事情，而归属于生活本源。只有当这种领悟的领悟被对象化，才成为形而上学、认识论的事情，才成为所谓“认识”这样一种被主体所反思的对象。认识这个东西自身之成为对象，这就是西方人之所谓“反思”的本意：我们作为主体，具有某种能力，即能够认识自身，也就是把自身这种能力设置为一个对象。领悟的领悟被对象化而成为被认识的认识，便导向了常识—形而上学—科学的可知性信念：我们知道我们作为主体，能够认识客体。

八

问：以上的讨论，其实已经回答了“形而上学何以可能”的问题：形而上学是在生活领悟的本源上被构造起来的。但实际上这还只是逆向的“解构”，是在回答“形而上学的本源”问题，而非正面地顺向地探讨“如何建构形而上学”的问题。但是，“儒学的重建”必须实际地解决这个问题。不过，这个问题暂时放下，因为我们首先还面对着另一个问题：生活儒学为什么要重建形而上学？

答：这是我跟海德格尔之间的又一个基本区别，同时也是跟所谓“后现代主义”的一个基本区别[①]：他们不仅“解构”了哲学、形而上学，而且还宣称我们已经进入了一个“后哲学”“后形而上学”时代，认定哲学、形而上学的重建是不可能的了；而我却坚信形而上学重建之可能性、必要性，并坚持致力于儒家形而上学的重建工作。

海德格尔事实上做了一项极有意义的工作：对科学与形而上学的“解构”与“还原”，已经揭示出了这样一种“奠基关系”：

科学←形而上学←生存领会[②]

但这样一来，却恰恰已经不自觉地透露出了这样一种他所始料不及的生成关系：

生活本源→形而上学→形而下学[③]

这个道理应该是很简单的：既然树木发于种根，种根育于土壤，那么，土壤当然可以再育种根，种根可以再发树木。我们既然意识到了生活是形而上学的本源、形而上学是形而下学的根据，那么，形而上学、形而下学的重建就是可能的。

形而上学的重建不仅是可能的，而且是必要的。按照上面所得出的“奠基关系”或生成关系，科学必定有其形而上学的基础。事实就是如此：科学作为一种形而下学，以某个存在者领域作为自己的当然的对象，但科学从来不思考这个存在者领域本身是何以可能的这样的问题。这个存在者领域是由形而上学给出的：形而上学以范畴表的方式给出存在者领域的划界，即以范畴的方式给出“物界”。这种物界划分，其实就是一种最基本的分类学，诸如实体/非实体

---

① 据说后现代主义有一种区分：消极的、积极的。所谓积极的后现代主义，也要致力于正面的建设工作。这是另外一个话题，兹不赘论。

② 这里所采用的是海德格尔的说法。

③ 这里所采用的是生活儒学的说法。

(非实体依存于实体)[①]、心/物、人间(此岸)/非人间(彼岸)、人/自然界等。科学以这种物界为前提,否则,它就没有自己的对象。科学仅仅思考某个存在者领域,而形而上学思考“存在者整体”(海德格尔语)、“存在者之为存在者”(亚里士多德语);形而上学以这个唯一存在者为根据(老子“道之为物”),去说明其他众多存在者之存在(老子“德”,即“得”,即“得道”之为“万物”)。[②] 这就意味着:没有形而上学,就没有科学。但我们知道,科学总还是要存在下去、发展下去的。比如说,当未来的科学发展面临着范式的转换之际,形而上学何为? 此时形而上学的任务,就是提供科学范式转换的根据。

问:那么,这种生成过程是如何发生的呢? 具体来说,如何从生活本源过渡到形而上学?

答:这再次涉及前面说过的生活本身的“本源结构”问题。生活本身的本源结构就是:在生活并且去生活。形而上学建构的秘密,就隐藏在这种本源结构之中:形而上学与形而下学,都发生于“在生活”与“去生活”之间。我们“在生活”之际,发生着生活情感、获得了生活领悟;我们将生活领悟对象化、客体化,由此而获得存在者观念、主体性观念;我们由此而进行形而上学的建构,并进行形而下学的构造;而这一切也都归于生活、入于生活,亦即恰恰就是我们的“去生活”。这就是我在前面说过的:一切的一切都源于生活而归于生活、出于生活而入于生活。

问:可是,这样的陈述仍然不够具体。能否更加具体地说明,形而上学究竟是如何被建构起来的?

答:从生活本源到形而上学的过渡,在儒家,还有一个关键的观念:思。“思则得之,不思则不得也。”(《孟子·告子上》)然而汉语的“思”与西语的 think 或 thought 迥然不同、相去甚远。思首先是情感的事情,然后又是领悟的事情,最后才是形而上学、形而下学的事情。

思首先是情感之思。我们常说的思念、思乡、相思、思绪,就是这种情感之思。这跟海德格尔之所谓 Denken(译作“思”或“思想”)截然不同。诗歌“唐棣之华,偏其反而;岂不尔思? 室是远而”,孔子评论:“未之思也! 夫何远之有?”(《论语·子罕》)这里的“思”就是说的情感之思。孔子说,诗“可以兴,可以观,可以群,可以怨”(《论语·阳货》),都是在说情感的事情。唯有这种情感之思,才真正与诗有着不解之缘:“诗缘情”[③],真正的诗乃是生活情感的本源的言说。

---

① 参见[古希腊]亚里士多德:《工具论·范畴篇》,李匡武译,广东人民出版社1984年版,第3页。

② 在老子那里,“道”与“物”之间具有这样一种对应:本源之道——“无物”,形上之道——“道之为物”,形下之道——“万物”。形下之道,即所谓“德”:这是儒、道两家共同的观念。

③ (晋)陆机:《文赋》,《六臣注文选》,《四部丛刊》影印本,浙江古籍出版社1999年版。

唯其如此，孔子才特别强调“兴于诗”（《论语·泰伯》），意思是说：主体性的确立（兴）乃在于诗。其所以如此，就因为诗作为本源之情的言说，乃是思。这跟海德格尔对诗与思的关系的理解也是不同的。所以孔子才说：“《诗》三百，一言以蔽之，曰：‘思无邪。’”（《论语·为政》）“思无邪”是说的情无邪。这种情感之思，乃源于爱：爱之，才思念之。我们爱乡，才思乡；我们爱一个人，才会相思。爱之深，思之长，是谓思绪。例如，孔子爱狂狷之士而思之：“万章问曰：‘孔子在陈，曰：“盍归乎来！吾党之士狂简，进取不忘其初。”孔子在陈，何思鲁之狂士？’孟子曰：‘孔子“不得中道而与之，必也狂狷乎！狂者进取；狷者有所不为也。”孔子岂不欲中道哉？不可必得，故思其次也。’”（《孟子·尽心下》）既爱中道之士，也爱狂狷之士，故而思之。

不过，思与爱虽然都是情感的事情，但是有着一种基本的区别：爱是当事的，思是事后的。显然，我们不可能当面思念一个人。正因为是事后的事情，思就必定意味着“空间”的距离：“有所思，乃在大海南！”[①]或者更确切地说，正是由于思，我们才能领悟到“空间”的观念。这跟西方哲学关于空间概念的理解截然不同。空间的观念何以可能？乃导源于情感之思。而正由于这种空间的距离，思与爱就不同：思必伴随着表象。在思念中，必有思之所思的形象。这种形象，在想象中生成。苏东坡思念亡妻：“十年生死两茫茫，不思量，自难忘，千里孤坟，无处话凄凉。”（《江城子·乙卯正月二十日夜记梦》）这里不仅是“千里”的空间，更是阴阳两界的“空间”隔离；日有所思，夜有所梦，“夜来幽梦忽还乡，小轩窗，正梳妆”，正是在思念的想象中的形象。汉语所谓“思想”的本来意义，就是：在思念中想象，在想象中思念。“思想”就是：思—想——思之想之。“想象”就是：想—象——思想着形象。唯其如此，诗之为思总是形象的；但这并非所谓“形象思维”，因为此时此刻并无所谓“思维”。这是情感之思，形象只是在情感中的形象。这种所思的形象，就是原初的表象。所以说，正是思——情感之思——生成了表象。这里，“一切景语，皆情语也”[②]。这是从情感之思过渡到认知之思的秘密所在：认知总是表象的。

表象是一种极其重要的观念形式。休谟甚至认为，全部意识并无所谓感性、理性的区分，而只存在着直接观念、间接观念的区分。[③] 所谓间接观念，就是表象。这就是说，不仅感性意识，而且所谓理性意识，都是采取的表象的方式。确实，无论是形而上学、还是形而下学的方式，都是表象的方式。海德格尔说

---

① 汉乐府：《有所思》，（宋）郭茂倩编：《乐府诗集》，中华书局1979年版，第230页。

② 王国维：《人间词话新注》（修订本），第47页。

③ 参见［英］休谟：《人性论》，关文运译，商务印书馆1980年版，第13页。

过：“形而上学以论证性表象的思维方式来思考存在者之为存在者。”[①]其实，形而下学、例如科学，也是采取的表象的方式。所以，对于从生活本源向形而上学的过渡来说，表象的生成具有特别重要的意义：它是情感之思之所以可能转化为认知之思的一个必要条件，因为我们知道，任何认知都是采取的表象的方式。表象化意味着对象化：表象是观念中的一个对象。对象化就是客体化，所以同时就意味着主体化，因为客体与主体是同时并存的。于是，“主—客”架构由此确立，形而上学由此可能。

问：但这似乎只是一种“可能”？这样说来，从生活本源到形而上学的建构，就只有可能性，而没有必然性？

答：非也。首先需要指出：像“可能性”和“必然性”这样的说法，本身都是形而上学的范畴话语。但我们姑且这么说：从生活本源到形而上学的建构是“必然的”。何以见得？我们来看一个故事：

有一家子，共同生活在一幢房子里，油盐酱醋，饮食男女，平平常常，无波无澜，或者纵然激情澎湃，其实还是波澜不惊。我把这种生活情景称为“本源情境”。这里，没有任何“主—客”意识：父母、子女，房子、家具，他们习惯于此，都没有“意识到”；换句话说，它们都既不是对象，也不是主体，因为他们从来不去仔细打量、考究对方，不论他是人还是物。有一句成语就是说的这种情境：习焉不察。这是真正的本源意义上的“百姓日用而不知”（《周易·系辞上传》）。海德格尔所说的锤子的“上手状态”，就类似于这种情境（当然只是类似，因为“上手状态”是说的作为存在者的“物”与作为存在者的“此在”之间的一种“照面”方式）。庄子曾说到过这种本源情境：“有虞氏不及泰氏。有虞氏，其犹藏仁以要人；亦得人矣，而未始出于非人。泰氏，其卧徐徐，其觉于于；一以己为马，一以己为牛；其知情信，其德甚真，而未始入于非人。”（《庄子·应帝王》）庄子认为，有虞氏的生活方式是相当“源始”的了，但是毕竟是“人”的生活——主体性存在者的生活；而泰氏的生活却是“非人”的生活，亦即根本不是任何主体性存在者的存在——这里，连“此在”那样的“特殊存在者”也是没有的。你可以说人是“马”，也可以说人是“牛”。生活的本源情境就是如此：本源的生活乃是“非人”的生活；这里只有“事之情”，没有“人之情”（《庄子·人间世》）。当然，在这种本源情境里发生着生活感悟——生活情感、生活领悟；但是，这种生活感悟乃是本源的事情，即是先行于主体性、先行于任何作为存在者的人、物的事情。

但有一天，忽然下起了倾盆大雨，屋顶漏了，恐怕是某一条椽子坏了。这时候，他们忽然“意识到”了房子的“存在”，并开始仔细地打量它、端详它、研究它。

① ［德］海德格尔：《面向思的事情》，陈小文、孙周兴译，第68页。

突如其来，本源情境便被打破了：房子立即被对象化了，变成了一个存在者，或者说变成了房子里所有东西（人、物）的“存在者整体”；而坏了的椽子，便成了这个存在者整体当中的一个“存在者领域”。用海德格尔的话来说，“上手状态”突然之间落入了“在手状态”。当他们研究椽子这个“存在者领域”时，认识、知识、科学便开始发生了；当他们研究房子这个“存在者整体”时，形而上学便开始发生了。当他们决定要整个地推倒重建这幢破旧的房子的时候，他们开始了“形而上学的重建”工作。

当然，这还仅仅是说的“物”；其实，“人”也是如此的。在这座房子里共同生活的这一家子，实际上生活在某些规则、制度中，或者说生活在某种（广义的）伦理中。这种伦理、规则、制度，叫作规范；在传统儒家话语中，这就叫“礼”。儒家之所谓“礼”，涵盖了诸如道德规范、法律规范、政治规范、家庭规范、职业规范等社会规范，可以统称之为伦理规范。这些规范在体制上的落实，便是所谓制度。不仅伦理有规范，知识同样有规范：知识规则、知识制度。不过，人们虽然生活在规范中，但是在本源情境里，人们并没有意识到这些规范；不仅没有意识到规范，而且，严格说来，在本源层级的生活感悟中根本就没有所谓“意识”，因为意识之为意识，就是对象意识、自我意识，然而在本源情境里，既无对象，也无自我。这里所发生的一切，都是“无意识”[①]的。这里只有先行于任何存在者、任何“人”、任何“物”的生活情感、生活领悟。

但有一天，这位父亲忽然病逝了。此时此刻，本源情境便骤然被打破了：家庭的支柱倒塌了，种种生存问题接踵而至。悲伤之余、丧事之后，母亲面对着幼弱的子女，开始考虑“这日子今后怎么过下去”的问题。比如，她想到了改嫁的问题：假如不改嫁，她无力独自养活这些孩子。接下来的情况是：一切都被改变了。必须重新考虑整个家庭的问题——存在者整体的问题，这是形而上学的事情；必须重新考虑某些家庭成员的问题——存在者领域的问题，这是“社会科学”的事情。不仅如此，而且显然，他们必须改变某些规范、制度。

这一切看起来似乎是很“偶然的”，其实不然，“天要下雨，娘要改嫁”，椽子总有一天是会坏的，父亲总有一天是会死的，在这个意义上，我会承认康德的一种说法：人天生就是形而上学的存在者。形而上学发生于本源情境被突然打破之际，然而本源情境总是要被打破的，在这个意义上，我们说形而上学的建构是“必然的”。如果说形而上学本身就归属于生活，那么，我们总是要去建构形而上学，这就是我们的“天命”：我们去建构形而上学，也是去生活。

在儒家的观念中，重建形而上学、形而下学，所依据的是两个方面：一是变

---

① 这不是说的弗洛伊德意义上的“无意识”。

动了的生活方式，二是不变的仁爱。在上面那个例子里，母亲所做出的一切改变，都基于她对孩子们的不变的爱以及变动了的生活方式。但是，生活方式只不过是生活本身的显示样式：生活便是显示，而显示总是显示为显示样式；这种显示样式被我们存在者化地、对象化地、客观化地打量之际，它就被把握为所谓"生活方式"。生活方式的变动，不过是对生活本身的流行的形而上学把握。因此，这两个方面——不论是仁爱，还是生活方式，都归属于生活本身。这就是说，形而上学、形而下学的重建，都导源于生活。

但我在这里却想顺便强调一下："生活方式"是一个极其重要的概念。民族何以可能？由于生活方式。"民族"就是现代"民族国家"(nation：与"国家"是西来的同一个词)，但它并不是一个从来就有的观念，而是一个典型的现代性观念，它是与资本主义、资产阶级(中产阶级)的崛起相伴随的，是基于现代性的生活方式的观念。文化何以可能？同样由于生活方式。文化总是被把握为"民族文化"，也就是说，民族乃是文化的先行观念。这就表明了：民族和文化都不是本源的事情。然而，目前某些儒者的立场，无以名之，姑称之为"文化先验主义"(cultural transcendentalism)吧。这里，民族文化被悬设为一个先行的根据。而生活儒学的更彻底的发问则是：文化何以可能？民族何以可能？它们都是基于被把握为生活方式的生活显示样式的，唯其如此，它们都是历史地变动的东西——是"器"，而不是"道"。

九

问：形而上学就这样被建构起来了。但这样的形而上学建构究竟有什么意义？或者说，它对我们的现实生活究竟有什么意义？

答：其实，这是两个不同的问题：第一，生活儒学不仅仅是形而上学，而是包含着这样三个层级：生活领悟、形而上学、形而下学；第二，生活儒学的现实意义，或对现实生活的意义。

问：好吧，咱们先谈第一个问题：生活儒学的三个层级，这是什么意思？

答：生活儒学认为，我们的观念包含着三个基本的层级：生活本源、形而上学、形而下学。

首先是"形而上学"和"形而下学"这样两个层级的区分。"形而上者谓之道，形而下者谓之器。"(《周易・系辞上传》)器就是器物，即是"物"；同时，道也是"物"。所谓物，就是某种"东西"——存在者。在哲学所给出的范畴表中，存在者以两种方式给出：要么是实体，要么是实体的某种属性；但属性并不能独立存在，而是依附于实体的，所以归根结底，范畴所标志的就是存在者。[①] 范畴的这种情形同样适用于概念：概念所标志的同样是实体。不过，虽然都是存在者，但这里存在着区分："道"这样的物、存在者是形而上的，是"一"，对它的思考就是形而上学；而"器"这样的物、存在者是形而下的，是"多"，对它们的思考就是形而下学。科学是形而下学，技术是对这种形而下学的应用；伦理学也是形而下学，社会规范的设计是对这种形而下学的应用。如果说，形而下学是对万物、某种存在者或某个存在者领域的思考，那么，形而上学就是对唯一绝对之物、作为终极根据的那个存在者的思考。形而上学就是狭义的、纯粹的"哲学"，它所思考的乃是作为所有存在者的最后根据的那个存在者——本体。这就表明了这样一种生成关系：形而上学→形而下学。这种生成关系就是说：形而上学是形而下学的根据。

虽然如此，毕竟形而上学和形而下学所思考的都是存在者、物。在这个意义上，形而下学也是一种形而上学，因为它们都采取同样一种思维方式：以表象的方式去思考存在者。[②] 传统的形而上学思考存在者，而遗忘了存在本身；我们今天重建的形而上学虽然并不遗忘存在本身，但这样的形而上学仍然是思考存在者的。科学仍将思考自然界的存在者，伦理学仍将思考社会界的存在者，而哲学仍将思考作为所有这些存在者的根据的那种存在者。但是，它们并不遗忘存在本身，并不蔽塞生活本身。

于是就引出了另外一种区分："生活本源"和"形而上学"这样两个层级的区分。形而上学的言说所指涉的是存在者，而生活本源的言说所指涉的是存在本身。这种存在本身，就是生活本身、生活情感、生活领悟。假如我们承认存在本身就是生活本身；那么，我们接受海德格尔所做出的"存在论区分"——存在与存在者的区分。我们承认，海德格尔的这个"发现"是划时代的。但我更愿意说，生活儒学所说的存在论区分就是"生活论区分"；这就是说，存在与存在者的区分就是生活与生活者的区分。所谓"生活者"并不仅仅是指的"人"，也包括"物"，因为在生活儒学的观念中，在本源层级上并没有人与物的划分，它们向来共同生活着。所谓"共同生活"，所说的就是生活的本源情境：这里并不是说的先有了人和物，然后它们来"照面"；而是说的本来就没有所谓"人"和"物"，而只有生活本身。只是在"人和物都是由生活本身生成的"这种意义上，我们才说"共同生活"。儒家所说的"天地万物一体之仁"，在本源意义上就是在说这样的本源情境。顺便说说，在当前"生态伦理"的热烈讨论中所面临的"如何克服人类中心主义"这个问题，只有在"共同生活"这样的本源层级上才有可能得到彻

---

① 参见[古希腊]亚里士多德：《工具论·范畴篇》。

② 参见[德]海德格尔：《面向思的事情》，陈小文、孙周兴译，第68页。

底的解决。周敦颐当年“窗前草不除去”,是感觉到野草的存在“与自家意思一般”[①],就是缘于他领悟到了:“草”原来是与我共同生活着的“自家人”——草并不是与“人”划界的“物”,而是共同生活中的“生活者”。由此,儒家才可能有“民胞物与”“一视同仁”的观念。这已经远不仅仅是一个生态伦理的问题。只有回归生活本源,当代哲学的一个基本问题“形而上学何以可能”才能得到彻底的阐明:形而上学是导源于生活的,是导源于生活领悟的。这就意味着这样一种生成关系:生活本源→形而上学。

以上讨论表明了:如果说,形而上学是形而下学的根据,那么,生活本身就是形而上学的本源。这就是我所说的生活儒学的三个层级:生活本源→形而上学→形而下学。

问:这样一来,我们也就明白了这样的问题:“哲学有什么用?”

答:是的。我们经常会遇到这样的疑问:“哲学有什么用?”这个问题就是:形而上学有什么用?人们总是认为,形而下学——科学、伦理学等——才是有用的。这也不能说是一种错误的观念,因为确实只有形而下学才是可以“应用”的。但是,还有另外一种应用:作为形而下学的科学与伦理学,本身首先就在“应用”形而上学的“原理”。这就是另外一层意义上的“奠基”问题:形而下学何以可能?——科学何以可能?伦理学又何以可能?科学与伦理学作为形而下学,乃根据于形而上学。比如,它们都根据于形而上学的“主—客”架构:科学把这个架构应用于“自然界”这个存在者领域,于是“物”才成为我们的“研究对象”;而伦理学把这个架构应用于“社会界”这个存在者领域,于是“人”才成为我们的“研究对象”。而这两者同时也是在应用形而上学的“物界”划分:“人—物”或“社会界—自然界”这样的划分本身是由形而上学的范畴给出的。

十

问:按照这种陈述,由生活本源到形而上学,由形而上学到形而下学,最后则落实为规范构造;这种规范构造,其实就是在生活中建立规则,实质地改变生活,即“去生活”。这样一来,显然,生活就不再是本源的,而是形而下学的规范构造了。这岂不是出现了两种生活吗?一种是作为本源的生活,另一种则是作为规范构造的生活。规范的生活是否还是本源的生活呢?

答:实际上,这里并没有所谓“两种生活”。生活就是生活,就是生活本身。但是,生活对于我们来说具有两种不同的意义:固然,一方面,现存的一切,都曾

① (宋)黎靖德编:《朱子语类》卷六十,中华书局1986年版,第1431页。

经是人们的某种构造，都是人们的去生活而超越的结果，亦即都是规范的生活；但是，另外一方面，当下现存的一切，都是我们的本源，都是我们的在生活之际遇，亦即都是本源的生活。作为本源，生活本身是没有意义的，因为假如生活是有意义的，那就意味着在生活之外有一个确定这种意义的标准；但作为规范，生活却是有意义的，因为此时，生活恰恰已经被我们对象化了；这样一来，本源的生活本身也就同时获得了一种意义，也就是说，这种意义是在与规范的生活的对待关系中显示的：规范生活是前此的意义，本源生活是当下的意义。

问：以上分析似乎表明，生活儒学的总体的三个层级"生活本源→形而上学→形而下学"实际上不是层级性的，而是某种循环？

答：也可以这么说。所以，这种关系也可以有其他不同的描述：

……形而上学→形而下学→生活本源→形而上学……

……形而下学→生活本源→形而上学→形而下学……

但是，这却不是一种简单的"循环"；我更愿意说，它具有某种**类似**黑格尔辩证法的特征。但它跟黑格尔辩证法之间却存在着一种根本的区别：黑格尔辩证法乃是纯粹的形而上学体系，诸多形而下学的东西只是这个形而上学体系的内在环节；在黑格尔辩证法那里，根本就没有生活本源，它仅仅是主体的自我反思，而表现为实体的自我展开运动。

问：即便如此，还是存在着一个问题：我们为什么非得从生活本源这个环节开始不可？为什么不能从形而上学或者形而下学这个环节开始呢？

答：我们确实只能从生活本源开始。对此可以做三点阐明：第一，假如从形而上学开始，那么，人类自原创时期以来的观念史已经告诉我们，它必定导致存在本身的遗忘、生活本源的蔽塞。不仅如此，形而上学的"主—客"架构何以可能的问题未经先行阐明，使我们必定陷入"认识论困境"；生活本源层级的揭示，彻底消解了产生"认识论困境"的可能性。第二，假如从形而下学开始，那就必定不仅导致生活本源的蔽塞，甚至导致形而上学的缺席，这就意味着我们必定陷入道德相对主义、知识相对主义，奉行实用主义、丛林原则，这正是"后现代状况"的困境。第三，唯有从生活本源开始，我们才可能避免存在本身的遗忘、生活本源的蔽塞，也才可能说明形而上学何以可能、进而说明形而下学何以可能。

问：但是，前此的规范被我们把握为当下的本源，这是否同样会导致道德相对主义、知识相对主义？是否会导致我们对现存的规范的妥协态度？

答：不会的。当然应该承认：作为本源的在生活之际遇，作为前形而下学乃至前形而上学的事情本身，当下现存的一切乃是"中性"的：它们无所谓真、善、美的分别，因为它们无所谓知、意、情的分别（无"人之情"、有"事之情"）。本源的求真无意于求真，本源的向善无意于向善，本源的审美无意于审美。这固然是一种"承认现实"的态度。但这并不意味着妥协态度。生活本身的本源结构决定了，我们总是要去生活，即总是要超越现实的生活，这是一种"改变现实"的态度。我们首先必须承认现实，然后才有可能改变现实；否则，改变现实的愿望只是一种空中楼阁。过去人们不理解孔子对"礼"的态度，就是因为不懂得这个道理：孔子一方面主张"学礼""克己复礼""非礼勿视，非礼勿听，非礼勿言，非礼勿动"(《论语·颜渊》)，另一方面却主张"礼有损益"(《论语·为政》)，人们感到这似乎是自相矛盾的。其实，"礼"作为规范构造是具有不同的意义的：它固然是前此的规则建构，即是"损益"的结果；但它却是当下的生活际遇，所以首先必须"学礼"。所谓"即凡而圣"("圣"就是"仁且智")，只能这样理解。

问：最后，能不能对"生活儒学"的总体意义作出某种简要的概括？

答：众所周知，恩格斯曾经把黑格尔辩证法的意义概括为这样两句话：凡是现存的，都是合理的；凡是现存的，都是应当灭亡的。——"这种看法的保守性是相对的，它的革命性质是绝对的。"[①]仿此，我把生活儒学的意义概括为这样两句话：凡是现存的，都是本源的；凡是现存的，都是应当超越的。第一句话的意思是：凡是现存的，都曾经是前此的某种形而下学的构造，但是，无论如何，对于当下的我们来说，它们都是我们的在生活之际遇，我们只有由此出发，才能去生活而超越；第二句话的意思是：凡是现存的，纵然都是我们的在生活之际遇，但是，我们必定去生活而超越它们，而这种去生活而超越，同样归属于我们的在生活之际遇。——这种看法既无所谓"保守"，也无所谓"革命"，生活儒学只是告诉我们：我们向来在生活，并且总是去生活。

---

① [德]恩格斯：《路德维希·费尔巴哈和德国古典哲学的终结》，《马克思恩格斯选集》第4卷，人民出版社1972年版，第213页。

回望“生活儒学”

黄玉顺

【编者按】此文原载《孔学堂》杂志2018年第1期。

我经常讲，“儒家没有新的，儒学是常新的”[①]。儒家总是在不同的历史时代建构其不同的儒学理论形态，“生活儒学”就是儒家的一种现代儒学理论形态。自2004年诞生以来[②]，生活儒学已经走过了13个春秋，共出版了8本著作（含专著与文集）[③]，建构了一个完整的思想系统。感谢《孔学堂》杂志社的邀约，为我提供了一次自我反省的机会。

一、生活儒学的问题意识

“生活儒学”的提出，源于以下的问题意识：

---

① 黄玉顺：《儒学与生活——“生活儒学”论稿》，四川大学出版社2009年版，“前言”第9页。

② “生活儒学”的首次提出，是在2004年5月底6月初的一次网络论辩中。参见黄玉顺、陈明等：《关于“生活儒学”的一场讨论》，黄玉顺：《面向生活本身的儒学——黄玉顺“生活儒学”自选集》，四川大学出版社2006年版。首次正式成文是2004年夏秋撰写的《“生活儒学”导论》（中国人民大学“青年儒学论坛”于2004年12月11日专题讨论此文），载陈明、朱汉民主编：《原道》第10辑，北京大学出版社2005年版。

③ 这8本著作是：《面向生活本身的儒学——黄玉顺“生活儒学”自选集》（文集），四川大学出版社2006年版；《爱与思——生活儒学的观念》（专著），四川大学出版社2006年版；《儒家思想与当代生活——“生活儒学”论集》（文集），光明日报出版社2009年版；《儒学与生活——“生活儒学”论稿》（文集），四川大学出版社2009年版；《生活儒学讲录》（文集），安徽人民出版社2012年版；《中国正义论的重建——儒家制度伦理学的当代阐释》（文集），安徽人民出版社2013年版（英文版 *Voice From The East: The Chinese Theory of Justice*，英国 Paths International Ltd，2016年版）；《生活儒学——黄玉顺说儒》（编著），孔学堂书局2014年版；《中国正义论的形成——周孔孟荀的制度伦理学传统》（专著），东方出版社2015年版。

按照传统的理解，古今中外两千多年的哲学都不外乎“形上→形下”的二级架构，即根据一个绝对的形而上存在者来说明众多相对的形而下存在者何以可能；儒家哲学亦然，例如程朱理学以唯一绝对的“天理”来说明众多相对的“万物”何以可能，即其所谓“理一分殊”。但是，这样一来，我们就会一种陷入困境：面对中国人的现代化诉求，传统儒学的形上学、形下学皆不可取，这就意味着整个儒学都应当被抛弃。

先谈形下学困境。如果传统儒学是指的新文化运动之前的儒学，那么，它本质上就是帝国儒学。帝国儒学的形下学，最重要的内容就是一套政治伦理学，其核心无疑是“三纲”——君为臣纲、父为子纲、夫为妻纲。这样的儒学，显然是现代性的对立面，新文化运动所批判的正是这样的儒学。坚持这样的儒学，势必反对现代化，这正是今天一些“原教旨主义儒家”的态度。

再说形上学困境。传统儒学的形上学，是为上述形下学服务的；这种“形上→形下”关系，哲学上叫“奠基关系”(foundation-laying relation)，通俗地讲，即：之所以建构如此这般的形上学，是因为如此这般的形下学的需要。例如程朱理学的理本论，当然是为帝国的政治伦理学服务的；其所谓“天理”的实质内涵，其实就是以“三纲”为核心的帝国伦理政治规范的形上学化。因此，这样的儒家形上学显然同样是现代性的对立面。

如此一来，我们就会面临这样的两难选择：要坚持儒学，就必须放弃现代化；要追求现代化，就必须抛弃儒学。在今天的中国人里，这两种对立的选择都存在：有人原教旨主义地坚持儒学，有人厌恶地批判儒学。当然，也有人采取第三种选择，即探索儒学本身的现代化；但是，这类探索始终在理论逻辑上无法自圆其说。

其实，问题的关键在于人们还没有意识到：儒学的上述困境基于对儒学的一种认识，即儒家哲学就是“形上→形下”的二级观念架构。生活儒学的问题意识就是这样被逼显出来的：如果我们既要选择现代价值，又要选择儒家立场，那么，唯一的可能就是认定儒学不仅仅有“形上→形下”的二级观念架构，它还有更本源的观念层级，却被长久地遮蔽而遗忘了；通过发现和揭示这种本源观念，我们就可以面对现代性而重建儒家的形上学和形下学。

二、生活儒学与现象学的关系

由此，生活儒学突破了两千年来哲学的“形上→形下”二级架构，展示了三级观念架构：

存在论意义上：生活存在→形而上存在者→形而下存在者

观念论意义上：生活感悟→形而上学→形而下学

老实说，这种突破是受到海德格尔现象学、特别是其“存在论区分”（der ontologische Unterschied）的启发。按照海德尔格对“存在”（Sein）与“存在者”（Seiendes）的区分，那么，不论是形而下者，还是形而上者，都是存在者，而不是存在；然而所有一切存在者都是由存在给出的。用儒家的话语讲，形而上者是形而下者之“本”，而存在却是形而下者和形而上者之“源”，这就是我所说的“本源”——“大本大源”的意思。[①] 那么，在孔孟的原典儒学里，这种被长久遮蔽而遗忘的存在何在？本源何在？下文将会讨论这个问题。

但是，许多朋友误以为我是用现象学来解释儒学。其实，我在自己的著作和文章里多次对海德格尔进行了根本的批判。例如：

> 海德格尔在这个基本问题上其实是自相矛盾的：一方面，存在是先行于任何存在者的，“存在与存在的结构超出一切存在者之外，超出存在者的一切存在者状态上的可能规定性之外”[②]，那么，存在当然也是先行于此在（Dasien）的，因为“此在是一种存在者”[③]；但另一方面，探索存在却必须通过此在这种特殊存在者，即惟有“通过对某种存在者即此在特加阐释这样一条途径突入存在概念”，“我们在此在中将能赢获领会存在和可能解释存在的视野”[④]。如果这仅仅是在区分“存在概念的普遍性”和我们“探索”“领会”“解释”存在概念的“特殊性”[⑤]，那还谈不上自相矛盾；但当他说“存在总是某种存在者的存在”[⑥]，那就是十足的自相矛盾了，因为此时存在已不再是先行于任何存在者的了。[⑦]

海德格尔的上述矛盾，根本原因是“存在”（Sein）与“生存”（Existenz）的二分；生存是“此在”（Dasein）的生存，即是一种特殊存在者的存在，即人的存在。而生活儒学的做法是：去掉作为生存的前提的此在，那么，生存即是存在，存在即是生存，两者是一回事。这样的作为生存的存在，或者作为存在的生存，谓之“生活”。这是比海德格尔的“存在”概念更彻底的存在观念：一切存在者皆源于生活、归于生活。

① 参见黄玉顺：《“生活儒学”导论》，《面向生活本身的儒学——黄玉顺“生活儒学”自选集》，第32～34页。

② ［德］海德格尔：《存在与时间》，陈嘉映、王庆节译，三联书店1999年版，第44页。

③ ［德］海德格尔：《存在与时间》，陈嘉映、王庆节译，第14页。

④ ［德］海德格尔：《存在与时间》，陈嘉映、王庆节译，第46页。

⑤ ［德］海德格尔：《存在与时间》，陈嘉映、王庆节译，第46页。

⑥ ［德］海德格尔：《存在与时间》，陈嘉映、王庆节译，第11页。

⑦ 参见黄玉顺：《生活儒学关键词语之诠释与翻译》，《现代哲学》2012年第1期。

不少朋友以为“存在”是一个西化的外来词。其实不然，汉语“存在”这个词语及其观念，至迟在隋唐时期便已经出现。① 人们之所以用汉语“存在”去翻译西语“Sein”，是因为两者之间尽管存在着非等同性，但确实存在着可对应性。② 关于这个问题，最近我与美国知名哲学家安靖如（Stephen C. Angle）进行了一场对话。③ 在他看来，儒家哲学的当代发展可以分为两种路数：一种是“有根的全球哲学”（rooted global philosophy），即他所说的广义的“进步儒学”（progressive Confucianism）；另一种则是“无根”的、“双重承诺”（dual commitment）的哲学，既认同儒学传统，又认同西方的某个哲学传统。例如安乐哲（Roger Ames）“角色伦理学”（Role Ethics）④，既认同中国的儒学传统，又认同美国的实用主义哲学传统。安靖如过去认为生活儒学属于后者，现在他认为生活儒学也是一种“有根的全球哲学”⑤，其“根”就是儒学传统，而不是现象学。

三、生活儒学的思想系统

前面谈到，生活儒学突破了古今中外哲学两千年来的“形上→形下”二级观念架构，从原典儒学甚至更早的中国思想观念中，发现了比形而上者和形而下者这样的存在者更本源的存在——生活观念，这就形成了三级观念架构。

（一）生活儒学思想系统的层级

生活儒学作为一个思想系统，包含着三个观念层级：

1.存在或者生活层级的生活感悟

严格来讲，生活儒学在本源层级上的言说，并非什么“哲学”，而是前哲学、前理性、前主体性、前存在者的事情，只能说是“生活感悟”——生活情感、生活领悟。有些朋友觉得生活儒学的代表作《爱与思——生活儒学的观念》许多地方“不像哲学”，其实是因为他们不理解生活感悟的言说方式——不是哲理的语言，而是诗性的语言。孔子讲“兴于诗，立于礼，成于乐”（《论语·泰伯》），最重

① 参见黄玉顺：《生活儒学关键词语之诠释与翻译》，《现代哲学》2012 年第 1 期。

② 参见黄玉顺：《爱与思——生活儒学的观念》第一讲“一、等同与对应：定名与虚位”，第 4～8 页。

③ 参见黄玉顺、安靖如：《生活儒学与进步儒学的对话》，《齐鲁学刊》2017 年第 4 期。这是 2017 年 4 月 25 日的山东尼山书院“明湖会讲”第三期，主题为“中美儒学对话：生活儒学与进步儒学”。

④ Roger T. Ames: *Confucian Role Ethics: A Vocabulary*, Hong Kong: Chinese University Press, Chinese University of Hong Kong, 2011.

⑤ Stephen C. Angle: *Contemporary Confucian Political Philosophy Toward Progressive Confucianism*, Cambridge: Polity Press, 2012, P.16.

视诗，就是因为诗是生活情感的言说、生活感悟的表达，而非什么形上学、形下学的哲学建构。宋明理学家，尤其是程颐竟然鄙视诗，乃至批评诗圣杜甫的名句“穿花蛱蝶深深见，点水蜻蜓款款飞”是“如此闲言语，道出做甚”，自称“某素不作诗”“不欲为此闲言语”[①]，这实在是大谬不然。诗所表达的生活情感、生活领悟才是儒学的大本大源。生活儒学关于生活感悟的言说，最集中的表述是在《生活本源论》[②]。

2.形而上存在者层级的本体论建构：“变易本体论”

自轴心期以来，人类开始建构哲学形上学，其核心是本体论。儒家亦然，战国时期开始建构哲学形上学，其核心是主流的心性论。此后，哲学形上学不断翻新，所以我常说“儒家没有新的，儒学是常新的”。在我们今天走向现代性的时代，儒家的形上学需要“现代化版本”[③]。事实上，儒学的现代化版本已有了1.10版、1.20版……2.10版、2.20版……生活儒学也有儒家形上学的现代化版本，那就是“变易本体论”[④]，下文再论。

3.形而下存在者层级的伦理学建构：“中国正义论”

所谓“形下学”，即关于形而下存在者的理论。由于形而下存在者可以分为自然界和社会界两大块，即《易传》所谓“天文”与“人文”(《周易·贲彖传》)，所以，形下学通常有两大领域：关于自然界的知识论及科学技术；关于社会界的伦理学及道德规范。一般来说，儒家更关注的是后者。

儒家建构形上学，如上文所言，是为其形下学服务的。帝国时代的儒家所建构的形上学，是为以“三纲”为核心的政治伦理学服务的；而现代新儒家所建构的形上学，则是为现代伦理政治价值观服务的，譬如牟宗三的“两层存有论”，是要开出现代性的“政统”与“学统”，即“民主与科学”。生活儒学也建构了自己的形下学，那就是“中国正义论”(Chinese Theory of Justice)[⑤]，下文讨论。

(二)生活儒学对“奠基”与“生成”的区分

生活儒学的三级观念之间的内在关系，其实是有严格区分的，即区分为观念层级之间的“奠基”关系和“生成”关系。

---

① 《二程遗书》卷十八，(宋)程颢、程颐：《二程集》，中华书局1981年版，第239页。

② 参见黄玉顺：《爱与思——生活儒学的观念》附论二《生活本源论》。

③ 黄玉顺：《论“重写儒学史”与“儒学现代化版本”问题》，《现代哲学》2015年第3期。

④ 黄玉顺：《形而上学的黎明——生活儒学视域中的“变易本体论”建构》，《湖北大学学报》(哲学社会科学版)2015年第4期。

⑤ 参见黄玉顺的文集《中国正义论的重建——儒家制度伦理学的当代阐释》(安徽人民出版社2013年版)和专著《中国正义论的形成——周孔孟荀的制度伦理学传统》(东方出版社2015年版)。

1.观念层级之间的奠基关系

“奠基”的概念是由康德首先明确提出的，胡塞尔首次给出了一个形式化的定义，海德格尔深化了这个概念。[①] 但事实上，古今中外的哲学都不外乎处理奠基问题，即设定一个形而上者来为形而下者奠基。到了海德格尔，则提出了双重奠基：基础存在论为传统存在论奠基，而传统存在论为科学奠基。[②] 生活儒学的三级观念之间，也是双重奠基关系：生活感悟→形而上学→形而下学。

2.观念层级之间的生成关系

其实，“奠基”固然是哲学史、观念史的事实，却并非人类观念层级形成过程的事实。事实上，人类观念层级的形成过程，是一个“生成”过程。观念层级之间的奠基与生成的共同点是：它们都是从关于生活存在的生活感悟开始的。两者的区别是：观念层级的奠基是从形而上者派生出形而下者，而观念层级的生成则是从形而下者提升为形而上者。

这一点，儒家关于“功夫”与“境界”的理论是最切合实际的。冯友兰先生“境界”说的四种境界，其实就是观念的三个层级当中的两个层级。这三个层级，我把它们概括为“自发境界”“自为境界”和“自如境界”。[③] 如表 1-1 所示：

表 1-1　境界的三个层级

境界	冯友兰“境界”说	孔子	观念层级
自发境界	自然境界		生活感悟
自为境界	功利境界 道德境界	十五而志于学 三十而立	形而下者
	天地境界	四十而不惑	形而上者
自如境界		五十而知天命 六十而耳顺 七十而从心所欲	复归本真生活

现实生活中的人，总会获得形而下的主体性，但未必能达到形而上的主体性；达到形而上主体性的人，又未必能自觉复归前主体性的本真生活、达到最高境界。

① 参见黄玉顺：《形而上学的奠基问题：儒学视域中的海德格尔及其所解释的康德哲学》，《四川大学学报》（哲学社会科学版）2004 年第 2 期。

② 参见黄玉顺：《为科学奠基——中国古代科学的现象学考察》，《面向生活本身的儒学——黄玉顺“生活儒学”自选集》。

③ 参见黄玉顺：《爱与思——生活儒学的观念》第四讲“境界的观念”，第 129～165 页。

四、生活儒学的本源层级：生活感悟

不论是从观念层级的生成还是奠基的维度来看，生活儒学的第一个观念层级是生活存在及其感悟。这是前主体性、前存在者、前哲学、前形而上学的观念层级；一切存在者——形而上者、形而下者的观念皆源于生活感悟。

所谓"生活感悟"，指生活情感与生活领悟。

生活儒学的"生活情感"观念不是通常的"情感"概念，即不是孔孟之后的帝国儒学的"情"概念。传统儒学将"情"视为形上之"性"的"已发"状态，即是一种形而下者，此即"性本情末""性体情用"甚至"性善情恶"的观念，由此形成"性→情"这样的"形上→形下"观念架构。这种"情"是主体性存在者的情感，即正面的或负面的"道德情感"。难怪戴震要解构这种"情"观念[①]，王夫之进而要解构这种"性"观念[②]，因为这种情感观念并不符合孔孟的前主体性的情感观念。事实上，从观念层级的生成的维度看，"情"是前存在者、前主体性的生活存在层级的观念，而"性"则是一种形而上学的观念建构。[③] 按照孔孟的观念，并非因为你是仁者，你才能够爱人，而是因为爱人的情感显现出来，你才成为一个仁者。

生活儒学的"生活领悟"也不是说的主体对某种对象——物或理的领悟，而是一种前主体性的观念状态，即是一种前存在者的观念状态；在这种观念状态中，"不知何者为我，何者为物"[④]，犹如老子所说的"无物"之"无"(《老子·第十四章》)。然而，一切物、一切存在者、一切"道理"皆源于此，即不过是生活领悟的存在者化而已。我曾经分析过：科学与哲学赖以成立的四大预设信念——实在性、运动性、规律性(或因果性)、可知性，其实分别源于生活领悟——存在的领悟、流行(streaming)的领悟、天命的领悟、领悟的领悟。[⑤]

生活存在不是任何存在者、任何物，而是前存在者的、无物的"流行"，故而以水为喻：生活如水，情感如流。主体、对象——一切存在者、物，皆源于、且归于生活情感之流。我称之为"生活的本源结构"："在生活并且去生活"——一切主体"在生活"之中生成，然后他们"去生活"。生活是"无"；主体建构其"有"——形下之"万有"、形上之"唯有"，然而终归是"无"。

---

① 参见戴震：《孟子字义疏证》卷上"理"、卷中"性"，中华书局1982年版，第1、25页。

② 参见(清)王夫之：《尚书引义·太甲二》，中华书局1976年版，第63页。

③ 参见黄玉顺：《儒家的情感观念》，《江西社会科学》2014年第5期。另见黄玉顺：《爱与思——生活儒学的观念》第二讲"爱的观念"，第45～87页。

④ 王国维：《人间词话新注》(修订本)，第34页。

⑤ 参见黄玉顺：《面向生活本身的儒学——"生活儒学"问答》，《面向生活本身的儒学——黄玉顺"生活儒学"自选集》，第64～76页。

五、生活儒学的形上学建构:变易本体论

从观念奠基的维度看,生活儒学的第二个观念层级是形而上者的存在:我们思考形而上的存在者,其结果是某种形而上学。生活儒学的形上学,就是"变易本体论"(change ontology)。

变易本体论的所谓"本体"不再是传统哲学的那种存在者化的实体,而是《周易》之所谓"易",亦即变易。一切皆变,唯变不变。

> 西方人将《周易》翻译为《变易之书》(*The Book of Change*),颇有道理:"易"的基本含义就是"变易"或"变"(change)。《易纬·乾凿度》说:"易者,易也,变易也,不易也。"刘义庆《世说新语·文学》注引郑玄《序易》说:"'易'之为名也,一言而函三义:简易一也,变易二也,不易三也。"这三义其实都是讲的变易:"简易"是说"变易"乃是极为简单的道理;"不易"是说永恒不变的道理就是"变易"本身。至于《说文解字》所谓"易,蜥易、蝘蜓、守宫也",恐非"易"字的本义;徐中舒《甲骨文字典》指出:此字"象两酒器相倾注承受之形,故会赐与之义,引申之而有更易之义"。按"易"本义当指交易(交换)而变易。《易》之为书,旨在变易;而之所以变易,乃源于阴阳之交易(交感)。
>
> 据此,道即是变,变即是道。如《系辞上传》说"形而上者谓之道",此"道"就是"变",即是"变化之道":"道有变动""乾道变化""形而上者谓之道……化而裁之谓之变""四时变化而能久成,圣人久于其道""圣人之道四焉……以动者尚其变",等等。[①]

这种变易,其实是对生活之流的一种领悟,《周易》谓之"生"或"生生",即"生生之谓易"(《周易·系辞上传》)。此"易"不是说的某物的变易,一切物倒是在这种变易中生成;此"生"不是说的某物的生生,一切物倒是这种生生中生成。

六、生活儒学的形下学建构:中国正义论

从观念奠基的维度看,生活儒学的第三个观念层级是形而下者的存在:我们思考形而下的存在者,其结果是某种形而下学。儒家最关注的形而下者领域

---

① 黄玉顺:《形而上学的黎明——生活儒学视域下的"变易本体论"建构》,《湖北大学学报》(哲学社会科学版)2015年第4期。

是社会的伦理政治秩序，为此，生活儒学建构了一套制度伦理学——“中国正义论”[①]。这个理论体系是一个包含七大理论环节之间奠基关系的理论结构，即“仁爱情感(仁)→利益冲突(利)→正义良知(知)→正义原则(义)→工具理性(智)→制度规范(礼)→社会和谐(乐)”的立体系统，核心是“仁→义→礼”。

(一)仁：博爱情感

在传统的儒家哲学文本中，“仁”有时是指的一种形而下的道德情感，有时甚至是指的一种形而上的本体；但就其本义而论，“仁”其实就是指的一种自然而然的生活情感。这种仁爱情感有两个方面：“差等之爱”和“一体之仁”。

1.差等之爱导致利益冲突

学界有一种误解，以为儒家所讲的仁爱就是“爱有差等”(《孟子·滕文公上》)：人们对自己的爱超过对他人的爱，对亲人的爱超过对外人的爱，对人类的爱超过对物类的爱。为此，人们经常引证孟子的名言：“君子之于物也，爱之而弗仁；于民也，仁之而弗亲。亲亲而仁民，仁民而爱物。”(《孟子·尽心上》)殊不知，差等之爱固然是人类情感的一种实情，但是，这并不是人类情感、儒家仁爱情感观念的全部。

不仅如此，差等之爱必然导致利益冲突，这正是人类需要建构社会规范及其制度的缘由。这个问题，荀子讲得最透彻。他指出，爱导致利欲，这就是他的“爱利”(爱则利之)(《荀子·强国》)思想：爱己便欲利己，爱人便欲利人，爱物便欲利物，这是人之常情。[②] 荀子所谓“性恶”，正是在这个意义上讲的，即：“人生而有欲，欲而不得则不能无求，求而无度量分界则不能不争，争则乱，乱则穷；先王恶其乱也，故制礼义以分之，以养人之欲，给人之求……是礼之所起也。”(《荀子·礼论》)这就是说，礼——社会规范及其制度的建立，就是为了解决差等之爱所导致的利益冲突问题。

2.一体之仁通过社会规范建构及其制度安排解决利益冲突问题

所谓“一体之仁”[③]，通俗地说即一视同仁，其实就是韩愈讲的“博爱之谓仁”[④]，这是对差等之爱的超越。儒家明确区分差等之爱和一体之仁的适用范围：差等之爱适用于私人领域，一体之仁适用于公共领域。这就是《礼记》讲的“门内之治恩掩义，门外之治义断恩”(《礼记·丧服四制》)，也就是说，在私人领

---

① 参见黄玉顺：《中国正义论的重建——儒家制度伦理学的当代阐释》，安徽人民出版社2013年版；《中国正义论的形成——周孔孟荀的制度伦理学传统》，东方出版社2015年版。

② 参见黄玉顺：《荀子的社会正义理论》，《社会科学研究》2012年第3期。

③ (明)王守仁撰，吴光编校：《大学问》，《王阳明全集》，上海古籍出版社1992年版，第968页。

④ (唐)韩愈撰，马其昶校注：《原道》，《韩昌黎文集校注》，上海古籍出版社1986年版，第13页。

域，差等之爱（恩）掩盖正义原则（义）；在公共领域，正义原则（义）拒绝差等之爱（恩）。

（二）义：正义原则

此处所谓“义”，或荀子所说的“正义”[①]，即社会规范建构及其制度安排中的正义原则。儒家实质上有两条正义原则：

1.正当性原则

在动机上，社会规范建构及其制度安排必须出自超越差等之爱、寻求一体之仁的博爱精神。根据这个原则，按照亲疏远近关系来安排的制度规范就是不正义的。这足以消除人们对儒家伦理原则的误解。

2.适宜性原则

在效果上，社会规范建构及其制度安排必须适应于共同体的基本生活方式。根据这个原则，皇权时代生活方式下的制度规范不同于王权时代生活方式下的制度规范，而民权时代生活方式下的制度规范又不同于皇权时代生活方式下的制度规范。

（三）礼：制度规范

最广义的“礼”，泛指所有一切社会规范及其制度。儒家揭示了“礼”的两层意义：

1.礼以立身：制度规范的普遍性和永恒性

孔子说：“立于礼。”何晏注：“礼者，所以立身。”[②]这就是说，任何人都必须遵守社会规范及其制度，否则就无以立足。现代社会亦然，法治（rule of law）就是一种典型表现。显然，任何社会共同体都必须有一套社会规范及其制度。在这个意义上，礼是普遍而永恒的。

2.礼有损益：制度规范的特殊性和变动性

但是，人们遵守社会制度规范的前提，是这套制度规范本身是正义的，否则人们就没有认同和遵守它的义务。例如，今天的人们没有义务遵守奴隶制度、封建制度、专制制度。然而社会制度规范却是历史地变动的，这就是孔子“礼有损益”的思想，他指出：“殷因于夏礼，所损益可知也；周因于殷礼，所损益，可知也；其或继周者，虽百世可知也。”（《论语・为政》）在这个意义上，任何礼都没有普遍性和永恒性。且以中国而论，我们经历了宗族社会的王权封建制度、家族社会的皇权专制制度，正在走向市民生活方式之下的公民民主制度。

---

① 参见《荀子・正名》《荀子・儒效》《荀子・臣道》。

② （清）阮元校刻：《论语注疏》，《十三经注疏》，中华书局1980年版，第2487页。

上述作为儒家制度伦理学的中国正义论的重大意义不止于此。按照传统的理解,政治哲学或政治学要么建基于某种形而上学——宗教形上学、哲学形上学,要么建基于某种伦理学(特别是规范伦理学)或道德哲学;当代政治哲学则出现了一种倾向,即试图斩断两者之间的这种奠基关系。生活儒学则将这种关系颠倒过来,将作为制度伦理学的正义论视为其他一切伦理学或道德哲学、政治哲学的基础,即一种"基础伦理学"(fundamental ethics)。[①]

七、生活儒学的现代政治哲学

上节讨论的儒家正义论,并不是专门针对现代社会而言的,而是儒家伦理学及政治哲学的一套普遍原理,即可用以判定古今中外一切社会规范及其制度之正义性。至于生活儒学的现代政治哲学建构,则是"儒家自由主义"[②]及其"国民政治儒学"[③]。

儒家自由主义是真正的儒家在现代生活方式下必然采取的价值立场,它根据儒家伦理学或儒家正义论的原理,认定现代市民生活方式的社会主体是个人,而不是家庭——既不是古代的宗族家庭、家族家庭,也不是现代的核心家庭。因此,现代政治哲学的根基乃是个体,儒家必须建构自己的"儒家个人主义"[④],张扬个人的自由民主权利。

> 按照儒学原理,现代社会伦理绝非以核心家庭为本位的血亲伦理,而是以个体为本位的社会伦理。个体伦理并不是对家庭伦理的否定,两者并不构成对立关系;事实上,在现代社会,个体伦理恰恰是对家庭伦理的支持。
>
> 即以爱情—婚姻—家庭问题而论,现代核心家庭的成立基于夫妻双方的婚姻契约,这种契约关系又基于由双方的爱情所导致的信赖,而这种爱情关系则又基于双方独立自主的个体地位。
>
> ……

① 参见黄玉顺:《作为基础伦理学的正义论——罗尔斯正义论批判》,《社会科学战线》2013 年第 8 期;《孔子怎样解构道德——儒家道德哲学纲要》,《学术界》2015 年第 11 期。

② 黄玉顺:《自由主义儒家何以可能》,杨永明主编:《当代儒学》第 10 辑,广西师范大学出版社 2016 年版;黄玉顺:《儒家自由主义对"新儒教"的批判》,《东岳论丛》2017 年第 6 期;郭萍、黄玉顺:《儒家的自由观念及其人性论基础——与西方自由主义的比较》,《四川大学学报》(哲学社会科学版)2015 年第 4 期。

③ 黄玉顺:《国民政治儒学——儒家政治哲学的现代转型》,《东岳论丛》2015 年第 11 期。

④ 黄玉顺:《儒家"道德个人主义"是否可能?——略评"心性论礼法学"的政治哲学建构》,《学术界》2017 年第 1 期。

> 前现代的政治体制是君主政治，即王权政治或皇权政治；而现代性的政治体制则是民权政治，亦即民主政治。这也是与生活方式和社会主体的转换相一致的。[①]

国民政治儒学的根基，正是这样的个体的集合，亦即“国民”（civics）的概念，其社会性的表达即“平民”（civilians），其政治性的表达即“公民”（citizens）。要注意的是，这种“个体集合”的性质是“人民”（people）这个概念所不能表达的，因为“一个人民”是不存在的，任何一个人都不是人民。“国民”所强调的是个人（person）或个体（individual）。之所以强调这一点，是因为所有被公认为是现代价值的东西，诸如自由、平等、博爱、民主、共和、宪政、法治等，其实都不仅是现代社会的东西，而且是古已有之的，唯有个体性才能够赋予其现代性的本质。

国民政治儒学的基本特征就是“国民政治”（civic politics），即公民是政治生活的最终的主体和主权者。因此，国民政治儒学的基本内涵是一种新的“三民主义”（the three doctrines of civic politics）：国民所有（of the civics）（国民掌握权力），国民所治（by the civics）（国民治理国家），国民所享（for the civics）（国民享有利益）。

八、生活儒学的其他维度

生活儒学的思想系统，除以上的观念层级建构外，还有其他一些维度的建构：

（一）生活儒学的诠释观

生活儒学的上述思想系统建构，当然是根据对儒家经典文本的诠释，这就涉及诠释学问题了。但生活儒学的诠释方法既不仅仅是传统的训诂学，也不是海德格尔和伽达默尔的现象学的哲学诠释学（die philosophische Hermeneutik），而是自己的生活诠释学。

按生活诠释学的观点，文本诠释活动既非经验论的“我注六经”，也非先验论的“六经注我”，而是“注生我经”，即“注”这样的活动，既给出了新的“我”（新的主体），也给出了新的“经”（新的客体文本）；而“注”这样的活动，原是生活的一种样式，即从属于一种特定的生活方式，而终究归属于生活。[②]

---

① 黄玉顺：《论儒学的现代性》，《社会科学研究》2016 年第 6 期。

② 参见黄玉顺：《注生我经：论文本的理解与解释的生活渊源——孟子“论世知人”思想阐释》，《中国社科院研究生院学报》2008 年第 3 期。

(二)生活儒学的时间观

当代思想的真正的前沿,其实是时间问题:有怎样的时间观,就有怎样的世界观、社会观、历史观和人生观。时间观的最根本的问题则是:时间何以可能?通俗地说,人类怎么会有这样那样的时间观?尤其是人类怎么会有“过去决定现在,现在决定未来”这样的线性时间观?怎么会有“过去、现在、未来”这样的时间分割?

生活儒学认为,时间观念的产生是一个“无中生有”的过程,即从“无间”到“有间”的过程。物、存在者在观念中的呈现,其前提是物界的划分,即存在者之间的区分,亦即庄子讲的“物际”(《庄子·知北游》),这就是时间和空间之“间”。但在生活感悟的观念层级上,即在生活或存在的观念层级上,本来“无间”,即庄子讲的“浑沌”(《庄子·应帝王》)、老子讲的“无”或“无物”。时间观念的产生,就是从“无间”到“有间”的观念层级转换。而且,这种转换并不是呈现为“过去—现在—未来”三段,而是首先从无物无间的当下,呈现出存在者化的过去和未来,然后才将这个当下同样存在者化地理解为一个时间点或时间段。这就是说,时间及其结构是从无物无间的当下释放出来的:过去←—当下—→未来。所以,并不是过去决定了现在、现在决定了未来,而是当下决定了过去和未来。

如此“玄妙”的当下,在儒家的观念中依然还是仁爱的情感。为此,我们就得重新理解孔子所说的他和大禹之间的“无间”(《论语·泰伯》):这其实也就是成语“亲密无间”的意谓。[①]

(三)生活儒学的历史观

生活儒学首先解构了客观的历史观,但这并不意味着认同主观的历史观,而是要解构而重建“主观—客观”“主体—客体”这样的观念架构。客观的历史事实上是不可触及的,历史总是被书写、理解和解释的历史;但历史也不是主观的,即不是书写者、理解者和解释者任意而为之的。

1.历史的观念

其实,不论历史文本,还是书写者、理解者和解释者,都存在于当下生活之中,即是由当下生活所决定的。对于一个特定的共同体之中的人来说,正是他们的共同生活决定了他们具有共同的生活感悟,这就既决定了书写者、理解者和解释者方面的主观性,也决定了历史文本方面的客观性。然而这样的生活感

① 参见黄玉顺:《“时间”观念何以可能——从“无间性”到“有间性”》,《河北学刊》2014 年第 4 期。

悟，其实是人类观念的一个层级，所以，生活儒学才提出了“历史即观念史”的命题。[①]

这个命题意义重大。例如，如何认识儒家的“尧—舜—禹—汤—文—武—周公……”的道统谱系？以古史辨派为代表的实证主义史学认为这并不是历史事实，殊不知这个谱系恰恰“客观地”、深远地影响了中国社会历史的实际面貌；这就犹如西方世界，假如没有“子虚乌有”的上帝，西方的社会历史与现实就不会是这个样子，就得重新书写。这是主观的历史，还是客观的历史？

2.中国社会的历史分期

生活儒学重新处理了中国历史的分期问题，即按基本生活方式的转换，分为三大历史形态，中间有两次社会大转型：

(1)宗族生活方式下的王权封建社会：夏商西周

A.第一次社会大转型：春秋战国

(2)家族生活方式下的皇权专制社会：自秦朝至清朝

B.第二次社会大转型：近现当代

(3)市民生活方式下的民权平等社会[②]

3.儒学的历史分期

伴随着社会转型的，就是思想观念的转型。生活儒学重新诠释了儒学的历史，提出一种新的“儒学三期”说(见表1-2)。[③]

表1-2　儒学三期

儒学的历史形态		儒学的思想特征	
1.原创时代	①西周儒学(五经原典)	①儒学的初始形态	1.有本有源
	②春秋儒学(孔子思想)	②儒学的全面开创	
	③战国儒学(曾思孟荀)	③儒学的歧异深入	
2.转进时代	①前宋明儒学(经学与玄学)	①古典儒学的转进	2.形而上学
	②宋明新儒学(理学与心学)	②古典儒学的兴盛	
	③后宋明儒学(朴学或汉学)	③古典儒学的固滞	

① 参见黄玉顺：《思想及其历史的生活渊源——论“思想史”及其“对象”问题》，《湖南社会科学》2009年第2期。

② 关于中国社会历史分期，参见黄玉顺的多篇文章，尤其是：《论儒学的现代性》，《社会科学研究》2016年第6期；《国民政治儒学——儒家政治哲学的现代转型》，《东岳论丛》2015年第11期。

③ 参见黄玉顺：《儒学当代复兴的思想视域问题——“儒学三期”新论》，《周易研究》2008年第1期。

续表

<table>
<tr><th colspan="2">儒学的历史形态</th><th colspan="2">儒学的思想特征</th></tr>
<tr><td rowspan="3">3.再创时代</td><td>①近代儒学(洋务与维新)</td><td>①举末的儒学复兴</td><td rowspan="3">3.重返本源</td></tr>
<tr><td>②现代儒学(现代新儒学)</td><td>②返本的儒学复兴</td></tr>
<tr><td>③当代儒学(儒学新开创)</td><td>③溯源的儒学复兴</td></tr>
</table>

(四)生活儒学的知识论

上文曾谈到,形而下者的观念层级,通常可以分为两大块,即关于自然界的知识论和关乎社会界的伦理学。一般来说,儒家更关注后者;但这并不是说儒学当中完全没有知识论方面的思想资源。对此,生活儒学也有一些揭示。[①]

知识论意义上的"真理",其实是说的主观的认知符合客观的情况;伦理学意义上的"价值",其实是说的客体的情况符合主体的需要意向。由此可见,从根本上来说,关于社会界的伦理学和关于自然界的知识论有一个共同的观念基础,就是"主体—客体"的观念架构。

这个根本架构,儒家早已揭示了,否则就不可能有儒家的伦理学、道德哲学、政治哲学。在这个问题上,荀子的思想是最明确的,他说:"凡以知,人之性也;可以知,物之理也。"(《荀子·解蔽》)这里,"人之性"就是主体方面的智能,"物之理"就是客体方面的规律。荀子实际上有两个不同意义的人性概念,一个是伦理学意义的"性恶",一个是知识论意义的"性知"(智能),即"知有所合谓之智"(《荀子·正名》);这两方面统合在"性"概念之下,即"生之所以然者谓之性;性之和所生,精合感应,不事而自然,谓之性"(《荀子·正名》)。不仅如此,在荀子那里,知识意义的"性"比伦理意义的"性"更基础,保证了"化性起伪"和"途之人可以为禹",亦即:"凡禹之所以为禹者,以其为仁义法正也。然则仁义法正有可知可能之理;然而途之人也皆有可以知仁义法正之质,皆有可以能仁义法正之具,然则其可以为禹明矣。"(《荀子·性恶》)

(五)生活儒学的宗教观

近年来,"儒教"问题又成为一个思想学术热点,人们激辩"儒学是否宗教"

---

① 关于生活儒学的知识论,参见黄玉顺:《为科学奠基——中国古代科学的现象学考察》,《面向生活本身的儒学——黄玉顺"生活儒学"自选集》,四川大学出版社 2006 年版;《儒学与作为科学理论基础的知识论的重建》,杨永明主编:《当代儒学》第 8 辑,广西师范大学出版社 2015 年版;《论〈周易〉的"易理"与"数理"》,《湖南科技大学学报》(社会科学版)2016 年第 2 期;《略谈〈周易〉"数理"问题》,涂可国主编:《中国文化论衡》2016 年第 1 期(创刊号),社会科学文献出版社 2016 年版。

的问题，我本人也曾引起过一场论战。[①] 我本人对“儒教”问题的看法，见于文集《儒教问题研究》[②]；其中正面系统地阐述儒学与宗教之关系问题的则是拙文《儒教论纲》[③]。

儒学整体上并不是一个宗教体系，但其中确实有某种具有宗教功能的内涵。汉语古已有之的词语“儒教”之“教”并非宗教的概念，而是“教化”的概念。根据儒家的“六经之教”(《礼记·经解》)，按照生活儒学的观念层级划分，儒教包含以下教化层级：

(1)本源性的情感教化：诗教(孔子讲的“兴于诗”)

(2)形而下的礼法教化：礼教、书教与春秋教(孔子讲的“立于礼”)

(3)形而上的终极教化：易教(包括《周易》古经的神教、《周易》大传的理教)

(4)溯源性的情感教化：乐教(孔子讲的“成于乐”)(是向诗教的自觉回归)

其中，从信仰的角度看，儒教包含三个层级的信仰：

(1)初阶信仰：神教的信仰。例如《周易》古经那样的神性信仰，一直在民间儒家文化中存在着，并且经常与其他宗教信仰混合在一起。

(2)中阶信仰：理教的信仰。例如《周易》大传那样的理性信仰，后来在宋明理学中得到发扬光大，其信仰对象并不是任何神性的形而上者，而是作为理性形而上者的“天理”。

(3)高阶信仰：情教的信仰。特指“乐教”那样的情感信仰，其中既没有任何神性形而上者作为偶像，也没有任何理性形而上者作为对象，只是相信本真的仁爱情感之“诚”。

九、余论

迄今为止，“生活儒学”作为一个独立建构的思想系统，已经得到学界的认可。2016年8月20～21日，在我60虚岁之际，山东社会科学院文化研究所、中国孔子基金会《孔子研究》编辑部、山东大学儒学高等研究院、山东大学哲学与社会发展学院、四川思想家研究中心、西南石油大学马克思主义学院六家单位联合主办的“黄玉顺生活儒学全国学术研讨会”在济南举行。会议收到论文

---

① 参见黄玉顺主编：《庚寅“儒教”问题争鸣录》，河南人民出版社2011年版。

② 参见黄玉顺：《儒教问题研究》，人民出版社2012年版。

③ 参见黄玉顺：《儒教论纲：儒家之仁爱、信仰、教化及宗教观念》，中国人民大学孔子研究院：《儒学评论》第5辑，河北大学出版社2009年版，亦收入文集《儒教问题研究》。

21 篇[①],并有 34 位学者发言对“生活儒学”加以研讨和评论[②],“中国新闻网”等多家媒体给予报道。学界朋友的赞扬是对生活儒学的鼓励与鞭策,他们的批评是对生活儒学的针砭与指点,我都深为感激。

---

① 参见涂可国主编:《黄玉顺生活儒学研究》,齐鲁书社 2017 年版。

② 参见杨永明、郭萍主编:《当代儒学》第 11 集(特辑:黄玉顺生活儒学全国学术研讨会),广西师范大学出版社 2017 年版。

第二编

生活儒学的学脉

The Study Context of Life Confucianism

理性·情感·生活

——对冯友兰、蒙培元、黄玉顺之间学术嬗变的考察

杜　霞

【编者按】此文原载崔发展、杜霞主编:《生活·仁爱·境界——评生活儒学》,安徽人民出版社 2012 年版。

近代以来,中国社会的急剧变化和转型催生了学术上纵向(古今)和横向(中外)的融合创新。随着西风东渐,西学的种种主义和方法经由不同的方式传入中国,对中学产生了巨大影响,又由于中国哲学自身在宋明时期发展出了一套完整的理学,所以,学者们热衷于在现代的情势下对中国(古代)哲学进行理性的系统化建构。近代西方哲学以理性主义为基本特征。理性主义的引入,实质上解构了传统的思维方式。现代学者试图用理性来解决中国的问题,因此,理性之被利用,从一开始就具有工具理性的特征。一旦作为工具被使用,那么就有个效用问题。"五四"以降,人们对理性推崇备至,但是,当社会的老问题不见得解决了多少、而新问题却不断出现的情况下,人们就开始怀疑理性及其有效性了。于是,西学东渐造成的传统之解构激发了思维方式的变革,而思维方式的变革进一步推动了西学东渐的进程与规模,引发了一些学术上的嬗变,使人们开始思考古今中西会通的可能道路。本文以冯友兰先生及其嫡传蒙培元先生、黄玉顺先生为例,考察其间的学术之嬗变与问题之转换,清理中国哲学思想发展的路向。

一、理性诉求:冯友兰的开创工作

冯友兰先生是现代中国哲学的开创者,他的研究方法以及他创造的哲学体

系(以《贞元六书》为代表),都是后人的典范。

冯先生的弟子蒙培元先生如此评价其师:“冯友兰的哲学的最大特点,是引入了西方的理性主义。”[①]这个评价是切中肯綮的,因为不论是从冯先生早期的《中国哲学史》,还是成熟期的《贞元六书》,都可以看到他对理性的重视。

一个人重视什么不重视什么,其取舍轻重,都与他自己的问题意识相关。冯先生关注的是什么问题呢?中国的学者,从古至今,大多都是以其所处时代面对的某些问题作为自己的问题。冯先生亦是如此。冯先生所处的时代,中国面对的是“烽火连三月”“国破山河在”的惨境。冯先生对此甚为忧切,他的著述乃是寄托着巨大的忧患与关怀的。在《中国哲学史》的“自序一”中,冯先生说:

> 此第二篇最后校改时,故都正在危急之中。身处其境,乃真知古人铜驼荆棘之语之悲也。值此存亡绝续之交,吾人重思吾先哲之思想,其感觉当如人疾痛时之见父母也。吾先哲之思想,有不必无错误者,然“为天地立心,为生民立命,为往圣继绝学,为万世开太平”,乃吾一切先哲著书立说之宗旨,无论其派别为何,而其言之字里行间,皆有此精神之弥漫,则善读者可觉而知也。“魂兮归来哀江南”,此书能为巫阳之下招欤?是所望也。[②]

“知我者,谓我心忧;不知我者,谓我何求!”(《诗经·王风·黍离》)冯先生非常希望读者体贴他的寄意。冯先生在该著作中所寄何意呢?既然面对国难,那就需要思考如何才能解决国难。毫无疑问,科技是最有效的外御强辱的手段,这是近代的中国从与列强交战中早就得出的结论。如何获得科技呢?魏源认为可以“师夷长技以制夷”,洋务运动等也在实践魏源的这一思路。好东西谁都想要,于是众多国人开始想:科学这样的东西为什么没有在中国古代产生出来呢?冯先生也思考了这个问题,还写了 *Why China Has No Science etc.*[③]这篇英文文章。

但问题不止于此,如果仅仅想到科学好,就拿来归己,未免太急功近利。通过对西学的了解,冯先生明白,理性才是科学的根基。于是,如果要在中国文化中发展出科学,首先需要有理性精神。所以,冯先生就以理性主义为主要思路来解释中国古代哲学,并在中国哲学的建构中突显“理性”。

虽然冯先生要在中国哲学的建构中突显“理性”,但他不是凭空随意移植,而是把自己的形上学体系称为“新理学”,并反复申明,新理学是“接着”宋明理学讲的。这个体系的主要内容,是所谓“共相”和“殊相”的关系问题,也就是宋

① 蒙培元:《理性与情感——重读〈贞元六书〉〈南渡集〉》,《读书》2007年第11期。

② 冯友兰:《中国哲学史》上册,华东师范大学出版社2000年版,第6页。

③ 冯友兰:《中国哲学史》上册,第8页。

明理学所说的理与气、理与事的关系问题。只是宋明理学家未使用西方哲学的范畴，问题说得还不够清楚，新理学就以逻辑分析方法和新实在论的学说为基础，把传统宋明理学没有讲清楚的地方分析清楚。换言之，冯先生认为，新理学是这样一种"形上学的工作，是对于经验作逻辑底释义。……在对于实际事物底释义中，形上学只作形式底肯定，科学则作积极底肯定，这是形上学与科学不同之处"[①]。"新理学"是一种"最哲学的形上学"，原因在于它运用了"最哲学底形上学的方法"[②]。对"经验"作逻辑的释义也就是所谓"最哲学底形上学的方法"，或者称为"正的方法"，即逻辑分析方法，指以理性思维对形上学命题、范畴进行分析、总结的方法。

但同时他又说："真正形上学的方法有两种：一种是正底方法；一种是负底方法。正底方法是以逻辑分析法讲形上学。负底方法是讲形上学不能讲。讲形上学不能讲，亦是一种讲形上学的方法。"[③]所谓"负的方法"，即中国传统哲学中的直觉体认方法。但毕竟，冯先生所强调的是"正的方法"，以"正的方法"为"负的方法"的基础和前提。"一个完全的形上学系统，应当始于正的方法，而终于负的方法。如果它不终于负的方法，它就不能达到哲学的最后顶点。但是如果它不始于正的方法，它就缺少作为哲学实质的清晰思想。"[④]

新理学的基本预设是：经验的实际世界是逻辑的真际世界的例证，那么对"经验"作逻辑的释义的形上学，只需"正的方法"即可彻底了解真际，于是"负的方法"就是不必要的。但按照冯先生的设计，似乎"负的方法"又是真正形而上学不可或缺的部分，那是不是意味着，新理学势必包含了无法自圆其说的非"理"的世界呢？强行引入负的方法，不就背离了新理学的基本信念了吗？这就使新理学陷入了两难境地。

冯先生的《新理学》，谈的是逻辑哲学，借重名言分析、概念推理，这本质上似乎是朱子理学风格。那么，如此在古代哲学中寻找理性的内容，似乎可以告诉国人，吾国并不缺乏理性，因此，从吾国文化中发展出近代科学，是完全可能的。这样，似乎可以给那些失去文化自信的国人打打气。

众所周知，冯先生对"中国哲学"这一学科的创立功莫大焉。20 世纪 30 年代冯先生出版的两卷本《中国哲学史》可以说在比较完全的意义上标志着一个新的学术典范的确立，标志着在传统思想和学问的分化中，由经学到哲学这一转化与过渡的完成，奠定了中国哲学的研究范式。但这样的研究范式却遭到强

---

① 冯友兰：《贞元六书・新知言》，华东师范大学出版社 1996 年版，第 873 页。

② 参见冯友兰：《贞元六书・新知言》，第 864 页。

③ 冯友兰：《贞元六书・新知言》，第 869 页。

④ 冯友兰：《中国哲学简史》，新世界出版社 2004 年版，第 453 页。

烈的质疑。质疑者多半认为，冯先生仿效西方哲学的模式来建立中国哲学的系统，用逻辑分析的方法作为其内容取舍的标准和诠释向度，这种以西律中的方法所雕刻出的一套系统哲学，虽然材料是中国传统的，但神韵已失。确实，我们可以明显地看到，冯先生的哲学体系对理学的接续、西学的引入，与其负的方法（及对心学的同情）难于统一为体。新理学体系力图避免理论困境，在方法上勉为其难地使用了权宜之计。

二、情感滋养：蒙培元的拓展工作

冯友兰先生想以理性解决他面对的问题，但理性是不是灵丹妙药呢？非也。理性很可能导致僵硬刻板的理论说教，所以，还需以情感补之。冯友兰先生晚年说：“金岳霖指出‘哲学是概念的游戏’，而没有把这个论断同人类精神境界结合起来，以至于分析概念似乎是一种游戏。如果认识到真正的哲学是理智与直觉的结合，心学与理学的争论亦可以息矣。”①其实，冯先生早就重视情感、精神境界在人类生存中的作用，其《新原人》谈的人生哲学，借重觉解意会、直觉领悟，并提出了“四境界”说。所以，他的弟子蒙培元先生说，冯友兰“看到了理性的限制”，“他虽然吸收、运用了维也纳学派的分析方法，但并不是以此为目的。他与维也纳学派的根本分歧，也在这里。……冯先生不仅使用了情感的语言，而且公开主张，情感与逻辑的语言并不构成矛盾，不仅不构成矛盾，而且都是必须的”。②

蒙培元先生就充分发展了情感哲学这一方面。综观蒙先生的哲学著述，可以发现其入思进路就是情感。蒙先生“情感哲学”的提出，正是应对了冯先生哲学的理论困境。为什么这样说呢？

在蒙先生看来，其师冯友兰先生的《贞元六书》之所以作，乃是为了建立一种新的现代的中国哲学。所谓“新的”“现代的”是指在新理学的整个体系中贯穿着一条基本精神，即理性主义精神；所谓“中国的”则是指必须保有中国哲学的特质。但如前文所述，我们只能说冯先生的哲学是努力完成西方理性精神与中国哲学的情感特质调和的一次尝试，但未必称得上是成功的。其主要原因在于：从表面上看，是方法论上的牵强，逻辑分析的方法和心灵的觉解完全不能相融，正、负方法难以圆通；更深层的问题则在于对于形而上学本身的理解缺乏某种根基。

所以，就方法论而言，蒙先生的“接着讲”，是试图调和新理学体系中“正的

① 冯友兰：《三松堂全集》第十卷，河南人民出版社2000年版，第659页。

② 参见蒙培元：《理性与情感——重读〈贞元六书〉〈南渡集〉》，《读书》2007年第11期。

方法”(逻辑分析)与“负的方法”(心灵觉解)之间的裂痕,特别拈出“情感”的问题作为切入点。于是乎,与冯先生仅仅从“理智底了解”与“情感底满足”和“概念的了解”与“心灵的自觉”等概念的对举中旁敲侧击地谈“情感”迥异,在蒙先生看来,“讲人的存在问题,就不能没有情感。因为情感,且只有情感,才是人的最首要最基本的存在方式”[①]。尤其是在论及儒学时,蒙先生说:“情感是全部儒学理论的基本构成部分,甚至是儒学理论的出发点。”[②]

正因为“情感”不是“识仁”“知道”的副产品,不是概念研究分析的“余义”,更不是哲学所引起的所谓“情感上的联想”,而是先于一切而在的,那么“负的方法”就有了存在的基础,它便不再仅仅是作为“正的方法”的补充性存在。毋宁说,唯有“心灵的觉解”这种负的方法才是理解人作为情感存在的正确道路。正与负的方法在蒙先生那里恰巧做了个颠倒。正的方法涉及的是认识的问题,而负的方法涉及的是存在的问题。

存在问题为认识论、本体论问题奠基,这便是蒙先生要指出的对于形而上学本身的深层理解。宋明理学用本体存在论解决认识论问题,只会越解决越混乱。冯先生的逻辑分析方法,剥离出认识问题,这是可取的,但是,试图用认识论解决本体论、存在论问题,难以自圆其说,支离而不相应。蒙先生的哲学不再是从本体论、认识论的立场研究儒家哲学,而是从“存在论”的观点研究儒家哲学,强调在存在论的基础上来谈论情感问题,并试图把情感与理性统一起来。这一点,使其不同于冯先生的实在论、认识论的儒学观。

对“情感”的不同理解,导致了冯先生与蒙先生对儒学的不同阐释。陈来先生曾指出,冯先生讲“情感”,更多的是从道家和玄学的理解切入,以“有情无我”为核心。道家以理化情,以求达到无情;宋明道学不求无情,主张有情无我。所以,宋明道学有道家以理化情的好处,而没有道家以理化情的困难。冯友兰对宋明道学的了解和体会是基于他在情感问题上对道家和玄学的了解的。[③] 这说明,一方面,情感问题其实是隐藏在冯先生整个中国哲学研究的底色中的,但另一方面,他多采用的是西方逻辑分析方法,方法论上的失当,带来其理论上的不自洽。冯先生讲“情感与理智”还未能看到它们之间纵贯的奠基意义,他还是在横列地讲。情感与理智,其实不能仅仅做认识论上主客二分的理解,也就是说,认识论的分析不能给出存在论基础,恰恰相反,是存在论给认识论奠基。存在不是和认识并列的另外一个研究领域,而是能收摄认识论问题的更大境域。

由以上描述可以看出,冯先生新理学体系的问题实质就在于没有把情感放

---

① 蒙培元:《情感与理性》,中国社会科学出版社 2002 年版,第 4 页。

② 蒙培元:《情感与理性·自序》,第 1 页。

③ 参见陈来:《有情与无情》,《北京大学冯友兰研讨会论文集》,北京大学出版社 2001 年版。

在存在论的基础上来谈，于是，情感只是日常经验的情绪，并往往表现为对理性判断的干扰，所以冯先生谈论的是即使"有情"也要不为情所累。冯友兰所说的"有情无我"不是强调有情，而是强调无我，所以不能提出如何对待积极情感的说明。

蒙先生则不同。他特别指出，冯先生在《新原人》中对他所提出的四种境界进行比较，实际上就是讲情感的问题。但他又认为，"冯友兰先生提出过系统的境界说(见《新原人》)，他所强调的是对世界和人生意义的认识(觉解)，但并没有提出存在的问题"[①]。没有提出存在的问题，这就是说，在冯先生那里，始终是认识论的底子，所谓的"觉解"也只是一种认识方式而已。在冯先生看来，境界的问题不一定就是关涉存在的问题。他并且在《中国哲学史新编》中一再强调只承认隋唐佛教哲学是境界论的。而在蒙先生看来，儒、佛、道都是境界形态，而且"境界形态的哲学虽不是实体论的，却是存在论的，它以存在为其前提"[②]。"既然讲人的存在问题，就不能没有情感。因为情感，且只有情感，才是人的最首要最基本的存在方式。"[③]这就是说，讲哲学不单是个认识论问题。中国哲学的特殊性就在于对"人是情感的存在"的重视。如此看来，与其说蒙先生是在解释《新原人》的境界论，不如说是夫子自道——阐释他的情感先于理性之道。

蒙先生也不是只讲存在，不讲意义和价值，正好相反，他是从存在问题入手最终解决意义和价值的问题，这便不同于冯先生。冯先生曾在《新理学》中说："我们所谓形上、形下，相当于西洋哲学中所谓抽象、具体。……形上、形下之分，纯是逻辑底，并不是价值底。"[④]而蒙先生哲学的立足点则是：整个宇宙是一个价值存在、意义存在，人的价值与意义就体现在其基本存在方式首先是情感的，而不首先是理性的。情感是个存在问题，而这个存在是道德主体的存在，因为人首先表现为道德情感的存在。

不过，考察蒙先生的哲学著述，我们不难发现：蒙先生虽然一再强调要在"存在论"上讲情感，但其实他所说的"存在"是特指"主体"的存在，而他所说的"情感"特指主体的情感，特别是人的道德情感。从早年的《理学的演变》《理学范畴系统》开始，蒙先生便试图通过梳理宋明理学的内在结构来突显理学的核心——"人"的"心性论"问题。接下来的《中国心性论》和《中国哲学主体思维》则进一步表明中国哲学的思维特征即"主体思维"，主体思维乃是认知、情感、意志、实践的统一，而其核心乃是"人生的意义"问题。由此，蒙先生最终写就了揭

① 蒙培元：《情感与理性》，"序言"第3页。

② 蒙培元：《情感与理性》，第2页。

③ 蒙培元：《情感与理性》，第4页。

④ 冯友兰：《贞元六书·新理学》，第36～37页。

示中国哲学"主体思维"的终极关怀之所在(心灵境界)及心灵特征之所在(情感意向)的著作《心灵超越与境界》《情感与理性》。

蒙先生强调指出,他所说的"中国情感哲学",关注的不是情绪反应之类的低级心理状态,而是美学的、伦理的、宗教的高级情感;不是感性的某种快乐或享受,而是理性化乃至超理性的精神情操和精神境界。[①] 但是,排除了作为低等心理的情绪反应的"情"和感性享乐,那么"美学的、伦理的、宗教的高级情感"就是"存在论"意义上的"情感"了吗?"理性化乃至超理性的精神情操和精神境界"又是指一种什么样的"情感"呢?用"理性化"或"超理性"来界定的东西,不是恰恰说明了理性的在先吗?又何谈情感存在本身呢?

"境界形态的哲学……以'存在'为其前提。但它又不是面对和解决客观的存在问题,而是解决人的存在问题,并且必然要解决人的存在的意义和价值的问题。这后一点非常重要,由此才有所谓境界问题。境界是精神的境界,心灵的境界,但是与人的存在不可分,与心灵的存在不可分,它本身就是心灵存在的一种形式。在这一点上,儒、道、佛对'存在'有不同的解释,因而表现出不同的价值选择或价值趋向,但基本形态是相同的。"[②]这就是说,中国哲学不关心存在的一般,而是重点关注人的存在的问题。

蒙先生认为,情感问题是个境界问题,境界问题也是情感问题。那蒙先生讲的最高境界应该是什么样子的呢?"仁义是儒家哲学的重要概念,特别是仁,更是儒家哲学的核心。……仁与情感更有直接的关系,实际上仁就是一种情感。"[③]这其实就是"有情有我",情不仅有消极作用,而且还有积极作用。

从"存在论"上来谈"情感",更准确地说,是从"道德情感主体"的传统形而上学方式理解儒学,可以说不仅是蒙先生对其师新理学过强认识论色彩的一个修正,而且还是对儒学的一个重要发现。但对于主体的存在、主体的情感存在的强调,是否使得儒学又一次错过了对存在本身的追问、从而使得真正的存在论基础与各种儒家形而上学体系之间的关系仍晦暗不明呢?

三、回归生活:黄玉顺的奠基工作

情感与理性,无疑都是人的生存方式。如果说蒙培元先生想用情感来弥补理性之弊,那么,是否可以提这么一个问题:情感凭什么能救理性之弊?其根据以及可能性何在?

---

① 参见蒙培元:《漫谈情感哲学》,《新视野》2001年第1期、第2期。

② 蒙培元:《漫谈情感哲学》,《新视野》2001年第1期、第2期。

③ 蒙培元:《漫谈情感哲学》,《新视野》2001年第1期、第2期。

对这个问题,黄玉顺先生给出了自己的解释。黄先生认为,情感也好,理性也罢,这些具体建构的基础都是生活本身,因而都得回归生活的大本大源。但有一个问题:生活不是一个现成的存在者,甚至它根本没有规定性,那么,如何言说生活呢?

言说方式的问题,不单单是黄先生首先思考的问题,也不是他所提出的独特问题。蒙先生在其《情感与理性》的序中已经阐明:“本书不再从所谓本体论、认识论和知识学的角度研究儒学,而是从存在问题入手,讨论儒学在人的存在、价值及其人生体验问题上的基本主张。”[①]这个表态不但表明了蒙先生对情感的重视,而且还提出了另一个问题,即言说方式的问题。黄先生对其师也有如此评论:“蒙先生的儒学解释确实具有浓厚的生存论分析意味,虽然它与海德格尔的生存论分析颇为不同;而在儒家,生存论是真正能够为良知论奠基的。”[②]

如何进行哲学的言说,在中国哲学界有一个自身发展的历程,并且至今仍是一个大问题。首先是以西律中的解释方式,用西方哲学的概念来解读中国经典,以冯先生为例,他就是采取逻辑分析的方法解读中国哲学,使其失去了原本的味道。蒙先生开始提出中国哲学的精髓在于重视人的情感,从存在论问题入手研究儒学。他特别提出了建立儒家仁爱为本的“情感哲学”。但问题在于,如果所谓“情感”仅仅是指道德情感、宗教情感、美的情感或者精神境界,这些仅仅属于主体性的事情,那么,我们如何能逃避这样的追问:作为情感的主体本身又是如何可能的?如何可能使其拥有涵容一切的解释力?黄先生的“本源情感”概念的提出,更进一步展开了以情感理解儒学的可能。“本源情感”即“无情”:情感的流露乃是生活本身的显现,在这里还不存在“人情”,更不是人的私情,而仅仅是“事情”。“面向事情本身”的现象学方法的引入给我们带来了新的研究视域。

一般而言,哲学体系中方法论上的失当,从根本来说体现的却是对形而上学的深层理解的失误。20世纪以来哲学的思考,开始颠覆其自身的传统思维模式。以现象学方法为标志的思想运动开始反省“形而上学”自身:各种流行的形而上学本身是如何可能的?这样的问题被提上了日程,形而上学的困境被真正逼显出来。现象学要求以最直接的无前设性面向事情本身,而形而上学却一再变成主体性的事情,总是遗忘存在本身。那么,如何在形而上学研究中维持住对存在本身的探问,便成为形而上学必须面对的课题。

黄先生“生活儒学”的提出,其实是进一步回应了两位师长哲学体系中的问

---

① 蒙培元:《情感与理性》,第1页。

② 黄玉顺:《儒学的生存论视域——从蒙培元先生〈情感与理性〉说起》,《中华文化论坛》2004年第2期。

题，从真正存在论意义上来理解中西哲学本身的存在样式，从而解释中西哲学的对峙何以可能的问题，为中与西的会通提供新的视野。他首先颠覆了传统形而上学中寻求"根据"的思维方式，回溯到存在本身去解释存在。这里所说的"存在"不是"存在者的存在"，而是离却一切现成形态的"存在本身"。这个存在本身就是"生活"。通过字源上的考察，黄先生指出："在"即"生"，"生"即"在"；"存"出于爱，乃是情感的事情。中国人的"存在"观念是：如果说，存在即生活，那么，生活就是生活情感，首先是爱的情感。这正是儒家的观念：生活之为存在，首先显现为爱的情感。这种爱的情感，儒家谓之"仁""仁爱"。在本源意义上，仁就是爱。①

黄先生与蒙先生的相同之处在于：他们的思想体系都试图追寻"存在"，从而为已有的中国哲学（尤其是儒学）解释理论找一个坚实的基础。两者的区别在于：蒙先生寻求的奠基是一种"追本"，找到某种原初的存在者作为根据，例如"道德情感"，这种存在者的存在就是所谓"人的存在方式"；然而生活儒学所做的则是更进一步"溯源"，找到先行于任何存在者的存在本身，也就是"恻隐"或"不忍"这样的本源情感。存在即是生活及其情感显现，而作为终极存在者的主体及道德，不过是渊源于存在及其情感显现的东西。

现在我们看得很清楚，蒙先生在追问存在本身时是一种主体性形而上学的观念。他在《漫谈情感哲学》中指出，我们关心的不是一般客观的存在问题，而是人的存在。何谓"人的存在"？问题在这里发生了微妙的转换。存在本身被转换为"人的存在"，接着被转换为"价值存在"。而关键的问题是，到目前为止，我们还没有清理过何谓"有价值"的存在。传统哲学的"价值论"断言完全是从主体主义的角度出发的立论，我们除非一开始就设定"主体的价值即存在"，否则并没有办法说明何以"善的""道德的"就是存在的真实。对存在的追问每每落到由存在者来充当答案，这正是"前现象学"的传统形而上学"遗忘存在本身"的表现。这种绝对主体性仍然还是存在者，而不是存在本身。因此，我们可以看出，蒙先生的"存在论"，一开始就是典型的"前现象学"的传统形而上学观念，被一再地强调成了有"价值意味"的解释，并将其统一收摄到"主体思维的境界"上来，但并不能回答"道德主体"或者"道德实体"那样的形而上存在者本身又是怎么可能的问题。而黄先生的生活儒学则认为，形而上学本身就是为生活所涵摄的事情。于是，我们只能回到生活，即存在本身来解释这一切。

对"存在"的不同理解则导致了蒙先生与黄先生对情感的不同阐释。生活情感究竟是怎样的"情"，与蒙先生所说的"情感"有何区别呢？后者其实指的就

① 参见黄玉顺：《爱与思——生活儒学的观念》，四川大学出版社 2006 年版，第 37～43 页。

是“人之情”;生活情感则是先行于“人之情”的那种情感。在对儒学的传统形而上学解释中,有一个“性—情”架构。但黄先生第一次提出,在“性→情”之前还有一种本源性的情,也就是“情→性→情”当中的第一种“情”。这种情感,就是生活儒学所说的“生活情感”,才是存在本身的显现。这种生活情感是“无物”的,即是先行于人和物的。一切存在者恰恰是被这种生活情感所给出的。[①] 所以,生活儒学绝不认为仁爱只是与认识相平行的一种意识行为。意识是人的主体性行为;而仁爱并不是人的主体性行为,人的主体性反倒是在仁爱中生成的。黄先生所讲的情感是指“本源之情”,是先行于存在者的“生活情感”“情感本身”。这是“事之情”,而不是“人之情”。[②]

黄先生的生活儒学意在彰显“本源情感”乃儒学之大本大源。存在论先于知识论,也就是说,存在论为知识论提供地平线——视域(Horizon)。视域不是知识论的,不是主体性的,而是存在性的,简单地说那就是“生活”。生活作为存在本身,决定了什么样的存在者成为存在者,决定了何物进入我们的视野。不仅如此,存在论还为伦理学提供地平线——视域。这样的存在性视域,决定了什么样的存在者成为价值存在、真实存在。这可以看作存在论对于主体性哲学的视域开拓。既然生活是大本大源,显现为情感的存在,那么它也就不单单是停留在本源层面,而是可以进一步解释和支持主体性哲学和认识论哲学。这便是黄先生目前尚在继续展开的理论建构工作。或许我们可以由此期待在现代哲学言说方式下儒学的一种有本有源的解读?

① 参见黄玉顺:《爱与思——生活儒学的观念》,第64页。
② 参见黄玉顺:《爱与思——生活儒学的观念》,第65页。

冯友兰中国哲学研究范式之赓续及其嬗变

——现代中国哲学中的“清华传统”研究

杨生照

【编者按】此文原载杨永明主编:《当代儒学》第3辑,广西师范大学出版社2013年版;收入杨生照主编:《生活·情感·思想——评黄玉顺“生活儒学”》,四川人民出版社2018年版。此外,作者诠释“生活儒学”的文章尚有:《“生活儒学”与“情感儒学”》(辞条)(张岱年主编:《孔子百科辞典》修订版,上海辞书出版社2010年版)、《张祥龙“现象学儒学”和黄玉顺“生活儒学”的若干比较》(杨生照主编:《生活·情感·思想——评黄玉顺“生活儒学”》,四川人民出版社2018年版。此文节选自杨生照:《后现代主义儒学:从现象学到孔夫子——评张祥龙的“现象学儒学”思想》,崔罡主编:《新世纪大陆新儒家研究》,安徽人民出版社2012年版)、《诗情、易道与正义——论黄玉顺“生活儒学”中的易学思想》(涂可国主编:《黄玉顺生活儒学研究》,齐鲁书社2017年版)、《生活儒学的易学思想》(杨永明、郭萍主编:《当代儒学》第11辑,广西师范大学出版社2017年版)、《评“生活儒学”及其“中国正义论”建构》(杨永明、郭萍主编:《当代儒学》第14辑,四川人民出版社2018年版)。

20世纪三四十年代的清华大学,可谓群星璀璨、大师云集,史称(广义的)“清华学派”。具体到当时的哲学系来说,则不仅聚集了冯友兰、金岳霖、张申府、张岱年等一批专业哲学家,而且在研究方式上还形成了一个不同于其他高校诸如北京大学等哲学系的思想学术传统。对此,作为(狭义的——按指当时的清华哲学系,下同)“清华学派”代表人物之一,张岱年先生曾这样概括道:“北大哲学系比较重视考据,重视哲学史的研究,在方法论上比较推崇直觉。……

清华哲学系比较重视义理，重视理论建树，在方法论上比较推崇分析。"[①]在清华哲学系诸先生中，无论是就理论建树之成果来说，还是就思想义理之规模来说，毋庸置疑当以冯友兰和金岳霖两位先生最为卓著。然而，自1952年全国高校院系大调整之后，随着清华文科全部合并到北大，冯友兰、金岳霖二先生也由清华哲学系调到了北大哲学系(1955年，金先生又离开北大，调任中国科学院哲学研究所副所长)，"清华学派"就此中断，但却并不意味着清华的思想精神和学术传统就此中断了，后者在他们的弟子及再传弟子那里得到了一定程度上的传承和发展。

学界对于作为一种文化现象的(亦即广义的)"清华学派"已有相当的关注和研究，然其所侧重之点似主要在于当年的"清华学派"的整体思想风貌。如：张岱年先生之上述概括亦主要是侧重于指出北大哲学系与清华哲学系相比所呈现出的某些不同品格，后者同时也是清华哲学系诸先生之哲学研究所体现出的共同特点；徐葆耕先生曾指出"清华学派"在某种意义上是对它以前多种学派(包括新文化派、东南学派)的一次"综合"[②]，这种"综合"尤其体现在清华学派以"释古"的态度扬弃以前的"信古"传统和当时的"疑古"思潮[③]；胡伟希先生则借用尼采哲学中的"酒神精神"和"日神精神"来概括和讨论现代中国学术的两大学派——北大学派和清华学派的学术心理类型和学术气质。[④] 而对(狭义上的)"清华学派"之赓续传承，则缺乏必要的关注。然而，对清华学术传统之赓续及其嬗变的研究，无疑不仅具有一定的学术史价值，而且还具有相当的理论意义。笔者将通过对冯友兰和金岳霖这两位现代中国哲学巨擘所开辟的中国哲学研究范式的赓续及其嬗变的考察，一方面试图呈现出"清华传统"在现代中国哲学中所具有的思想特征，另一方面也希望展现出现代中国哲学发展的某种思想脉络及其可能趋向。本文便是此项考察研究的第一部分：冯友兰中国哲学研究范式之赓续及其嬗变。

一、冯友兰的新理学本体论[⑤]与人生境界说

哲学作为"自己时代的精神上的精华"(马克思语)，总是与研究者当下的现

---

① 张岱年：《回忆清华哲学系——"清华学派"简述》，《学术月刊》1994年第8期。

② 参见徐葆耕：《从东南学派到清华学派》，《学术月刊》1995年第11期。

③ 参见徐葆耕：《释古与清华学派》，《清华大学学报》(哲学社会科学版)1995年第2期。

④ 参见胡伟希：《北大学派与清华学派——中国现代学术史上的"酒神精神"和"日神精神"》，《金秋科苑》1997年第6期。

⑤ 为了将冯友兰先生整个的"新理学"哲学体系与其《新理学》一书中所建构的新理学本体论区分开来，本文将前者加上了双引号，而后者则未加双引号。

实生存相联系，并以解决时代的现实问题为鹄的。冯友兰先生作为现代中国最重要的哲学家之一，他的哲学研究和创作亦不例外地与他所处时代的现实问题相关联。众所周知，近代以降，中华民族一直为各种内忧外患所困扰，尤其是就冯先生之哲学创作的高峰时期来说，当时正值抗日战争的艰难时期；与此现实问题相应，"中国向何处去"的问题一直是当时的有识之士们所思考的核心问题。甚至可以说，此问题放在今天的中国仍然有效。冯先生对此问题的基本回答是：

> 中国需要现代化，哲学也需要现代化。现代化的中国哲学，并不是凭空创造一个新的中国哲学，那是不可能的。新的现代化的中国哲学，只能是用近代逻辑学的成就，分析中国传统哲学中的概念，使那些似乎是含混不清的概念明确起来。①

当然，就冯先生本人的研究工作来说，对中国传统哲学中的概念进行逻辑分析本身还不是最终目的，其最终目的乃是要在此基础上"重新建立形而上学"②。从学术传承上来看，冯先生对逻辑分析法的强调，与他曾受到英美新实在论（以及广义的实证主义，如罗素、蒙塔古、维也纳学派等）思想的影响有关，但与后者拒斥或取消形而上学的倾向不同，他认为形而上学必须重建，因为形而上学乃是人所不可避免和无法取消的。他对中国传统哲学概念进行逻辑分析方面的工作主要体现为两卷本的《中国哲学史》，而其重建形而上学方面的工作则体现在由"贞元六书"（即《新理学》《新事论》《新世训》《新原人》《新原道》《新知言》）构成的"新理学"哲学体系。其中前者不仅是中国哲学史学科建立方面具有里程碑意义的著作，而且还构成了他后来建立"新理学"哲学体系的基本前提；后者亦不仅成为现代中国哲学研究中的经典著作，而且还是思考中国哲学现代化问题时无法绕过的典范之一。此处主要侧重于对冯先生"新理学"哲学体系的论述并试图揭示其中所存在的某些问题。就主要内容来说，冯先生的"新理学"哲学体系主要包括他的新理学本体论建构和人生境界说两个部分。

首先，就冯先生的新理学本体论来说，它主要由"理""气""道体""大全"（或"宇宙"）四组概念组成。其中，"理"意指某（类）物之所以为某（类）物之"依照"者，如方之理即是所有方的物之所以为方的物者③；"气"（或"真元之气"）意指某（类）物之能够成为实际存在的物之所"依据"者④；"道体"是指动态上的"理"与

① 冯友兰：《三松堂全集》第十卷，河南人民出版社 2001 年版，第 621 页。

② 冯友兰：《三松堂全集》第五卷，第 194 页。

③ 参见冯友兰：《三松堂全集》第四卷，第 29 页。

④ 参见冯友兰：《三松堂全集》第四卷，第 43 页。

“气”相结合从而构成现实世界的“流行”过程，冯先生曾借周敦颐“无极而太极”一语来表示这一过程[①]；“大全”（或“宇宙”）则意指静态上的“理”“气”“道体”的总括[②]。在这四组概念中，冯先生还特别强调后三者，即“气”“道体”和“大全”是不可言说和不可思议的[③]，而这使他在相当程度上陷入了不可知论。杨国荣先生曾指出，尽管冯先生所使用的都是中国传统哲学中的概念，但其思想实质上却表现为一种思辨的抽象的逻辑构造，其体系也呈现出一种形式化的特点。如果说，他借助逻辑分析法来分析中国传统哲学概念并试图重建形而上学体现了对实证主义的某种偏离或超越和对中国传统哲学的依恋和认同，那么，他将“理”直接解释为脱离现实世界（殊相）而存在的共相，从而将其形上学构造为抽象的、逻辑的形式化体系则又在某种程度上表现出向实证主义回归的趋向。[④]正是这种双重特点使得他的新理学体系不可避免地存在着理论困境，即共相与殊相、真际与实际之间如何沟通统一的问题，具体而言即“真际”或“理”世界如何过渡到“实际”的世界，以及由无极之“气”到太极之“理”的过渡如何可能的问题。所以，杨国荣先生曾一再指出：“在实证主义的基础上重建形而上学，是很难成功的。”[⑤]

又，如前所述，冯友兰先生的“新理学”哲学体系主要包括他的新理学本体论建构和人生境界说两个部分，而后者实际上才是其“新理学”哲学体系的思想归宿。杨国荣先生也曾指出：“新理学的逻辑终点不是本体论，而是人生哲学。”[⑥]在他的人生境界说中，他首先指出人之所以异于禽兽者及人生之所以异于其他动物的生活者就是，人生是有（较高）觉解的生活。[⑦] 所谓“觉解”包括“了解”和“自觉”两个方面：前者是指人能依据概念认识世界和自己（或曰宇宙和人生）的活动，后者则是指人在其从事某种知行活动时能同时反观而知晓该活动之到底何所是，它体现为一种明觉的心理状态。[⑧] 人对于宇宙人生之觉解程度的不同，决定了宇宙人生对人有着不同的意义，后者也就是人的某种精神境界。冯先生依据觉解程度的高低，将人生境界划分为“自然境界”“功利境界”“道德境界”和“天地境界”四种，其中以自然境界为最低，以天地境界为最高；又，由于在天地境界中之人“不仅觉解其是大全的一部分，而且自同于大全”，而“天是大

---

① 参见冯友兰：《三松堂全集》第五卷，第 130 页。
② 参见冯友兰：《三松堂全集》第五卷，第 132 页。
③ 参见冯友兰：《三松堂全集》第五卷，第 134 页。
④ 参见杨国荣：《实证主义与中国近代哲学》，华东师范大学出版社 2009 年版，第 113 页。
⑤ 杨国荣：《实证主义与中国近代哲学》，第 150 页。
⑥ 杨国荣：《实证主义与中国近代哲学》，第 124 页。
⑦ 参见冯友兰：《三松堂全集》第四卷，第 472 页。
⑧ 参见冯友兰：《三松堂全集》第四卷，第 472 页。

全，是万有之总名"，所以天地境界又称"同天境界"。[①] 就冯先生的整个"新理学"哲学体系来说，他一方面认为他的"新理学"是最玄虚的哲学，另一方面他也强调他所讲的仍是一种"内圣外王之道"。[②]

值得注意的是，与冯先生强调"大全""宇宙"等的不可言说、不可思议性相应，他认为同天境界也是"不可了解"和"不可思议"的。如果说，冯先生运用逻辑分析法得出"理""气""道体""大全"等抽象的概念体现的是理性主义的思想方式，那么，他强调"大全"和"同天境界"的"不可知"的特点则又呈现出一种"神秘主义"的色彩。[③] 事实上，冯先生从未讳言其思想中的神秘主义，在他晚年的自我批判中甚至这样说道：

> 在我过去的哲学思想中，不可知论的色彩，更加浓厚。不可知论之所以留一个"不可知"的东西，正是为宗教留一个"禁地"，为神秘主义开一个大门。我过去底哲学思想，也正是最后归结到神秘主义。[④]

冯先生哲学思想中理性主义和神秘主义的二重性与他所讲的两种形而上学的方法是相对应的，他将形上学的方法分为两种："一种是正底方法；一种是负底方法。正底方法是以逻辑分析法讲形上学。负底方法是讲形上学不能讲，讲形上学不能讲，亦是一种讲形上学的方法。"[⑤]作为正的方法的逻辑分析法体现的正是其理性主义的特点，它要求的是理智的了解；而所谓"负的方法"其实亦即以"破"(或否定)的方式讲形而上学，这与其神秘主义色彩相关，它涉及的是"情感的满足"。他还说：

> 一个完全的形上学系统，应当始于正的方法，而终于负的方法。如果它不终于负的方法，它就不能达到哲学的顶点。但是如果它不始于正的方法，它就缺少作为哲学的实质的清晰思想。[⑥]

显然，冯先生的"新理学"是试图对理性主义和神秘主义，或理性和情感、直觉等非理性做出某种沟通和统一。杨国荣先生曾指出："如果说，在本体世界的逻辑建构中，冯友兰主要运用了正的方法，那么，对天地境界的设定，则似乎更较多地关联着负的方法。"[⑦]但实际上，冯先生的这种沟通和统一并不成功，即他

---

① 参见冯友兰：《三松堂全集》第四卷，第 569 页。
② 参见冯友兰：《三松堂全集》第五卷，第 138 页。
③ 参见冯友兰：《三松堂全集》第四卷，第 571～572 页。
④ 冯友兰：《三松堂全集》第十四卷，第 934 页。
⑤ 冯友兰：《三松堂全集》第五卷，第 150 页。
⑥ 冯友兰：《三松堂全集》第六卷，第 288 页。
⑦ 杨国荣：《实证主义与中国近代哲学》，第 199 页。

一方面认为最高的境界必然是神秘主义的,且只有情感、直觉等负的方法才能达到这样的境界,另一方面在理性和情感的关系上他又强调要"以理化情""有情而不为情所累"[①],即他更多还是将情感看作是特殊的、个人的,甚至是"累人"的"消极的情感"[②]。因此可见,冯友兰先生并没有为理性主义与神秘主义、或理性与情感之间找到一种合理的沟通和统一的方式,也就是说,理性主义与神秘主义,或理性与情感、直觉等之间的断裂,在冯先生的哲学体系中仍然存在。

质言之,冯友兰先生的哲学思考尽管从理性主义的逻辑分析与重建形上学始,但最后却以神秘主义的人生境界终。在其新理学的本体论中,一方面肯定现实的经验世界的存在,另一方面又总是强调抽象的共相世界相对于经验世界的独立存在,这使得他的新理学本体论不可避免会陷入某种二元论的困境。这种二元论的困境又以另一种形态存在于他的新理学本体论与人生境界说之间,具体体现为理性主义与神秘主义的并存及理性与情感之间的断裂。正是冯先生思想中的这种困境或断裂构成了其后来中国哲学研究的问题意识。

二、蒙培元的"情感儒学"

如前所述,冯友兰先生之所以陷入理性主义与神秘主义的二元并存及理性与情感的断裂的理论困境,在相当程度上是因为他一方面将与情感、直觉相关的神秘主义看作是高于理性主义的,另一方面他又始终强调理性对于情感的支配或控制,即"以理化情"。正因为此,作为冯友兰先生的弟子之一,蒙培元先生一方面不忘对冯先生所引进和强调的逻辑分析的哲学研究方法的主动继承,这具体就体现在蒙先生早年对宋明理学所做的纵横两方面的研究上,即《理学的演变》和《理学范畴系统》两书;另一方面蒙先生又将其目光更多地放在了情感问题上,试图通过对情感的思考和讨论来化解与理性之间的裂痕。由于蒙培元先生的哲学研究似更近于儒学领域,故学界将蒙先生的哲学思想概括为"情感儒学"[③]。

其实蒙先生在其早年的理学研究中就表现出了对中国传统哲学中情感问题的关注,在《理学范畴系统》一书中,他就曾提出:"中国古代传统哲学从一定意义上说,可称之为情感哲学。"[④]在随后的中国传统哲学思维方式的研究中,他

---

① 冯友兰:《三松堂全集》第五卷,第 430 页。

② 陈来:《现代中国哲学的追寻》,人民出版社 2001 年版,第 330 页。

③ 黄玉顺等主编:《情与理——"情感儒学"与"新理学"研究》,中央文献出版社 2008 年版,第 148~157 页。

④ 蒙培元:《理学范畴系统》,人民出版社 1989 年版,第 250 页。

又指出，中国哲学主体思维的一个重要特征就是“情感体验型意向思维”[①]。接着在《心灵超越与境界》一书中，他再一次指出：“传统哲学最关注的是情而不是知或意”“西方哲学是理智型哲学，而中国哲学则是情感型哲学。”[②]不过他对情感问题的详细讨论则主要是在《情感与理性》一书中。

在《情感与理性》一书中，蒙先生“不再从所谓本体论、认识论和知识学的角度研究儒学，而是从存在问题入手，讨论儒学在人的存在、价值及其人生体验问题上的基本主张”[③]。通过这一研究，首先，就人的存在而言，他指出，“情感是人的基本的存在方式”[④]“人是情感的存在”“对人而言，情感具有直接性、内在性和首要性，也就是最初的原始性”[⑤]。其次，就儒学而言，他指出：“情感是全部儒学理论的基本构成部分，甚至是儒学理论的出发点。”[⑥]当然，这并不意味着蒙先生要否定儒学中的理性成分，或者完全以情感代替理性，相反，他仍然承认“儒学是理性主义的”，但“儒家的理性是有情感内容的，是‘具体理性’”，或者说是“情理”，即情感理性。[⑦] 可见，与冯友兰先生主要从西方哲学的角度将理性理解为一种逻辑理性不同，蒙培元先生则是从情感的角度来理解儒学中的理性的，或者说是以情感来统摄理性的。那么，情感何以能够用来统摄理性呢？蒙先生认为，这是因为情感可以“上下其说”：

> 情感可以上下其说，就是指情感既可以从下边说，也可以从上边说，这里所说的上、下，就是形而上、形而下的意思。情感是人的基本存在方式，是人的存在在时间中的展开。从下边说，情感是感性的经验的，是具体的实然的心理活动。从上边说，情感能够通向性理，具有理性的形式。或者说，情感本身就是形而上的，理性的。或者说，情感是理性的实现或作用。[⑧]

也就是说，情感作为人的基本存在方式，它尽管具有感性的、具体的、境遇性的特点，但它同时也具有某种超时空的、普遍性的品格，如儒家讲的“仁爱”、道家讲的“孝慈”，都可以理解为一种具有普遍性的情感。正是由于情感的这样一种特点，使得我们可以从情感的显现中通向理性，使情感成为“具有‘普遍有效性’的道德情感，并且形成与此相关的所谓宇宙论、本体论哲学”，也使“以情

---

① 蒙培元：《中国哲学主体思维》，人民出版社 1993 年版，第 55 页。
② 蒙培元：《心灵超越与境界》，人民出版社 1998 年版，第 18 页。
③ 蒙培元：《情感与理性・自序》，中国社会科学出版社 2002 年版，第 1 页。
④ 蒙培元：《情感与理性》，第 21 页。
⑤ 蒙培元：《情感与理性》，第 24 页。
⑥ 蒙培元：《情感与理性・自序》，第 1 页。
⑦ 参见蒙培元：《情感与理性・自序》，第 1 页。
⑧ 蒙培元：《情感与理性》，第 21 页。

感为核心而将知、意、欲和性理统一起来”成为可能。[①] 不难看到，蒙培元先生提出所谓“情感理性”或“具体理性”实质上也是试图对理性与情感之间做出某种沟通统一，它具体体现为通过对情感这样的感性的具体的经验活动中的普遍性特征的发掘，从而既没有陷入某种唯情主义或经验主义，同时也为理性主义找到某种现实的根源。

当然，从总体上看，由于蒙培元先生是从对人的存在的研究入手，并以作为道德主体的人的存在的预设为前提，或者说，在蒙先生那里，存在本身的问题被直接等同于作为道德主体的人的存在的问题，而未能对“作为道德主体的人究竟是如何被情感这一基本存在方式所给出”的问题做出更加本源的思考，因此其“情感儒学”其实仍还是一种主体性哲学。但就其特别强调情感体验来说，又在一定程度上表现出某种生存论的味道，亦即又内含着某种向存在本身复归的要求。如果说，如何沟通理性主义和神秘主义、统一理性与情感是蒙培元先生的“情感儒学”的问题意识，那么，向存在本身的复归的要求则构成了蒙先生之后当代中国哲学研究的基本思想视域。

三、黄玉顺的“生活儒学”

如前所述，蒙培元先生的“情感儒学”乃是通过对情感问题的探讨，尤其是对儒家哲学中情感现象的普遍性特征的发掘，试图解决冯友兰先生的“新理学”哲学体系中所遗留的理性主义与神秘主义的二元并存、理性与情感之间对峙或断裂的问题。但由于其对情感的考察是以作为道德主体的人的存在的预设为前提，从而未能对“作为道德主体的人究竟是如何被情感这一基本存在方式所给出”的问题做出更加本源的思考。作为蒙培元先生的弟子之一，黄玉顺先生的“生活儒学”一方面继承了冯、蒙二先生对情感的强调和重视，另一方面以回归真正的存在本身为思想视域对情感又做出了更加本源的探讨，后者也为其进一步思考儒学在当代中国的复兴与重建奠定了基础。

从黄玉顺先生的“生活儒学”思想的提出来看，首先需要指出的是，“在总体的致思进路上，（‘生活儒学’）是在与现象学——胡塞尔（E. Husserl）、舍勒（M. Scheler），尤其是海德格尔的平等对话中展开的”[②]。其次，通过这种对话，黄先生试图实现儒学在当代中国的重建，或者说是构建一种儒学的当代形态，它不

① 参见蒙培元：《情感与理性》，第 14 页。

② 黄玉顺：《面向生活本身的儒学——黄玉顺“生活儒学”自选集》，四川大学出版社 2006 年版，第 29 页。

仅包括某种形而上学的重建，而且还包括作为形而下学的伦理学和知识论的重建。[①]

就现代西方哲学的几大思潮来说，黄先生之所以选择现象学而不是后现代主义、分析哲学，主要是因为后三者都在相当程度上表现出"反形而上学"的倾向，尽管它们的思想从实质上来看仍然可以说是某种形而上学的叙述[②]，而前者在某种程度上则为形而上学保留了一席之地[③]。如果说形而下学的重建须以某种形而上学为基础，那么重建形而上学则首先就面临如何为形而上学的建构奠定基础的问题。海德格尔曾指出，形而上学的事情从实质上来说，就是主体性的在场（或确立）。[④] 所以，形而上学奠基的问题同时亦可表达为"主体性（存在者）本身何以可能"的问题。正是在此意义上，黄先生认为，儒学的重建与现象学处在了同一论域。

通过与现象学（尤其是海德格尔生存论现象学）的对话，现象学在解决"认识论困境"问题（即"内在意识如何确证并切中外在的客观实在？"参见胡塞尔《现象学的观念》）上所提供的新的思想视域（即"现象背后一无所有"）[⑤]与思想进路（即"基础存在论"：Fundamental Ontologie，参见海德格尔《存在与时间》），一方面帮助黄先生对传统儒学的发展进行了清理和解构，另一方面使他在儒学中找到了某种先行于一切主体性存在者的观念，即"作为存在本身的生活本身"，并指出："生活即是存在，生活之外别无存在。"[⑥]作为存在本身的生活不是任何"什么"存在者，它只是显现。而就儒家而言，"作为存在本身的生活本身"首先显现为本源的仁爱生活情感（依此观念，黄先生还提出了"人天然是儒家"的命题）[⑦]和生活感悟。由此他认为儒学实际上包含着三个观念层级：一是作为存在本身的生活情感和生活感悟；二是关于形而上存在者的儒家形而上学；三

---

① 参见黄玉顺：《复归生活，重建儒学——儒学与现象学比较研究纲领》，《人文杂志》2005年第6期。

② 参见黄玉顺：《复归生活，重建儒学——儒学与现象学比较研究纲领》，《人文杂志》2005年第6期。

③ 不过，依笔者之见，尽管海德格尔一生的哲学思考都以通达和阐明存在本身的意义为目的，但就其思想的实质结果而言，前期的"此在"(Dasein)路向在某种意义上仍未走出主体性形而上学的窠臼，而后期的"大道"(Ereignis)之思则又呈现出一种克服甚至拒斥形而上学的倾向。当然，后者又以经受某种形而上学为前提，因为海氏同时也认识到形而上学是人根本无法逃避的一种"天命"。

④ 参见[德]海德格尔：《面向思的事情》，陈小文、孙周兴译，第76～78页。

⑤ 参见[德]海德格尔：《面向思的事情》，陈小文、孙周兴译，第80页。

⑥ 黄玉顺：《儒家思想与当代生活——"生活儒学"论集》，光明日报出版社2009年版，第58页。

⑦ 参见黄玉顺：《儒学与生活——"生活儒学"论稿》，四川大学出版社2009年版，第262页。

是关于形而下存在者的儒家形而下学。[①] 这三个观念层级的关系又具体表现为两个向度，即从观念生成的向度来说乃是：生活本源→形而下者→形而上者；从观念奠基的向度来说乃是：生活本源→形而上学→形而下学。[②] 基于如此之逐层奠基关系，“重建儒学”便首先意味着回归本源性的仁爱生活情感和生活感悟，即一方面“历时地回归轴心时期乃至前轴心期的原始儒学”，另一方面“实质上则是共时地回归我们当下的生活本身”“然后在这样的源头活水上重建儒家形而上学与形而下学”。[③] 另外，黄先生依据他的“生活儒学”观念还展开了多方面、多角度的探究，如在文本解释学方面，他认为真正的解释既非“我注六经”，亦非“六经注我”，而应是“注生我经”。[④] 目前，黄先生正致力于“生活儒学”意义上的“中国正义论”研究，即思考如何在生活本源的基础上重建适合于当代中国的制度规范的问题。[⑤]

不过，从治学方法上来看，黄先生对于当年由冯友兰、金岳霖等先生引进，并被冯契先生、蒙培元先生所自觉传承的逻辑分析法的态度似乎较为淡化。当然，这绝不是说黄先生的“生活儒学”不讲逻辑，相反，这或许就跟他对“作为存在本身的生活本身”的理解有关，而正是这种理解决定了他特有的言说存在的方式。

以上通过对冯友兰、蒙培元、黄玉顺三位先生的学术研究之间的赓续与嬗变的考察，我们可以看到：其中不仅有着某种“一以贯之”的问题意识，即中国哲学的现代化的问题，后者又具体展开为中国哲学自身民族性的凸显和普遍性的发掘，从而也为中国哲学不断走向世界提供了可能性；而且由于各人所处之时代的不同，他们解决问题的方式又表现出许多不同的特点，这也从一个侧面说明了中国哲学自身所蕴含的丰富的思想资源和思想面向。

---

① 参见黄玉顺：《复归生活，重建儒学——儒学与现象学比较研究纲领》，《人文杂志》2005 年第 6 期。

② 参见黄玉顺：《儒教论纲：儒家之仁爱、信仰、教化及宗教观念》，张立文主编：《儒学评论》第 5 辑，河北大学出版社 2009 年版，第 331 页。

③ 黄玉顺：《复归生活，重建儒学——儒学与现象学比较研究纲领》，《人文杂志》2005 年第 6 期。

④ 参见黄玉顺：《儒家思想与当代生活——“生活儒学”论集》，第 107 页。

⑤ 参见黄玉顺：《中国正义论纲要》，《四川大学学报》（哲学社会科学版）2009 年第 5 期。

现代中国哲学的情理学派

胡骄键

【编者按】此文原载杨永明、郭萍主编:《当代儒学》第16辑,四川人民出版社2019年版。此外,作者诠释"生活儒学"的文章尚有:《儒学现代转型的情理进路——以冯友兰、蒙培元、黄玉顺为中心》(《学习与实践》2019年第4期)、《生活儒学在现代中国哲学"情理学派"中的地位》(杨永明、郭萍主编:《当代儒学》第16辑,四川人民出版社2019年版)、《生活儒学的"新礼教"蕴涵——中国正义论的"情义伦理"思想》(《东岳论丛》2020年第3期)、《情义:生活儒学敞开的"新礼教"意涵》(胡骄键、张小星主编:《生活儒学:研究·评论·拓展——第三届"生活儒学"全国学术研讨会论文集》,四川人民出版社2020年版)、《"生活儒学"之哲学贡献及持续开展——第三届"生活儒学"全国学术研讨会学术总结》(胡骄键、张小星主编:《生活儒学:研究·评论·拓展——第三届"生活儒学"全国学术研讨会论文集》)。

随着传统中国社会的现代转型,传统中国哲学也必然发生现代转型。儒家哲学亦然,其现代转型最突出的表现就是现代新儒家的哲学。毫无疑问,现代新儒学最典型的两条转型进路乃是熊十力所开创的心性进路和冯友兰所开创的情理进路。然而对于后者,人们囿于其"新理学"之"理",而忽略了其"情"的维度,因而没有意识到冯友兰所开创的其实并非"理性"的进路,而是"情理"(情感—理性)的进路。事实上,从冯友兰的"新理学"、经蒙培元的"情感儒学",到黄玉顺的"生活儒学"和与黄玉顺同辈的蒙门弟子任文利(国民宗教儒学)、余治平(性情形而上学)、宋大琦(良知礼法学),再到若干黄门弟子,师徒四代一以贯之的致思中心乃是"情理",由此形成了一个拥有"家族相似"论旨的现代中国哲学的"情理学派"。

一、冯友兰"新理学"的情理观

众所周知,冯友兰的"新理学"是受新实在论(New Realism)的影响,自觉运用逻辑分析法,将程朱理学的核心范畴改造为一个纯粹逻辑的、形式化的"真际"世界,并将其视作"实际"的现实世界的根据,即事物之所以然之理;哲学的任务就是研究此"真际"世界,否则就是拖泥带水而不纯粹。不过,冯友兰在完成关于"真际"的《新理学》之后发觉,必须超越"真际"与"实际"二分平行的观点,才是"中国哲学",否则就是"西方哲学在中国"[①]。因此,他又写了《新原人》《新原道》等著作。如果说了解"真际"需要的是理性的、逻辑的方法,即"正的方法"的话,贯通"真际"与"实际"、达致人生的最高境界的话,需要的则是将"正的方法"与"负的方法"即体验的、直觉的方法结合起来。而"负的方法"实质是以情感体验、生活体验为中心的方法。所以,冯友兰一方面将理性的逻辑分析法带入中国哲学,"用逻辑分析方法解释和分析古代的观念"[②],使传统中国哲学概念准确、明晰并讲究严格的逻辑推理;另一方面又继承传统中国哲学的生活情感体验的方法,尝试弥合"真际"与"实际"的鸿沟,避免"哲学在中国"的尴尬局面。由此观之,新理学之所以为现代中国哲学情理学派的开端,关键在于将"理性—情感"作了贯通性的思考。

学界有人批评冯友兰的新理学,认为是受维也纳学派和新实在论的影响,以致新理学之"理"和程朱理学之"理"相去甚远,不过是"新实在论在中国"而已,而不是真正的"中国哲学"。[③] 但批评者其实并未深入到以全部"贞元六书"为整体的新理学内部,因而忽视了以下两点:

(一)新理学之"理"观念

新理学与新实在论有一点根本的不同:新实在论认为逻辑事实完全和经验事实无关,而新理学整个逻辑分析的起点乃是对"实际"的肯定,《新理学》的第一个命题就是"事物存在"。虽然新理学的整个推导过程是"一片空灵",但其起点确是从对"实际"的肯定开始的。

这其实正是传统中国哲学"理不离气"的传统。朱熹指出:"天下未有无理

---

① 郑家栋:《"中国哲学"的"合法性"问题》,《中国社会科学文摘》2002 年第 2 期。

② 冯友兰:《中国哲学简史》,北京大学出版社 2002 年版,第 284 页。

③ 劳思光就认为《新理学》"书中确有哲学,但不是中国哲学。……冯书中所有的哲学成分,主要只是新实在论的观点与早期柏拉图的形上学观念。"(劳思光:《新编中国哲学史》第一卷,三联书店 2015 年版,第 299 页)此外,牟宗三批评冯友兰没有能够把握传统中国哲学的核心精神,认为"新理学"体系"其言十九与中国传统学术不相应"(牟宗三:《中国哲学的特质》,上海古籍出版社 2007 年版,第 3 页)。

之气，亦未有无气之理。”[①]不仅如此，中国哲学还有“理在气中”的传统。王廷相说：“理载于气，非能始气也。”[②]“理根于气，非能独存也。”[③]王夫之更指出：“天人之蕴，一气而已；从乎气之善而谓之理，气外更无虚托孤立之理也。”[④]“言心言性，言天言理，俱必在气上说，若无气处则俱无也。”[⑤]

固然，《新理学》之“理”要剔除程朱之“理”所粘连的伦理内容，还“理”以应有的洁净空阔，让每一个范畴、命题以及推演之则都符合逻辑的规则，将理学转变为一种新的哲学形态。所以，除了第一个命题“事物存在”对“实际”作了一种形式的肯定之外，《新理学》里的其余范畴、命题都是独立于“实际”而存在的一个“真际”的理世界。然而，尽管《新理学》之“理”是纯粹形式的、逻辑的，但毕竟是“理气不离”的。

不仅如此，其实，“新理学”的中心及其思想方法不仅在《新理学》一书，而且还在冯友兰后期著作之中，如《新原人》《新原道》《新知言》及《中国哲学简史》等。事实上，冯友兰的工作是既要以逻辑分析的方法来改造传统中国哲学的范畴，又不能造成新实在论那种逻辑与实际相分离的西方特征，即须保留“理气不离”的中国风格。因此，撰写后期著作期间，冯友兰有相当的理论自觉，其目的就是要突破《新理学》一书那种“真际”与“实际”相分离的倾向。

如何跨过“真际”与“实际”的鸿沟？冯友兰是以贯通《新理学》的逻辑终点“大全”与“天地境界”的方式来实现的。从逻辑分析的角度来说，“天地境界”就是“大全”，但“大全”无法再用逻辑的方式进行言说，“因其既是至大无外底，若对之有所言说，则此有所言说即似在其外”[⑥]。运用逻辑分析所得到的“大全”是外在于人之生活实际的空概念，但哲学的目的“不但是要知道它，而且是要体验它”[⑦]。也就是说，对于“大全”，不能只是理智的了解，还必须获得如斯的生活境界，这才是“极高明而道中庸”，才是中国哲学。

获得最高的“天地境界”，需要最高的觉解。觉解首先是理性的认知与反省，但是，当认知反省抵达“大全”时，最后得到的不过是一个空概念。要真正步入“天地境界”，需要将概念与实际的经验结合起来。

> 经验与概念联合而有了意义，此名言与经验联合而不是空底。得此种

① (宋)黎靖德编：《朱子语类》卷一，中华书局1986年版，第2页。

② (明)王廷相：《慎言·道体》，侯外庐等编：《王廷相哲学选集》，科学出版社1959年版，第3页。

③ (明)王廷相：《横渠理气辨》，侯外庐等编：《王廷相哲学选集》，第54页。

④ (清)王夫之：《读四书大全说》卷十，中华书局1975年版，第660页。

⑤ (清)王夫之：《读四书大全说》卷十，第718页。

⑥ 冯友兰：《贞元六书·新理学》，中华书局2014年版，第38页。

⑦ 冯友兰：《中国哲学简史》，第9页。

> 印证底人，对于此经验及名言即有一种豁然贯通底了解。……此种忽然豁然贯通底了解，即是所谓悟。此种了解是最亲切底了解，亦可以说是真了解。[①]

这就是说，单有逻辑分析的方法，并不能达到哲学的顶点；要达到哲学的顶点，还需要直觉的方法，即“负的方法”。“一个完全的形上学系统，应当始于正的方法，而终于负的方法。如果它不终于负的方法，它就不能达到哲学的最后顶点。但是如果它不始于正的方法，它就缺少作为哲学的实质的清晰思想。”[②]而“负的方法”与情感有着密切的关系。

（二）新理学之“情”观念

“负的方法”既是情感的方法，也是消解主体性的方法。消解掉主体性，获得“内外合一”“天人合一”的境界，冯友兰采用的正是情感的进路。冯友兰论情感，有两个层面：一种是“有我之情”，一种是“有情无我”即“无我之情”。

“有我之情”“起于人对于事物底不了解”。[③] 如小儿走路为石所绊倒，小儿必大怒于此石，但成人遇此情况则不会怒于石，因成人对石有了解。按此，“有我之情”乃是一种对事物无了解所造成的盲目情绪。此“有我之情”一方面昧于对事物的了解，另一方面则是因有对“我”的执着，对我自身的觉解不够。

冯友兰认为，随着觉解程度的提升，中国哲学史上处理情感的态度有两种：一种是道家的办法，提升对事物的了解，以达到一种无情的状态。“对于事物有了解底人，应付事物，可以使自己无情。此即所谓以理化情，或以情从理。”[④]但是，通过对事物之“理”了解的方式使自己进入“无情”状态，这“是不是可欲”[⑤]？“事实上是否可能？”[⑥]冯友兰表示极大的怀疑。即使对事物有了了解，而如果对“我”的执着依旧，如何能使我无情呢？因此，问题的关键其实在于破除对“我”的执着。于是，冯友兰进一步提出了新理学所主张的“情”的观念——“有情无我”。

冯友兰认为，“有情无我”并不是消除了人的情感，而是“有情而不为情所累。……此所谓无情，是有情而‘无我’。亦可说是，虽有情而情非‘我’有。”[⑦]此

---

① 冯友兰：《贞元六书·新原人》，第567页。
② 冯友兰：《中国哲学简史》，第295页。
③ 冯友兰：《贞元六书·新世训》，第498页。
④ 冯友兰：《贞元六书·新世训》，第504页。
⑤ 冯友兰：《贞元六书·新世训》，第506页。
⑥ 冯友兰：《贞元六书·新世训》，第507页。
⑦ 冯友兰：《贞元六书·新世训》，第508页。

种情感观“最重要的一点是不要将情感与自我联系起来”①。冯友兰引证大程子《定性书》所言：“圣人之常，以其情顺万事而无情，故君子之学，莫若廓然而大公，物来而顺应……圣人之喜，以物之当喜；圣人之怒，以物之当怒。是圣人之喜怒，不系于心，而系于物也。”②他以这段话来说明“有情无我”的状态，点明此种“情”由于对“我”、对主体无执着，而达到了“不迁怒，不贰过”③的超然洒脱状态。冯友兰也把此称之为“真风流”：“真正风流的人有深情，但因其亦有玄心，能超越自我，所以他虽有情而无我。……他的情与万物的情有一种共鸣。他对于万物，都有一种深厚的同情。”④

这一“有情无我”的境界，从“理”的层面言即是“大全”，从境界言即是“天地境界”，三者实为同一个所指，不过言说之角度方式不同而已。“天地境界”其实就是“仁”。冯友兰指出：“仁，不是泛指任何一种精神境界，而是确指最高的境界——天地境界。”⑤故“有情无我”实为“仁爱情感”。可以看到，作为逻辑分析之最后概念的“大全”的实现，乃是一种无我的“仁爱情感”状态。此情感状态并非静止不动，“人的境界，即在人的行动中”⑥；即是说，仁爱情感乃是人的生活的实情。由此，新理学通过“仁爱”情感实现了“真际”与“实际”的贯通。

基于前述新理学之“情”与“理”观念的理解，新理学之“情感”与“理性”的关系亦可分为两个层次。在“有我之情”的层面，冯友兰是主张“以理化情”的，他说：“一个人若没有无益的感情，可少受许多累，多做许多事。”⑦这一点与程朱理学处理情感的方式是一致的，尽管程朱是以全善无恶的“性”，即以一种道德理性来克制主体性的“有我之情”，而新理学则偏重于以认知性理性来克制有我之情。故笔者以为，在对待“有我之情”这个层面，新理学与旧理学的方式是一致的。从唐代李翱开启的“性善情恶”之“性→情”架构，通过“以性制情”“以理化情”的“复性”来克制“有我之情”的修养模式，贯穿了整个程朱理学的始终。对应于新理学的四重境界来说，处于自然境界之人毫无觉解，自可不论；对处于功利境界的人，即执着于有我之私的人来说，“以理化情”或“以情从理”其实是必要的；处于道德境界的人，似乎实现了“以理化情”，但因其仍有“我”之累，故不能达致物我一体的天地境界。而在“天地境界”即“有情无我”层面，此时“情”恰恰是理性的完成与实现。从方法上来说，由于“负的方法”的运用，剥落掉坚硬

---

① 冯友兰：《中国哲学简史》，第 245 页。

② （宋）程颢：《定性书》，（宋）程颢、程颐：《二程集》，中华书局 2004 年版，第 460～461 页。

③ （清）程树德：《论语集释》第 2 册，中华书局 2008 年版，第 365 页。

④ 冯友兰：《南渡集》，东方出版社中心 2017 年版，第 94 页。

⑤ 冯友兰：《三松堂全集》第十三卷，第 492 页。

⑥ 冯友兰：《贞元六书・新原道》，第 615 页。

⑦ 冯友兰：《南渡集》，第 235 页。

的主体,进入无私我之情累的境界,才使“正的方法”的理想能够得以实现。

总起来看,新理学之所以“新”,不仅在于剥落了旧理学之“理”的伦理内涵,以严格的逻辑方式将理学的范畴做了精致的逻辑推导,使理学实实在在地演变到了一种新的形态;而且还在于通过对情感的回归,贯通了“真际”与“实际”,使传统中国哲学“极高明而道中庸”的风格继续存在于新理学之中,从而保证其为“中国哲学”的现代形态。

二、蒙培元“情感儒学”的情理观

蒙培元正是继承了冯友兰新理学的以情感沟通“真际”与“实际”的思路,才建构了他的“情感儒学”。蒙培元对中西方哲学有一个宏观判断,即“西方是情理二分的,中国是情理合一的;西方是重理的,中国是重情的”[①]。那么,问题的关键就在于:中国哲学的“情”与“理”是如何合一的?蒙培元的观点很明确:中国哲学里的“情”并非一般的情欲,而是一种普遍化的道德感情;中国哲学的“理”也并非西方式的纯粹形式,而是以情感为具体内容的“性理”,是一种“具体理性”,亦可谓之“情理”。易言之,中国哲学之“情理合一”乃是因为情中有理,理中有情,故而言“合”。而在此“情理合一”中,中国哲学尤其是儒家哲学又是偏重于情的,中国哲学的特质在于以情感为起点,贯穿人之存在的各个方面,“以情感为核心而将知、意、欲和性理统一起来,这就是儒家哲学的特点”[②];故“人的情感才是人的真实存在”,“真情才是人之所以为人者”[③]。因之,学界将蒙培元的哲学体系称为“情感儒学”。

(一)情感儒学之“情感”观念

蒙培元首先承认,情感是人的“自然情感”。这种“自然之情”,一方面对于人的存在来说具有“直接性、内在性和首要性”和“最初的原始性”[④],显示的是人的情感与真实存在之间的紧密性;但另一方面,“自然情感”是人与动物所共有者,它是人的“原始性”存在方式,没有将人的独特性标识出来,即未能揭示人之所以为人者、人之异于物者。但蒙培元又认为,此“自然之情”又是“人的德性的心理基础”[⑤],因为“自然之情”(如“孝悌”之类的情感)与人的真实存在是紧密相

① 蒙培元:《情感与理性》,中国社会科学出版社2002年版,第16页。
② 蒙培元:《情感与理性》,第14页。
③ 蒙培元:《情感与理性》,第5页。
④ 蒙培元:《情感与理性》,第24页。
⑤ 蒙培元:《情感与理性》,第28页。

连的;换句话说,此“自然之情”若经“推”与“扩充”之后,就能取得普遍化的效果,成为一种理性化的情感、道德情感。所以“自然情感”才能“成为人的最高德性即‘仁’的真正基础”[①],才能“是道德理性的发端、端绪”[②],但仅仅是“端”。

在蒙培元这里,情感有两个层面,即“情感”可以“上下其说”。“往下说,是感性情感,与欲望相联系”[③],也就是人的自然之情,这个层面强调的是人作为情欲主体而存在的现实性维度,这也是现代性的一个重要特征;“往上说,是理性情感或者叫‘情理’,与天道相联系”[④]。正是这往上说的“理性情感”,才是人之所以为人者。蒙培元“人是情感的存在”这一命题中的“情感”,指的就是这种“理性情感”或说“道德情感”;“儒家最关心的,正是具有‘普遍有效性’的道德情感,并且形成与此相关的所谓宇宙论、本体论哲学”[⑤]。因此,以儒家哲学为核心的传统中国哲学主要就是一种“整体论的德性之学,这其中,道德情感居于重要地位,甚至可以说,居于中心地位”[⑥]。

以情感为中心建构起一个关涉天人关系、形上形下的庞大哲学体系,这是情感儒学最富有特色的地方,也是对传统中国和西方既有哲学体系的最大的突破。对于中国哲学来说,情感儒学突破了秦汉以来整个帝国时期儒学对情感的理解。帝国时期儒学主要都是把情感看作是对理性、道德的阻碍和污染而须要克制和净化的东西。情感儒学突破性地认为,“情感”不但不是须要克制的东西,反而是需要培育扩充的起点,是道德的根基。正如黄玉顺所评价的那样,情感儒学实际上“颠覆了孔孟以后出现的那种‘性→情’的形而上学结构”[⑦]。从这个意义上说,情感儒学超越了秦汉已降的整个儒学思想架构,直接孔孟原典儒学,以一种“返本开新”的姿态重建了中国哲学传统。对于西方哲学来说,情感儒学也突破了整个西方哲学对情感的理解。尽管西方哲学里也有重视情感的思想(如亚当·斯密、休谟等),但西方哲学家大多都是从情感对伦理学、政治学的意义上来谈论的,并没有依托情感建构起整个哲学思想体系。在西方哲学里,情感最多“只是作为哲学中的一个部分或一个分支来处理的”[⑧];而情感儒学

---

① 蒙培元:《情感与理性》,第 27 页。

② 蒙培元:《情感与理性》,第 136 页。

③ 蒙培元:《人·理性·境界——中国哲学研究中的三个问题》,《泉州师范学院学报》2004 年第 3 期。

④ 蒙培元:《人·理性·境界——中国哲学研究中的三个问题》,《泉州师范学院学报》2004 年第 3 期。

⑤ 蒙培元:《情感与理性》,第 14 页。

⑥ 蒙培元:《情感与理性》,第 15 页。

⑦ 黄玉顺:《存在·情感·境界——对蒙培元思想的解读》,黄玉顺、彭华、任文利主编:《情与理——蒙培元先生七十寿辰学术研讨集》,中央文献出版社 2008 年版,第 2 页。

⑧ 蒙培元:《情感与理性》,第 10 页。

则是以“情感”为中心范畴建构全方位哲学体系。

关于蒙培元的情感儒学，陈来教授指出：

> 老蒙讲的“情感儒学”，它有三个特点，跟一般的讲情感问题的恐怕是不太一样的。
>
> 第一个特点是：这个情感，我觉得他主要强调的是“仁爱情感”，而不是讲的一般的情……
>
> 第二个特点就是：他讲的“情”……是“理性情感”……或者说，是“理性化的情感”……
>
> 第三个特点是：我觉得他之所以要提炼理性的情感，是因为他看到了西方哲学，特别是像康德哲学这类哲学的弊病……
>
> 首先，他突出的是仁爱的情感；其次，他讲的是理性的情感；然后，他强调的是情感的具体性。①

简要地说，西方哲学的现代转型无疑主要是以理性为中心展开的，这被归纳为众所周知的“认识论转向”；而传统中国哲学在现代转型这一历史大势面前，既不能照搬西方那种以理性为中心的转型模式，也不能步牟宗三那种以“德性”为中心的转型道路之后尘，因为后者事实上不管是“内圣”还是“外王”两个层面都不能说是成功的。从这种角度来看，蒙培元以情感为中心建构的“情感儒学”思想体系，可以说是开辟了一条传统哲学现代转型的新的道路，即哲学的“情感论转向”。

(二)情感儒学之“理性”观念

在对情感的颠覆性理解的基础之上，蒙培元对“理性”也有创造性的理解。蒙培元在一般的“理论理性”(或“认知理性”)、“实践理性”(或“道德理性”)、“工具理性”等范畴之外，创造性地运用了这种概念：“具体理性”“性理”“情理”。这种理性之所以是具体的，乃是因为这种理性不是抽象的形式的空壳，而是以情感为其内容的。这实质上就是情感“往上说”的结果，因此这种理性又称“性理”“情理”。他说：“性理就是德性，也就是理性；不过不是‘理论的’理性，而是‘实践的’理性。但是，又不同于康德所说的‘纯粹的实践理性’，而是和情感联系在一起并以情感为内容的‘具体理性’。这才是儒家理性学说的真正特点。”②这种理性在情感儒学里又称“良知”：“良知……是具体理性，而不是抽象理性，更不

---

① 陈来：《蒙培元学术发展的路向与情感观念的特质》，黄玉顺主编：《“情感儒学”研究——蒙培元先生八十寿辰全国学术研讨会实录》，四川人民出版社 2018 年版，第 18～19 页。

② 蒙培元：《情感与理性》，第 19 页。

是超绝的实体。”[①]

那么，情感，特别是“自然之情”，何以能够“往上说”而成为普遍的“性理”呢？在蒙培元看来，情感内蕴着一种理性能力，只是这种理性能力并非西方的纯粹形式化的理性而已，这种情感内蕴的理性能力可以名之曰“思”。情感“通过‘思’而获得了理性的形式，具有普遍性……它不必通过另外的理性形式使自己具有普遍有效性，它本身就在‘思’的形式下成为普遍有效的”[②]。按此，“人是情感的存在”一方面肯定了人的自然情欲的正常需求，另一方面也因情感内蕴的理性力量而使人自身获得超越；而超越的力量并不来自自身外，就在情感自身之内。

因此，性理之所以是性理，乃是因为理中有情。情感之所以能是普遍的道德情感（即“性”），是因为情中有“思”（“理”）。一句话，“性是不能离开情而存在的……情只能是性之情，而不是无性之情。这就是‘性理’与情感的关系”[③]。这也就是蒙培元反复强调的中国哲学的特征在于“情理合一”。因为“情”与“理”是合一的，所以“情”才有力量与可能往上走而成为“性”；“性”也就并不是一个超然的绝对者，而是“情”自身上扬的结果，并以“情”为内容。对应于牟宗三“道德的形上学”的说法，“情感儒学”亦可以说是一种“情感的形上学”。

如果说冯友兰“新理学”的“情”与“理”的关系还是比较外在的，多少还有点裂缝的话，蒙培元则是想尽力消除新理学中“情”与“理”还不够圆融的那一面，将“情”与“理”合起来讲。但是，蒙培元认为，情感与理性的合一还是要坐落到一个主体的“心”那里，认为真正的“情理合一”状态乃是心灵的超越境界，这似乎很有宋明理学“心统性情”的味道。因此有学者认为，情感儒学对情感本源性的揭示并不彻底，更多地强调的还是一种道德情感，没有将情感进抵存在论的层面。[④] 此批评不能说没有道理，蒙培元对道德情感的强调，确实使其哲学显示出了一种明显的主体性特征。但这种批评也不能绝对化。蒙培元同时也认为，“情之往上说”的“性理”并非一种实体化的形态。在他看来，“性不可‘言’，亦不可‘见’”[⑤]；见“性”只能从“性”的发用流行处见性，即在情中见性。可见，蒙培元不仅是将情感作了形而上学化的解读，而且还开启了将情感引向存在本身的可能。只是由于“情感儒学”思想体系确实十分强调“情理合一”的状态乃是一种心灵境界，以致情感主要还是被当作一种主体性的道德情感来看待，淡化了“情

---

① 蒙培元：《情感与理性》，第 147 页。

② 蒙培元：《情感与理性》，第 20 页。

③ 蒙培元：《情感与理性》，第 112 页。

④ 参见崔发展：《儒家形而上学的颠覆——评蒙培元的“情感儒学”》，黄玉顺、彭华、任文利主编：《情与理——蒙培元先生七十寿辰学术研讨集》，第 77 页。

⑤ 蒙培元：《情感与理性》，第 123 页。

感”通向存在的向度。而这正是黄玉顺“生活儒学”要解决的问题。

三、黄玉顺“生活儒学”的情理观

黄玉顺在思想视域上主要通过与海德格尔哲学进行对话的形式，伸展开了一种更为彻底的思想视域。一般对“情感”与“理性”的理解总是一种主体性的把握，即总是把握为某个存在者、某个主体的“情感”或“理性”，甚至理性本身就是一个主体，如笛卡尔的“我思”、黑格尔的“绝对精神”等。而黄玉顺通过发问“主体是何以可能的?”将其“情理观”带向了一个更深的观念层级。

生活儒学有一个基本的思想视域：现实人生(形而下的存在者)需要形上观念来奠基，否则，现实人生就会有“踏空”感；但这种具有奠基能力的形上观念本身又何所来呢？前现代的德性主体哲学和现代西方的理性主体哲学，其形上观念其实都是先验的、独断的。蒙培元的情感儒学，也并未阐明拥有道德情感的主体性的人是何以可能的，从这个意义上说，情感儒学也还是一种独断性哲学。因此必须进一步追问：这种先验独断的主体究竟是如何可能的?

在生活儒学看来，能够为现实人生奠基的观念(形而上的存在者)其实来源于生活，不过这种“生活”不是主体性的某种“人的生活”，而是生活本身，亦即存在本身。作为存在本身的“生活”为形而上的观念奠基，此形而上的观念又为形而下的现实的人的生活奠基，使人的生活获得一种“踏实”感。但若从观念的生成角度说，在生活中，人得以成为形而下的主体性的人；此形下主体之人有一种形而上的追求，要为自身的存在寻找一个形而上的根据，于是运用自身的理性能力替自己构造了一个形而上的本体，来安顿自身的现实存在。黄玉顺将观念的“奠基”与“生成”关系做了一个简洁的对比：

奠基关系：存在(生活本身)→形而上存在者→形而下存在者
生成关系：存在(生活本身)→形而下存在者→形而上存在者[①]

在这种视域下，古今中外的哲学几乎都因为遗忘了作为存在本身的生活，而进入一种独断的主体性哲学形态。生活儒学就是要消解这种独断的主体性哲学；不过，消解不是目的，消解的目的是为了“复归生活，重建儒学”[②]，即重建中国哲学的形而上学和形而下学。

在生活儒学的思想体系里，“生活即是存在，而首先显现为情感”[③]。不过，

---

① 黄玉顺：《时代与思想》，山东人民出版社2017年版，第240页。
② 黄玉顺：《儒学与生活——“生活儒学”论稿》，四川大学出版社2009年版，第192页。
③ 黄玉顺：《儒家思想与当代生活——“生活儒学”论集》，光明日报出版社2009年版，第168页。

此情感并非形而下的主体性的人的情感，而是孔孟原典儒学的本源性的"仁爱"情感。实质上，黄玉顺是把情感带向了存在论的观念层级，或者说是通过情感的颠覆性理解来通达存在。由此，我们来看生活儒学思想体系里"情"与"理"的关系。

(一)生活儒学之"情"观念

生活儒学的"情"，可以说是在蒙培元情感儒学的基础上对既有情感观念的更彻底的一种颠覆。

1.对传统"性→情"架构的颠覆

封建社会时期的儒学认为，"情"是形上本体"性"之所发，又会对"性"有摇撼、污染，故须以性制情，或曰以理制情。西方哲学的主流则认为人是理性的存在，作为感性欲望的情感也必须要有理性来指导、克制。蒙培元突破性的认为"人是情感的存在"，但此情感却又是一种道德情感，这就意味着：蒙培元虽然突破了以往对情感的贬抑性理解，但不过是用主体性的道德情感去取代了传统中国哲学以"性"为主体或西方以"理性"为主体的地位而已，其哲学的整体形态还是一种主体性哲学，从观念框架来看，还是在旧有的"性—情"架构之中。

而黄玉顺认为："在儒家的真正本源性观念中，'情'乃是存在本身，而不是存在者的事情；'情'乃是先行于任何存在者的'事之情'。"[①]作为存在本身的"事之情"也就是"生活本身"，亦即存在本身。存在者之所以存在，乃是在"在生活"中使自身获得规定性，成为一个相对的形而下的存在者。对此，黄玉顺在其著作中常引王夫之"性日生日成"[②]一语做说明。有了众多相对的形而下的存在者之后，才有他们对形而上存在者的诉求。黄玉顺说："存在的实情并非形而上者为形而下者奠基，而是我们从形而下者中抽绎出了形而上者"[③]然后，此形而上者才能为形而下者奠基，有了形上观念奠基的形而下存在者才能"踏实"地作为情欲、情绪主体"去生活"。这就是生活儒学所擘画出来的"情→性→情"三重观念层级。这就大大突破了其师蒙培元将"情"作为一种形而上的道德情感的视域。从这个意义上说，到黄玉顺"生活儒学"思想的创立，才真正彻底突破了传统的"性→情"架构，并突破了中西方既有的主体性哲学的框架。

2."生活情感"的观念

在生活儒学看来，作为一切东西的大本大源的生活本身，首先会显现为生活情感，而生活情感孔孟原典儒学所强调的"仁爱情感"，黄玉顺认为，"仁爱情

① 黄玉顺：《爱与思——生活儒学的观念》，四川大学出版社 2006 年版，第 58 页。

② (清)王夫之：《尚书引义·太甲二》，中华书局 1976 年版，第 63 页。

③ 黄玉顺：《时代与思想》，第 240 页。

感”并非一般所认为的是宗法血缘观念的一种产物。黄玉顺说：“学界普遍地存在着对儒家思想一种严重的误解，即以为儒家所倡导的仁爱仅仅是宗法血缘观念的产物。”[①]诚然，西周的封建制度确实建基于宗法血缘观念，但“这种血缘宗法关系，正是生活本身的一种显现样式”[②]，即仅仅是本源性“仁爱情感”的一种显现样式。如果将“仁爱情感”仅仅视作血缘宗法之情，儒学就永远不可能走向现代，而只能是走向消亡，这显然不是历史与生活的事实。

那么，本源层级的仁爱情感究竟如何呢？黄玉顺常引证《孟子·公孙丑上》所讲的“乍见孺子将入于井”的情境来说明：在此情境中所呈现出的“怵惕恻隐之心”“不忍之心”，就是本源性的仁爱情感，因为此“心”、此“情”乃是自足的，“此心此情”的呈现并非因为“内交于孺子之父母”，亦非因为“要誉于乡党朋友”所使然，完全是当下生活本真情境的呈现。[③] 因此，本源层级的情感并非主体性的某个人的情感，亦非血缘宗法之情，不是为了什么所使然的情感，而是“情不知所起”[④]，这一点很接近于前述冯友兰的“有情无我”，呈现为一种“无我之情”。简言之，“仁爱情感”乃是前主体性的存在状态，任何主体都是在此本源情感状态中生成。因此，“仁爱情感”才是“本源”而不是形而上的“根据”，即不是“支撑着某个存在者的另一个存在者”。[⑤]

3.“正义情感”的观念

黄玉顺认为，完整地理解儒家的“仁爱情感”观念，有两个缺一不可的方面：一个方面是表现为首重血缘亲情的“差等之爱”；另一个方面则是体现博爱精神的“一体之仁”。[⑥] 而不管“差等之爱”还是“一体之仁”，都是“仁爱情感”的显现。这就开启了生活儒学思想体系中的一个形而下学向度，即制度规范的建构，具体来说就是“中国正义论”的情感观念。

黄玉顺指出，“差等之爱”必将带来利益冲突，因为“爱一个对象，就希望为它带来点好处。……争利也可以说是常情、生活的实情”[⑦]。争出于爱，这是一个毋庸置疑的事实，也是一个必须予以肯定的事实。但这种事实必须运用人的理智将其控制在一定范围内，否则社会就会无序，丛林法则就会成为生活的准则，一切制度规范就会缺乏正义。那么，凭借什么来克服因爱而争呢？西方哲

① 黄玉顺：《儒学与生活——“生活儒学”论稿》，第192页。

② 黄玉顺：《儒学与生活——“生活儒学”论稿》，第194页。

③ 参见黄玉顺：《儒学与生活——“生活儒学”论稿》，第193页。

④ 汤显祖：《牡丹亭·题记》，人民文学出版社2005年版，第1页。

⑤ 参见黄玉顺：《面向生活本身的儒学——“生活儒学”自选集》，四川大学出版社2006年版，第32页。

⑥ 参见黄玉顺：《从“生活儒学”到“中国正义论”》，中国社会科学出版社2017年版，第143页。

⑦ 黄玉顺：《生活儒学：黄玉顺说儒》，孔学堂书局2014年版，第121页。

学主要是以在理性的正义原则下所制定的制度规范来解决因爱而引发的争端。以康德哲学为例,其制度规范的根据都是一些不在生活之内的纯形式的法则,甚至可以说是教条。这种理性化、形式化的制度规范并非化解争端之道。而在"中国正义论"里,解决因爱而争的问题,所凭借的并非理性,而是仁爱情感之中的超越了"差等之爱"的"一体之仁"。换言之,正义的寻求不是"以理制情",也不是传统的"以性制情",而是"以情制情""因情称义"。情感引发的问题还得靠情感来解决,这可以说是中西方正义理论的最大区别,也是传统中国哲学在现代转型中所应当走的一条既与西方对话、又继承传统中国哲学风格的道路。

对此,黄玉顺说:"我们在进行'礼'的建构的时候,我们在进行社会规范及其制度的建构的时候,必须出于仁爱的动机,出于仁爱的精神,出于仁爱的情感;而且,这种仁爱是超越了差等之爱的一体之仁。它不是差等之爱;它是一体之仁。这就是儒家正义论的第一条原则——正当性原则——它的基本精神。"[①]此"一体之仁"并不是与"差等之爱"不同的另一种情感,而是"仁爱情感"的另一种显现样式,也可以说是"差等之爱"的"推扩"。

(二)生活儒学之"理"观念

生活儒学的"理"观念,一以贯之地坚持"情感"中心立场。详细阐明了从本源性的"情感之思""良知"分别向"认知之思"和"工具理智"的"由爱生知"的生成过程。

1.从"情感之思"到"认知之思"

在黄玉顺的生活儒学中,"理"对应于一种"思",但不是情感性的"情感之思",而是认知性的"认知之思"。关于"思"与"仁"或"爱"的关系,他说:"'思'与'爱'(或'仁')是儒家思想中两个并行的核心观念。"[②]黄玉顺认为,"思首先是情感之思,是爱之思"[③],因为有"爱"才会有所"思";"思"乃是一种"想",故谓之"思→想"[④]。在这种情感之思的"思"与"想"中,又会怀有某种希望、向往、意愿、意欲,这就从情感之思转到了"意欲之思";而"正是在这种意欲之思当中,主体性被给了出来"[⑤]。进而,主体性的"想"中会有"相""象",因为主体的行为总是一种对象化的行为,总是有所指的行为,这就有了认识论的"主—客"架构。而且,当"意欲之思"发生的时候,主体对本来是"浑沌一体"的共在存在者就有了"表

① 黄玉顺:《从"生活儒学"到"中国正义论"》,第 143 页。
② 黄玉顺:《爱与思——生活儒学的观念》,第 89 页。
③ 黄玉顺:《爱与思——生活儒学的观念》,第 98 页。
④ 黄玉顺:《爱与思——生活儒学的观念》,第 100 页。
⑤ 黄玉顺:《爱与思——生活儒学的观念》,第 100 页。

象";而"所谓'抽象的'思维其实就是表象式的把握"[①],"形而上学的思维方式乃是表象的方式……认知性的思维,西方哲学意义上的'思',包括神学,都是以表象的方式去把握存在者"[②]。这就从"意欲之思"转到了"认识之思"。至此,我们看到了从"情感之思"经"意欲之思"再到"认知之思"的认知理性的生成过程。

2.从本源感悟之"知"(良知)到工具理性之"智"(理智)

在黄玉顺那里,源于"爱"的"思"不仅表现为"认知之思"、认知理性,而且还表现为对本源性存在的一种领悟,即"一种生活感悟"[③]。此种生活领悟实质是对自身仁爱情感能力的一种直觉,即对"能爱"的情感能力的直觉,故曰"良知",亦称"良能"。这种本源性的"良知"乃是一种"反身自明的智慧"[④],是向"本然的'恻隐之心''羞恶之心义之端'的'反身而诚'"[⑤];而此"能力"乃是一种本源性的情感能力,故曰"良能"。这种"良知良能""能够直觉地、直截了当地判断是非"[⑥],其实就是孟子所说的"是非之心"[⑦]。不过,此"是非之心"仅仅是"智之端",而还不是"智"。孟子所说的由是非之心扩充出来的"智",有两种表现:一种是直觉的正义感,即"良知",而所谓"正义原则"其实就是"将这种内在感受性的正义感加以自觉化、理性化"[⑧]。

仅有内在的正义感,并不意味着就有一套正义的制度规范;将内在的正义感实现为正义的制度安排,还必须由理智能力来达成。这种理智能力的重心在于能辨知利害关系。这种理智能力在荀子处是有精细的阐述的:"诉诸利害,这是荀子思想乃至包括其认识论和正义论的一个基本特征。"[⑨]黄玉顺认为,这种"智"是与"虑"密切相关的,故又称"智虑";而"虑"乃是"由情生欲,由欲生虑"[⑩]。这就是说,明辨是非、熟知利害的智慧和理智乃是由良知转化而来的,仍然是源于情的,并非先天先验的东西;进而,源于"仁爱情感"的理智才是服务于正义的制度建构的一种工具理性。

可以看到,生活儒学不但在"情感"方面对既有哲学有一种颠覆性的理论效果,而且在"理性"方面也同样具有颠覆性。在西方哲学中,理性总是在所谓"目

① 黄玉顺:《爱与思——生活儒学的观念》,第115页。

② 黄玉顺:《爱与思——生活儒学的观念》,第117页。

③ 黄玉顺:《从"生活儒学"到"中国正义论"》,第242页。

④ 黄玉顺:《从"生活儒学"到"中国正义论"》,第239页。

⑤ 黄玉顺:《中国正义论的形成——周孔孟荀的制度伦理学传统》,东方出版社2015年版,第429页。

⑥ 黄玉顺:《从"生活儒学"到"中国正义论"》,第239页。

⑦ (清)焦循撰,沈文倬点校:《孟子正义》,中华书局2011年版,第234页。

⑧ 黄玉顺:《从"生活儒学"到"中国正义论"》,第241页。

⑨ 黄玉顺:《中国正义论的形成——周孔孟荀的制度伦理学传统》,第431页。

⑩ 黄玉顺:《中国正义论的形成——周孔孟荀的制度伦理学传统》,第432页。

的理性”与“工具理性”之间纠缠不清。黄玉顺明确指出：“理性只是工具，而绝非建构伦理规则的动因、根据。理性尤其是所谓纯粹形式的理性，远远不是建构伦理原则的绝对基础。”[①]不仅如此，生活儒学明白地阐明了理性的生活情感渊源，从而彻底克服了西方哲学之“思”（“理性”）的先验性、独断性。从这个意义来说，“生活儒学”实际上是指出了“人是情理的存在”这一生活的实情。

四、情理学派之情理观的其他样式

在冯、蒙、黄这一现代中国哲学情理学派的传承主轴之外，蒙培元弟子任文利、余治平、宋大琦等学者也在蒙培元“人是情感的存在”这一基础命题的指引之下，在各个不同领域拓展着情理学派的论域。

（一）任文利“国民宗教儒学”的情理观

任文利主要把儒家视作一种宗教来看待，但又不是一般意义上神学性质的宗教，而是一种类似于“公民宗教”的文化意识形态系统，这个系统一方面能划定现实人生的生活秩序（包括国家制度和伦理秩序）；另一方面又能为人的生活提供意义安顿。所以他认为儒家是一种“人文主义宗教”“道德宗教”。[②] 任文利并未正面哲学地讨论情感与理性，但我们可以通过“国民宗教儒学”来窥见其思想中内蕴的情理观。

任文利十分看重人的形而上的宗教情感。他之所以视儒家为一种宗教，主要就是认为儒家能实现“对于个体人的宗教情感的安顿”[③]。他认为儒家的婚丧冠祭等礼都体现了儒家的宗教向度，都“与安顿人们的宗教情感息息相关”[④]。任文利之所以如此看重个体的这种宗教性情感，乃是因为他坚持一种宇宙论式的思维方式。他认为每一个个体都各有所本、所始，在儒家主张的各种“报本反始”的祭祀中，实现了一种神人之际的“感格”[⑤]，从而为现实的人生提供意义安顿。显然，任文利的“国民宗教儒学”主要凸显了一种形而上学化的道德情感，这种情感实际是要把人引向个体德性提升至圣贤人格的状态。而在此过程中，“涵养”“体察”个体内在情感与理性的因素乃是必不可少的修养工夫。“涵养本心就必然包容情感与认知心的涵养，而对心体的直接体察，情感体验也是其重

---

① 黄玉顺：《走向生活儒学》，齐鲁书社2017年版，第355页。

② 参见任文利：《儒家哲学中关于“教”的学说》，《中国哲学史》1998年第4期。

③ 任文利：《儒教作为“国民宗教”的向度考察》，陈明、朱汉民主编：《原道》第23辑，东方出版社2014年版，第10页。

④ 任文利：《儒教作为“国民宗教”的向度考察》，陈明、朱汉民主编：《原道》第23辑，第14～15页。

⑤ 任文利：《儒教作为“国民宗教”的向度考察》，陈明、朱汉民主编：《原道》第23辑，第14页。

要内容,察识物理则是发明心性本体的必要准备。"[①]可见,任文利的情理观主要是沿着其师蒙培元的思路在讲,是沿着情感可以"上下其说"中"往上说"的维度在讲,而且是将情感的"往上说"挪至宗教领域在讲;同时,他认为"理"则仅仅是助成情感之往上说的基础与工具,是"发明心性本体的必要准备"。

(二)余治平"性情形而上学"的情理观

余治平的哲学思考主要从中西方哲学的对比入手,旨在追求一种"中国哲学的本土化叙事"。所谓"中国哲学的本土化叙事"意指"中国哲学主体性的自觉与醒悟"[②],这种自觉与醒悟既不是让西方哲学说中国话,也不是一种民族主义情愫的表达。而是哲学之"普遍性在具体情境中的有效落实,是普遍真理在被充分吸收、消化并融合进族群社会与历史的深层结构之后的智慧结晶"[③]。简言之,就是要在中西方哲学对话中呈现出中国哲学的独特性来。

余治平认为中西方哲学最大的区别就在于"性情在西方哲学中却始终处于被拒斥、被压制和被冷落的状态。在一定程度上,主流的西方哲学是一种无情的知性形而上学"[④]。而在中国哲学里,"情才是知、理、义、道的领导力量和决定因素"[⑤]。进而,余治平认为,"没有了性情、没有了态度的形而上学一定会发展成为奴役人、扼杀人的恐怖哲学,同样,知性成分太淡、情实因素太多的形而上学则容易导致出专制或独裁的社会统治结构"[⑥]。因此,"性情形而上学"之"性情"实际是指情感与理性的合理均衡状态,而且此合理均衡状态就是人的生活应该有的状态,过与不及都会对生活构成戕害。这里,明显可以看到蒙培元先生对余治平的影响,故其"性情形而上学"之情理观可称之为情理交织的情理观。同时,"性情形而上学"明显也有一种强烈的生活关怀,这一点应该予以高度肯定。"性情形而上学"反对理性概念来牢笼生活的实际情形,也反对主体性的情绪因素来支配生活。但余治平未能就主体性的情感与前主体性的情感在观念层级上做出有效区分,即未能阐明生活、存在以及仁爱情感之间浑然无别的关系,致使其整个思想体系中未能就情理如何交织,情感与理性各自的本源等问题进行阐明。

---

① 任文利:《儒家哲学中关于"教"的学说》,《中国哲学史》1998年第4期。

② 余治平:《"中国哲学"本土化叙事的展开与生成》,《哲学动态》2008年第2期。

③ 余治平:《"中国哲学"本土化叙事的展开与生成》,《哲学动态》2008年第2期。

④ 余治平:《性情形而上学——儒学哲学的特有门径》,《哲学研究》2003年第8期。

⑤ 余治平:《性情形而上学——儒学哲学的特有门径》,《哲学研究》2003年第8期。

⑥ 余治平:《性情形而上学——儒学哲学的特有门径》,《哲学研究》2003年第8期。

（三）宋大琦“良知礼法学”的情理观

宋大琦自陈“良知礼法学”思想体系不但有冯友兰、蒙培元师门传承之影响，而且还有其师兄黄玉顺“代师传艺”的影响。[①] 宋大琦的雄心在于追求传统中国法哲学的现代转型，改变“目前中国的法哲学不是中国法哲学，而是西方法哲学在中国”[②]的情形。

宋大琦首先站在现代性立场重新审视传统中国的法哲学传统，认为古典法哲学体系都是基于形而上学的思想框架，要求现实生活统一在一个绝对至上者之下，其实质是以形而上学的至上本体作为生活正当性的唯一解释根据，这就使古典法哲学传统具有普遍的专制性格。在现代社会中，个体才是社会主体，现代法哲学必须是基于个体的自由意愿进行立法，必须充分考虑与尊重每一个个体的生活意愿。因此，现代法哲学的特点就是“个人主义和据斥形而上学，这不仅仅是学理的演变，更重要的是生活的改变，只有返回生活、面对生活本身，才能建立起能够解决生活问题的学问”[③]。而在宋大琦看来，渊源于传统并且凸显了个体主体性色彩的观念就是阳明的“良知”概念，这个概念一方面凸显了个体的独立自主性；另一方面“与西方的个人主义相比，它是有儒家特色的道德个人主义”[④]，这就是他所主张的“良知学”所具有的现代法哲学意义。也就是说，传统中国法哲学的现代转型就是通过“良知”来立法，即所谓“良知礼法学”。

宋大琦认为，“良知”是“先验道德情感、先验道德理性和先验道德律令三合一的不可分析的整体”[⑤]。在这三者之中，“情感有自发性、直觉性，理性有工具性、自觉性，律令有确定性、普遍性。……规范人们行为的道理是以情感为基础的、是情的产物，而并非先验的规定”[⑥]。又说：“良知……是道德理性与主体先天仁爱情感上培育起来的知性。良知概念的最大作用就是合内外之道，将理性与情感、主观与客观统一起来。”[⑦]“良知的内容一个最大的共相，也就是给出人际相处的最基本的原则的话，他只能是孔子的‘仁’：爱人、己所不欲勿施于人。礼法如果还能称之为礼法，而不是被理性固化的教条或被利欲主宰的工具，那

---

① 参见宋大琦：《学派标准与大陆新儒家流派分析》，陈明、朱汉民主编：《原道》第 25 辑，东方出版社 2015 年版，第 296 页。

② 宋大琦：《儒家道统中的法哲学体系传承及其现代转型》，陈明、朱汉民主编：《原道》第 32 辑，湖南大学出版社 2017 年版，第 260 页。

③ 宋大琦：《明儒礼法学的心性论基础及其现代启示》，安徽人民出版社 2014 年版，第 263 页。

④ 宋大琦：《明儒礼法学的心性论基础及其现代启示 · 自序》，第 6 页。

⑤ 宋大琦：《明儒礼法学的心性论基础及其现代启示》，第 245 页。

⑥ 宋大琦：《明儒礼法学的心性论基础及其现代启示》，第 235 页。

⑦ 宋大琦：《明儒礼法学的心性论基础及其现代启示》，第 242 页。

么它要体现仁的精神。……如果具体内容是先验的,即便他在最初的时候符合仁的精神,也很快会变成异己的天条。总之,良知立法因情立制,拒绝制度崇拜。"[①]

依据上述宋大琦的阐述,"良知礼法学"的情理观呈现了三个方面:一是肯定礼法的生活指向性,反对以抽象的理想概念来制裁生活;二是明显受黄玉顺影响,认为生活与仁爱情感有关,礼法要体现仁爱精神,但又没有明确承认生活是个体生成的大本大源;三是认为良知里还有先验的道德情感,"良知"乃是儒家色彩的道德个人主义的概念表达,这明显有蒙培元思想的影响,但又不是纯粹"情理合一"的思路。所以,"良知礼法学"之情理观可称之为"情—理—德"三位一体的情理观。但是其"情感""理性""道德"三者之间的逻辑关系还有待进一步的梳理与澄清。

五、情理学派的最新拓展

从新理学、情感儒学到生活儒学所形成的以仁爱情感切入存在本身、生活本身的这样一种思想方法,并不是为了阐释历史上的中国哲学和儒学,而是为了让传统中国哲学、儒学的真精神获得一种现代性重建。黄玉顺的若干弟子明显就是在"生活儒学"所开掘出来的这一"解蔽—重建"思想方法基础之上,将论域扩展到政治哲学、伦理学、诠释学、历史哲学、心灵哲学等领域,这些哲思展现了现代中国哲学情理学派最新的思想态势。

(一)郭萍"自由儒学"的情理观

从"解蔽—重建"思想方法来看,如果说黄玉顺通过"中国正义论"解构了传统儒家制度伦理学的旧体系,并指明了情理学派的现代政治学建构新方向的话,郭萍的"自由儒学"正是情理学派在现代政治领域的儒家式重建。

"自由儒学"阐明了三个观念层级上的自由:本源自由、形而上的本体自由和形而下的政治自由。在郭萍看来,任何形而下的自由都须形而上的本体自由来为其奠基。但前现代政治哲学和现代西方政治哲学的最大的问题就在于都被框定在这样一个"形上→形下"的结构中,缺乏对主体性的自由(尤其缺乏对本体自由)何以可能的追问。因此,"自由儒学"在理论上最超越前人之处在于其提出了"本源自由"的概念,据此为一切主体性的自由奠基。郭萍指出,"本源自由"并非某种主体自由,而是一切主体自由的渊源,因此毋宁说是"自由的本

① 宋大琦:《明儒礼法学的心性论基础及其现代启示》,第 245 页。

源”，而“自由儒学”对自由本源的理解，继承了“生活儒学”的本源观念，认为生活本身就是自由的渊源，“本源性的生活总是敞开着新的可能性，给出新的主体性，因此而产生新的自由”[①]，而儒家又总是“将生活本身理解为仁爱情感，将生活的川流不息理解为仁爱情感的不断涌现”[②]。显然，这实质就是将仁爱情感视为一切自由的渊源。也正是以仁爱情感为渊源，“自由儒学”在形上层面提出了“良知自由”，以此确立现代性主体的存在状态，并为形下的“政治自由”奠基；而其所论的“政治自由”是“良知自由”在现实生活中的展开，而且同样渊源于仁爱情感。在这个意义上，“自由儒学”乃是对“生活儒学”的“接着讲”。在“生活儒学”里，作为存在本身的生活本身首先显现为本源性的仁爱情感。故“自由儒学”其实乃是儒家之真精神——仁爱情感——在现代政治学领域的呈现，在这个意义上，我们可以说，作为现代儒家政治哲学“自由儒学”乃是孟子“仁政”的现代性回归，一种以仁爱情感为中心的情感政治哲学，一套现代性的儒家仁政思想体系。

当然，现代情感政治哲学的建构也少不了理智的参与。“自由儒学”从契约角度思考制度建构问题时，已充分肯定了理性的重要作用，其中不仅强调要理性掌握和运用“制礼”的知识，而且认为更要理性地把握不同时代的主体诉求，将制度与主体诉求相吻合才是“明智”。[③] 可以说，这是“自由儒学”在继承“生活儒学”“由爱生知”的基础上，进一步阐明了一种“情为政源”“智为情用”的现代儒家政治哲学路向。

（二）崔发展“儒家诠释学”的情理观

在崔发展看来，伽达默尔的哲学解释学与实践解释学，从人能够达成相互理解的“善良意志”这一鲜明设定出发，试图重新释放情感或尊德性的独立性。不过，这种本体论方案却缺乏现实性关怀，尤其是，在诠释实践或交往行为中，这种善良意志很可能异化为权力意志或意识形态，而视域融合的结果，也容易沦落为一方对另一方的强行同化或吞噬。在解释学语境中，学者多注重于“同情之了解”，却因此导致了将“同情之了解”混淆为“情感的满足”，二者乃是不同层面的表述。

崔发展认为，在古典解释学意义上，基于“理智之了解”之上的“情感的满足”，才是“了解之同情”，虽是情感性的价值判断，但毕竟基于理智；而“同情之

① 郭萍：《自由儒学的先声——张君劢自由观研究》，齐鲁书社 2017 年版，第 40 页。

② 郭萍：《蒙培元“情感儒学”对“自由儒学”的启发意义》，黄玉顺主编：《“情感儒学”研究——蒙培元先生八十寿辰全国学术研讨会实录》，第 174 页。

③ 参见郭萍：《儒家的契约观念——基于“自由儒学”的解读》，《齐鲁学刊》2019 年第 3 期。

了解”则是移情式的理解手段,仍归属于“理智之了解”一层。但若是从哲学解释学来讲,上述关系则可视为本体论层面上解释学循环的另类表述。由此,陈寅恪所说的“其言论愈有条理统系,则去古人学说之真相愈远”[①]的话,尽管值得警醒,但我们仍应将“理智的了解”置于“情感的满足”之先。不过,这绝不意味着,我们否认情感解释学的优先性,恰恰相反,情感是理解生成的存在论基础,否则,理解现象就无从解释。

(三)崔罡“儒家历史哲学”的情理观

崔罡的情理观可简要表述为“理性是情感的工具”。他的思考沿着两个向度展开:

其一,历史地看,西方理性主义传统存在着自身难以克服的困难。特别是近代以来,伴随着理性主义的扩张,形成了技术主义和科学至上主义的状态,并造成了灾难性的后果;而西方的情感主义传统,则逐渐淹没于其理性主义的传统之下,成为理性主义的分支和特殊样态。

其二,就现实处境看,理性主义传统难以回应 20 世纪以来人类面临着种种复杂的政治冲突。其处理方式基于某种先验式的假定,最终导向的是人的同一化、归约化。

因此,崔罡认为,儒家的“情理”传统能够提供与此完全不同的思考方式。理性(logos)就其本质而言,是话语,意即人与人之间彼此沟通与合作的共在方式。而话语乃是情感的显现样态。这意味着,基于情感显现样态的不同,人天然应当是个体的、自足的、独特的和不可归约的。人的共在固然是理性的,但其根基是情感性的。崔罡致力于探索一种可能性,即扭转在一个漫长的传统之下形成的情感与理性之间的关系,重新提出问题,正本清源。也就是说,从探求真理(truth)转向探求意义(meaning),从追寻权力(power)转向追寻自由(freedom),从诉求权威转向诉诸共识。

(四)李海超“心灵儒学”的情理观

李海超认为,21 世纪以来的儒家学者们整体呈现出一种有意绕开宋明心性儒学的倾向,但儒家学者们对于这种绕开之后“走向何方”又缺乏共识。因此,他认为应该建构一种超越宋明心性论的新的儒学形态,而不是绕开。“若不建构一种有别于宋明心性儒学的新型心灵哲学,儒学现代转型的任务将不能圆

---

① 陈寅恪:《冯友兰中国哲学史上册审查报告》,《金明馆丛稿二编》,三联书店 2001 年版,第 200 页。

满，甚至一切现代性的政治儒学、制度儒学、社会儒学、公民儒学建构都会受到制约。"[①]因此，他的哲学追求就在于建构一种超越宋明心性论的——心灵儒学。

在李海超看来，情感和理智是心灵中十分重要的两大功能，"情感本源、情理互用"是两者关系的理想表达。情感是心灵中"有导向的引擎"，它推动认知和理智的运转，并提供一个基本的方向。在此运转中，本源性情感会转化为理智化情感，心灵修养的重要任务是减少本源情感被压抑的可能性，使之稳定的作为意义心灵的本源，从而彰显出人是一种情理的存在。

（五）情理学派的其他拓展

除上述几名学者外，还有许多学者也多有拓展。杨虎提出新基础主义思想进路，通过"观法之切转"的思想方法，对本源生活运作机制予以揭明（包含"返源—立相"双重向度），在此基础上建构源论、体论和用论，进而提出生活本身"自观自现"观点。刘宏认为"情理"乃是对一切存在的表达，而情理之关系可表述为"情理不二""情理一元"。孙铁骑主张"情与理乃合一于生命，发用为表里"的情理观；情为生命之内在本然（里），理为生命情实之外显准则（表）；故"理"唯有合于生命之情实方为"真理"，而"情"亦唯有合于生命本然之理方为"真情"。杨生照提出的"易道儒学"认为情理关系乃是"由感而生情，理寓于情中"，即是说天地交感而有生生变易之事情，万物之道理即寓于生生变易之事情中；男女交感而有亲亲仁民之爱情，人事之义理即寓于亲亲仁民之爱情中。赵立庆认为情由己发，理由己用，"发"和"用"是主体在生活的具体境遇中的"权"，即权衡，于"理"，自由是自我立法；于"情"，自由是"为仁由己"。张新尝试以"生活儒学"对传统儒学中仁爱情感的本源论阐发为基础，着重对传统儒学中的恻隐之心及其相关情感进行当代重构，进而在比较哲学的视域下揭示儒学中的恻隐及其情感对西方德性伦理学以及政治哲学等问题的启示。张小星则试图以"生活儒学"之"生活本源论"为理论视域，通过重新梳理中国传统"小学"即文字、音韵、训诂之学，从而阐发一种以"诚以修辞，言以辨物"为核心观念的哲学训诂学。

可以看到，"情理学派"第四代已呈现出一种以"情理"为中心的多元发展格局。其中特别值得聚焦的是从黄玉顺、宋大琦到郭萍的思想推进。若把"生活儒学"与宋大琦、郭萍的研究结合起来看，现代中国哲学情理学派就呈现出了一个"由仁到礼"的思想流动。即是在打通了仁爱情感与存在、生活浑然无别的关系之后，如何重建人伦生活秩序，重建礼教的问题。在"由仁到礼"的逻辑进展中，"中国正义论"已经给出了制度规范建构的两条原则：正当性原则和适宜性

---

① 李海超：《"心灵儒学"导论——儒家心灵哲学的新开展》，黄玉顺、杨永明、任文利主编：《人是情感的存在》，北京大学出版社2018年版，第335页。

原则。正当性原则要求制度规范的建立必须出于仁爱的动机;适宜性原则要求制度规范还必须与特定时空的生活方式相适应,《中庸》所谓:“义者,宜也。”而寻求适宜性的过程必须有理智能力的参与,而理智也源出于情。因此,可以看到,中国正义论追寻的乃是一种“情义”正当,情为正当之本源,情亦为适宜能力之本源。现代中国哲学情理学派建构新礼教的基本思路显然就必须基于“人是情理的存在”这一实情,以“情义”为依据,进行现代新礼教建构,让人过一种有情有义的生活。

事实上,从“情理”视角来阐释中国哲学并追求其现代转型,在学术界其实已有一定共识。杨国荣就指出:“在中国哲学中,合理性(rationality)……以理与情的交融为其内在特点。”[①]赵法生也认为,“情”在先秦儒家哲学中是居于核心地位的,孔子的“仁”本来是一个情理兼备的概念,“情”的地位下降是在秦汉大一统帝国形成的背景下逐步开始的事情。[②] 或许正如雅斯贝斯所说的那样,任何文明的复兴无不是对轴心时期的一种回溯。中国哲学的现代转型,儒家哲学的复兴,或许都需要我们以“立足现代生活方式,面朝中国文化轴心期”的思想姿态来寻求出路,这条路显然是一条“情理”之路,而且以“情理”为致思中心已经构建了系统哲学体系的毫无疑问当属“冯—蒙—黄”为传承主轴的现代中国哲学“情理学派”。

---

① 杨国荣:《中国哲学二十讲》,中华书局2015年版,第57页。

② 参见赵法生:《性情论还是性理论——原始儒家人性论义理形态的再审视》,《哲学研究》2019年第3期。

生活儒学的诠释

Interpretation of Life Confucianism

第三编

论“儒学复兴运动”说

崔发展

【编者按】此文原载崔罡等:《新世纪大陆新儒家研究》,安徽人民出版社2012年版。

当今儒学进入了复兴期,这几乎是不争的事实。但所谓儒学进入复兴期,绝不意味着儒学完全复兴了,相反,甚至于像复兴儒学应当通过怎样的途径、采取怎样的形式之类的问题,仍旧在艰难的探索之中。如“大陆新儒家”作为复兴儒学的中坚力量,他们提出的复兴方案就大有不同,而整个儒学复兴的前景更是不明朗。由此,儒学的复兴究竟意味着什么?它如何取得进一步的发展?又会把中华民族的复兴大业导向何方?这些问题都大有可争之处。

对这些问题的解答,迫切需要从整体上对当前儒学的复兴大势做一个宏观考量。更准确地说,就是要有意识地为当今的儒学复兴寻求一个整体性定位,从而为复兴儒学指引方向。正是基于这种问题意识,黄玉顺提出了“儒学复兴运动”说,其意就是要对中国20世纪90年代以来,尤其是21世纪以来的思想趋向给出一种概括性的标识。[①] 总的来看,对于当前的儒学复兴趋向,如果说方克立“大陆新儒家”的命名强调的是其对于现代新儒家接续的一面(如所谓“第四代”之说),那么,黄玉顺的“儒学复兴运动”说强调的则是其对于现代新儒家决裂的一面,也就是说,黄玉顺给出的这个“标识”,致力于凸显当前的儒学复兴所呈现出的独特气质。

本文通过梳理黄玉顺“儒学复兴运动”的有关论说,分别从儒学复兴运动的语境、缘由与路线等几个方面对这种气质做一简要述评。需要注意的是,儒学

---

① 参见黄玉顺:《面向生活本身的儒学——黄玉顺“生活儒学”自选集》,四川大学出版社2006年版,第54页。

复兴的语境，其实亦是黄玉顺身处其中的语境，因而这一部分也会对他解读儒学复兴的视域做一交代，只有在此基础上，对儒学复兴之缘由、路线等问题的分析与理解才是合理的。

一、复兴语境：观念与现实

黄玉顺认为，当前儒学复兴运动所面临的语境，可以区分为观念的语境与现实的语境两个方面。就观念语境看，儒学的复兴在深层观念上面对着当代哲学或思想，主要就是后现代主义与海德格尔现象学的观念。但是，这种观念的语境有其现实生活的渊源，观念本身也归属于生活。因此，儒学的复兴，首先面对着现实语境。这种现实语境，就是我们身处其中的当代生活样式本身。[①]

很显然，这里的“语境”并非一般所谓的“时代背景”，它本身已经是黄玉顺在特定的诠释观念中解读出来的生活情境。而置身于现实语境中的黄玉顺之所以获得这种诠释观念，正是他与现象学、诠释学进行对话、融通的结果。但问题仍然存在。现实语境复杂得多，不同的人对它的领悟也不同。观念语境并不仅仅只有西学，西学亦并非只有现象学、诠释学。且不说中学是否必须回应西学，但一个“儒者”（黄玉顺亦如此自称）为何必须回应某种特定的西学呢？实际上，不少人恰恰质疑黄玉顺这么做的合法性。然而，黄玉顺却坚持认为，西学尤其是海德格尔现象学是我们必须加以应对的，否则就谈不上儒学的复兴。这是为什么呢？

先来看儒学何以必须回应现象学尤其是海德格尔现象学。现象学无疑是当今的显学，但这尚不足以说明回应它的必要性。这里的关键是要理解现象学因何而显。黄玉顺指出，西方近代哲学大致有经验主义、先验主义两条基本进路，但这二者都有难以自洽的问题。[②] 简言之，经验主义、先验主义分别面临着认识论困境与先验论困境，而困境的出现正源于它们所设定的原初观念缺少本源性的奠基，这就意味着上述困境在它们内部是无法从根本上得到解决的。胡塞尔创立现象学，旨在寻求突破，但其纯粹意识仍旧是先验的，其方案仍旧是寻求意识自身的内在统一，这说明他仍旧无法走出先验论困境。现象学自海德格尔这里出现了“存在论转向”，最关键的是他的“存在论区分”，他指出存在才是本源性的、自身所予的，而以往的哲学由于遗忘了存在，所以都是一些仅仅探讨存在者的形而上学。由此，以往的先验论哲学或经验论哲学都必须应对海德格尔的质疑，不仅如此，即便是当今乃至今后，任何想要建构先验论或经验论的哲

---

① 参见黄玉顺：《面向生活本身的儒学——黄玉顺“生活儒学”自选集》，第 54 页。

② 参见黄玉顺：《面向生活本身的儒学——黄玉顺“生活儒学”自选集》，第 94 页。

学家,都应该而且必须直面海德格尔的问题。其实,哲学(广义的,并非仅仅是指遗忘存在的形而上学)的进步就建基于它必须回应前人提出的那些无法绕开的问题。当然,我们不能由此就说海德格尔彻底解决了问题,但不可否认,他为消解上述困境指明了方向。这就意味着,就目前而言,海德格尔现象学正是我们无论如何都无法绕开的。换句话说,你可以不提海德格尔,但你无法回避海德格尔的问题。由此,面对当代西方三大哲学主流(分析哲学、现象学、后现代主义),黄玉顺明确说,儒学必须回应的只有现象学,因为分析哲学、后现代主义仍旧是有其形而上学预设的,它们的观念是被奠基的,所以它们无法真正有效地回应海德格尔的问题。①

但是,海德格尔的问题难道不仅仅是西方的问题吗?所谓的形而上学、经验主义、先验主义、存在、存在者等概念,并非儒学所固有,西方的问题何以具有普适性?这些很容易刺激民族主义情绪的问题,引发了对黄玉顺的普遍质疑。这就需要分析中西比较的问题了。

黄玉顺对"中西比较"这一问题的回应似乎陷入了某种悖论。比如他认为,近代以来中国人被抛入中西比较的生活情境中,这是我们无法抗拒的"天命"(际遇),甚至认为"中西比较"这个提法本身就很糟糕,因为并没有什么"现成在手的"(vorhanden)中、西;再如,在他看来,很多人担忧的现代中国人的"失语"现象根本不可能发生,因为"失语"所预设的原汁原味的传统语言与外语事实上都不存在,而西方文本哪怕仅仅是被赋予汉语化的形式,也已经体现着中国人的观念了,因为任何翻译都已经是诠释。② 不过,人们对这些分析可能会有重重疑问,比如,即便中西比较的"天命"正如黄玉顺所说的不是什么宿命论,即便中西比较的确曾经存在过且当下仍旧存在着,但存在的是否就是合理的?我们质疑的不正是这种合理性吗?再如,"失语"的论断所反应的乃是对"以西释中"或"以西化中"的忧虑,仅仅由中文(主要指汉语)的继续使用就能保证国人的观念不被置换掉吗?我们能这么乐观吗?诸如此类的疑问,对于持守"生活儒学"立场的黄玉顺而言,可能都是必须得到消解的形而上学问题。但是,即便如此,黄玉顺必然不能回避的是这样一个"致命"性的问题,此即:从以上的语言、观念不难看出,黄玉顺对中西比较之合法性这一问题的解答,实际上仍旧是在现象学、解释学的视域下进行的,而其生活儒学的观念同样是中西比较的结果。这难免为人所诟病:用中西比较的方法来解决中西比较的合法性问题,本身就不合法。由此而言,黄玉顺不正是陷入了悖论?!

---

① 参见黄玉顺:《复归生活,重建儒学——儒学与现象学比较研究纲领》,《人文杂志》2005年第6期。

② 参见黄玉顺:《面向生活本身的儒学——黄玉顺"生活儒学"自选集》,第311～329页。

首先必须承认,任何人都不能脱离自己的语境来看问题。孟子讲"知人论世",其实就是论世知人。但"世""人"毕竟是要"论""知"的,这就意味着"论世知人"无论如何已经蕴含了论知者的先行观念。进一步的问题是,论知者的先行观念由何而来?它只能由论知者当下所处的语境("世")给出。同样的,黄玉顺对中西比较、失语等问题的解读("论""知")就已处于某种先行的特定视域中,但是,我们更应看到,他的这种视域本身也只能是被当下的语境("世")给出。这是一种解释学的实情,或者说这是一种"解释学循环"的生存体现,因而也是不能否认的。由此而言,质疑者需要反思的问题是:难道我们仅仅因为某些语言或观念过去是西方的就表示反对,而无论它是否道出了某种实情?同样的,如果通过中西比较的方式,的确能把有些问题说明白,为什么要反对这种做法呢?不过,这种辩解未免乏力,因为在不少人看来,中西比较不仅不能让问题得到解决,反而常常使得问题更加扑朔迷离。

上述的生存解读遭到了合法性质疑,黄玉顺虽然并不认同这种质疑本身的合法性,但为了更为清晰地答疑解惑,他转而寻求一种"技术性"的处理方案。通过引述韩愈在《原道》中所说的"仁与义为定名,道与德为虚位",黄玉顺借题发挥了他对中西比较这一问题的看法。[①] 他解释说,"定名"不同,意味着无论双方是使用不同语言(如汉语和英语),还是同种语言(如都是汉语),双方的词语之间都没有等同性;而"虚位"则是说,在不同的思想系统之间,甚至在不同的民族语言、民族文化之间,词语及其观念之间是具有对应性的。由此,定名虽没有等同性,但虚位却可以有对应性,而这就意味着,不同的定名之间仍是可以对话的,可以达到相互理解的。如"Metaphysics"与"形而上学"是不同的定名,也就是说,二者并不完全等同,它们在中西方的语境中具有不同的实质性内容,但二者的互译在中西比较中的确具有不可替代的作用。

显然,黄玉顺的这种技术处理是有意义的。事实上,我们必须承认,如果没有虚位上的对应性,中西方之间的任何实际性的交流都是不可能的。同样地,如果中西方的交流是可能的(这是毫无疑问的),那么,我们就必须承认这种虚位上的对应性。由此而言,形而上学、经验主义、先验主义等概念虽非中国所固有,但在它们被选择用来与西方有关概念对译或对应时,其间的解释力同样是毋庸置疑的。当然,解释力度有强弱上的不同,所以学界才往往会对同一词语或概念的不同译法产生争执。不过,解释力强弱上的争议是很正常的,因为在对应关系上,我们只能追求相对的"确定"(如可以用 a、b 甚或 c 来解释 d,但却绝不能用 e 来解释 d),而不可能是绝对的"确切"。换句话说,我们虽不能确切

---

① 参见黄玉顺:《爱与思——生活儒学的观念》,四川大学出版社 2006 年版,第 4~8 页。

地认定哪种解释是有效的，但却能判定哪种解释是无效的，这也是一种证伪原则。尤需注意的是，解释力的有无与解释力的强弱乃是两个问题，所以不能由解释力的强弱（亦即对应关系的不确切）来否认解释力的存在。否则，中国的“西方哲学”这门学科本身就难以成立，而中西之间也不会有什么有效性的对话了，但这显然都与实际发生着的中西比较相悖。

不过，质疑声仍旧如影随形。比如：中西之间的对应性由何而来？或者说，怎样才能保证这些对应性是合法的、有效的？更直接点说，为什么 a 必然与 b 对应，而不能与 c 对应？或者说，为什么 d 可以同时对应 e、f？如此对应的标准在哪里？以上疑问乃是出于这样一种事实：中西观念之间的比较似乎并不止于一一对应的关系，比如海德格尔可以与老子比较，同样也可以与孔子比较，那么，怎么看待这些对应性的比较？从本源上讲，对应关系的合法性问题，只能由实际发生着的中西比较的生活样式来解释，实际上这是一个生活选择的结果。用马克思的话说，理论的问题只能在实践中寻求答案，否则，对合法性的质疑必然会造成理论上的无限后推（恶的循环），比如 m 的合法性是 n，n 的合法性是 o，o 的合法性是 p，p 的合法性……面对这类问题，诉诸有效性（它自身尚需合法性的奠基）固然不能解决合法性，但却有助于消解无效的合法性的质疑。事实上，观念是极为复杂的系统，中西观念之间当然不会只存在一一对应的关系，且对应关系的损益也是始终发生着的，这就意味着对应性关系只具有相对的固定性，而这些实情即便是质疑者应该也是承认的，他们普遍担心的只是：通过这种对应性的比较，我们究竟能够得到什么？这实际上仍旧是由有效性来质问合法性。中西对应性比较固然能促成中西交流，但仅仅指出对应性的存在，尚不足以解答中西比较的必要性这一问题。比如人们可能会追问：如果中学能够自我解释，那还有什么寻求西方对应性的必要？而人们如此发问的潜台词往往是：中西对应性比较，对于中学来说究竟意味着什么？其实，对应性可以作为一个共有的基础平台，就中西之间而言，不仅语词、观念等定名上存在对应性，而且其他诸如问题意识、方法等方面也都是有对应性的。比如近代以来，儒学曾被用来与不同的西学做对应性的比较，我们从这种比较中获得了什么呢？必须承认，尽管这其间有不少迷失，但儒学却由此展开了更多的面向，我们对儒学有了更丰富的理解，而所有这些理解与面向都归属于儒学自身，这就是儒学的当下展开。

再重新回到儒学何以必须回应现象学的问题上来。儒学与现象学之间当然是有对应性的，这种对应性在定名、问题意识等方面都有表现，而这就说明，海德格尔所提出的存在论区分与形而上学等问题，我们依然必须应对。由此，通过现象学所提供的视域与方法，我们更清晰地认识到儒学发展中所暴露出来的问题。不过，这绝不意味着对现象学的照搬照抄，在与干春松、张志伟、李幼蒸、胡治洪等人进行商讨时，黄玉顺也一再强调，他正是在批判海德格尔、胡塞尔、舍勒等人的基础上才提出了“生活儒学”的整体思想。[①]

生活儒学直面生活这一“现象”本身，但此“生活”既非经验论意义上的“日用伦常”（否则，它就要面对伦理学困境），亦非先验论意义上的“生活世界”（否则，它就要面对先验论困境），而是本源性的生活。海德格尔寻求存在，以为存在者奠基，而黄玉顺则认为，海德格尔对形而上学的批判仍不彻底，以至于他自身也深陷形而上学之中。由此，生活儒学寻求生活以为所有存在者的最终的奠基（大本大源），并提出了“观念层级性”问题，它表示一种相继的奠基或生成关系，此即：生活本源→形而上学→形而下学。这是黄玉顺分析诸多问题的一个基本框架，而这也是生活儒学在架构上的最值得瞩目之处。

利用这一框架，黄玉顺对中西比较的问题进行了另类解读。近代以来，中西比较一直都在进行，并逐渐成为国人的主导性话语。对于这段向西方学习的历史，早已有不少学者概括出一条“器物→制度→文化”的线索，且广为学人认同，此不赘举。应该说黄玉顺基本上是认同这条线索的，但他却试图从观念层级上对这一过程进行清理，从而揭示出如下的演变，此即：形下的反应性的吸纳（近代）→形上的对应性的比照（现代）→全面的回应性的融通（当代）。[②] 黄玉顺虽然只是借此来分析现代儒家对于“西学东渐”的态度，但这一清理对于近代儒学乃至整个近代历史的把握都无疑具有更大的适用性。事实上，黄玉顺在其“儒学三期”新论中，就曾依此层级性而将近代儒学（即其所谓第三期儒学）概括为：举末的儒学（洋务与维新）→返本的儒学（现代新儒学）→溯源的儒学（儒学新开创）。[③] 很显然，这两种梳理方式异曲同工。

近代儒学的发展线索缘构着当代儒学复兴的语境，而依照上述梳理，黄玉顺似乎正好做着倒叙式的重构工作：首先是重建“哲学”，其次是重建形上学，再次才是重建形下学。当然，这种倒叙仍本源于观念的层级性，因为只有“哲学”重建起来了，形而上学、形而下学的重建才有了可靠的、坚实的基础。所以，黄玉顺的一个基本信念就是：“儒学”的复兴，虽然不等于、但无疑首先是儒家“哲学”的重建。[④] 需要注意的是，海德格尔虽然揭示了形而上学的无根性，但却无

---

① 事实上，凡是针对黄玉顺及其生活儒学的质疑，几乎都会涉及这个方面，此处不再一一列举其具体出处。

② 参见黄玉顺：《反应·对应·回应——现代儒家对“西学东渐”之态度》，《上海师范大学学报》2009 年第 5 期。

③ 参见黄玉顺：《儒学的当代复兴的思想视域问题——“儒学三期”新论》，《周易研究》2008 年第 1 期。

④ 参见黄玉顺：《面向生活本身的儒学——黄玉顺“生活儒学”自选集》，第 54 页。

意于重建形上学，如他后期还致思于如何摆脱形而上学的语言（这一点遭到了伽达默尔的一再批评），而黄玉顺则坚持认为，形而上学作为形而下学的奠基者，它对于人类并不是可有可无的，因而是必须重建的，只是首先要注意夯实重建形上学与形下学的地基。

综上所述，在观念语境上，西学尤其是海德格尔现象学是复兴儒学所必须回应的，因为它们提供的思想视域在传统儒学乃至现代新儒家那里都是缺乏的，而这种视域恰恰又是当今重建儒学所必需的；在现实语境上，因为生活本源必然展现为不同的生活样态，所以复兴儒学就要考虑到中国人当下的生活样式，而这意味着对西学、现象学的引入必须是批判性的，也就是说要充分考虑到具体的“国情”。而也正是由当下语境出发，黄玉顺倡导一种生活儒学的诠释观念与生活儒学的态度，并将之有意识地转化为一种理解现实问题的方法（论）。由此，黄玉顺赢获了一个“居中”的立场与一种鲜明的批判意识。

二、复兴缘由：现代性与民族性

对当代儒学何以能够复兴的问题，不少人都曾探讨过，所给出的具体原因涉及经济、政治、文化与历史背景等多个方面，比如：中国综合国力的提升所带来的民族文化认同感的加强，港台、海外新儒学对大陆儒学的长期反哺，全球化背景下对现代性与西方文化的反思，等等。① 儒学的复兴当然是多重因素共同作用的结果，但若从源头处来讲，儒学复兴的缘由何在？

从生活儒学的立场出发，黄玉顺指出，当前大陆儒学复兴运动的由来，乃是“现代性的诉求必然寻找民族性的表达”②。很显然，这里所谓的“由来”（缘由）并不仅仅是在因果链条上追溯儒学之所以能够复兴的形下依据或形上根据，而是试图揭示儒学复兴的生活本源。

在当今语境中，民族性与现代性之间的紧张关系是显而易见的。为了解决这一紧张，现代新儒家诉诸内圣开新的思路，这一思路固然是现代性（开新）诉求的民族性（内圣）表达的一种表现，但他们所理解与所接纳的现代性基本就是民主与科学，而民族性更多的只是一种心性主体或理性主体；与现代新儒家相比，当今儒学复兴运动对现代性的态度、理解有着很大的不同，他们对西方民主的普适性表示怀疑，而更多地寄希望于在儒学中寻求能够在当代落实下来的政治或外王资源，与此相应，即便他们无一例外地关注民族性，但其民族性观念从

---

① 参见张世保编：《大陆新儒学评论》第一部分“世纪之交的文化反思”，线装书局 2005 年版。

② 黄玉顺：《儒学与生活：民族性与现代性问题——作为儒学复兴的一种探索的生活儒学》，《人文杂志》2007 年第 4 期。

整体上偏重于政治主体或宗教主体。如蒋庆就认为,现代新儒家将外王理解为开出民主、科学有变相西化之嫌,并由此提倡具有"三重合法性"的"王道政治";再如康晓光之所以主张"现代仁政""复兴儒教",其主要根据之一就是基于自由民主主义在合法性上的破产。总的来讲,现代新儒家注重内圣,他们试图将外王内置于内圣的框架中,而当前的儒学复兴运动更为注重外王。但是,从一定的角度讲,儒学复兴运动乃是"接着"现代新儒家讲的,比如他们正是鉴于现代新儒家开不出新外王的困境,才试图在转换外王的含义上继续探索新的外王之道,从而将复兴儒学的工作重心由道统、学统转向政统。如康晓光明确提出道统、学统和政统的"三位一体"论,但与牟宗三的初衷明显不同,他已将此"三统"完全地政治化或政统化了。

尽管有上述种种不同,但他们都或直接、或间接地回应着如何处理现代性与民族性之间的关系问题。所以,黄玉顺进一步指出:"不论是当年的现代新儒家、还是今日的儒学复兴运动,究其生活本源,都是一种'现代性诉求的民族性表达'。"[①]也正是从生活本源出发,黄玉顺力图探明儒学复兴的缘由,从而寻求对于这种紧张关系的化解之道。

黄玉顺指出,现代性的生存方式有两种主体:一种就是单子性的个体,另一种则是"民族国家"。[②] 一般来讲,现代性最核心的精神就是单子性或个体性,而现代生活的方方面面无不渗透着这样一种单子精神。比如我们的政治生活、经济生活、社会生活等,所有这一切都有一个共同点,就是单子性,更准确地说,是单子本位的,否则,民主、自由等现代精神就是不可想象的。也正是从这个意义上,黄玉顺强调了重建"第一实体"(亦即单子式的主体性)的必要性。然而,这只是问题的一个方面。其实,所有的现代民族国家都面临着这样一种紧张:一方面,现代性的生存方式是单子性、个体性的,但另外一个方面,我们始终在理论上没有谈清楚的是:这样的单子如何组成了一种表面看起来是前现代意义的东西、一种集体?这个集体和个体之间的紧张关系,究竟是一个什么样的关系?其实,早在五四时期,这个问题就充分表现出来了。五四运动的主将们力主改造国民性,但这里面既有对个人觉醒的呼吁,更有对民族觉醒的呐喊,所以我们可以看到,一方面是个人解放的迅猛高涨(思想启蒙),另一方面却是爱国主义的热情洋溢(政治运动)。对于这段复杂的历史进程,李泽厚概括为"启蒙与救

① 黄玉顺:《当前儒学复兴运动与现代新儒家——再评"文化保守主义"》,《学术界》2006 年第 5 期。

② 参见黄玉顺:《儒学复兴的两条路线及其超越——儒家当代主义的若干思考》,《西南民族大学学报》2009 年第 1 期。此外,人们常说的所谓后现代的生存方式,在黄玉顺看来,其实是现代性生存方式的一种扩展,一种极致化,它本身仍然是被现代性涵盖着的。

亡的双重变奏",而自由理念与民族救亡之间的紧张由此就可见一斑了。

解决或化解这种紧张,关键就在于怎样合理地把握现代性中的"民族国家"(nation)这一主体。黄玉顺强调说,nation 这个观念是理解中国近现代历史的一个关键性概念,也是理解我们当下生存的一个关键词;不唯如此,它也是理解世界近现代历史的一把非常关键的钥匙。为什么这么说呢? nation 这个概念,过去学界对它有两种翻译:"民族"(nationalities、ethnics)与"国家"(states);而现在学界有一种更准确的翻译:"民族国家"。这之间的区别在哪?黄玉顺认为,当我们说中国有 56 个民族的时候,这个"民族"乃是一个前现代的概念,指的是 nationalities 或 ethnics;而当我们说中国只有一个民族的时候,这个"民族"则是一个现代性的概念,也就是我们所说的"中华民族"——Chinese nation。由此,我们常说的中华民族其实只有一百多年的历史,因为它是一个现代性的范畴。现代是一个"民族国家"(nation)的时代,不论在西方还是在东方,都必须承认这一点。在这个意义上,所谓现代化,其实就是建构现代性的"民族国家"的过程。这里的"民族"与"国家"乃是同一个词,指称同一个共同体。同理,"中华民族"与"中国"也是同一个词,指称同一个共同体。所以,一方面,今日之"中国"已不再是前现代意义上的、例如王权时代的"中原诸国"(the Central States)或皇权时代的"中华帝国"(the Chinese Empire),而是一个现代性意义上的"中华民族国家"(Chinese Nation),这里所彰显的乃是"现代性"(modernity)维度,这是适宜性原则中的时宜性的当下生活渊源;而另一方面,这个"中国"就是"中华民族",这就意味着一种悠久博大的历史文化传统、由这种传统所积淀而成的一种独特的生活方式及其观念形态,这里所彰显的乃是"民族性"(nationality)维度,这是适宜性原则中的地宜性的当下生活渊源。[①]

简言之,民族国家同时具有现代性与民族性两个相互涵摄的维度。这就意味着,民族性既然是现代性的一个基本的、本质的函项,那么,抛开民族性而仅仅从单子性出发,就无法全面理解现代性的内涵。同样地,抛开现代性,同样无法准确地理解民族性。由此而言,现代"民族国家"(nation)的兴起,既要求"现代性诉求的民族性表达",同样也要求"民族性诉求的现代性表达"。而这就意味着,在当今语境中,一方面,现代性是不可拒斥的,但现代性诉求必须寻求民族性的表达;另一方面,民族性亦不可摆脱,但民族性诉求亦必须寻求现代性的表达。由此,黄玉顺持守一种"中道"立场,并进而批判说:如果没有现代性的维度、而只有民族性的维度,那就是塔利班那样的国家、原教旨主义的政权,在当今世界的生存环境中,它恐怕是短命的;另外一种情况,只有现代性的维度、而

① 参见黄玉顺:《儒学与中国之命运——纪念五四运动 90 周年》,《学术界》2009 年第 3 期。

没有民族性的维度,你可以设想一下,这就相当于说,有一个人,他本来很有个性,然后我把他格式化,像养一头猪似的让他长得非常肥壮,这个人可能会感到生活得很幸福,但那是猪的幸福、猪的生活,他是没有个性、没有自我的。[①]

简言之,民族是现代性的民族,现代是民族性的现代。具体到中国来讲,明白这一点,我们就可以更好地理解民族性、现代性与儒学复兴之间的关联,从而更准确地把握中华民族的复兴与儒学复兴之间的关联。其实,所谓“民族性表达”,在观念上首先关涉的必然就是民族主体性(即一般所谓的本土性),这立即就会指向民族文化传统。因为民族自性的问题,本质上只能是一个(广义的)文化自性的问题。而通过文化来重塑民族自性或民族主体性,这也是目前儒学复兴运动中所有复兴论者的共同底线,如蒋庆关心的乃是“中国性”(由儒学定义的文化性)的丧失与重建,其核心不过是如何安顿民族生命与民族精神;再如陈明所揭示的传统文化与民族生命之间的表达/塑造的二重关系,其现实目标亦不过是要建立一套“民族主干文化话语系统”;再如康晓光力倡“儒教国教化”“文化民族主义”,其主旨仍是为了追求“民族复兴”;再如黄玉顺的生活儒学,则是希望在生活本源的地基上构建一种现代性的主体性——“国民”人格;等等。在这个意义上,陈明的话值得深思,他说,我们应该清楚“文化是民族的意识形态”。[②]

由此,就有必要进一步探讨儒学与现代性的关系问题。黄玉顺指出,假如仅仅从历史学的角度来看,全球化的现代化当然是首先发生于西方的事件;然而如果从共生与共在的生活存在的思想视域来看,全球性的现代性其实从一开始就并不仅仅是西方的事情。这种思想视域告诉我们:不是西方创造了现代性,而是现代性的生活存在创造了西方、东方、现代中国等等。在这种视域下,我们才能理解:现代化进程从一开始就是全球性的事情。例如,西方民族国家的殖民运动和其他民族国家的反殖民主义的民族独立解放运动,都是这种全球性的生活存在的某种历时性的、甚至是共时性的显现样式。[③] 由此,中国的儒学传统之于中国的现代化,正如西方的“二希”传统(古希腊、古希伯来传统)之于西方的现代化。西方的现代化在观念上虽经转换,但也毕竟是继承了“二希传统”,而中国的自由主义之所以总是失败,就因为他们是反其道而行之,全盘反

---

① 参见黄玉顺:《儒学复兴的两条路线及其超越——儒家当代主义的若干思考》,《西南民族大学学报》2009 年第 1 期。

② 参见陈明、王达三:《“原道”与大陆新儒学建构》,陈明、朱汉民主编:《原道》第 12 辑,北京大学出版社 2005 年版,第 112 页。

③ 参见黄玉顺:《儒家思想与当代生活——“生活儒学论集”》,光明日报出版社 2009 年版,第 138 页。

传统、全盘西化。[①] 由此而言，中国、Chinese Nation 的命运一定离不开儒学的复兴。黄玉顺认为，在"传统/现代"这种二元对立的思维模式下，Nation 是现代性的现实，Chinese 是传统的记忆，但其实 Nation 和 Chinese 同时都是当下的事情，都被涵摄在当下的生活之中(下文有进一步论述)。

由此而言，复兴缘由不过是复兴语境的一种特殊表达，用黄玉顺自己的话说就是："民族性是现代性的基本涵项，正如现代性是民族性的基本涵项：这是我们的生活—存在的基本情境、语境。"[②]具体来说，儒学的复兴乃是由国人当下的生活语境给出的，这就意味着，儒学的复兴，既是现代性表述(当下生活的维度)的需要，又是民族性表达(国人的维度)的需要。其实，生活儒学既是"生活"的儒学，也是生活的"儒学"，它本身就是民族性(儒学)与现代性(当下的生活)相结合的表达。但是，对于黄玉顺而言，儒学或许并不仅仅是民族性的东西，因为既然他宣称"人天然是儒家"，那么，从情感这个特定的角度上讲(虽然他明确区分了儒学与儒家的不同)，儒学更有走向世界的气质，而黄玉顺的确也毫不讳言他同样有追寻普适性"哲学"的希冀[③]，但儒学由此不就跃出民族的界限了吗？从这个角度讲，借用陈明的话(尽管他并不是在这个意义上使用这一称呼的)，黄玉顺建构的生活儒学实在是有点"哲学帝国主义"的味道。不过，当陈明力倡其"即用见体"时，他自己同样面临着跃出界限的问题，以致人们对陈明有一个普遍的质疑：何以保证由"用"显现出来或建立起来的"体"一定是中国的("中体")呢？如果说黄玉顺毕竟还在用"本源"情感来维持儒家或儒学的底线，那么，陈明更有跃出儒家而走向"哲学帝国主义"的倾向(虽然他反感哲学而坚持说自己走的是文化路线)。比如陈明有时候甚至否认其儒学立场而执着于一种实用主义态度，但问题是，既然他始终认为自己的核心工作是建立所谓的"民族主干文化话语系统"，那么这个"民族主干"除了儒家或儒学，还能有谁担当得起？从既有的事实来看，陈明虽然坚持六经注我、兼容并包地吸纳中西方的学养，但其主要资源仍旧毫无疑问的是儒家或儒学，如他有时甚至宣称"儒学的复兴与中华民族的复兴是同义语"[④]。这说明在倡导其文化进路时，陈明表现出了一定的游移态度，一如他在文化与哲学上的纠缠。

---

① 参见黄玉顺：《"自由"的歧路——"五四"自由主义的两大脱离》，(台湾)《鹅湖》2000 年第 12 期。

② 黄玉顺主编：《现代新儒学的现代性哲学——现代新儒学的产生、发展与影响研究》，中央文献出版社 2008 年版，第 4 页。

③ 参见黄玉顺：《儒家思想与当代生活——生活儒学论集》，光明日报出版社 2009 年版，第 276 页。

④ 陈明：《即用见体——以"中学为体，西学为用"及"西体中用"为背景》，陈明、朱汉民主编：《原道》第 10 辑，第 78 页。

三、复兴路线:原教旨主义与当代主义

鉴往知来,如果说儒学复兴的缘由说明了儒学复兴是怎样来的,那么,在此基础上,儒学的复兴路线则旨在说明儒学何处去的问题。换句话说,只有了解了儒学何以能够复兴,才能更好地切入儒学应该怎样复兴的问题。儒学的复兴是必然、应然而实然的,因为这是"现代性诉求的民族性表达"的内在要求。既然如此,那么,儒学今后的复兴之路就应该顺应这种表达的需要,而不能反其道而行之。不过,我们将会看到,尽管都是致力于寻求现代性诉求的民族性表达,但在复兴儒学中如何落实这种诉求却进路不一。如果说现代新儒家的进路尚为单纯,那么,20 世纪 90 年代以后,特别是 21 世纪以来的儒学复兴运动则开出了更多的面向。

先来看现代新儒家的复兴方案。黄玉顺从整体上将现代新儒家与当代的儒学复兴运动视为两条不同的儒学复兴路线,因为在他看来,"儒学的当代重建,根本上是儒家哲学的重建;而关于儒家哲学的重建,我们今天所面临的已是全球化背景下的现象学的和后现代主义的哲学语境。因此,我们必须给予回应;这就意味着,我们必须超越现代新儒家的视野"①。问题是,回应后现代主义与现象学,为何必需超越现代新儒家的视野?上文中我们已表明,现象学质疑了西方传统的形而上学,而在黄玉顺看来,现象学对现代新儒家其实已经构成了严重威胁,因为现代新儒家所建构起来的仍旧是传统的形而上学,以致他们在现代性的境遇中陷入"本"与"末""体"与"用"的严重脱节,导致"内圣"开不出"新外王"的尴尬。所以,黄玉顺说:"我一向认为,今日重建儒家哲学,首先就是克服现代新儒家的形而上学观念。"②在他看来,为了从根本上回应现象学的挑战,首先就要破解现代新儒家的形而上学建构,而这也是我们回归大本大源的必经途径。现代新儒家作为我们回归生活本源的出发点,乃是最近的地方;虽然它恰恰又是最远的地方,是一种因为遮蔽生活本源而成了离家最远的儒家形而上学。对此,套用黄玉顺的一个常用的提法就是"最近的就是最远的"。但是,对现代新儒家的这种"克服",并不就是简单地抛弃,而是批判地继承。在其主编的《现代新儒学的现代性哲学》一书中,黄玉顺一方面批评现代新儒家(这里不再专门区分儒学与儒家)只有形而上学的"哲学",而没有真正彻底的"思想";另一方面却又认为现代新儒家第三代如杜维明、林安梧那里已有了"有限

① 黄玉顺:《生活儒学——儒家哲学的重建》,《儒学与当代文明——纪念孔子诞生 2555 周年国际学术研讨会论文集》卷二,九州出版社 2005 年版,第 641 页。

② 黄玉顺:《面向生活本身的儒学——黄玉顺"生活儒学"自选集》,第 7 页。

的转向”。不惟现代新儒家第三代有这种可喜的转向，其实早在第一二代新儒家那里，黄玉顺同样释读出了这种可能性，如在其所著的《面向生活本身的儒学》一书中，他就把当代儒学“生活论转向”的先声追溯到梁漱溟的“生活”观念，也曾试图将唐君毅的“心灵境界”与“生命存在”引向形而上学的奠基问题，等等。不过，在黄玉顺看来，以上转向仅仅是可能性，并没有最终实现出来，原因主要是他们缺乏生活—存在的视域。为此，黄玉顺认为：“我们必须遵循这样一条‘中道’：一方面，要克服如今被人们所津津乐道的传统的那种儒家形而上学的‘无根’性（海德格尔语）或‘无本’性（孟子语），以回应现象学，尤其是海德格尔的现象学；另一方面，也应反抗那种时髦的‘反形而上学’立场，而致力于儒家形而上学的构造，以回应后现代主义。”[①]可以这么说，现代新儒家留给我们的主要任务就是：既要解构传统的哲学形上学，又要为形而上学寻找真正的奠基，这是当前儒学复兴的双重任务。

再来看当代的儒学复兴运动。在这个运动中，其中虽不乏继续走现代新儒家形上学的进路，但大部分进路却以反思甚至拒斥现代新儒家的形上学为其工作之前提。如蒋庆指出，港台、海外新儒家有四个大的局限，其中之一就是其“极端形上化倾向”。[②] 值得注意的是，蒋庆对四个局限的划分并不是平行的，比如其中的“极端内在化倾向”与“极端超越化倾向”本质上与“极端形上化倾向”是一体的。不过，这恰恰从另一个角度反映出现代新儒家建构形而上学对他的刺激之大。由此出发，蒋庆将心性儒学与政治儒学做平行理解，从而将自己的工作重心引向政治儒学。因为从关注的对象来看，现代新儒家重视的心性儒学关注个人生命的成德成圣，关注生命心性，所以才会对形而上学的哲学体系感兴趣；而只有政治儒学才会关注社会的完善和谐，关注社会关系，关注活生生的现实存在。再如，陈明鉴于现代新儒家过于关注文化中的哲学（形而上学）这一面，才下大力气注重挖掘文化的其他方面，并注意在阐发自己的学说时，始终有意地拒斥任何形而上学的建构。不过，虽然同样是批判新儒家及其形上学，但儒学复兴运动的诸进路还是有一个向上走、还是向下走的问题，若是借用黄玉顺划分的三个观念层级来表示的话，这些进路上的不同或可勾勒为：

本源层级←形上层级（现代新儒家及其后续）→形下层级

大体讲，在当代的儒学复兴运动中，形下层级的言说突出地表现为对制度问题的政治哲学的关注，如蒋庆的“政治儒学”、康晓光的“现代仁政”、干春松的

---

① 黄玉顺：《生活儒学——儒家哲学的重建》，《纪念孔子诞生2555周年国际学术研讨会论文集》卷二，第641页。

② 参见蒋庆：《政治儒学——当代儒学的转向、特质与发展》，三联书店2003年版，第14～17页。

“制度儒学”等；本源层级的言说更专注于那种先行于形而上学、形而下学的存在本源或者生活渊源的探究，按照黄玉顺的想法，像蒙培元的“情感儒学”、他自己的“生活儒学”、陈明的“即用见体”、张祥龙的“存在主义儒学”乃至于林安梧的“后新儒学”等，都可归入这一类。不过，黄玉顺并没有一一展开对这些进路的考察，他最终只是选定蒋庆、陈明作为两个不同的进路上的代表进行典型性分析。方克立用“大陆新儒家”这一名号称谓蒋庆、陈明、康晓光、盛洪等人，一个主要的原因就是他们几个的影响力大，是“不甘寂寞的新儒家”，是“喧腾的新儒家和很会造势的新儒家”。[①] 学界很多人往往用“文化保守主义”称呼这些人，在黄玉顺看来，这是一个值得警惕的做法，因为“文化保守主义”这个符号并不能揭示当前儒学复兴运动的现实生活渊源，反倒很可能将这场运动导向“儒家原教旨主义”。而儒学复兴运动在目前的事实，似乎正在印证着这种忧虑：原教旨主义的倾向愈演愈烈。这不论对于当代中国的发展，还是对于儒家本身来说都是很危险的。

其中，就目前而言，最有号召力、最具代表性的无疑正是蒋庆、陈明二人。如果说蒋庆、陈明是“喧腾的”“很会造势”的新儒家，那么，黄玉顺可谓是一个冷静的沉思者、反思者。正是出于对文化保守主义、原教旨主义的潜在危险的担忧与警惕，黄玉顺着重突出了当代儒学复兴运动中的两条路线，并强调说这是两条截然不同的路线：一条是“儒家原教旨主义”(Confucian Fundamentalism)路线，例如蒋庆的“政治儒学”；另一条则可以称之为“儒家当代主义”(Confucian Contemporarism)路线，例如陈明的“即用见体”和他自己的“生活儒学”。黄玉顺认为，这样两条迥然不同的思想路线，绝不是“文化保守主义”或者“现代新儒家”这样的符号可以概括得了的。[②]

就儒家原教旨主义进路而言，蒋庆无疑最具代表性与典型性。蒋庆对儒家思想持一种虔诚信仰的态度，这使得他有一种异样的危机心态与担当意识。他对近代以来的中国文化忧心忡忡，认为这是中国历史上前所未有的一次最全面、最彻底的文化歧出。但是，对历史性、现代性有意无意地忽视，使得他仅仅立足于民族性来阐发相关思想，最终导致了狭隘的文化民族主义。为了救治时病与寻求自性，他孜孜以求于找寻“以儒学解释儒学”“以中国解释中国”的可能。如在寻求政治合法性上，他直言不讳地言道：“凡中国的政治秩序，依中国文化统治为合法，不依中国文化统治为不合法，而中国文化的代表则是继承王道文统的儒家文化，故中国的政治秩序依儒家文化统治为合法，不依儒家文化

---

① 参见张世保编：《大陆新儒学评论》，线装书局2005年版，第193～195页。

② 参见黄玉顺：《当前儒学复兴运动与现代新儒家——再评“文化保守主义”》，《学术界》2006年第5期。

统治为不合法。"[①]这种极具判教性的言论，表明了他顽固的"中国中心论"的立场。在此立场下，儒学信仰不得不成了某些僵化的信条。如蒋庆最为关心的是政治儒学的建构，其理想目标就是建立所谓"王道政治"，但从来源上说，"王道"即儒家所说的"道统"。在"政道"（即政治权利的合法性）方面，蒋庆挺立公羊学的政治儒学，并根据公羊家言"参通天地人为王""王道通三"，提出政治权力必须同时具有"天地人"的"三重合法性"；在"治道"（即政治权力的制度性安排）方面，蒋庆提出了"议会三院制"（通儒院、庶民院、国体院）的设想，每一院代表一重合法性。蒋庆认为王道政治能够全面超越西方的民主政治，但其现实的可行性从来都是颇受质疑的。如在他所设计的"三院"中，所谓通儒院、国体院，乃是由一些处于社会边缘的儒生和帝王圣贤后裔所组成，这在现实中如何可能？对此，陈明批评道，对基本事实的牺牲与对现代价值的否定虽然使这样一种政治哲学赢得惊世骇俗的批判效果，但却不能不同时也使得这种批判的力量下降，使得它在现实社会中的落实变得异常艰难。[②] 无论如何，在无视乃至牺牲现实的前提下所做的任何选择，终将会被现实所抛弃。

可以说，虽然蒋庆致力于建构形下的政治儒学，但其思维方式却是典型的形而上学"宏大叙事"，而原教旨主义虽有种种表现，但其根本正是这种形而上学的思想方法。黄玉顺批评说，他们不是努力建构一种现代性的儒学形态，以适应于现代性的生活方式，而是试图回到那种前现代的儒学形态，以退回到那种前现代的生活方式。这种原教旨主义儒学的思想方法，一种典型的表现就是固执于前现代性质的"礼"，即墨守前现代性质的社会规范建构及其制度安排，而殊不知这其实恰恰根本违背了孔子的"礼有损益""以义行礼"的教诲，违背了儒家的正义原则。由此而言，原教旨主义儒学是一种危险的思想倾向，它无助于反而有害于儒学的复兴，也无助于中国的崛起。[③] 如前所言，当下的中国毕竟是一个"现代性"的民族国家，在其现实的政治运作中无论如何都不会否认现代性的主体、价值、观念，所以，关键的问题并不是要不要现代性，而是如何落实现代性。在这个问题上，原教旨主义者难免有脱离现实之弊。

原教旨主义基于错误的历史观念，对儒学做了形而上学式的理解，因而它对现代新儒家的批判仍旧是不彻底的。那么，儒学的当代复兴究竟应取怎样的一种思想视域，才能既真正地接续儒家的精神，又有效地切入当下的生活（亦即兼顾民族性与现代性）呢？为此，由"生活—存在"的思想视域出发，黄玉顺提出

---

① 蒋庆：《政治儒学——当代儒学的转向、特质与发展》，第 207～208 页。

② 参见陈明：《所谓大陆新儒学：蒋庆、陈明、康晓光之分析与比较》，儒学联合论坛（www.yuandao.com）。

③ 参见黄玉顺：《儒学与中国之命运——纪念五四运动九十周年》，《学海》2009 年第 3 期。

了“儒家当代主义”的复兴进路。

黄玉顺指出，他之所以把区别于儒家原教旨主义的这一路线成为“儒家当代主义”，就是因为它既不同于前现代主义和现代主义的立场，也不同于如今十分热闹的所谓“后现代主义”的立场。[①] 原教旨主义儒学奉行的仍旧是传统的儒学，因而是前现代主义的；现代新儒家建构的是现代主义的儒学，但在观念实质上仍旧不脱形上视域；“后现代主义”的立场则是指当前儒学复兴运动中的那些“反形而上学”的倾向，但其作为现代性的延展，仍旧有其形而上学的承诺。如上所述，就思想方式而言，这些主义或思维模式都无法有效地应对现象学的挑战。所以，黄玉顺指出，“儒家当代主义”必须超越前现代主义（亦即超越原教旨主义）、现代主义、后现代主义，从而在“生活—存在”的思想视域中重建儒学，重建形而上学。

那么，何谓“儒家当代主义”？这里的“当代”并不指称历史学意义上的历史阶段，而是意指的先在于时间性的当下生活。黄玉顺指出，当代性意味着“同时发生”（Contemporizing），意味着“在场”（presence），即意味着“同时在场”。换句话说，当代性所意谓的事情，乃是非时间性、前时间性的当下（immediateness）——当下的“存”“在”，当下的“生”“活”。[②] 比如，以当代性的观念来看，当代中国哲学已涵摄了中国古代哲学和中国未来哲学，因为古代哲学总是在当下被理解与诠释，未来哲学总是在当下被谋划与展望。由此而言，不论是前现代主义，还是现代主义、后现代主义，其实都是当下生活的不同的观念显现样式而已，也就是说，当代性虽然不同于前现代性、现代性，也不同于后现代性，但却涵摄了此三者，而这反映出一般的思想视域与“生活—存在”之视域的典型不同。在一般的思想视域中，我们往往将生活方式的历史形态视为儒学发展的历史形态的水土本源所在，一个时代的儒学终究是在面对着、解决着那个时代的生活中所产生的当代问题。然而在“生活—存在”这种新的视域中，任何具体的生活方式，只不过是作为源头活水的生活本身所显现出来的某种衍流样式，而生活本身作为存在本身，才是先在于任何存在者的大本大源，因而乃是前形而上学、前哲学、前概念的事情。由此，历史上作为理论学术构造的儒学的任何一种具体形态，都不能作为我们当前复兴儒学的标本，而我们必须回归于儒家的最本源的生活领悟，才能在儒学的当代复兴中成就一种在当下生活本源上的崭新的儒学重建，这样才能真正有效地复活儒家的精神，并避免原教旨主义儒学的危险。

正是在当代性的观念中，黄玉顺力引陈明为同道，认为尽管陈明与他的言

---

① 参见黄玉顺主编：《现代新儒学的现代性转折》，中央文献出版社 2008 年版，第 7～8 页。

② 参见黄玉顺：《爱与思——生活儒学的观念》，第 35～44 页。

说方式大为不同，但二人在立场、取向上却较其他人更为接近。有学者指出，陈明现在所致力的更多的是方法论的建构，他的具体主张和观点还有待于形成和明确[①]，而陈明自己也明确承认这一点。比如他指出，"即用见体"不是一种规范，而是一种描述，对历史真实的描述，它本身应该只是一种方法论性质的东西，而若是将它置于具体结构中作为具体命题评价则是不妥当的。[②] 黄玉顺之所以在很大程度上赞同陈明所提出的"即用见体"，就在于它本身已经预示着"体"的重建，即形而上学的重建，但黄玉顺对陈明的赞同是有限的，因为在他看来，"即用见体"这个表达方式已经预示了、承诺了形而上的"体"，并没有彻底从"体—用""形上—形下"的传统架构中走出来，因而也就无法回溯到更为本源的思想视域中去追问"形而上学何以可能"问题，而这恰恰是重建形而上学的关键一环。也正是由于这种不彻底性，陈明致力于从有机文化体的角度，指责现代新儒家只是过多地关注了儒学的哲学层面，从而无意于在哲学上重建儒学，而如前所述，在黄玉顺看来，这恰恰是儒学复兴的基础性工作。由此，陈明将视线转向更为实用的层面去重建儒学之体，这使得他的立场看似左右逢源，但却根基不稳。如陈明指出，如果说原教旨主义者把儒学当作教条信仰，有见其内在的神圣性而无视其外在的历史性，所表现的是一种形上学思维；自由主义西化派把儒学等同知识去分析，有见其外在历史性而无视其内在神圣性，所表现的是一种知识论倾向；那么他所坚持的是一种在知识与价值、情感与理性之间寻求平衡的解释学态度。[③] 陈明似乎由此走向了与黄玉顺一样的"居中"立场，但他的这个立场却是很脆弱的，因为他对所谓"历史性"与"解释学态度"的理解显然有问题，以致当他以"人本主义的、实用主义的、经验主义的"来界定"即用见体"时，黄玉顺明确指出这种界定其实仍旧徘徊于传统的形而上学模式之中。[④] 与此相应的是，黄玉顺既批评了自由主义，又解构了所谓的保守主义，而陈明却因为游移于二者，受到了两方面的批评。

那么，黄玉顺立足于怎样的"当下"呢？他指出，面对生活，"五四"以来中国人最大的问题，就是本真的仁爱情感的欠缺，而这也是他最大的"现实关切"。由此，在当代性的视域中，黄玉顺力求在情感本源的基础上重建儒学哲学与形而上学，这典型地表现在他对"生活儒学"的建构中。黄玉顺认为，"儒家"绝不是一个什么"学派"，而是一种信仰，这种信仰乃渊源于"实用"的、现实的生活情

---

① 参见刘彬：《"当代大陆新儒家"思想简析》，儒家网，2010 年 5 月 1 日，https://www.rujiazg.com/article/1231。

② 参见陈明：《即用见体再说》，儒家网，2004 年 3 月 6 日，https://www.rujiazg.com/article/493。

③ 参见陈明：《所谓大陆新儒学：蒋庆、陈明、康晓光之分析与比较》，儒家网，2012 年 5 月 21 日，https://www.rujiazg.com/article/2697。

④ 参见黄玉顺：《儒家思想与当代生活——"生活儒学"论集》，第 264 页。

感——仁爱情感,而这种情感是与历史时代的演变无关的,而"生活儒学"也不会把"学术理想"和"学术实用"截然分开,而是认为:任何学术都是源于生活、归于生活的,学术"实用"正是学术"理想"的生活本源所在。由此,"生活儒学"虽是儒家的,但不是"原教旨主义"的;它试图解决的乃是现实的问题,而不是"哲学史"的问题。[①] 与此相应,黄玉顺在他所谓的"当前的儒学复兴运动"中,就明确排除了那些仅仅把儒学作为"学术"对象去研究的工作。[②] 对于黄玉顺的"生活儒学",本文不再多加论述,而只是想指出这么一点,这也就是人们对他质疑较多的一个问题,尽管他本人并不认为这是一个真正具有意义或有效性的问题,此即:"生活"距离"现实"究竟有多远?

总的来讲,当前的儒学复兴运动并不像现代新儒家那样"单纯",其倾向很复合,有前现代主义(原教旨)、现代主义(接续现代新儒家),也有后现代主义(解构主义)、"当代主义"(或"当下主义"),这是一种全面的、全方位、多层次的展开。如前所述,由于现象学的问题不可回避,以上展开就不得不回应这一问题。黄玉顺声称他对现象学的研究不过是一种"策略",但这一策略却又是必须的。值得指出的是,在生活本源的基础上重建形而上学,这就表明重建形而上学应该保持谦逊,要意识到自身的有限性与本源所在。由此反观当前的儒学复兴运动,不少人热衷于寻求政治合法性,寻求文化复兴,寻求儒学宗教,但却没有仔细考量他们如此建构的地基究竟如何?是否可能?方克立曾将之称为"喧腾的新儒家和很会造势的新儒家",但需要注意的是,如何在当前热闹的复兴运动中保持足够的清醒,如何使这种热闹不仅仅是昙花一现,那么,根本上就需要用一种谦逊态度去冷静思考儒学复兴的地基究竟何在。殷海光曾指出:"一种言论如因合于一时一地的情绪偏向和希望而形成了所谓'时代精神'而被普遍接受,那么错误的机会可能更多。这类'时代精神'式的言论,等到时过境迁,回顾起来,加以检讨或分析,往往发现是'时代的错误'。"[③]而在当前的复兴儒学的运动中,我们就要力图避免所谓"时代的错误"的出现。

---

① 参见黄玉顺:《儒家思想与当代生活——"生活儒学"论集》,第 33 页。

② 参见黄玉顺:《面向生活本身的儒学——黄玉顺"生活儒学"自选集》,"前言"第 8 页。

③ 殷海光:《学术与思想》(三),台北桂冠图书公司 1990 年版,第 1314 页。

爱，所以思

——评黄玉顺生活儒学代表作《爱与思——生活儒学的观念》

崔　罡

【编者按】此文载胡骄键、张小星主编：《生活儒学：研究·评论·拓展——第三届“生活儒学”全国学术研讨会论文集》，四川人民出版社2020年版。此外，作者诠释“生活儒学”的文章尚有：《生活儒学与现代新儒学》（崔发展、杜霞主编：《生活·仁爱·境界——评生活儒学》，安徽人民出版社2012年版；此文节选自崔罡《阐旧邦以辅新命——冯友兰“新理学”的问题意识》，即《现代新儒学的现代性哲学》第四章，中央文献出版社2008年版）、《“生活儒学”与“当代性”观念》（崔发展、杜霞主编：《生活·仁爱·境界——评生活儒学》；此文节选自崔罡《问题、立场与文本——试论当代儒家文献的形成》，原载陈炎、黄俊杰主编：《当代儒学》第1辑，广西师范大学出版社2011年版）、《“去生活”的哲学——生活儒学的生活观念论》（涂可国主编：《黄玉顺生活儒学研究》，齐鲁书社2017年版）。

生活儒学代表作《爱与思——生活儒学的观念》提供了一种不同于西方理性主义进路的现代性批判理论。根据《爱与思——生活儒学的观念》的表达，西方哲学传统提供的仅仅是“认知之思”，而“认知之思”的前提是“意欲之思”，“意欲之思”之所以可能在于“情感之思”。一切的思都源于爱，一切的思复确证爱。这意味着既是爱引发了冲突，也必由爱来化解危机。

曾令人目眩神迷的现代性理论在21世纪的今天似乎走到了尽头。无论对现代性持有怎样的立场，困难都是无法克服的。诸如罗尔斯、哈贝马斯这样的学者始终对人类近代以来的文明抱有积极乐观的态度，并致力于在现代性的基本框架之下化解现代社会的问题。然而现实的世界却与他们的理论构想渐行渐远——世界非但不是一个和平的世界，甚至连共识的达成看起来都遥遥无期。[①] 在理论(theory)层面，似乎现代性的批评者们的表达显得更有说服力，如韦伯式的"铁笼子"、阿多诺式的"全盘控制"、福柯式的"规训社会"、鲍德里亚式的"消费社会"等等。但他们的困难在于，作为现代人的一部分，如果"全盘控制"是准确的，他们的思考就是不可能的；既然他们的思考已然成为事实，就表明"全盘控制"并不存在。[②]

由此我们可以很清楚地发现一条自康德以来的步步退让的思考脉络。从康德的"科学形而上学何以可能"，到海德格尔的"形而上学何以可能"，再到阿伦特的"思维何以可能"，最终要么回到康德(阿多诺/阿伦特)、要么回到亚里士多德(麦金太尔)，然后又不得不再次从古希腊重新出发，形成了一个永无休止的逻辑循环。[③]

逻辑循环的背后，是西方传统理性思维方式自身的困难。根据定义，理性(ration)即是逻辑(logos)，也就是逻各斯，或逻各斯的自我运动。如果思考的起点在逻各斯之内，它必然是柏拉图主义式的独断论。基于休谟和康德对独断论的彻底批判，我们有理由质疑这种解释在现代社会还有多大的解释世界的能力。如果这个起点在逻各斯之外，那会是什么呢？正如阿伦特所问："当我们思维的时候，我们在哪里？"[④]这是西方传统无法回答的。

---

① 在相关的问题上，社会学者的工作无疑比哲学家们更有说服力。相关记述可以参见蔡爱眉女士著名的《起火的世界——输出自由市场民主酿成种族仇恨和全球动荡》(刘怀昭译，中国大百科全书出版社 2005 年版)，该书以社会学的方式考察了第二次世界大战后美式自由市场理念和美式民主在世界范围内引发的全球动荡问题。该书提出了一个逻辑上的悖论。现代民主使得权力掌握在多数人手中，但自由主义的经济却使得财富向少数人手中集中。权力的大多数必然会冲击财富的少数，从而形成多数人的暴政。

② 这个困难似乎可以在另外一个维度进行解释。根据词源，"theory"与希腊文的"theoros"(观众)以及"theatre"(剧院)是同源的，意味着旁观者(theatai/spectator)，而旁观者的意味又来自神(theos)。也就是说，在西方传统中，除非现代性的批评者们把自己看作神，方有可能提出关于生活的理论性解读。但这种带有明显精英主义意味的趋向恰恰又是他们所反对的。关于"theory"可参见[英]雷蒙·威廉斯：《关键词》，刘建基译，三联书店 2016 年版，第 532 页。

③ 西方哲学的相关讨论可分别参见如下极具影响力的著作。(1)[德]康德：《纯粹理性批判》，李秋零译，中国人民大学出版社 2013 年版；(2)[德]海德格尔：《存在与时间》，陈嘉映、王庆节译，三联书店 2006 年版；(3)[德]阿伦特：《精神生活》(*The life of The mind*, A Harvest Book · Harcournt, Inc., 1978)；(4)[美]麦金太尔：《追寻美德》(*After Virtue*, Indiana, U.S.: The University of Notre Dame Press, 1984)。

④ H. Arendt, *The life of The mind*, A Harvest Book · Harcournt, Inc., 1978, pp. 197. 引者自译。这个问题最早是由柏拉图在《智者篇》中提出来的。柏拉图的答案是哲学家只有身体居住在城邦里(《泰阿泰德篇》173D)。

由此，我们不得不将目光转向不同的传统，确切地说，也就是儒家的情感主义传统。众所周知，现代的儒家情感哲学是由蒙培元先生正式提出的。[①] 进入21世纪以来，此传统最具影响力的哲学创见当属黄玉顺先生的"生活儒学"。"生活儒学"的代表性文本《爱与思——生活儒学的观念》[②]讨论的正是如下问题：

> 我们今天的、当前的哲学思考，最核心、最重大的一个问题，是要说明究竟怎样"无中生有"。我这个"爱与思"的整体内容，其实就是在说这个问题。[③]

无论是虚无主义（nihilism）的惨淡情景还是价值冲突的惨烈现状，都表明我们身处一个暗流涌动的时代。倘若不甘于此，就必须重新寻找人类共同生活的坚实根基。《爱与思——生活儒学的观念》将其表述为"无中生有"，并致力于将人类的一切行为（behavior）都建立在作为生活本源的情感之基上。

本文所要做的工作是对《爱与思——生活儒学的观念》的思考脉络进行梳理，并进而探问此种立场在现代性的背景下的意义与价值。

一、观念的层级：思维的一般形式

《爱与思——生活儒学的观念》的讨论从"观念的层级"开始。通常来说，"观念"是柏拉图主义的核心范畴即 idea 的汉译（也被译为理念、相、型）。但在《爱与思——生活儒学的观念》中，idea 仅仅是观念的某种形态：

> 中国人之所谓"观念"，涵盖了人类精神生活的观念全部的层级：作为本源的生活情感的层级、形而上者的层级（哲学、形而上学）、形而下者的层级（伦理学、知识学等等）。[④]

"这是整个思想'生活儒学'所赖以展开的一个先行观念，一个基本前提。"[⑤]

---

① 蒙培元先生的思想通常被概括为"情感儒学"。"情感主义"是自孔子至现代新儒家一以贯之的立场，蒙培元的工作乃此种立场的现代性表达。可参见蒙培元：《情感与理性》（中国人民大学出版社2009年版）、《中国哲学主体思维》（东方出版社1993年版）等相关著作。亦可参见拙文《自由与情感——现代性危机背景下蒙培元的情感哲学之思》（收入黄玉顺、杨永明、任文利主编：《人是情感的存在——蒙培元先生80寿辰学术研讨集》，北京大学出版社2018年版）。

② 黄玉顺《爱与思——生活儒学的观念》出版于2006年，2017年发行了增补本（四川人民出版社2017年版）。本文所引《爱与思——生活儒学的观念》均据增补本。

③ 黄玉顺：《爱与思——生活儒学的观念》（增补本），四川人民出版社2017年版，第16页。

④ 黄玉顺：《汉语"观念"论》，《爱与思——生活儒学的观念》（增补本），第209页。

⑤ 黄玉顺：《爱与思——生活儒学的观念》（增补本），第4页。

如此一来，思维的对象以及由对象决定的思维方式就被分为了两类，即形而上学与形而下学。前者是对形而上者观照(contemplation)的显现，后者则是对形而下者经验(experience)之结果。

首先是"形上之观"：

> 以"心"观物、以"理"观物，此心此理，正是形上之物，而非本源之无。他(邵雍——引者注)还说："一心观万心，一身观万身，一物观万物，一世观万世。"这里的"万"便是形而下的众多相对物，"一"则是形而上的唯一绝对物。总之就是：根据唯一绝对物，去"观"众多相对物。[①]

柏拉图主义的 idea 对应的是《爱与思——生活儒学的观念》讨论的"形上之观"。基本特征是：根据唯一、绝对之物，去"观"众多、相对之物。那么，此"唯一、绝对之物"何以可能？西方哲学给出的答案不外乎两种。一是来自永恒之物(eternity)的光亮。但唯有哲学家的沉思(contemplation)才拥有通达此物的唯一途径，而常人因能力的缺乏，必然处于哲学王的羽翼之下。[②] 这种思考源于古希腊等级制的生活经验，在柏拉图的《理想国》，特别在"洞穴寓言"中正式提出，并在亚里士多德的《尼各马可伦理学》中得到了进一步阐明。糟糕的是，尽管启蒙运动以来的平等主义立场已然对此观点进行了彻底批判，但又在现代精英主义的伪善面目下借尸还魂。二是康德式的天赋论。康德说："我们所认识的无非是我们知觉它们的方式，这种方式是我们特有的，必然属于每一个人。"[③] 众所周知，在康德那里，无论是感性直观的形式(空间和时间)还是知性的范畴表，都是"人同此心、心同此理"。而在哲学上，这是显而易见的先验设定。因而，idea 的两层意味，在永恒问题上的沉思和在现实层面的认知(recognize)都属于《爱与思——生活儒学的观念》所说的形上之观。

与"形上之观"不同的是，还存在着"形下之观"：

> 所谓"形下之观"是说：这种"观"是"形而下者"的事情。——观者是一个形而下的存在者，其所观者同样是一个形而下的存在者。一般来说，一个人自从有了自我意识之后，首先就是一个形而下的存在者：他所遭遇的首先是众多存在者、即"万物"；他自己也因此就是"万物"之一。他是作为一个形而下者去"观"其他的形而下者。这就是认识论的"主—客"架构。[④]

---

① 黄玉顺：《汉语"观念"论》，《爱与思——生活儒学的观念》(增补本)，第 200 页。

② 相关讨论可参见柏拉图《理想国》(《柏拉图全集》第二卷，王晓朝译，人民出版社 2002 年版)第 476B～480 页，以及亚里士多德《尼各马可伦理学》(廖申白译，商务印书馆 2015 年版)第 1095b 页的相关讨论。

③ [德]康德：《纯粹理性批判》，李秋零译，中国人民大学出版社 2013 年版，第 B58 页。

④ 黄玉顺：《汉语"观念"论》，《爱与思——生活儒学的观念》(增补本)，第 197 页。

“形下之观”的基本特征是：以多观多，无论观者（主体）还是被观者（客体），都是众多、相对之物，且观者自身似乎并不需要特殊的关照方式。

如此一来，就会产生一个问题：形下之观的“以多观多”何以可能？根据生活儒学的三层架构，即生活本源、形上层级和形下层级，形下之观的表现样态是伦理学和知识学。[①] 一位因恪守自身学科“研究畿域”并遵守自身学科研究规范的专家，他所进行的一切工作，都是“形下之观”。那么，前述问题所问的正是“诸科学何以可能”。但专家的“恪守”是以“研究畿域”为先行领会的。而对“研究畿域”之划分，也就是对存在者整体的领会，则是“形上之观”的事情。意即，“形上之观”不仅是先行的而且是必须的，一切的认知都是“以一观多”。虽然如此，伦理学和知识学提供的都是某种意义上的价值（value）或真理（truth），那么，意见（opinion），也就是与公共价值相对的私见，或者谬误，也就是与真理相对的谎言，又何以可能？在西方哲学的传统中，根据先验主义，谬误是不可能的；根据经验主义，真理是不可能的。

在《爱与思——生活儒学的观念》看来，形上之观与形下之观都是“观”，这是共通之处。何谓“观”？“‘观’的含义就是‘审视’。许慎说，‘观，谛视也’；‘谛，审也’。‘审’古作‘宷’，从‘宀’从‘釆’。‘釆’读如‘辨’，意谓辨别：‘釆，辨别也。象兽指爪分别也。’这正是《易传》所说的‘观鸟兽之文’。辨别就是区分物界，也就是划分存在者领域。”[②]因此，“观”就是“分辨”。当然，二者所分辨的对象不同。如前述引文所示，区别在于，“形上之观”是由“一”观“多”，将唯一、绝对之物与众多、相对之物分辨开来；“形下之观”则缺失了绝对的“一”的维度，却仍以相对的“一”为准，将此物与彼物分辨开来。问题显而易见。我们又是依据什么将“一”再次区分为“绝对的”和“相对的”？既然“一”是可以被再次划分的，那么，它也就不再称其为“一”。因而，在“形上之观”和“形下之观”之前，还应有更加先行的“观”，此即“本源之观”：

> 本源之观，乃是观情。而情作为生活情感，乃是生活本身的事情。……情感这样的无形的事情如何能被“观”到呢？这就是我们所说的本源性的生活领悟。……生活领悟却是在“无物”的层级上、在先行于任何存在者的本源情境中的事情。[③]

“本源之观”的提出，在一定程度上完成了对西方传统的“去魅”。“毕竟形

---

① “最终是在这种形而上学的基础之上展开的形下之思，而表现为伦理学、知识论的言说。”黄玉顺：《爱与思——生活儒学的观念》（增补本），第3页。

② 黄玉顺：《汉语“观念”论》，《爱与思——生活儒学的观念》（增补本），第198页。

③ 黄玉顺：《汉语“观念”论》，《爱与思——生活儒学的观念》（增补本），第205～206页。

而上学和形而下学所思考的都是存在者、物。在这个意义上,形而下学也是一种形而上学,因为它们都采取同样一种思维方式:以表象的方式去思考存在者。"[①]因此,所谓的形而上学或狭义的哲学,只是"一些人,尤其是哲学家去寻求所有这些形而下存在者背后的终极根据,寻找万物背后的一种终极支撑,于是找到一个形而上的存在者,如'本体''天理''道之为物'或'上帝'之类"[②]。"本源之观"就是"观情"。无论"形上之观"还是"形下之观"都是"本源之观"的某种显现样态。

由此得到了关于思维的第一个公式:

无物(生活感悟)→形上之物(绝对存在者)→形下之物(相对存在者)

从"观情"视角而言,却是一种二分法,即:

生活情感—思维(形而上学、形而下学)

换言之,回到西方传统最后的问题,"思维何以可能",《爱与思——生活儒学的观念》给出的初步答案是,"思"是生活情感的显现。

于是,下一步的追问是,情感怎样给出了思维?

二、思的观念:思何以可能

"情感怎样给出了思维"的问题,带有一个显而易见的先行承诺,即人类的生活需要形上承诺,需要共同价值(common value),否则群体生活就是不可能的。强调情感的优先地位,绝非任何意义上的反智主义(anti-intellectualism),在这一点上,西方传统的警惕是正确的。也正因如此,"形而上学何以可能"直到 20 世纪才被海德格尔正式提出。[③]

在讨论发问的一般结构时,海德格尔说:

> 任何发问都是一种寻求。任何寻求都有从它所寻求的东西方面而来的事先引导。发问是在"其存在与如是其存在"的方面来认识存在者的寻求。……发问作为对……的发问而具有问之所问。一切"对……"的发问

① 黄玉顺:《面向生活本身的儒学——"生活儒学"问答》,《爱与思——生活儒学的观念》(增补本),第 319 页。

② 黄玉顺:《爱与思——生活儒学的观念》(增补本),第 4 页。

③ 通常来说,会把这个问题称之为康德问题。但这里存在着根本性的差别。康德问题是:"科学的形而上学何以可能。"这个提问针对的是独断论的形而上学,直接来自启蒙运动以来经验科学的发展。众所周知,康德把问题转换为"先天综合判断何以可能",其先行的观念是,判断(分析的和综合的)是毋庸置疑地存在着的。而海德格尔则突入到了"存在"层级。

> 都以某种方式“就……发问”。发问不仅包含有问题之所问，而且也包含有被问及的东西。在探索性的问题亦即在理论问题中，问题之所问应该得到规定而成为概念。此外，在问题之所问中还有问之何所以问，这是真正的意图所在，发问到这里达到了目标。[①]

这段话讲得再清楚不过了。作为发问的思维，固然有其“问之所问”，也就是符号化了的话语形态，也有“被问及的东西”，也就是在“问之所问”中指向的存在者，归根结底却取决于“问之和所以问”，也就是发问的意图。因此，“任何发问都是一种寻求”。而意图，在海德格尔看来，是由情绪（现身情态）作为事先引导的。

但至此的讨论是不充分的。在《爱与思——生活儒学的观念》中，前述诸问题，只能称之为“认知之思何以可能”。这是因为：

> 汉语“思”首先指的是本源性的情感之思，但它还有意欲之思、认知之思的意义用法；而就认知之思来看，也还有形上之思和形下之思的区分。[②]

对“思”进行详尽的区分，是《爱与思——生活儒学的观念》的一个重要理论贡献。思，不只是 thinking，也不是更广义的 mind，它还包含了沉思（contemplation）、反思（reflection）、认知（recognize）、意愿（willing）、判断（judging）等等。具体来说，包含了如下内涵：

<table>
<tr><td>情感之思</td><td>意欲之思</td><td colspan="2">认知之思</td></tr>
<tr><td colspan="2" rowspan="2">本源之观</td><td>形上之思</td><td>形下之思</td></tr>
<tr><td>形上之观</td><td>形下之观</td></tr>
<tr><td>想象</td><td>形象</td><td colspan="2">表象</td></tr>
</table>

所谓“认知之思”指的是这样的事情：

> 任何一种思维，认知性的思维，西方哲学意义上的“思”，包括神学，统统都是以表象的方式去把握存在者。……如果不仅形而上学是思考存在者、而非存在本身的，而且科学也仅仅是思考存在者、而非存在本身的，那么，科学也只能以表象的方式去思考，否则，它就不是科学。[③]

---

① [德]海德格尔：《存在与时间》，陈嘉映、王庆节译，第 6 页。

② 黄玉顺：《爱与思——生活儒学的观念》（增补本），第 137 页。

③ 黄玉顺：《爱与思——生活儒学的观念》（增补本），第 131 页。

在西方哲学中，将形而上学归为表象，是海德格尔作出的。《爱与思——生活儒学的观念》则将形而下学也纳入了表象之列。在一般性的思维的意义上，《爱与思——生活儒学的观念》可以承认西方哲学传统中的部分判定。其中最主要也最核心的是，思维是在情绪之后发生的：

> 爱是当下的，而思不是当下的。比如说，你现在面对着所爱的人，你是不会思他、想他的。他就在你面前，就在当下，还有什么好“思”好“想”的？你爱他，但此时此刻不会想他。你至多只会说：“我想你来着。”但这个“来着”正表明：那是过去的事情，不是当下的。[①]

阿伦特的观点与此相同：

> 我们思想的对象（object）不是由直接体验的感官知觉给出，而是得自感官之后的想象（imagination）。……所有思想都是后思（after-thought）。通过在想象中的再现，我们将所有呈现给感官之物去非感官化（de-sense）。……希腊语中保留了这种时间意味：认识（to know）是看（to see）的派生词，看叫作 idein，认识叫作 eidenai，意即：由此可见（to have seen）：首先你看，然后你认识。[②]

这种划分显然来自思维活动的经验。尽管我们不知道是身体的哪一部分在承担着思考之责（可能是心灵，也可能是大脑，也可能是灵魂），但它无论如何都是在身体之内的。而感官的对象则在身体之外。[③] 因此，当“思”发生的时候，感官活动停止了，“思”必然是“事后”的。[④] 因此，在形上之观和形下之观被恰如其分地把握为就其本质而言并无根本差异的“观”之后，“认知之思”何以可能的问题方能真正被提了出来，并得到解答：是因为“意欲之思”（willing）。

“意欲之思”也是“思”。就其本质而言，与形上之思、形下之思不能存在任何差别。在西方哲学的传统中，意欲往往被理解为生命的本能（生命哲学）、生理的冲动（生理学）、心理的反应（心理学或心理主义）。作为经验主义之一种，这些解读本身非但无力，甚至是危险的，因为它蕴含着将人还原为一模一样的

---

① 黄玉顺：《爱与思——生活儒学的观念》（增补本），第 94 页。

② H. Arendt, *The Life of The Mind*, A Harvest Book • Harcournt, Inc., 1978, pp. 86-87. 引者自译。

③ 就此问题而言，哲学史上还有一种补充的看法。如康德就把感官分为外感官和内感官。他的判断是：“物体实存于我们之外（在空间里），与我本身按照内感官的表象而存在（在时间里）是同样可靠的经验。”（[德]康德：《任何一种能够作为科学出现的未来形而上学导论》，第 337 页）但这显然是类比，并且是以内感官来类比外感官。

④ 参见黄玉顺：《面向生活本身的儒学——“生活儒学”问答》，《爱与思——生活儒学的观念》（增补本），第 315 页。

数据或统计结果之倾向。而海德格尔则将其称之为“此在的现身”,即日常沉沦状态被打破之后此在的筹划,并以此来回答形而上学何以可能。

但“意欲之思”又何以可能呢?只有“主体生成了,才有了意欲的可能”[①]。意欲,作为意向性(胡塞尔对此作出了清楚的揭示)行动,生成了“主—客”架构。而“认识之为认识,一定根据‘主—客’架构:一个主体,认识一个客体、对象。但是不论主体、还是客体,都已经是存在者,都是‘物’”[②]。这其实是在说,意欲不仅仅是指认知之思的意图,更重要的是解释作为认知之思先行条件的“主—客”架构何以可能。这一胡塞尔现象学意味极强的表述是一个重大逆转:“按照传统的形而上学思维模式,也可以这么解释:母爱是母亲对儿女的一种情感。当我们这样定义的时候,就是说母亲和儿女这样的存在者是先行的。但这还是本末倒置的说法。应该说,如果没有母爱,母亲就不存在,儿女也不存在。这是因为:假如没有母爱的显现,母亲不成其为一个母亲,她还没有成为一个真正的母亲,她作为母亲还没有被生活情感给出,母亲还没有诞生。这意味着:母爱这种爱本身是先行的。”[③]这个问题可以用另一种方式来表达:作为思考者,你为何思考此物而非彼物?你的意向性为何指向此物而非彼物?

由此看来,海德格尔所说的情绪(现身情态)仍然不够通透。《爱与思——生活儒学的观念》则继续前行,对“思”本身进行了定义:

> 许慎对“思”的解释是特别有意思的:“思,容也。从心,囟声。”把“思”解释为“容”,这看起来很怪,其实很有意思,让我想起了“容貌”“形容”“形象”等等。比如说,你在“思”你的女朋友的时候,就会想到你女朋友的“花容月貌”那样的“容”,那样的形象。……“思”跟认识、思维有关。但是,“思”字首先“从心”,而这样一颗“心”,在儒家的思想当中,包容性是很大的,既管认知,也管情感,还管意志。[④]

总结起来,这段话表达了三个意思。首先,思是表象性的;其次,思有三层意味,即情感、意欲和认知;最后,思的最基本的含义是“思念”,也就是情感之

---

① 黄玉顺:《爱与思——生活儒学的观念》(增补本),第191页。

② 黄玉顺:《面向生活本身的儒学——“生活儒学”问答》,见《爱与思——生活儒学的观念》(增补本),第301页。

③ 黄玉顺:《爱与思——生活儒学的观念》(增补本),第21页。在同一页稍前的部分,黄玉顺举到另外一个关于爱的例子,即爱情。但我们可以看到爱情与母爱的不同。在爱之中,显现为爱人,显现为母亲,这是一致的。然而,爱情在最初似乎意味着“爱上了她”而非“相爱”。当然,爱情作为情感也具有情感的一般性结构。

④ 黄玉顺:《爱与思——生活儒学的观念》(增补本),第111~112页。生活儒学中没有严格区分意志(will)和意欲(willing)。在西方哲学传统中,这两个词是存在明显差别的,意志通常指的是精神指向未来的能力,而意欲或意愿,则包含了指向的对象,是一种行动或行为。

思。质言之,“爱,所以思”[①]。

三、爱的观念:思维的情感之基

《爱与思——生活儒学的观念》用三个判断表述了爱与思之间的关系,分别是:“思源于爱”;“思不是爱”;“思确证爱”。[②] 所谓“思源于爱”指的是:“情感之思是源于爱的情感的。我们思一个人、想一个人,那是因为我们爱这个人。”[③]“我们常说的思念、思乡、相思、思绪,就是这种情感之思。”[④]“这种情感之思,乃源于爱:爱之,才思念之。我们爱乡,才思乡;我们爱一个人,才会相思。爱之深,思之长,是谓思绪。”[⑤]这是显而易见的生活体验,既无法用任何方式证明,同时也无法用任何方式证伪。但通常而言,这种表述会遭到如下质疑:思念难道不总是思念者在思念某个被思念者吗?这难道不是一种主—客架构吗?这难道不是一种私人的情绪吗?这种质疑是生活儒学面临的最大的误读。用《爱与思——生活儒学的观念》的话语方式来说,就是用“认知之思”来打量“情感之思”,是以末逐本的思想。在情感之中,在情感之思中,你成为如此这般的思考者而非那般的思考者。

更进一步的问题是:这里的爱,如何不是一种情绪?于是,我们可以看到《爱与思——生活儒学的观念》的另一个重大理论贡献:对情感的三分,即感触、情绪、感情。

“情感的显现,首先就是感触。”[⑥]借用分析《孟子》中“今人乍见孺子将入于井”(《孟子·公孙丑上》),《爱与思——生活儒学的观念》着重强调:“在孟子的陈述中,有两个副词是不能轻易放过的:‘今’‘乍’。‘今’意味着当下,‘乍’意味着忽然之间。”[⑦]某种东西竟然现身了。它是如此突如其来闯入了眼帘,于是“动心”了。“动心”也就意味着“心动”,因有所感而心动,故汉语称之为“感—动”。而这同时意味着情感的最初显现的那一刹那“跟任何现成既有的东西无关:‘非

---

① 黄玉顺:《爱与思——生活儒学的观念》(增补本),第110页。

② 参见黄玉顺:《爱与思——生活儒学的观念》(增补本),第113页。

③ 黄玉顺:《爱与思——生活儒学的观念》(增补本),第113页。

④ 黄玉顺:《面向生活本身的儒学——“生活儒学”问答》,《爱与思——生活儒学的观念》(增补本),第313页。

⑤ 黄玉顺:《面向生活本身的儒学——“生活儒学”问答》,《爱与思——生活儒学的观念》(增补本),第313页。

⑥ 黄玉顺:《爱与思——生活儒学的观念》(增补本),第76页。

⑦ 黄玉顺:《爱与思——生活儒学的观念》(增补本),第79页。严格来说,此处表达的是“突然”的意味。

所以内交于孺子之父母也，非所以要誉于乡党朋友也，非恶其声而然也'"[①]。因而，最初的"动心"即"感触"：

> 感触的各种显现样式，见、闻、嗅、尝、触摸等，就是通常心理学上把握为"五官感觉"的那些，如果我们透彻地、本源地去理解，都可以把握为"见"，也就是"现"。……"见(jian)"之为"见(xian)"，这是一个非常重要的观念……"见"就是"现"，这就意味着：我们通常所说的"看见"这样的事情，作为本源的生活感触，其实就是"显现"，就是生活本身的最初的显现样式。[②]

这里的感触绝不意味着经验主义意义上的知觉或刺激[③]，而是"本源性的生活感触"[④]，是最初的开始、最初的开端。用蒙培元先生的话来说，即是"人情事变"[⑤]。这个开端我们可以送给柏拉图，我们会说：柏拉图不是思考到了苏格拉底之死，而是感触到了这一场人类历史上最著名的谋杀。柏拉图的思考不是也不可能是如他自己所说的从天国开始的，而是从生活开始。用雅斯贝斯的话来说："苏格拉底的朋友们，鉴于这样一件惊人的事件发生，他们积极地去公开谈论苏格拉底，证明他所做的一切是正确的，并在他的精神激励下从事哲学活动。"[⑥]一切的一切都是从"惊人"开始的。这就是情绪。

尽管在西方哲学的传统中，并不否认情绪(这是无法否认的)的存在，却给了它很低的位置。部分原因在于西方哲学从未真正区分情绪(sentiment)和情感(emotion)。在英语中，sentiment 所表达的正是 a thought colored by or proceeding from emotion(出于情感之思)。因而在理论上，既不可能解释情绪由何而来，又不可能指出情绪向何处去。由于情绪被理解为巴甫洛夫式的刺激性的生物反应，感触以及感触中的"生活本源"意味就被遮蔽掉了。于是，情绪天然地被视为与人的社会性(群体性)相对立[⑦]，同时作为意见或谬误产生的条

---

① 黄玉顺：《爱与思——生活儒学的观念》(增补本)，第 79 页。

② 黄玉顺：《爱与思——生活儒学的观念》(增补本)，第 80～81 页。

③ "感触"特别不同于康德意义上的"感觉"："如果我们被一个对象所刺激，则对象对表象能力的作用就是感觉。"([德]康德：《纯粹理性批判》，李秋零译，中国人民大学出版社 2013 年版，第 B32 页)后者显然只是从认知的角度来定义的。

④ 黄玉顺：《爱与思——生活儒学的观念》(增补本)，第 86 页。

⑤ 蒙培元：《情感与理性》，第 21 页。蒙培元的这一表述是对王阳明"除了人情事变，则无事矣"的深度阐释。

⑥ [德]雅斯贝斯：《大哲学家》，李雪涛主译，社会科学文献出版社 2005 年版，第 79 页。

⑦ 正如麦金太尔正确指出的那样，西方哲学伦理学讨论的核心问题始终是自然(φύσιζ)和习俗(νόμοζ)的区分，也就是自然人与社会人之间的关系问题。(参见[英]麦金太尔：《伦理学简史》，龚群译，商务印书馆 2014 年版，第 43 页)

件遭到了警惕并被抛弃。

而在儒家情感主义、特别是蒙培元先生看来,情感不离于情绪,且情感高于情绪。[①] 换句话说,人的道德意欲(社会属性)当然重要,这是毋庸置疑的,但人的自然意欲(自然属性)也同样不能被否定。[②] 这一判断是《爱与思——生活儒学的观念》的三分法的理论渊源。

但是,《爱与思——生活儒学的观念》对情绪的分析是不充分的。黄玉顺列举了"喜、怒、哀、乐、惧、畏、安、不安"[③]等情绪的样态,却并未对其进行规整和分类。仔细分辨的话,"安"不能被视为一种情绪。"就其本义来看,'安'字从'宀'从'女'表明,这是出自早期先民的一种生活领悟,它有两个基本含义:女人哺育孩子,在家为安。小孩何以能有心安的情绪?这本是生活中的常识:小孩感到不安而哭啼时,父母会把他抱起来,于是他便感到心安了。"[④]这是生活儒学所讨论的"本源情境",也就是尚未被打破的情境。"乐"也是如此。"当我们达到了'孔颜乐处'那么一种境界、那么一种心境的时候,一定就是'安'的,是'安—乐'的。我在这个意义上来理解'安乐',即理解为回归了本源情感的那么一种最高境界。"[⑤]

因此,情绪即是"不安"。在常人的生活中,许多情绪是无法被缜密地符号化表达的。例如"惧""怕""畏"这三种情绪有何差异?"哀""悲""戚"这三种情绪又有何不同?严格的哲学家或严格的心理学家大约可以对此进行区分,但任何人都不需要首先学习心理学才能有情绪。只是"不安"而已,这就足够了。"儒家的意思是:你不安,就要求一个安。之所以要求安,是因为你感到不安。而之所以不安、不忍,是因为你'在生活',而此时生活本身有了一种情境,一种生活情境;这种情境,你想把它打破,或者说,你根本不用去'想'、不会去'想',你会'去生活'。不安是'在生活',求安是'去生活'。"[⑥]"安"恰恰是通过"不安"得到思的——思意味着不安。

因为对情绪的分析不够充分,感情的部分就带来了更多的理解困难。"感情有两种基本的样式,就是'爱'和'恨'。"[⑦]毫无疑问,"爱"和"恨"确实是两种激

---

① 参见蒙培元:《心灵超越与境界》,人民出版社1998年版,第21页。

② 参见蒙培元:《情感与理性》,中国人民大学出版社2009年版,第157页。

③ 黄玉顺:《爱与思——生活儒学的观念》(增补本),第88~92页。

④ 黄玉顺:《面向生活本身的儒学——"生活儒学"问答》,《爱与思——生活儒学的观念》(增补本),第299页。

⑤ 黄玉顺:《爱与思——生活儒学的观念》(增补本),第153页。在下文的讨论中,《爱与思——生活儒学的观念》分析了两种乐,即"有所乐之乐"和"无所乐之乐"。前者是沉溺于某物的刺激,这种乐是娱乐,是摆脱辛劳的手段、方式,类似于亚里士多德所说的"享乐生活",其本质反而是"小人长戚戚"的显现。

⑥ 黄玉顺:《爱与思——生活儒学的观念》(增补本),第91页。

⑦ 黄玉顺:《爱与思——生活儒学的观念》(增补本),第93页。

烈的感情，但我们的问题是，是否感情只有这两种样式？[①] 原文的表达是“基本的样式”，似乎意味着此二者因其重要而获得了优先地位。那么，此外还有哪些感情的样式？感情和情绪之间又该怎样区分？遗憾的是，笔者遍寻“生活儒学”的全部著述，并未看到直接的表达。[②]

不过，在讨论“爱”的观念之时，黄玉顺做了一个分析，即爱包括了狭义的爱（即与恨相对的、作为感情的爱）和本源之爱。本源之爱即是生活的大本大源。借用一个比喻，黄玉顺说：“有一家子，共同生活在一幢房子里，油盐酱醋，饮食男女，平平常常，无波无澜，或者纵然激情澎湃，其实还是波澜不惊。我把这种生活情景称为‘本源情境’。这里，没有任何‘主—客’意识：父母、子女、房子、家具，他们习惯于此，都没有‘意识到’；换句话说，他们都既不是对象，也不是主体，因为他们从来不去仔细打量、考究对方，不论他是人、还是物。有一句成语就是说的这种情境：习焉不察。这是真正的本源意义上的‘百姓日用而不知’。”[③]这种情境当然是“爱”，当然是“安”。然而，当这种情境被打破之后，“不安”了，于是发生了打量，发生了筹划，也就是发生了对象化把握，发生了意欲之思和认知之思。而之后的一切之所以可以发生，归根结底仍然在于“爱”：“母亲所做出的一切改变，都基于她对孩子们的不变的爱以及变动了的生活方式。但是，生活方式只不过是生活本身的显示样式：生活便是显示，而显示总是显示为显示样式；这种显示样式被我们存在者化地、对象化地、客观化地打量之际，它就被把握为所谓‘生活方式’。”[④]于是导出了生活儒学的一个基本信念：“凡是现存的，都是本源的；凡是现存的，都是应当超越的。”[⑤]这个表达已经带有了显而易见的伦理取向。而在讨论中国正义论时，黄玉顺又做出了另外一个表达：“尽管正是仁爱导致了利益冲突，但也正是仁爱解决了利益冲突。”[⑥]如此一来，确实极为清晰地指出了“爱的优先性”地位，但作为感情的“爱”反而更加模糊了。

---

① 在《面向生活本身的儒学——“生活儒学”问答》中黄玉顺又提到了另外两种感情“好/恶”，不过似乎是在与“爱/恨”相对的角度提出的。在稍后一点的文本中又提到“那样的感触是如此的刻骨铭心，那样的情绪是如此的记忆犹新，使得我们不能不产生如此的爱”。但这个说法并不具有说服力。因为由感触而情绪，由情绪未必必然导向爱。

② 这些著述包括了《走向生活儒学》《儒学与生活》《儒家思想与当代生活》《生活儒学讲录》《中国正义论的重建》《周孔孟荀的中国正义论传统》《儒学与哲学问题》及《从生活儒学到中国正义论》。

③ 黄玉顺：《面向生活本身的儒学——“生活儒学”问答》，《爱与思——生活儒学的观念》（增补本），第315页。

④ 黄玉顺：《面向生活本身的儒学——“生活儒学”问答》，《爱与思——生活儒学的观念》（增补本），第317页。

⑤ 黄玉顺：《面向生活本身的儒学——“生活儒学”问答》，《爱与思——生活儒学的观念》（增补本），第323页。

⑥ 黄玉顺：《周孔孟荀的中国正义论传统》，东方出版社2017年版，第154页。

窃以为,“感情”似被解为“可感之情”,也就是个体情绪的表象化,因其表象化,而可以被感知。情绪与情感是“内外关系”,后者是前者的表达。因而,感情当具有三重意味:其一,必然是显现的,也就是能够被他者感知;其二,必然伴随着判断,可能是情感性判断,如好和恶,也可能是价值性判断,如是与非;其三,必然导向行动,也就是有所作为。同样用《爱与思——生活儒学的观念》中的例子来说:“但有一天,这位父亲忽然病逝了。此时此刻,本源情境便骤然被打破了:家庭的支柱倒塌了,种种生存问题接踵而至。悲伤之余、丧事之后,母亲面对着幼弱的子女,开始考虑‘这日子今后怎么过下去’的问题。比如,她想到了改嫁的问题:假如不改嫁,她无力独自养活这些孩子。”[①]如果没有爱,这些行为是不可能的,同理,正是有了这些行动,才确证了爱。

四、结论:生活儒学视域下的现代性问题

讨论至此,我们可以用两句话来概括《爱与思——生活儒学的观念》的全部思想。第一句是:爱,所以思;第二句是:思确证爱。那么,这一思想在怎样的意义上回应了现代性问题呢?

首先,现代性理论家的思想唯有从情感的维度方能得到恰当理解。现代性理论,无论是乐观派还是批判者,都是现代生活方式显现样态的理论表达。在认知之思的维度,他们确实描绘出了现代性的某些图景,但我们更应当看到其理论背后的意欲之思以及本源性的情感之思。可以这样来说,他们之所以苦苦追思,是因为“爱这个世界”。

其次,现代性问题归根结底是工具理性主义和个人情感之间的冲突。缜密的分工造就了现代人的基本生存方式:成为专家并控制着他人的同时被同样是专家的他人控制。我们的生活似乎是,身体交给医学家、灵魂交给神学家、饮食交给营养学家、审美交给艺术评论家、纠纷交给律师,等等。是什么让现代人“相依相偎”?是体制,是行政管理体制。既然没有人在体制之外,统治着现代人的就是“无人”。“无人统治”是西方理性主义传统的理想形态,也是其极致。在这种形态下,一切的意见与谬误都无处遁形,人类得以在真理之光的照耀之下按部就班。但在“无人统治”的角度,现代性的本质就是情感的剥夺。但我们看到的另一面是,恰恰是对现代性问题的控诉、对现代性问题的深思,确证着情感,确证着本源性的爱。这也就意味着,始终存在一种力量来对抗现实的危机。这种力量,就是爱。

---

① 黄玉顺:《面向生活本身的儒学——“生活儒学”问答》,《爱与思——生活儒学的观念》(增补本),第 317 页。

《爱与思——生活儒学的观念》提供的最积极因素正在于此。自由，作为人类爱智之学的最高同时也是最终极的诉求，不是别的，正是大本大源的爱。世界是爱的共同体，是情感的显现，绝不是人类的猬集或者物的总合。这是最初的力量，也是最终的力量。

当代儒学的观念转向

——生活儒学评论

龚传星

【编者按】此文原载崔发展、杜霞主编:《生活·仁爱·境界——评生活儒学》,安徽人民出版社2012年版。作者诠释"生活儒学"的文章尚有:《错误层出的批判——评所谓〈"生活儒学"和"情感儒学"批判〉》,首发于"儒学联合论坛"(www.yuandao.com),收入崔发展、杜霞主编:《生活·仁爱·境界——评生活儒学》。

长久以来,对于中国现代性与民族性问题的打量有两种不同的方式,一种是"以西律中",另外一种是"以中律西",而这两种方式存在的共同问题是:没有切入当下。生活儒学以"面向生活本身"的态度,采取"观无"的方式,重新理解中国现代性与民族性问题,使该问题得以以更为透彻的观念来把握,为现代儒学开启了一种新的视域。可以说,生活儒学引领了当代儒学的观念转向。

一、现代性与民族性的纠结

现代性与民族性作为引人瞩目的话题在学术界引起强烈关注,是20世纪90年代的事情,但现代性与民族性问题来跟中国照面,则是早在鸦片战争之时的事情。正是鸦片战争使这个问题浮出水面。不是说在此之前不存在这个问题,而是说这个问题处于隐晦不明之中。[①] 让现代性与民族性问题更具实质性

---

① 其实在鸦片战争之前中西问题就存在,比如清廷前期的教案,只是那时强大的传统力量绝对地压制了这个问题。

地摆在我们面前的，则是“五四运动”。亲历过这场运动的杜威曾感叹道：

> 我们正目睹一个民族/国家的诞生(the birth of a nation)，而出生总是艰难的。[①]

他的潜台词是：在此之前，中国不是一个 nation，于是面对着西方，民族性的问题也呈现出来了。在观念上如何处理现代性与民族性的关系，成为学界的重要课题。儒学复兴也脱离不了这个大的背景。民族性和现代性问题乃是思想领域的大事，因此最近思想界出现的动向都与此有关。对此，黄玉顺教授有着极为清晰的把握：

> 最近这些年来，中国大陆出现了一种非常重要的思想动向。我们从两个方面去看它，可以看得非常清楚：一个方面，我们来作一个历史的回顾，就会发现，自从“五四”以来，中国整个思想文化领域形成了一种三足鼎立的格局：一个是马克思主义；一个是自由主义，或者叫作自由主义西化派；再一个是文化保守主义，其中最有代表性的就是现代新儒家。[②]

早在 19 世纪末 20 世纪初，黄节就敏锐地察觉到了自由主义与保守主义的分野，并分别提出批评：

> 其一为盲信己国派，此派以为己国所有者，视为至上无极，不知己国之外更有世界；若吾国古来自称为中华，其他皆鄙为夷狄之类是也。其二为无视己国派，此派以己国所有者，视为一无足取，一唯他国是崇拜，而不知国粹之为何意；若日本维新时，有唱言日本国语当易为英语、日本人种当杂以西种之类是也。二派者一主保守，一主进取，其望己国之为人上，而纯然有爱国心，一也。然其无常识，则均不能为二者讳。[③]

他认为：“由前一派，则易生自慢心，而有增长国恶之患；由后一派，则易生自弃心，而有蹂躏国粹之虑。”[④]但最终黄节还是倾向于后一派，他说：

> 国家当过渡时代，常识者既不可得，则与不及，毋宁过之。国粹稍损，尚有恢复之望。国恶日长，将有危亡之虞。得百自誉者，不如得一自毁者，

---

① “John Dewey from Peking,” June 1, 1919, in Join Dewey and Alice C. Dewey, Letters from China and Japan, ed. by Evelyn Dewey, New York, 1920, p.209.

② 黄玉顺：《儒学与生活——作为儒学复兴一种探索的生活儒学》，《人文杂志》2007 年第 4 期。

③ 黄节：《爱国心与常识之关系》，《壬寅政艺丛书·政学文编》卷五，台北文海出版社影印本，第 184 页。本文关于黄节的材料皆转引自罗志田：《国家与学术：清季民初关于“国学”的思想论争》，三联书店 2003 年版。

④ 黄节：《爱国心与常识之关系》，《壬寅政艺丛书·政学文编》卷五，第 184 页。

其犹有进步之望也。[①]

黄节的批评是基于常识，这个观念当然尚需仔细分辨，但有一点是确定的：思想领域关于民族性与现代性的思考有着不同的进路，各种致思进路的致命缺陷是显然的，且这些不同进路之间乃至于不可通约。可以说，现代性与民族性的问题一直纠结着近代乃至现当代中国的思想界。对这个问题困惑的不仅仅是中国思想界，事实上就是试图对“作为历史主体的民族”提出质疑的美国学者杜赞奇也很困惑：

> 虽然我的目标是批判作为历史主体的民族，但是我深切地意识到，至今还没有什么能完全替代民族在历史中的中心地位。且不谈别的，不论是作为历史学家还是作为普通的个人，我们的价值观都是由民族国家所塑造的。[②]

杜赞奇没有意识到的是，对于这个困惑的解答恰恰就在于对“不论是作为历史学家还是作为普通的个人我们的价值观都是由民族国家所塑造的”这一事实命题的把握，因为这一命题传递出这样的信息：民族性就是我们切身的事情，切身的事情就是生活，我们要听从生活“语境”，这就是我们的天命。

我们要理解自己的生活，理解自己的生活的时代。我们的生活就是民族性的问题，现代性也必然是我们民族的现代性，不可能是其他什么东西的现代性。[③] 郝大伟和安乐哲很诚恳地建议：“中国人不必为进入现代时代而抛弃他们以外的一切，因为西方本身也正在向一些新鲜意识看齐，这其中有些还与古代中国人的视角有相当的共鸣呢。”[④]但他们显然没有看到，中国的现代性是中华民族的现代性，或许现代性果真源于西方，但现在它是我们自己的事情。

黄教授提出的“生活儒学”就是以“面向生活”的态度打量现代性与民族性的“纠结”的。那么，“‘生活儒学’的观念为何？”这一问题很自然地就呈现了出来。

---

① 黄节：《爱国心与常识之关系》，《壬寅政艺丛书·政学文编》卷五，第184页。

② [美]杜赞奇：《从民族国家拯救历史：民族主义话语与中国现代史研究》，王宪明译，社会科学文献出版社2003年版，第4页。

③ 这里需要提及的是我不会、也不可能从概念上来分析现代性，这不仅仅是“现代性”这个概念本身的问题，而是我担心概念式的梳理可能会遮蔽这样一个问题：无论承认与否，现代性是既存的，我们无法逃避。

④ [美]郝大伟、安乐哲：《先贤的民主——杜威、孔子与中国民主之希望》，何刚强译，刘东校，江苏人民出版社2004年版，第27页。

二、生活儒学的观念

“生活儒学”是在一次论坛的讨论中提出的，而其实际观念则出现得更早。①用黄教授自己的话说：“虽然在这次讨论中，我才第一次明确地提出了‘生活儒学’的概念，但实际上在此前的一系列文章里，我就已实质性地提出了‘生活儒学’的思想。”②

“实质性地提出了‘生活儒学’的思想”大致有三篇发表较早的文章，包括《“自由”的歧路——五四自由主义的两大脱离》《语言的牢笼——西方哲学根本传统的一种阐明》《中西之间：轴心时期文化转型的比较——以〈周易〉为透视文本》，这三篇文章从不同的角度呈现出了“生活儒学”观念，收录在《面向生活本身的儒学——黄玉顺“生活儒学”自选集》第二部分里面。

就“生活儒学”提出的触发点来看，起手处乃是源于20世纪末、至今尚在发展中的“儒学复兴运动”，这次儒学复兴运动不仅仅是如何**对待**儒学的反思，更是儒学**自身**的反思，即儒学如何应对现代性和民族性问题的反思。把握“生活儒学”不能脱离这个背景。“不能脱离”绝不意味着流于表面的“同情了解”，更关键的是着眼点要放在对这个背景所呈现的“儒学”观念的把握上。从这个方向来把握“生活儒学”才能不出现误读乃至错读。

就这个方向而言，从“打到孔家店”到最近几年儒学的复兴，从表面上看，儒学是一个既可舍可弃、又可取可用的学问。我们可以把中国传统社会的辉煌归功于儒学，也可以把鸦片战争以来中国积贫积弱的罪魁祸首归结为儒学。那么，儒学到底对于我们来说意味着什么？回答这个问题之前，有一个问题率先呈现出来：如何理解儒学？黄玉顺教授认为：

> 谁都知道，儒学自从成立以来，从来不是铁板一块的。孔子之后，“儒分为八”，儒学从来不是“一”，而是“多”：有原创时代的儒学，有专制时代的儒学，有现代新儒学；其中每个时代，又有众多不同的儒学，例如宋代儒学，就远不止“濂、洛、关、闽”四家。③

的确，儒学不像物理、化学等学科，不是“一”，而是“多”，这样对于儒学就不能以“一言以蔽之”的方式来言说。依据这样的观念，对于儒学的任何总结性或

① 参见黄玉顺：《关于“生活儒学”的一场讨论》，《面向生活本身的儒学——黄玉顺“生活儒学”自选集》，四川大学出版社2006年版，第1页。

② 黄玉顺：《面向生活本身的儒学——黄玉顺“生活儒学”自选集》前言，第1页。

③ 黄玉顺：《论儒学与哲学的关系——对任文利先生批评的回应》，《学术界》2007年第4期。

者概要性的言说都是偏颇的，其言说的内容都不是儒学或者不完全是儒学。这里实际上拒绝以“种加属差”的方式为儒学下定义。这种拒绝并不是拒绝“儒学”的言说方式，而是拒绝“对儒学……”的言说。

这样，黄玉顺教授提出“生活儒学”就要面临着这样的问题：如何保证生活儒学不是“对儒学……”的言说？这是源始的问题，却不是必须要首先回答的；首要的是在观念上回应西方哲学的问题，即：我们言说中国儒学的时候，西方哲学处于一个什么位置？当然，这只是一个姑且的说法。当提到“位置”的时候，就有一种把西方哲学对象化的嫌疑，这种嫌疑最大的问题是使得中国儒学也成为一处于某“位置”上的存在者，一个供我们打量的对象。儒学显然不是。

生活儒学自然是从生活开始的。人们或许要问：“生活”到底是什么东西？依照生活儒学的观念，这样的问法是观念不彻底的表现。因为这样表明有一个叫“生活”的东西现成摆在那里，我们可以描述它，研究它，这样生活就是一个存在者，而这恰恰不是生活儒学的观念。我们在生活，不能自外于生活去探究生活。但黄玉顺教授毕竟要对生活有一个言说，即要写文章、要演讲。一方面，生活儒学认为，作为本源的生活是不可说的，“道可道，非常道”；另一方面，又不停地言说着生活。不可说与可说之间看似出现了紧张。黄玉顺教授认为这看似紧张其实是不紧张的，他提出了言说方式两层区分的观念：

> 生活既不可说，也可以说。这取决于我们的言说方式。存在两种不同的言说方式：一是符号的言说方式，一是本源的言说方式。[①]

符号的言说方式，言说的对象乃是物，即是对存在者的言说。而本源的言说方式，言说的是“生活”，是“无”。这两种言说方式并不仅仅是在形式上的区分，更是在观念上的区分。符号所指，必定有一对象，其“言之有物”，这里蕴含着“主客”二分的观念；本源的言说方式，意味着必定没有言说对象，或者说言说对象是无，没有“主客”二分，其蕴含的是本源的观念。为了更快地切入生活儒学的核心观念，首先与我们照面的是观念层级的划分问题。

《易》有三义：“简易、不易、变易”，理解生活儒学的一个方便法门莫过于“三个观念层级”，从形下、形上、本源三个观念层级出发去理解把握生活儒学，乃是“简易”之法。

观念层级的划分，实际上是物界划分在观念上的呈现。而最明确的形上观念层级划分是在《周易·系辞传》中出现的：“形而上者谓之道，形而下者谓之器。”这里明显有形上、形下两层观念。这里需要说明的是，《系辞传》中所说的

---

① 黄玉顺：《面向生活本身的儒学——“生活儒学”问答》，《面向生活本身的儒学——黄玉顺“生活儒学”自选集》，第 64～76 页。

"形而上"自不同于西方的 Metaphysic，但不同于 Metaphysic 并非表明没有 Metaphysic 所蕴含的观念。正如当代学者张世英所认为的：中国古代哲学讲"本与末、源与流、根与枝的关系，认为本根无形而先于或者优于枝末，所谓'形而上者谓之道，形而下者谓之器'，裂道与器为二，道优先于器。这种形而上学从存在论上的立论……中国哲学史上的形而上学主要是这样的形而上学"[①]。中国哲学的分际观念，也就是张世英所说的"裂道器为二"的观念，在《系辞传》中鲜明地表现了出来。《系辞传》说"易有太极，是生两仪，两仪生四象，四象生八卦"，形而上与形而下乃是一种生成关系。

但黄玉顺教授显然认为这种两分不够透彻。《老子》云："天下万物生于有，有生于无。"这里显然有三个层级的划分：无—有—万物。如何理解"有"呢？回到《老子》原话："道生一，一生二，二生三，三生万物。"可以看出，"有"与"一"相对应，是唯一、绝对的存在者。其实也就是"形而上者谓之道"之形而上之存在者。于是，黄教授给出的观念层级是这样的：

本源情感（存在）→本体（形而上存在者）→人伦物理（形而下存在者）

他说："这是观念层级的递转，就是我们的全部观念、我们整个精神生活的生成过程。"[②]从这三个观念层级出发，我们很容易切入生活儒学的核心观念：生活。生活就是三个观念层级之最本源层级。

集中阐述"生活"观念，是在《爱与思——生活儒学的观念》附论二《生活本源论》。黄玉顺教授在这篇文章中认为，儒学的一切必须"从'生活本源'说起，但须注意，所谓'生活本源'并不是说'生活的本源'。生活没有本源，因为生活本身就是一切的一切的本源。"[③]

黄玉顺教授首先是从"生活本身"说起的：

> 在生活本源的层级上，所谓历时与共时的时间观念本身尚待生成；并且，生活本身也还没有"我们的"与"他们的"之"分别相"。[④]

从生活本身、即从我们当下说起，此"当下"不仅涵摄了共时的我们的"生活"，而且还涵摄了历时的他们的"生活"，因为在本源处，无分别相。

在黄玉顺教授看来，生活被中国先民领会为"生—活"，这样就有两个方向来把握生活。就"生"而言，它呈现的是中国先民对"草木—大地"这一自身事情的最深切领悟：

---

① 张世英：《天人之际——中西哲学的困惑与选择》，人民出版社 1995 年版，第 115、116 页。
② 黄玉顺：《爱与思——生活儒学的观念》，四川大学出版社 2006 年版，第 3 页。
③ 黄玉顺：《爱与思——生活儒学的观念》，第 185 页。
④ 黄玉顺：《爱与思——生活儒学的观念》，第 186 页。

> 草木就是我们，我们就是草木。这是因为，我们与草木共同生活在这大地上。生活本身在本源层级上并没有区分我们的生活和草木的生活：本源的生活是共同的生活。[①]

黄玉顺教授是从“说文解字”开始讨论的，当然这种讨论方式是合法的，因为中国的汉字是象形字，前人实际上是依据自己的生存情景造字的，字的形、音都会不经意地透露出那个时候的生活样态。正因为这样，许慎对于“生”的解释就很有意味：“象草木生出土上。”（《说文解字·生部》）在黄教授看来，许慎用草木作为比喻，是因为草木是我们自身。我们与草木没有分开，而这就是生活，就是本源。

另外一个方向是就“活”而言。我们经常说“还活着”，这个“活”是指生理上呼吸还正常进行。就“进行”而言，已经很接近“活”字的源始意。在《诗经》中“活”是描述“水流动的声音”：“河水洋洋，北流活活”，许慎的《说文》亦认为：“活，流水声。”（《说文解字·水部》）就“活”本身而言乃是与水有关的事情：活从氵、从舌，是形声字，“舌”是声，无意义，其义符是“氵”。朱子诗云：“问渠那得清如许？为有源头活水来。”水流动，自然是源源不断，生生不息。故“活水”乃是有水源而常流不断之水。对于长流之水，我们自是无法说出“它是什么”，因为当说到“是”，它恰恰又“不是”了。水流有声，故可倾听，“子在川上曰：逝者如斯夫，不舍昼夜。”（《论语·子罕》）夫子就是在倾听，“仲尼亟称于水，曰：‘水哉，水哉！’”（《孟子·离娄下》）夫子倾听、称于水，自是从中领悟了什么。领悟到了什么呢？他没有明确说出，而“如斯”一语却使其意味不期然显露出来。“如斯”，斯，这样，如斯，就像这样。夫子在这里不是采取的命名的方法，而是直陈的方式，因生活如水，长流不息无法断然命名。而夫子领悟，亦是领悟来自生活的消息，领悟天命。黄玉顺教授认为：

> 所谓人“活着”，并不是说他首先已经是一个人，然后他才拥有生活。人“活着”是说，首先是因为他倾听生活，然后他才能生活；他能生活，他才“成人”——成其为人。[②]

黄玉顺教授认为，“活”字最早是表示流水声，但却较早地用来表示我们的“生活”。“活”字出现在《诗经》中有四次，而最早的两个例子是在《周颂·闵予小子之什》出现的，都是在说本源的事情。《载驰》《良耜》描写的都是本源的生活。这样，“草木—大地”“我们—生活”的生活情景呈现出来。

至此，实际也否定了对“生活”进行“是什么”式追问的合法性。因为：

---

① 黄玉顺：《爱与思——生活儒学的观念》，第 187 页。

② 黄玉顺：《爱与思——生活儒学的观念》，第 189 页。

> 生活如水，涌流不已。“活”字显示着生活的“活”动性、“流”动性。这里一切现成性、凝固性都被消解了。[①]

“是什么”的发问方式实际上是把“生活”当成一现成性的东西来追问，就像追问桌子是什么、凳子是什么一样。但，“生活”不是什么。既不是“意志主义、生命哲学所谓的‘生命’(Leben)，也不是存在主义、包括海德格尔所谓‘生存’(Existenz)；既不是梁漱溟所谓‘生活’也不是唐君毅所谓‘生命’”[②]。黄玉顺教授特别提出“生活即是存在，存在即是生活”的命题。[③] 他对此的解释为：

> “生活即是存在”意味着：存在本身并不是任何物的存在，生活本身不是任何人的生活。生活本源之为本源，就是这样的真正彻底的“无前设性”(Voranssetzungslosigkeit)：既没有先验的“纯粹意识领域”的前设，也没有生活之外的“存在本身”的前设。显然，唯有生活本身才是这样的本源：在一切的学、问、思、辨、行之前，我们就已经在生活。[④]

既然“生活”消解了凝固性，“攻其一端斯害也已”，那么任何基于“一端”的观物之观自然也消解了。

北宋的胡瑗有一段话很值得回味：

> 《易》之作，专取变易之义，盖变易之道，天人之理也。以天道言之，则阴阳变易而成万物，寒暑变易而成四时，日月变易而成昼夜；以人事言之，则得失变易而成吉凶，情伪变易而成利害，君子小人变易而成治乱。故天之变易归乎生成而自为常道，若人事变易则固在上位者裁制之如何耳。[⑤]

胡瑗认为“《易》之作，专取变易之义”，“变易之道”乃是“天人之理”，很切合儒学的核心观念，《论语》有一段话很有意味：

> 可与共学，未可以适道；可以适道，未可以立；可以立，未可以权。(《论语·子罕》)

权，秤锤，可以称物而知轻重，以合时宜。在孔子看来，共学、适道、立并非不可，但终究不如权变。而权即是以时而动，“与时偕行”(《周易·乾文言》)，其意涵乃是变。孟子言孔子乃“圣之时者”(《孟子·万章下》)，得之矣。

在孟子那里还有对“变易”观念更为详细的论述：

---

① 黄玉顺：《爱与思——生活儒学的观念》，第189页。

② 黄玉顺：《爱与思——生活儒学的观念》，第193页。

③ 参见黄玉顺：《爱与思——生活儒学的观念》，第194页。

④ 黄玉顺：《爱与思——生活儒学的观念》，第49页。

⑤ (宋)胡瑗：《周易口义·发题》，文渊阁四库全书本。

> 徐子曰：“仲尼亟称于水，曰：‘水哉，水哉！’何取于水也？”孟子曰：“源泉混混，不舍昼夜。盈科而后进，放乎四海，有本者如是，是之取尔。苟为无本，七八月之闲雨集，沟浍皆盈；其涸也，可立而待也。故声闻过情，君子耻之。”（《孟子·离娄下》）

朱子注：“源泉，有源之水也。混混，涌出之貌。不舍昼夜，言常出不竭也。”“源”置于“泉”前，意为流动不息之泉。“混混”，《晋书·傅咸传》：“江海之流混混，故能成其深广也。”“混混”同“滚滚”，是水奔流不息的样子。孟子在这里的关注点不是水而是源，无源之水，如七八月之间的雨水，来势虽猛，而干涸也快。究其原，在于其不流不动，无源无本。孔子称水“逝者如斯，不舍昼夜”，注意到并不是水之为水本身，而是后面的“源”，只有“源”泉才能不舍昼夜。本源之源，本身具有水流起处的意义，也正是如此，它也具有运动不息、奔流不止的意味。

“生活儒学”以“生活”为大本大源，正是儒学“时变”观念的续延，而“观”的方式的转化恰恰是基于时变。

三、观念的转换

如果说“生活儒学”所秉持的“面向生活”态度乃是一种观念之“念”，则其来源则是观念之“观”，即源于观的态度。

《庄子·秋水》谈到两种“观”的态度：以道观之、以物观之。在《秋水》看来，这两种态度是对立的，“以道观之，物无贵贱；以物观之，自贵而相贱”。在作者设定的情景中，河伯在涨水时“欣然自喜”，相对于灌河的“百川”秉持“自贵”的态度。及其“顺流而东行，至于北海，东面而视，不见水端”只有“望洋兴叹”。河伯望洋兴叹，乃是一种反思。这反思使得他不再“自贵”，然而这不并非意味着他放弃了“以物观之”的态度。如果说先前的态度是以“河”观“洋”，“自贵而相贱”，则现在则是以“洋”观“河”，这同样是“以物观之”的态度。“以我观之”和“以物观之”这两种“观”的态度决不可把握为应有的视角，如果说“以物观之”是从“河”与“洋”两个角度，则“以道观之”是没有视角的。

现代性与民族性之所以会出现“纠结”，就在于采用了“以物观之”的方式。“以物观之”，民族性与现代性的问题就是中西问题，但这一视角立刻使我们陷入了中西二元的思维模式，即把中、西对象化打量。对象化的打量，意味着这一问题已经不关乎我们自身的生存，不再是生活本身的事情。自我观之，中国传统文化尤其是儒学远胜于西学，甚或西学之科学、民主皆可自儒学开出。自他观之，西学乃现代性之学，唯有舍弃中国之本土之学，引入西学方可就成中国之现代性。前者谓之保守主义，后者谓之自由主义。

就前者言，“无论是政治学术道德文章，西洋的法子和中国的法子，绝对是两样断断不可调和牵就的”，“因为新旧两种法子，好像水火冰炭，断然不能相容”，“若是决计革新，一切都应该采用西洋的新法子”。[①] 就后者而言，“传统文化的价值系统在本质上是可以独立于社会政治秩序之外的。因此，封建帝制的瓦解并不意味着传统文化的没落，相反传统文化的发掘倒足以为显示的变革提供某种动源”[②]。

“作《易》者其有忧患乎！”双方之论都是基于对于近代中国的强烈的忧患意识，然现时中国现代化进程并未取决于保守主义与自由主义之争，这着实是学界面临的一个很尴尬的问题。因此，必须重新打量现代性与民族性的问题，“重新打量”不仅仅意味着问题的回顾，同时必须伴有打量方式的转换，即“观”的方式的转换。由于问题的一致性，甚至可以认为打量方式的转换是更为重要的，否则重新打量就毫无意义。打量方式的转换、或者说“观”的方式的转换，即是观念的重建。这种重建必须保证不是一方式的简单的选捡，而是“以道观之”，即以更为透彻的观念去打量现代性和民族性。黄玉顺教授认为：

> 现代性的诉求，源于我们当下的生活情境，此乃生活本身的演流的一种历时样态，也就是现代性的生活样式；民族性的表达，源于我们在这种生活情境中的生活领悟，而这种领悟中涵摄着我们的共同传统。然而，所谓“传统”绝非存在者化地、对象化地、现成化地摆在那里的“客观”的东西，可以供我们来打量、研究、继承或者不继承；而是被收摄于我们当下生活“共在”之中的事情，传统就在生活之中。[③]

生活儒学之“观”即是“以道观之”之“观”，即“观无”。黄玉顺教授在《论“观物”与“观无”——儒学与现象学的一种融通》一文中区分了“观物”与“观无”两种不同之观，认为：

> 在中国思想中，“观”有两层不同的意义：一是“观物”，是有所观之观；二是“观无”，是无所观之观。观物之所观者，或者是形而下的存在者、“万物”，或者是形而上的存在者、“道之为物”，故有所观；而观无之所观者，则是存在本身，是“无物”“无”，故无所观。而在儒家，这种“无物”的存在本身，就是作为大本大源的生活情感，尤其是爱的情感；而观无作为无所观之

---

① 陈独秀：《独秀文存》，安徽人民出版社 1988 年版，第 152 页。

② 郑家栋：《儒家思想的现代走向及其命运》，方克立、李锦全主编：《现代新儒学研究论集》（二），中国社会科学出版社 1991 年版，第 2 页。

③ 黄玉顺：《现代新儒学研究中的思想视域问题》，易小明主编：《中国传统哲学与现代化》，中国文史出版社 2007 年版，第 53 页。

> 观，实质上是一种生活领悟。这样的生活情感、生活领悟，是先行于任何存在者、任何物的“事情本身”。①

据此，黄教授实际上是以“生活”取代了“物”，而生活又是“无”，即其并无任何视角。以生活观之，现代性与民族性皆收摄在当下，是生活本身的事情。

在这里，“生活儒学”之“回到生活”意味着一崭新视角的出现。以生活为源始，“生活儒学”实际上就既拒绝了“自由主义”，也拒绝了“儒学原教旨主义”：

> 基于这样一种立场，我首先会反对自由主义西化派的那么一种倾向，那么一种主张。“五四”以来的两个全盘、两大脱离，脱离传统，全盘西化，我是坚决反对的。但另外一方面，我也反对另外一种倾向，那就是所谓“儒家原教旨主义”。它仅仅注意到了民族性这么一个维度，而忽视了现代性的维度，忽视了当下的生活样式，那也是不行的。②

这种拒绝不是简单的拒斥。首先，“生活儒学”并不拒斥“西学”，新儒家亦不拒斥西学。李翔海在总结新儒学主要理论特点时，把“援西入儒”单列为一个特点。③ 当然，“生活儒学”更不拒斥传统资源。正如雅各布·布格哈特在《世界历史沉思录》中所言：“严格地讲，只有野蛮人才对文化遗产的优点无动于衷，因为他们一直未能破开他们的祖先在遥远的过去所确立的文化外壳。”④“生活儒学”所言的拒绝，是从观念上进行彻底的重建，进而以更为透彻的观念去打量，换句话说，“生活儒学”所拒绝的是呈现为“中西对举”的形而上学观念。因为“今天的哲学早已经把这种形而上学的思维方式解构了”⑤。

这样，“生活儒学”以更为透彻的观念开启了“以道观之”的全新视域，透过此新视域，不仅现代性和民族性的问题得到重新打量，而且儒学自身也将得到重新打量，无疑此举意味整个现代儒学的转向。

---

① 黄玉顺：《论“观物”与“观无”——儒学与现象学的一种融通》，《四川大学学报》（哲学社会科学版）2006年第4期。

② 黄玉顺：《儒学与生活：民族性与现代性问题——作为儒学复兴的一种探索的生活儒学》，《人文杂志》2007年第4期。

③ 参见李翔海：《现代新儒学述评》，《求是》2004年第6期。

④ [瑞士]雅各布·布格哈特：《世界历史沉思录》，金寿福译，北京大学出版社2007年版，第7页。

⑤ 黄玉顺：《儒学与生活：民族性与现代性问题——作为儒学复兴的一种探索的生活儒学》，《人文杂志》2007年第4期。

生活儒学的哲学突破

郭　萍

【编者按】此文原载杨永明、郭萍主编：《当代儒学》第 16 辑，四川人民出版社 2019 年版。此外，作者诠释"生活儒学"的文章尚有：《生活与自由——论"生活儒学"对"自由儒学"的启示》（《黄玉顺生活儒学研究》，涂可国主编：《黄玉顺生活儒学研究》，齐鲁书社 2017 年版）、《自由儒学："生活儒学"自由之维的开展》（杨永明、郭萍主编：《当代儒学》第 11 辑，广西师范大学出版社 2017 年版）、《儒学的启蒙：关于制度正义的思考——与吴兴明教授和黄玉顺教授商榷》（杨永明、郭萍主编：《当代儒学》第 14 辑，四川人民出版社 2018 年版）。

在儒学复兴的大势下，造论的冲动催生了形式多样的儒学理论，然而要实现真正的哲学突破却并非易事。黄玉顺教授创建的"生活儒学"是当前少有的一个具有实质性哲学突破的儒学理论，它以不同于传统儒学和现代新儒学，同时不同于西方现代以及后现代哲学的"当代"哲学进路，为当代中国原创性哲学理论的发展提供了一种积极的示范。

生活儒学采取的"当代"哲学进路是"黄先生通过反思前现代主义、现代主义以及后现代主义思想进路所导致的理论诟病而找到的'打通传统与现代'的一条新的思想途径"[1]。作为思想途径的"当代"并不是指线性时间意义上的"现在"——即与过去、未来相对的"有间"的"时段"，而是熔铸着过去与未来，与过去、未来"无间"的"当下"。

正是依凭着"当代"的思想途径，生活儒学展现出两方面的哲学突破：一是生活儒学以前对象性的、浑然无我的"当下"作为理论建构的思想视域，从而实

---

① 郭萍：《自由何以可能——从"生活儒学"到"自由儒学"》，《齐鲁学刊》2017 年第 4 期。

现了哲学视域的突破；二是生活儒学将“当下”作为本源性的思想观念，并将之贯彻到主体性观念（即形而上学与形而下学）的建构中，从而推动了哲学观念的突破。

一、哲学视域的突破

从人类哲学的发展看，自轴心时代哲学发端，一直到近现代，对象化的思考已经成为一种习以为常的哲学视域。然而，进入 20 世纪之后，随着“回归生活世界”“面向事情本身”的现象学运动等前沿思潮的推动，尤其是以海德格尔为代表的生存论现象学的开展，当代思想界意识到两千多年来的传统哲学已经遗忘了造就一切对象化存在者的存在本身，由是对象化的传统哲学视域遭到了瓦解。与此同时，哲学家们开始尝试从前对象化的存在本身来重新解释世界，这就是当代哲学思想视域的革命。

然而就儒学的发展而言，尽管近现代乃至当代儒学，不论其问题意识、思想内容，还是其理论形态，都早已不是古典儒学了，而是某种现代性的儒学理论了，但是这些理论所共同呈现的形上—形下理论架构，暴露出近代以来的儒学依然延续着对象化的传统哲学视域。以代表现代儒学理论高峰的 20 世纪现代新儒学为例，他们努力“返本”的宋明儒学正是一种传统形上学的典型，他们为“开新”而借鉴的近现代（主要是 18～19 世纪）的西方哲学也是基于形上—形下架构的主体性哲学，不论是梁漱溟所借鉴的唯意志主义、冯友兰所借鉴的逻辑实证主义，还是牟宗三、唐君毅等所借鉴的德国古典哲学，都无一例外。当然，当代儒学通过批判现代新儒学，创建了诸多富有新意的理论，其思考的角度、观点以及内容等都不乏独特的价值，但在思想视域上却没有实质性差别。也就是说，当前的儒学理论绝大多数还是沿袭了传统的哲学视域，在“形上—形下”的二元架构下进行思考。这恐怕也是当前儒学形式多样，但在哲学上却难以真正超越现代新儒学，取得突破的一个根本原因。其实，当前中国学界，主要是西方哲学研究者，已经对哲学视域的转变展开了积极的探索，而且也取得了很多值得儒学借鉴的研究成果，只可惜这些研究还是集中于对西方思想的分析、阐释，并没有运用于中国哲学理论的创构中。

在此局面下，生活儒学通过与西方现象学的对话，借鉴了现象学研究的相关方法，提出前对象化的本源思想视域。这种视域既是一种哲学方法，也是一种哲学观念，即本源观念，它构成了生活儒学最具特色的内容。（详见下节）基于本源思想视域，生活儒学重新审视了既有儒学理论的得失，对既有儒学拘于“形上—形下”的对象化思维模式做了彻底的解构，同时完成了自身的理论建构。这种新视域的运用从根本上颠覆了以往哲学的理论进路，即自觉或不自觉地以某种确定性的主体观念（包括经验主义的假设和先验主义的预设）去匡正和剪裁处于可能性的生活本身，取而代之的是，直面事情本身，投身当下，以生生不息的生活本身去塑造、去更新一切主体性观念。如此一来，生活儒学就为儒学真正切入当下社会提供了一种方法论的参考，同时也从方法论的意义上将儒学推向当代哲学的前沿。

二、哲学观念的突破

生活儒学是由“本源观念—形而上学—形而下学”的三层观念构成的理论体系，这在突破传统哲学“形上—形下”两层观念架构的同时，也推动了哲学观念的突破。

（一）本源观念的开启

生活儒学的本源观念虽然得益于海德格尔存在论现象学的启发，但它并没有沿着海德格尔的脚印前行，而是以儒家话语对存在本身做了新的言说。

（1）生活儒学强调存在本身就是当下的生活本身，生活本身被儒家领会为本源的仁爱情感，这既不同于海德格尔的烦、畏等负面情绪，也不同于舍勒带有主体伦理意味的爱的情感，而是生活的实情，也就是先于主体，先于伦理与认知的“事之情”，这作为儒学切入当下生活确立“人之情”的前提，为进一步展开的对象性言说提供了最深层的观念支撑。[①] 生活儒学对“仁”的本源性言说，释放出了“仁”作为形上的“德性”和形下的“德行”之外的更为源始的含义。与此同时，它以本源情感作为先行于存在者的存在本身，意味着理性、德性以及道德情感等一切存在者化的观念皆源于情感才得以可能，这就突破了长久以来理性主义以理克情，情理对立的观念，以及传统儒学以性为本，以情为末的观念，并且在新的观念层级发展了与儒家王道政治传统、道德伦理传统不同的，儒家情感主义传统。[②]

（2）生活儒学对海德格尔思想中“此在”对“存在”的纠缠深为警惕，尤其批判了“此在”僭越“存在”的理论陷阱，即如德里达所指出的海德格尔是在更高的

---

① 参见黄玉顺：《爱与思——生活儒学的观念》（增补本），四川人民出版社 2017 年版，第 63～69 页。

② 当前已有学者指出，黄玉顺“生活儒学”提出的本源观念，乃是对其师蒙培元先生“情感儒学”的发展，而蒙培元先生则是对冯友兰先生开创的情理进路的发挥，因此，从冯友兰的“新理学”经蒙培元的“情感儒学”再到黄玉顺的“生活儒学”，已经形成了现代儒家哲学的“情理学派”。（参见胡骄键：《儒学现代转型的情理进路——以冯友兰、蒙培元、黄玉顺为对象》，《学习与实践》2019 年第 4 期）

层面上确立了“大写的人”。[①] 因此，克服海德格尔的思想风险也是生活儒学更彻底的突破对象化思维，切入当下生活的一个关键。对此，生活儒学提出“生活即是存在，生活之外别无存在”的思想，以此清除“此在”对存在本身的侵扰，并以“本源生活”表征了一种比海德格尔之“生存”(Existenz)更为透彻的当下观念。

(3)本源观念的开启无疑是对传统形而上学解构的结果，但生活儒学并没有因此否定形而上学存在的意义，更没有因此放弃形而上学的建构，反而是明确提出要基于本源观念重建形而上学。

我们知道，不论海德格尔，还是后现代主义，都不做任何形而上学的努力，因为他们认为，形而上学的建构，乃至一切主体性的建构，都是疏离存在本身的做法，因此“对形而上学不加过问”[②]，沉浸于“存在”，消解一切主体价值，成为其根本的主张。然而，如此一来，无异是否定了一切现实的价值和意义，其结果是既不能引导我们积极地投身当下，也不能有效地解答现实生活的问题。而如果我们认可当下的生活不是无价值、无意义的，也认为有必要回应现实生活的挑战，那么就必然需要赋予生活本身、存在本身某种价值(包括形下的价值，形上的价值)，这也就必然需要建构某种主体性观念作为支撑，因此，在当下重建主体性观念(包括形上的主体，形下的主体)仍是必要性的，而且是不可逃避的。生活儒学就是本着重建主体性观念的意图而进行本源观念的阐释，这使它并不同于各种“哲学终结论”的论调，也不会像存在主义、后现代主义那样导致相对主义、虚无主义的风险。

(二)形上观念的突破

主体性的重建，不仅包括形而下学的重建，而且还包括形而上学的重建。生活儒学认为，重建形上学之所以可能，乃在于形而上学有着生活的渊源，先于存在者的生活本身为之奠基。唯其如此，形而上学才不会成为哲学家书斋里的概念游戏，进而才可能为形而下学(伦理与物理)提供切合当下的本体依据。

也正因如此，形而上学必然具有随生活流变而更新的变易性。因此，生活儒学提出“变易本体论”，以“变易”融摄“不易”与“简易”，并解释说：“‘简易’是说‘变易’乃是极为简单的道理；‘不易’是说‘变易’乃是永恒不变的道理。”[③]此

---

① 参见[法]德里达：《论文字学》，汪堂家译，上海译文出版社 2005 年版，第 4 页。

② [德]海德格尔：《时间与存在》，《面向思的事情》，陈小文、孙周兴译，商务印书馆 2011 年版，第 28 页。

③ 黄玉顺：《形而上学的黎明——生活儒学视域下的“变易本体论”建构》，《湖北大学学报》(哲学社会科学版)2015 年第 4 期。

论突出强调的是形而上学并非亘古不变，而总是随着生活的衍流而日生日成，不断更新，同时形而上学所承载的主体价值也自然随生活变迁而不断超越。其深刻之处在于揭示出形而上学唯有在与时"变易"的过程中才能保持自身切入当下的状态，其实际是以"变易"的内涵维系着"不易"的至上地位。这种观念无疑是颠覆了世人对形而上学的传统理解。

古往今来人们已习以为常的认为，形而上的存在者作为本体，也即作为一切具体存在者的根本依据，是超越时空、永恒不变的，即便我们转化它的形态，也无法更新它承载的价值。但事实上，古今中外的哲学家总是通过构建形而上学进行着最隐秘的价值革命，历代的本体观念都是哲学家基于当时代的问题意识，对当时代的主体价值进行的最高抽象，其意图都是为当时代诸领域的言说提供一个根本的观念承诺，否则哲学也就称不上是时代精神的精华。虽然西方哲学史上出现过不少"回到……"的潮流，但不论是主张"回到柏拉图"的柏拉图主义者，还是高喊"回到康德"口号的新康德主义者等，他们重新构建的本体观念都并不同于柏拉图/康德……的本体观念。反观儒家哲学也是如此，以接续孔孟道统为己任的宋明理学，其重建的道统并不是原始儒学的本体观念，而是帝国后期主体意志的最高表达"天理"；以"返本宋明"为旗帜的现代新儒学，其本体论也绝不同于传统宋明理学的本体，而是为民主科学奠基的现代性本体观念；甚至当前拒绝现代价值，一厢情愿退守前现代的原教旨主义，其阐发的本体观念，也绝非古代圣贤的本意，而只是一种当代主体价值的畸形。

之所以如此，是因为我们始终处于当下，总是不由自主地基于当下感悟来诠释传统，筹划未来，因而不论哲学家是否自觉，是否情愿，他所确立的本体，作为最高主体性观念，必然是对当下主体价值的表达。只不过由于以往的哲学家或者根本没有自觉到形而上学的变易性，或者没有恰当的理论路径去解释这种变易性，因而其本体观念掺杂着一些与当下生活不匹配的内容，例如现代新儒学老内圣与新外王的错位等等。如今，"变易本体论"坦诚地揭示出形而上学表征的绝对主体价值的当下性，并阐明其更新的生活渊源，从而可以有效保障本体观念与当下生活的契合性。

(三)形下观念的突破

在形下观念层面，生活儒学的突破体现在历史哲学、政治哲学等领域的论述中。

基于生活本身造就主体的观念，生活儒学做了历史哲学的阐述。它将生活本身的衍流导致主体的转变，对象化的描述为生活方式的转变导致了社会主体的时代性转变，即由宗族到家族，再到国民个体的转变，由此主体的情感倾向以及价值诉求随之转变，进而又导致社会一系列制度规范的转变，这些转变最终就促成了社会形态的历史转换，即由王权社会到皇权社会再到民权社会的转变。[①] 这种以生活方式的转变导致的社会主体转变为主轴对社会发展及其观念、制度演变的理顺和勾勒，是独到而深具解释力的。据其论说已然推出，当下现代性的生活方式造就了现代性的社会主体—个体，而且势必需要建构一套与个体价值诉求相一致的社会制度规范。

为此，生活儒学以“中国正义论”[②]提供了一种古往中外社会制度建构与主体诉求相一致的基本原理，即以“仁→义→礼”为基本环节的制度正义原理，着意强调要根据正当性原则、适宜性原则，对既有的社会制度进行损益。相较于其他探讨正义的理论，包括罗尔斯正义论，“中国正义论”有两点重要的突破：其一，它不是针对某一个时代或某一个国家的具象论述，而是给出了一种古今中外制度建构所遵循的基本伦理原则，这使它具有其他正义理论不能比拟的普适性；其二，它是关于制度正义的理论，也即解答的是制度建构本身正义与否的问题，而不是根据某种既定的制度或观念考察言行是否正义的问题。这不仅将政治哲学维度上的正义问题推到了更深的层次，而且打破了长期以来人们不假思索的执守于行为正义的观念，具有深刻的观念启蒙意义。[③]

上述蜻蜓点水的概括并不能充分体现生活儒学哲学突破的深远意义，然而我们由此可以认识到，黄玉顺教授创建的生活儒学对于当代儒学的创新和中国哲学理论的创建来说是一个极富参考价值的范本。

---

① 参见黄玉顺：《论儒学的现代性》，《社会科学研究》2016 年第 6 期。

② 参见黄玉顺：《中国正义论的重建》，安徽人民出版社 2013 年版（英文版：*Voice From The East*：*The Chinese Theory of Justice*，UK，Paths International Ltd，2016）；《中国正义论的形成——周孔孟荀的制度伦理学传统》，东方出版社 2015 年版。

③ 参见郭萍：《儒学的启蒙——关于制度正义的思考》，杨永明、郭萍主编：《当代儒学》第 14 辑，四川人民出版社 2018 年版。

黄玉顺"生活儒学"本源视域的思想史意义

孙铁骑

【编者按】此文原载胡骄键、张小星主编:《生活儒学:研究·评论·拓展——第三届"生活儒学"全国学术研讨会论文集》,四川人民出版社 2020 年版。此外,作者对"生活儒学"的诠释,尚有专著:《生活儒学与宋明理学比较研究》(安徽人民出版社 2014 年版)、《正义及其文化进路——从"生活儒学"到"修身儒学"》(山东人民出版社 2018 年版);文章:《当代儒家的当代主义——评〈新世纪大陆新儒家研究〉》(杨生照主编:《生活·情感·思想——评黄玉顺"生活儒学"》,四川人民出版社 2018 年版;此文节选自孙铁骑:《新世纪儒学复兴的几条进路——评〈新世纪大陆新儒家研究〉》,原载杨永明、郭萍主编:《当代儒学》第 7 辑,广西师范大学出版社 2015 年版)、《从"生活儒学"到"修身儒学"》(《衡水学院学报》2015 年第 5 期)、《黄玉顺"生活儒学"的存在观》(涂可国主编:《中国文化论衡》第 2 期,社会科学文献出版社 2017 年版)、《破除对"生活儒学"存在观的误读》(杨永明、郭萍主编:《当代儒学》第 11 辑,广西师范大学出版社 2017 年版)。

黄玉顺的生活儒学认为,只有回归孔子儒学原创之初的历史时空境遇之中,还原其自在的思维视域,以之作为解读儒家经典的视域背景,才可能真正走近孔子、理解孔子。故生活儒学以生活本源视域破解了传统形而上学哲学对思维的桎梏,又保留了形而上学在人类思维之中必不可少的位置。生活儒学将仁爱情感作为生活本源的自在显现,将情感作为儒学的本源视域,是对中国传统性本情末观念的颠覆。生活儒学的本源视域同时就意味着一种儒家当代主义的开启。

按照历史与逻辑相统一的原则,任何时代的思想都必然根源于当时的历史境遇，从而在时空转换的不同时代，欲解读出原始文本中的原初之义，必须还原到文本形成之时的历史时空境遇之中，运用文本作者的思维方式与话语方式解读其文本，才可能真正理解文本话语表达的本真内涵。故要理解孔子，不能站在当代的思维视域与话语方式中直接去理解儒家的经典文本，而是要回归孔子儒学原创之初的历史时空境遇，还原其自在的思维视域，以之作为解读儒家经典的视域背景，才可能真正走近孔子、理解孔子，从而黄玉顺开创的生活儒学对孔子儒学本源视域的揭示就具有了返本开新的思想史意义。

一、对传统形而上学视域的突破

"形而上学"本来是用来翻译西方哲学的初始名称，在亚里士多德的学科分类体系中将哲学作为物理学的根据而放在物理学之后，并名之为"物理学之后"(metaphysics)。因为哲学总是追问"物理学之后"的终极原因，与中国哲学对天道的追寻相近，所以被翻译成"形而上学"，因为中国哲学讲"形而上者谓之道，形而下者谓之器"(《周易·系辞》)。但本质上，亚里士多德的"形而上学"与中国哲学的"形而上者谓之道"并不能等同，"形而上学"是对哲学这一思想形式的指称，而"形而上者谓之道"则是对与"器"相对的"道"的概念定义。"形而上学"是学问的形式，而"形而上者"则是中国哲学的"道可道，非常道"之"道"，也可以说是西方哲学的"存在"本身。"道可道，非常道"已经表明作为"形而上者"的"道"是不可言说的，而"形而上学"则是可以言说的，而且"形而上学"正是思想与言说得以展开的根据。也就是说，在人类的言说之中，可能没有作为"形而上者"的"道"，却一定有作为言说根据的"形而上学"。故"形而上学"是人类思想的宿命，是思维无法回避的前提性问题，虽然现代西方哲学"拒斥形而上学"，但其理论的根据又无非是另一种"形而上学"，无论思想者认识到没有，也无论思想者是接受还是拒斥形而上学，其思想与言说之中必然内在承诺着某种形而上学。形而上学是人类思维大厦得以建立的地基，是理论思维得以展开的学理根据，美国学者蒯因正是在此种意义上才说，任何理论都必然有其内在的"本体论承诺"。从而生活儒学虽然从生活本源的视域出发，从一开始就要破解西方哲学及孔子身后儒学发展史中产生的形而上学视域，但在其理论构建的展开之中却仍然要重建形而上学。

故生活儒学的生活本源视域并不是对传统哲学的形而上学视域的简单否定，而是对传统哲学的形而上学视域的破解与溯源。生活儒学认为，传统的形而上学哲学只思考了存在者的整体方面，意图给出存在者整体何以存在的根据，所以西方哲学自始至终都在追问存在者背后的存在是什么，但其给出的任何答案都是对某种特殊存在者的言说，而不是对存在本身的言说，也就是在所有的存在者之外安置一个绝对的存在者，以之作为第一因解释所有存在者的存在。这种形而上学视域可以使存在者的存在获得一种理论上的解释与理解，却不能对存在者的现实存在发挥效用，从而使这种形而上学成为头脑中的风暴，成为一种宏大叙事，却与存在的现实无关，大而无用，仅仅成为理论的事情，成为思维的事情，所以马克思批判传统形而上学的“哲学家们只是以不同的方式解释世界，而问题在于改变世界”[①]。而这种形而上学思维在达到一定的思维界限之后就失去了继续前进的可能性，人类思维在形而上学视域中已经走到了穷途末路。现代西方的哲学家在形而上学的思维视域中已经无法再突破前人构建起来的各种形而上学体系，所以现代西方哲学不得不“拒斥形而上学”，拒斥宏大叙事，更多转向实用主义的应用性理论的研究。而海德格尔也宣称“哲学终结了”，这种哲学终结的判定实质是宣布传统的形而上学哲学的终结，而不是人类的哲学思维终结了。但人类的哲学思维要走向何方就成为当代哲学思维必须解决的核心问题，所以当代哲学的首要使命已经不是要构建一个什么样的哲学体系的问题，而是首先思考人类哲学的致思取向应当指向何方的问题。

生活儒学面对传统哲学的形而上学困境，不是以简单否定的方式来拒斥形而上学，而是反思形而上学何以会走入终结的困境，揭示问题产生的思想根源，从而找到解决问题的突破口。故生活儒学对待传统形而上学的态度不是“拒斥”，而是“破解”与“溯源”，并且生活儒学认为形而上学是不可拒斥的，生活儒学对传统形而上学的破解与溯源是为了最终重建儒学的形而上学与形而下学，重新给出儒家哲学的体系化建构。生活儒学显然属于一种意图建立完备的哲学体系的宏大叙事，因此有人称之“具有哲学帝国主义的意味”。但生活儒学的体系构建并不是意图构建起一个包罗一切、可以涵摄全部哲学系统的哲学形而上学，而是在破解传统形而上学的前提下回归生活本源，从生活本源出发再重新建立起儒家哲学的形而上学与形而下学。而在这一破解与回溯之中，已经实现了哲学思维视域的本质改变，传统哲学是在形而上学的思维视域中展开，而生活儒学则是在生活本源的思维视域中展开。这是生活儒学相对于中西传统哲学做出的最大突破，而当代哲学界显然没有注意到这一视域转换的哲学意义所在，其意义不在于指出了传统形而上学存在的问题，而在于指出了突破传统形而上学困境的思维进路，这可能是在西方哲学的理性进路之中解决西方传统形而上学终结之后的思维走向问题的有效出路所在。因为传统形而上学存在的最大问题就是对思维与存在的割裂，思维不是从存在出发展开思想的逻辑，

---

① 《马克思恩格斯选集》第1卷，人民出版社1995年版，第57页。

并保证思维的逻辑与存在的逻辑之间的同一性，而是在存在之外设定一个形而上学的逻辑起点，即某种本体论预设开始，以之为根据展开思维的逻辑演绎，形成一个完整的思想体系。如此展开的哲学体系可以实现逻辑的自洽性与理性思维自身的合法性，却无法保证思维与存在的同一性，从而只是头脑中的风暴，无法真正对现实的存在发生效用。其根源在于这种形而上学思维的起点不是从作为存在本身的生活本源出发，而是从某种形而上学的本体论预设出发，而这种形而上学的本体论预设只是某种特殊的存在者，并不是存在本身，故思维从其起点之处就已经离开了存在本身，开始了思维与存在分裂的过程。故要解决这一问题必须破解传统哲学的形而上学思维的局限，改变传统的形而上学思维视域，使思维回到存在本身，回到存在的家，也就是回归生活本源，先实现思维与存在的统一，再从此存在出发，从生活本源出发，展开系统的理论思维。故生活儒学在破解传统的形而上学哲学之后，为人类的思维重新找到的思维起点就是存在本身，就是生活本源，存在就是生活，“生活即是存在，生活之外别无存在”[①]。

何谓生活？生活何以就是存在？黄玉顺给出如下回答：

> 生活是什么？生活什么也不是，只是无：什么东西都没有，没有任何存在者，甚至连“此在”也没有。[②]
>
> 一切的一切都源于生活而归于生活、出于生活而入于生活。正是在这个意义上，生活才是一切的一切的大本大源。[③]
>
> 作为存在本身的生活本身，先行于任何存在者。这就意味着：存在者尚未生成，尚未被给出。[④]

在现代西方哲学的视域中，存在是所有存在者之存在的终极根据，而哲学的使命就是追问存在本身而不是存在者。传统形而上学的本体论虽然意图言说存在，但最终总是指向某种特殊的存在者，而不是存在本身，故海德格尔认为传统哲学都遗忘了存在本身。而在生活儒学看来，生活正是海德格尔所追问的存在本身，因为一切存在者都由生活给出，都“出于生活而入于生活”，“生活是一切的一切的大本大源”。而生活儒学之所以不直接使用西方哲学的存在概念，而是用“生活”概念来表达自己这一区别于传统哲学形而上学的本源视域，是因为中国传统哲学话语系统之中本来没有西方哲学的存在概念，却本然具有

---

① 黄玉顺：《面向生活本身的儒学——黄玉顺“生活儒学”自选集》，四川大学出版社2006年版，第125页。

② 黄玉顺：《爱与思——生活儒学的观念》，四川大学出版社2006年版，第23页。

③ 黄玉顺：《面向生活本身的儒学——黄玉顺“生活儒学”自选集》，第125页。

④ 黄玉顺：《爱与思——生活儒学的观念》，第38页。

一种生活本源视域，而此生活本源视域在“虚位”对应的意义上可以对应于西方哲学对于存在的理解，故生活儒学提出“生活就是存在，生活之外别无存在”。而生活作为本源性的哲学概念属于中国哲学固有的话语系统，内含着归属于存在本身的哲学意蕴，故通过对生活的概念解读可以在中国哲学话语系统之中更好地表达存在的内涵。而通过中国哲学的“生活”概念也可以使西方哲学的“存在”概念赢获一个本源性的观念内涵，或者说使“存在”这一概念回复其本源性的观念内涵。因为西方哲学之所以会遗忘了存在，就是因为其没有一个本源视域，从而其对存在的理解并不是本源观念层级的理解。因为西方哲学自古希腊哲学开端之后就遗失了本源性的思维视域，从而将本属于本源性的“存在”概念错误地放置在形而上学的观念层级上，从而将存在解读为形而上的存在者，而不再是存在本身，仅有存在之名，而无存在之实。生活儒学的本源观念用“生活”概念互译了“存在”概念，从而使“存在”概念从西方哲学的形而上学的观念层级中解放出来，回复其本源性的观念层级地位，亦使西方哲学的形而上学可以重新定位，从一个绝对的观念层级回复到“生活—存在”本源之下的观念层级位置，这样既破解了传统形而上学哲学对思维的桎梏，又保留了形而上学在人类思维之中必不可少的位置。这是生活本源观念的提出对于西方哲学史及西方哲学思维的后续发展所具有的思想突破意义。

而“生活是什么？生活什么也不是，只是无：什么东西也没有，没有任何存在者，甚至连‘此在’也没有”。这只是从“破解”传统形而上学的意义上给出的生活定义，生活不是任何存在者，也不是“此在”之人，而是使所有存在者成为如其所是的存在者的“存在”本身，存在者由存在给出，也即是由生活给出。如此定义的生活只是存在，还未有任何显示，“存在者尚未生成，尚未被给出”，故如此定义的生活就不是“什么”，如果一定说它是什么，那就是无所指的“无”。而“无”又是中国哲学所固有的传统概念，老子言“天下万物生于有，有生于无”（《老子·第四十章》），这是中国哲学与西方哲学的本质区别，西方哲学只能思有，不能思无，而中国哲学则不但思有，而且还要思无，思无是更加本源性的思维。故生活儒学的存在之无是中国传统哲学意义上的“无”，不是西方哲学理性思维中与“有”对立的寂静、僵死的空无，而是具有创生功能的生生之无，“有”正是由“无”创生而来。作为本源的生活就是存在，作为本源的存在就是无，这就从哲学存在论上破解了西方哲学总是将存在思维成存在者的传统形而上学问题。故而在生活儒学的本源层级上，生活之无总是显示为生生不息的创生功能，从而给出万物的存在，给出“有”，给出所有的存在者。故生活虽然“什么也不是”，却总要通过“什么”来显示出自身，故“生活—存在”总是能够被我们所感悟，生活儒学称之为“生活感悟”——生活情感与生活领悟。于是，生活就不断地向我们显示为：生活的本源结构——在生活并且去生活；生活的本源情感——仁爱；生活的本源情境——我们在生活中。[①]

二、对传统性情论的颠覆

生活儒学将仁爱情感作为生活本源的自在显现，将情感作为儒学的本源视域，是对中国传统性本情末观念的颠覆。在传统儒学的观念系统中，素有重性而轻情的传统，理、性、命一直是中国哲学的思考核心，而情只是在儒学的流传过程中逐渐进入儒学的思考视域之中。先秦儒学的思想观念中以性为主要对象，如《易经》的“穷理尽性以至于命”，《中庸》的“天命之谓性，率性之谓道”，孔子的“性相近也，习相远也”（《论语·阳货》），孟子与荀子的“性善”与“性恶”之别，等等，性始终是中国哲学的核心话语，而情并没有成为儒学思考的关注点，更没有将情与性相对而言。而后世儒学在发展历程中则越来越多地加入了对情的思考，并逐渐将情与性对举，以性为本、以情为末，以性为善、以情为恶。如董仲舒认为“性为仁，情为贪”[②]，李翱认为“性善情恶”[③]，王安石认为“性无善恶，而情可善恶”，等等，使性与情的关系成为儒学无法回避的关键问题。可见中国哲学的性情观经历了一个发展变化的过程。

宋明理学作为儒学转进时代的代表，其性情论最具典型性。程颢在《定性书》中说：“夫天地之常，以其心普万物而无心；圣人之常，以其情顺万物而无情。”[④]程颢言情的目的是为了定性，显然是以性为宗。“顺万物而无情”并不是圣人真的无情，而是没有出于个人喜怒的私情，而是只有当喜则喜、当怒则怒的常情。故言圣人之所以能够定性，是因为圣人能够法象天地之常，没有一己私心，以其情顺应万物，自然得其情之正而性定。可见程颢并不是将性与情对立起来，只是情有不正，则会使性有不定。故程颢又说：“圣人之喜，以物之当喜；圣人之怒，以物之当怒。是圣人之喜怒，不系于心而系于物也。”[⑤]南宋的胡宏亦言：

> 情一流则难遏，气一动则难平。流而后遏，动而后平，是以难也。察而养之于未流，则不至于用遏矣；察而养之于未动，则不至于用平矣。是故察

---

① 参见黄玉顺：《生活本源论》，《爱与思——生活儒学的观念》，第185～248页。

② （汉）董仲舒：《春秋繁露·深察名号》，中华书局1975年版。

③ （唐）李翱：《复性书》，《李翱集》，甘肃人民出版社1992年版。

④ （宋）程颢：《答横渠张子厚先生书》，（宋）程颢、程颐：《二程集》，中华书局1981年版，第460页。

⑤ （宋）程颢：《答横渠张子厚先生书》，（宋）程颢、程颐：《二程集》，第460页。

之有素，则虽撄于物而不惑；养之有素，则虽激于物而不悖。[①]

情与气都是感于物而动的，情流气动就可能流于恶，故胡宏主张察养于未流未动之时，先下功夫，自可应物而性定。朱熹作为理学的集大成者给出的性情论最为完备，他说：

> 性情一物，其所以分，只为未发已发之不同耳。若不以未发已发分之，则何者为性，何者为情耶？
>
> 情之未发者性也，是乃所谓中也，天下之大本也。性之已发者情也，其皆中节则所谓和也，天下之达道也。[②]

在朱熹看来，性与情只是同一存在的两面，但有主次之分，性为主，情为次，因性为本然状态，性一动就变而为情，故性是天下之大本，情能动而中节，就是天下之达道。朱熹还有性体情用之说，性为体，情为用，而统之于心，故"心统性情"。总之，宋明理学的性情论是性主于情，而情附于性。

生活儒学则对这一性情观念进行了一个颠倒，情感成为本源，人性亦由此本源情感给出，从而是以情为本，而以性为末。生活儒学何以要对传统的性情观进行如此的颠覆呢？根源在于传统的性情观是典型的形而上学的观念架构，其性本情末的结论只是一种形而上学的思想预设，只具有解释学的意义，就是以之来解释人性之中何以会出现恶的问题，而没有从存在论的现实意义上去领悟性与情的关系。在现实的生命存在之中，没有人会真的无情，人性中出现的问题也不能仅仅归错于情。而且宋明理学的性情论主要都是从"人之性"与"人之情"的角度来思考性与情的关系，仅仅局限于人的存在领域，而不是存在论上的万物之性与万物之情。故宋明理学的性情论完全是为服务于其道德哲学体系的形而上学构建而精心设计出来的观念结构与理论架构，并非现实的存在真的如此。故生活儒学必须对此性情结构的形而上学预设进行破解，从生活本源视域出发重新思考性与情的关系问题，以解决并回答传统儒学的性情观存在的问题。

生活儒学从本源视域出发思考性情问题，既然"天命之谓性"，性就不能只是人之性，情亦不能只是人之情，性是由天所命的某种规定性，显然不属于本源的观念层级，而情则是无规定的自然存在，是一种先天自在，从而就是存在的自然显现，而这种本然自在的情感被儒家领悟为仁爱，故仁爱情感成为生活儒学的本源情感。生活儒学所言的本源情感首先并不是指人的情感，而是作为存在的自在显现的"事之情"，庄子讲"有人之形，无人之情"(《庄子·德充符》)，就是

---

① (宋)胡宏：《知言·一气》，《胡宏集》，中华书局1987年版，第28页。

② 陈来：《宋明理学》，华东师范大学出版社2004年版，第134页。

对本源情境的一种表达,黄玉顺论证说:

> 在本源情境中,主体性的人尚未诞生。所以,在本源情感中,没有"人之情",唯有"事之情"。"事之情"也就是"事情本身",是一种"无",就是没有存在者,没有主体性,也就是没有"人"。既然没有"人",当然也就没有"人之情"。所以,我们就是追求这么一个境界:无"人之情",有"事之情"。[①]

事之情就是生活与存在的自在显现,就是存在本源的自在状态,这是传统的形而上学思维缺失的一个本源性的思维视域。当孔孟言性之时,已经具有一个"事之情"的本源视域,故其不将性与情对举,更不从附属于性的意义上来言情。而后世儒学在发展过程中逐渐遗失了孔子儒学的本源视域,从而不再理解作为人之情的情感有一个"事之情"的本源,从而只是在对象性的形而上学视域中理解性与情的关系,将性作为形而上学的本,将情作为形而下学的末,形成性本情末的性情架构。

生活儒学正是从作为本源视域中的人之情与事之情的区分出发,人之情实本于事之情,作为人之情的仁爱情感是人对作为生活本源的"事之情"的领悟,故仁爱情感本质上就是生活本源在人的情感世界中的自在显现,故生活儒学认为生活本源在儒家思想中首先显现为仁爱情感。孟子说:"恻隐之心,仁之端也;羞恶之心,义之端也;辞让之心,礼之端也;是非之心,智之端也。"(《孟子·公孙丑上》)恻隐之心就是一种本源自在的情感,这种本源情感在人性之中表现为仁爱,故仁爱首先是本源情感的自在显现与自然开显,然后才是后世儒家所强调的本性。本源性的仁爱给出人的存在,才使人具有了仁爱之性,因此生活儒学区分了形下之仁、形上之仁与本源之仁。黄玉顺认为:

> 在孔子那里,"仁"本来就有着这样三种不同层级的用法:仁首先是作为本源的生活情感的"爱",然后才可能是作为形而上学的根据的"性",最后才可能是作为道德原则的"善"。[②]

由宋明理学的"性—情"结构到生活儒学的"情—性"结构的转换是对传统儒学性情观的一次彻底颠覆,亦是对儒学传统观念的一次正本清源,具有重要的思想史意义。生活儒学的情感观念直接来源于生活本源观念,生活本源在儒家的存在世界中显现为"仁爱"情感,从而"仁爱"成为人作为存在者的"本源感情"。因为儒家的存在世界就是生活世界,就是人文世界,这是儒学区别于西方哲学的本质所在。西方哲学追问的世界本质上是物理世界,而不是人文世界,

---

① 黄玉顺:《爱与思——生活儒学的观念》,第 63 页。

② 黄玉顺:《爱与思——生活儒学的观念》,第 210 页。

因为其观察世界的方式是对象性的物性观察方式，即使是面对人类自身所做的观察也是将人作为对象之物来观察，故西方哲学给出的存在都是物态的存在，缺少生生的意蕴与仁爱之情。中国哲学给出的存在是生活的世界，是人文的世界，具有生生的意蕴与仁爱的情感。而中国哲学这一作为生活本源的仁爱情感不是从对象性的世界中观察得来，而是从生活本源之中"领悟"而来，即从对存在本身的领悟中而来。对存在的领悟在儒家的知识论结构中不是对象性的认知，而是无对象的"观无"，是"无所观之观"。黄玉顺说：

> 观无之观，我们称之为"本源之观"。所谓"本源"，所指的是先行于任何存在者的存在本身。在儒家，存在本身也就是生活本身；生活本身首先显示为生活情感，尤其是"仁"即"爱"的情感。情感不是一个东西，不是物、存在者，那么，这样的生活情感就归属于存在本身。本源之观，其所观者，既不是形而上的存在者，更不是形而下的存在者，而是这样的仁爱情感，亦即儒家所说的"大本大源""源头活水"——不仅是形而下者的本源，而且是形而上者的本源。[①]

"观无"就是"无所观"，没有任何观察对象，也就无所说，不会说"存在是什么"或"生活是什么"，从而避免了西方哲学认识论的对象性观察所造成的视域局限，避免落入形而上学的独断之中。但"观无"同时又是有所观，只是其所观者是"无"，即存在本身，即生活本身。故"观无"之无不是"空无"之无，而是对存在的领悟，领悟到存在的生生不息于我身的流行。但这种"领悟"显然不是作为存在者的"有"，从而不是对象性的观"有"，故言"生活是无：生活本身一无所有，生活背后一无所有"[②]。而一切的一切又皆由生活给出，但此"给出"仍然是在生活之内的给出，一切皆出于生活又入于生活。何以生活一定会显现为仁爱而不是其他？正如有人从西方哲学的角度质疑的那样：

> 黄先生何以如此言说"生活"？他所凭借的又是什么？"生活首先显示为生活情感：没有生活情感的所谓'生活本身'是不存在的，或者说，是不可思议的"中的"生活情感"，我们未尝不可以如此置换："生活首先显示为理性：没有理性的所谓'生活本身'是不存在的，或者说，是不可思议的"；未尝不可以如此置换："生活首先显示为生命意志：没有生命意志的所谓'生活本身'是不存在的，或者说，是不可思议的"；也未尝不可以如此置换："生活首先显示为生活欲望：没有生活欲望的所谓'生活本身'是不存在的，或者说，是不可思议的"。如此置换并非无的放矢，如果让西方哲人言说"生

---

① 黄玉顺：《爱与思——生活儒学的观念》，第 117 页。

② 黄玉顺：《爱与思——生活儒学的观念》，第 200 页。

活”，未必不会得出这样的结论。[①]

无论是理性、生命意志还是生活欲望，都是西方哲学对象性思维的产物，是从外在的对象性世界中抽象而出的形而上学预设，都不是存在的本真，都不是生活的本源，因为对象性的思维方式无法达于对存在的理解。因为西方哲学没有一个本源的视域，从而其“理性、生命意志、生活欲望”都是人为的理论设计，都是思的事情，而不是存在的事情，故没有理论的合法性。而生活是本源，是存在的本真状态，在这种状态之中，儒家领悟到的是仁爱，这是直接来源于生活本源的存在领悟，而不是面向对象性世界而推论出来的事物背后的本质。在对象性的世界存在之中，西方哲学只能“看”到“理性”，“看”到“生命意志”，“看”到“生活欲望”，却“看”不到“仁爱”，因为“仁爱”只能“领悟”，而不能对象性地“看”到。中国哲学就是在生活与存在的本源之中“领悟”到“仁爱”，而不是“看”到“仁爱”，这正是中西哲学的差别所在。故不理解生活儒学的本源视域，就无法理解儒家仁爱的本源情感。儒家在生活本源的感悟之中，在对存在的领悟之中体会到的是仁爱，这是一种自在于生活与存在之中的本源之爱，仁爱给出人的存在，所以才能“仁者，爱人”（《孟子·离娄下》）。这是中国哲学对生活与存在的独特领悟，因为中国哲学具有本源性的思维视域，从而可以给出如此人性化的生活领悟，而西方哲学的对象性思维由于缺少一个本源性的思维视域，自然无法理解仁爱情感如何可以成为存在的本源。

三、对儒学当代主义的开启

在中国哲学史中的儒学发展进路上，历代儒学一直是沿着“我注六经”或“六经注我”的方式不断阐释与演化着不同时代的儒学思想进路，这种注释“六经”的传统内在承诺着“六经”体系作为儒学经典的合法性与“六经”思想的合理性，天然承诺着儒学思想的自在价值。但自近代开始的儒学批判使这一“我注六经”与“六经注我”的传统彻底中断，因为儒学思想的合法性被彻底否定，从而也就没有了注经、解经的必要性。故从港台的“现代新儒家”到当代的“新世纪大陆新儒家”的发展壮大，虽然标示着一场新的儒学复兴运动已经发生，但这场新的儒学复兴运动却不再是以“我注六经”或“六经注我”的方式来进行，而是在与西方哲学与文化、与马克思主义哲学与文化的交锋、论战，甚至是斗争中展开的。因为当代的儒学复兴运动的首要任务已经不是阐释儒家的义理是什么，而

---

① 任文利：《生活、哲学与信念》，《生活·仁爱·境界——评生活儒学》，安徽人民出版社2012年版，第67页。

是先要证明儒家与儒学存在的合法性问题，首先要回答当代哲学与文化提出来的问题，回答当代中国现实存在的问题，其次才是儒学的义理结构与思想体系问题，也就是儒家哲学的重建问题。

故生活儒学的当代重建不同于传统儒学发展史中的“我注六经”或“六经注我”，不是直接把儒学当作先天真理，然后对“六经”系统进行当代化的哲学解读与体系构建，而是先要面对西方哲学与文化盛行的思想语境，以及中国正在遭遇的由西化所带来的现代性问题的现实语境，先要证明并阐释儒学在当代存在与复兴的合法性。故生活儒学在进行儒家哲学的当代重建之前必须先进行地基的清理工作，认真回答进入中国的现代西方哲学的前沿问题，在证明儒学重建的合法性之后才能真正开始儒家哲学体系的重新解读与构建。所以生活儒学选取了作为当代哲学前沿的现象学与存在主义为对话的对象，以儒学的本源视域去揭示和对治现象学与存在主义仍然没有解决的困扰西方哲学始终的形而上学问题。这种中西对话的视域为儒学赢得的是中国哲学存在的合法性证明，而生活儒学要重建儒学的形而上学与形而下学，重建儒家的人伦物理之学，就是要重新使儒学回归现实的生活世界之中，深入百姓的日用伦常之中，以之对治和解决当下中国社会现实存在的问题，以之重新安顿中国人的身心性命，从而在实践中证明儒学复兴的合法性，从而可以在与作为官方意识形态的马克思主义哲学与文化的对话中证明儒学作为中国文化正统的合法性。故生活儒学的当代儒学重建之路完全是一条根源于传统，又完全立足于当下中国社会现实的“当代主义”路线。

这样一条当代主义路线区别于当代儒学复兴运动中“大陆新儒家”群体中的另两条路线：一条是力图复归传统的“原教旨的前现代主义路线”，这一条路线基本仍然是“我注六经”或“六经注我”的路线，对传统近乎全盘接受，以传统批判现实，主张全面复归传统。这样一条路线显然没有正视儒学在历史发展过程中出现的偏差与问题，直接“把传统文化看成一种不同于现代生活的文化体系，以此来讨论和批评现代生活状况，表现出一种极强的复古色彩”[①]。对于孔子儒学确立的“六经”系统，我们可以承认它没有问题，是真正的生命哲学，此点已经证成在孔子自身的生命历程之中，从而“六经”哲学亦可以解决现代人的生命安顿问题。但我们同样不能忽视后世对“六经”的解读存在的问题，孔子身后就存在“儒分为八”的问题，更不要说由“道术将为天下裂”所决定的百家纷争，从而在儒学发展史中存在着不断地对儒学宗旨的误读，如果当代儒学的复兴运动没有一种批判的精神与意识，完全将儒学史中的传统思想直接当作当代的真

---

① 蒋孝军：《纠结于现代和复古之间——评蒋庆的政治儒学思想》，崔罡主编：《新世纪大陆新儒家研究》，安徽人民出版社 2012 年版，第 44 页。

理，必然是毫无可行性，即使强制实行亦可能重复儒学史中已经出现的问题。故对这样一种具有复古主义色彩的“原教旨的前现代主义”路线必须要加以警惕。这样一种复兴儒学进路的可能性先置而不论，首先要反思的是孔子的儒学到底是什么？传统的儒学就是孔子儒学的本真状态吗？在这样一种前提性问题还暗而不明的情况下就妄谈回归传统，显然是不可能的。

另一条道路则是接续现代新儒家的现代主义路线。“现代新儒家”的总体思想进路是面对中国社会谋求现代化的历史任务及西方文化主宰中国社会的历史现实，致力于“返本开新”，以“内圣开出新外王”，力求从儒家的道德心性文化中开出西方的民主与科学，以适应现代社会承诺给人的富强、民主、自由等现代性的核心价值。其实质是以西方文化价值在先的原则，前定了中国文化落后于西方文化，再通过“以西范中”，“开新”中国文化，使之达于西方文化的价值标准来证明中国文化的合法性。这实质是以救国图强为价值诉求而展开的向外竞争的西化进路，而非传统中国文化自在的人文化成的思想进路。故在本质上，“现代新儒家”还是在救国图存的层面上面对强势的西方文化论证中国文化的合法性。而“新世纪大陆新儒家”面对西方文化日益突显的问题已经具有了充分的文化自信，已经是在对治西方文化问题的意义上思考儒学的未来问题，故当代大陆新儒家的现代主义路线已经不再像港台“现代新儒家”那样以西范中，或用西方哲学思想证明中国哲学的合法性，而是直接以中国哲学的传统思想资源去解决现代西方哲学与文化存在的问题，并在这一过程中将传统思想现代化。但这样一条儒学现代化的进路仍然存在很大问题，那就是片面割裂儒学思想的整体性，只是以传统儒学的某些思想片段来对治当下社会存在的现实问题，这种头痛医头、脚痛医脚、对症下药式的儒学应用具有思想表象上的合理性，但其对儒家思想的理解并不具有整体的一致性，从而其现实应用的可能性也是可疑的。

从而在当代大陆新儒家群体之中，无论是具有复古主义精神的原教旨的前现代主义进路，还是接续现代新儒家的现代主义进路，都具有思想进路上的非现实性。生活儒学正是在对儒学的历史与现实都保持清醒认识的前提下，首先要为儒学的重建找到一个真正可靠的根基，那就是生活本源的哲学视域。生活本源视域不只是儒学思想体系构建得以展开的思维本源，亦是现实世界中的一切存在者的共同本源，一切都在生活中，来于生活又归于生活，故生活本源是思维与存在的自在同一，是思维与存在得以生发的总根源，故在生活本源的视域中，儒学重建既是原始的，又是现代的，既是思想的，又是现实的，既是最远的，又是最近的，真正可能将孔子原创时代的儒学复活于当下。这就是生活儒学的当代主义，因为生活就是当下，虽然生活作为流动如水的过程内含着过去与未来的维度，但生活的现身形态永远是当下，故生活儒学的本源视域同时就意味着一种当代主义。

情感与制度

——近十年来中国哲学研究的突破

蒋孝军

【编者按】载崔发展、杜霞主编:《生活·仁爱·境界——评生活儒学》,安徽人民出版社2012年版;此文节选自蒋孝军《突破与重构——中国哲学研究的三个方向与未来之发展》,原载《哲学动态》2010年第8期。

进入21世纪,随着人们对传统文化关注的升温,出现了"国学热"和"儒学复兴"的诉求,并引起了广泛讨论,由此,也带动中国哲学研究进入了一个思想涌动的时期。分析近十年中国哲学研究,可以感触到中国哲学不太平静的湖面下涌动着一股强劲的潜流。具体说来,情感观念研究、制度与政治哲学研究、中国哲学范式转换研究是被广泛关注的三个研究方向。这三个方向表现出了中国哲学界对现实人文的强烈关怀与对思想原创性的渴求,同时也表明目前的中国哲学研究正处于一个破茧化蝶的时期,预示着未来中国哲学研究将有一个灿烂的新生。本文对近十年中国哲学研究中这三个主要研究方向进行评析,并通过相应的评析来展望中国哲学的未来。

一、近十年来中国哲学关注的三个方向

(一)情感观念研究

当今的情感观念研究是对传统性情论的颠覆。传统性情论主张"性本情末""性善情恶"或者"性体情用",性情结构下的情感附属于人性,并被人性所规

定。与传统性情论不同，当今情感观念研究基于这样一个观念：生活首先显现为情感，特别是仁爱情感，情感的源初显现是非对象化的本源领会。这种本源的情感观念并不是凭空产生的，它在中国轴心期时代已然存在。比如，《孟子》一书中即有本源性的情感论述，孟子说：“今人乍见孺子将入于井，皆有怵惕恻隐之心。”（《孟子·公孙丑上》）“怵惕恻隐”正是一种本源的仁爱情感，这种本源的仁爱情感使孺子呈现为正在面临危险的存在者。秦汉之后，性情论的情感观念逐渐占据主导地位，人们遗忘了这种本源的情感观念。现代中国哲学对于情感的重视则可以追溯到现代新儒家，比如，冯友兰认为：“至于先天下而忧乐的感情，正是‘有情而无我’”[①]，显示了冯友兰对仁爱情感的理解和强调。

21世纪以来的情感观念研究中，蒙培元教授首先提倡对情感进行系统性研究。蒙培元从儒家的角度来理解情感观念，他认为：人的存在最基本的方式是生命情感，儒家不仅将情感视为生命中最重要的问题，而且提到很高的层次，成为整个儒学的核心内容。[②] 蒙培元教授关于情感的观点大大超越了传统性情论对情感的看法；同时，也启发了研究者对情感，特别是仁爱情感的关注，因此，学界称之为“情感论转向”。“情感论转向”的实质就是摆脱性情论的情感观念，从情感本身出发来领会和诠释情感。

继承蒙培元教授的思路，黄玉顺对情感观念做了进一步的理解，“仁爱情感……首先被视为一种本源性的、先在于任何存在者的‘事情’，即被视为存在的源初呈现、生活的本源显现，视为‘不诚无物’、而‘诚’才能‘成己’‘成物’这层意义上的‘诚’的情感”[③]。比较而言，在蒙培元教授看来，“人是情感的存在”，在肯定情感的同时，预设了主体性人的存在。而黄玉顺则主张“仁爱情感是生活的源初显现”，己和物都是由于领悟了仁爱情感从而得以确立；并把仁爱情感理解为先于任何存在者的事情，更加突出仁爱情感作为生活本身、存在本身显现的意味。情感观念研究把情感从性情论框架中解脱出来，还原其生活源初显现的地位，无疑具有非常重要的思想意义。

情感观念研究不仅是对情感存在论地位的重新认识，更是对源初情感的领悟。对源初情感领悟的方法是情感分析。情感分析主要在于情境还原，通过对情境的还原可以呈现情感的发生状态。陈少明就认为：“只有运用现代人可以体会的经验，才能唤回经典中的意义，而相关经验的有效运用，依然是哲学意义

---

① 冯友兰：《三松堂全集》第五卷，河南人民出版社2000年版，第448页。

② 参见蒙培元：《人是情感的存在——儒家哲学再阐释》，《社会科学战线》2003年第2期。

③ 黄玉顺：《存在·情感·境界——对蒙培元思想的解读》，《情与理——“情感儒学”与“新理学”研究》，中央文献出版社2008年版，第6页。

上的想象。"[①]所谓"哲学中的想象",其实就是情境还原。情感分析在情感研究中具有十分重要的作用。首先,情感分析可以展开经典中丰富而细腻的情感领会,黄玉顺对《论语·阳货》中"不安"的情绪与孟子所说的"孺子将入于井"的分析即是一个很好的例子。他分析道:"比如,你看到小孩掉进井里,你不安了,那么,你怎么才能安呢?你就赶紧救他嘛!这是不假思索的事情,是很本源的事情,根本还没有涉及什么认知。"[②]"不安"作为仁爱情感的领会过程中非常重要的一环,迫使人迅速采取相应的行动,从而使仁爱情感转变为仁爱的行为,所以,"说到底,儒家就讲这个'安'"[③]。其次,对某种情感样态进行分析,也有助于理解当今的生活构造。陈少明对羞耻现象的还原即是如此。在对中国传统文化中的羞耻现象作了细致的分析后,认为"羞耻感"是经典君子人格中重要的组成部分,羞耻心培养是儒家传统十分看重的,也依然是现代道德人格形成的重要途径。[④] 可见,陈少明的羞耻现象分析展现了情感结构对人格构成的重要作用,也说明了情感与现代生活结构重构之间的关联。因此,从上述学者的情感分析可以看出,情感分析并不是一种细枝末节的纠结与刻画,而是对生活本身的领悟,展现了丰富而细腻的情感氤氲,也是理解和重构生活结构的重要步骤。

从诠释学的角度来说,情感观念研究既是对被性情论所遮蔽的本源情感观念的回溯,也是对当下生活情感的领悟。这种鲜活的情感领会,构成了哲学自我认识的源头,如果切断这种鲜活的情感河流,哲学研究必将固滞枯竭,成为一种纯概念的游戏。"人同此情",鲜活的情感领会,只要是人,不管中国人还是外国人都会有类似的情感生发。因此,情感观念研究使中国哲学变得更加生动与现实,从而摆脱纸面化、地域化的限制,有可能成为一种世界性的哲学表达。

(二)制度与政治哲学研究

在全球政治经济活动日趋一体化的情况下,反思中西制度与政治哲学理论、分析全球化情况下的生存结构、探索政治活动与社会制度安排的基本原则、建构全球化形势下具有解释力的制度与政治哲学,已经成了全球思想者的共识。21 世纪头十年中国哲学研究中风生水起的制度与政治哲学研究是对这种潮流的呼应与应对。

20 世纪的中国制度与政治哲学研究,主要在于吸收西方的制度与政治哲学思想,并借助西方制度与政治观念来反思和评价中国传统文化中相应的部分并

---

① 陈少明:《经典世界中的人、事、物》,上海三联书店 2008 年版,第 6 页。

② 黄玉顺:《爱与思——生活儒学的观念》,四川大学出版社 2006 年版,第 81 页。

③ 黄玉顺:《爱与思——生活儒学的观念》,第 81 页。

④ 参见陈少明:《经典世界中的人、事、物》,第 185 页。

形成一些基本性判断。这种做法可以上溯到“五四”时期关于“礼教”的讨论，甚至更早期的研究者就已经有类似的讨论。20世纪的中国制度与政治哲学研究以现代新儒家的“内圣开出新外王”为代表，现代新儒家在肯定现代性的制度与政治观念的同时，对中国传统的制度与政治哲学观念无疑缺乏深入的挖掘和理解，对西方制度与政治观念也缺少足够的反思。因此，现代新儒家在制度与政治哲学研究中的这种不足成了21世纪以来大陆研究者超越他们的一个重要突破口，加上新形势下对制度与政治哲学观念创新的需要，使学者们纷纷注目于中国制度与政治哲学研究领域。

通过对现代新儒家所代表的政治哲学观念的反思，有研究者主张深入挖掘传统制度与政治哲学观念，蒋庆“政治儒学”研究便是从这个角度切入到制度与政治哲学之中去的。……

虽然目前的制度与政治哲学研究在借鉴中国传统资源上形成了一致的看法，也已成为一种趋势，但是对传统制度与政治的理解却远未达成共识，依然争议纷纭。采用西方话语来分析和裁剪中国传统制度与政治观念的做法依然比较明显，这无疑限制了中国制度与政治哲学的研究。对中国制度与政治传统加以清晰的界定，对近代以来中国制度与政治的巨大转变进行梳理，是中国制度与政治哲学研究的前提性认识，也是在这个领域能够有所创新的基础。干春松教授“制度儒学”研究正是通过思考中国近现代制度解体与重建的过程，来展现他对中国制度与政治哲学观念及结构更新的理解。……

作为实践性很强的制度与政治哲学研究的目标在于：以现代的社会架构为背景，从中国文化的角度来重建制度与政治哲学。但是，中国当今所处之情形与传统社会相比已有巨大差别，特别是古今制度与政治结构之间的差异更为明显，这为制度与政治哲学研究设置了一道难题：即传统制度与政治哲学观念如何在现代社会中显现出穿透古今的“一以贯之”理论活力，同时又不被限制于某种传统的制度与政治形态中。在笔者看来，可以从两个角度来思考这个问题：首先，探析传统主要制度与政治观念的观念形成史，分析导致这些观念产生的生存领会，追溯制度与政治观念产生的生活渊源；其次，梳理古今生存结构的异同，从生存结构的角度分析传统政治观念现代转化的可能性。制度与政治观念往往即有“一以贯之”之处，也会因为生存结构的改变而被赋予新的内容，因此，从生活渊源与生存结构的角度分析制度与政治观念与结构是十分重要的。

在此方面，黄玉顺“中国正义论”研究和赵汀阳的“天下体系说”这方面的研究中值得借鉴的例子。黄玉顺认为，中国正义论是一个源远流长、但被现代学术长久遗忘的传统，因此，他认为，“正义原则其实是正义感的自觉的理论表达，而正义感则是在当下生活中获得的一种直觉的智慧或良知。根据正义原则来进行制度规范的建构，还需要理智或理性。正义的最终目标不仅是礼，而是礼乐，即是差异和谐。”[①]可见，黄玉顺从生活中的正义感这个角度来揭示正义原则的生活渊源，从而敞开了几乎被遗忘的中国正义观念的视域。赵汀阳研究员则从共在这个角度讨论了“天下体系”的可能性。

赵汀阳在名为《共在存在论，人际与心际》一文中认为，共在先于存在，任何事都必定形成一个共在状态，在共在状态中的存在才是有意义的存在，共在状态所确定的在场状态才是存在的有效面目。

……

从上述分析可以看出，近年的制度与政治哲学研究已经成为中国哲学研究中最活跃的领域，这表明重构世界制度与政治观念已经成为一股不可逆转的趋势。在这种趋势下，准确把握当今时代状况，挖掘中国传统的制度与政治哲学观念的活力，无疑是具有重大意义的。

……

二、中国哲学的整体突破与未来之发展

……

中国哲学目前这三个主要研究方向其实正是中国哲学会通中西、返本开新的表现，体现了中国哲学研究的新气象。中国哲学未来的发展就在于通过“会通中西”和“返本开新”，而古今中西四个维度正是通过对生活本身、存在本身的领悟而得以呈现的。因此，只要不断创新，不断投身到对生活与存在的领悟和思考中去，中国哲学就将会有一个灿烂的未来。

① 黄玉顺：《中国正义论纲要》，《四川大学学报》（哲学社会科学版）2009 年第 5 期。

生活儒学对现象学与现代新儒学的回应

李慧子

【编者按】此文载于杨生照主编:《生活·情感·思想——评黄玉顺“生活儒学”》(四川人民出版社 2018 年版;此文节选自李慧子《探索儒学创新之路——第一届“尼山新儒学论坛”述评》,原载《哲学动态》2013 年第 3 期)。此外,作者诠释“生活儒学”的文章尚有:《生活儒家与当代生活——评黄玉顺〈儒家思想与当代生活〉》(《孔子研究》2011 年第 2 期)、《黄玉顺先生侧影》(首发于博客“My Land”,收入崔发展、杜霞主编:《生活·仁爱·境界——评生活儒学》,安徽人民出版社 2012 年版)。

进入 21 世纪以来,不同于以往那种对象化的儒学史研究,儒家学者开始致力于理论形态上的思想原创,出现了一个不同于 20 世纪现代新儒家的当代新儒家群体。① 2012 年 10 月 13～14 日,第一届“尼山新儒学论坛”在位于孔子故乡山东省济宁市泗水县的尼山圣源书院举行。论坛意在整体展示当代新儒家群体,为当代新儒家学者提供一个宣讲与交流的公共平台。本届论坛的主题为“探索儒学创新之路”,围绕这个主题,来自中国社会科学院、北京大学、山东大学、北京师范大学、曲阜师范大学、香港中文大学、台湾慈济大学、台湾东吴大学、美国夏威夷大学、韩国首尔大学、澳大利亚邦德大学等高校与科研机构的四十余位儒家学者进行了深入研讨。②

……

哲学家对现实的关注方式是理论思考,由此形成理论建构。这也正是这次

① 参见崔罡主编:《新世纪大陆新儒家研究》,安徽人民出版社 2012 年版。

② 以下各位学者的言论、观点,除特别注明者外,均见于《第一届尼山新儒学论坛“探索儒学创新之路”论文集》,未刊。

会议的初衷所在。……第一届尼山新儒学论坛首次集中邀请了当代新儒学的代表人物，比较全面地展示了当代新儒学的思想样貌。

……

山东大学黄玉顺教授《生活儒学关键词语之诠释与翻译》对其近年来所提出的“生活儒学”思想进行了新的阐发。怎样将生活儒学的若干关键词语翻译成英文的问题，不仅是翻译问题，而且是诠释问题，即怎样理解和解释生活儒学的关键概念。例如：应将“存在”译为“Being”（作为本源的存在）或“being”（存在者的存在），“存在者”译为“a being”或“beings”，“在”（存在）译为“Being”，“是”译为“to be”或“this”或“this being”或“the beings”或“trueness”，“有”译为“the Being”等。这是因为“生活儒学”并不是说的将现成的儒学“生活化”地运用到实际生活当中去，而是说的在重建儒学，即建构儒学的一种当代思想理论形态时，在观念系统中将“生活”视为作为大本大源的“存在”；而此存在并不是存在者的存在，更不是存在者；一切存在者皆由存在所生成，即是由生活所生成。生活儒学的最大贡献就是突破和超越了两千年来的传统“形而上学—形而下学”的两级架构，重新发现了一个更为本源的“生活—存在”观念层级；在这种大本大源上，生活儒学在形而上学和形而下学层面都重新进行了儒学构建。

……

胡塞尔和海德格尔的现象学自创立以来，一直对哲学研究产生着经久不息的影响，这种影响也在中国学界发生。……但当代新儒学的研究不仅受到西方现象学的影响，而且也对现象学的思想理路进行了批判性的推进。

……

黄玉顺的“生活儒学”也是这方面的代表。生活儒学虽然是在儒学与现象学的比较研究中形成的，并且汲取了现象学的思想资源，但是生活儒学并不是用西方的现象学来理解和解释中国的儒学。生活儒学并没有止步于海德格尔现象学，而是对海德格尔进行了批判，或者说是接续着海德格尔的问题进行了推进。生活儒学对海德格尔的最核心批判在于指出了海德格尔思想的自我悖论：“以海德格尔的观点来看，存在者之所以可能，是因为存在本身先行于并且给出了存在者……但同时他又说，存在本身是不可通达的，除非一个特殊的存在者，此在、也就是人这样一种特出的存在者，他的生存领会才可以通达存在本身。于是，存在本身就有了一个特殊存在者的前提，这样一来，海德格尔就陷入了自我悖论。”①海德格尔将“此在”设定为一种“向来”领先的东西，而不是后来的。他之所以必须将“此在”设定为“向来”的，是因为他不可能从本源的存在本

① 黄玉顺：《生活儒学讲录》，安徽人民出版社2012年版，第96页。

身推出此在；而这又是因为存在本身被设定为异在于生存的东西，即本来就是与此在无关的东西。[①] 而生活儒学所说的“生活”并不是此在的生存，而就是存在本身。存在并不异于生活，而恰恰是生活儒学一个基本观念：存在即是生活。[②]

对于民国以来形成的现代新儒家，当代新儒家群体既有继承又有创新。继承性和共同点在于：他们都以孔子儒学为主体，容纳西学，贯通古今，探讨在现代化大势之下儒学转型复兴之路；在情感倾向和学术立场上看，他们都认为，儒学作为一种思想资源，能够为时代的诸多问题提供更佳的解决方案。当代新儒家与现代新儒家的不同与创新之处在于：“其一，在问题意识上，当代新儒家呈现出现代性与当代性问题相互纠结的特征。其二，在学术渊源上，此群体既呈现与现代新儒家的承续关系，又有决裂的倾向。在思维模式上，此群体对20世纪以来形成的‘中西比较’模式表现出足够的警醒。”[③]

黄玉顺肯定现代新儒学“作为儒学的一种现代性表达，它是儒学的一个现代性形态”[④]。以牟宗三为代表的哲学家代表了现代新儒学在学术和哲学上的最高成就。“牟宗三先生对德国哲学有着非常精湛的研究，包括重新翻译康德‘三大批判’著作；但是，他接触过胡塞尔、海德格尔，却与他们失之交臂。他对这两个哲学家、对现象学不屑一顾，为什么呢？因为他完全站在康德哲学的视域下来看待现象学，这样就完全不可能理解现象学。所以，牟宗三先生的整个的思想架构，是从存在论的两层架构下开出‘三统’——道统、政统和学统；其中政统和学统是两个形下学维度。这样的思维方式，其实还是两千年以来形成的基本架构，还没摆脱。”[⑤]

黄玉顺指出，现代新儒学和很多西方现代性哲学一样，它的基本思维方式仍是极其传统的形而上学的思维方式，实际上还是没有脱离“形上—形下”的架构。一切形下学的根本架构就是“主—客”架构，而“主—客”架构的根基就是主体性；用海德格尔的话来说，两千年以来的哲学的事情，就是主体性的事情。这其实就是设定一个根本的存在者，这仍然是无本无源的，没有真正回到大本大源上去。这在今天是需要解构的。正确的“解构”不是抛弃，而是“还原”，即理解它是何以可能的——回到更本源的思想视域去阐明它是何以可能的，而不是

① 参见黄玉顺、杜霞：《儒学与现象学的分野》，黄玉顺：《儒学与生活——“生活儒学”论稿》，四川大学出版社2009年版，第271页。

② 参见黄玉顺：《论生活儒学与海德格尔思想》，黄玉顺：《面向生活本身的儒学——黄玉顺“生活儒学”自选集》，四川大学出版社2006年版，第124页。

③ 崔罡主编：《新世纪大陆新儒家研究》，第29页。

④ 黄玉顺：《生活儒学讲录》，第105页。

⑤ 黄玉顺：《生活儒学讲录》，第104页。

一上来就设定一个形而上的东西。[①]

生活儒学接续现代新儒学的问题意识，并且对其进行了批判性的吸纳，而回到本源视域，将"仁作为存在，既给出主体性存在者，也给出对象性存在者，然后'主—客'架构才是可能的，一切知识和道德也才是可能的"[②]。

第一届尼山新儒家论坛的重要意义之一，在于首次向学术界和社会各界整体展示了当代新儒家群体。按论坛设计者郭沂教授的初衷，论坛既不涉及儒学在民间的传播活动，也不涉及客观的儒学史的学术研究，而是意在展示儒学在新世纪的思想理论创新形态，为当代儒家哲学家、儒学思想家提供一个聚会、交流和集中亮相的平台。会议论文集特别附录了郭沂教授的一篇重要文章《当代儒学十家撮要》，列举了当代儒学理论创新的"四种形态：一是走出牟宗三，以杜维明、林安梧为代表；二是引入马克思，以李泽厚为代表；三是取法西方现代哲学，以成中英、刘述先、安乐哲、黄玉顺为代表；四是基于中国传统哲学，以张立文、牟钟鉴、郭沂为代表"[③]。

……

① 参见黄玉顺：《生活儒学讲录》，第104页。

② 黄玉顺：《生活儒学讲录》，第105页。

③ 郭沂：《当代儒学十家撮要》，陈炎、黄俊杰主编：《当代儒学》第1辑，广西师范大学出版社2011年版，第171页。

张祥龙“现象学儒学”和黄玉顺“生活儒学”的若干比较

杨生照

【编者按】此文节选自杨生照《后现代主义儒学:从现象学到孔夫子——评张祥龙的“现象学儒学”思想》,原载崔罡主编:《新世纪大陆新儒家研究》,安徽人民出版社2012年版。

一

……

如前所述,海德格尔的“存在论现象学”的“思—路”不仅使西方哲学在思考终极性的存在问题上发生了某种回转,而且也为中西哲学之间的比较研究提供了一种新的可能的方向。那么,这种新的方向究竟体现为一种什么样的思想趋势呢?尤其是,它与以前的中西哲学比较研究有什么不同呢?

众所周知,近代以来,由于西方文化的“强制性”输入和国人自身的激烈反思和批判,以儒家文化为核心和代表的中国传统文化遭受到了前所未有的摧毁性打击从而变得生命垂危,这似乎已经是不争的事实。在这一历史文化背景之下,学习西方思想文化以重新复兴以儒学为主体的中国文化便成为现当代中国人的基本历史使命,也是中华民族伟大复兴的题中应有之义。这一工作表现在哲学领域,便是所谓中西哲学之间的比较研究。事实上,中西哲学之间的比较研究之历史由来已久,中国学者借助西方哲学中的某些思想理论架构来理解和阐释中国古代先哲的思想,其成果亦已是非常丰硕,这也可以说是大家有目共睹的。以儒学领域来说，20世纪的现代新儒家在这方面的研究工作尤甚可观，其中最具代表性者，当属冯友兰先生借助西方的新实在论的理论架构而建构出的"新理学"哲学体系和牟宗三先生借助康德哲学的架构而建构出的一套既内在又超越的"道德形而上学"哲学体系。与现代新儒家不同，当代大陆新儒家在中西哲学，尤其是儒学与西方哲学之间的比较研究方面发生了某种转向，或者更确切地说，乃是一种海德格尔式的回转。黄玉顺先生曾将此转向更加精辟地概括为"生活论转向"①。这种回转式的比较研究主要以张祥龙先生的"现象学儒学"研究和黄玉顺先生的"生活儒学"思想为代表，他们的共同之处就是都借助了当代西方的构成性现象学，尤其是海德格尔的"解释学化了的存在现象学"作为理解和阐释儒学的基本思想视域。进入轴心期以后，与西方哲学相类似，中国传统哲学也开始了它的形而上学化，其中最具代表性的理论形态就是心性本体论的思想建构，而且越往后发展，其抽象化、体系化的程度似乎就越高，但这同时也越发脱离人的生存体验或生活境域，其最终结果就是导致儒学思想的教条化、框架化、僵硬化，等等。从明代李贽的"不以孔子是非为是非"和清代戴震的"以理杀人"，到五四时期的激进派提出的"礼教吃人"，他们分别从儒学的内部和外部对儒学之脱离具体生活境域的教条化、框架化、僵硬化等作出了勇敢的反思和激烈的批判。正是在此意义上，李贽、戴震乃至五四激进派对于儒学乃至整个中国传统文化的反思和批判是有其相当的合理性的。而现代新儒家的前辈学者们对此问题却似乎仍然缺乏必要的认识，所以，在他们那里，中西哲学之间的比较研究则体现为一种比原来更加概念化、抽象化、体系化的形而上学建构：就西方哲学方面而言，他们一般借助的是西方的前现象学的观念体系，诸如康德哲学、黑格尔哲学、新实在论、柏格森的生命哲学等，而在中国哲学方面，他们都不约而同地选择了宋明理学。与此不同，当代的张祥龙、黄玉顺两位先生之现象学化的儒学研究，则在相当程度上正是针对此传统的儒家形而上学的无根性，要求解构传统的形而上学式的心性本体论，从而回归作为存在本身的本源性的生存体验或生活境域之中，以期让儒学重新恢复它的思想活力。②这样的回归体现在具体的研究方式上尤其表现为对《周易》、孔子、孟子、荀子等这些源头思想的复归之研究，这一点与现代新儒家学者主要局限于宋明理学亦不同。概言之，如果说以冯友兰、牟宗三等人为代表的现代新儒家学者的中西

① 黄玉顺：《反应·对应·回应——现代儒家对"西学东渐"之态度》，《上海师范大学学报》（哲学社会科学版）2009年第5期。

② 当然，此是就二人思想之共同点而论，即他们都立足于现象学的思想背景，但是他们在回归作为存在本身的生活本源之后却开始分道扬镳：张祥龙先生始终要求持存于那样一种构成性的、非概念的、无主一客对置的、艺术化的生存体验中而不下落；而黄玉顺先生则是要在本源性的生存体验或生活境域的基础之上重建新的儒家形而上学和形而下学（包括所谓伦理学与知识论）。

哲学之比较研究仍然局限在传统的形而上学的架构与视域中，那么，以张、黄等人为代表的新一代大陆新儒家学者则在相当程度上已经突破了传统形而上学的框架，进入了一种比形而上学更加本源的生存体验或生活境域之中，或者更确切地说乃是一种前概念化、前形而上学的思想观念层级，在此本源性的生存体验或生活境域中所蕴含的乃是一种纯构成的终极意义。后者无论对于中国哲学自身，还是对于中西哲学之间的比较研究来说，都意味着一种转向，因为它开启并呈现出的乃是一个完全崭新的意义领域。

二

……

张祥龙对海德格尔思想的“痴迷”之深在其《海德格尔思想与中国天道》和《从现象学到孔夫子》两书中都有显著的体现，这一点在本文前述的张祥龙对中国古代“天道”的纯构成性的阐释中所渗透出的浓厚的海德格尔味道也可以看出。而使他改变这样一种“痴迷”态度的便是他对儒家的“孝意识问题的思索”，或者从更广的意义上来说，就是他对儒家本源性的亲子之爱的情感（包括孝和慈）显现的揭示。

值得注意的是，其实“情感”可以说一直是中国传统哲学，尤其是儒家哲学中的一个重要观念。所以，在当代中国哲学界，中国传统文化，尤其是儒家文化中的“情感”因素正在逐渐受到越来越多的关注、重视和研究，这一点具体体现在它从原来作为形而下的发用之情（如宋明理学）上升为形而上的本体之情（如梁漱溟、钱穆、李泽厚等），最后上升为本源性的生活情感（如蒙培元、黄玉顺、张祥龙等），而这种变化也从一个侧面体现了“情感”因素在中国传统文化，尤其是儒家文化中所具有的重要地位和思想意义。

……

综观世界各大文化传统，只有儒家发现了这种最本源的亲子之爱，并自始至终一直在言说着这样的“爱”。所以张祥龙说：“只有儒家达到了此人类生存的源头，掌握了人类生存的锁钥，这是其他宗教根本没法比的。”[①]基于同样的理由，黄玉顺先生也曾得出类似的表达，即“人天然是儒家”[②]。又，这种本源之“爱”不仅是人类生存的家园，而且也是当代儒学复兴所必须回到的“源头活

---

① 张祥龙：《孔子的现象学阐释九讲——礼乐人生与哲理》，华东师范大学出版社 2009 年版，第 191 页。

② 王开队记录整理：《人天然是儒家——四川大学〈儒藏〉学术讲座》，黄玉顺：《儒学与生活——“生活儒学”论稿》，四川大学出版社 2009 年版，第 263 页。

水”，所以张祥龙说：“扎根于此，则儒家的生命就取自人生的源头活水，只要这个源头不被填死断流，儒家就不会灭亡。”[①]黄玉顺也说：“重建儒学首先意味着：回归生活本身，回归生活情感，回归本源性的爱本身。”[②]真可谓是“英雄所见略同”！

三

黄玉顺先生曾对“圣”字做过一番精当的考辨与释义，兹引于此：

> 能够倾听天命，亦即倾听生活，倾听生活的显现，倾听生活的无声的言说，这就是“圣”。“圣”繁体写作“聖”，而这个字意味着什么？这个字，除了它的读音“呈”，就是一只耳朵，表示倾听。这一点或许是令人惊异的：圣不过是意味着倾听。圣人倾听着什么？他一定是听见了什么消息。然而那是什么消息？消息之为消息，不过说的是如水的生活的消长；而此消长，不过就是生活的显现。所以，许慎把这个字归入“耳”部，并解释说：“圣，通也。从耳，呈声。”这是非常精当的解释，表明所谓“圣”原来只是说的：能够倾听，从而通达。圣首先是倾听某种声音：“圣，声也。”汉儒韩婴解释说：“闻其末而达其本者，圣也。”问题在于：倾听什么？通达什么？其答案是：倾听天命，通达天命。所以孔子在“五十而知天命”之后，便是“六十而耳顺”。所谓“耳顺”，不过是说的听见了生活的消息。“顺”就是“通”，故有“通顺”之说。《庄子》有一个解释是非常精确的：“圣也者，达于情而遂于命者也。”成玄英注释说：“通有物之情，顺自然之命，故谓之圣。”这简直可以视为夫子自道的注脚：“五十而知天命”是说仅仅知道了天命的存在，而“六十而耳顺”则是说能够真切地倾听到天命的声音，这样，就能真切地通达天命。[③]

如果说，许慎《说文解字》中“从耳，呈声”是把“聖”字作为形声字来解释的，那么，黄先生这段考释强调“聖”字之“倾听”义则显然主要是侧重于其作为形旁(部首)的“耳”上，而对于作为其声旁的“呈”则似乎有所忽视。如果从“右文说”的角度来看，作为声旁的“呈”也参与了“聖”字的意义构造。而且，就“聖”之被训为“通”来看，仅仅说倾听似乎也稍显不足，真正的“通”似乎还应当包含着把

---

① 张祥龙：《孔子的现象学阐释九讲——礼乐人生与哲理》，第 191 页。

② 黄玉顺：《复归生活、重建儒学——儒学与现象学比较研究纲领》，《儒学与生活——“生活儒学”论稿》，第 104 页。

③ 黄玉顺：《爱与思——生活儒学的观念》附论二《生活本源论》，四川大学出版社 2006 年版，第 226 页。

所倾听到的天命的声音再通过某种方式“呈”现出来，显示出来。《广韵·清韵》云：“呈，示也。”段玉裁《说文解字注·口部》亦云：“呈，今义云示也、见也。”所谓“示”即是显示，所谓“见”即是显现。又，“呈”字“从口”，说明它与说话有关。所以，我们可以推断，这个“呈”字应该指的是通过某种特殊的言说方式使得某种意义自身显现、显示出来，或者毋宁说，这种特殊的言说方式本身就是意义的显现方式。这样我们再来理解“聖”，那么它的完整意义似乎就不仅仅只是倾听天道的“无声的言说”，而应该是：能够倾听天道或天命，并能将倾听到的天道或天命的声音以某种特殊的“言说”方式“呈现”出来。简言之，就是让道自己言说、自己显现，也就是道说。这才是真正的“通”。也只有这个意义上的“通”，才是真正的“圣”（聖）。

四

从诗的角度来说，许慎《说文解字·言部》云：“诗，志也。从言，寺声。”古人常有所谓“诗以言志”之说，又“志”即是“心之所之”。[①] 由此看来，“诗”作为一种特殊的语言形式，它所表达的是一种与“心”相关的东西。如果更确切地说，那首先就是“情感”，其次才是“理性”。这一点从“情”“感”二字皆“从心”亦可得到某种意义上的体现和说明，而就“理性”来说，又“性即理也”（伊川、朱子语），“理”则是从“玉”，与某种主体性的行为有关，诸如琢磨、治理。正是从此“情感”与“理性”两个层面的区分出发，张祥龙指出：

> 我们在《论语》中可以区分出两种言，一是表达凝固的观念对象的言说方式，也就是程颐“言性之本”的言说方式，也近乎苏格拉底、柏拉图寻找定义、关键词的言说方式；另一种是非观念化的“诗言”的方式，也就是语言自身说话、自身“道言”的方式。“诗言”主要不是表达一个“什么”，而是语言本身在做它的游戏，以构成原初的意义，这也就是我们所说的“诗”的本义——以合乎心灵尺度的方式到“音”和“义”初生的境界中去，或者说，诗是一种充满尺度感或韵律感的“兴发”之言。[②]

张祥龙在这里明确提出了“诗言”就是“道言”，即道自身显示、自己言说，而与这种“诗言”相对的便是那种为对象寻找定义的观念化的言说方式。如果联系到前述“情感”与“理性”的区分，那么，“诗言”在相当意义上就是一种情感的言说，而为对象寻找定义的观念化的言说则可以说是一种理性的表达。作为一

---

① 参见《论语集注·为政》，（宋）朱熹：《四书章句集注》，中华书局 1983 年版，第 54 页。

② 张祥龙：《孔子的现象学阐释九讲——礼乐人生与哲理》，第 101 页。

种情感的言说，前者不表达某个或某些“什么”，亦即不涉及任何对象性的存在者；而作为理性的表达，后者则不仅涉及作为对象的某个或某些“什么”存在者，而且还关涉到作为主体的“我思”，或者更确切地说，它涉及的是“主—客”对置这样一个存在者架构。如果借用前述马丁·布伯“关系哲学”的说法，那么作为情感言说的“诗言”与“我—你”这样的关系相关联，而作为理性表达的观念化言说方式则与“我—它”这样的关系相关联。从言说方式的角度来说，黄玉顺先生也曾有过与此相类似的区分，即所谓“言之有物”与“言之无物”。他说：

> 科学、哲学、形而上学都是“言之有物”的，而诗歌、艺术、本源性的言说是“言之无物”的。
>
> 这涉及“言说方式”的问题，就是说，形象有两种，有一种形象是表象。表象是对象性的，是关乎存在者的。以表象性的方式去把握本源的事情，那就正是老子所讲的“道可道，非常道。”这样一种“道”，这样一种言说方式，是通达不了本源之“道”的。因为本源之道是“无物”，就是“无”。因此，如果说有一种言说方式是可以通达本源之道的，那一定是“言之无物”的。[①]

显然，黄玉顺先生的这个区分与张祥龙先生的区分在相当意义上是对等的，即：作为情感言说的“诗言”在相当意义上正是“言之无物”的，而作为理性表达的观念对象化的言说方式在相当意义上则是“言之有物”的。当然，这两种言说方式的区分也不是完全绝对的，或者说，它们之间的关系并非是完全对立的，而是毋宁说它们之间是一种奠基的关系，即作为情感言说的“诗言”为作为理性表达的观念对象化的言说方式奠定基础。而区分这两种言说方式的目的也正是为了从一个侧面呈现这样一种奠基关系。孔子曾分别从否定和肯定的角度阐述过这一奠基关系及其重要性。

五

张祥龙在这里所说的“躬行礼仪中直接体验那在当场构成者的深义”，其实就是强调在践行规范之礼的过程中本源的真情实感的显现流露，这种本源的真情实感在儒家思想中也称为“诚”（《礼记·中庸》）。值得注意的是，有人将此“诚”仅仅理解为一种形而下的道德原则，亦即所谓诚信原则，也有人将此“诚”理解为形而上的实体，亦即所谓心性本体（如牟宗三先生称之为“诚体”），但实际上“诚”首先表达的是一种先于任何形上理论构造与形下道德实践的本源的仁爱情感。黄玉顺先生曾在《爱，所以在——儒学与笛卡儿哲学的比较》一文中

---

① 黄玉顺：《爱与思——生活儒学的观念》，第 106 页。

引用了王念孙对于“诚”字的一个考证，他说：

> 王念孙曾考证“诚”即是“情”：“《吕氏春秋·具备篇》：‘慈母之爱谕焉，诚也’；《淮南·缪称篇》‘诚’作‘情’。《汉书·礼乐志》：‘正人足以副其诚’；《汉纪》‘诚’作‘情’。”由此可见，诚即仁爱之情。[①]

这里不仅将“诚”解释为“情”，而且还特别提到了“慈母之爱谕焉”之谓“诚”：所谓“谕”即是“不言而喻”之意[②]，也就是说，作为亲亲之爱的“慈母之爱”是不需要特别教导或晓谕的，而是“不学而能”“不虑而知”（《孟子·尽心上》）的。这正表明，“诚”首先指的就是一种本源的仁爱之情，而只有这本源的仁爱之情的显现才具有一种当场构成性，才能够让“礼”得以充实起来从而不是流于一种空洞的、无意义的仪式或形式，而是真正成为一种“生—活”的“艺—术”。并且，也正是因为作为本源之情的“诚”所具有的这种当场构成性，才使得“礼”能够“立”人。《中庸》有云：“诚者，非自成己而已也，所以成物也。成己，仁也；成物，知也。”[③]作为本源之情的“诚”的构成性意义就体现为“成己”和“成物”两个方面：前者构成（或曰“生成”“给出”）了一个个作为道德主体的“自我”，后者构成了作为认知主体的“我思”与认知对象的“物”；作为道德主体的一个个“自我”之间的关系展开为“仁”，作为认知主体的“我思”与作为认知对象的“物”之间的关系就展开为“知”。所以，《中庸》之以“成己”与“成物”来解释“诚”，一方面正表明了作为本源性的仁爱情感显现的“诚”的原发构成性，另一方面也从一个侧面，即礼之“质”的层面来回答了礼之如何使人“立”的问题。

六

张祥龙提出关于建立儒家文化保护区之构想的另一个机缘应该是他的一次自然保护区之行。他在《从现象学到孔夫子》一书的序《中华古学的当代生命》一文的末尾曾谈道：

> 己卯（1999年）春节，我随一个叫“绿色家园”的环保社团来到江苏盐城的自然保护区观鸟。在“高人”，也就是一位姓高的鸟类专家的指点下，平生第一次用望远镜长时间地观看和倾听各种野外的鸟。哦，那与我在鸟禽

---

① 黄玉顺：《爱，所以在——儒学与笛卡儿哲学的比较》，《儒家思想与当代生活——“生活儒学”论集》，光明日报出版社2009年版，第209页。

② 参见王聘珍：《大戴礼记解诂·曾子大孝》，此处转引自黄玉顺《儒家思想与当代生活——“生活儒学”论集》，第209页。

③ 《中庸》第二十五章，（宋）朱熹：《四书章句集注》，中华书局1983年版，第34页。

标本室中看到的完全是两个世界。标本室里是一片沉寂，灰暗、死板、现成、种类化。这里却是一个正在觅食、饮水、飞翔、梳毛和鸣唱的生命世界，转易多方，回环曲折。那些鸟儿哪管你叫不叫得出它们的名字，只是活得自在、清闲和俏皮，让这帮爱鸟者们为它们争论，为它们奔走，为它们站在寒风里如痴如醉。就在保护区小楼后的一个水沟边，我们长久地观看各种来饮水和逗留的鸟，白头鹎(俗称"白头翁")、大山雀、戴胜……一直看得我心头发热，如有所悟。我哪里只在看野鸟，我看见了活生生的自由、快乐和天机盎然，看到了我的童年，也看到了人类思想的童年和少年；直恨不得把天下的一切鸟笼拆毁，将所有的网罗撕破，放出那久被桎梏的天然和变易。这"观"和"看"(Sehen)的高潮来在第二天清晨，当我们站在观鹤亭上，看到数百只正在这里过冬的野生丹顶鹤，迎着初生的，并因此而那么珍贵的太阳，一队队(高先生言：一队为一家)地起飞。就在我们与天地相接的视域里，在那让鸟儿自在翱翔，也让我们纯真遐想的视域中，它们头足伸展，飞得像"仙"鹤了。我想，这也就是本书中一再谈到的"现象学视域"的本义吧。

外出旅游观景本是再平常不过的事情了，但是像张祥龙这般从"观"鸟中"悟"出无限生机和"现象学视域"的可能还是头一遭。当然，话可以这样调侃地说，然而思想本身却是严肃的。张祥龙看到的不再是作为动物学意义上的"鸟"，甚至可以说，他看的不是作为某种存在者的"鸟"，他"观"的是一种"鸢飞鱼跃"的活泼泼的景象，这种景象先于一切对象化的研究，在这一刻，他已经完全将自身融入那样一种境域之中，没有他，也没有"鸟"。在这个意义上，如果我们还能说"观"的话，那么毋宁说他观的正是作为存在本身的"象"。黄玉顺先生曾在其《论"观物"与"观无"——儒学与现象学的一种融通》一文中提道：

在中国思想中，"观"有两层不同的意义：一是"观物"，是有所观之观；二是"观无"，是无所观之观。观物之所观者，或者是形而下的存在者、"万物"，或者是形而上的存在者、"道之为物"，故有所观；而观无之所观者，则是存在本身，是"无物""无"，故无所观。而在儒家，这种"无物"的存在本身，就是作为大本大源的生活情感，尤其是爱的情感；而观无作为无所观之观，实质上是一种生活领悟。这样的生活情感、生活领悟，是先行于任何存在者、任何物的"事情本身"。[①]

如果说，张祥龙在鸟禽标本室中所看到的那种"沉寂，灰暗、死板、现成、种

① 黄玉顺：《论"观物"与"观无"——儒学与现象学的一种融通》，《四川大学学报》(哲学社会科学版)2006年第4期。

类化”的“鸟”乃是有所观之观，即所观的乃是某种形而下的存在者，那么，他在自然保护区中所观到的那种“活生生的自由、快乐和天机盎然”的景象则是无所观之观，即其所观的正是最最本源的作为存在本身的“无”，而他所提到的“心头发热，如有所悟”则完全不是关于某种“鸟”的“知识”，相反，那正是一种最源初的“生活情感、生活感悟”。也许正是在这种“如有所悟”中，张祥龙看到了保存并复兴已经处于濒危状态的儒家文化的一线希望和可能。所以，从这段真情流露的“观—感”中，我们完全有理由认为，这次自然保护区之行对于张祥龙的心灵触动也是非常大的，尤其是在思考如何保存活的原本的儒家文化从而复兴中国文化的问题上，应该也是促成张祥龙产生和形成关于“建立儒家文化保护区”之提议及具体构想的重要的人生机“缘”。

七

张祥龙的“现象学儒学”之所以呈现出一种“后现代主义”倾向，这是与他将儒家文化与现代性完全对立起来分不开的，所以，他坚持对儒学的信仰似乎就必然意味着要反现代性。这种“后现代主义”在思想上就表现为一种反科学和反形而上学的倾向，这一点在前面讨论其“海化儒学”的思想阐释与“建立儒家文化保护区”的现实构想之间的内在关联时曾经提到过。然而，笔者认为，形而上学其实是人不可能逃避的“宿命”。黄玉顺先生曾对形而上学的必要性和必然性有详细的阐述，他说：

> 形而上学的意义，是对世界万物的存在（形而下者的存在）给出一个终极的根据、一个统一的解释；用一个哲学概念来说，是用形而上者来为形而下者“奠基”，否则就是孟子所说的“无本”。对此，亚里士多德有详尽的逻辑分析的阐明，例如：对任何事物的所是（本质）进行陈述或者判断，例如“人是动物”“动物是生物”等，都是将其归诸某一个上位概念，即寻求上一个层次的存在者，从而，最终都会指向一个终极的存在者、或存在者整体，即指向一个纯粹的所是（本质）本身。反过来说，如果一个理论没有关于这样的终极根据的阐明加以支持，那么该理论就是不彻底的。这就是形而上学的必要性。
>
> 事实上，没有任何一种关于某个具体领域的思考、研究、理论，没有自己的形而上学承诺。……我来研究历史，是因为我首先已经相信了历史的客观实在性；我去食堂吃饭，是因为我首先已经相信了食堂的客观实在性；我祷告上帝，是因为我首先已经相信了上帝的客观实在性；我诉诸天理，是因为我首先已经相信了天理的客观实在性；诸如此类，这一切表明我已经

有了对这个世界(整体)的客观实在性(终极本质)的基本信念。这就是形而上学的必然性、或不可逃避性。

所以,“反形而上学”其实是徒劳的、自欺欺人的,如西方的分析哲学、后现代主义都是如此。[①]

科学与形而上学的共同点就在于,它们都是关于存在者的追问,即前者是对某个存在者领域的追问,后者则是对存在者整体的追问。也就是说,它们都首先预设了某种存在者的客观实在,但是却没有思考这种存在者到底是如何作为对象被给予思维本身的,这种思考并非指向另一个存在者,而是指向了使存在者之存在得以可能的存在本身。毋庸置疑的是,存在者的客观实在性是我们无法否定的,我们只能思考其何以可能。所以,无论是科学,还是形而上学,我们其实都是无法反对的,究其实质,它们都是人的一种生存状态,尽管不是最本源的,但却也是无法逃避的,因为人自身根本无法逃避作为某种存在者存在的命运。当人意识到自己作为某种存在者而存在的时候,这就是人的“自我意识”的觉醒。自我意识的觉醒同时给出了自我与他者(包括他人或他物),人在通过与他者的交往过程中进一步认识自我,从而为进入更加真实(或曰本真)的存在状态奠定基础。因此,如果说,张祥龙借助海德格尔所打开的思想视域注意到了原发构成性的存在本身的根源性意义,那么,他通过“建立儒家文化保护区”所呈现的“后现代主义”倾向,或者说是反科学和反形而上学的倾向,则是遗忘了存在者,这也必然蕴含着对“自我”的遗忘。既然形而上学是我们无法逃避的一种生存状态,所以,我们所能做的只能是,不断地返回到形而上学的基础或源头,然后不断地重建形而上学。就对现代性进行反思的后现代主义来说,问题和结果同样如此。

① 黄玉顺:《形而上学略论——回复陈明的一个跟帖》,《儒家思想与当代生活——“生活儒学”论集》,第53～54页。

情感观念比较：生活儒学与情感主义德性伦理学

李海超

【编者按】此文原载《江西社会科学》2014 年第 5 期。此外，作者诠释“生活儒学”的文章尚有：《生活儒学多元开展之可能与必要——与黄玉顺先生商榷》（杨永明主编：《当代儒学》第 3 辑，广西师范大学出版社 2013 年版）、《关于正义问题的中国理论——评黄玉顺〈中国正义论的重建〉》（杨永明、郭萍主编：《当代儒学》第 7 辑，广西师范大学出版社 2015 年版）、《去生活——生活儒学中的实践哲学》（涂可国主编：《黄玉顺生活儒学研究》，齐鲁书社 2017 年版）、《领会天命以超越宿命——对生活儒学“生活之为际遇”的解读》（胡骄键、张小星主编：《生活儒学：研究 · 评论 · 拓展——第三届“生活儒学”全国学术研讨会论文集》，四川人民出版社 2020 年版）。

当代西方著名伦理学家迈克尔 · 斯洛特（Michael Slote）十分重视情感问题，他将“关怀”（care）情感作为德性的基础，从而构建了他的情感主义的德性伦理学（Sentimentalist Virtue Ethics）。当代著名儒家哲学家黄玉顺创建的生活儒学（Life Confucianism）是儒学的一种新的当代形态，黄玉顺认为生活是一切的大本大源，而“生活之为存在，首先显现为爱的情感”[①]，因此，情感（emotion）观念在生活儒学中也具有十分重要的地位。既然情感观念在两位学者的思想中都占有如此重要的地位，那么，对双方思想中的情感观念进行比较研究，不仅会促进中西方前沿学术思想的交流与对话，也将有助于生活儒学和情感主义德

① 黄玉顺：《爱与思——生活儒学的观念》，四川大学出版社 2006 年版，第 43 页。

性伦理学自身的进一步开展。

一、仁爱与关怀

生活儒学是在不同的观念层级中讨论情感观念的,黄玉顺说:“从‘前轴心期’以来,一直到今天,一直到现代新儒家,总是涉及两种情,这两种情处在完全不同的观念层级上:一种是关于存在者的、形而下的情,另一种则是更其本源的、关于存在本身的情。”[①]所谓“关于存在者的、形而下的情”,是指作为形而下存在者的主体的情感,这种情感是在主—客架构的关系中产生的,而且它需要形而上的“性”为之奠基;而“本源的、关于存在本身的情”则是先于主—客架构的,它是作为存在本身之显现的本源情感。本源情感首先显现为爱的情感,这种爱的情感也就是儒家所说的“仁”或者“仁爱”,并且“在本源意义上,仁就是爱”[②]。因此,在生活儒学中,这种本源的仁爱情感乃是一切形而上学、形而下学建构的源泉。

相比之下,斯洛特提倡并为之辩护的情感主义德性伦理学中的情感观念则仅仅属于形而下学层级,这种作为德性基础的情感是主体的情感,或者说是行为者的情感,因为他要建构的德性伦理学是以行为者为基础的。所谓以行为者为基础,就是“把行为的道德或伦理地位看作完全是从动机、品格或行为者本人的独立的、基本的德性伦理特性中衍生出来的”[③],也就是说,道德判断不需要任何独立于行为者的规则。斯洛特将这种以行为者为基础的德性伦理称为“代表德性伦理的一种极端或激进形式”[④],他认为,虽然亚里士多德、休谟、斯蒂芬(Leslie Stephen)、尼采、阿伯拉尔(Abelard)、奥古斯丁以及康德对行为者都非常重视,但是在他们的理论中或多或少都存在着对以行为者为基础的德性伦理的抵制,因此,他认为,在西方历史上没有真正彻底的以行为者为基础的德性伦理。

斯洛特经过分析认为,要想坚持彻底的以行为者为基础的德性伦理,排除任何功利主义、后果主义的影响,只有将德性的评判诉诸行为者内在的情感才有可能。他提出了两种可选择的情感,一种是尽可能地考虑所有人的“普遍仁爱”(universal benevolence),一种是有差等的“关怀”(care)。在这两种情感中,他认为,基于关怀的以行为者为基础的道德要优于那种基于普遍仁爱的以行为

① 黄玉顺:《爱与思——生活儒学的观念》,第2页。

② 黄玉顺:《爱与思——生活儒学的观念》,第43页。

③ [美]斯洛特:《以行为者为基础的德性伦理》,王旭凤、孙少伟译,《世界哲学》2010年第1期。

④ [美]斯洛特:《以行为者为基础的德性伦理》,《世界哲学》2010年第1期。

者为基础的道德。他说:"我认为关怀比普遍仁爱具有更强的直觉优势,我们赞扬爱自己的孩子和配偶的人而不赞扬不爱的人,但如果某个人的爱和爱的关心被合乎道德地要求施予离他比较近或比较亲近的人,那时作为普遍仁爱的道德就会出问题,因为它要求必须平等地关心每一个人。"[①]因此,斯洛特将具有差等性的关怀作为他所倡导的德性伦理学的情感基础。

此外,斯洛特认为,以关爱情感为基础的德性伦理还有另一个优势,那就是"它强调一种哲学界不太熟悉的平衡观念"[②]。这种平衡观念也就是德性中自利与利他的平衡。斯洛特认为,日常道德允许人们在关怀他人时给自己带来不必要的损失和伤害,他将这种允许称为"自我牺牲的许可"(agent-sacrificing permissions)[③];同时日常道德也允许人们对自我利益和喜好的偏爱,他将这种允许称为"自我偏爱的许可"(agent-favoringpermissions)[④]。但是,在两种许可中,日常道德和康德主义都偏向于前者,而功利主义则可以只考虑后果而不顾及两种许可,这就导致了德性中自利与利他的"不对称"(self-other asymmetry)[⑤]。斯洛特认为,自利与利他的不对称会贬损行为者的价值,因此,一种优秀的德性伦理学应该倡导自利—利他的对称性。他认为,以关怀为基础的德性伦理能够体现这种对称性,因为关怀的情感是有差等的,它允许人们更多地关爱与自己亲近和自己喜欢的人,这也就是说,关怀的情感能够在关心他人的同时不违背自己的偏好。而普遍的仁爱则无法做到这一点,因为它要求人们没有偏好地去爱所有人,这使得它与关怀相比要求较多的自我牺牲。

关于自利与利他的平衡性问题,许多人以为儒家只讲差等之爱,而另外很多人则又以为儒家只讲利他而不讲自利,或者说只讲爱他人而不讲自爱。对于这两种偏颇的观点,黄玉顺进行了批判,他在《荀子的社会正义理论》一文中指出:"儒家'仁爱'包括两个方面:差等之爱;一体之仁。差等之爱的逻辑起点、在生活实情中的起点,都是自爱。在荀子思想中,仁爱不仅包括自爱,而且首先就是自爱。"[⑥]这里所说的差等之爱,也就是形而下学层级的仁爱,这种仁爱不仅有差等,而且首先表现为自爱。那么,自爱与爱他之间是一种什么样的关系呢?自爱与爱他之间能否达到平衡?黄玉顺在分析了《荀子·子道》中所引的一段孔子与弟子之间的对话后,得出这样一种决定关系:"自爱→爱人→使人爱己",

① Michael Slote, *Morals From Motives*, New York: Oxford University Press, 2001, p.136.
② Michael Slote, *Morals From Motives*, p.137.
③ Michael Slote, *From Morality To Virtue*, New York:Oxford University Press, 1992, p.5.
④ Michael Slote, *From Morality To Virtue*, p.4.
⑤ Michael Slote, *From Morality To Virtue*, p.6.
⑥ 黄玉顺:《荀子的社会正义理论》,《社会科学研究》2012 年第 3 期。

并且说:“唯有自爱,才能爱人;唯有爱人,才能使人爱己。”[①]也就是说,自爱是爱人的必要条件,但是要实现自爱就一定要爱人,这样一来,自爱与爱人两者都不能偏重,否则两者都不可能实现。由此,生活儒学不仅实际上认可斯洛特提出的“自利—利他的对称性”,而且进一步指出了在等差之爱中自爱的优先地位以及自爱与爱他之间的逻辑关系。

二、恻隐与移情

斯洛特要将关怀的情感作为行为者德性的心理基础,就必须回答这样的问题:对他人或对自己的关怀是如何发生的?于是,他找到了“移情”(empathy)观念,并将它作为关怀情感的发生机制。斯洛特认为,移情观念与儒家思想中的许多观念具有很大的相通之处,这是对的,但他认为,当儒家谈论“仁者与天地万物为一体,莫非己也”的时候就是在谈论移情现象[②],则显然是对这句话的误解,因为这句话显然不是在讨论一种形而下学的心理现象。鉴于国内的学者在理解“移情”观念时经常和孟子的“恻隐”观念进行对比,而黄玉顺也对“恻隐”观念非常重视,并在许多文章中对它进行了深入的分析,因此这里有必要对情感主义德性伦理学中的“移情”观念与生活儒学中的“恻隐”观念进行细致的比较。

斯洛特认为,休谟使用的“同情”(sympathy)一词在内涵上就是现在人们所说的“移情”,而休谟未能使用“移情”这一词语,是因为它作为德语“Einfuehlung”的译文直到20世纪早期才被创造出来。由此可以看出,“移情”与“同情”是不同的。斯洛特说:“我们要理解同情与移情之间的区别,当有人说他们感受到了别人的痛苦的时候,其中就包含着移情。然而,感受某人的痛苦或者失望,与同情身处痛苦或失望之中的人们且祝愿他们好起来,这二者之间还是非常不同的。”[③]从这里可以看出,移情要求主体对他人的痛苦、失望等情感有同种的感受,而同情则不需要这样的感受。

黄玉顺认为,孟子讲的“恻隐”也不是“同情”,因为“同情”首先是主体的事情,而“恻隐”则是先于主客认知的。这样的话,恻隐也不同于移情,因为移情也是主体的事情。黄玉顺认为,孟子所陈述的“今人乍见孺子将入于井”并不是一种认识论事件,而是一种本源情境,而“怵惕恻隐”则是这种本源情境的情感显

① 黄玉顺:《荀子的社会正义理论》,《社会科学研究》2012年第3期。

② 参见[美]斯洛特:《情感主义德性伦理学:一种当代的进路》,王楷译,《道德与文明》2011年第2期。

③ [美]斯洛特:《情感主义德性伦理学:一种当代的进路》,王楷译,《道德与文明》2011年第2期。

现,恻隐的主体与对象都是在这种先行的情感之中生成的。[①] 因此,恻隐是先于主客对立的本源情感,它就是本源的仁爱。移情要求主体与对象之间要有同一种感受,对象感受到某种痛苦,主体也感受到对象的这种痛苦。但恻隐则不是这样的,"将入于井的'孺子'自己并无怵惕恻隐之感,而'今人'却产生了这种情感"[②],这也说明恻隐不同于移情。

对于移情与关怀情感之间的关系,斯洛特认为,我们对他人的关怀在心理上取决于移情,也就是说,我们首先要对别人的处境有移情性的感受,然后才可能激发自己对他人的关怀之情。同时,移情的强烈程度并非对所有对象都是一样的,对于我们亲近的人或我们亲身经历的、发生在我们附近的事件中的人,我们的移情感受就强烈;对于我们不熟悉的人或听说别人经历的、发生在离我们遥远地方的事件中的人,我们的移情感受就微弱。因此,移情"有助于解释我们之所以能够帮助他人、具有利他心的发生机制,它还有助于解释我们对某些人的关心更甚于其他人的发生机制和原因"[③]。

此外,斯洛特还讲到了两种移情现象,一种是对对象的状况有所了解后发生的移情,这种移情需要预设很多特定的概念和知识;另一种是更深层次的移情,它不需要以理性的深思熟虑为前提,并且不管主体愿不愿意,他都要容纳对象的情绪,因此这种移情具有自发性,可以被称为自发性的移情或容纳性的移情。斯洛特认为这种移情对他的情感主义德性伦理学来说是最为重要的。在斯洛特最新出版的《从启蒙到容纳》(*From Enlightenment To Receptivity*)一书中,他将"容纳"作为一个非常重要的观念进行了论述,他说:"我相信容纳是其他两个观念(移情与关怀)的基础,并被这两个观念所预设。因为它是比移情和关怀更加一般、具有更广泛的解释性的观念,它能显示出比移情和关怀更加巨大的哲学价值。"[④]由此可以看出,容纳是移情得以可能的必要前提,没有对对象情感的容存或接纳,主体也就不可能产生与对象同种的情感,移情也就不可能发生,而没有移情,也就更不会有关怀情感的产生。到此,我们可以看到关怀情感生成的整个心理机制:容纳→移情→关怀。

恻隐作为本源的情感,虽然是前于主体的,但恻隐的显现也同样有一系列细微的情感转化关系,黄玉顺根据前人对恻隐的解释,将其情感转换的过程概

---

① 黄玉顺:《恻隐与同情》,《儒学与生活——"生活儒学"论稿》,四川大学出版社2009年版,第151页。

② 黄玉顺:《恻隐与同情》,《儒学与生活——"生活儒学"论稿》,第154页。

③ [美]斯洛特:《情感主义德性伦理学:一种当代的进路》,王楷译,《道德与文明》2011年第2期。

④ Michael Slote, *From Enlightenment To Receptivity*, New York: Oxford University Press, 2013, p.22.

况为："惊骇→畏惧→哀伤→痛苦→不忍"。[①] 也就是说，面对"乍见孺子将入于井"这个本源情境，首先显现的情感是惊骇，接着由惊骇到畏惧，由畏惧到哀伤，再由哀伤到痛苦，本源的情感越来越强烈，最终这种情感转换为"不忍"，"不忍"是恻隐情感的最终显现。从惊骇到不忍展现了恻隐之情的发生过程，但整个情感关系的转换都是先于主—客认知关系的，因为正是在这种恻隐情感中，作为"仁者"的主体才得以诞生；而斯洛特在主体的心理机制内谈容纳和移情，这本身就预设了主—客的认知关系。至于在生活儒学和情感主义德性伦理学中情感与认知之间的关系究竟如何，则需要进一步探讨。

三、情感与认知

对于情感与认知之间的关系，生活儒学是从两个方面来讨论的：一是本源情感与认知之间的关系，二是形而下的主体情感与认知之间的关系。认知在生活儒学中属于"思"观念的范围，也就是黄玉顺所讲的"认知之思"。他认为，在本源意义上也有一种思，即"情感之思"（比如"相思"之思就是一种情感之思而不是认知之思）。因此，要想了解情感与认知之间的关系，首先就要了解本源之爱与情感之思之间的关系，以及情感之思与认知之思之间的关系。对于本源之爱与情感之思之间的关系，黄玉顺将其概括为："思源于爱；思不是爱；思确证爱。"[②]也就是说，有爱才能有思；但思不同于爱，因为爱的情感是当下的，而思不是当下的；思虽然不是当下的，但它却是对爱的确证，有了思便可证明爱的显现。这样说来，本源之爱要比情感之思更为根本。对于情感之思与认知之思的关系，黄玉顺认为，本源的情感之思经过一个观念层级的递转过程（本源之思→意欲之思→认知之思）[③]，便出现了认知之思。这里不去详细地分析观念层级的递转过程，我们只从这个递转就可以看出，本源的情感之思是先于认知之思的，也就是说，是情感之思给出了认知之思。总之，在生活儒学中：本源情感是先于认知的，本源情感为认知奠基；而在本源情感中，爱的情感是最为根本的。

在形而下学的层级内，生活儒学认为，形而下学不是把存在者整体，而是"把其中的某个存在者领域执定为自己的对象"[④]，这也就是说，只要进入形而下学领域，就一定存在着对存在者领域进行划分的主—客认知。这样的话，形而下的主体情感，无论是对自己的情感，还是对某个对象的情感，都是以主—客认

① 参见黄玉顺：《恻隐与同情》，《儒学与生活——"生活儒学"论稿》，第155页。

② 黄玉顺：《爱与思——生活儒学的观念》，第101页。

③ 参见黄玉顺：《爱与思——生活儒学的观念》，第101页。

④ 黄玉顺：《"生活儒学"导论》，《面向生活本身的儒学》，四川大学出版社2006年版，第50页。

知为基础的。此外，主体的认知还参与着有关情感的道德判断，比如当一个人决定是不是应该爱某个对象，或者在判定爱某个对象是否是善的时，都有主体认知的参与。这一点在荀子那里最为突出，黄玉顺指出，依荀子，“仁义之所以能够被确认，其内在根据是作为一种人性的认知能力。这里，伦理学的基础是认识论，价值论的基础是知识论”①。

而同样是在形而下学领域，在斯洛特所构建的情感主义德性伦理学中，他却有意强调情感对认知——而不是认知对情感——的重要性。

首先，斯洛特强调了情感在认知中的必要性。他认为人们不仅可以对别人的情感而且对别人的态度、信念系统、观点也能产生移情，这样的话，如果我们想要客观、公正地捍卫自己的信念，首先就要重视别人的信念和观点。因此，当我们听到或看到别人观点的一瞬间，一定会产生赞许的念头，而这种赞许的念头就是一种喜欢或支持的情感。于是，斯洛特说：“与启蒙思想相反，情感或情绪对于理性的或认知的思想来说是非常必要的，而且除非付出极大的认识的、认知的和理性的代价，否则是不能将它们从这些思想中排除的。”②

其次，斯洛特以移情作为道德判断的依据。他认为，对别人态度的冷淡或温暖是一种移情，而当听到或看到一个人对另一个人的态度的冷淡或温暖而感到心寒或温暖时也是一种移情，并且这种第二序的移情中所包含的寒心或温暖实质上是一种不赞同或赞同的情感，我们依此赞同和不赞同的情感就可以做道德判断。因此，道德上的“对”就是这样一种性质或品性，“它使行为通过移情过程或机制而对我们表现为温暖”③；道德上的“错”就是通过移情机制而对我们表现为冷淡的那种性质和品性。这样一来，关于道德上的对与错的认知，只需要以情感为依据，而不需要以情感以外的任何规则为依据。

最后，斯洛特以“容纳”作为保证认知之客观、公正的前提。容纳具有两个方面的特征，即对于自己赞同或喜欢的观点可以接受，对于自己不赞同或不喜欢的观念也可以容存或容忍，这就可以保证我们在对他人的观点产生移情的时候不会产生偏颇。他说：“如果移情对于客观、公正地了解他人的观点、讨论是必需的，那么移情中所包含的容纳就是认知理性的先决条件，或者说是认知理性之客观、公正方面中的一个要素。尤其是当我们需要的不是那种能动的、深思熟虑的、计划性的移情，而是那种自动的、关联性的、无意识的、无意志的、接受性的移情的时候，这时容纳的重要性就被进一步强调了。”④

---

① 黄玉顺：《荀子的社会正义理论》，《社会科学研究》2012 年第 3 期。

② Michael Slote, *From Enlightenment To Receptivity*, p.14.

③ [美]斯洛特：《情感主义德性伦理学：一种当代的进路》，王楷译，《道德与文明》2011 年第 2 期。

④ Michael Slote, *From Enlightenment To Receptivity*, p.19.

通过以上三个方面的论证可以看出，在斯洛特的情感主义德性伦理学中，情感比认知占据着更为基础的地位，认知的客观、公正离不开情感，尤其是离不开作为情感发生机制的移情，以及移情中的基础性品质容纳。但是，斯洛特所讨论的认知并不是作为伦理学之基础的主—客认知，而是在主—客认知基础之上的第二序的认知，即对对象境遇、观念、信念系统、行为善恶等的认知。而生活儒学对认知的讨论不仅包括主—客认知，而且包括在此之上的第二序的认知；不仅如此，生活儒学还对认知本身的何以可能做了超出形而下学层级的探讨。

对于本源情感为认知奠基以及伦理学自身需以认识论为基础这两点，斯洛特并未涉及，因为他直接是在伦理学的范围内展开讨论的。因此，生活儒学的上述两层研究可以作为情感主义德性伦理学的基础。在道德判断问题上，生活儒学强调认知的重要性，而情感主义德性伦理学则强调情感的重要性，但在这一点上二者之间并没有实质性的矛盾，只不过是双方关注的焦点不同。生活儒学并未否定情感在道德判断中的价值，情感主义德性伦理学也并未否定认知在道德判断中的价值。比如，斯洛特虽然将情感作为保证认知客观、公正的前提，但他也说："对于在情感主义与道德的客观性或可认知性之间并不存在基本的不相容这一点，我也做出了论证。"[①]

四、情感与正义

社会正义问题是生活儒学也是情感主义德性伦理学十分关注的问题，黄玉顺和斯洛特都从各自的思想体系出发对社会正义问题进行过认真的探讨。因此，本文最后一部分将对生活儒学和情感主义德性伦理学中有关情感与社会正义之间关系的论述进行比较。

对于仁爱情感与社会正义之间的关系，生活儒学认为，"差等之爱必将导致利益冲突，所以儒家必须考虑制度安排、确立正义原则；另外一点是一体之仁，这才是建构制度的正义性原则，是对差等之爱的超越。这是对仁爱、正义论的关系的完整把握。"[②]前文讲过，差等之爱首先显现为自爱，有了自爱才能产生各种欲求，人们本着自己的欲求而相互争夺，就会导致社会的无序与纷乱，为了使每个人的利益都能得到保障，这就需要根据正义原则建立社会制度和礼仪规范。然而正义原则的确立又需要"一体之仁"的奠基。这里的"一体之仁"可以

---

① [美]斯洛特：《情感主义德性伦理学：一种当代的进路》，王楷译，《道德与文明》2011年第2期。

② 黄玉顺：《生活儒学的正义理论》，陈炎、黄俊杰主编：《当代儒学》第1辑，广西师范大学出版社2011年版，第24页。

从两个层级来说，首先是形而上学层级的作为万物本体的“一体之仁”，它直接为伦理学的正义原则奠基，它要求必须一视同仁地看待所有事物；其次是本源层级的“一体之仁”，它说的是“在本源情境中的共同存在、共同生活的情感显现”[①]，它为形而上学的“一体之仁”奠基。

在此基础上，黄玉顺提出了正义的两条原则，即正当性原则和适宜性原则。[②] 正当性原则包括两个方面，一方面是对不可分割的利益物的尊重，这涉及“公正性”问题；另一方面是对可分割的利益物的尊重，这涉及“公平性”的问题。这就是说，对于利益物的享有和分配一定要坚持公平、公正的原则，否则就是不正当的。但是，黄玉顺进一步指出，不能单纯地以正当性原则来判断一种制度、一种规范、一种行为是否是正义的，对正义的评判还必须参考适宜性原则，也就是“礼有损益”的原则，任何一种制度、规范、行为只有在合乎正当性的同时也能因时、因地的变化损益，才能被称为是正义的。

斯洛特同样将情感作为社会正义的根据，只不过他所说的情感是基于移情的关怀情感。在《关怀与移情的伦理学》(*The Ethics of Care and Empathy*)一书的第六章，斯洛特想把基于移情的关怀情感和社会正义结合起来，从而建立一种以关怀伦理为基础的正义理论。但生活儒学与其不同之处在于，作为正义原则根据的“一体之仁”是超越差等之爱的，而关怀情感恰恰是“爱有差等”的。关怀的情感既然是有差等的，如何才能保证制度、法律的制定者能够关怀所有的人呢？对此，斯洛特寄希望于制度、法律、习俗制定者的教养，他说：“如我所提到的，我们对那些并不熟悉的关系疏远之人，有能力培养出某种实质性的移情和关怀，在此情形下，我们期望人们会对自己的同胞有一种更大程度的移情关怀，或许并不为过。”[③]不过这种希望和现实之间毕竟还有很大的差距。我们由此可以看出，只在伦理学范围内讨论问题会出现一个瓶颈，那就是：没有形而上学观念的奠基，伦理学自身不能自圆其说。斯洛特在解决如何使差等之关怀关爱所有人的问题时的捉襟见肘就是证明。

对于正义的评判原则，由于斯洛特坚持彻底的以行为者为基础的伦理学，因此他不愿意让任何除行为者动机以外的原则参与到道德评判中去，这样一来，他就把私人领域的道德评判标准推向了公共生活领域，他认为，关怀伦理学不需过多地强调私人领域和公共领域的区别，它们的道德或正义与否都可以通过关怀动机来判定。他说：“移情的关怀伦理能够说明，如果制度、法律以及社会习俗和惯例反映了那些负责制订和维护它们的人具有移情作用的关怀动机，

---

① 黄玉顺：《论“一体之仁”与“爱的共同体”》，《儒学与生活——生活儒学论稿》，第178页。

② 参见黄玉顺：《生活儒学的正义理论》，陈炎、黄俊杰主编：《当代儒学》第1辑，第25～26页。

③ [美]斯洛特：《关怀伦理视域下的社会正义》，黎良华译，《吉首大学学报》2011年第4期。

那么它们就是正义的。"[①]

生活儒学的两个正义原则朝向的是制度、法律、习俗的实施时机、实施范围以及它们所关涉的利益的分配等，而情感主义德性伦理学的正义原则朝向的却是制度、法律、习俗所反映出的制定者和维护者在制定和维护它们时的关怀动机。那么，在用此关怀动机判断一项制度是否是正义的之前，人们应该首先疑问：一项制度如何能够反映出制定者在制定它时是否具有充分的关怀动机？斯洛特认为，如果一项制度没有考虑到某部分人的利益——比如拒绝对某些弱势群体进行救助，这就说明制度制定者在制定制度时对他们缺少移情的关怀。这也就是说，在人们判断制度制定者在制定制度时是否具有充分的关怀动机时，首先要审视制度是否恰如其分地考虑了它所涉及的各方利益以及实际状况，甚至可以进一步说，首先要审视制度的正当性与适宜性，因为这些考虑都是基于移情的关怀伦理所要求的(比如在制定分配制度时关怀伦理要求考虑边际效应和绝对状况)。[②] 于是，如果一项制度不正当或不适宜，这就反映出制度的制定者在制定制度时没有充分的关怀动机，因此这项制度就是不正义的，或者至少有些不正义。这样看来，好像斯洛特提出的正义原则本身就蕴含着生活儒学的两个正义原则，而实际上背离了自己的原则，因为对制度正义与否的评判是通过对关怀动机的评判进行的，而对关怀动机的评判又需要对各方利益和实际情况进行考量，这也就意味着在关怀原则的背后增加了其他的评判原则。

而且，当斯洛特说考虑各方利益和实际状况是移情关怀的必然要求，然后又反过来依照这些考虑判断制度制定者在制定制度时的移情关怀程度时，他在这里便犯了一个错误，即他把移情关怀对英明决策(考虑各方利益和实际状况)的要求等同于移情关怀使英明决策的必然应用，如果这样，因智慧不足而导致的制度制定的失误就不可能发生了。而在现实生活中，人们无法否认这样的"失误制度"出现的可能性。不过，在生活儒学看来，不管这项制度是否是因失误而被制定出的，我们只需根据这项制度本身的正当性和适宜性来判断它的正义与否。此外，如果某项制度所体现出的移情关怀的充分程度与制度本身的英明程度是对等的，那么人们便无法对制定制度时的动机与制定出的制度本身作出不同的评价，即人们不能作出这样的评价：此项制度制定时的动机是好的，但制定出的制度简直糟透了。而这样的评价在日常生活中却时有发生。

通过上文的论述可以看出，生活儒学与情感主义德性伦理学讨论情感观念的视域不同，生活儒学是在本源、形而下学、形而上学三个观念层级及其相互关系中展开对情感观念的探讨的，而情感主义德性伦理学则只是在形而下学的伦

---

① [美]斯洛特：《关怀伦理视域下的社会正义》，黎良华译，《吉首大学学报》2011 年第 4 期。

② 参见[美]斯洛特：《关怀伦理视域下的社会正义》，黎良华译，《吉首大学学报》2011 年第 4 期。

理学和心理学范围内探讨情感观念。因此，生活儒学中的“仁爱”观念、“恻隐”观念与情感主义德性伦理学中的“关怀”观念、“移情”观念之间有着根本的分歧。这种分歧也影响了两位学者对情感与认知、情感与社会正义之间关系的不同认识。但是，如果撇开一些具体观点的不同，生活儒学中的本源情感观念可以为情感主义德性伦理学奠基，而情感主义德性伦理学对情感观念的精致探讨也可以为生活儒学之伦理学的建构提供丰富的理论资源。

生活的儒者、儒者的生活

——《生活儒学讲录》读后

刘　宏

【编者按】此文原载杨永明主编:《当代儒学》第3辑,广西师范大学出版社2013年版。此外,作者诠释"生活儒学"的文章尚有:《生活的儒者·儒者的生活——"生活儒学"创始人黄玉顺先生略记》(台湾《国文天地》月刊第32卷第6期2016年11月号);《当代儒学复兴中的概念建构与生活语言的关系问题——以"生活儒学"为视域》(涂可国主编:《黄玉顺生活儒学研究》,齐鲁书社2017年版)。

20世纪90年代以来,伴随着新一波的儒学复兴运动,在中国大陆学界出现了一批儒学的研究者、信奉者。尤其是21世纪最初的十来年,已然形成了一个被称为"新世纪大陆新儒家"的群体,因其有共同的儒家标识而组成了一个儒学联合体,又因各自思想建构之不同,而呈现出不同的儒学学派。黄玉顺先生提出的"生活儒学"就是受到关注的"新世纪大陆新儒家"的一种当代儒学理论表现形态。自"生活儒学"正式提出至此次《生活儒学讲录》新作的出版,作者已出版了5本相关专著,发表近百篇学术文章。① 本文拟就《生活儒学讲录》一书谈一点笔者读后的想法。

---

① 关于"生活儒学",参见黄玉顺:《面向生活本身的儒学——黄玉顺"生活儒学"自选集》,四川大学出版社2006年版;《爱与思——生活儒学的观念》,四川大学出版社2006年版;《儒学与生活——"生活儒学"论稿》,四川大学出版社2009年版;《儒家思想与当代生活——"生活儒学"论集》,光明日报出版社2009年版。

一、生活儒学的境域及应对

生活儒学作为当前世界范围内学术思想的一种，必然面对所有中外学术理论的共同境域。而此共同境域可以归结为：全球化和现代性及两者所带来的后果。随着科技和经济的迅猛发展，人与人之间的交往互动已被诸如网络等先进技术手段相连得更加广泛与紧密，国与国之间的往来较之以往更加频繁与多层次化，不同的文明形态在科技、政治、民族、宗教等层面要求平等地对话与交流的愿望也越来越强烈。随着现代性的生活方式在全球范围内的扩张和人际交往过程中的确立，一方面我们改造世界的能力大大提高，人们的物质财富空前丰富；另一方面，人类的工具理性被无限扩大而导致生态恶化和能源危机，传统的合法性权威受到质疑而带来社会失控和政治失调，人的精神家园失落而造成生命虚无和意义危机。面对全球化和现代性所带来的诸多危机，能否寻求一种合乎普适价值的学术的问题凸显。在世界范围内，各种理论思潮争鸣，相互争夺话语权。这也给作为中国文化主干的儒学提供了复兴的契机。时代在呼唤儒学，能否为解决当前社会问题提供有益的理论支持成了当代儒学的建构方向。生活儒学将当前儒学复兴运动的基本性质定位于“现代性诉求的民族性表达”[①]，标明自己的学术指向乃是当下社会生活的种种问题，应该说这是具有鲜明的自觉意识的。生活儒学依然在路上、在成熟的过程中，至于其能否完成儒学复兴任务，我们将继续给予关注。

生活儒学作为当代儒学理论建构的一种，面对的是当前的各家理论思想。大体来说，主要包括当代西方哲学诸流派（主要是分析哲学、现象学、后现代主义等），传统儒学诸形态（原典儒学、宋明儒学、现代新儒学）和作为国家意识形态的马克思主义哲学。面对分析哲学，黄玉顺先生认为，分析哲学所做的琐碎的语言分析工作与中国传统相去甚远。后现代主义所持的极端的解构主义态度，将一切都解构了，人们只好去过丛林生活，奉行动物原则，这当然是不足取的。而海德格尔现象学虽然做出了“存在”与“存在者”区分的伟大贡献，但最终将“此在”这样一种特殊的存在者作为存在本身的前提，从而陷入了自我悖谬。在完成对海德格尔“存在”的超越之后，黄玉顺先生提出了生活儒学特有的存在观念——“生活”。面对原典儒学，生活儒学的主张是：回到“孔孟的儒学，乃至于孔孟之前的‘六经’系统”[②]。黄玉顺先生给出的理由是，当前中国社会与孔孟所处的时代同是社会大转型时期，“作为转型来讲，它们会有很多共同的特征，

① 黄玉顺：《生活儒学讲录》，安徽人民出版社2012年版，第7页。

② 黄玉顺：《生活儒学讲录》，第18页。

那么，我们好好去学学孔孟是如何解决社会转型当中的问题的，这对于我们今天在第二次社会大转型当中重建儒学会有很大的启发性。”[1]面对现代新儒学，黄玉顺先生判定其为儒学的一种现代性表达，但它们“返本开新”的基本路数依然没有摆脱两千年以来传统的形而上学思维模式，尚有待还原到生活存在的本源视域。面对马克思主义哲学，黄玉顺先生认为马克思所讲的“实践”观念与生活儒学的“生活”观念之间有对应性和非等同性，马克思关于社会存在决定人们的意识等思想，与儒家话语有相通之处。可以看出，生活儒学已经对自己身处的理论境域做出了一定程度上的回应。

二、生活儒学的基本观念及未来展开

生活儒学的第一胜义——“生活”观念，是在对海德格尔现象学的“存在”概念的超越上斩获的。海德格尔虽然区分了“存在与存在者”，但海氏的“存在”最终还是“此在”这样一种特殊的存在者。生活儒学则继续追问这样的特殊存在者何以可能，从而将思想视域拓展到海氏“存在”的生活本源。用生活儒学的观念来说，“生活即是存在，存在即是生活。”[2]客观地说，形而上学的思维模式无论是西方式的主客二分，宋明儒学的本体与功夫，还是现代新儒学的内圣外王都已经难以应对出现在当前社会中的一系列问题。而黄玉顺先生所提出的“生活”则是一种全新的思想视域。在生活本源视域的关照下，可以获得对中国传统哲学新的理解和再解释，也为当代儒学的建构提供了新的可能向度。

在生活本源视域的基础上，黄玉顺先生引证老子“天下万物生于有，有生于无”的生成论思维，做出了存在（无）→形而上存在者（有）→形而下存在者（万物）的层级划分。[3] 如此的层级划分广泛存在于先秦儒道两家思想观念之中，那何以保证作为层级源头的“存在”是儒家式的“生活”而不是道家式的“无”呢？黄玉顺先生从文字、音韵、训诂的角度考察了“生”“活”“存”“在”等字的起源，给出了“生活”“存在”的本源，并得出结论：人和草木共同生活于大地之上，这是先民对生活本源情境的原初感悟。“在儒家这里，存在就是仁爱。爱就在，不爱就不在。”[4]仁爱是一切存在者的大本大源，形上之本体和形下之万物都由此而生出。只有获得生活本源的视域，才能找到形而上学的根源，形而上者和形而下者的重建才得以可能并保持儒家的价值取向。

---

① 黄玉顺：《生活儒学讲录》，第 18 页。

② 黄玉顺：《生活儒学讲录》，第 23 页。

③ 参见黄玉顺：《生活儒学讲录》，第 65 页。

④ 黄玉顺：《生活儒学讲录》，第 73 页。

上述乃是生活儒学目前展现出来的最源初的本源视域和观念层级划分，也是生活儒学对重建儒学工作的最基本也是最重要的理论贡献。那么，生活儒学是如何处理摆在面前的诸多学术思想的呢？生活儒学关于重建形上学和形下学的工作又进行得如何呢？

当前学术思想流派可以归结为：以西方传统形而上学为基础的现代性思想；西方当前流行的后现代主义；国内学界的西化自由主义、原教旨主义和当代儒学内部的其他思想。现代性思想在两次世界大战之后，在西方本身已然受到了深层次的反思和批判，包括中国传统文化在内的东方文化也越来越受到西方学界的重视。毫不夸张地说，当代世界都在向古老的东方寻求智慧资源。西方现今流行的后现代文化，本就是反思现代性问题的产物。其在哲学领域内表现为“拒斥形而上学”，解构主客对立的思维模式，其以彻底怀疑的精神来重估一切价值，所造成的价值多元化的最终后果难免会陷入价值的虚无化，将会使人的社会生活失去统一的精神诉求。如上所述，全球化和现代性是所有当代学术思想不可选择的被抛境域。面对如此境域，学术上的中西比较、会通是不可避免的大势所趋。这里首要面对的就是在此大势之下，自身所采取的本位立场，是正视自身的民族文化主体性，还是采取全盘西化的立场？众所周知，近代中国以来，以儒家文化为首的传统受到了三千年来未有的怀疑、冲击和否定。在“西学东渐”之势下，一方面，许多知识分子弃传统如敝屣，西方的自由、民主、科学等观念可谓深入人心，延续至今。而在儒学复兴的今天，再一味地倡导“西体中用”，漠视自身传统，走全盘西化的道路已然为当下世界范围内的学术交流所证伪。另一方面，一批传统文化的守护者走向了另一个极端，他们站在狭隘的民族主义立场上进行理论建构，甚至反对现代性的生活方式，具有原教旨主义的倾向，这显然脱离了当下“活的”社会实际生活本身。在中国大陆当代儒学建构内部，张祥龙先生和黄玉顺先生都取法现代西方现象学尤其是海德格尔现象学。[①] 两者在海德格尔“存在论区分”的基础上，前者获得的是一种终极天道观视域，后者获得的则是生活存在的本源视域。那为何有如此的不同呢？在张的著作中，我们可以看出“终极天道观”所强调的是海氏“存在”的构成性、境域性和原发性。可以说，张的终极天道观是对海德格尔存在论一定意义上的改造。与此不同，黄则有意识地去超越海德格尔的“存在”，强调的是儒家意义上的本源性。在视域类似而实有区别的前提下，张重视的是儒家文化的“人间生活化”

---

① 关于张祥龙现象学儒学，参见氏著：《思想避难：全球化中的中国古代哲理》，北京大学出版社2007年版；《中华古学与现象学》，山东友谊出版社2008年版；《海德格尔思想与中国天道》，中国人民大学出版社2010年修订版；《从现象学到孔夫子》，商务印书馆2011年版。

和“亲子源头性”的基本特征，而黄则一直强调的是生活本源的仁爱情感。[①] 在对待现代性的问题上，张怀着一份强烈的儒学危机意识，提出通过建立“儒家文化保护圈”而实现“思想避难”，难免让学界对其有割裂儒学本身所具有的与当下生活方式互动的现实精神的质疑。而黄在承认现代性生活方式下，力图通过重建儒家的形上学和形下学来解决现代性生活方式中产生的现实问题。

在生活儒学与上述各类思想流派的交流互动中，我们可以看出，生活儒学是有意识批判地吸纳各家学说的。但毋庸讳言的是，这样的学术交流才刚刚开始，生活儒学对其目前已经能做到基本的评判，但还未及理论对话的深层次。在生活儒学的“生活”观念获得了超越诸家的本源视域之后，如何来整合对方的理论，仍然是不可回避的学术工作。尤其是后现代主义，后现代作为一种思潮本身尚处于逐步发展的过程之中，与其的思想互动必将随着时代的发展而长久保持下去。究竟对方有哪些思想观点是可以认同和可资借鉴的？哪些理论原则又是需要坚决抵制的？这都需要生活儒学加以应对，给出更为明晰的理论回应。总之，生活儒学对他者的评判尚缺乏充分的论证，他种学术思想对生活儒学也同样需要进一步的理解。在学术交流的初期，一定程度的误解和不理解都属不可避免的正常现象。这一方面，黄玉顺先生坦言，“但是，这个观念（‘存在’本身的问题）显然还是没有像我期待的那样让人们理解和接受”[②]。本来，学术思想的发展就是在对话和辩论中成长并成熟起来的，学术流派的形成更需要数十年乃至更长时间的探索奋斗，只有在广泛而深入的交流中才能改进和完善各自的理论建构。重要的是，在此过程之中双方都需要保持冷静的思考和开放的胸怀。

在生活儒学与儒学传统内部各形态的关系上，生活儒学在当下生活的立足点上，首先揭示了一种广泛存在于原典儒学当中的被遗忘、被遮蔽的思想视域。此种思想视域就是“存在与存在者的区分”的观念，作为“在”、作为“无”的生活本身，作为原初显现的“爱”本身。[③] 在此本源视域的基础之上，生活儒学是提倡要回到原典儒学的，是以重建儒家形上学、形下学（知识论和伦理学）为目标的。回到原典儒学不仅意味着回到原典儒学的本源视域，而且在此基础上也要回到原典儒学的形上学和形下学来重建当代儒学的形上学和形下学。关于形下学，黄玉顺先生目前所从事的“中国正义论”的制度规范研究对孔子、孟子、荀子的

---

① 《论语·学而》载：“孝弟也者，其为人之本与！”朱子注：“行仁自孝弟始，孝弟是仁之一事。谓之行仁之本则可，谓是仁之本则不可。”[（宋）朱熹：《四书章句集注》，中华书局 1983 年版，第 48 页]。毕竟，孝悌作为伦理层级上的情感显现只是行仁之本，而非仁之本身。仁爱情感即是对生活的本源领悟。

② 黄玉顺：《生活儒学讲录》，第 96 页。

③ 参见黄玉顺：《生活儒学讲录》，第 93 页。

正义理论的探索就属此列。而关于形上学，在孔子那里就是“性与天道”的问题。可以说夫子所罕言的“性与天道”正是在儒、释、道三家激荡之后的宋明儒学时期才得以真正建构起来的。宋明儒学正是通过儒家形上学的建构才实现了自中唐以后韩愈、李翱所倡导的儒学复兴。简单地说，宋明儒学曾在儒学历史上成功重建过儒家形上学，而现代新儒学援引西哲柏格森、康德和黑格尔诸氏也曾做出过自己的努力。宋明儒学和现代新儒学对儒家形上学的建构能否为包括生活儒学在内的当代儒学的形上学重建提供理论借鉴？这是生活儒学不得不深思的理论课题。生活儒学要重建儒家形上学，认真辨析此两者的理论系统，将是未来展开的理论工作之一。

三、儒者的存在可能及儒者的意识挺立

我们今天来谈儒学复兴与当代重建，自然离不开儒家道统接续者的学术工作。子曰：“人能弘道，非道弘人。”（《论语·卫灵公》）儒学正是通过孔子以后历代儒者的不断阐释、实地践履而得到传承与发展的。那么，什么样的人才可能被称为儒者呢？黄玉顺先生曾有个著名的论断：“人天然是儒家。”[①]“人”从哪里来？作为儒者的“人”乃是众多形而下者的一员，从生活儒学的观念来看，是来源于生活的。人人都具有作为生活情感的仁爱。我们首先要领悟的是，作为个体性的存在者，我们在生活着。因为有这样的生活仁爱情感，我们才得以“在”着。是生活给出了人的存在，生活就是人的一切。在生活中，我们领悟着我们都从“生活”而来。

既然人人都是儒家，能否说人人都是儒者？并非如此。这里有一个生活本源之后的主体性的事情，有一个主体的自觉意识在发生作用，有一个逐步生成的生活历程。儒者与生活儒学意义上的儒家的区别就在于主体的自觉性。我们称以孔子为宗师，以六经为经典，以仁义为根本，以教化为职责，以修己安人为目标，以治理天下为理想，以成就圣贤为终极关怀的儒学承担者为“儒者”。儒者的一生是与为学和力行相始终的。儒者所面对的是当下活生生的实存生活。当儒者在纷纭扰乱的大千世界中生活时，如何保持自身人格的超然独立？如何坚守行为处事的正义原则？这都需要“先立乎其大者”（《孟子·告子上》）的儒者意识的挺立作为先导。只有在儒学价值的自我肯认下，才能更好地进入众多的形而下者领域，才能更好地去生活。儒者的生活不是混世，儒者的生活当是以儒学价值为导向的。儒者的生活不应当局限于自然、功利、道德的形下

① 黄玉顺：《儒学与生活——“生活儒学”论稿》，第262页。

境界，还应去追寻形上的天地境界，进一步归返于仁爱的自如境界之中。人的生命不能停留于生理的需求、自然的情感，还要去探索人之为人的生生之德和仁爱之道。儒者生命的历程不当是个有所止的断裂，而是一个不间断的实践历程。在生活中，我们领悟着人和草木共同生活于大地之上，天、地、人三才并立于宇宙的大化之中。在儒者的生活中，应该自觉地去寻求天人、物我、人己、心身的相互贯通。

黄玉顺先生曾感言："我不仅将继续坚持自己的'生活儒学'的思考，还将继续做一个生活的儒者，过一种儒者的生活。"[①]黄玉顺先生此次《生活儒学讲录》一书是由"生活儒学"的超星学术视频、"生活儒学的基本观念"的长白山书院会讲、"生活儒学与当代哲学"的云南师范大学讲演和若干短论结集而成。这些讲演虽然萌生于书斋，形成于讲堂，却展现了生活，可以看成是作为儒者的黄玉顺先生的一种自觉的生活样式。作为求道的信徒，我们都是生活的儒者，当去过一种儒者的生活，这不仅是生活儒学所彰显的儒者意识，也是全天下所有儒者同道的共同心声。

---

① 黄玉顺：《面向生活本身的儒学——黄玉顺"生活儒学"自选集》，第 375 页。

论“生活领悟”与“形式显示”之道路

——生活儒学与海德格尔生存论的根本差异

杨　虎

【编者按】此文原载胡骄键、张小星主编:《生活儒学:研究・评论・拓展——第三届“生活儒学”全国学术研讨会论文集》,四川人民出版社 2020 年版。此外,作者诠释“生活儒学”的文章尚有:《别具一格的“非人的生活”——评生活儒学对“生活”与“人的生活”的区分》(杨永明主编:《当代儒学》第 4 辑,广西师范大学出版社 2013 年版)、《“情性”论:传统“性情”论的突破——黄玉顺的儒学情感论》(杨生照主编:《生活・情感・思想——评黄玉顺“生活儒学”》,四川人民出版社 2018 年版;此文节选自杨虎《情性论:儒家情感论的再省察》,原载陈明、朱汉民主编:《原道》第 24 辑,东方出版社 2014 年版)、《论变易的三重显现:不易・简易・交易——黄玉顺“变易本体论”的一种启示》(涂可国主编:《黄玉顺生活儒学研究》,齐鲁书社 2017 年版)、《论“新基础主义”——〈泉城之会〉编者前言》(杨永明、郭萍主编:《当代儒学》第 12 辑,广西师范大学出版社 2017 年版)。

黄玉顺生活儒学与海德格尔生存论的思想因缘是确乎其实的,但二者的思想道路及其展现历程有着根本的差异。海德格尔生存论的根本“道路”是“形式显示”,它是生存的“指引—充实”,展现为时间性的显示机制,在生存时间性的“到时”中将人的生存处境“显示”和“发动”起来。黄玉顺生活儒学的根本“道路”是“生活领悟”,即生活本身的自身领悟和自行运作,在其所阐发的存在、情感和境界的思想体系中“一以贯之”的事情就是生活领悟的层级性展现。这两种“道路”的根本差异在于:其一,生活领悟不以“人”的生存领会为先行观念,而形式显示体现在“人”的生存领会和生存结构中;其二,形式显示揭示了先于一切现成把握方式的原初"关联结构",而本源生活领悟指向的是先于一切"关联"或者"关系"的"无化之境";其三,生存的显示机制是"时间性"的回旋结构,而生活领悟的展现机制是"无间性"的层级性运作。就其思想气质和学理格局来说,海德格尔生存论是现象学式的"回旋构成""居间发生",黄玉顺生活儒学则是东方式的"当下即是""直下圆顿"。生活儒学的基础性学理也有其推进的可能性,通由"观仁"亦即本源仁爱领悟的"自观自见(现)"道路,依循"观法之切转"的运作机制,一方面凸显生活领悟的展现机制,于此说"切转"亦是"无所转"之转;一方面明证生活本身之"情即是境",亦即在"观仁"中,"情显"即"境现"。

当代儒家思想家黄玉顺先生建构的"生活儒学"思想体系,是植根于当下生活,以"儒学传统"[①]和东方哲学为主要思想资源和理论言说方式,同时融摄西方现象学建构的一种儒学理论形态。按照黄玉顺先生自己的说法:生活儒学"在总体的致思进路上,是在与现象学——胡塞尔、舍勒,尤其是海德格尔的平等对话中展开的"[②]。这其中,生活儒学尤其是与海德格尔生存论有深切的思想因缘。诚然,这是一种"前主体性对话"[③],但由于人们习惯于以既成的方式把握一切,问题便从"环中"(庄子语)脱落而出,以至于忽视和掩盖了生活儒学与海德格尔的思想差异。有鉴于此,本文不再过多阐明其共通之处,而侧重判释二者的差异之处,从中自可见其各自独立而殊胜的思想意境。为此,本文着眼于生活儒学和海德格尔生存论之如何"有",从那决定着生活儒学和海德格尔生存论的根本"道路"切入厘定二者的根本差异。如果说,在这一工作之外,还能导出某种致思的可能性道路,那么,虽然它看似超出了,但不仅不是画蛇添足,而且恰恰是本论题隐含的深切意图。

一、论题的切入

近些年来,学界关于生活儒学的研究和评论,已经出了许多成果。但是,涉及生活儒学与海德格尔生存论的比较,除了十多年前张志伟先生的评论和黄玉

① 杨虎:《论"儒学传统"与"传统儒学"》,《宁夏社会科学》2018年第6期。

② 黄玉顺:《"生活儒学"导论》,《面向生活本身的儒学——黄玉顺"生活儒学"自选集》,四川大学出版社2006年版,第29页。

③ 黄玉顺:《前主体性对话:对话与人的解放问题——评哈贝马斯"对话伦理学"》,《江苏行政学院学报》2014年第5期。

顺先生的回应之外[①]，目前尚未见有其他的专题性讨论。因此，笔者将从黄玉顺先生本人的说法切入这一问题的讨论。黄玉顺先生着眼于生活儒学和海德格尔生存论的基础观念亦即“生活”和“生存”，对二者的根本差异做出了如下判断：

> 生活儒学的“生活”观念绝非海德格尔的“生存”概念。海德格尔既然把生存理解为“此在”(Dasein)的生存，那么，此在就先行于生存；他又把此在理解为一个存在者，虽然是一种特殊的存在者；于是，某种存在者就成了生存的前提。这样一来，所谓“生存”也就不再是生活儒学所说的“生活”了。因为：生活儒学之所谓生活，并不是此在的生活，亦即不是任何存在者的生活。这是我尤其要强调的生活儒学的一个基本观念：作为大本大源的生活本身，先行于此在，先行于人，先行于任何存在者。没有生活，就没有任何存在者。[②]

这里主要表达了三层意思。

其一，关于生活“观念”与生存“概念”，这里出现的“概念”和“观念”之不同，并非是不经意的语词使用，而是一种自觉的区分。这是因为，黄玉顺先生认为海德格尔哲学语境中的“生存”还是一个关于存在者的存在之界定，而生活儒学视域中的生活并不是存在者化的概念，而是本源的观念，或者说“本源性的生活领悟”。黄玉顺先生专门就“观念”[③]做出了存在论阐释，这里不再做进一步的解释。

其二，此在的生存论进路与“存在论区分”是自相抵牾的。海德格尔说：“我们必须能够搞清楚存在与存在者之间的区别。这一区别不是随意做出的，它毋宁是那样一种区别，籍之可以首先获得存在论乃至哲学自身的主题。它是一种首先构成了存在论的东西。我们称之为存在论差异，亦即存在与存在者之间的区分。”[④]海德格尔认为，“存在论区分”是存在论的首要环节，存在不同于存在者，因此不能以把握存在者的方式把握存在本身，但他又冀图通过以“此在”为存在特征的“特殊的存在者”重新发问存在问题，这就是此在的生存论进路。

---

① 参见张志伟：《关于海德格尔与中国哲学之间关系的几点思考——对黄玉顺〈生活儒学导论〉的批评》，《四川大学学报》(哲学社会科学版)2005年第3期；黄玉顺：《论生活儒学与海德格尔思想——答张志伟教授》，《四川大学学报》(哲学社会科学版)2005年第4期。

② 黄玉顺：《论生活儒学与海德格尔思想——答张志伟教授》，《四川大学学报》(哲学社会科学版)2005年第4期。

③ 黄玉顺：《汉语“观念”论》，《爱与思——生活儒学的观念》(增补本)，四川人民出版社2017年版，第187页。

④ [德]海德格尔：《现象学之基本问题》，丁耘译，上海译文出版社2008年版，第19页。

其三，生活儒学的基础观念是生活本身，生活本身先行于一切人和物的观念，这与海德格尔揭明存在本身为存在者奠基的意图是一致的，但生活本身的开显并不依赖于任何存在者的生活，生活本身乃是先行于一切主体性和存在者观念的"非人的生活"[①]，这与海德格尔从"人的生存"逼显存在意义的生存论进路是不同的。

应当说，黄玉顺先生的概括是非常精炼的，但也由此容易给人造成一种过于简单化的印象——好像只是在"生活"和"生存"的观念构造上甚至仅仅是在语言表达上做文章？实际上，关于生活本身的"生活本源论"[②]，黄玉顺先生做出了系统的存在论描述，在其中可以看出与生存论进路的不同，但这一工作往往受到忽视而难以作为具体论证出场。所以，集中于"生活"和"生存"的诠释厘定生活儒学和海德格尔生存论的根本差异，这一方式的实际领受效应是非常有限的。有鉴于此，我们不妨从生活儒学和海德格尔生存论的根本"道路"出发，以期更加有效地领受二者的根本差异。

笔者这一想法受到了海德格尔的启发，海德格尔中后期特别强调"道路""路"，尤其是"语言"的"道路"："语言是存在之家，因为作为道说的语言乃是大道之方式。"[③]其实，这也适用于海德格尔前期思想，例如我们下文将要展现的"形式显示"也是某种"道说"的方式，因为现象学乃是"让人从显现的东西本身那里如它从其本身所显现的那样来看它"[④]，而通过"形式显示"的"概念"（语言），就旨在把先行于人对"现象"的"异己化"、对象化把握方式的原创经验显示出来。在东方思想意境中，道路之为道—路，包含了"说"和"路"的意味，道以"自说自话"的方式开辟着自身的"路"，这与海德格尔说语言是大道的运作有异曲同工之妙。我们这里不对语言（道说）做专题讨论，而仅仅从"道路"作为"道"的运作方式说明，道以道路的方式展现自身，道路不断地构成着道，道路是思想与方法的相应构成；道路既是观念的进路，也是生活的衍流，道路是生活与观念的自身同一。

二、生活儒学和海德格尔生存论的根本"道路"

如果说，生活儒学的根本道路是"生活领悟"，那么，海德格尔生存论的根本

① 杨虎：《别具一格的"非人的生活"——评生活儒学对"生活"与"人的生活"之区分》，杨永明主编：《当代儒学》第 4 辑，广西师范大学出版社 2013 年版，第 193 页。

② 黄玉顺：《生活本源论》，《爱与思——生活儒学的观念》（增补本），第 187 页。

③ ［德］海德格尔：《在通向语言的途中》，孙周兴译，商务印书馆 2004 年版，第 269 页。

④ ［德］海德格尔：《存在与时间》（修订译本），陈嘉映、王庆节合译，三联书店 2006 年版，第 41 页。

道路则是“形式显示”。

(一)生活领悟:生活儒学的根本“道路”

在生活儒学语境中,“生活领悟”是可以与“生活本身”等同使用的观念,因为“生活本身”并不是某种实体和物化的东西,即是指本源的生活领悟:“生活显示为生活感悟——显示为生活情感、生活领悟。”[①]生活本身显现为生活领悟,这决定了生活领悟的本源性,亦即,生活领悟并非是我们对生活的对象化把握和理解,而即是生活的自身显示,本源的生活领悟是情感性的,所以又称之为“生活情感”,这是生活儒学的根本“道路”。

首先,生活领悟既是生活儒学的基础观念,也是生活儒学观念系统所赖以展开的根本方法。生活儒学认为:“生活即是存在,生活之外别无所谓存在。”[②]对存在问题的追问不能脱离生活,但生活不是物化的东西,如果以一种主客化的方式把握和理解,恰恰是对生活本身、存在本身的遮蔽,这就需要一种生活自身开显的方式,我们用“生活领悟”这一观念来表达。就其奠基性作用而言,生活领悟必然是超越主客架构,超越对象化认知的,正如黄玉顺先生所说:“生活领悟不是一种所谓‘认识’,因为认识总是在‘主—客’架构下才能发生的事情,然而生活领悟先行于‘主—客’架构。认识总是对存在者的认识,而生活领悟却是对存在本身的领悟。”[③]“生活领悟”描述的是,把握生活本身、存在本身的唯一方式,就是生活本身的自身领悟。然而,这么说反倒会带出很多疑问,其中最关键的是,我们关于生活的日常领悟与生活儒学所说的本源生活领悟是一回事吗?对这一问题的回答就包含在对生活领悟之为生活儒学观念系统展开之根本方法的揭明中。

生活儒学的观念系统是由“观念的层级”撑开的,笔者曾经指出,所谓观念的层级,其实就是“生活领悟的层级性显现”[④],或者说“生活领悟的层级性观念”[⑤]。生活儒学提出:

> 我们全部的观念,全部的精神生活,倒不外乎这样的观念层级:
> 一般的表达:存在→形而上存在者→形而下存在者

---

① 黄玉顺:《论生活儒学与海德格尔思想——答张志伟教授》,《四川大学学报》(哲学社会科学版)2005年第4期。

② 黄玉顺:《生活本源论》,《爱与思——生活儒学的观念》(增补本),第220页。

③ 黄玉顺:《爱与思——生活儒学的观念》(增补本),第45页。

④ 杨虎:《论易学哲学的现代转型》,《中州学刊》2017年第8期。

⑤ 杨虎:《论变易的三重显现:不易·简易·交易——黄玉顺“变易本体论”的一种启示》,杨永明、郭萍主编:《当代儒学》第11辑,广西师范大学出版社2017年版,第266页。

儒家的表达：生活情感→形上之性→形下之情①

我们将会在下文看到，生活儒学的观念系统就是按照这三个层级展开的，无论是本源生活、存在本身，还是形而上存在者和形而下存在者都是生活本身的层级性显现，是生活领悟的层级性观念。以儒家情感论进路为例，本源的仁爱情感是本源层级的生活领悟，仁体、仁性这样的观念表达的是形而上层级的生活领悟，道德情感、道德意识则属于形而下层级的生活领悟。如果说，一切观念都是生活领悟的展开样式，那么，我们关于生活的日常领悟也是生活领悟的一种展开样式。例如，我们关于道德生活、伦理生活的领悟就是一种形而下层级的生活领悟，在狭义的语境中说，这自然不同于本源的生活领悟，却不能说二者完全不相干，一切关于生活的领悟皆以本源的生活领悟为基础，反过来说，本源的生活领悟又展现在各种生活领悟之中。

其次，生活领悟既是观念的事情，也是生活的事情，一切生活都是观念（领悟）的事情，而一切观念（领悟）也都是生活的事情。既然我们关于生活的日常领悟属于生活领悟的某个层级和样式，则"生活领悟"这一观念就不是一个单纯理论化的"概念"，而是有其真实生活牵引意义的观念。在此，笔者援引章太炎先生在谈到一个与本文论题并不相干但其所透显的深刻意味却是至关重要的说法："于概念中，立真如名，不立神名。非斤斤于符号之差殊，由其有执、无执异尔。"②章太炎先生指出，从表面上看，佛家之"真如"与神性化宗教之"神"好像只是名相、言辞的区别，但其实不然，这里体现的乃是"无执"与"有执"的根本差异。如果用生活儒学的方式来说，这里的"无执"和"执"想要表达的乃是无执的生活方式、生活境界和有执的生活方式、生活境界。关于生活领悟，我们也要如此体会其深刻意味，它不是单纯理论化的事情，而是属于生活本身的事情。在这个意义上说，生活领悟就体现在生活的"事件与自觉"③中，如果说，有何种生活样态就有何种生活领悟，那么，也可以反过来说，有何种生活领悟就有何种生活样态。即便从主体性存在者来说也是如此，人的生活总是关乎某种生活领悟的，其或远或近、或真或假，人总是以这样或那样的方式领悟和演历自己的生活。

---

① 黄玉顺：《爱与思——生活儒学的观念》（增补本），第50页。

② 章太炎：《建立宗教论》，姜义华编：《中国近代思想家文库·章太炎卷》，中国人民大学出版社2015年版，第163页。

③ 黄玉顺：《事件与自觉：生活与儒学——谈民族性与现代性问题》，《儒学与生活——"生活儒学"论稿》，四川大学出版社2009年版，第302页。

(二)形式显示:海德格尔生存论的根本“道路”

海德格尔生存论的根本道路是“形式显示”。关于海德格尔的“形式显示”及其与生存论思想的关系,张祥龙先生指出:“形式显示是理解海德格尔哲学的方法论钥匙。为了应对那托普对现象学反思方法的批评,海德格尔摒弃了事后反思的方法,继承和深化了胡塞尔以时晕及时流为根的发生学的思路。”[①]张祥龙先生从海德格尔应对现象学方法的反思性困境出发,对海德格尔的“形式显示”思路及其对于前期生存论进路所起到的关键作用做了系统阐释。孙周兴先生选编、节译了海德格尔早期关于“形式显示”的相关论述,并做了集中的引论,其中有两点是至关重要的:第一,海德格尔关于“前理论的东西”的区分,它包括“原始的东西”和“真正的体验世界”[②];第二,揭明这些“东西”的方法是“形式显示”或者说“形式显示着的概念”[③]。通过形式显示的概念把人的具体生存处境及其机制“显示”和“发动”起来,就是形式显示的道路,这决定了海德格尔早期走向此在的生存论之必然性,这里做出如下几点说明。

首先,形式显示在思想与方法“之间”。根据张祥龙先生的考辨,那托普认为胡塞尔现象学的“反思性描述”截断了现象学体验之流,为了赢获“前反思性”的体验,海德格尔的思路是:“找到那样一种人类的原初体验,这种体验本身就是可领会的,也就是毋须事后的、体验流之外的反思就可以得到理解,而且还可以得到语言的表达。”[④]这种体验的表达方式便是形式显示的概念,例如海德格尔所使用的实际性、实际生活经验、此在、生存等。鉴于海德格尔对“方法”的警惕,一如他对“理论”(理论物)的警惕,我们说“形式显示”在思想与方法“之间”,与其说它是关于某种“思想理论”的“方法”,毋宁说它是生命实际的“道路”。

其次,形式显示在观念与生活“之间”。在海德格尔看来,现象学对现象的阐明必须从形式显示的方法入手,因为“现象本身就只能在形式上得到显示”[⑤]。但是,海德格尔指出,以往对现象的“形式化”把握方式仍然是一种非本真的“关联意义”,并且遮蔽了“原始的实行”[⑥]。与之不同,形式显示就是要揭明前理论化的“关联”并将其保持在“实行”中,因此,一般地说,形式显示也包含一种现象

---

① 张祥龙:《海德格尔的形式显示方法和〈存在与时间〉》,《中国高校社会科学》2014年第1期。

② 参见[德]海德格尔:《形式显示的现象学:海德格尔早期弗莱堡文选》,孙周兴编译,同济大学出版社2004年版,第18页。

③ 参见[德]海德格尔:《形式显示的现象学:海德格尔早期弗莱堡文选》,孙周兴编译,“编者前言”第8页。

④ 张祥龙:《海德格尔的形式显示方法和〈存在与时间〉》,《中国高校社会科学》2014年第1期。

⑤ [德]海德格尔:《形式显示的现象学:海德格尔早期弗莱堡文选》,孙周兴编译,第72页。

⑥ [德]海德格尔:《形式显示的现象学:海德格尔早期弗莱堡文选》,孙周兴编译,第69页。

学的“指引—充实”结构，分解地说，“关联”属于“指引”，而其“实行”则是一种“充实”，正如海德格尔早期所说：“‘形式’给出践行的‘开始特性’，导致对所指示的东西进行原始的充实。”[①]海德格尔认为，传统哲学追求普遍之物的“普遍化”进路掩盖了具体的处境，例如关于历史的普遍本质掩盖了生命实际的历史性，关于存在者之区划遮蔽了存在的意义。借助于胡塞尔关于“总体化”与“形式化”的区分，海德格尔指出：“总体化”是指“种类的普遍化。”[②]例如从“红”到“颜色”再到“感性性质”，就是一种类的普遍化。这其实就是一种从具体概念到普遍范畴的级序上升，它是依照事实的种类进行的。与之不同，“形式化”并不取决于事实的种类，例如我们说“普遍性质”，这不是通过级序上升得出的，而是在意向指涉、立义行为中“构形”的。海德格尔认为，无论是“总体化”的“排序”还是“形式化”的“构形”，都是一种普遍化，前者是直接性的，后者是间接性的。因此，海德格尔进一步提出：“在‘形式显示’中，‘形式的’一词的含义是更为原始的。……它在合乎姿态的理论因素之外。”[③]形式显示在于解开掩盖生命实际的理论化倾向，而在“实行”中揭明现象的“关联意义”。海德格尔对“实行”的强调，凸显了形式显示在观念与生活“之间”的特征，既借鉴了“形式化”的“形式关联”方向，又强调其具体的、亲身性的“实行”意义，例如，“生存”这样的形式显示概念，就是显示人与自己的“关联意义”，显示自己作为一种“能在”的处境，这一关联意义的“实行”，就是个体之人“去经历”自己的存在。

最后，海德格尔的形式显示道路必然导出其前期的生存论。海德格尔提出，在体验中的“前理论的东西”包括“原始的东西”和“真正的体验世界”，孙周兴先生指出：“这个‘前理论的’‘前世界的’‘原始的东西’毫无疑问就是他后来所思所言的‘存在’”[④]，而“世界性质的东西”则是属于实际生命体验，海德格尔称之为“实际生活经验”或者“实际性”[⑤]，等同于后来使用的“此在”概念，这些都是形式显示的概念。如果说，前者是对“存在意义”的追问，后者则是对“生命实际”的追问，对这两者的追问便构成了海德格尔前期思想的主题，而最终汇聚在《存在与时间》之中。通过形式显示的道路，对存在意义的追问便通过生命实际的发问进行。海德格尔后来指出，这一发问的不同寻常之处在于，其所问乃是其自身的存在，它是亲身性的、个体性的生活“实行”。在此之前，海德格尔便

① [德]海德格尔：《对亚里士多德的现象学解释——现象学研究导论》，赵卫国译，华夏出版社2012年版，第31页。

② [德]海德格尔：《形式显示的现象学：海德格尔早期弗莱堡文选》，孙周兴编译，第67页。

③ [德]海德格尔：《形式显示的现象学：海德格尔早期弗莱堡文选》，孙周兴编译，第69页。

④ [德]海德格尔：《形式显示的现象学：海德格尔早期弗莱堡文选》，孙周兴编译，“编者引言”第4页。

⑤ [德]海德格尔：《存在论：实际性的解释学》，何卫平译，人民出版社2009年版，第1页。

说:“实际性是用来表示‘我们的’‘本己的’此在的存在特征。”[1]此在作为实际生活经验是亲身经历自身者,此在的存在特征乃是一种“向来我属的性质”[2]。如果说,对存在意义的追问不能像对存在者的追问那样,必须通由此在、实际性的生存显示;那么,此在的生存论之存在论进路就是不可避免的,所以海德格尔早期把存在论界定为“实际性的解释学”[3]。海德格尔一方面讲“存在论区分”,一方面又讲“解释学循环”,这一“循环”从根本上说便是“此在的生存”与“存在本身”之循环,海德格尔宣称:“决定性的事情不是从循环中脱身,而是依照正确的方式进入这个循环。”[4]由此,此在的生存领会之“先行”就是不可避免的。

(三)“生活领悟”与“形式显示”的根本差异

从以上对生活领悟和形式显示的勾勒可以看出,二者在致思方向上具有共通性,可以概括为:二者都旨在揭明前物化和前认知化的原初生活状态,它先行于各种物化、存在者化的生活理解和把握方式,因此,所谓“揭明”即是让原初生活状态以自身领悟、自身解释的方式显示出来。在生活儒学,原初的生活状态被表达为“生活本身的本源情境”[5],本源生活情境以生活领悟自身的方式显示出来;本源的生活领悟是“先行于任何存在者的本源情境中的事情”[6];在海德格尔,原初的生活状态被表达为此在、“实际生活经验”,它以形式显现的方式进行自身领会和自我解释的活动。不过,生活领悟和形式显示道路仍然有其根本性的差异,主要表现为三个递进的思想环节。

首先,本源的生活领悟并非有待于“人”或者说某种存在者的先行领会,而形式显示体现在“人”的生存领会和生存结构中。

黄玉顺先生之所以不赞同海德格尔的生存论进路正是基于这一理由:“生活作为真正的本源的事情,绝不是‘谁的生活’,不是任何主体性的人的生活。主体性的‘谁’是生活本身‘给出’的,而不是相反。”[7]生活儒学强调生活本身的前主体性特征,生活领悟自身的方式并不通由某种存在者的生存领会进行,不是此在的生存领会,而此在这一形式显示的概念确实凸显了人与自己的存在之“关联”和“实行”意义,这是一种以先行把握某种存在者的存在逼显存在本身、

---

① [德]海德格尔:《存在论:实际性的解释学》,何卫平译,第7页。

② [德]海德格尔:《存在与时间》(修订译本),陈嘉映、王庆节合译,第50页。

③ [德]海德格尔:《存在论:实际性的解释学》,何卫平译,第5页。

④ [德]海德格尔:《存在与时间》(修订译本),陈嘉映、王庆节合译,第179页。

⑤ 黄玉顺:《生活本源论》,《爱与思——生活儒学的观念》(增补本),第233页。

⑥ 黄玉顺:《汉语“观念”论》,《爱与思——生活儒学的观念》(增补本),第206页。

⑦ 黄玉顺:《论生活儒学与海德格尔思想——答张志伟教授》,《四川大学学报》(哲学社会科学版)2005年第4期。

生活本身的方式。

我们说生活领悟乃是“生活领悟自身”，一种质疑便随之而来：如果不通过人的亲身性领悟，我们是如何领悟到“生活本身”的呢？我们可以通过两种发问方式的比较来说明这一点。第一种发问方式是：如何领悟生活本身？于是，问题便又可以分解为：第一，“谁”在领悟？第二，领悟到了“什么”？这一发问结构就是：谁→领悟→什么？那么，这里就是一种主客式的把握方式，就遮蔽了原初的生活领悟。第二种发问方式是：生活如何领悟？这里的把握方式不以“谁”在领悟为先行，生活领悟不是某种主体性存在者对生活之“什么”的把握。这里存在着一种“观法”的问题，用佛家式的表达方式说，本源的生活领悟是“无分别智”，亦即我们关于生活的领悟，其实就是“生活领悟自身”，自其不同“观法”说罢了。

其次，生活领悟是先行于一切“关系”或者“关联”的作为“无化之境”的生活本身的自身解释，而形式显示则是某种“关联结构”的自身解释。

不可否认，无论是生活领悟还是作为形式显示概念的生存领会都体现了一种“自身解释”的特征。海德格尔指出，解释不是对事物的专题化把握（理论化认知），而是生存领会的自身筹划、自我言说：“领会在解释中有所领会地占有它所领会的东西。领会在解释中并不成为别的东西，而是成为它自身。在生存论上，解释植根于领会，而不是领会生自解释。解释并非要对被领会的东西有所认知，而是把领会中所筹划的可能性整理出来。”[①]这一解释首先指引着生存处境中的现象之“关联”，包括“周围世界，公共世界，本己世界”[②]，即是人与物、人与人、人与自己的先行关联结构。虽然黄玉顺先生在有些地方使用了诸如“共同生活”这种类似语词来表达，但与之不同，“共同生活”描述的是一种“无分别相”或者说“无化之境”，是“无人”“无物”之境，不是对人与人、人与物之关联结构的先行阐明。这里可以更加直观地展示二者不同的思路：

海德格尔生存论：先行关联结构→主客把握方式

黄玉顺生活儒学：“无化之境”（生活本身）→人的主体性→人物之关系、关联

“→”表示奠基层序和奠基方向，二者有其明显的差异。生活儒学不是通过某种先行关联，而是在“存在观法”上以一种“无物之观”为主—客把握方式奠基，黄玉顺先生称之为“本源之观”：“生活领悟却是在‘无物’的层级上、在先行于任何存在者的本源情境中的事情。物、存在者恰恰是在这种领悟中才获得生

---

① [德]海德格尔：《存在与时间》（修订译本），陈嘉映、王庆节合译，第173页。

② [德]海德格尔：《对亚里士多德的现象学解释——现象学研究导论》，赵卫国译，第82页。

成的可能。在这种本源之观中，我们固然在‘看’，但这并不是认识论意义上的观察，甚至也不是所谓‘现象学的看’。”[①]在这里，尚未出现人和物的观念及其关系结构，当人的主体性生成之后，才有“人与人”和“人与物”的关系结构可言。这里的关键区别就在于对“关系”或者“关联”的领悟，海德格尔则视其为“原初经验”的结构，而生活儒学则认为一切“关系”或者“关联”都已然是存在者化的事情，因而对“原初经验”采取了一种彻底的“无化”之“观”。

最后，生活领悟的展现机制是“无间性”意义上的当下性之观念层级的运作，而形式显示的机制则是“时间性”的统一“到时”。[②]

我们前面说过，海德格尔认为存在意义的追问只能从以“此在”为存在特征的存在者之存在进行，而“只要存在进入此在的理解，追问存在的意义就是追问存在本身”[③]。于是，存在的意义就是此在的生存之本根——“操心”之为时间性。海德格尔说：“我们把如此这般作为曾在着的有所当前化的将来而统一起来的现象称作时间性。……时间性绽露为本真的操心的意义。”[④]“生存”“操心”的形式显示机制就是“时间性”，是曾在、将来与当前的绽出和统一到时。与之不同，生活领悟的展现机制并不强调这种回旋式的“统一到时”，而是就“当下性”进行阐明：“所谓‘当下’，其实就是生活儒学所说的‘生活’或者‘存在’之谓。”[⑤]生活领悟的展现机制是当下性的层级性之运作，表现为从生活本身到形而上存在者和形而下存在者的层级性领悟之历程。这与以上所指出的两点差异是相应的，生活儒学的“当下性”即是“无间性”，先行于存在者的时间性领悟，是直下地就“无化”之生活本身而不是以“关联结构”言说之，海德格尔所说的“当前”则是人的时间性领悟，是在其与曾在、将来的“关联结构”中言说之。

三、生活领悟的层级性展现与生存的时间性显示机制

我们以上论述的生活领悟和形式显现道路的根本差异，落脚在生活领悟的层级性展现机制与形式显示的时间性机制，对此的具体阐释也将构成本文开头所说的生活儒学和海德格尔生存论之如何“有”的落脚点。

(一)生存的时间性显示机制

海德格尔的《存在与时间》由两个环节构成，首先是对此在的生存论分析，

---

① 黄玉顺：《汉语“观念”论》，《爱与思——生活儒学的观念》(增补本)，第206页。

② 参见[德]海德格尔：《存在与时间》(修订译本)，陈嘉映、王庆节合译，第374页。

③ [德]海德格尔：《存在与时间》(修订译本)，陈嘉映、王庆节合译，第178页。

④ [德]海德格尔：《存在与时间》(修订译本)，陈嘉映、王庆节合译，第372页。

⑤ 黄玉顺：《“时间”观念何以可能——从“无间性”到“有间性”》，《河北学刊》2014年第4期。

其次是通过时间性的显示机制"重现"此在的生存论分析,这两个环节凝聚于人的生存("操心")之时间性中。海德格尔说:"此在的存在论结构整体的形式上生存论上的整体性须在下述结构中把握:此在之存在说的是:先行于自身已经在(世内)的存在就是寓于(世内照面的存在者)的存在。这一存在满足了操心这个名称的含义,而这个名称则是用于纯粹存在论生存论意义上的。"①此在的生存整体性必须通由操心的时间性结构来把握:"先行于自身"植根于"将来","已经在世"植根于"曾在","寓于世内存在"植根于"当前"。不仅如此,时间性结构是曾在、当前、将来的回旋绽出和统一到时,举任一而显三。由此,此在的生存结构便可以在时间性的机制中显示:

> 领会首要地奠基于将来(先行与期备)。现身情态首要地在曾在状态(重演与遗忘)中到时。沉沦在时间性上首要地植根于当前(当前化与当下即是)。然而领会也是向来"曾在"的当前;现身情态也作为"当前化的"将来到时;当前也从一种曾在的将来"发源"和"跳开",并且由曾在的将来所保持。在这里就可以看到:时间性在每一种绽出样式中都整体地到时,即:生存、实际性与沉沦的结构整体的整体性,也就是说,操心之结构的统一,奠基于时间性当下完整到时的绽出统一性。②

人的生存现象的每一环节都奠基于时间性的统一绽出和到时,也唯其如此,人的生存现象才能构成海德格尔所说的整体性的生存论结构,海德格尔所说的现象之关联意义和实行意义只有植根于生存的时间性机制才能从其自身得到显示。如果分解地说:

其一,人的生存领会植根于"将来"的时间性。在人的生存领会中,人与自己的"关联"和"实行"得到自身显示,人作为能在,总是有所"先行"地领会自身并在向着自身可能性的筹划中"去生存",领会的"先行结构"包括"先行具有、先行视见与先行掌握"③,这是生存筹划的形式显示结构,它植根于时间性的"将来":"在一种生存可能性中有所筹划地领会自己,这事的基础是将来,即从当下的可能性来到自身,而此在向来就作为这种当下的可能性生存。将来在存在论上使这样一种存在者成为可能:这种存在者是以有所领会地在其能在中生存的方式存在的。"④

其二,人的生存被抛性植根于时间性的"曾在",海德格尔通过对"畏"和

---

① [德]海德格尔:《存在与时间》(修订译本),陈嘉映、王庆节合译,第222页。

② [德]海德格尔:《存在与时间》(修订译本),陈嘉映、王庆节合译,第398页。

③ [德]海德格尔:《存在与时间》(修订译本),陈嘉映、王庆节合译,第176页。

④ [德]海德格尔:《存在与时间》(修订译本),陈嘉映、王庆节合译,第383页。

“怕”的分析说明了人的现身首先是情绪性的或者说情感性的，人或者本真地现身于此，或者以某种非本真的变式现身于此，但无论哪种样式，这一被抛境况被真正地带给自己是由“曾在”绽出的：“唯当此在的存在按其意义来说是持驻地曾在，才可能在生存论上带到‘它存在且不得不存在’这一本己的被抛境况面前，不管这一被抛境况是本真地有所绽露还是非本真地有所遮盖。带到人们自身所是的被抛存在者面前，这事并不才刚创造出曾在，而是曾在的绽出才使以现身方式发现自己这件事成为可能。”[①]人发现自己是本己性的存在者，哪怕是一种非本真的本己性，而且一向不得不在“此”，这一被抛境况通过生存时间性的“曾在”显示出来。

其三，人与人、人与物的先行关联通过生存时间性的“当前”显示出来。人与人的先行关联即“共同存在”，人与物的先行关联即“周围世界”，寓世存在和沉沦于世的“常人”状态都属于这种关联。海德格尔把非本真的当下称之为“当前化”[②]，它和本真的当下作为“当前”的时间性把人与人、人与物的生存关联中本真的和非本真的样态显示出来，在此，本真样式和非本真样式一同归属于人的生存现象，本真的生存样式“并不是任何漂浮在沉沦着的日常生活上空的东西，它在生存论上只是通过式变来对沉沦着的日常生活的掌握”[③]。

在海德格尔对生存时间性机制的存在论描述中，“将来”是占据首要地位的，正如海德格尔所说：“将来在源始而本真的时间性的绽出的统一性中拥有优先地位。”[④]从形式显示的角度来说，海德格尔所揭示的生存时间性机制，不仅是为了把生存现象之“关联意义”显示出来，而且是为了一种生存的“实行”，或者说将人的生存处境在“重现”中“发动”起来。正因为这是一种不同于线性时间观的回旋构成式的生存时间性，所以人的生存现象的“实行”才是可能的，人作为一种可能性的存在者，着眼于“将来”之领会、筹划，在“将来”来到“过去”的“重现”中，绽出本真的“当前”。也正是在这个意义上，海德格尔把时间性称之为“到时”：“时间性使生存论建构、实际性与沉沦能够统一，并以这种源始的方式组建操心之结构的整体性。操心的诸环节不是靠任何积累拼凑起来的，正如时间性本身不是由将来、曾在与当前‘随时间之流’才组成的一样。时间性根本不是‘存在者’。时间性不存在，而是‘到时候’。”[⑤]在生存时间性的“到时”中，人的生存处境得以“显示”和“发动”起来，海德格尔所说的“先行的决心”“良知的

① [德]海德格尔：《存在与时间》(修订译本)，陈嘉映、王庆节合译，第 387 页。
② [德]海德格尔：《存在与时间》(修订译本)，陈嘉映、王庆节合译，第 385 页。
③ [德]海德格尔：《存在与时间》(修订译本)，陈嘉映、王庆节合译，第 208 页。
④ [德]海德格尔：《存在与时间》(修订译本)，陈嘉映、王庆节合译，第 375 页。
⑤ [德]海德格尔：《存在与时间》(修订译本)，陈嘉映、王庆节合译，第 374 页。

呼声”“向死而在”等等都是对此的具体显示，例如海德格尔说：“决心并非刚刚有所认知地把处境呈现到眼前，而是已经把自身投入处境。此在作为下了决心的此在已经行动着。”[①]通过生存处境的发动，人在“去生存”之中不断成就自己的本真本己性。

(二)生活领悟的层级性展现历程

生活儒学的生活领悟展现为观念的层级，这确实受到了海德格尔生存论的启发，但在学理格局上又与之有所不同。海德格尔曾说：“存在问题的目标不仅在于保障一种使科学成为可能的先天条件(科学对存在者之为如此这般的存在者进行考察，于是科学一向已经活动在某种存在之领会中)，而且也在于保障那使先于任何研究存在者的科学且奠定这种科学的基础的存在论本身成为可能的条件。”[②]黄玉顺先生据此认为：“海德格尔实际上提出了人类观念的这样一种层级：存在观念(生存领会)→形而上存在者观念(哲学)→形而下存在者观念(科学)。”[③]关于这一判断，笔者并不完全认同，这里指出三点：其一，海德格尔确实是想要以此在的生存论为传统形而上学、传统存在论奠基；但是，其二，海德格尔的奠基方式是以“人与存在之先行关联”(生存领会)取代传统哲学形而上学的作为“最普遍的概念”[④]的存在理解，在此体现的仍然是某种“回旋构成”的思路，并不是生活儒学以存在本身为形而上存在者奠基的直贯思路；因此，其三，海德格尔至少没有明确地表达出黄玉顺先生所说的观念的三个层级。关于传统形而上学，海德格尔指出：“哲学即形而上学。形而上学着眼于存在，着眼于存在中的存在者之共属一体，来思考存在者整体——世界、人类和上帝。形而上学以论证性表象的思维方式来思考存在者之为存在者。”[⑤]这里与其早期关于传统哲学的普遍化进路之判定是相应的。海德格尔对存在意义的重新发问所导出的思路则是“人与存在之先行关联”“存在与存在者之间”，以此取代传统形而上学之“本体—现象”的思想架构，但并未直接导出生活儒学的在“本体—现象”思想架构之先的“本源生活”观念层级。

生活儒学的思想系统，可以就存在、情感和境界这三个问题做出结构性把握，而其中“一以贯之”的事情就是生活领悟的层级性展现。

首先，就存在问题来说，生活儒学与海德格尔生存论的着眼点具有共通性。

---

① [德]海德格尔：《存在与时间》(修订译本)，陈嘉映、王庆节合译，第343页。

② [德]海德格尔：《存在与时间》(修订译本)，陈嘉映、王庆节合译，第13页。

③ 黄玉顺：《爱与思——生活儒学的观念》(增补本)，第12页。

④ [德]海德格尔：《存在与时间》(修订译本)，陈嘉映、王庆节合译，第4页。

⑤ [德]海德格尔：《哲学的终结和思的任务》，《面向思的事情》，陈小文、孙周兴译，第68页。

生活儒学着眼于一切存在者尤其是主体性存在者何以可能的问题,海德格尔生存论着眼于揭明在人的现成化把握方式之先的原初存在经验,其实质也是为主体性进行存在论的奠基。海德格尔认为,传统存在论的存在理解是指在场物的在场性、在场状态:"为存在者提供根据的形而上学思想的特性乃在于,形而上学从在场者出发去表象在其在场状态中的在场者,并因此从其根据而来把它展示为有根据的在场者。"[①]传统形而上学存在论就是为存在者奠立"根据",而对存在者之把握方式便是海德格尔所说的表象式的、当前化的。海德格尔认为,存在的意义在于揭明在场状态本身的可能性,这与其前期从生存时间性显示存在的意义的思路是一致的。从"作用"上说,生活儒学的存在领悟是"无"(无化),例如,生活儒学通过对"生活"观念的溯源指出:"本源的生活就是'无分别相',就是'浑沌',这里,草木之生与人之生是一回事,就是生活本身,我称之为'生活本身的本源情境'。这种本源情境就是'浑沌',就是'无',就是'无物存在',完全没有存在者,没有'东西'。"[②]这里所说的"无物存在"并不是否认事物的存在,而是揭明生活本身乃是一种"无化之境"或者说"无相之境",对此的把握方式只能是一种"无化"的生活领悟,在此,主体性和存在者观念尚未生成,只有当存在者观念生成之后,才有一切关系结构之可言,而这些都是生活领悟的某种层级和样式。

其次,本源的生活领悟是情感性的,这与海德格尔生存论有很大的差异。海德格尔的存在领悟、生存领会虽然也包含了情绪性、情感性的领会,例如人的被抛就是情绪性的现身样式,但存在领悟、生存领会在根本上说是人的操心之时间性,而在时间性的"到时"中,情绪性的现身才是可能的。但在生活儒学,情感性的生活领悟本身就具有终极奠基性:"爱,所以在。这就意味着:一切存在者,包括人,都是由爱给出的。而爱本身却不是存在者,而是存在本身。就其是存在而不是存在者而言,爱就是'无物',也就是'无'"[③];"生活本身作为存在本身,首先显现为生活情感,尤其是爱的情感。"[④]本源的生活情感,在儒学语境来说,即是本源的仁爱,由此,仁爱观念便赢获了一种不同于以往的理解——道德情感和伦理德目。我们之所以如此说,乃是为了凸显本源仁爱情感的非现成性、非对象化把握方式。据此,黄玉顺先生一方面建构了儒学的情感存在论,一方面批判了传统儒学的性情论。在生活儒学的视域中,传统儒学的"性—情"论

---

① [德]海德格尔:《哲学的终结和思的任务》,《面向思的事情》,陈小文、孙周兴译,第69页。

② 黄玉顺:《爱与思——生活儒学的观念》(增补本),第43页。

③ 黄玉顺:《爱与思——生活儒学的观念》(增补本),第49页。

④ 黄玉顺:《爱与思——生活儒学的观念》(增补本),第51页。

模式就是一种形而上学架构，例如小程子说："爱自是情，仁自是性，岂可专以爱为仁？"[①]从主体性的视角来说，"性"是一种形而上的绝对主体性，而"情"是一种形而下的相对主体性，二者都奠基于本源的仁爱情感。生活儒学通过对孔孟儒学的情感论进路的重新揭明，突破了传统儒学的"性—情"架构，提出了"情—性—情"[②]的观念层级，这同样是生活领悟的层级性展现。

最后，在生活儒学，生活境界的变化植根于生活领悟的运作。生活本身的本源结构造就了人不断地生成新的主体性，并造就了不同的生活境界。生活儒学通过对孔子和冯友兰境界论的判说，提出了生活境界的三个层级：自发境界、自为境界、自如境界。[③] 自发境界是说一个人在自然状态下展现出来的生活样式，对应着形而下存在者的生活状态；自为境界是说主体自觉地追寻一种形而上的生活状态；自如境界是超出形而上和形而下的区分，而回归本源生活："回归生活本身，回归纯真的生活情感，也就是说，我们终于自如地生活着。"[④]这其中，自然境界和自如境界的差别，就在于一种是不自觉的生活状态，一种是经过自觉并超越自觉的生活状态，正如冯友兰先生所说："有最高底觉解，而其所行之事，则即是日常底事。"[⑤]就做同一件事情而言，经过"觉解"与否的意义是不同的，反过来说，虽然境界是不同的，但其实是就同一件事情而言，这是圆融的存在观法。顺便指出，在海德格尔，如果有生存境界的问题，则可以如此说，人生此在的"实际性"包括本真样态与非本真样态，这是属于生存论、存在论层面的事情，而非伦理、价值的分判，这一致思方向是对的，在生存时间性的本真到时中，人把自己带回本真的当下，不断成就自己的"本真能在"。

四、一种致思的方向：作为本源生活领悟的"观仁"之道路

以上可见，黄玉顺生活儒学和海德格尔生存论的思想气质和学理格局有很大的差异。如果说，海德格尔生存论体现了现象学的"回旋构成""居间发生"，那么，黄玉顺生活儒学体现的则是东方式的"当下即是""直下圆顿"，毋庸置疑，这乃是由于二者的思想道路之根本差异所致。

我们说，在生活儒学的视域中，海德格尔生存论对存在的前存在者化之揭

① (宋)程颢、程颐：《二程集》，中华书局1981年版，第182页。
② 黄玉顺：《爱与思——生活儒学的观念》(增补本)，第71页。
③ 参见黄玉顺：《爱与思——生活儒学的观念》(增补本)，第170页。
④ 黄玉顺：《爱与思——生活儒学的观念》(增补本)，第171页。
⑤ 冯友兰：《新原人》，《贞元六书》，中华书局2014年版，第613页。

明有其重要的思想价值,但存在的意义又通过此在的生存论显示,这一思想进路是不通透的。但是,如果从海德格尔生存论和形式显示的视域来看,生活儒学依循生活领悟的层级性展现所建构的理论系统是否存在着传统基础主义、传统形而上学的问题呢?鉴于生活儒学提出的“观念的层级”带来的直观印象,我们有理由提出这一质疑,并借此发问而可能导出一些思想方向。笔者认为,本源生活的观念层级绝不是通由级序上升进路所能赢获的,本源生活既不是传统形而上学语境中的“最高普遍性的范畴”,也不是任何意义上的“形式关联”,它所描述的是一种“无化”的生活领悟,这不依赖于存在者领域和形式关联。但毕竟,这种直贯性的印象是如此强烈,以至于在某种程度上对生活领悟之活生生的展现机制有所遮蔽。生活儒学的学理建构,引发了一种致思的方向:作为生活领悟的“观仁”。观仁,就其根本性的“观法”来说,既不是“以目观仁”,也不是“以心观仁”和“以理观仁”,虽然可以显现为这种种层级和样式,而是“以仁观仁”,即仁之“自观自见(现)”。依循这一道路,一方面凸显生活领悟层级性的“展现机制”,一方面明证生活本身之“情即是境”,亦即是生活儒学所说的“本源生活情境”。这既蕴含了对上面所提出的问题的回应,也蕴含了生活儒学基础性学理推进的可能方向。

其实,生活儒学已然透露出“观仁”的思想意境。在生活本源论层面,本源的生活领悟即是“本源之观”,例如,黄玉顺先生通过对儒学“观禘”论的考证指出:“所‘观’的乃是情感。本源之观,乃是观情。而情作为生活情感,乃是生活本身的事情。”[①]这里明确提出了“观情”,观之所观乃是生活情感,用儒学的话语表达就是仁爱情感,所以本源之观即是“观仁”。但这一说法仍然存在被误解的可能性,因为这里的“观”容易被误读为某种对象化把握方式的“看”,所以黄玉顺先生专门区分过“观无”与“观物”[②],本源之观是“观无”而非“观物”,故观而“无所观”。

笔者也曾区分过“前主体性之观”与“主体性之观”,观则有“见”,而前主体性之观乃是一种“自观自见(现)”[③],故无能观的“主体”,亦无所观的“对象”,与此同时,“观”作为一种生活领悟,也有其主体性之观的层级展现,由此才能解释生活领悟的一切样式,而其“展现机制”可以通由笔者所提出的“观法之切转”来说明。笔者最初的提法是:“观法之切转是这样的双重向度:一是从存在者切入

① 黄玉顺:《爱与思——生活儒学的观念》(增补本),第205页。

② 参见黄玉顺:《论“观物”与“观无”——儒学与现象学的一种融通》,《四川大学学报》(哲学社会科学版)2006年第4期。

③ 杨虎:《从无生性原在到有死性此在——重读海德格尔的“存在论区分”》,《河北学刊》2015年第4期。

存在视域，即返源观。二是从存在视域转出存在者，即立相观。前一向度开启了存在视域，而后一向度则是其旨归。这大致可对应于现象学的解构和建构之双重向度。"[①]笔者这一说法是针对海德格尔通由此在的生存论来透显"存在论区分"的理路提出的，正好与本文论题也有关联，现在看来，有些环节的阐释不够到位，现在就重新阐发一下。其一，关于海德格尔生存论的形式显示道路，上文已经做出了阐释，这里不再赘述。其二，观是"存在论的观"，不是狭义语境中的佛家之"观法"，即所谓"观色"的意思。所以，为了与此区分，笔者有时又直接以"观之切转"[②]名之，亦即是"观"本身的切转。在根本上说，观是本源存在领悟、生活领悟，观之切转亦即是存在领悟、生活领悟本身的切转，这就意味着，存在领悟、生活领悟是有其层级性的，这与生活儒学关于生活领悟的观念层级性思想是一致的。其三，观法之切转的两个向度，其时的描述不够透彻，这里从其着眼点加以说明，它分别描述了主体性得以挺立的本源可能性和主体性挺立的发生可能性，亦即是着眼于其"可能"与"发生"的存在论机制。

依循这一存在论机制，"观仁"在根本上描述的是本源仁爱情感之"自观自见（现）"，观者自观，而见者自现也，在此尚未出现主客化、对象化的把握方式。由此，一方面可以阐明，作为本源生活领悟的"观仁"，既是观情也是观境，观情是仁爱情感的自身显示，在观之中，观则有见（现），即本源仁爱情感显示自身为"无化"之境，境不是外加于情的东西，或者由情所"给出"的东西，亦即不是说由"情显"才给出了"境现"，而即是仁爱情感领悟（观仁）的自现，在本源的情感领悟中，尚未出现主体性和存在者化的领悟，故即是"无化之境"。按照生活儒学的提法："生活本身首先显现为生活情感"[③]，这虽然与笔者的具体说法有所不同，但是正因为在本源的生活领悟中，情之观即是境之现，所以自情说与自境说，其"说"亦是不二之说。另一方面，通由"观仁"的存在论机制——"观法之切转"，可以凸显生活领悟层级性的展现机制。生活领悟的层级性展现机制，其实就是一种"观法之切转"，即，如何观则有何种见，如此则可以导出生活领悟的层级和样式。以仁爱情感领悟为例，在前主体性之观中，观仁即是仁爱情感的自身显示，这一本源的仁爱情感是主体性挺立的本源可能性；在主体性之观中，观仁之所见是作为绝对相的"仁体"或者"仁性"和作为相对相的"仁德"（道德意识、伦理德目），经此"切转"，则导出了主体性挺立的发生可能性。彻底地说，

---

① 杨虎：《从无生性原在到有死性此在——重读海德格尔的"存在论区分"》，《河北学刊》2015 年第 4 期。

② 杨虎：《哲学的新生——新基础主义道路：在传统基础主义与反基础主义之"后"》，《江汉论坛》2016 年第 10 期。

③ 黄玉顺：《爱与思——生活儒学的观念》（增补本），第 63 页。

“切转”也是“无所转”之转，笔者之所以如此说，其目的乃在于指出，生活领悟的层级和样式虽然有其所谓“层级”和“样式”，但其实是就“同一件事情”而言的。笔者注意到，生活儒学对观念的“三级架构”做出了补充解释，并图示如下（见图 2-1）：

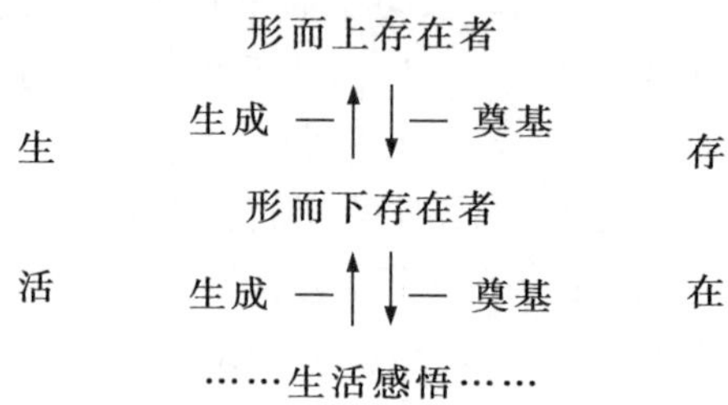

图 2-1　生活儒学基本观念图

黄玉顺先生指出：“上图的方框表示生活或存在；之所以用虚线，是为了表示：生活尽管在主体视域下可被视为一种对象化的有限存在者，然而其实却是‘无限’的存在。”[①]其实，这就是在说生活领悟的层级和样式是就“同一件事情”而言的，只是这里的表达仍然不够明确。笔者所谓“观法之切转”，一方面说“切转”是为了说明“如何观则有何种见”，亦即描述生活领悟的层级和样式的存在论机制；但另一方面，正因为这样，则应说“切转”是“无所转”之转，因为它是就“同一件事情”而言，或者用生活儒学的方式说，一切都归属于生活本身，由此，必然导出这种东方式的“圆顿”领悟。

总之，黄玉顺生活儒学与海德格尔生存论的思想因缘是确乎其实的，但其思想气质和学理格局有很大的差异，这决定于“生活领悟”和“形式显示”之道路的根本差异，其思想意境亦各自独立而殊胜。至于本文最后借由生活领悟提到的“观仁”道路，这里不再做进一步的诠释，留待适宜的语境再行阐明。

---

① 黄玉顺：《爱与思——生活儒学的观念》（增补本）序，第 4 页。

生活儒学视域下的佛教阴阳观念与判教问题

王　硕

【编者按】此文原载杨永明、郭萍主编:《当代儒学》第11辑,广西师范大学出版社2017年版。此文是对王硕以下论文的说明:《论"纯阳终极形而上存在者"的设定——"生活儒学"三级架构视域下佛教的阴阳问题与判教问题》(涂可国主编:《中国文化论衡》第2期,社会科学文献出版社2017年版)。

我写的这篇文章,开个玩笑说,具有"战略突破意义"。为什么这么说呢?众所周知,黄老师"生活儒学"的三级架构,借鉴了海德格尔存在主义哲学与老子道家哲学(海德格尔也借鉴了老子道家哲学),黄老师又提出了"中国正义论"。但是,如果我们的研究总是在"儒学""海德格尔""老子""中国正义论"这几个范围里转,那么永远转不出去。所以,我跳出了这个思维,用"生活儒学"的三级架构来观察佛家。所以我说这是个"战略突破"。试想:甲乙丙丁几个哲学派系,甲启发了乙,产生了一个新的理论成果,如果这个成果仅仅在甲乙之间讨论,那还有什么意思?反之,如果这个理论还能适用于丙丁,那才说明它具有普遍意义。尤其是,丙丁内部争议上千年的问题居然由此解决了,那就更加说明这个理论的重要性了。

现在就符合这种情况:佛教内禅宗与净土宗的分歧——扩大来说,是"般若空"的思想与宗教性的"瑜伽""有"的思想的分歧,在黄老师的三级架构中被解决了。大家看第一章的后半截,就是在讲这个意义,并且列举了禅宗与净宗的很多矛盾,以及历代高僧做的"禅净合一"的努力,如今我用生活儒学三级架构安置佛学诸多内容,也同样是做"禅净合一"的努力。最终在本文(《论"纯阳终极形而上存在者"的设定——"生活儒学"三级架构视域下佛教的阴阳问题与判教问题》,下同)第四章完成:禅宗安置在"生活存在层级",净土宗安置在"形而上存在者层级”，给他俩一人一个归属，谁也别闹了。此外，把律宗安置在“形而下存在者层级”，把唯识宗安置在“形而上存在者层级”，把三论宗安置在“生活存在层级”，把华严宗、天台宗、密宗作为“圆满统摄教”——非常体系化。而且，我这个体系一方面承认了佛教传统的天台圆教、华严圆教，没和佛教传统产生大冲突，另一方面加入了生活儒学的视角。

而这一切结论的前提是先要让生活儒学理论与佛教哲学理论之间建立联系，所以我在本文第二章先解决这个问题。总体上，本文思路是这样的：

第一章先讲全文总体的几个意义：第一，证明生活儒学的普遍适用性。第二，从“缘起性空”的角度解释“生活存在”，从“生活存在”的角度解释“缘起性空”——这一条不就正是咱刚刚说的“建立联系”吗？第三，完善净土宗的理论——因为净土宗的理论确实少于其他几宗，很多“哲学史”性质的著作仅仅记录佛教另外几派，而不记录净土宗。第四，解决禅宗与净土宗的分歧，乃至于整个佛教历史上“空”“有”的分歧，更进一步把汉传八宗各自的参修全都从生活儒学的角度来总结，最终形成一个体系。第五，在生活儒学三级架构中重新解释阴阳问题。而且，这五条意义之间还有联系，最终建立的那个体系，需要前文的“阴阳”问题、“生活存在”与“缘起性空”的关系问题作为铺垫。并且，正因为第二章在“缘起性空”与“生活存在”之间建立了对应关系，所以，在第四章最终“安置”时，把禅宗与三论宗安置在了“生活存在层级”；正因为第三章以“纯阳”赋予“形而上存在者层级”，所以第四章“安置”时，把净土宗安置在了“形而上存在者层级”。这就是说，这篇文章前后呼应很明显。

第二章分为两节，第一节先论证“缘起性空”与“生活存在”在各自的理论体系中都处在最重要的地位，第二节论证两者的观念是一致的。先说第一节，只有两者的地位在各自理论体系中地位都是最重要的，两者的对话才有意义，就好比一国总统与另一国总统对话，才说明这个对话很重要；反之，一国总统与另一国的村长在同级别政治会议上对话，就不合适。所以，第一节要证明“生活存在”与“缘起性空”在各自的理论体系中都是“总统”。生活儒学的创始人黄老师本人就把生活存在称为“大本大源”，而佛教的三法印、《楞伽经》都表示“空”在佛家哲学的根本地位。再说第二节，两者的一致性。这一块，大家重点理解两处，第一处是僧肇的“虽无而非无”这句话与黄老师常说的“作为大本大源的‘无’”不是一般人理解的“nothing”，大家看这两者是不是很像？第二处是“生灭灭已，寂灭为乐”这句话，“生灭灭已”中有两个“灭”，第一个“灭”是与“生”构成的“生灭”的形而下存在者的世界，而第二个“灭”是把前面的“生灭”一起灭掉了，在生活儒学的视角下或者在海德格尔的视角下，这两个“灭”不是同一层级的。

这两个“灭”的区别对于理解本文非常关键，因为这种“灭”也联系到第三章讲生命力的问题，大家通常感觉“活着”是阳性的，但是我做了更细的区分：活着，说明有生命力，生命力是阳性的，但是，活着的过程是消耗生命力的，这就成了阴性的。同理，从性欲来看，消耗精气是阴性的，反之，纯阳与禁欲相关联。所以佛教、道教有“纯阳无漏”这个词。这些都是第三章第三节的内容，涉及大量的丹道阴阳思维。

第三章是一般读者最难理解的一章，原因除了丹道阴阳之外，还打破了人们常规理解的“阴阳平衡”，而是做了更详细的划分。按黄老师的三级架构，我把“生活存在层级”定为“亦阴亦阳，无阴无阳”，把“形而下存在者层级”定为“阴阳交杂，阴性为主导”。“阴阳交杂”一般人容易理解，因为我们这个形而下凡俗世界有男有女，有生有死；但是“阴性为主导”一般人可能理解不了，本文的理由包括《六道轮回图》表达的死神主导六道、《楞严经》表达的淫欲与形而下六道轮回的一致性、《法华经》表达的“三恶道增多”“众苦煎逼”等等，最终把无量寿佛作为形而上纯阳力量的人格化体现，而把死神作为阴极能量的人格化体现，正好“无量寿”与无量的死亡相对应，分别作为形而上主导与形而下主导。而且，第三章涉及佛教“五十阴魔”、淫欲、禁欲、死亡与转世的理论非常多，还把淫欲对应了“奠基关系”，“奠基关系”是海德格尔哲学与黄老师哲学中共同的非常重要的概念。

第四章则是对前文的总结，总结“空”的话题、“阴阳”的话题，最终建立了安置各种境界的体系。

当代儒学复兴运动的思想视域问题

——以黄玉顺“生活儒学”为例

张　新

【编者按】此文原载《衡水学院学报》2015 年第 5 期。此外，作者诠释“生活儒学”的文章尚有：《儒家政治哲学复兴的新向度——评黄玉顺“中国正义论”》（涂可国主编：《黄玉顺生活儒学研究》，齐鲁书社 2017 年版）、《中国正义论：儒家政治哲学复兴的新向度》（杨永明、郭萍主编：《当代儒学》第 11 辑，广西师范大学出版社 2017 年版）。

“儒学复兴运动”由黄玉顺先生提出，意在对中国 20 世纪 90 年代以来，尤其是 21 世纪以来的思想趋向给出一种概括性标识。[①] 已有学者将“儒学复兴运动”的中坚力量概括为“新世纪大陆新儒家”，并出版研究专著《新世纪大陆新儒

---

① 参见黄玉顺：《面向生活本身的儒学——黄玉顺“生活儒学”自选集》，四川大学出版社 2006 年版，第 54 页。

家研究》。[①] 那么,"新世纪大陆新儒家"区别于"现代新儒家"的特质何在？这里之所以优先强调"新世纪大陆新儒家"的特质而非其与"现代新儒家"的共通之处的原因在于:正是其特质而非共通性决定了这一群体存在的必要与价值,同时,也只有通过其特质才能真正理解"新世纪大陆新儒家"这一距离我们"最近却又最远"的群体。本文无意于逐一梳理其思想主张或理论建构,更不可能逐一比较其与现代新儒家的不同,本文的目的即是:通过"思想视域"这一独特的视角切入其思想主张、理论建构的内核,进而揭示新世纪大陆新儒家的特质所在。而之所以选择黄先生的"生活儒学"为例,在于"生活儒学"的思想视域乃是当代儒学复兴运动中最前沿、最彻底的思想视域。

一

众所周知,现代新儒家致力于形而上学体系的建构,这一点于牟宗三先生所建构的道德形上学体系中体现得淋漓尽致。然而,令人遗憾的是,当现代新儒家建构起一个又一个形上学体系时,以"不离百姓寻常日用"著称的儒学却在中华大地上变成了无所依附的"游魂"。一言以蔽之,现代新儒家孜孜以求的"内圣开出新外王"的宏伟计划宣告破产。因此,以"新世纪大陆新儒家"的崛起为代表的"儒学复兴运动"的开展便是传统儒学当代转换与创造的应有之义。"对于当前的儒学复兴趋向,如果说方克立'大陆新儒家'的命名强调的是其对于现代新儒家接续的一面(如所谓'第四代'之说),那么,黄玉顺的'儒学复兴运动'说强调的则是其对于现代新儒家决裂的一面。意即,黄先生给出的这个'标识',致力于凸显当前的儒学复兴所呈现出的独特气质。"[②]笔者以为,这种独特

---

① 参见崔罡主编:《新世纪大陆新儒家研究》,安徽人民出版社2011年版,第1～2页。该书《总论》开宗明义地指出:"20世纪90年代以来,一个学术群体在中国大陆悄然兴起。经过十余年的发展,这个不仅以儒学的研究者,而且以儒家精神的提倡者为标识的学者群体,已然在学术界产生了一定的影响,发表了数量众多的论著,同时也给我们这个时代留下了深刻的儒家烙印。这个群体,我们称之为'新世纪大陆新儒家'。""大陆新儒家"这一概念于1996年由方克立先生在其《评大陆新儒家推出的两本书》(《晋阳学刊》1996年第3期)一文中提出,而"新世纪大陆新儒家"与方先生所言的"大陆新儒家"并不相同。"具体来说,'大陆新儒家'仅仅是'新世纪大陆新儒家'在20世纪90年代中期的形态而已,同时也只是这些儒家学者在那一时期的思想状况而已。随着这一群体自身的不断发展,最初在'大陆新儒家'身上体现出来的'策略性'特征已经逐渐被更加学理化、更加学术化的研究方式所取代。一方面,蒋庆、康晓光、盛洪等人自身的学术也取得了相当可观的进展;另一方面,有越来越多的儒家学者参与到这场风起云涌的运动中来。无论是问题意识、研究视野、表达方式,都发生了巨大的改变。由于这些学者本身即是儒学研究中最具有代表性的人物,方克立在十余年前的判定,依然不足以描述今天儒学研究的局面了。'大陆新儒家'的提法也应当被'新世纪大陆新儒家'取代。"

② 崔罡主编:《新世纪大陆新儒家研究》,第223页。

气质就宏观而言即是“远离”形而上学;就其“远离”形而上学而言,又存在着完全不同的致思进路:蒋庆的“政治儒学”、干春松的“制度儒学”、盛洪的“经济儒学”所关心的都是形而下的具体领域的理论建构与制度安排;黄玉顺的“生活儒学”、陈明的“即用见体”、张祥龙的“现象学儒学”都致力于寻求一种区别于形而上学与形而下学的更为本源的层级(“本源层级”是黄先生“生活儒学”中的专用名词)。[①]

出现上述特质的实质原因,在于现代新儒家所建构的形上学体系存在着难以克服的理论困境。近代以来,“西方”这个“他者”的存在极大地促进了中华民族主体性的觉醒,且不容否认的事实是,这个挺立的“他者”已经并将持续地内化为中华民族主体性的一部分。反映在儒学理论的建构上,即是现代新儒家积极主动地吸收、借鉴西方哲学资源,如牟宗三之借鉴康德、唐君毅之援引黑格尔。这致使儒学理论的建构与西方哲学的发展之间存在着一种“亦步亦趋”的对应关系。顺理成章的逻辑是,当西方哲学出现较大的转向时,儒学理论的建构范式必然会产生更替。众所周知,西方哲学走到海德格尔这里发生了至关重要的转向——存在论转向。弄清楚这一转向的实质原因,即可明晰现代新儒家建构的形上学体系存在的理论困境,同时,亦是当代儒学真正有效地回应这一转向的关键所在。

西方哲学发展到近代产生了认识论转向。认识论哲学内部存在着两条不同的致思进路,即经验论进路和先验论进路。经验论进路将认识溯源于个体的感觉。这种进路存在着“认识论困境”,“‘认识论困境’有两层意思:第一,你如何能够确证客观实在?第二,即使能够确证,主观的意识又如何能够穿透‘真空’去达到那个客观实在?”[②]事实证明,经验论进路的最终结果就是休谟的“不可知论”。我们唯一能做的就是在个体的感觉内部自说自话,对于外在于感觉的任何东西以及感觉的来源问题我们只能保持沉默。这不但没有解决我们的生存、生活问题,反而使得我们的生存、生活变得扑朔迷离、困顿不安。因为我们身处其中的生活世界恰恰是以客观实在信念为预设的,离开这一信念,生活寸步难行。与此相对应的另一条进路即是从笛卡儿到康德再到胡塞尔的先验论进路。笛卡儿怀疑一切,试图将一切奠基于“我思”,但其“我思”并不是一种“纯思”,因为笛卡儿需要借助于外在于“我思”的上帝来保证心、物二分的统一性。康德以现象与物自身的二分为其哲学体系的逻辑起点,而这一逻辑起点又逻辑地决定了康德哲学对于物自身的不可知态度。因此,不论是笛卡儿还是康德,其先验论进路都是不彻底的。到了胡塞尔那里,先验论进路发挥到了极致。

---

① 就后一种致思进路而言,其内部差异极大,笔者这里只是从宏观上言之。

② 黄玉顺:《面向生活本身的儒学——黄玉顺“生活儒学”自选集》,第 94 页。

胡塞尔将一切外在的超越物悬搁起来，以“纯思”即“纯粹先验意识”重新给出整个世界，真正彻底地构建起先验论哲学。但问题的关键是，胡塞尔的哲学进路同样存在着悖谬，正如黄先生所指出的那样：“在胡塞尔那里，要达到先验意识，必须先悬搁超越物；要悬搁超越物，又必须先采取‘现象学的态度’。但是，这里面临着两难：如果我还没有现象学态度，那么，是什么东西、什么人足以让我采取现象学态度？而如果我已经具有了现象学态度，那么，我难道不是已经达到了纯粹意识领域了吗？可是，我是怎么达到纯粹先验意识的？”[①]更为关键的是，通过“纯粹先验意识”重新给出的世界亦只是理性内部的自我构想，不仅不能切中外在的经验世界，就连他人的实在性也无法确证。至此，我们完全可以说，先验论哲学已经走到尽头。

然而，现代新儒家借鉴西方近现代哲学资源构建其新儒学理论所采取的恰恰就是上述先验论进路。我们知道，现代新儒家（主要指牟宗三一系）极为重视作为儒学正宗的心学思想。他们认为，从子思、孟子到陆九渊、王阳明的心学思想是先验论的：心学首先预设了纯然至善的先验心性本体，那么，在功夫论上就必然强调“先立乎其大”、通过返本复性成圣成贤。事实上，上述黄先生对胡塞尔先验论进路的质疑于此同样适用：“是什么东西、什么人足以让我产生‘先立乎其大’这种态度？如果我已经有了这种态度，说明我已经良心发现了，既然这样，那又何必再行‘先立其大’？可是，我是如何获得这种态度的？”[②]且更为关键的是：对心学的先验论释读会产生“伦理学困境”（黄玉顺语）。“按彻底的先验论的致思进路，我们必然陷入这样的两难境地：一方面，假如外在的物其实只是内在的心的意义建构，即外在的物实质上原本是先验地内在的，且按照儒家心学的设定，心本来是至善的，那么，物的恶如何可能？但另一方面，假如物并不是这种先验地内在的东西，而本来是客观地外在的，那么，内在的心如何可能‘穷格’外在的物？我们如何可能穿透心、物之间的鸿沟，而去实在地‘格物’？”[③]对心学的这种先验论释读使得心学成为一种不切实际、无关现实生活的浮游物，难怪儒学距离我们的现实生活越来越远。究其实质，这种先验本体论的底层视域就是西方近代以来的认识论哲学的基本预设“主—客”“心—物”的二元对立，而从意识内部解决“主—客”“心—物”二元对立所产生的“认识论困境”是无济于事的，正如人不可能揪着自己的头发离开地球一样。而上述所说的“先验论困境”与“伦理学困境”归根结底都可以说是“认识论困境”。因此，当前儒

① 黄玉顺：《面向生活本身的儒学——黄玉顺“生活儒学”自选集》，第 95～96 页。

② 黄玉顺：《面向生活本身的儒学——黄玉顺“生活儒学”自选集》，第 95～96 页。

③ 黄玉顺：《儒学的生存论视域——从蒙培元先生〈情感与理性〉说起》，《中华文化论坛》2004 年第 2 期。

学复兴运动所呈现出的“远离”形而上学的特质，实有其深刻的理论背景，尽管这一背景并不一定在各家理论中得到真正有效的说明。

二

之所以出现上述“认识论困境”，在于主体性本身缺乏本源性的奠基。不论是康德还是胡塞尔都将主体性的奠基问题置换为对主体能力的批判性考察，在主体内部寻求原初观念，从而回避了真正的问题本身。至此，海德格尔提出“存在的遗忘”虽是石破天惊，却也是哲学历时性发展的内在逻辑使然。海德格尔重提“存在”试图从根本上消解上述困境，他深刻地指明以往形而上学所探讨皆是“存在者”而非“存在”本身，而唯有“存在”才是本源性的、原初所予的。海德格尔对西方形而上学的抨击事实上已经使现代新儒家在与西方的对应性比照中建构的形而上学体系陷入困境。因此，对现象学尤其是海德格尔现象学做出积极有效的回应乃是当代儒者的历史使命。

“生活儒学”便是黄先生积极回应现象学尤其是海德格尔现象学所建构的当代儒学理论。“生活儒学在总体的致思进路上，是在与现象学——胡塞尔、舍勒，尤其是海德格尔的平等对话中展开的。这种对话既非‘以西说中’，也非‘以中说西’，因为按照生活儒学的想法，任何现成地摆在那里的‘中’（如所谓‘中国哲学’）或者‘西’（如所谓‘西方哲学’）都是子虚乌有的东西。这种对话实质上是我们自己的生活的展开，亦即生活本身的一种显示形态。”[①]作为当代儒学复兴的一种理论形态，生活儒学的最大特质即是其全新的“思想视域”。“所谓视域，我们是指的某种思想观念的平台。”[②]生活儒学的思想视域既不同于前现代主义的思想视域（在当今儒学复兴运动中表现为儒家原教旨主义），也区别于现代新儒家的现代主义思想视域，同时，亦不同于后现代主义的反形而上学的思想视域。[③] 前现代主义与现代主义思想视域的根本特征是“形而上者—形而下者”的二级观念架构，即试图用形而上的“一”为形而下的“多”奠基。然而，这种观念架构在20世纪以来的哲学前沿中遭到了“解构”，已经无法有效地适应、切入当下的生活。后现代主义思想视域虽然突破了“形而上者—形而下者”的二级观念架构，但却无意于甚至反对形而上学的重新建构。事实上，形而上学乃是无从逃避的，问题的关键不是要不要形而上学，而是在何种“地基”上建构什

---

① 黄玉顺：《面向生活本身的儒学——黄玉顺“生活儒学”自选集》，第29页。

② 黄玉顺：《儒学与生活——“生活儒学”论稿》，四川大学出版社2009年版，第219页。

③ 关于前现代主义、后现代主义以及现代新儒家现代主义的思想视域及其困境问题，参见黄玉顺：《生活儒学讲录》，安徽人民出版社2012年版，第8～16页。

么样的形而上学。黄先生的“生活儒学”就是想在“生活—存在”这一大本大源的基础上重新建构形而上学和形而下学。因此，生活儒学的思想视域就是“生活—存在”的思想视域（就生活儒学本身而言），黄先生亦称之为“当代主义”①的思想视域（与其他思想视域尤其是现代新儒家现代主义思想视域比较而言）。“这种视域不仅追问‘形而下学可以可能’，而且追问‘形而上学可以可能’；这种视域追问‘主体性何以可能’‘存在者何以可能’；这种视域之所思，是存在本身、生存本身、生活本身。如此这般的生活—存在，是一切物与人的大本大源所在，是一切存在者与主体性的源头活水所在。”②这种思想视域在生活儒学中体现为观念的生成与奠基的三个层级，即：

观念的生成关系：①生活感悟→②相对存在者→③绝对存在者
观念的奠基关系：①生活本源→③形而上学→②形而下学③

观念的生成与奠基的三个层级乃是生活儒学及其思想视域的根本特质所在。这种思想视域已经打破传统形而上学的“形而上者—形而下者”的二级观念架构，更为关键的是，突破了近代“主体性形而上学”在主体内部寻求原初所予的奠基性观念的思维模式，超越主体性本身寻求一种既生成主体性同时又为主体性奠基的终极性的本源观念，即“生活—存在”。海德格尔明确地指出：“什么是哲学研究的事情呢？……这个事情就是意识的主体性。”“作为形而上学的哲学之事情乃是存在者之存在，乃是以实体性和主体性为形态的存在者之在场状态。”④海德格尔重提存在，试图用存在这个本源观念为绝对主体性（形而上者）与相对主体性（形而下者）奠基；遗憾的是，当他指明了正确的方向时，却马上又堕入“主体性形而上学”的窠臼，竟以作为主体的“此在”为逻辑前提，试图通过此在的生存论建构突入存在。于是，结果可想而知：存在为此在奠基，此在为存在的逻辑前提，这种互为前提的悖谬注定了海德格尔在构建基础存在论时必然产生解释学上的循环，即通过存在规定此在、通过此在解释存在，以至于在《存在与时间》中多次出现“存在论上”“生存论上”这样令人费解的蹩脚的词汇便不足为奇了。海德格尔前期思想的不彻底性及其悖谬就在这里，这也是其后期思想发生转变的根本原因所在。

在海德格尔那里，生存与存在虽然不是一回事，但其都以主体性的此在为

---

① 黄玉顺先生指出：英文中并无“contemporarism”这个词，表明他们没有作为当下的“当代”观念。参见黄玉顺：《从“西学东渐”到“中学西进”——当代中国哲学学者的历史使命》，《学术月刊》2012年第11期。

② 黄玉顺：《儒学与生活——“生活儒学”论稿》，第220页。

③ 黄玉顺：《爱与思——生活儒学的观念》，四川大学出版社2006年版，第150页。

④ [德]海德格尔：《哲学的终结和思的任务》，《面向思的事情》，陈小文、孙周兴译，第76页。

前提；而在黄先生那里，生活（存在）先于主体性的此在，既生成此在又为此在奠基。对于海德格尔来说，生存是此在的生存，进而，存在是此在的存在；然而，对于黄先生来说，生存、生活、存在是一回事，进而，生活不是此在的生活，而此在恰恰是生活着的此在。因此，生活儒学之"生活"拒绝任何存在者式的发问，因为这种发问对于生活儒学是不合法的。生活乃是一切的大本大源，大本大源的真实含义即生活给出一切，既生成与奠基形而下的相对主体性，又生成与奠基形而上的绝对主体性，既阐明形而下学（知识论、伦理学）何以可能，又阐释形而上学何以可能。

三

黄先生认为，生活即是存在，存在即是生活，生活之外别无所谓存在。在观念生成与奠基的三个层级中，本源层级是我们切入黄先生生活儒学之"生活—存在"思想视域的关键所在。我们不禁要问：生活如何就是存在，存在如何就是生活？生活、存在又是如何与作为中华文化传统的儒学相关联的？事实上，这两个问题乃是同一问题的不同侧面，对其解答皆依赖于对本源层级的理解。

前文已经指出，生活既生成主体性又为其奠基，故生活绝不是流俗意义上所谓人的生活，而毋宁是"非人的生活"。在本源层级中，并没有所谓人与物的分别、主与客的对待，而是处在一种前主体性的"共同生活"的"无分别智"状态。黄先生是通过训诂学式的诠释来证成、阐明本源层级的。"生活感悟的本源表达，最初就凝结在汉字'生'的原初构造及其早期用法中。这个字是由两个象形字所组成的会意字：从'屮'从'土'（《说文解字・生部》），其所描绘的显然是草木破土而出的情境。"[①]用草木之初生来表达我们的生活，蕴涵着中国先民的一种极为本源的生活领悟，亦即对"草木—大地"与"我们—生活"之本源关联的领悟：我们在生活中，犹如草木在大地上—草木—大地：我们—生活。[②] 在这种本源领悟中，没有草木与我们的区别：我们就是草木，草木就是我们。因此，生活本身在本源层级上并没有区分我们的生活与草木的生活，本源的生活情境乃是"共同生活"。"生活"之"活"同样是原始先民的一种生活领悟。许慎解释生活之"活"字的本义："活，水流声。"（《说文解字・水部》）"生活如水，流动不已，这就是说：不仅在生活，并且总是去生活。"[③]"在生活，并且总是去生活"便是生活的本源结构。生活的本源结构告诉我们：我们总是在生活，并且总是去生活，于

---

① 黄玉顺：《爱与思——生活儒学的观念》，第187页。

② 参见黄玉顺：《爱与思——生活儒学的观念》，第187页。

③ 黄玉顺：《爱与思——生活儒学的观念》，第189页。

是，自由得以可能，超越得以可能。同样，黄先生认为，“存在”之“在”原来就是说的生活本身，其所表达的原始意义与“生”“活”所传达的本源消息一致：既传达出了“共同生活”的本源情境，又揭示出“在生活并且去生活”的本源结构。

黄先生对“存”字的训诂学式诠释对于“生活儒学”之成为儒学来说至关重要。正是凭借着对“存”的考察，不仅进一步证成生活即是存在，更为关键的是，“存”字所涵摄的情感义显现出本源层级上作为核心要素的大本大源——仁爱。黄先生经过考证指出：

> 这个“存”，在原始意义上并不是说的人的存活，而是说的生活本身显现出来的生活情感，亦即“存问”。正如段玉裁所指出的：“‘在’之义，古训为‘存问’，今义但训为存亡之‘存’。”这就是说，“存”与“在”的原始意义不是存活，而是属于生活情感的“存问”。[①]

因此，“存”字这种用法道出了原始先民的本源情感所在：存在作为存问，就其源始意义而言，本指生活情感的温存，而这种温存，当然源出于爱。“如此说来，今天的‘存在’的意义，乃渊源于本源的生活情感的意义：没有生活情感，也就没有存在。而这正是儒家思想的核心所在：没有爱的情感，就没有存在。”[②]这种本源意义上的爱的情感，即是一切的大本大源所在，即先秦儒家所极力倡导的“仁爱”。然而，这并没有解释儒家为何重视“亲亲”之情，进而倡导“亲亲而仁民，仁民而爱物”（《孟子・尽心上》）。事实上，在训诂学上“存”与“在”互训，而“存”字从“子”，“在”字从“土”。于此，黄先生精辟地指出：

> 存在之为存问，本源上是作为生活情感的母爱的温存。存在作为一种生活领悟，在本源上不过是说的生活本身的生活情感，而其源头，乃是母子之爱。这一点对于儒学来说乃是最本源的感悟：亲子之爱乃是本源的本源。难怪孔子要从“父母之怀”与“有三年之爱于其父母”说起，孟子要从“亲亲仁也”说起。亲亲是最本源的生活情感，而我们乃由亲亲而存在。[③]

至此，我们终于明白：在黄先生的“生活儒学”中，存在即是生活，即是仁爱，存在、生活、仁爱乃是一回事情。同时，通过上述训诂学式的诠释，黄先生如下言说本源层级：

> 生活本源（存在本身）→本源情境（共同生活）→本源结构（在生活并且

---

① 黄玉顺：《爱与思——生活儒学的观念》，第198页。
② 黄玉顺：《爱与思——生活儒学的观念》，第198～199页。
③ 黄玉顺：《爱与思——生活儒学的观念》，第199页。

去生活)[①]

黄先生通过追溯当代前沿的思想观念(主要是以海德格尔为代表的现象学观念),并进而回溯到原典儒学,向我们揭示了不同于“后原创时期”“形而上者—形而下者”二级观念架构的本源层级。就观念史的历时溯源而言,前原创时期的主体处在天、地、人、神杂糅的前主体性的共在的本源情境中[②];而原创时期的主体已经坠入主客二分的思维模式中,虽然已经开始传统形而上学的建构,但同时保存着观念的本源层级,这主要体现在孔孟儒学中;后原创时期则完全坠入“形上—形下”二分的观念层级中,遗忘了观念的本源层级,成为无根的形而上学。此“无根”仅仅是指后原创时代的哲学家在建构理论体系时没有自觉地意识到观念的本源层级,而其建构的形而上学的确是适应了作为生活本身衍流样式而显现的生活方式,如中国帝制时代的生活方式与其形而上学的关系。这种观念史的事实告诉我们,本源情境的打破[③]是必然的,而这种必然性就源于生活本身的本源结构——在生活,并且总是去生活;同时亦告诉我们,形而上学的建构是无所逃遁的,这同样源自生活本身的本源结构——在生活,并且总是去生活。“生活儒学之区别于传统形而上学之处仅仅在于:生活儒学的形而上学构造意识到它自己的生活本源,并在形而上学构造的每个环节上,首先对这种本源加以阐明。这就是说,生活儒学的形而上学构造工作,就是:在生活本源的地基上,重建主体性,重建实体性,重建本体论,重建范畴表。”[④]

因此,生活儒学的“生活—存在”思想视域并不是要求我们重回“绝地天通”之前的天、地、人、神杂糅的前主体性的共在情境,过一种“无我”的生活;恰恰相反,对于生活儒学来说,重建一种什么样的“主体性”才是生活儒学的现实关切所在。如果说黄先生“生活儒学”观念奠基的三个层级是有感于现象学尤其是海德格尔思想的话,那么,其观念生成的三个层级无疑是黄先生“生活儒学”的独到原创。这看似简单的对观念奠基的三个层级的翻转,实则蕴含着深刻的思想内涵:形而上的绝对主体性必然生成于形而下的相对主体性,形而下的相对主体性渊源于具体的特定生活方式,而具体的特定生活方式乃是作为源头活水的生活本身所显现出来的某种衍流样式。此乃观念的“生成”与观念的“奠基”之间的区别所在,观念的奠基是溯源与解构,而观念的生成则是开新、是建构,这关系到当下的儒学复兴的成与败。前面略有提及,当黄先生对前现代、现代

---

① 黄玉顺:《爱与思——生活儒学的观念》,第 40 页。

② 参见黄玉顺:《绝地天通——天地人神的原始本真关系的蜕变》,《哲学动态》2005 年第 5 期。

③ 对于“本源情境”打破的必然性,黄先生以具体的例子对此作出了生动而形象的说明。参见黄玉顺:《面向生活本身的儒学——黄玉顺“生活儒学”自选集》,第 81～83 页。

④ 黄玉顺:《面向生活本身的儒学——黄玉顺“生活儒学”自选集》,第 47 页。

以及后现代思想视域做对比性批判时，又将“生活—存在”这种思想视域称为“当代主义”思想视域。[①] 这种思想视域指明：“我们将生活方式的历史形态视为儒学发展的历史形态的水土本源所在，一个时代的儒学终究是在面对着、解决着那个时代的生活中所产生的当代问题……任何具体的生活方式，只不过是作为源头活水的生活本身所显现出来的某种衍流样式；而生活本身作为存在本身，才是先在于任何存在者的大本大源，因而乃是前形而上学、前哲学、前概念、前理论的事情。”[②]就当下而言，“生活—存在”乃是全球化与信息化背景下的全人类共同的“生活—存在”；就中华民族而言，“生活—存在”本身的衍流样式的显现特征便是“现代性的诉求必然寻找民族性的表达”[③]。这也是当今儒学复兴运动的深层原因所在。事实上，现代性与民族性是互摄互涵的，现代性只能是民族的现代性，民族的生存必然诉求现代性。“民族性是现代性的基本特质，正如现代性是民族性的基本涵项：这是我们的‘生活—存在’的基本情境、语境。”[④]

四

“现代性诉求的民族性表达”作为“生活—存在”本身的衍流样式的显著特征乃是当前儒学复兴运动的深层原因所在。尽管当前儒学复兴运动呈现出多种面向，但前文已经提及：“新世纪大陆新儒家”呈现出“远离”形而上学的特质，包括拒斥现代新儒家所建构的形而上学；就其“远离”形而上学而言，又存在着完全不同的致思进路。儒学复兴运动的诸进路还是有一个向上走还是向下走的问题，若是借用黄玉顺划分的三个观念层级来表示的话，这些进路上的不同或可勾勒为：

本源层级←形上层级（现代新儒家及其后续）→形下层级[⑤]

经过上述对黄先生“生活儒学”“生活—存在”思想视域的论述，我们完全可以理解黄先生对当前儒学复兴运动中的两条截然不同路线的划分：“一条是‘原

① 参见黄玉顺先生的四篇文章：《从“西学东渐”到“中学西进”——当代中国哲学学者的历史使命》，《学术月刊》2012年第11期；《当代性：“中西马对话”的共同场域》，《中国社会科学》（英文版）2009年第3期；《儒学复兴的两条路线及其超越——儒家当代主义的若干思考》，《西南民族大学学报》（人文社科版）2009年第1期；《儒学当代复兴的思想视域问题——“儒学三期”新论》，《周易研究》2008年第1期。

② 黄玉顺：《儒学当代复兴的思想视域问题——“儒学三期”新论》，《周易研究》2008年第1期。

③ 黄玉顺：《儒学与生活：民族性与现代性问题——作为儒学复兴的一种探索的生活儒学》，《人文杂志》2007年第4期。

④ 黄玉顺主编：《现代新儒学的现代性哲学——现代新儒学的产生、发展与影响研究》，中央文献出版社2008年版，第4页。

⑤ 崔罡主编：《新世纪大陆新儒家研究》，第240页。

教旨主义’的路线，例如蒋庆的‘政治儒学’；另一条则是我称之为‘当代主义’的路线，例如陈明的‘即用见体’和我自己的‘生活儒学’。”[①]而黄先生之所以对当前儒学复兴运动中的“儒家原教旨主义”路线保持足够的警醒，原因在于儒家原教旨主义过分强调民族性维度而忽视甚至蔑视现代性维度，主张回到前现代的“墨守成规”的生活方式。究其实质原因，乃在于当前儒学复兴运动中的“儒家原教旨主义”虽然拒斥现代新儒家所建构的形上学体系，但其自身所采用的依然是一种传统形而上学“宏大叙事”的思维模式；而这种思维模式在“生活—存在”的思想视域中是应遭到解构的，因其是有待奠基的。黄先生更是直言：“原教旨主义儒学是一种危险的思想倾向，它无助于、而有害于儒学的复兴，也无助于、而有害于中国的崛起。”[②]同时，黄先生虽然认为陈明的“即用见体”也属于“当代主义”路线，但其思想是不彻底的，因为“即用见体”依然没有跳出传统形而上学“体—用”模式，缺乏本源性的奠基观念，这也逻辑地决定了其思想的游移性与两面性。

笔者在这里想重点分析的是张祥龙先生的“现象学儒学”，原因在于张先生的现象儒学进路既不同于以蒋庆为代表的“儒家原教旨主义”，也不同于黄先生所主张的“儒家当代主义”，而是一种后现代主义的致思进路。正是基于这个原因，杨生照将其思想概括为“儒家后现代主义”[③]。事实上，本文开始已经表明，张先生与黄先生皆致力于寻求不同于形而上学与形而下学的本源层级，其借助的资源都是现象学尤其是海德格尔思想。张先生与黄先生都突破了传统形而上学的框架，进入了一种比传统形而上学更加本源的生活境域中，从而开启了一种先于主体性、前形而上学的观念层级。但是，张、黄两位先生的相同点也仅止于此，他们回到作为存在本身的本源情境后便分道扬镳：张先生认为要转变我们的思想方式，从传统的“概念抽象的方式”转变为“非(先)概念的构成方式”，即始终要求持存于一种构成性的、非概念的、无主—客对置的生存体验中而不坠落；而黄先生则主张在本源生活情境即共同生活的基础上重建儒家形而上学和形而下学。[④] 正是基于此，张先生主张建立“儒家文化保护区”以实现“思想避难”。然而，张先生的“儒家文化保护区”只是陶渊明笔下的“世外桃源”而已，仅仅存在于思想的构建中而不具备任何现实的可操作性，尽管张先生设计了一系列的具体而微的实践措施。原因在于，本源情境的打破是必然的，“主体性的消解”不仅是不可能的，而且是不应该的，形而上学的建构既是人类的宿命

---

① 黄玉顺：《当前儒学复兴运动与现代新儒家》，《学术界》2006 年第 5 期。

② 黄玉顺：《儒学与中国之命运——纪念五四运动 90 周年》，《学术界》2009 年第 3 期。

③ 崔罡主编：《新世纪大陆新儒家研究》，第 76 页。

④ 参见崔罡主编：《新世纪大陆新儒家研究》，第 89 页。

同时更是人类的权利。问题的关键不是要不要主体性、要不要形而上学，而是在本源情境的基础上重建一种怎样的主体性、怎样的形而上学，以使得"此在"实现从被抛的"所是"向本真"能在"超越，过一种有德性、有知识的生活。

综上所述，在当前儒学复兴运动中存在着三种不同的思想视域：儒家原教旨主义（前现代主义）、当代主义以及后现代主义。而经过上述分析可知，只有采取"当代主义"的思想视域才能实现儒学的真正复兴。"当代主义"的思想视域解构了前现代主义思想视域，超越了后现代主义思想视域，主张在"生活—存在—仁爱"这个大本大源的基础上重建儒家形而上学与形而下学，以使儒学真正有效地切入当下生活，正像黄先生所说的"人天生是儒家"，儒学的复兴指日可待。

生活儒学视域下的经典诠释

高春林

【编者按】此文原载涂可国主编:《黄玉顺生活儒学研究》,齐鲁书社 2017 年版。

当代儒学复兴的根本方法应该是经典诠释,而不是单纯的学术研究。但是只有彻底克服了主—客架构下的诠释观念,我们才能真正超越单纯的对象研究,进入经典诠释。生活儒学对生活作为本源视域的揭示,为此提供了可能。在此视域下,诠释既不是主体的行为,也不是此在的生存,而是生活的一种显现样式。因此,经典诠释不是诠释者与现成的经典之间发生的事情,而是当下生活的事情,也就是说,正是诠释本身生成了诠释者与被诠释的经典。

依靠单纯的学术研究,儒学根本无法在当下生活中获得新生,因为,在不断地对象化和外在化的过程中,儒学最终只能成为一个与当下生活相疏离的对象。因此,当代儒学复兴的根本方法应该是经典诠释,而不是单纯的学术研究。但是,只有克服了主—客架构下的诠释观念,我们才能超越这种对象化研究,进入真正意义上的经典诠释。生活儒学对作为本源视域的生活的揭示,为此提供了可能。在此视域下,诠释是生活的显现样式,而不是主体的行为,也不是此在的生存。因此,经典诠释不是诠释者与被诠释者之间发生的事情,而是当下生活的事情,也就是说,是诠释本身生成了诠释者与被诠释的经典。

为了阐明这种观念,本文将根据以下方式展开:

首先,主—客架构下的诠释观念将诠释限制在主体性中,因而面临着无法克服认识论困境——主观的诠释如何才能忠于文本的意义。诠释是主体的行为,而文本是与主体相对的客体。只有符合文本的本意的诠释才是正确的诠释。因此,要获得文本的本意,诠释者就必须摆脱自己所处的生活情境,进入文本本身所属的生活情境。但是，既然文本的意义只能属于它得以产生的生活情境，那么，作为主体的诠释者又何以能够超越使自己得以存在的生活情境？因此，如果我们直接把文本与诠释者当作现成的存在者，那么，诠释就会面临无法摆脱的主观主义或相对主义，因为，既然诠释者无法摆脱他的生活情境，那么，一切诠释就只能是主观的或者相对的。

其次，海德格尔和伽达默尔所建立的哲学诠释学揭示出理解和解释的存在论意义，为超越主—客架构的诠释观念迈出了极为关键的一步。诠释不再是主体的行为方式，而是此在本身的存在方式，即生存。这样一来，诠释问题就成了先于主体性的一切理解行为的问题，先于理解科学的方法论及其规则的问题。但是，由于生存只是此在的存在，而不是存在本身，因此，诠释还是没有在真正意义上克服的主体性，诠释何以可能的问题还没有获得真正的解决。

最后，在生活儒学的视域下，诠释是生活本身的显现，而不是此在的生存。生活不是主体的生活，也不是此在的生活，而是存在本身。因此，作为生活的显现的诠释，才在真正意义上超越了主—客架构，为诠释奠定了坚实的基础。

一、主—客架构下的诠释

在主—客架构下，诠释被理解为一种主体的行为，而文本的意义被看成是某种客观的、自在存在的、即独立于诠释者的意识而存在着的客体。作为自在存在的文本的意义，即本意（meaning），区别于文本对于诠释者而言的意义，即文本的意味（significance）。文本的本意就是作者通过他的语言所要表明的意向，一经确定就不会再发生改变，发生改变的只是文本的意味。因此，诠释的任务就是对作者的意向的重构。但是，这种诠释观念不仅面临着不可克服的认识论困境，而且还把真理问题排除在经典诠释之外。

在主—客架构下，经典和诠释者属于不同的存在者，作为主体的诠释者属于内在存在，而作为客体的经典属于外在存在。对于诠释者和他的诠释行为而言，经典和经典的意义是已经在那里的存在者，即自在存在。因此，为了保证诠释的客观性，诠释者必须对自己进行自我异化，即从自己的当下生活中抽离出来进入一个中立的无利害性的立场之中，因为，任何一种来自诠释者自身的偏见和利益关系都会歪曲经典本身的意义。正确的解释必须从文本自身的语言和历史语境出发去重构文本的意义，而不能从解释者自己的语言和历史语境出发去重构。但是，这种客观性又必须依赖于诠释者的主观性，即依赖于诠释者理解行为的自发性。因为，仅当文本在诠释者内心中被重新创造出来，文本的意义才能被理解。因此，这种客观性是在诠释者的解释行为中被建立起来的。

诠释者首先获得的只是文本的为我的意义(即相对于诠释者而言的意义),而不是文本的自在意义。因此,要达到正确的解释,诠释者还必须在所获得的理解中区分出文本的自在意义(本意)和为我的意义(意味)。但是,这种区分如何可能?区分的标准在哪里?显然,区分的标准也只能是相对于诠释者而言的,因为它是由诠释者自己或者诠释者所属的诠释共同体所提供的。因此,在主—客架构下,我们必然会陷入这样的一种认识论困境之中:一方面理解行为不能脱离诠释者的主观性,而另一方面理解又必须保证文本意义的他在性。简言之,如果文本属于它自己的生活世界,那么,诠释者又如何能够超越自己的生活世界而进入文本之中呢?以施莱尔马赫(Schleiermacher)和狄尔泰(Dilthey)为中心的方法论诠释学试图通过诉诸语言和人性的普遍性来克服这种困境。但是,语言和人性的普遍性恰好表明有一种超越主客对立的理解,这种理解不仅使得其他所有理解和认识得以可能,而且也使得主—客架构本身得以可能。

客观诠释要求诠释者将自己的“偏见”悬置起来,在一种中立的立场中去理解经典本身。但是,这种悬置不仅将诠释者的偏见作为自明的东西保护起来不受经典的挑战,而且也使经典成了与当下生活了不相干之物。因为,对一切偏见的悬置,就是让经典与诠释者的生活世界之间保持一定的距离,而这个距离将导致真理问题被排除在诠释之外。因为,要对经典的真理进行判断,就必须将经典的意义应用于当下生活,即必须让经典的意义在当下生活中重新实现自身,并对当下生活构成挑战。因此,为了保证客观性,经典诠释就必须只关注经典本身的意义,而不对其真理进行判断。但是,如果经典只属于它自己的世界,并且只能在它自己的世界之中被理解,那么,经典就只是过去之物,而不是能作为典范的经典。

因此,在主—客架构下,经典与诠释者的生活相疏离,成了“缄默的”研究对象,而不是不断进行召唤的谈话者。在这种诠释观念下,儒学只是过去之物,不可能在当下生活中获得真正的新生。

二、作为此在的生存的诠释

海德格尔和伽达默尔所建立的哲学诠释学揭示出理解和解释的存在论意义,为超越主—客架构的诠释观念迈出了极为关键的一步。理解和解释不再是主体的行为方式,而是此在的存在方式,即“在—世界—之中—存在”。在这里,理解者和被理解者并不先于理解本身而现成存在,相反,它们都是在理解过程中生成的。它们在理解中共属一体,但是这个共属一体不是静态的、现成的,而是动态的、历史性的。理解是文本与解释者之间的历史性的中介。这样一来,文本的解释就不再是对现成的文本意义的重构,而是此在的自我理解,即过去的此在与当下的此在之间的对话。

作为此在的存在方式的理解是一种被抛的筹划,所以,理解和解释总是包含一种"前结构",即所有理解都是在具体的诠释学处境之中发生的。这种处境应该理解为生存本身所具有的,而不应该理解为某个主体偶然具有的前见和处境。不是某种前见和处境属于我们,而是我们总是属于某种具体的前见和处境。因此,前见和处境不能仅仅被视为一道需要越过或拆除的、限制我们理解的藩篱,而应该被理解为一切理解和解释得以可能的根本条件。"每一种阐释的实事内容,亦即在其被解释存在之如何中的课题对象,只有在每一种阐释相关的当下解释学处境充分清晰地得到标明而可使用时,才能够适当地成为不言自明的。"①这意味着每一种理解和解释总是当下的。那种极力想摆脱当下前见和处境去追求所谓历史的、单纯的、客观的、准确的、唯一的理解的做法,不仅很难做到,而且根本就是一种历史主义的天真幻想。表面上看,历史理解的理想——用过去本来的眼光观看过去——颇为客观,即不带自己的主观价值和目的,但是这种理想却想当然地把历史视为过去了的东西,即不再对现在有效的东西,不再与当下相关的东西,这种看法本身就是一种不被质疑的先入之见。从存在论上看,历史根本就不是一个有待我们超越或者科学研究的、横陈在当下之前的对象,相反,历史本身就涵摄于当下。

这个观点无疑拯救了久困于主—客架构之下的理解和解释现象,让我们有了在存在论视域下对此进行把握的可能。因为,文本的诠释不是从主体与客体之间的存在论差异即陌生性出发的,而是从文本与诠释者之间所具有的熟悉性出发的,这种熟悉性存在于文本与诠释者所共属的传统之中。传统并不是过去了的现成存在,而是构成诠释者的前见和诠释学处境的存在。

处境(situation)总是我们已身处于其中而不能出乎其外的境地。处境之本质特征就在于,我们不能站在它的对面,不能用对象化的方式加以把握。作为"在—世界—之中—存在"的此在必然在某个处境之中。严格地说,不是某个主体因某种机缘而处于某个处境,而是处境先于一切主体,主体及其自我意识和自我理解在处境中被塑造。

虽然我们总是能发现自己处于某种处境之中,也就是说,处境已是我们所依寓和所熟悉的,但处境却不是我们能直接认识到的对象,它总是隐退在意识的边缘。我们总是从处境那里去看,所以处境就是一个立足点。因此,本质上视域概念就属于处境概念。

---

①　[德]海德格尔:《形式显示现象学:海德格尔早期弗莱堡文选》,孙周兴编译,同济大学出版社2004年版,第76页。

诠释学处境是这样的处境——在这个处境中我们自己总是与我们要理解的文本相关联。这不仅意味着只有在某种处境之下，某个文本才成为可理解的，才成为我们的课题，而且还意味着这个处境必须始终是活生生的当下的。因为，“历史本身，作为在理解中被占有的过去，从其把握性方面来看，是与诠释学处境的决定性的选择和形成过程的原始性一道生长起来的。过去仅仅按照一种当前所具有的启示可能性的决心和力量而开启自身。”[①]什么问题应被探讨？在这探讨之中，什么文本以及什么历史应该被置入研究课题之中？这些是由当下的诠释学处境来规定的，而绝不是可以外在地、任意地加以选择的。这并不是将历史认识任意主观化，而就是我们研究历史的根本条件。那能成为研究对象的，即能被关切的、能被遇见的，并不是从当下之外的某个地方抛给我们的，也不是那些现成之物，我们可以单纯出于学术和理论的兴趣任意挑选和把玩，相反，它们总是涵摄于当下的，与我们的诠释学处境一同生长起来。这就是说，“研究主题和对象实际上是由探究的动机所构成的”[②]。在理解和解释文本时，我们不是把历史上不同的文本皆视为同时的，而是让它们成为共时的，成为当下的——在这里我们经验到了历史文本与现在的紧张关系。那种能任意地穿梭于不同历史时代的历史理性，只是一种幻想。

可见，当下的诠释学处境是理解和解释的根本条件，只有在诠释学处境足够明晰时，可能的解释活动和理解活动以及在其中形成的对象的占有才能成为显明的。“诠释学处境的作用就意味着对于那些我们面对传承物而向自己提出的问题赢得一种正确的问题视域。”[③]因此，解释和理解的首要任务就在于显明当下的诠释学处境。

在《存在与时间》中，海德格尔是这样来规定诠释学处境的：“解释从来不是对先行的东西所作的无前提性的把握。……任何解释工作之初都必然有这种先入之见，它作为随着解释就已经‘设定了’的东西是先行给定的，这就是说，是在先行具有(前有)、先行视见(前视)和先行掌握(前概念)中先行给定的。”[④]这些在先的前提的整体就是诠释学处境。根于理解的解释，总是已经对有待解释的东西有所理解，解释总是不得不活动在前理解之中，总是要从前理解中汲取养料。一切理解和解释都是在作为在先结构的当下诠释学处境之中生长出来的。这个“在先结构”并不是某种逻辑的前提，而是一种存在论上的前提，换言

---

① [德]海德格尔：《形式显示现象学：海德格尔早期弗莱堡文选》，孙周兴编译，第77页。

② [德]伽达默尔：《真理与方法》，洪汉鼎译，商务印书馆2010年版，第403页。

③ [德]伽达默尔：《真理与方法》，洪汉鼎译，第428页。

④ [德]海德格尔：《存在与时间》(修订译本)，陈嘉映、王庆节合译，三联书店2006年版，第176页。

之,这是“此在的本身生存论上的‘先’结构”[①]。理解和解释只有在一定的处境之下才有可能,这并不是说我们的理解能力有着某种先天缺陷,而是说作为存在方式的理解必然具有这样的结构。

> 解释领会到它的首要的、不断的和最终的任务始终是不让向来就有的先行具有、先行视见与先行掌握以偶发奇想和流俗之见的方式出现,它的任务始终是从事情本身出发来清理先行具有、先行视见与先行掌握,从而保障课题的科学性。[②]

从事情本身出发的“清理”,绝不是指这样一种要求:否定和排除一切先行具有、先行视见和先行掌握,即超出当下处境而进入一片空净无物的世界,就像自然科学所追求的那种认识理想那样。实际上,这种“清理”本质上就是一种澄清或廓清,通过否定和排除那些不是来自事情本身的突发奇想和思维定式,进而使我们能注目于事情本身。在理解和解释时,我们必须要克服的是那并非来自事情本身的前见解的干扰。然而,要克服这些前见解,就只有“作出正确的符合于事物的筹划,这种筹划作为筹划就是预期,而预期应当是‘由事情本身’才得到证明”[③]。因此,解释的任务不是要避免一切前理解而去追求一种无前提性,而是要从事情本身那里推出我们的先行具有、先行视见与先行掌握,即从事情本身那里展示当下的诠释学处境,在这个处境中我们将获得了理解文本之意义的视域。

因此,在理解一个文本时,“解释者无需丢弃他内心已有的前见解而直接地接触文本,而是只要明确地考察他内心所有的前见解的正当性,也就是说,考察其根源和有效性”[④]。理解和解释的问题,并不在于作为现在的我有无可能以及如何可能超出自己的处境去重构或者复原过去的处境——在这个处境中文本将得到客观的理解,而是在于如何显示当下的诠释学处境,即如何取得对诠释学处境的意识。无论是相信我们可以从文本自身的语境中去理解过去的文本,还是不相信我们可以理解已成为历史的东西,他们都将理解活动等同于认识活动,从而陷入上面所说的“认识论困境”。在他们眼中,历史就是那与现在相对的事物,即一个与主体相对的客体,因此,理解的问题就被转变为认识论问题:一个处于现在的主体,如何可能超出自己的处境去理解历史中的事物?实际上,历史本身只能是从当下生活中与诠释学处境一同生长起来的,也就是说,历

---

① [德]海德格尔:《存在与时间》(修订本),陈嘉映、王庆节合译,第 179 页。

② [德]海德格尔:《存在与时间》(修订本),陈嘉映、王庆节合译,第 179 页。

③ [德]伽达默尔:《真理与方法》,洪汉鼎译,第 379 页。

④ [德]伽达默尔:《真理与方法》,洪汉鼎译,第 380 页。

史不是外在于当下的事物，而是涵摄于当下的。理解历史就是理解当下。所以，理解和解释的首要问题还是在于对当下的诠释学处境的显示。

然而，如何才能显示诠释学处境呢？在显示诠释学处境的过程中，问题是至关重要的。伽达默尔在《真理与方法》中，对问题在诠释学中的意义做了详细的分析，并提出了“问答辩证法”。他认为，诠释学现象包含了对话的原始性质和问答结构。一个文本能成为我们的解释对象，就已意味着这个文本对我们提出了问题。当我们阅读一个文本的时候，我们总会被从文本那里袭来的问题逼问，在这个过程中，我们感到了某种不安，即那些本来习以为常的、不值得一问的东西，现在被文本带入了悬而未决之中。只要想去理解该文本的意义，我们就必须从一个问题出发把文本理解为对此问题的一种回答。然而，要理解一个问题，就得对问题本身提问。对问题本身提问，就是去获得问题的视域，就是去理解该问题成为问题的前提。因为，真正的提问“既预设了开放性，同时也预设了某种限制。提问蕴含了对前提的明确确认，这些前提是确定的，并且正是由于这些前提，可疑问的东西即还是开放的东西才表现出来”①。然而，要对文本所回答的问题进行提问，就不得不对之前被当作自明的东西进行发问，所以，这里被重构的问题视域必然已超出其原有的视域而被一个更大的视域所涵盖。这个更大的视域就是当下诠释学处境所规定的视域。因此，通过问答辩证法重新获得问题的视域的过程，就是对诠释学处境的显示。

当然，这里的“问题”是真正意义上的问题，即有其明确的目的和动机，而不是随便问问。因为，问题的意义来自它的动机。我们总是会谈到所谓的普遍的问题，但不能忽视的是，这里的普遍不应该是抽象的，而应该是具体的。那么，真正的问题源于何处呢？海德格尔和伽达默尔自然会说：问题源于此在的生存论结构，问题源于此在的时间性，即有限性。这种回答可以令人满意吗？此在的有限性实际上说的就是存在本身对于此在而言始终是成问题的。伽达默尔这样说道：“凡是在某种东西能被我们所产生并因而被我们所把握的地方，存在就没被经验到，而只有在产生的东西仅仅能被理解的地方，存在才被经验到。”②因此，对于他们而言，揭示那被遮蔽的一般存在之意义，是诠释学的根本任务。

但是，由于此在终究只是一种特殊的存在者，因此，理解只是作为此在的存在者的存在方式，而不是非此在的存在方式，更不是存在本身的显现方式。因此，作为自我理解的经典诠释仍然局限在主体性（虽然是此在）之中，无法真正克服主观主义。

---

① [德]伽达默尔：《真理与方法》，洪汉鼎译，第514页。

② [德]伽达默尔：《真理与方法》，洪汉鼎译，“序言”第11～12页。

三、作为生活的显现的诠释

生活儒学虽然接受了海德格尔的存在论视域，对存在与存在者进行区分，但是，反对存在与生存的区分，即把生活仅仅看成是此在的生存。生活儒学主张生活本身即是存在本身，生活才是真正的大本大源，生活之外，无所谓存在。生活不是某个主体的生活，也不是此在的生存。在此观念下，“经典诠释并不是诠释者和某种被诠释经典之间的事情，而是生活本身的事情。诠释者和被诠释经典都是在诠释活动之中生成的，这种注释活动或者诠释活动乃是当下生活的一种方式”[①]。这样一来，诠释的可能性就奠定在生活本身之中，而不是主体性之中，也不是此在的生存之中。

首先，在生活儒学视域下，生活本身不同于存在者，存在者是从生活本身中生成的。因此，任何一种区分都预设了一种存在理解，或者生活的本源领悟。这也就是说，无论是主体与客体的对立，还是生存与非生存的对立，都只是一种存在理解。一切存在者都是在当下生活中被给出的。虽然作者与诠释者属于不同的生活世界，但是这些不同的生活世界都源于生活本身，都是生活本身的显现样式。因此，文本与作者在生活本源上就是可理解的。因为生活本身的基本结构是“在生活—去生活”，即我们向来已经在生活之中，并且因此才能超越自己去生活。理解就是“在生活—去生活”本身的显现方式。只有在作为生活之显现的理解中，主体和客体才能诞生，历史和传统才能诞生。

其次，在生活儒学视域下，经典绝不是某个独立于诠释而存在的东西，反之，它是在不断地诠释中被建立和生成的，是在当下生活中显现出来的。因此，经典诠释不是浪漫主义式的复古，不是要返回到那被美化的过去，而是回到经典的真正本源，即生活本身。经典之为经典，只是因为它开启了对生活本身的倾听和诉说，并且不断召唤我们回到那真正的本源。因此，经典诠释是当下生活的一种显现样式，而不是对某个既成的经典的重构。当生活方式发生改变时，诠释的形态就会发生改变，经典和诠释者也会因此而呈现出不同的特征。汉宋之争不仅仅涉及方法论和义理问题，而且更为重要的是还涉及存在论的问题，涉及生活本身的显现样式。因此，经典诠释中的“不易”不是现成的经典和诠释形态的不变，而是生活本身始终是大本大源。因此，儒学复兴就不应该是过去的某个儒学形态的复兴，而是对儒学的真正本源——即生活本身的复兴。

---

① 黄玉顺：《儒家思想与当代生活——“生活儒学”论集》，光明日报出版社 2009 年版，第 128～133 页。

最后，作为生活的显现的诠释超越了主—客架构下的诠释观念，但这并不意味着，诠释的客观性被否定，相反，诠释的客观性只有在作为生活的显现的诠释观念下才是可能的，因为，如果我们只是在主—客架构下去理解客观性，势必会陷入主观主义和相对主义而无法自拔，因为诠释只是主体的行为。

后新儒学"公民儒学"与生活儒学"中国正义论"比较

张小星

【编者按】此文原载《东岳论丛》2019 年第 11 期，原题为《后新儒学的"公民儒学"建构及其问题——与生活儒学的"中国正义论"比较》。此外，作者诠释"生活儒学"的文章尚有：《〈易传〉形上学的双向开展——以"变易本体论"为指引》（涂可国主编：《中国文化论衡》第 2 期，社会科学文献出版社 2017 年版）、《生活儒学与〈易传〉的形上学》（杨永明、郭萍主编：《当代儒学》第 11 辑，广西师范大学出版社 2017 年版）、《"训诂"的存在论意义——基于生活儒学的考察》（胡骄键、张小星主编：《生活儒学：研究·评论·拓展——第三届"生活儒学"全国学术研讨会论文集》，四川人民出版社 2020 年版）。

儒家正义论的当代重建是儒家哲学现代转型进程中一个值得关注的学术热点，其中极具代表性的理论形态是林安梧所建构的"公民儒学"与黄玉顺所建构的"中国正义论"。就"公民儒学"来说，尽管其对于儒学现代转型而言具有方向性的指引效应，但其本身的内容架构却有待贯通与深化。与"中国正义论"相比较，"公民儒学"存在着诸多内在缺失：首先，混淆了制度规范与正义原则的区别，导致二者发生关系错位，即"以礼为义"；其次，这种错位关系的根源在于后新儒学"外王—内圣"的思维架构的不彻底，"内圣"与"外王"的"逆转"未能真正实现对现代新儒学理论困境的超越；最后，"公民儒学"本身的证成陷入了"公民伦理"与"公民社会"的循环论证。"公民儒学"所存在的这些缺失意味着，一种真正意义上的立足于现代生活方式的"公民儒学"有待于我们进一步的思考与推进。

儒家正义论的当代重建,即致力于寻求社会制度规范建构所应遵循的价值根据,以及探索社会规范及其制度具体应如何建构等问题,是儒家哲学现代转型进程中一个值得关注的学术热点。其中影响最大的,一是作为后牟宗三时代"批判的新儒学"[①]代表人物的林安梧在其"后新儒学"视域下提出的"公民儒学";二是作为21世纪大陆新儒家代表人物的黄玉顺在其"生活儒学"视领下提出的"中国正义论"[②]。作为两种新的政治儒学形态,"公民儒学"与"中国正义论"虽然都是以儒家话语来表达现代性的社会正义诉求,但两家的致思方式与言说方式却存在诸多差异。本文将通过对"公民儒学"思想脉络的分析,进而展开其与"中国正义论"的比较,从而更进一步思考儒家正义论之现代性建构的若干问题。

一、以礼为义:制度规范与正义原则的错位

我们知道,作为基础伦理学的一般正义论属于制度伦理学的范畴,其基本问题在于寻求并确立行之有效的正义原则,亦即考察并追问制度规范得以建立的依据与价值尺度。在儒家哲学的话语中,这种正义原则被表述为"义",而这种制度规范则被表述为"礼",二者呈现为"义(正义原则)→礼(社会规范)",即前者为后者奠基的关系,亦即孔子所言之"义以为质,礼以行之"(《论语·卫灵公》),这可以说是儒家古典伦理学体系的核心架构,包含政治哲学与道德哲学两个维度。而现代所谓"儒家正义论的当代重建",指的即是通过对此核心架构的重新诠释来表达现代性的正义观念、建构现代性的儒家正义理论。在此意义上,无论是"公民儒学"还是"中国正义论",都可谓是现代正义诉求的儒家式表达。

在此,让我们先以"公民儒学"之"社会正义论"所处理的基本问题为切入点展开讨论。

作为公民时代的儒学建构[③],"公民儒学"不再纠缠于20世纪现代新儒家尤其是牟宗三哲学所面对的"内圣如何开新外王"的问题,而是基于对社会转型期

---

① 林安梧:《"儒学革命论"——后新儒学哲学的问题向度》,台湾学生书局1998年版,第29页。

② 笔者以为,"中国正义论"本身属于一种一般伦理学体系,其具体演绎包含作为现代政治哲学的"国民政治儒学",以及作为现代道德哲学的"儒家道德哲学",故在此以"中国正义论"作为统称。参见黄玉顺:《中国正义论的重建——儒家制度伦理学的当代阐释》,安徽人民出版社2013年版;《中国正义论的形成——周孔孟荀的制度伦理学传统》,东方出版社2015年版;《国民政治儒学——儒家政治哲学的现代转型》,《东岳论丛》2015年第11期;《孔子怎样解构道德——儒家道德哲学纲要》,《学术界》2015年第11期。

③ 参见林安梧:《后新儒学及"公民儒学"相关问题之探讨》,《求是学刊》2008年第1期。

即承认社会形态进入现代公民社会的历史实情，转而追问"公民社会下社会正义何以可能"的问题。[①] 就此问题来说，由后新儒学突出强调作为现代性社会形态的"公民社会"可知，此"社会正义论"属于一种现代性的社会正义理论，其所确立的"社会正义"原则只适用于现代公民社会，这是其与作为一般正义论(general theory of justice)之"中国正义论"的最大区别所在，后者致力于建构一种"能够解释古今中外所有一切社会规范及其制度何以可能的理论"，这种理论"应当是适用于任何时代、任何地域和任何共同体的普适的(universal)东西"，这应是我们首先需要明确的一点。[②] 其次，就"何以可能"的发问方式而言，如果其所谓"社会正义"确实意指一般正义论所讨论的正义原则，那么这一发问本身则是难以成立的，因为"社会正义何以可能"意味着公民时代之"社会正义"业已作为事实得以建立，但正义原则本身作为某种价值判断显然并非具有实体性意义的"事实"，因而依此推定所得之结论只能是，其所谓"社会正义"意指可实体化的社会规范及其制度，而非先行于制度规范的正义原则。

然而，考察后新儒学的相关论述可以发现，"社会正义论"实际上隐含着两种分属于不同观念层级的"正义"概念，而上文所论之作为社会规范及其制度的"义"即是其中之一，也就是"以礼为义"，显然这属于一种"礼""义"关系的错位；其二则是真正作为价值尺度之正义原则的"义"。对于后者，我们可进一步分析林安梧的相关论述：

> "社会公义"指的是就一政治社会总体而说的"公义"。"社会"(society)一般用来指的是经由"公民"以"契约"而缔结成的总体。这样的总体经由"公民"以"契约"缔结而成，故可称之为"公民社会"或"契约社会"。此与中国传统的血缘性纵贯轴所成之总体有别，它是一有别于"我与你"之外的"他在"。这样的"他在"所依循的不是"血缘亲情"，而是"社会契约"。"公民"并不是内在具着"大公无私"本质之民，而是进入"公众领域"之民。
>
> "公民"是进入"公众领域"之民，这样的"民"不是"道德人"，而是一"公约人"，是由一般具有个体性的个人做基础而做成的。如是言之，先作为一个"个人"，然后经由"公约"，才作为一个"公民"；但若从另一面来说，如此之个人当在公约所成之公民社会下，而成一个人。这样的"个人"进入到"公众领域"才发生其"公民性"，才成为一公民。或者说，在公共领域下方

---

① 参见林安梧：《儒学革命：从"新儒学"到"后新儒学"》自序，商务印书馆2011年版，第10～12页；《"内圣""外王"之辨：一个"后新儒学"的反思》，《天府新论》2013年第4期。

② 参见黄玉顺：《中国正义论的形成——周孔孟荀的制度伦理学传统》，东方出版社2015年版，第16、17页。

> 得成就一普遍意志，即此普遍意志才有所谓的“公义”。“公义”指的是依其“普遍意志”为基础而建立之行为规准背后之形式性原则。换言之，“公义”并不是“大公无私”之义，而是“有公有私”之义。[①]

此可谓“社会正义论”的核心表述。针对其中所涉及的问题，我们可做如下讨论。

首先，此所谓“公民”概念是我们必须加以肯定的：(1)“公民”指的是进入公共领域之民，其“公民性”源于由“公约”[②]所建立的“公共领域”，亦即所谓“公民社会”，其强调的是“公民”自身的“公共性”。(2)“公民”的基础是具有“个体性的个人”，而且正是这种“个体性”决定了个人能够真正成为代表自身进入公共领域并参与公共事务的“公民”，因此这种“个体性”与其“公共性”相比具有价值优先性，这里强调的则是“公民”自身的“个体性”。根据历史实情，社会形态由传统向现代转型的核心表征即是“个体性的个人”出现于公共领域，这意味着现代社会主体不再是前现代的宗族/家族主体而是个体主体，其表现形式也不再是前现代依附性的“臣民”，而是真正作为独立个体的“公民”。基于此，我们可以说，“公民儒学”本身属于一种现代性儒学形态。

其次，由“行为准则背后之形式性原则”可知，这里所说的“社会正义”不再意指作为“礼”的社会规范及其制度，而是名副其实地作为价值尺度的正义原则。在此，作为社会规范的“行为准则”的建构须以此“形式性原则”为根据，由此二者呈现出“形式性原则”(义)为“行为规则”(礼)奠基的关系架构。在此意义上，“社会正义论”作为儒家正义论之现代性建构的一种版本得以真正成立。

再次，虽然“社会正义”在此被后新儒学视作一种“形式性原则”，但其本身并非完全形式化的，而是以“有公有私”作为其内在规定。“公私”问题很容易让人想起古典儒家哲学所讨论的“义利之辨”问题，但二者并非完全一致，而此所谓“公”“私”实则属于利益分配的两个领域，即“公利”与“私利”，这就涉及一般正义论的基本论域：社会规范建构及其制度安排的目的在于解决由群体生存之利益分配所引起的利益冲突问题。然而，笔者在此所关注的并非“有公有私”本身是否具有正当性，而是其能否作为正义原则的内在规定？换言之，“有公有私”能否作为价值尺度用于建构并评判社会制度规范？

后新儒学在此将“有公有私”与“大公无私”对举，显然意在承认“私利”在现

---

① 林安梧：《从“外王”到“内圣”：以“社会公义”论为核心的儒学——后新儒学的崭新思考》，《浙江社会科学》2004年第1期。

② 此“公约”类似于法国思想家卢梭所提之“社会公约”概念：“我们每一个人都把我们自身和我们的全部力量置于公意的最高指导之下，而且把共同体中的每个成员都接纳为全体不可分割的一部分。”[法]卢梭：《社会契约论》，李平沤译，商务印书馆2011年版，第20页。

代公民社会中的正当性与合理性，当然这也是我们必须加以肯定的，但这并不意味着其本身可以充当建构并评判规范制度的价值尺度。因为“承认”本身意味着这种“有公有私”本身是由作为社会主体的“公民”经由约定而达成的规则（用于协调共同体利益与个体利益的关系），具有类似于罗尔斯正义论所提之“原始契约”[①]的意义；然而，无论是“规则”还是“契约”，其本身都属于“规范”的范畴[②]，其本身之达成依然需要先行的价值根据。此外，即便是“行为准则”的建构，也并非完全以“有公有私”作为根据，这就证明“有公有私”难以充当正义原则的内在规定，而后新儒学显然在此再一次混淆了“礼”与“义”的区别，进而导致二者关系的错位。基于此，我们就可以确认，后新儒学将“社会正义”视为“形式性原则”本身是准确的，但其将“有公有私”作为其内在规定则是值得商榷的。

与此相比，黄玉顺所建构的“中国正义论”在总结自周公开启一直到荀子所形成之儒家制度伦理学传统以及批判罗尔斯正义论之缺失[③]的基础上，既明确区分了制度规范即“礼”与正义原则即“义”的区别又澄清了二者之间的关系，而且通过对儒家“义”观念的诠释[④]创造性地提出两条具有普适性的正义原则——正当性与适宜性。[⑤] 前者要求社会规范建构及其制度安排是正当的，此“正当性”导源于“自爱（差等之爱）—爱人（一体之仁）”的仁爱情感结构[⑥]：既要以公平性准则保证对他者私利的保护，又要以公正性准则保证对群体公利的尊重；后者则要求社会规范建构及其制度安排适合于人们当下的生活情境，既要遵循空间性的地宜性准则（因地制宜），又要遵循时间性的时宜性准则（因时制宜）。此外，在中国正义论看来，“公利”与“私利”的区分问题本身“就不是一个非空间性、非实践性的抽象问题，而是一个存在着共时差异、历时差异的具体问题”[⑦]，而后新儒学所强调的“有公有私”即是一种具体表现形式：适合于现代性的生活方式。这也就意味着“有公有私”本身不能作为正义原则用于制度规范的建构，因此“社会正义论”本身只能算作一种现代性的正义理论。而“国民政治儒学”其实就是黄玉顺以“中国正义论”为根据而针对现代性的生活方式（中国社会的

---

① ［美］约翰·罗尔斯：《正义论》，何怀宏、何包钢、廖申白译，中国社会科学出版社 2009 年版，第 12 页。

② 参见黄玉顺：《中国正义论的形成——周孔孟荀的制度伦理学传统》，第 9 页。

③ 参见黄玉顺：《作为基础伦理学的正义论——罗尔斯正义论批判》，《社会科学战线》2013 年第 8 期。

④ 参见黄玉顺：《中国正义论纲要》，《四川大学学报》（哲学社会科学版）2009 年第 5 期。

⑤ 参见黄玉顺：《中国正义论纲要》，《四川大学学报》（哲学社会科学版）2009 年第 5 期。

⑥ 参见黄玉顺：《中国正义论纲要》，《四川大学学报》（哲学社会科学版）2009 年第 5 期；《儒家的情感观念》，《江西社会科学》2014 年第 5 期。

⑦ 黄玉顺：《中国正义论纲要》，《四川大学学报》（哲学社会科学版）2009 年第 5 期。

现代转型）而提出的，因而其属于“儒家政治哲学的现代形态”[①]，在这个意义上，其与“公民儒学（社会正义论）”当同属儒家正义论的现代性建构。

最后，作为社会规范的“行为准则”是基于公民个体经由“契约”所达成的“普遍意志”而建构的。此中涉及两个问题：一是“公义”即正义原则与“普遍意志”的关系，二是“行为准则”应如何建构，用正义论的话语来说，就是制度规范的具体设计、实际操作问题，亦即“制礼”。在后新儒学看来，所谓“普遍意志”即等同于正义，故此“正义”又被称为“公义”，而“行为准则”的建立需以此“普遍意志”作为基础。但笔者以为，从制度规范之具体建构层面来说，正义原则与“普遍意志”具有明显差别：前者属于建构制度规范的价值根据，这是毋庸置疑的；而后者则涉及制度规范的实际建构问题，这是因为“普遍意志”本身是经由作为个体的“公民”以“互动交谈”（缔结契约）的方式而形成的，其外在表现即是作为政治社会共同体的“公民社会”及其配套的作为制度规范建构的“社会契约”，因而“公民社会”在此又被称为“契约社会”。对此，林安梧提出：

> 相对于这样所成的政治社会共同体，其背后的根源性依据来自“普遍意志”。“普遍意志”是“契约”的根源，而契约则是普遍意志实现的途径。……换言之，“公义”并不是经由内在的修养来作成，而是经由一“言说的公共论域”而达致，是经由彼此的交谈而出现的。这样所成的伦理，彻底地讲不能停留在“独白的伦理”，而必须走向一“交谈的伦理”。儒家是一“交融的伦理”并不是一“交谈的伦理”，当然也不是一“独白的伦理”。“交融的伦理”以血缘亲情为主，而“交谈的伦理”则是以公民互动为主。前者是以家庭为本位的，而后者则是以个人为本位的；由个人而走向一契约的社会，前者则是一宗法社会。[②]
>
> 我们不必再去强调主体的自觉该当如何，而应当强调，当我在一个开放的、自由的言说论述空间里通过理性的思考，彼此交换意见之后就能够慢慢地得出新的共识；并且预期，当我们展开一个自由的交谈之后，共识就会浮现出来。我们在一个契约的社会里慢慢寻求一个恰当的制度结构，在这个制度结构里，我们可以依着自己的个性本身想说什么就说什么，在这一过程中，就会慢慢地调试出恰当的方式。[③]

此中有待澄清的问题颇多，在此我们只需明确的一点是，后新儒学将等同

① 黄玉顺：《国民政治儒学——儒家政治哲学的现代转型》，《东岳论丛》2015年第11期。

② 林安梧：《从“外王”到“内圣”：以“社会公义”论为核心的儒学——后新儒学的崭新思考》，《浙江社会科学》2004年第1期。

③ 林安梧：《后新儒学及“公民儒学”相关问题之探讨》，《求是学刊》2008年第1期。

于“普遍意志”的“公义”的建构方式归结于公民个体的“互动交谈”。事实上，后新儒学在此又一次犯了上述“以礼为义”的错误，也就是说，这里所讨论的问题实质上并非正义原则如何确立而是社会制度规范之具体建构方式的问题：经由公民之互动交谈而设计并建立具体的社会规范及其制度（比如其所提到的“社会契约”）。既然如此，我们就需追问，“互动交谈”本身能否作为条件而真正实现社会规范及其制度的建构？在笔者看来，“互动交谈”只是制度规范建构的必要条件，而非充分条件。这是因为，“互动交谈”作为一种“交互主体性”行为，其得以可能的前提在于承认（预设）交谈者本身必须具备独立的理性能力，亦即认知意义上的理智（工具理性），所以“互动交谈”（寻求公共理性）本身实属一种理智运用活动，当然理智对于制度规范的建构来说确实必不可少，但其本身并不能完全保证制度规范的正义性。

对于这个问题，在黄玉顺看来，“理性只是工具，而绝非建构伦理规则的动因、根据。理性尤其是所谓纯粹形式的理性，远远不是建构伦理原则的绝对基础”[①]。因此，与后新儒学不同的是，其在肯定理智即“知”对于建构制度规范的重要性之外，又将儒家所讲的“良知”即“智”作为建构制度规范的充分条件，二者并列为中国正义论的“要件”。[②] 其所谓的“良知”并非传统儒学所认为的先验道德主体性，而是一种“当下生活的感悟”（孟子所谓的“不学而知”），这种生活感悟具体表现为直觉性的正义感[③]；而上述作为正义原则的正当性与适宜性正是导源于这种正义感：作为仁爱情感的显现，这种正义感要求制度规范的建构既要尊重群体公利又要保护他者私利（个体私利），因而能够有效地化解利益冲突，进而充分保证制度规范本身的正义性。由此，这就形成中国正义论的基本观念架构：仁（仁爱）→利（利益）→智（良知）→义（正义）→知（理智）→礼（规范）→乐（和谐）。[④]

二、逆而未转：“外王—内圣”何以可能？

笔者以为，“社会正义论”之所以产生上述诸如“礼”“义”错位、忽视“良知”之重要性等缺失，原因在于后新儒学之致思路径的不彻底性，也就是其针对现代新儒家所谓“由内圣开不出新外王”的理论困境所提出之“外王—内圣”的“逆

---

① 黄玉顺：《走向生活儒学》，齐鲁书社 2017 年版，第 355 页。

② 参见黄玉顺：《中国正义论纲要》，《四川大学学报》（哲学社会科学版）2009 年第 5 期。

③ 参见黄玉顺：《中国正义论纲要》，《四川大学学报》（哲学社会科学版）2009 年第 5 期。

④ 因为此处不涉及“乐”的问题，故而不做讨论。

转”[①]架构。

“内圣外王”本出《庄子·天下》:“是故内圣外王之道,暗而不明,郁而不发,天下之人各为其所欲焉以自为方。”[②]原指包举中国学术之全部(梁启超语),其后用于专指儒家学术:“内圣”指内在心性修养(内足以资修养),“外王”则指外在社会实践(外足以经世用),而且前者是后者的基础。基于对此俗见的反思,林安梧试图通过揭示“内圣外王”之原型关系,进而以此为前提来建构现代性的儒学形态,即“公民儒学”。

针对现代新儒家“由内圣开出新外王”的致思路径,林安梧指出,“内圣”与“外王”并不具有必然的前者推导后者的关系,其基本原型实则呈现为一种“内外通透”“身心一如”的关系样态,无论“内圣”还是“外王”,二者实际上都是“修身”的外在呈现,而《大学》所谓“一是皆以修身为本”即是此意,“修身并不是孤立的内在心性修养,而是指向整个生活世界,必得迈向齐家、治国、平天下”[③]。这也就是说,“内圣”与“外王”并非二元割裂的关系(以“内圣”为体而“外王”为用:“由体致用”),而是由“修身”所统摄的整体(“体用一源”):作为“外王”的齐家、治国、平天下等社会实践活动本身也是“内圣”(狭义),而且只有在“外王”实践中“内圣”才得以真正彰显与落实。

在后新儒学看来,这种“内外通透”之原型才是儒学之本。然而,伴随着帝国专制时代的来临,“血源性纵贯轴”[④]社会结构的形成,这种“内外通透”的关系形态在之后的儒学发展中被扭转为强调以“心性修养”为核心的“内圣学”“良知学”,从而忽视以“社会实践”为核心之“外王学”,即由“内外通透”转为“由内圣推向外王”,其理论表现即“三纲”:君为臣纲、夫为妻纲、父为子纲。此形态一直延续到宋明时期程朱理学(朱子)将“五经传统”转为“四书传统”而达至顶峰,其在哲学上的表现就是所谓“以心控身”“去欲存理”等观念的提出。在此过程中,

---

① 林安梧:《从“外王”到“内圣”:以“社会公义”论为核心的儒学——后新儒学的崭新思考》,《浙江社会科学》2004年第1期。

② 陈鼓应注译:《庄子今注今译》,中华书局2009年版,第909页。

③ 林安梧:《从“外王”到“内圣”:以“社会公义”论为核心的儒学——后新儒学的崭新思考》,《浙江社会科学》2004年第1期。

④ 林安梧说:“血缘性纵贯轴”的基本结构是由“血缘性的自然连结、人格性的道德连结、宰制性的政治连结”三者所构成的。依儒学根本义理来说,在血缘性的自然连结下,强调的是“孝悌”,在人格性道德连结下,强调的是“仁义”,在宰制性的政治连结下,强调的是“忠君”。原先儒学所强调的“孝悌”“仁义”,是以人格性的道德连结与血缘性的自然连结为核心所展开的网络,这可以说是由家庭伦理为基底所构成的网络,恰当的“五伦”关系,是由夫妇、父子、兄弟、朋友、君臣一步步展开的。但这样的五伦关系并未成为儒学的基本向度,反而强调“君臣有义、父子有亲、夫妇有别,长幼有序、朋友有信”为顺序的五伦,这显然第转成了以“宰制性的政治连结”为核心。甚至直接强调“君为臣纲、父为子纲、夫为妇纲”,成为彻底异化的宰制性的、纵贯的、隶属的、顺服的伦理态度。

虽然晚明王夫之以“理气合一”“理欲合一”“理势合一”等观念展开对程朱理学的批判，但并未从根本上扭转此思维架构。时至近代，此架构也并未随着帝制儒学的瓦解而消亡，而是继续“遗传”于现代新儒学的哲学思考中，最典型的理论形态莫过于牟宗三所建构之“两层存有论”及“良知坎陷论”：“强调如何从良知的自我坎陷以开出知性主体，以知性主体涵摄民主科学。”[①]对此，后新儒学批判性地指出，“良知坎陷”的论证方式“只是陷溺在以心性论为核心的诠释之下才构作成的系统。因为这是一个诠释构作的系统，再由此诠释构作的系统去强调如何开出”[②]，所以这种模式既非“历史的发生次序”又非“实践的学习次序”，而只是一种“理论的逻辑次序”[③]，而后者显然与前两者分属于不同的问题领域，甚至可以说是完全不相关的两回事，而“我们要问的不是儒学怎样开出民主和科学，而是要问我们在学习民主科学的发展过程中，儒学应当如何重新调试。我们应该要在这个新的境域中去思考儒学新发展的可能，我觉得这才是主要的思考方向”[④]。

根据历史实情，作为后发现代性的国家在向西方学习的过程中，随着生活方式的现代转换，社会主体由原先的“臣民”变为“现代公民”，社会结构由传统的“血源性纵贯轴”转变为现代性的“人格性的互动轴”[⑤]。在此背景下，如果固守传统的以“心性论”为主的帝制儒学，那么显然不能适应现代社会，因此，对于儒学的现代重建来说，必须以“外王—内圣”之原型理解作为致思进路，而重建以“外王”为核心的儒学形态，即发展以“社会公义论（社会实践论）”为核心的“公民儒学”：立足于现代的公民社会实践（此为“新外王”）而调试并发展出“新内圣”，即公民个体在新的制度建构中展开新的道德修养。[⑥]

内圣学不是可以孤立而说的学问，内圣学是在具体的生活世界里，是

---

① 林安梧：《后新儒学及“公民儒学”相关问题之探讨》，《求是学刊》2008年第1期。

② 林安梧：《后新儒学及“公民儒学”相关问题之探讨》，《求是学刊》2008年第1期。

③ 林安梧认为：“历史的发生次序”指在历史的发生过程中，探讨它们是如何发生；“实践的学习次序”指我们作为后发的民主科学学习者，可以去思考那些条件能加速我们的学习，因而处于实践学习的次序；而民主和科学在理论的脉络下如何安顿，则是“理论的逻辑次序”。参见氏著：《儒学转向：从“新儒学”到“后新儒学”的过渡》，台湾学生书局2006年版，第187页。

④ 林安梧：《后新儒学及“公民儒学”相关问题之探讨》，《求是学刊》2008年第1期。

⑤ “人格性的互动轴”主要包含“委托性政治连结”与“契约性社会连结”。

⑥ 林安梧强调说：“‘道德’是一不离生活世界总体本源的思考与实践，在不同的传统、不同的文化、不同的族群、不同的情境，将展现着不同的风姿。如今，进入到现代化的社会之中，契约性的社会连结是优先与血缘性的自然连结的，原先长自血缘性的自然连结的‘仁爱之道’，现在当长成一‘社会公义’。真切地涉入到公共领域中，经由‘交谈’互动，凝成共识，上契于社会之道，在这样的社会公义下，才有真正的‘心性修养’，才有真正的内圣。”（参见林安梧：《“内圣”“外王”之辨：一个“后新儒学”的反思》，《天府新论》2013年第4期）

> 在历史社会总体之下生长出来的学问，所以当整个外王学已经有了变迁，整个历史社会总体与我们生活世界的实况也有了变迁的情况下，我们的内圣学其实也是应该调整的。我的意思是说，内圣学的理论逻辑的层次与其实际发生的层次有密切关联，并不是透过形而上的追溯，或是去建立形而上的内圣学之"体"，再说明由内圣学之"体"如何开出外王之"用"来；而应该是用"体用不二"的全体观点来思考内圣学系统应如何调整的问题。因此，我的提法就不再是"如何由内圣开出外王"，而是"在新的外王格局下重新思考内圣如何可能"的问题。外王并不是由内圣开出的，内圣、外王本来就是一体之两面，是内外通贯的。
>
> ……在整个外王的情景已经变化的情况下，内圣修养的道德向度也必须做出调整。①

以上即是后新儒学试图建构"公民儒学"的基本思路。然而，笔者在此关注的问题并非"内圣—外王"观念的历史演变过程，而是想追问：后新儒学为什么要将"内圣—外王"逆转为"外王—内圣"？（当然，这其中蕴含着后新儒学的某种历史哲学观念）这种"逆转性"思考能否实现其所致力于建构的现代性儒学？亦即能否真正建立以"社会正义论"为核心的"公民儒学"？进而这种"逆转"本身是否成功呢？对此，我们可做如下讨论：

首先，经由上述分析，我们可以明确的是，后新儒学逆转"内圣—外王"为"外王—内圣"的意图在于建立公民时代的"新内圣学"：由"外王"到"内圣"的进展，"是经由'新外王'的学习，进而启其'内圣'，有一新内圣之发展可能"②。因而在此意义上，"公民儒学"实质上属于一种指向道德哲学的儒学形态。而此"逆转"正是为了凸显"新外王"在建立"新内圣"过程中的重要性，因为"任何一套道德哲学、形而上学的系统并非凭空而起，它与历史发展背景、经济生产方式、政治变迁和文化传统的发展有着密切关系"③，而此"密切关系"在观念上的表现即是"外王（历史社会总体）—内圣（道德哲学/心性修养）"的架构。既然如此，那么建构"新内圣学"就首先取决于对作为社会实践结构（历史社会总体）的"新外王"的考察。由此也就不难理解，为什么后新儒学会将"公民社会下的社会正义何以可能"这一问题作为"公民儒学（社会正义论）"的核心问题，"社会正义"在此作为"新外王"的代名词被用以概括由社会实践所形成之制度结构，也就导致了上述"礼"与"义"的错位、"行义"与"制礼"的混淆等问题。

其次，需要承认的是，后新儒学基于对"内圣外王"之原型理解而将"内圣—

---

① 林安梧：《后新儒学及"公民儒学"相关问题之探讨》，《求是学刊》2008 年第 1 期。

② 林安梧：《"内圣""外王"之辨：一个"后新儒学"的反思》，《天府新论》2013 年第 4 期。

③ 林安梧：《后新儒学及"公民儒学"相关问题之探讨》，《求是学刊》2008 年第 1 期。

外王”逆转为“外王—内圣”的方式确实不同于以往将之界定为本体论性质的“形上—形下”的关系模式，但这种“不同”以及“逆转”并不意味着其本身对于后者的超越。20 世纪现代新儒家之所以难以“开出新外王”，根源并不在于其理论本身的解释效力，而在于其自身之“内圣—外王”的思维模式①的困境，即以“内圣”为“新外王”奠基。从哲学存在论的角度来看，虽然“内圣”与“外王”具有不同的内涵，但其本身无疑都属于存在者层级的事情，而问题的关键在于追问存在者何以可能？亦即寻求先于存在者且为存在者以及“内圣—外王”进行奠基的存在本身。现代新儒学的理论困境并非“新外王”是否需要“内圣”来奠基的问题，而是“内圣”本身何以可能？同理，我们亦可对后新儒学之“逆转”展开类似追问。在此意义上，所谓“外王—内圣”的“逆转”只能说是“逆而未转”：只是作为存在者领域的“内圣”与“外王”关系的逆向调整，即将原先“由内圣为外王奠基”转为“由外王为内圣奠基”，而未能真正转出超越“内圣—外王”思维架构的新视域，即未能回到真正作为本源的存在本身。

事实上，在林安梧建构的后新儒学体系中，与此“存在本身”具有同等意义的观念是“存有的本源”。② 所谓“存有的本源”即指中国哲学所讲的“道”，但并非作为最高存在者的形而上实体而是指天地人我万物通而为一之不可分的交融状态，在此本源状态中，外在情境与内在心灵意识交融为一而没有分别③，因此这是一个典型的存在论观念。然而，当落实于形而下学即伦理学的建构时，此“存有的本源”被称为“生活世界”“历史社会总体”即所谓“新外王”，并且被赋予一种哲学人类学式的内涵：“生产力、生产关系、生产工具、生产者之间的互动关系”④，其外在表现乃是一套客观的社会制度结构⑤。具体到“公民儒学”的建构而言，林安梧明确指出：“我们除了回到内在的心性之源上说，还必须回到整个历史社会总体之道，从道的源头上去说。我们的心性必须参与到道的源头，

---

① 参见黄玉顺：《思想视域问题——如何来研究现代新儒学?》，黄玉顺主编：《现代新儒学的现代性哲学——现代新儒学的产生、发展与影响研究》导言，中央文献出版社 2008 年，第 1 页；黄玉顺：《论儒学的现代性》，《社会科学研究》2016 年第 6 期。

② 基于对牟宗三“两层存有论”的反思，林安梧在诠释熊十力哲学与王夫之哲学的基础上，提出了“存有三态论”，即“存有的本源”“存有的开显”“存有的执定”。参见林安梧：《儒学转向：从“新儒学”到“后新儒学”的过渡》，第 324 页。

③ 参见林安梧：《儒学转向：从“新儒学”到“后新儒学”的过渡》，第 55、56 页。

④ 林安梧：《“儒学革命论”——后新儒学哲学的问题向度》，第 45 页。

⑤ 在此需指出的是，这里所隐含的后新儒学的历史哲学观念与生活儒学的历史哲学观念具有相似之处。黄玉顺写道：“那么社会转型是如何发生的？我简单讲一下我的基本的历史哲学的观念：人类的社会生活方式的转型，导致了社会形态的转型；社会形态的转型，导致了社会主体的转型；社会主体的转型，导致了整个制度安排的转型。”（黄玉顺：《从“生活儒学”到“中国正义论”》，中国社会科学出版社 2017 年版，第 310 页；黄玉顺：《论儒学的现代性》，《社会科学研究》2016 年第 6 期）

而这个道的源头是历史社会的总体之道。”[①]显然在此其所强调的依然是作为现代“历史社会总体”的“新外王”，亦即经由“契约”而建立的“公民社会”。[②]

三、公民儒学的证成：“公民伦理”与“公民社会”的循环

既然“公民儒学”最终落脚于建构新的内圣学，亦即现代性的“公民伦理”[③]，那么此儒学形态的证成就取决于这种“公民伦理”的成功与否。由于“公民伦理”本身属于公民社会道德规范系统，故而仍可将其置于正义论的范围中进行讨论。

首先是正义原则的问题，亦即建构此“公民伦理”所依据的价值根据。其实，上文第一部分有关“正义原则”的讨论对此已有涉及，即“行为准则”与“形式性原则”的关系问题，故在此无须重复。但仍需强调的是，作为“公义”的“有公有私”难以充当建构社会道德规范的价值依据，尽管有如后新儒学所强调的那样，“有公有私”本身在现代公民社会具有道德优先性[④]，但其本身仍然只是某种伦理准则。

其次是公民伦理的内容。按照“公民儒学”自身的思想脉络，此所谓“公民伦理的内容”(所谓“新内圣”)应指上述“行为准则”的具体内容，然而令人遗憾的是，后新儒学对此并未做出实质性的规定，而只是提出三条建构“公民伦理”的“原则”，当然此“原则”并非正义原则，而只是操作性原则。为此，我们有必要分析林安梧的相关论述：

> (1)公民伦理重在以自我的限定为起点，并依客观的契约而构造新的连结体。
>
> (2)公民伦理不是来自道德、思想、意图，而是来自权力、结构、组织。
>
> (3)(公民伦理)不是单元的转出，而是多元的重建。[⑤]

在后新儒学的论述中，“公民伦理”是相对于前现代的“天民伦理”来说的，而“天民”向“公民”的转变意味着社会主体的转变，在此意义上，“伦理”也必然

---

① 林安梧：《后新儒学及“公民儒学”相关问题之探讨》，《求是学刊》2008年第1期。

② 林安梧说：“至于那普遍的总体则是必须通过这样的交谈空间，一步步而上升到的，并不是我这个主体就跟道体连在一块，并不是我说的话就是全体、全知的观念。”(林安梧：《后新儒学及“公民儒学”相关问题之探讨》，《求是学刊》2008年第1期)

③ 林安梧：《“内圣”“外王”之辨：一个“后新儒学”的反思》，《天府新论》2013年第4期。

④ 林安梧：《“内圣”“外王”之辨：一个“后新儒学”的反思》，《天府新论》2013年第4期。

⑤ 林安梧：《从“德性治理”到“公民社会”的建立——“顺服的伦理”“根源的伦理”与“公民的伦理”》，《江淮论坛》2016年第6期。

由前现代基于血缘性而建构的家族伦理转为基于公民个体性而建构的"契约伦理"。而其在此所说的"自我的限定"显然意指公民自身之"个体性",因为正是这种"个体性"决定了"公民"之为"公民"而可以进入公共领域,从而经由"互动"形成一种"责任伦理"①与"交谈伦理"②,这也就是"公民"自身之"公共性"的表现,所以"自我的限定"是建构"公民伦理"的起点。此外,按照上述后新儒学"外王—内圣"的思想架构,与前现代"天民伦理"源于"天道""心性""良知"不同,"公民伦理"的建构只能基于由社会实践所形成的社会制度结构,即所谓"公民社会",亦即其在此所指出的"权力""结构""组织"。

然而,这里却存在一个矛盾:如果后新儒学所说的依据客观契约而构造的"新连结体"意指"公民社会",那么"公民伦理"的建构只能以此"新连结体"作为基础,而不能将其视为"公民伦理"的目的所在,因为按照"外王—内圣"的逻辑,作为外王的"新连结体"必得先于作为内圣的"公民伦理"并为之进行奠基。而在后新儒学的论述中,此"新连结体"显然意指"公民社会"。所以,后新儒学实际上在此出现了一种循环论证:"公民伦理"的目的在于建构"公民社会",而"公民社会"本身乃是建构"公民伦理"的基础。而这种循环论证则恰恰表明,后新儒学之"公民儒学"本身的证成有待进一步贯通。

总而言之,后新儒学所建构的"公民儒学"本身是一种极具现代性的儒学形态,我们从上文关于"社会正义"问题的论述中即可明显得见,其对于公民社会即现代生活方式的思考,以及对于儒学如何参与建构公民社会与公民个体如何在此社会中展开实践等问题的探究,都是在切实地推进儒学的现代转型。而其本身所存在的内在缺失也意味着,一种真正意义上的立足现代生活方式的"公民儒学"有待于我们进一步的思考与推进。

---

① 林安梧借用韦伯关于"意图伦理"与"责任伦理"的划分,试图通过诠释儒学所讲的"忠信"(忠于其事)观念而阐发一种儒家的"责任伦理"。(参见林安梧:《儒学转向:从"新儒学"到"后新儒学"的过渡》,第214、310、311页)

② 林安梧:《从"外王"到"内圣":以"社会公义"论为核心的儒学——后新儒学的崭新思考》,《浙江社会科学》2004年第1期。

“真”与“圣”:“生活境界论”探微

何　晓

【编者按】此文原载胡骄键、张小星主编:《生活儒学:研究·评论·拓展——第三届“生活儒学”全国学术研讨会论文集》,四川人民出版社2020年版。

【摘要】道家的最高境界是“真”,儒家的最高境界是“圣”。从“生活境界论”的角度来看,“真”与“圣”都是前主体性的本源情境。区别在于,“真”是“在生活”的自发境界,“圣”是“回归生活”的自如境界。自如境界是自为境界向自发境界的“回归”。

“生活境界论”是“生活儒学”关于境界问题的学说。不同于冯友兰先生以“觉解”划分人的境界,“生活境界论”的判断标准是人的观念层级。“通常,我们把这样的问题——就是我们的精神生活达到了某一个层级,我们就把它叫作一种‘境界’。”[①]人的精神世界其实质是观念的集合,而所有的这些观念,依据“主体性”的有无,可以划分为两个层级:前主体性的观念和主体性的观念。基于此,“生活境界论”将人的境界分为三种:“在生活”的自发境界,“去生活”的自为境界和“回归生活”的自在境界。其中,自发境界和自在境界都是前主体性的境界。“生活境界论”认为,“最高的境界,就是回到最低的境界”[②]。而两者的区别就在于是否“回归”,换言之,“最高的境界,就是自觉地回到最低的境界”。关照哲学史上的各家各派,可以发现,“生活境界论”中的自发境界与自在境界之区别即道家的“真”境和儒家的“圣”境之区别。

① 黄玉顺:《生活儒学讲录》,安徽人民出版社2012年版,第43页。

② 黄玉顺:《爱与思——生活儒学的观念》(增补本),四川人民出版社2017年版,第186页。

一、道家之“真”境

道家的理想之境是“真”境，人之存在的理想状态则是“真人”。但是我们现在一谈到“真人”，就会立马想到羽化登仙的“仙人”。这种“真人”并非道家语境中的“真人”，而是道教里面的人格神，是一个具有绝对主体性的形而上者。在道教兴盛的时期，有些道家的人物或者是著名的道士，往往被封以“真人”的称号，比如庄子被唐玄宗封为“南华真人”，御风而行的列御寇被封为“冲虚真人”等等。这种以“仙人”释“真人”的方式大概来自许慎对“真”的解释。《说文》：“真，仙人变形而登天也。从匕，从目，从乚。八，所承载也。”段玉裁进一步解释说，“从匕”是因为“匕”乃古“化”字，所以“变形故从匕”；“从目”是因为“道书云养生之道，耳目为先，耳目为寻真之阶梯”；“从乚”是因为“乚，匿也，读若隐，仙人能隐形也”。可见，不论是许慎还是段玉裁，都是通过释读“真”的字形来进行解释，但他们解读的是“真”的篆文。古文学家唐兰先生通过识别金文，认为“真”字从贝，𠤎声。𠤎并非“变化”之“化”的古文，而是“殄”字的古文。但根据《说文》，“殄”字的古文为乁，而非𠤎。唐兰先生引用朱骏声的说法，“乁，疑从反𠤎”(《说文通训定声》)，并进一步指出乁和𠤎是同一个字。因为古代并没有反文之说，凡字皆可反书之，所以乁和𠤎同是“殄”的古文。关于“真”从“殄”之说，唐兰先生还提出了一条音韵学上的证据：“真在真部，殄在谆部，真谆音相近。《诗经·小婉》：‘哀我填寡’，毛传：填，尽也。陈奂、胡承珙等均谓填读为殄，是其例也。”[①]何为“殄”？王筠在《说文释例》里解释“乁，盖从倒人”。可见，“真”的本义并非是“仙人”，而是“倒人”。另外，日本汉学家白川静也认为“真”源于“倒人”，并认为“真”之所以有真诚、真正之义，是因为古人相信死后的世界才是永恒的、真的存在。[②] 关于“真”的“倒人”义，在《庄子》中出现过：

> 莫然有间，而子桑户死，未葬。孔子闻之，使子贡往侍事焉。或编曲，或鼓琴，相和而歌曰：“嗟来桑户乎！嗟来桑户乎！而已反其真，而我犹为人猗！”(《庄子·大宗师》)[③]

子桑户死了，孟子和子琴张不说“死”而说“反其真”。历来对此的解释都说是“返回了本真”，但何谓“本真”，其实在这里庄子就用了“真”字最初的含义——倒下的人。

---

① 唐兰：《释真》，《考古社刊》1936 年第 5 期。

② 参见[日]白川静：《常用字解》，苏冰译，九州出版社 2010 年版，第 237～238 页。

③ (清)郭庆藩撰，王孝鱼点校：《庄子集释》，中华书局 2013 年版。

那如何理解道家将“人倒下了”作为人的最高境界？我们或许可以通过分析“真”的反义词得出一些结论。对于“真”来说，其反义词无非是“假”，或者说“伪”。《说文》：“假，非真也”，“假”是根据“真”来定义的，这看不出“真”的本义。我们再看“伪”，《说文》引徐锴曰：“伪者，人为之，非天真也。故人为为伪是也。”既然“伪”是人为，那么“真”就是非人为。试想，如果我们是造字者，应该怎样表达“非人为”这个意思呢？大概远古先民们在造字时有这么一种理解，“非人为”意味着人什么都不要做，但人既然活着，怎么可能什么都不做呢？除非人死了。这不就是“倒下的人”吗？人倒下了，寓意着人死了，人死了自然就什么也做不了了。我们再回过头来看“假”字，《说文》：“假，从人，叚声。”这个字很有意思，后面的“叚”是表示音的，作为偏旁部首的“人”则是表示义，原来“假”的本义就是一个“人”，一个挺立的“人”。不特如此，我们有时还会将“真”与“俗”并举，而“俗”字也是从“人”。我认为这不是一个巧合，这说明我们对于“真”最原始的理解，就是“倒下的人”。“倒下的人”只是一种形象化的说法，其意在指主体性的消解。“真”是主体性的本源情境，也就是所谓的自发境界。

一个人的精神境界如果是自发境界，那么这个人就是“真人”。在道家的典籍中，描绘了“真人”的很多神迹，比如“登高不栗，入水不濡，入火不热”(《庄子·大宗师》)等。基于此，很多人将“真人”理解为神通广大的“仙人”。但是，境界是精神层面的事情，人不论是出于什么样的精神境界，都不能够挣脱自然规律，比如生老病死。在这个意义上，道教的“真人”也是一个“常人”。“真人”并非超越生死、羽化登仙，而是“不知说生，不知恶死”(《庄子·大宗师》)而已。重点在于“不知”，而非“超越”。正如庄子笔下的泰氏，“其卧徐徐，其觉于于，一以已为马，一以已为牛”(《庄子·应帝王》)。道家的“真人”其实就是思虑未萌、主体性尚未生成的人，不同于我们经验生活中、处于主客二元对立下的人。“真人”的最大特点，借用庄子的一句话，即“有人之形，无人之情”(《庄子·德充符》)。“有人之形，故群于人”(《庄子·德充符》)，“真人”作为现实的“人”，有“人”的形态，所以“真人”是“人”，这是从生物学意义上讲。但是，“真人”和经验世界中的“常人”又不是完全一样，因为真人“无情”。“无人之情，故是非不得于身。”(《庄子·德充符》)我们知道，在古代典籍中，“情”字有两种用法，一种是指“事之情”，意思是真实情况、实际情况；另一种是指“人之情”，意思是人的情感，即作为形而下相对主体的人的情感。庄子这里的“无人之情”，指的是没有人的情感。所以庄子才会说：“吾所谓无情者，言人之不以好恶内伤其身，常因自然而不益生也。”(《庄子·德充符》)“好恶”是一种主体性的情感，而且“好恶”总是一个主体对一个客体的“好恶”，所以这里的主体性是指相对主体性。“真人”没有“好恶”这种情感，是因为“真人”根本就没有好恶的分别。在本源情境中的人,主体性尚未生成,物我的分别也没有产生。

"真人"就是"在生活"而尚未"去生活"的人,是一种出于"浑沌"境界中的人。何为"浑沌"?

> 南海之帝为儵,北海之帝为忽,中央之帝为浑沌。儵与忽时相与遇于浑沌之地,浑沌待之甚善。儵与忽谋报浑沌之德,曰:"人皆有七窍以视听食息,此独无有,尝试凿之。"日凿一窍,七日而浑沌死。(《庄子·应帝王》)

成玄英疏曰:"南海是显明之方,故以儵为有。北是幽暗之域,故以忽为无。中央既非南非北,故以浑沌为非无非有者也。"[①]道家的"真"境就是这种"无分别相"的"浑沌"。

然而,在庄子的故事中,浑沌死了,被儵和忽"凿"死了。可儵和忽也不是有意谋杀浑沌,他们是"谋报浑沌之德",但结果还是害死了浑沌。其实"浑沌"不是死于儵忽二帝,而是死于"人"。儵忽是受这样一种观念的影响才决定"凿"浑沌的,即"人皆有七窍"。可见,儵忽只是行刑的刽子手,而"人"才是害死浑沌的罪魁祸首。人和浑沌的区别就在于"视听食息",而这四者则代表了人的主体意识。故释德清注曰:"及情窦日凿,知识一开,则天真尽丧。"[②]人的主体性的挺立,是浑沌之死的原因,也是本源情境被打破的原因。

二、儒家之"圣"境

人生在世,本源情境被打破是不可避免的,因为我们要"去生活"。"去生活"就是一种目的性、主体性的行为,超越自发境界,进入自为境界。处在自为境界中的人,不论是作为小写的人(相对主体),还是大写的人(绝对主体),其精神境界都是具有主体性的。大部分人终身都在思考一些形而下的事情,始终作为一个相对主体而存在,处于"主—客"架构的一端,其境界也是形而下的境界。而有些人会开始思考世界本源的问题,开始突破"主—客"架构,而获得绝对主体性,从而进入形而上的境界。但不论是哪一种,还都限于存在者的观念层级中,并未通达作为存在本身的生活。真正的最高境界是自如境界,不仅"去生活",还要"回归生活",也就是"在生活并且去生活"。这就是儒家所说的"圣"境。

关于儒家的"圣"境,可以有多种不同的理解。比如"博施济众"的"圣王境界","民胞物与"的"圣贤境界",等等,都是对儒家"圣"境的一种解读。但是从

---

① (清)郭庆藩撰,王孝鱼点校:《庄子集释》,中华书局2013年版,第281页。

② (明)释德清:《庄子内篇注·应帝王第七》,华东师范大学出版社2009年版。

"生活境界论"的角度来看,作为最高境界的"圣"境应该是"孔颜乐处"的"圣人境界"。

> 子曰:"饭疏食饮水,曲肱而枕之,乐亦在其中矣。不义而富且贵,于我如浮云。"(《论语·述而》)
>
> 子曰:"贤哉,回也!一箪食,一瓢饮,在陋巷。人不堪其忧,回也不改其乐。贤哉,回也!"(《论语·雍也》)

"孔颜乐处"的命题是周敦颐提出来的:"昔见周茂叔,每令寻颜子、仲尼乐处,所乐何事。"[①]一般来说,宋明理学家的回答是乐"道",也就是"天理"。然而这种发问方式就已经有问题了,丧失了其他解释的可能性。因为"乐"并不一定非要乐"什么",这个"什么"指代的是一个"物"、一个具体的存在者。如果非要乐"物"的话,那答案只能是形而上的"道",因为形而下的"疏食""陋巷"并不能使人"乐"。如果我们换一种发问方式:孔颜为什么乐?这样就会有不同的解读方式。一方面,孔颜可以是"有所乐之乐",也就是"乐道"。当然这是一种很高的境界了,但还不是最高的境界。另外一种解释当然就是"无所乐之乐",即并不是因为什么东西而乐。不是因为"得道"而乐,当然也并不是因为贫困而乐,他们的"乐"是本真生活情感的自然显现。这两段描述"孔颜乐处"的记载有一个共同的特点,即都是普通生活情境中的"乐":一个是"饭疏食饮水,曲肱而枕之"的生活情境,一个是"一箪食,一瓢饮,在陋巷"的生活情境。在这种普通的生活情境中,或许他们并没有考虑周围的环境,也没有念念不忘理想中的"道",他们的乐仅仅是一种本真情感的显现。一如庄子的"鱼之乐",庄子并没有把鱼当作对象来打量,而得出"鱼之乐"的结论。否则他就难逃惠施"认识论困境"的诘难:"子非鱼,安知鱼之乐?"庄子的"鱼之乐",是"知之濠上也"(《庄子·秋水》),没有主客二分,有的只是本源情境中情感的显现。这是儒家的"圣"境。

一谈到儒家的境界,就和宋明理学家的工夫论分不开。宋明理学家的工夫论主要包括两方面:一方面是涵养,一方面是进学。涵养需要静坐,进学则须读书。所以朱子讲"半日静坐,半日读书"[②],以此来作为成圣之路。然而,正如颜元所批评的那样:"半日静坐,是半日达摩也;半日读书,是半日汉儒也。试问十二个时辰,那一刻是尧舜周孔?"[③]从某种意义上来说,"静坐""读书"未尝不是成圣的工夫,但成圣的工夫却不仅仅是"静坐""读书",因为"挑水砍柴,无非妙

---

① 《河南程氏遗书》卷二上,(宋)程颢、程颐:《二程集》,中华书局1981年版,第61页。

② (清)黄宗羲原著、(清)全祖望补修,陈金生、梁运华点校:《宋元学案》卷一百六十,中华书局1982年版。

③ (清)颜元:《朱子语类评》,《颜元集》,中华书局1987年版。

道”。所以儒家的“圣”境并非是一种刻意工夫所达到的。正如程颢说：“夫天地之常，以其心普万物而无心；圣人之常，以其情顺万物而无情。故君子之学，莫若廓然而大公，物来而顺应。”[①]圣人是“有情”而“无情”的，“有情”的“情”是本真的生活情感，“无情”的“情”是形下的道德情感。

“廓然而大公，物来而顺应”是儒家的“圣”境。

三、“回归”：“真”与“圣”的区别

从上面的论述可以看出，自发境界和自如境界似乎很难区分，正如道家的“真”境和儒家的“圣”境难以区分一样。“生活境界论”也早已指出，最高境界就是最低境界，最远的就是最近的。但是我们如何区分这两种境界？

“生活境界论”认为，最高境界与最低境界还是有着本质的不同，这个不同就是“觉解”，或者说“良知”。我们知道，“觉解”是冯友兰先生的“四境界说”中提出的概念。觉是知觉，解是了解。“觉解”就是有一定的了解。但“觉解”似乎仍是一种主体性的言说方式，最大的“觉解”依旧是一种“觉解”，这也就是为什么说冯友兰先生的“天地境界”仍然是一种形而上的境界，而非本源境界。

“生活境界论”还有另外一种说法，即“最高的境界，就是自觉地回归到最低的境界”[②]。在这个定义中，有两个词语，一个是“自觉”，一个是“回归”。“自觉”其实并非十分准确，因为“自觉”依旧是具有主动性、意向性的词语，换言之，“自觉”肯定有一个自觉的主体。关键在于“回归”。“境界问题的实质，在于个体人格的回归。首先，一般来说，境界总是说的某个人、某个个体的境界；其次，这个人的境界，是说他在观念层级上的回归。境界就是回归，这是一个极其重要的观念。”[③]

以静态的观点去看自发境界与自如境界，两者并没有实质的区别。一个出于本源情境中的人，有可能是思虑未萌的“真人”，也有可能是“物来顺应”的“圣人”。挑水砍柴，既可能“无非妙道”，也有可能“确非妙道”。关键在于“回归”。自发境界是“在生活”，自为境界是“去生活”，自如境界是“回归生活”。回到的那个“生活”，并非是其他的“生活”，“生活”就是“生活”，但人并非是原来的人了。要言之，我们生来就是一个形而下的人，是一个“常人”，而“常人”“去生活”，去向着“真人”不断地超越，最终成为“圣人”。所以说，境界就是回归，是人

---

① （宋）程颢：《定性书》，（清）黄宗羲原著、（清）全祖望补修，陈金生、梁运华点校：《宋元学案》卷十三，第546页。

② 黄玉顺：《爱与思——生活儒学的观念》（增补本），第186页。

③ 黄玉顺：《爱与思——生活儒学的观念》（增补本），第169页。

在观念层级上的回归，由“主—客”二分的经验世界回到“无物存在”的本源境界。

究其实质，“真”与“圣”的这种区别源于黄玉顺教授“观念的三级架构”[①]理论。黄玉顺教授认为，人类的全部观念可以分为三个层级：本源层级、形而上层级和形而下层级，这一观点在其文章《汉语“观念”论》[②]中表达得最为清晰。文章首先提出，何为“观念”？他认为，“观念”不是柏拉图的“idea”，而是汉语中固有的一个词语。所谓“观念”，乃是“观念是念，念出于观”。“观念”本质上是一种“念”，而“念”是人（注意，这个“人”不一定是主体性的人）之“念”。人的这种“念”则是出于人的“观”，“观”分为形下之观、形上之观和本源之观。形下之观就是人作为一个形而下者对万物的观察，人是形而下者，万物也是形而下者，这种“观”是两个形而下者的事情，比如“仰则观象于天，俯则观法于地”（《周易·系辞下》），这里的“观”就是一种典型的形下之观。形上之观则不同，“所观者不是‘形而下者’之‘器’，而是‘形而上者’之‘道’”[③]，或者说“‘不以我观物’，而‘以物观物’”[④]，即“根据唯一绝对物去‘观’众多相对物”[⑤]。本源之观则既不是观形而下之器，也不是观形而上之道，而是观“情”。这种“观”既不是认识论意义上的“观察”，也不是本体论意义上的“反观”，而是一种“生活领悟”。以上就是黄玉顺教授关于“观念的三级架构”的基本思想。

当然，通过“观念”二字阐发其“观念的三级架构”思想，容易给人造成误解。因为“观”长期以来就被认为是一个主体性的事情，所以我们会认为，这三种不同的“观”，仅仅是“观者”与“所观者”的不同。例如，“形下之观”的“观者”是形而下者（人），“所观者”也是形而下者（万物）；“形上之观”的“观者”是形而下者（人），“所观者”是形而上者（道），或者“观者”是形而上者（唯一绝对物），“所观者”是形而下者（万物）；“本源之观”的“观者”是形而下者（人），“所观者”是本源（本源之情）。究其实质，“观念的三级架构”是依据“主体性”来划分的：形而下层级的观念是“主—客”架构下产生的观念，在这个架构之下，人作为一个“相对主体”，是一个形而下者，一般显现为认识主体或者是道德主体，有与之对应的“客体”，所以认识论和伦理学中的观念都是形而下层级的观念，这些观念所展现出的是人的相对主体性。形而上层级的观念则是人超越“主—客”架构后形

---

① 黄玉顺：《爱与思——生活儒学的观念》（增补本），第1～44页。

② 黄玉顺：《爱与思——生活儒学的观念》（增补本），第166～184页。

③ 黄玉顺：《爱与思——生活儒学的观念》（增补本），第176页。

④ 黄玉顺：《爱与思——生活儒学的观念》（增补本），第176页。

⑤ 黄玉顺：《爱与思——生活儒学的观念》（增补本），第177页。

成的观念,我们思考的"对象"[①]不再是一个形而下者,而是作为"存在者整体"(在不同的哲学家那里,这个"存在者整体"有着不同的名字,比如:柏拉图称之为"理念",黑格尔称之为"绝对精神",朱子称之为"天理",阳明称之为"心",等等)的形而上者。换言之,不是认识论和伦理学范畴中的观念,而是本体论领域里的观念。我们作为"存在者整体"中的一部分,不再有与之对待的"客体",所以本体论领域的观念是形而上层级的观念,这些观念展现出了人的绝对主体性。存在层级(这里用"存在"而非"本源"基于以下考虑:其一,"本源"容易被把握为形而上者;其二,"存在"是生存论的术语,以区别于"存在者")的观念则更加彻底,"人"不但超越了"主—客"架构,没有主体和客体之分,更进一步的是,连作为主体和客体之载体的"物"的观念也没有。也就是说,连"存在者整体"的观念都没有。如果说形下之人的"思"是"对象之思",形上之人的"思"是"反思",那么本源之人的"思"则是"无之思"。因此,存在层级的观念,既不是作为形而下学的认识论和伦理学范畴中的观念,也不是作为形而上学的本体论范畴中的观念,而是生存论领域的观念。生存论,在海德格尔的语境下,是为存在论[②]奠基的,所以他也称生存论为"基础存在论"[③]。生存论的研究对象是"存在",而存在论(本体论)的研究对象是"存在者整体"。这就是"存在"与"存在者"的区分:

"我们必须能够搞清楚存在与存在者之间的区别。这一区别不是随意做出的,它毋宁是那样一种区别,籍之可以首先获得存在论乃至哲学自身的主体。它是一种首先构成了存在论的东西。我们称之为存在论差异,亦即存在与存在者之间的区分。"[④]

处在本源情境中的人,既不是相对主体,也不是绝对主体,而是前主体。因为,人之所以没有"物"的观念,是因为人的主体性尚未生成。所以,本源之人是前主体性的人。

与之对应的,根据人的观念的不同,人的境界也可以分为三种(或者说四种,区别在于是否将具有相对主体性的人的境界和具有绝对主体性的人的境界进行区分):一是前主体性的"自发境界"("真"境),二是相对主体性和绝对主体

---

① 这里用"对象"一词是极不恰当的,甚至连前面的"思考"也有问题。因为处在形而上境界中的人是独立无待的,所以没有"对象"。且"思考"也不是形而下的"对象之思",而是"反思"。语言作为一种表达工具,是我们无可逃脱的主体性的牢笼,因此在整篇文章中,经常会出现这种"矛盾"的表达方式,希望读者能"得鱼忘筌""得意忘言"。

② "存在论"在这里指的就是"本体论","存在论"和"本体论"对应的西语词汇都是"ontology",只是翻译不同。参见俞宣孟:《本体论研究》,上海人民出版社2005年版,第14页。

③ [德]海德格尔:《存在与时间》,陈嘉映、王庆节译,三联书店1999年版,第16页。

④ [德]海德格尔:《现象学之基本问题》,丁耘译,上海译文出版社2008年版,第19页。

性的"自为境界",三是前主体性的"自如境界"("圣"境)。可见"圣"境是人脱离"真"境,经历了"自为境界"〔也就是冯友兰所说的"功利境界""道德境界"(相对主体性)和"天地境界"(绝对主体性)〕后,又回归到前主体性的一种境界。所以,虽然"真"境与"圣"境同是前主体性的境界,但还是有着回归与否的区别。

批评·回应·丰富

——学界关于"生活儒学"的论辩

吴越强

【编者按】此文原载涂可国主编:《中国文化论衡》第2期,社会科学文献出版社2017年版。此外,作者诠释"生活儒学"的文章尚有:《学界"生活儒学"论辩的启示》(杨永明、郭萍主编:《当代儒学》第11辑,广西师范大学出版社2017年版)、《儒学·哲学·经学——"生活儒学"视域下的讨论》(胡骄键、张小星主编:《生活儒学:研究·评论·拓展——第三届"生活儒学"全国学术研讨会论文集》,四川人民出版社2020年版)。

黄玉顺提出"生活儒学"的相关论述后,有许多学者对"生活儒学"做出评论,黄玉顺给予回应,形成论辩。通过对这些评论的分析,笔者发现,无论形而上学与现象学之争,还是当代儒学建构之争,论者都认为"生活儒学"是一种哲学形而上学的建构,并基于此而批评生活儒学。而黄玉顺在回应中,承认进行哲学形而上学建构的必然;但通过"生活儒学"的观念层级,破除误解。笔者认为,批评者与回应者的一个"建构共识"引向"前生活儒学"的考量,由此提出进行中国传统形而上学溯源的必要,以期更好地丰富"生活儒学"。

自方克立提出所谓"大陆新儒家"以来,作为一个概念的"大陆新儒家"一直不甚清晰。但不可否认的是,在21世纪的前15年,中国大陆兴起了一股较大的文化复兴运动,其中儒学复兴的思潮尤为显著。对于这15年中国儒学发展的成果,有不少学人加以阐释,其中较为系统的研究有郭沂的《开新:当代儒学理论创构》[①]、崔罡主编的《新世纪大陆新儒家研究》[②]等，而黄玉顺的“生活儒学”学说同时被列入。由此可见，作为一个理论范式或者一种理论学派而言，“生活儒学”之于当代儒学发展意义重大。同时我们发现，“生活儒学”作为一种新学说被提出后，招来了诸多非议和争论，抛开个别无谓的偏见外，很多关于“生活儒学”的批评伴随黄玉顺的回应而形成了真正的学术论辩。这些论辩能更好地帮助我们去认识与理解“生活儒学”，本文正是基于此，试图总结过去十多年来关于“生活儒学”的批评与回应，从而更好地阐释“生活儒学”的总体系统。

一、批评

毫无疑问，关于“生活儒学”的诸多评论，即使其内容中存在某些程度的肯定，但更大一部分是批评，或者说是基于一些理念之争上的批评。通过对这些文本的整合，我试图将这些批评总结为两种争论：形而上学—现象学之争和当代儒学建构之争。

（一）形而上学—现象学之争

1.形而上学之争

在中国，“形而上学”是一个舶来词，这个词的争议始于严复在翻译穆勒的作品时对于“metaphysics”一词的中文译解。[③] 其在近代中国的使用，也多作“形上学”。然而我们不得不说，在很大程度上，“形上学”这个概念的使用是模糊的，它被多层次地使用着。而其中一种突出的情况是：不将“形而上学”视作“metaphysics”，而是以“ontology”的视野来进行使用的，即是在本体论层面的使用。此处简单以熊十力先生的意见为例，在他看来，哲学自科学昌明以来，生存环境和空间日益缩减，而在这种情况下，哲学之最后阵地就是本体论。[④] 而关于“生活儒学”的形而上学之争，批评家的很大程度上是立足于此。

比如，杨万江在批评生活儒学的所谓“前形而上学”立场时提道：

> 只要某个词被置入这个基本的形而上学的本体论思维方式中的起点位置上来言说，就不会因为它是这个词还是那个词而改变它依然是一个形

① 郭沂编著：《开新：当代儒学理论创构》，北京大学出版社 2013 年版。

② 崔罡主编：《新世纪大陆新儒家研究》，安徽人民出版社 2012 年版，第 28 页。

③ 虽然从时间上说井上哲次郎在 19 世纪末就做出“形而上学”中译，但论及影响，仍以严几道将之译为“玄学”及基于此的一些争论为烈。

④ 参见熊十力：《新唯识论》，商务印书馆 2010 年版，第 158 页。

而上学的本体论概念，从而也就不会是前形而上学的。[①]

这种批评的内在逻辑起点，正是现代新儒家对于中国传统哲学进行某种本体论改造的直接产物。正是基于这种认识，使得批评者在讨论“生活儒学”问题时自然而然地去做一种否定，直接将“生活儒学”的视阈狭隘化。[②]

与这种批评相类似的还有胡治洪所谓的生活儒学的“吊诡”：一边解构现代新儒家的哲学形而上学，一边建构时仍采取哲学形而上学的进路。而实际上，“生活儒学”中关于前形而上学的考量是其打破“形上—形下”结构的重要依托，所以在某种意义上，“生活儒学”也许需要去面对如同鞠曦提及的海德格尔式的“先验论困境”。但就整个“生活儒学”体系而言，正是“以‘真正的大本大源’即以‘先行于主体性建构的生活感悟——仁爱’作为‘生活儒学’的逻辑起点的”[③]。因此，杨万江式的批评，以“生活儒学”的自身形态而言，是不需要回答的。而胡治洪的批评，将在后文回应。

另外张志伟基于他的形而上学理解，从三个方面做出批评：

> 形而上学是一个专有名词，是西方哲学的核心概念，但却不是中国哲学的概念。……形而上学为西方哲学所有，乃出自西方哲学的“科学情结”，体现的是科学思维方式。……形而上学最重要的标志就是关于存在的科学，形而上学是研究存在的，在这个意义上，16 世纪出现的本体论(存在论：ontologia)是作为形而上学的同义语而构造的。我们中国哲学并不把存在当作哲学的研究对象。[④]

不得不说这个批评的立场带有浓烈的形而上学的“原教旨主义”，如果我们基于此的话，就会将形而上学在中国讨论的论域狭隘化。所以，我们可以看到，围绕“生活儒学”的形而上学之争，其基础就是对于“形而上学”的基本理解在很大程度是一种狭隘的哲学学科式理解，通过否定形而上学或者肯定形而上学来对生活儒学加以否定。[⑤]

---

① 崔发展、杜霞编：《生活·仁爱·境界》，安徽人民出版社 2012 年版，第 23 页。

② 我们应该理解这种视阈不是凭空而来的，应该说这种视阈被认为是在现象学与儒学元典对话中打开的。

③ 崔发展、杜霞编：《生活·仁爱·境界》，第 3 页。

④ 张志伟：《关于海德格尔与中国哲学之间关系的几点思考——对黄玉顺〈生活儒学导论〉的批评》，《四川大学学报》(哲学社会科学版)2005 年第 3 期。

⑤ 当然说之前诸位先生们的批评狭隘，并不是一个否定词，而是说，不同的学科内在立场，将一些对话变成“鸡同鸭讲”的状态，对于这种争论状态，大家去考量现代哲学史中福柯与德里达、福柯与哈贝马斯之争，就会知道这里存在的一种差异。

2.现象学之争

“生活儒学”提出伊始,就被学界以一种现象学的眼光来看待。不可否认,“生活儒学”存在与现象学的一些关联,但这种关联的本质意义在于“生活儒学”自身的形成,而不是儒学现象学的形成,这两者之间存在根本的差异。即使我们对“生活儒学”在一定程度上做现象学儒学的理解,这两者之间仍然存在一种定语与主语的互异。当然,对于“生活儒学”的不少立足于现象学理解的批评,还是很值得我们去审视的。

比如,干春松、鞠曦都认为,生活儒学很大程度上借助了“现象学”。而干春松还以现代新儒家为例,说明“生活儒学”的哲学源头也许是现象学。毫无疑问,这种评论就是一种儒学现象学的理解。

抛开笼统的现象学认识,有的批评的立场是海德格尔立场,比如张志伟就自称是基于对海德格尔理解来提出批评的:

> 海德格尔从来不是要重建形而上学,当他说哲学的终结的时候,主要说的就是形而上学的终结。就此而论,重新奠基也不可能改变形而上学的命运,所以海德格尔思考的是在哲学终结之际思想的任务。……为形而上学“奠基”也好,寻求形而上学的“本源”也好,说的是以往的形而上学没有基础,未及本源。有了基础,通达了本源,建立起来的就不再是形而上学了,而是存在论。[①]

张志伟的批评一定程度上也是指向形而上学的,即强调如海德格尔那样研究的意义,亦表达他所理解的“形而上学”在当代并没有充分的意义。这里的一个潜台词就是:生活儒学是在构造一种全新的形而上学来解决一切问题,此处的“形而上学”仍是他所理解的那种带有一定“原教旨主义”色彩的形而上学。

(二)当代儒学建构之争

“生活儒学”指向建构当代儒学形态,因此对生活儒学的理解和批评很多时候是关于当代儒学建构的争论。

比如李幼蒸所谓“以仁学代儒学”一说。在他看来:

> 儒学指涉着:秦后出现的综合制度性现象和封建政治意识形态。仁学指涉着:先秦伦理学思想。一者是集体性制度,另一者是个人性思想。二者在“身份构成”上完全不同。儒学已随封建时代历史的结束而永远逝去,

① 张志伟:《关于海德格尔与中国哲学之间关系的几点思考——对黄玉顺〈生活儒学导论〉的批评》,《四川大学学报》(哲学社会科学版)2005年第3期。

仁学则因针对人性心理特质而可普世长存。[①]

因此,在他看来,使用“儒学”这个概念是不应该的,是一种“复辟”,而“仁学”基于他的一种“心术学”观念,而被认为具有深刻价值。再者,李幼蒸将他所谓“仁学”分为“实践仁学”与“理论仁学”两个部分,并且强调了中国概念本身的意义,指向所谓的现代理解,已经将孔孟学理解为一种个人心术学与霸术学相区分。于是,在上述这一系列预设的前提下,李幼蒸提出以下几个涉及生活儒学的论断:(1)“生活儒学”的现实性:面向现实关切,不局限于思想史研究;(2)从各种现代理论中吸取养分,特别是胡塞尔和海德格的理论;(3)生活儒学的目的是为当代新儒学确立一个现代化的形而上学基础;(4)避免儒家“原教旨主义”。关于这些论断的回应也将在下文展开。

另外,干春松还基于当下儒学状况,认为:

> 在大陆儒学向实践化转向的时候,生活儒学却是立足于“哲学性”的,“理论性”的讨论,为此进而试图为当下儒学的发展提供一种“本源性”的基点,亦即在“生活本源”上重建“儒家哲学”。[②]

也正是因此,他眼中的“生活儒学”是既消解又建设的,而这样就会带来他认为的“儒学价值的先进性”的矛盾。

最后我们来看任文利的批评,我们可以将他的批评视作形而上学的批评,然而之所以没有放在之前的形而上学—现象学之争中,是因为他的评论的基础是现代新儒家的理解形态。他认同生活儒学三个层次中“生活本源”的版块,却对生活本源作为形而上学的“地基”、形而上学作为形而下学的“基石”提出质疑,并认为生活儒学执着于“形而上学”重建,目的是为诸多的形而下奠基。他将这种意图解读为西方哲学的传统,并认为这困惑着近现代中国学者。他最终以“莫须有”一词来表明形而上学与形而下学的关系。

综合这些评论,我们就会发现:批评者无论中西之立场,都认为“生活儒学”似乎都无可避免哲学形而上学的建构,并基于这种认识再反过来多方面质疑“生活儒学”。那么,在这里我们也许可以提出这样一个问题:何以这些学者都会做这样的理解呢?

---

① 李幼蒸:《请用“仁学”代替“儒学”——给儒学朋友的一封信》,《四川大学学报》(哲学社会科学版)2007 年第 2 期。

② 崔发展、杜霞编:《生活·仁爱·境界》,第 98 页。

二、回应

上述的诸多问题，黄玉顺在许多文本中给予了一定的回应，而这种回应也在为我们更好地展现出生活儒学的总体系统。因此，我们基于前文来看黄玉顺的回应。

（一）对形而上学问题的回应

在整体审视黄玉顺的回应前，我们应该明白他在回应时对于形而上学的基本态度。在他看来：

> 形而上学就是关于“形而上者”（形而上的存在者）的思想学术，这种形而上者作为唯一绝对的存在者（所谓“道之为物”），乃是“形而下者”亦即众多相对的存在者（所谓“万物”）的终极根据。①

顺着上述态度，我们首先看他对张志伟的回应。黄玉顺认为，只要是对“形而上者”进行思考的学说，即使曾经不以“形而上学”命名，其实质就是形而上学。而所谓的形而上学的“科学情结”，在很大程度如同“李约瑟之问”一样是一个伪问题，我们需要去摆脱狭隘的“西方中心主义”；其实，“不同的民族文化会形成不同的古代科学范式，而这种科学范式支撑着他们的技术应用”②。当然，我们也需要认识到中国古代哲学对于这些古代科学范式的奠基作用。最后，黄玉顺回应张志伟，否认他从西方形而上学是研究存在的科学、而中国不研究存在的理解出发来得出中国并没有形而上学的推演。黄玉顺通过引用海德格尔的论断，表示：不论中西，所谓研究存在，其实同样是考量“存在者整体”，因此我们并不能说“中国人从来不思考世界、人类、上帝，不思考某种终极存在者、作为所有存在者的最后‘根据’的那种存在者”③。

我们再来看对胡治洪的“吊诡”论的回应。在黄玉顺看来，将生活儒学归结为“采取的哲学形而上学的进路”，是对生活儒学的误解，也是学界不少人对生活儒学的误解。以一种符号来表达，黄玉顺强调自己的“生活儒学”的结构是这样的：

> 生活本源→形而上学→形而下学

---

① 黄玉顺：《儒家思想与当代生活——“生活儒学”论集》，光明日报出版社2009年版，第52页。

② 黄玉顺：《面向生活本身的儒学——黄玉顺“生活儒学”自选集》，四川大学出版社2006年版，第127页。

③ 黄玉顺：《面向生活本身的儒学——黄玉顺“生活儒学”自选集》，第126页。

因此，形而上学只是其中的一部分。之后，黄玉顺还表达了生活儒学对于形而上学的基本态度：从破解到重建。这种回应在很大程度上可以联系之前关于“生活儒学”与现象学关系的回应（解构—还原—重建）。

（二）对现象学问题的回应

在形而上学—现象学之争中，批评者很大程度上都对生活儒学做了一种儒学现象学的理解。然而黄玉顺在回应干春松时提到，那种以为生活儒学的理论是借助于西方的现象学，尤其是海德格尔的东西建构起来的理解是一种巨大的误解，其实生活儒学是儒学与现象学的“平等对话”的结果。并且，干春松的表述本身就自相矛盾：一方面说是“借助于”，而另一方面说是“平等对话”。其实“生活儒学”既是超越了中西对置，同时又是批判现象学的。

而对张志伟的回应，也表现了“生活儒学”与现象学的关系问题，在黄玉顺看来，基础存在论就是为形而上学奠基的，而这正是这种海德格尔式的理解。黄玉顺接着说：

> 基础存在论作为“以此在为专题的存在论”其实就是“先行对主体之主体性进行存在论分析”；换句话说，基础存在论也就是为主体性奠基。为主体性奠基意味着回答这样一个问题：主体何以可能？这可以理解为对胡塞尔的发问：“现象学态度”本身何以可能？也可以理解为对孟子的发问：“先立乎其大者”（即首先确立主体性）何以可能？这在海德格尔那里意味着回溯到此在的生存，而在生活儒学这里意味着回溯到生活本源。①

这里，黄玉顺通过澄清“生活儒学”与海德格尔现象学的关系，肯定了生活本源对于形而上学的奠基关系。其实，黄玉顺明确表达过，他的“生活儒学”与现象学的关系，在他看来，帮助解构轴心时代之后的儒家的传统形而上学并完成原始儒学还原，是海德格尔的作用；而胡塞尔的某种进路，则帮助重建儒家形而上学；最后通过需要舍勒作为中介，来切中儒家思想的要领——“仁爱”。这一切的基点，是儒学自身的当代发展。

（三）对当代儒学建构问题的回应

一如前文所说，“生活儒学”同时被列入“当代儒学理论创构”十家之一、“新世纪大陆新儒家”六家之一，作为一个理论范式而言，或者说一种理论学派。“生活儒学”是当代儒学的重要形态，也必然要面对当代儒学的诸多问题，而前文的一些评论正是基于此，所以我们来看黄玉顺的回应。

---

① 黄玉顺：《面向生活本身的儒学——黄玉顺“生活儒学”自选集》，第131页。

首先，对于李幼蒸的"以仁学代儒学"论，黄玉顺同意"儒学"概念在当代是被含糊地使用着，是混乱的。但这并不足以去用一个新词——仁学来替代前者。黄玉顺并不同意李幼蒸对"儒学"与"仁学"的定义，在他看来，"仁学"其实不过是"儒学"的别称罢了；强行以"仁学"代"儒学"是一种"异于约"的行为，终究不太合适。至于李幼蒸对"生活儒学"的四点评论，黄玉顺基本同意其中现实关切与拒斥儒学"原教旨主义"这两点，而对另外两点做出回应，他指出，引入现象学的根本目的在于向"生活—存在"思想视域的回归，因此对现象学的引入是批判的而不是盲从的。再者，"生活儒学"的确要建构儒学的形而上学基础，但这是其中的一部分，而不是全部，"生活儒学"有一个更为开阔的思想视阈。

接着，我们看对干春松的回应。在黄玉顺看来：

> 倡导实践的理论本身毕竟是一种理论，而这种理论活动却正是理论家的一种实践方式；同理，诉诸生活的生活儒学本身毕竟是一种儒学，而这种儒学活动却正是儒学家的一种实践方式。①

所以，并不存在那种实践与理论的二元对立。而对于儒学价值先在性问题，黄玉顺是这样回答的：除非认为只有原教旨的儒学才能确保儒学的价值先在性，不然那种既消解又建设而带来的价值矛盾是不存在，其实"生活儒学"学说的发展就是儒学价值先在性的彰显。

最后，针对任文利的批评，黄玉顺认为他仍然陷入了一种"前现象学"立场，而这种立场是有问题的。黄玉顺在肯定中西差异的前提下，试图发现两者的一致之处，认为"即使中国形而上学与西方形而上学并不是等同的，但是在观念层级上却是对应的"。他通过心性论与伦理学之间关系的例子来表现儒学中形而上学与形而下学之间那种明白无误的奠基关系。

综合这些回应，我们就会发现：黄玉顺的直接回应都建基于"生活儒学"观念层级的这个总体体系之上，承认"生活儒学"似乎无可避免地进行哲学形而上学的建构，但拒绝那些基于这种认识来质疑"生活儒学"的说法，从而更深刻地展现了"生活儒学"其内固有的广阔的思想视域。那么，在这里我们也许又可以提出这样一个问题：何以黄玉顺能如此回应呢？

三、丰富

对上述批评和回应的部分总结，留给了我们这样一个问题，就是：面对同样的学术资源（从先秦到现代），甚至基于同样的一些认识（例如在儒学现代建构

---

① 黄玉顺：《儒家思想与当代生活——"生活儒学"论集》，第42～43页。

中形而上学建构具有积极意义），何以会导致批评与辩护这两个不同的立场？

在我看来，也许能从黄玉顺的一个态度来得到答案，那就是：

> 但当我们具体地展开生活儒学之际，“破解”无须作为一个独立的篇章节目；否则，我们势必在叙述中陷入不断地重复。这是因为，在整个遥远的路途中，我们必将不断地遭遇到传统形而上学，我们将一路破解下去。因此，我们就直接从本源处说起：直截了当地回归生活，从生活本源说起。[①]

黄玉顺在很大程度上跳过了这样一个步骤来到他的“生活儒学”，即他觉得无须进行的“破解”环节。我试图将这个环节理解为“前生活儒学”的阶段，这也是一种溯源的阶段，而这个阶段的意义在于为之后“生活儒学”整体形态的可能进行更好的铺垫。在某种程度上，这是一种历史形态的展示，我试图将这种工作称为“中国传统形上学溯源”。而这种工作在一定程度上将打碎摇摇欲坠的诸多理论形态，而“生活儒学”得以在这种废墟上重新确立。

在黄玉顺看来，通往生活儒学的路途，必将遭遇许多传统形而上学的破解，所以破解会伴随确立同时给出，因此，完全可以避免去进行重复性的破解尝试。然而在我看来，如果在着手伊始忽视了破解工作，整个“生活儒学”大厦就是颠倒的，头重脚轻。在这样的情况下，批评者拘泥于其路向，也就自然而然地对生活本源缺乏充分的认识了，甚至认为：对那个大本大源做一个论断，那是先验的。

我们就简单借助一些哲学史实来看。先看西方哲学。巴门尼德说：

> 一条路，存在，非存在不存在，这是说服之路（因为它为真理伴随）。一条路，不存在，非存在是必然，我要告诉你这是全然不可思议的绝路。[②]

西方哲学于是就由前苏格拉底时期的宇宙生成论一步迈入了本体论，开始了长达两千多年的哲学传统。而这种存在与非存在的关系以及背后的意见之路与真理之路，已经生生地在哲学发展中预设性地开辟了两个世界；在一定程度上，之后的西方哲学史是通过封闭生活本源、完成形而上学预设、指向形而下学来展开的。

再看中国哲学的原始形态，是跳过形而上学建构，尝试直接从生活本源向形而下学发展的。但这一切就需要一个根基，那就是现实的反证，即在形而下学与对生活本源的某种理解之间需要在一定程度上达成一致；而现实会迫使我们从形而下者去达到一种形而上者，并逐渐蒙蔽生活本源。那么，在这样的历

---

① 黄玉顺：《爱与思——生活儒学的观念》，四川大学出版社2006年版，第185页。

② ［古希腊］巴门尼德：《巴门尼德残诗》，聂敏里译，转引自张志伟主编：《形而上学读本》，中国人民大学出版社2010年版，第5页。

史之后，我们来讨论生活儒学，就迫使我们必须做一种前生活儒学的工作，也正是"现代性诉求的民族性表达"要求我们的这一种工作。

因此，黄玉顺选择直截了当地回归了生活，一切问题从生活本源说起，可以被称为一种"正的工作"，而我认为"生活儒学"的工作中，还需要一种"负的工作"——解构的工作。伴随这种解构，我们能更有力地佐证回归生活的必然。当然，我们必须说清：这种前生活儒学的"负的工作"，并不是为生活儒学奠基，而是通过对传统儒学的解构，努力回到或者说窥探到生活儒学的起点。在这里我们似乎可以这样表达：

解构形而上学↘

| 生活本源→形而上学→形而下学

解构形而下学↗

在我的理解中，上述工作的另一个意义还在于消弭那种对生活儒学所进行的"形上—形下"建构发生误解的可能。其实我很明白，黄玉顺在其作为一种当代儒学形态建构的"生活儒学"的展开中，必然进行着"负的工作"，但这是一种隐性的工作；而本文则基于关于"生活儒学"的诸多论辩，为避免某种意义上的"鸡同鸭讲"，认为"生活儒学"需要将那种隐性的工作重新以一个显性的状态来表现，直面这些东西。

可能我不得不承认这样一个事实：这种工作的起点，在很大程度上是"非生活儒学"的；但与此同时，基于对于"生活儒学"的理解，这个工作的归宿必然是向本源的回归和接近，也就是"生活儒学"的工作。

第四编

生活儒学的发展

The Development of Life Confucianism

儒家诠释学

崔发展

【编者按】此文原载《哲学动态》2013 年第 9 期，原题为《乾嘉"实事求是"话语的诠释学边界》，此处标题为编者所拟。崔发展的"儒家诠释学"著述尚有：专著《乾嘉汉学的解释学模式研究》（人民出版社 2017 年版）；文章《乾嘉汉学与"实事求是"》（加拿大《文化中国》2010 年第 4 期）、《乾嘉汉学之"实事求是"话语权的起兴》［《燕山大学学报》（哲学社会科学版）2010 年第 4 期］、《"求"：乾嘉汉学的阐释方法》［《河北师范大学学报》（哲学社会科学版）2011 年第 2 期］、《"求"作为经学阐释的方法》［《河南师范大学学报》（哲学社会科学版）2011 年第 2 期］、《"实事求是"作为经学阐释命题的定性》（《前沿》2011 年第 10 期）、《"实事求是"作为经学阐释命题的展开》（《孔子研究》2012 年第 1 期）、《"实事求是者"：乾嘉汉学的阐释主体》［《武汉理工大学学报》（社会科学版）2013 年第 1 期］、《乾嘉"实事求是"命题的结构与层级》（《东岳论丛》2013 年第 2 期）、《乾嘉汉学对"实事"的定位及其问题》［《西南民族大学学报》（人文社会科学版）2013 年第 2 期］、《乾嘉汉学的解释学反思》（《思想战线》2013 年第 3 期）、《作为乾嘉汉学阐释目标的"是"》（《江西社会科学》2013 年第 3 期）、《乾嘉汉学的语言还原法探析》（《哲学动态》2017 年第 12 期）、《"宋学"在乾嘉汉学话语中的不同意蕴》（《哲学与文化》2018 年第 4 期）等。

乾嘉时期，"实事求是"首次成为学界的主流话语，乃至成了学界的一种"意识形态"。乾嘉汉学家尊奉河间献王的"实事求是之教"[①]，其主旨就是还原出经书的本文、本义。由此，汉学家从"实事求是"中所期许的乃是认识论上的客观

① （清）阮元：《揅经室三集》，商务印书馆 1937 年版，第 639 页。

性，而其结果就是汉学家在经学诠释上的鲜明的还原主义特色。[①] 然而，认识论中的“实事求是”，必然蕴含着两个基本预设：其一，“是”纯粹地乃“实事”之“是”，而与“实事求是者”无关；其二，“实事求是者”在“实事求是”之能力上的自足性。概言之，汉学家有这样一个根本“前见”，此即：主观地重构客观乃是完全可能的。

对于这类预设中的问题，早有论者言及，但本文却想引入新的路子来思考。伽达默尔说：“一切哲学的概念工作都以一种诠释学向度为基础。”[②]本文对“实事求是”的考察，就将明确地基于诠释学的向度之上。

一、“实事求是”的实现程度怎样？

“实事求是”能否被完全实现出来？或者说“实事求是”有没有边界？为此，首先就要探讨理解或理解力的界限。追问理解何以可能，其实就是为人的理解力划界。而这个界限总是存在着的，它源于人的历史性、有限性。同样地，追问“实事求是”何以可能，就是想指出人在“实事求是”上的界限。

当汉学家将“实事求是”视为一种自明的认知力，他们就把“实事求是”从存在论降格为认识论，乃至部分汉学家甚至将之降格为一个形而下的考证性命题了。而“实事求是如何可能”，亦随之降格为“怎样才能做到实事求是”的问题。也就是说，在汉学家看来，“实事求是”总是可以被完全地达到的，问题仅仅在于“怎样”达到罢了。这个“怎样”指向方法，而“实事求是”亦相应地被归结为一整套实证性的态度、方法，乃至造成了方法论主义的扩张（详见下文）。对“实事求是”的认识论、方法论定位，造就出了汉学家在实践上的成就。但从学理上讲，这种观念及其定位却大有问题。因为，实证方法无视人的理解力的限度，以致它并不足以确保真理的获得。

由此，如果“实事求是”作为理解力总有其界限，那么，合理的发问方式就应是：“实事求是”能够在多大的程度上被达到呢？这种合理性，不仅体现在它试图揭示人的理解力的有限性，亦体现在它力图对“实事求是者”的合法权益进行辩护。

二、“求是”之人竟然一无“是”处？

在“实事求是”这一事件中，“求是”之人（“实事求是者”）的合法权益何在？

---

① 参见崔发展：《“实事求是”作为经学阐释命题的展开》，《孔子研究》2012年第1期。

② 洪汉鼎主编：《理解与解释》，东方出版社2006年版，第492页。

若"是"被视为纯粹的"实事"之"是","实事求是者"自然可以置身"是"外。但这是否合乎实情？总体来看,汉学家的"是"有两个指涉,当"是"指原文时,此"是"或可被客观地重构出来；而当"是"指原义时,此"是"如何能够被重构？换言之,意义的重构如何可能？

其实,在经学阐释中,事实性重构虽有可能恢复经书原貌,但经书却并不能由此而获得理解。因为事实性重构尚未使经书真正恢复生机,而只有在经书进入理解(即当下表现)时,它才是真正到场。此时,理解了它的人,一定是参与了它的表现的人。因此,经书的意义一定是当下的新的意义,而这种意义也总是对我而言的且能被我理解的意义。

当然,事实性重构仍是一个必要的工作。但事实重构若不能在义理上得到阐发,则这种重构就缺乏意义。其实,即便是表面单纯的材料考证,其背后早已有义理地应用了。这种应用乃是以潜在方式进行的,它蕴含着,甚至直接的就是汉学家的前见。不过,这种应用并不是理解现象的一个随后的或偶然的成分,而是从一开始就整个地规定了汉学家的理解活动。清初到乾嘉的学术转向,说明汉学家在其前见中就已经有了与宋学家不同的义理观或道统观的支撑,而也正因有了这种前见,才促使越来越多的汉学家突破宋学、走向汉学。其实,不管是梁启超、胡适的"反动说",还是钱穆、冯友兰、余英时的"内在理路说",都蕴含着对汉学家持有这种前见的认可。由此,汉学家对"是"的阐发,总是反映出他们在现实需要(应用)中对义理("是")的调整,并由此而表明了求真("是")与求用的统一。而也正是源于这种义理调整上的需要,才使得认识论上的方法主义成了"实事求是"的当下表现。

所以,即便是把"实事求是"作为方法来持守的汉学家,其所拥有的前见也是不可否认的。这就表明:汉学家在某种程度上背离了"实事求是"的方法论主张,而却切实地验证着"实事求是"的存在论事实,只是他们尚不能意识到自己并没有置身"是"外,更不是那么一无"是"处。而这种无意识,尤其表现在汉学家"实事求是"的层级降格之上。

三、"实事求是"的降格意味着什么？

如前所述,在汉学家那里,"实事求是"的降格大致经历了从存在论命题到认识论命题再到考证性命题的两次转换过程。那么,"实事求是"的降格,究竟意味着什么？对此,就需探讨:"实事求是"是怎样的,怎样(才)是"实事求是",它们是两个根本不同的问题,还是对同一问题的不同表达？由此,我们力图表明,汉学家对"实事求是"的降格,意味着一种问题视域的转换,但这一转换并不对等。如下所示：

“实事求是”是怎样的 $\xrightarrow[\text{不对等}]{\text{转换}}$ 怎样(才)是“实事求是”

这里特意用“是怎样”或“怎样是”，而不用“是什么”，意在突破对“实事求是”所做的形而上学式的追问方式。而之所以在“怎样”之前仍旧使用“是”字，只是为了照应表述上的必要性，而不能将之视为形而上学式的表述。从存在论上讲，“……怎样”与“……是怎样的”是等价命题，二者可以相互转换。像“理解如何可能”与“理解是如何可能的”，就可以相互转换。但是，仅用“怎样”并不足以保证存在论视域的获得。因为这两个问题尽管都采用“怎样”的提法，但其实二者并不等价。

为了方便分析，这里以 A 代指“实事求是”。

从认识论看，若依康德对分析命题与综合命题的区分，则“A 是怎样的”属于分析命题，它并不能使人获得新知；而“怎样是 A”属于综合命题，它能扩充人的知识。显然，对于“A 是怎样的”而言，这种结论有点悲观。

不过，在存在论上，问题就大有不同。此时，“A 是怎样的”并不是说 A 应当是怎样的，而是说 A 实际上就是怎样的，此时的 A 就是作为“这个怎样”(这样)而展现出来的。当然，由于“怎样”乃是这个命题的变项，所以，A 就可以有这样或那样的不同表现，但如果 A 此时是这样表现的，那么它当下就是作为这个样子而在场的。从存在论上讲，A 总是不可能被完全理解，其意义总是不能穷尽的，所以，A 虽然总是有多种可能性，但它在某个解释学处境中总是作为某一个“侧显”出场的，而这个侧显就是 A 此时显现出来的，并且是阐释者当下所能够理解了的现实性。由此，在存在论上，“A 是怎样的”乃是一个开放性、扩展性的问题，它描述了一种实存性解释学意义上的实情。而当某人提及“怎样是 A”时，则是一种认识论的判断，他总是已经预设了“A 是怎样的”或“A 应该是怎样的”，也就是说，此时他对“A(应该)是怎样的”总已有了先行的领会(前见、前理解)，否则他就提不出“怎样是 A”之类的问题。而且，由于“A 应该是怎样的”(价值命题)奠基于“A 是怎样的”(事实命题)，所以，“怎样是 A”总是相对于“A 是怎样的”而言的，也就是说，它只是一个派生性的认识论问题。进一步讲，由于“怎样是 A”在认识论上总已经预设了 A 的现成存在，所以，它最终只是一个封闭性的、收缩性的问题。如下所示：

怎样(才)是“实事求是” $\xrightarrow{\text{奠基于}}$ “实事求是”是怎样的

(封闭性、收缩性)　　　　(开放性、扩展性)

为更清晰地说明这点，不妨参考戴震对“之谓”与“谓之”的区分。依戴震所论，“之谓”乃是“以上所称解下”，如“一阴一阳之谓道”，相当于说：“道也者一阴一阳之谓也”，用现在的话说，一阴一阳即道；“谓之”乃是“以下所称之名辨上之实”，如“形而上者谓之道，形而下者谓之器”，相当于“以道器区别其形而上形而下”，其实也就是说：道即形而上者，器即形而下者。[1] 从语法上看，戴震的这种区分没有问题。不过，戴震区分这二者的最终目的，只是为了打通形而上下，从而破除宋儒高悬的形上实体，为此，他只在形式上承认这个区分，但却认为二者并无实质差别。也就是说，在他看来，“之谓”与“谓之”在语形（语法形式）上虽有不同，但在语义上却是相同的。很显然，他是将“之谓”理解为“什么是”，而将“谓之”理解为“是什么”。换句话说，他是在“什么”而非在“怎样”的视域上看待“之谓”与“谓之”的。由此而言，这仍是形而上学式的理解。[2] 如果我们是在“怎样”的立场上看待“之谓”与“谓之”，则“之谓”适合于表达“怎样的是 A”，而“谓之”适合于表达“A 是怎样的”。也就是说，我们仍旧遵循戴氏对之谓与谓之在语形上所做的划分，只是在语义上，我们转换看待它们的视域，由此，其本质区别才能得到合理的解释。[3]

因此，理解何以可能的问题，只有作为“理解是怎样的”或“理解是如何发生的”来分析才是合法的。而 A 如何可能的问题，也只有作为“A 是怎样的”来理解才合法。换句话说，这两个问题才具有对等性。如下所示：

理解何以可能 $\xrightarrow[\text{对等}]{\text{转换}}$ 理解是怎样的

“实事求是”何以可能 $\xrightarrow[\text{对等}]{\text{转换}}$ “实事求是”是怎样的

汉学家对“实事求是”的降格，正源于他们在问题视域上的转换。当然，这种转换并不自觉，但这种转换的后果却非常明显。怎样才是“实事求是”，仍旧隶属于认识论，它旨在追问：怎样做才符合“实事求是”？这种符合论，仍旧将“实事求是”客观化为某种现成的东西。而“实事求是”既然是追求现成的东西，自然要诉诸现成的方法，于是，方法论的优势地位就被合乎逻辑地挺立起来了。事实也是如此，汉学家对方法的强调到了无与伦比的地步，并由此造成了方法论上的极度扩张，而这一扩张，既表现为它在经、史、子、集等诸领域上的广泛应

---

① 参见戴震：《戴震集》，上海古籍出版社 1980 年版，第 288 页。

② 对戴震之“道”的形而上学性，倪德卫、余英时都有论说。参见倪德卫：《章学诚的生平及其思想》，江苏人民出版社 2007 年版，第 106 页；余英时：《论戴震与章学诚》，三联书店 2000 年版，第 55～59 页。

③ 通过分析“之谓”与“谓之”，陈赟也曾指出了此二者的本质区别，并由此说明了戴震在这个区分上的混淆。参见氏著：《回归真实的存在》，复旦大学出版社 2002 年版，第 66～73 页。

用，亦表现为它对义理畛域的方法主义性的挤压。[①] 这里的逻辑关联，如下所示：

认识何以可能→怎样(才)是“实事求是”→方法论上的扩张

从哲学史上看，方法主义通常蕴含着形而上学实在论的立场。在方法主义者看来，主体与客体总是有着明显的认识论区分，而凡以认识论问题为中心、秉持主客二分的哲学，都倚重方法，都要求认识主体通过正确的途径去形成所谓对客观现实的表象。简言之，对方法的倚重，必然带来方法的扩张。对此，伽达默尔曾指出：“‘客体’或对象是通过‘方法’定义的，只有符合方法条件的才能成为对象，这种客体的方法研究的目标本质上是为了解除对象的对抗性并达到对自然过程的统治。”[②]所谓对自然过程的统治，乃是指在方法意识的科学性(客观性)表现。其实，汉学家也有这种明显倾向，如他们对地理、天算、水利等方面的探究，一定程度上反映的也正是这种扩张性。

对方法主义的批判性反省，必然要求转换看待“实事求是”的问题视域，而这个视域必然是存在论的，它旨在探讨“实事求是”的存在论限度。如下所示：

认识如何可能→“实事求是”是怎样的→存在论上的限度

当然，这个限度并不仅仅是一个限制，相反，它将排斥那种拷问式的方法主义，并明确地承认这一点：“实事求是者”必将重新成为“实事”之“是”的合法“辩护人”。

四、“实事求是”的词源学考究

上述解读能否获得词源学上的支持？对此，需要分析一组紧密相关的问题，此即：“实事”与“事实”的关系；“实事”“事实”与“是”的关系；“是”的问题。

“实事求是”可直接表述为：从“实事”出发去求“是”。由此，“实事”乃是无可争议的出发点，而“是”则不过是“实事”的派生物。从逻辑上讲，这相当于说：

---

① 从戴震与章学诚在当时所遭到的误解与批评中，尤能看到这种“挤压”，它表现为多数汉学家对义理的拒斥。余英时曾借用柏林的区分，将戴氏、章氏比喻为处于狐狸(考据学家)群中的刺猬(追求义理的人)，并对此二人被包围于狐狸群中的紧张心理作了颇为精彩的描述。(参见余英时：《论戴震与章学诚》，第83、107～126页)

② [德]伽达默尔：《赞美理论》，夏镇平译，三联书店1988年版，第155页。

"是"总是后于"实事"的，因为事实("实事")命题先于价值("是")命题。[①] 这种形式逻辑上的推断，在认识论上是成立的。但其合理性却有限度，比如，当说事实("实事")先于价值("是")时，"实事"与"事实"是同等的表述吗？

当颜师古将"实事求是"解读为"务得事实，每求真是"时，在经书考证的意义上，"实事""事实"与"真是"三者在所指上基本重合，都是指对古文经的复原。但这种重合，容易给人造成这三者本就相同的一种错觉。如对于乾嘉汉学家来说，虽然此时"真是"包含了经书之原文与原义两个层面，从而使得"真是"在认识上与"事实""实事"本身区别开来[②]，但将"事实"与"实事"相等同的错觉却十分明显。不过，颜师古的解释无意中开启了另一种解读的可能，此即：正像"真是"必须是从"实事"中求得的那样("每求真是")，"事实"也必须是从"实事"中"得"到的("务得事实")。这就是说，"事实"在形式逻辑上总是后于"实事"的，因为"事实"总是被认知者从"实事"中所认识的，而"事实"必须合乎或者反映"实事"。

问题随之而来，因为对于"实事"的符合论，总是设定了认识能力的自足性，但却不能为此提供合法证明。所以，实情乃是：理解为认识奠基。而这就意味着，我们只能认识那些我们已经理解了的东西。一个纯粹的在我理解之外的"实事"，就是一个不能被我经验到的"实事"，因而它的存在对我来说就是无意义的。[③] 反之，当我们能够说有某一"实事"时，这个"实事"绝不在我的理解之外，此时，它总已经是被我理解了的"事实"了，而这样的"实事"或"事实"才是有意义的，因为它总是已经被我经验到了。

简言之，"实事求是"的出发点并不是认识论上的"实事"，而只能是阐释学上的"事实"，这是由理解的辩证逻辑所揭示出来的真理，而形式逻辑在理解问题上却总是滞后的。

再来看"是"的问题。[④] "是"字在甲骨文中尚未出现，而是出现在商周之际或西周初期。从对西周春秋金文和《诗经》《尚书》的考察可知，原初的"是"专门被用来指代至高无上的"日"(太阳、神或上帝)，以及与"日"有关的人物活动。

---

① 注意：这种先后关系乃是认识论上的陈述，与此不同，前文中所说的"A应该是怎样的"(价值命题)奠基于"A是怎样的"(事实命题)，乃是现象学上的描述。

② 不过，这里仍要区分心理真实与历史真实的不同。对于汉学家来讲，"是"隶属于"实事"或"事实"，所以，求得后者的真实，对前者非常关键，以致造成了实际上的对后者的偏重，甚至混淆二者。

③ 当然，这种"无意义"并不是一种估价，而是一个用于存在论规定的语词。参见[德]海德格尔：《存在与时间》，陈嘉映、王庆节译，三联书店1999年版，第177页。

④ 以下对"是"字的分析，主要参考了肖娅曼的相关研究。不过，本文将注重在存在论上进行阐发，所以，在某些问题上，笔者并不完全赞同她的见解。(参见肖娅曼：《汉语系词"是"的来源与成因研究》，巴蜀书社2006年版)

很明显，“是”乃是商周“日”崇拜在语言上的反映。《说文解字》说：“是，直也，从日、正。”段玉裁注曰：“以日为正则曰是。从日正会意。天下之物莫正于日也。”[①]《尔雅·释言》则说：“是，则也。”郭璞注曰：“是，事可法则。”从“以日为正”到“事可法则”（事合乎法则），其间神性的意味虽然褪色不少，但“是”的判定义素则是很明显的。由此可知，“是”最初不仅具有指代性质，还有神圣性、法则性、肯定性、判断性。[②]

若以今天的指代词所具有的两种功能（称代与指示）来看，原初的“是”称代的都是神、祖先、神物、神佑之邦国，指示的都是神圣之举，而所有用“是”指代的人、物、行为都必定是效法的典范。[③] 不过，这也表明上古的“是”并不是一个纯粹的指代词，因为今天的指代词一般都是自身没有实在意义的单纯中性词。而如上所述，最初的“是”却是一个具有尊天崇日意义的实意指代词。由此，上古的“是”乃是一个兼性、兼义词——同时具有断定性和指代性。[④]

将“是”定位为“双性能词”（即指代与断定），这一点对于理解“是”的问题非常重要。在中国传统观念中，“断”与“示”是密切相关的，而所谓“断定”指的正是对未知情况的揭示。[⑤] 所以，断定并不是一般意义上的陈述或解说，同时，断定也不仅仅是形式逻辑上后于事实命题的价值命题，毋宁说，它乃是在对某物所拥有的先行领会之基础上的解释或描述，这是一种现象学的描述。为何这样说呢？试想：当我们说断定揭示未知，这里的“未知”难道是我们一无所知的东西吗？前文有言，认识只能开始于理解，而理解则有着自身的辩证逻辑，此即：它总是在前见解的基础上循环论地、辩证性地展开自身。所以，理解并没有绝对的起点，否则就会陷入类似于先有鸡还是先有蛋的怪圈，而理解的绝对起点或阿基米德点只有在传统的主客二分的形而上学中才会出现。由此，当我们说事实先于价值时，这种在认识论上被认定的事实总是已经被陈述出来的东西，否则我们就无法谈论任何事实。如此一来，事实的基础性就被解构掉了。因此，根本的做法仍要回到“是”上来。

“是”的断定性，乃是现象学的解释，这意味着什么？当“是”指代“日”或与“日”有关的人与物时，其意义总是在当下构成的。犹如“祭神如神在”，祭神者对于神意总有一种先行的领会，这种领会就具体展现在他当下的祭拜活动中。因为神意难测，它并不能被客观化为具体的东西，所以领会也就总是充满着多

---

① 段玉裁：《说文解字注》，中州古籍出版社 2006 年版，第 69 页。

② 参见肖娅曼：《汉语系词“是”的来源与成因研究》，第 33 页。

③ 参见肖娅曼：《汉语系词“是”的来源与成因研究》，第 366 页。

④ 参见肖娅曼：《汉语系词“是”的来源与成因研究》，第 43 页。

⑤ 参见肖娅曼：《汉语系词“是”的来源与成因研究》，第 23～24 页。

种可能性，而现象学的解释“并非要对被领会的东西有所认知，而是把领会中所筹划的可能性整理出来”[①]。断定就是这种意义上的解释，它具有一种“作为”(Als)的生成结构，而并非把一种“含义”或价值抛到现成事物头上。也就是说，断定意味着：把某物断定为或作为某物，或者说，某物“是”怎样的，某物当下是怎样出场的。

“是”与“时”的早期相通，更清晰地表明了这一断定性的存在。从文字、音韵、训诂三个角度来看，“是”与“时”的关系非常密切。各种迹象表明，“是”的意义最初全部包含在“时”中，可能是在“时”中孕育成熟后，才脱离母体发展起来的。也就是说，“时”与“是”曾经是同一个词。[②] 由此而言，“是”若被理解为永恒的共时性的东西，则它就是脱离时间性与历史性的，但问题是，一种脱离了时间的东西，永远都不会被历史性的存在者（人）完全把握到，因为时间性正是人的本质规定性。由此，主观地把握客观，这其实乃是客观主义必然面临的悖论。总之，不是共时性而是同时性，才是我们的历史事实。换句话说，真理乃是具体的当下发生的真理，而不是抽象的东西，它总是在我的领会与解释中时机化地到场，这也就意味着：它总是要被断定。

在“实事求是”中，“是”仍旧保留了这种兼性、兼义的功能，或者说，“是”此时仍旧是作为断指代词（断定与指代）出现的。如以经学阐释学为例，“是”既可以指对经书的经文的指代，亦可以指对经书的意义的断定。前文中曾论及，“是”有两个层面的指涉，可以与这里的区分相对照。不过，这两种功能或这两个层面的区分，并非截然二分。在解释学循环的意义上，这种区分只具有相对的意义。这就好比清人辩论义理与考据孰先孰后的问题，其答案总是模棱两可的，因为并不存在一个理解的真正起点。

由此，在“实事求是”中，“是”作为断指代词，并不是今天意义上的指代词。它既不是单纯的称代，又不是纯粹的指示。今天的指代词，其意义完全由语用中它所指代的具体对象所赋予，且没有感情色彩。而在断指代词“是”中，其意义却并不是完全取决于“实事”，也就是说，“是”并不纯粹地是“实事”之“是”，它总是包含了“实事求是者”的共同参与。此时，“是”这里乃是有感情色彩的。理解属于共同理解，但亦是自我理解。“是”虽然有“求是”者的参与，但此“是”却并不独立于“实事”（其实是“事实”），它仍旧隶属于“实事”，只是这个“实事”不再是原来的那个样子了（虽然它仍是自身），它总是在“是”中更丰富、更真实地通达至自身的存在。这是理解的辩证法所深刻揭示出来的东西。

---

① ［德］海德格尔：《存在与时间》，陈嘉映、王庆节译，第173页。

② 参见肖娅曼：《汉语系词“是”的来源与成因研究》，第65～70页。

因此,若想在“实事求是”上保持价值中立,其合理性必然只能是相对的、有限的。由于汉学家多是将“实事求是”作为对客观性的追求,而“是”也就成了某种可固定化的东西。而若将“是”视为某种定论,那么,“是”就蜕变为今天意义上的指代词了。其实,将“实事求是”之“是”由断指代词降格为一般的指代词,这不唯发生在汉学家那里,亦广泛地出现在近现代的解读中。

自由儒学

郭　萍

【编者按】此文原载《齐鲁学刊》2017年第4期，原题为《自由何以可能——从"生活儒学"到"自由儒学"》，此处标题为编者所拟。郭萍建构"自由儒学"的著述尚有：专著《自由儒学的先声——张君劢自由观研究》（齐鲁书社2017年版），文章《自由与境界——唐君毅心灵境界论解析》（《社会科学家》2016年第2期）、《儒家的自由观念及其人性论基础——与西方自由主义的比较》（孙聚友主编：《国际儒学论丛》第2辑，社科文献出版社2016年版）、《中国自由观念的民族性与时代性——关于"自由儒学"理论建构的准备性思考》（孙聚友主编：《国际儒学论丛》第3辑，社科文献出版社2017年版）、《"自由儒学"简论——走出自由困惑的一种理论探索》（《人文天下》2017年第1期）、《"自由儒学"纲要——现代自由诉求的儒学表达》（《兰州学刊》2017年第7期）、《"自由儒学"导论——面对自由问题本身的儒家哲学建构》（《孔子研究》2018年第1期）、《儒家岂能拒绝自由？——驳陈明先生对自由儒学的质疑》（《中国文化论衡》，社会科学文献出版社2019年版）、《中国自由观念的古今之变》（曾振宇主编：《曾子学刊》第2辑，社会科学文献出版社2020年版）等。

自由主义的"西学东渐"对传统儒学的挑战犹如"第二之佛教又见告矣"[①]。由是，解决传统儒学与现代自由之间的冲突，也就成为我们"打通传统与现代"的一个关键问题，而解决这一问题势必需要儒家从学理上予以正面回应，也即建构一种儒家的自由理论。为此，笔者试图提出"自由儒学"的理论构想。这一构想得益于黄玉顺先生所创建的"生活儒学"理论。事实上，黄先生在提出"生

---

① 王国维：《论近年之学术界》，《王国维遗书》第5册《静安文集》，上海古籍书店1983年版，第94页。

活儒学”之前所主编的《追寻中国精神丛书》[①]就被喻为“自由颂”[②]，其原因在于他不仅将中国精神归结为“自由精神”，还将自由视为“现代性之根”[③]。当然，从学理上对“自由儒学”最具启示性的还是其“生活儒学”，尤其是其中“生活即是自由”[④]的命题及其“自由就是生活本身的本源结构：在生活并且去生活”[⑤]的创造性解释，直接启发了笔者对自由问题的重新思考。

一、生活的本源结构：在生活并且去生活

黄先生明言“生活儒学”所言说的无非是“在生活并且去生活”，而这正是“生活本身的本源结构”的展开。[⑥] 因此，这个本源结构也就成为“生活儒学”的“一切的秘密”所在。[⑦] 实质上，这个本源结构是当代主义思想进路的直观形态。所谓当代主义思想进路，乃是黄先生通过反思前现代主义、现代主义以及后现代主义思想进路所导致的理论诟病而找到的“打通传统与现代”的一条新的思想途径。正是因此，“生活儒学”具有鲜明的当代主义思想特质。概括说来，体现在两个方面：

首先，“生活儒学”以本源性的思想视域超越了传统“形上—形下”的思维模式，找到了一切主体性观念之渊源和古今中西对话的共同场域。在这个意义上，“生活儒学”根本不同于以往的各种儒学理论，包括原教旨主义儒学（也即前现代主义儒学）和现代主义儒学，这其实是对前现代主义和现代主义思想进路的超越。

这是因为当前的各种原教旨主义儒学是以克服现代社会弊端之名拒绝发展中国的现代性，其实质是欲在现代中国复活前现代的价值观念，这非但无法打通传统与现代的隔膜，反而会导致现实的风险。同时现代主义儒学（主要以20世纪现代新儒家为代表）虽积极“开新”拥抱现代的民主与科学，但终因深陷“老内圣”的窠臼而无法完成传统儒学的现代转化。这些缺陷根本上都是由于“形上—形下”的对象化思维所致。

“生活儒学”则以本源生活的观念阐明生活本身乃是前存在者、前主体性

---

① 黄玉顺主编的《追寻中国精神丛书》（四川人民出版社2000年版）包括：《中国的自由精神》《中国的科学精神》《中国的民主精神》《中国的伦理精神》。

② 邓伟志：《新千年日记：思想之旅》，华东师范大学出版社2001年版，第258页。

③ 参见黄玉顺主编：《追寻中国精神丛书》之“主编琐语”《追寻“现代性”之根》，第1页。

④ 黄玉顺：《爱与思——生活儒学的观念》，四川人民出版社2006年版，第235页。

⑤ 黄玉顺：《爱与思——生活儒学的观念》，第236页。

⑥ 参见黄玉顺：《爱与思——生活儒学的观念》，第196页。

⑦ 参见黄玉顺：《爱与思——生活儒学的观念》，第40页。

(pre-subjectivity)的事情，它先行于一切存在者，不仅先在于“末”(形下存在者)，而且先在于“本”(形上存在者)。由此揭明生活本身空无一物，包括作为主体的人也尚不存在。这一观念的提出与海德格尔的“存在”观念不无关联，但二者又有着根本的不同。黄先生强调海德格尔的“存在”是以“此在”这种特殊的存在者(也即人)为先行观念，因此仍然是一种主体性的观念，而“本源生活”意味着“真正的共同存在不是存在者，包括此在的共同存在，而是没有存在者，甚至没有此在、无物、没有东西的共同存在，其实就是‘无物’的生活本身。”①

对此，或许有人质疑这种“无物”且“非人”的生活是否会将一切主体(人)排除在生活之外。但在“生活儒学”看来，生活本身总是最源始地占有着一切主体。这就意味着一切主体并不在生活之外，反而总是以生活本身为源头才得以可能。换言之，生活本身非但不排除一切主体，而且是确立一切主体的大本大源。

其次，“生活儒学”并不以“溯源”为目的，更没有因“溯源”而否认形上学理论的价值，而是以积极地“去生活”指向儒家形上学和形下学的重建。对此，黄先生特别声明“生活儒学”只是反对传统形而上学，而不是一切形而上学，并强调当今的“问题不在于要不要形而上学，而在于需要怎样的形而上学”②。由此表明“生活儒学”根本不同于各种否定、拒斥形而上学的后现代主义理论，也根本不认同所谓的“哲学终结”论和价值虚无主义的立场。

之所以要重建，是因为“就在生活而言，生活本身没有任何意义。生活的意义，是我们去生活的建构：我们去生活，就是去构造意义。”③也就是说，由本源生活确立的主体需要去建构生活，改变生活，唯此生活才能成为有价值、有意义的存在。于是，主体性的建构也就成为建构生活、构造意义的关键，建构生活的意义实质就是确立主体的价值。我们看到，“生活儒学”已经展开了一种主体性的建构：其中“中国正义论”“国民政治儒学”作为其形下学的展开，实质是一种相对主体性的建构，而“变易本体论”作为其形上学观念，实质是一种绝对主体性的建构。

上述特质令“生活儒学”所言说的“生活”同时具有两种意味：一方面，本源的“在生活”揭示出作为存在本身的生活造就了主体；另一方面，主体的“去生活”彰显出主体对生活的改变。然“生活即是自由”，笔者据此便自然推出两种意味的“自由”：“在生活”是为本源自由，“去生活”是为主体自由。

---

① 黄玉顺：《爱与思——生活儒学的观念》，第 39 页。

② 黄玉顺：《从“西学东渐”到“中学西进”——当代中国哲学学者的历史使命》，《学术月刊》2012 年第 11 期。

③ 黄玉顺：《爱与思——生活儒学的观念》，第 232 页。

二、“在生活”：本源自由

从生活本身看，即便是“去生活”也首先是一种生活实情，因此“去生活”也同样是“在生活”。在这个意义上，“生活即是自由”表明如此这般的生活本身就是一种自由。

然而，自由总意味着某种选择、超越，生活本身又如何选择与超越呢？在本源生活的视域下，选择与超越首先并不是主体的选择、超越，而是生活本身如此这般的显现。用“生活儒学”的话来说：

> 这种选择不是生活之外的“我们”的选择，而是“我们在生活中”的选择；这种本源的选择不过是生活本身的选择。在这个意义上，生活本身就是选择。[①]
>
> 超越并不是说我们从生活中抽身而去，并不是说我们居然能够超出生活之外。……本源意义的超越是人的自我超越；甚至说“人的自我超越”都是颇成问题的，因为超越并不以主体性的“人”为前提。……在本源上，超越之为超越，乃是生活本身的事情。[②]

既然“自由是生活本身的自己如此”[③]，而生活本身先行于任何存在者，作为主体的人尚未诞生。那就意味着生活本身作为自由是一种先行于主体的自由，这无疑是一种全新的自由观念，可以称之为“本源自由”。不难发现，我们通常所指的自由是以某种主体为前提的，不论是经验生活中的政治自由，还是哲学上讲的意志自由都是如此，也就是主体自由。那么，本源自由与主体自由有何关系？本源自由的实质和意义何在？

“生活儒学”中有这样一段论述提供了一种启示的解答：

> 而这种本源的自由并不是所谓“意志自由”；本源的自由并不以主体意志为前提，事情正好相反，主体意志只有以本源的自由为源泉才是可能的。主体意志乃是将生活对象化的结果，然而本源的生活并非任何主体的对象。所以生活儒学认为，意志自由也同样渊源于生活，即渊源于在生活中的本源的自由。[④]

我们知道，哲学上讲的意志自由作为绝对主体自由，乃是政治自由等一切

---

① 黄玉顺：《爱与思——生活儒学的观念》，第 235 页。

② 黄玉顺：《爱与思——生活儒学的观念》，第 236 页。

③ 黄玉顺：《爱与思——生活儒学的观念》，第 236 页。

④ 黄玉顺：《爱与思——生活儒学的观念》，第 235～236 页。

相对主体自由的本体依据，然意志自由也源于生活本身的本源自由，那就说明本源自由是一切主体自由的渊源。因此，本源自由与主体自由并不冲突，而是将主体自由孕育其中并使其得以可能，二者之间是一种哲学上的奠基关系。

其实，当代西方存在主义的自由观念与本源自由观念多有相似。例如，祁克果认为自由就是指“生存的可能性”，但他所讲的“生存的可能性”却是上帝恩典的涌现，而“上帝”本身就是一个主体性观念。这意味着作为生存可能性的自由还是一种主体自由。再如，海德格尔认为真正的自由乃是“让存在之行为状态”①，它源始地占有着人而非相反，但他所谓的自由是作为“绽出之生存(Eksistenz)”②，而“绽出之生存”乃是“此在”的生存，这种“此在”与“在”本身的纠缠最终使其自由观念也难免主体自由的色彩。相较之下，本源自由更彻底地表达着作为存在本身、生活本身的自由。

当然，无法否认的是，自由之“自”已经意味着自由的实质仍在于主体性问题。而本源自由作为前主体性的自由，是尚无任何主体存在的自由，也可以说是无所由之由。其实，这一观念表达的无非是生活本然如此的开放状态。在这个意义上，本源自由确实还不能算是一种真正的自由，更不是一种作为现实价值追求的自由。但我们依然不能据此否认本源自由观念的积极意义。恰恰相反，正是由于本源自由作为前主体性的自由，才能孕育一切可能的主体自由，才能成为一切主体自由之渊源。也就是说，本源自由实质乃是自由的本源，它所揭示的是“自由何以可能”的问题，这也是先行于思考一切主体自由的最源始、最普遍的问题。故唯有以本源自由为源头，才能为主体自由的确立奠定最原初的基础，用“生活儒学”的话说，就是“唯因我们从来就在生活，我们才可能去生活”③。

三、“去生活”：主体自由

如前所说，“去生活”作为一种意义的构造必然意味着主体性的建构。在此，尚需声明的是，哲学上的主体并不限于“个体”主体(事实上，个体成为主体是由近现代哲学确立起来的主体观念)，甚至未必指“人”，也可以指外在于人的

---

① ［德］海德格尔：《路标》，孙周兴译，商务印书馆 2013 年版，第 220 页。

② ［德］海德格尔：《路标》，孙周兴译，第 218 页。

③ 黄玉顺：《爱与思——生活儒学的观念》，第 229 页。

“理念”“上帝”或“天理”。[①] 但不论怎样，所谓主体总是指思想言行的主动者、能动者，同时也是社会的根本价值所在。这一特质决定了主体的在世状态必然是自由，否则也就不是主体。主体的存在是以主体性为根据，因此，主体的确立根本在于主体性的建构。在这个意义上，主体性的建构与主体自由的确立是同一问题。

要知道，任何主体性建构的实质都是对生活本身的一种对象化解释，正因如此，主体性的建构不能脱离生活本身。然而，生活本身不是任何现成的存在物，而总是生生不息的衍流，它历时地呈现为生活方式的变迁，这就要求主体性的建构必须与时偕行、不断更新。对此，“生活儒学”指出人类社会历时地呈现为宗族、家族、个体三种生活方式，它原初地规定着社会主体由前现代的宗族主体、家族主体，转变为现代的个体主体。这意味着我们要在现代性的生活方式下重建当代的主体性。所以，黄先生强调：

> 传统形而上学及其主体性已被解构。因此，当代中国哲学的任务是重建形而上学，首先就是重建主体性。[②]

当然，主体性本身分为两个层面，即形上绝对主体性和形下相对主体性。因此，重建主体性也需要从形上、形下两个层面展开：重建形而上学以确立绝对主体性，重建形而下学以确立形下主体性。与此相应，主体自由也就需要基于本源自由进行重建，既要重建形下的相对自由，也要重建形上的绝对自由。

(一)“去生活”：形上自由

主体性重建首先是形上主体性的重建，只有“首先确立本体意义上的绝对的主体性。然后，你才能导向一种相对的主体性，导向一种‘主—客’架构。”[③]此所谓“先立乎其大者”(《孟子·告子上》)。

事实上，以往形而上学所建构的绝对主体性也意味着某种形上自由。例如，代表着现代儒学理论高峰的牟宗三所构建的“道德的形而上学”就是一个典

---

① 哲学上的“主体”概念同时具有两方面的含义：一是承载者、基础，二是实体、本质。这两方面的含义体现在三种意义上：(1)逻辑学的意义(主词)，(2)形而上学的意义(作为本体的绝对主体)，(3)认识论的意义(相对主体)。这三种意义并不互相排斥，而是相互统一的，用黑格尔的话说就是“实体在本质上即是主体”。参见[德]黑格尔：《精神现象学》(上)，贺麟、王玖兴译，商务印书馆 1983 年版，第 15 页。

② 黄玉顺：《主体性的重建与心灵问题——当代中国哲学的形而上学重建问题》，《山东大学学报》(哲学社会科学版)2013 年第 1 期。

③ 黄玉顺：《儒学与生活：民族性与现代性问题——作为儒学复兴的一种探索的生活儒学》，《人文杂志》2007 年第 4 期。

型。他提出的“良知”本体就是“自由的无限心”[①]，以良知之“知”的显现确证着绝对实体的自性，即绝对主体性，所谓“即存有即活动”[②]，而“良知”活动显现本身也就是绝对自由的体现。只是其“良知”是通过“返本”，也即直接承袭的宋明儒学而建立的本体概念，因此，其实质是前现代家族伦理观念的一个“副本”。这意味着他的形上自由观念也是老旧的，因此即使他积极倡导现代政治自由也无法提供相应的本体依据。因此，重建形上主体性不能承袭现成的传统儒学理论，而首先要复归本源生活，“变易本体论”就是这样的一种理论示范。

众所周知，“易”有三义：变易、不易、简易。“变易本体论”特以“变易”命名旨在有意区别于以往各种疏离生活本源的、僵化的绝对主体性，同时以“变易”融摄“不易”和“简易”两义。这是因为，在“生活儒学”的视域下，“这三义其实都是讲的变易：‘简易’是说‘变易’乃是极为简单的道理；‘不易’是说‘变易’乃是永恒不变的道理”[③]。可见，本体之“变易”就是指绝对主体性是随着本源生活的衍流，不断地自我更新、自我超越，所谓“性者生理也，日生则日成也”[④]。其变易性并未消解本体观念所彰显的绝对至上的主体地位，而是在与生活本身不断地更新与超越中维系着自身作为绝对主体的活力，也就是以“变易”保持“不易”，此可谓“与时立极”。[⑤]

这提醒我们意识到“良知”作为本体并非仅有不易性，而是变易、不易、简易的统一体。也就是说，儒家“良知”作为绝对主体性并不是一成不变的僵化概念，而总是随着生活的衍流，不断自我更新的观念，唯其如此它才能保持着自身的绝对至上地位。据此可以推知，由现代生活方式所孕育的“良知”本体理应确证现代社会的主体，而非前现代社会的宗族或家族主体，同时“良知”本体的存在状态作为一种绝对意义上的主体自由（可谓“良知自由”），也理应体现着现代性的主体自由。理解这一点，我们才能积极地继承儒家的“良知”本体，重建儒家形上自由。

（二）“去生活”：形下自由

“生活儒学”在形下学层面通过政治哲学的建构，揭示出现代性的生活样态

---

① 牟宗三：《现象与物自身》，《牟宗三先生全集》第 21 册，（台湾）联经出版事业股份有限公司 2003 年版，第 40 页。

② 牟宗三：《中国哲学十九讲》，上海世纪出版集团 2005 年版，第 311 页。

③ 黄玉顺：《形而上学的黎明——生活儒学视域下的“变易本体论”建构》，《湖北大学学报》（哲学社会科学版）2015 年第 4 期。

④ （明）王夫之：《尚书引义・太甲二》，中华书局 1976 年版，第 63 页。

⑤ 参见郭萍：《〈周易〉对当代儒学重建的启示——关于“重写儒学史”与“儒学现代化版本”问题的思考》，《社会科学研究》2015 年第 3 期。

自然孕育着现代政治自由,也即个体自由。

其中,"中国正义论"[①]虽然探讨的是正义问题,但在批判罗尔斯(John B. Rawls)的"正义论"的过程中已经揭示了现代政治自由的生活渊源。我们知道,罗尔斯"关于制度的两个正义原则的最后陈述"[②],第一个原则就是"自由体系",他说:"每个人对与所有人所拥有的最广泛平等的基本自由体系相容的类似自由体系都应有一种平等的权利。"[③]作为新自由主义(New Liberalism)的代表,罗尔斯所说的"最广泛平等的基本自由体系"正是一种现代政治自由的规范系统,这本身就是一种形下自由的建制。而罗尔斯为这种"正义原则"提供的理论前提乃是"纯粹假设"的"原初状态",由是也不免让人质疑其合理性。所以,黄先生指出:"正义原则的确立并不是基于一些哲学假设,而是源于生活的实情和作为一种生活感悟的正义感。"[④]这种基于儒家立场的"生活的实情"就是本源的仁爱情感(仁),"生活感悟"就是良知(义)。由此便知,罗尔斯所指的正义原则实为一种形下政治自由,而"中国正义论"则揭示出这种政治自由是以本源的仁爱良知为源头的。

这表明"中国正义论"虽然是通过批判罗尔斯"正义论"而建构的,但并没有否认个体自由的合理性。事实上,黄先生就是现代个体自由的积极倡导者,他直言:

> 自由是一个政治、社会层面上的概念,而且是一个主体性存在者的概念,还是一个个体主体性的概念。这是无须论证的。[⑤]
>
> 政治民主是为保障公民个人自由权利而设置的,自由永远是目的,绝不能沦为一种手段。[⑥]

对此,他首先从历史哲学的维度上做了宏观地理论说明,即随生活方式的历时演变造就了各时代(王权时代、皇权时代和民权时代)不同的社会主体,而政治自由作为社会主体的一种确证,势必要与其当时代的社会主体相一致。由

---

① 黄玉顺"中国正义论"的代表性著作有:《中国正义论的重建——儒家制度伦理学的当代阐释》(安徽人民出版社 2013 年版)(英文版 *Voice From The East: The Chinese Theory of Justice*,英国 Paths International Ltd,2016 年版)、《中国正义论的形成——周孔孟荀的制度伦理学传统》(东方出版社 2015 年版)。

② [美]罗尔斯(John B. Rawls):《正义论》,何怀宏等译,中国社会科学出版社 1988 年版,第 302 页。

③ [美]罗尔斯(John B. Rawls):《正义论》,第 302 页。

④ 黄玉顺:《作为基础伦理学的正义论——罗尔斯正义论批判》,《社会科学战线》2013 年第 8 期。

⑤ 黄玉顺:《前主体性对话:对话与人的解放问题——评哈贝马斯"对话伦理学"》,《江苏行政学院学报》2014 年第 5 期。

⑥ 黄德昌等:《中国之自由精神》,黄玉顺主编:《追寻中国精神丛书》,第 24 页。

于政治自由作为一种形下自由属于儒家“礼”的层面，而任何“礼”都是因地制宜、随时因革，通过不断损益“礼”才能恰当地维护社会生活秩序。这正是孔子“礼有损益”思想的体现。

进而，他针对现代性生活方式下的政治建构提出了“国民政治儒学”理论，明确指出“国民”概念虽然兼具集合性与个体性，但“以集合性观念优先，那是所有一切前现代的政治观念的一个基本特征；而这也就意味着，现代性的政治观念的对应特征，乃是以个体性观念优先”①。这说明现代生活方式本源地塑造了现代社会主体——个体性的国民，所以对国家的所有、所治、所享乃是每个个体的自由权利，所谓“国民所有；国民所治；国民所享”②。显然，这是为个体自由在现代社会的合理性做出了一种概括性的解释。笔者认为，以此为起点，可以对现代政治自由中的权利与权力、自由与平等、民主与君主、专制与共和等问题展开儒学的解释，进而可以提出一种不同于西方的，儒家政治自由观念。

四、“自由儒学”的理论构想

由上可见，“生活儒学”为儒家回应自由问题开辟了广阔的思想空间。所以，笔者提出“自由儒学”的理论构想尝试对自由问题进行一种系统的儒学言说。狭义地讲，“自由儒学”是一种政治哲学的理论，但与当今各种拒谈形而上学的儒家政治哲学理论不同，“自由儒学”不仅要以儒学话语解答现代政治自由问题，而且为此提供相应的儒学本体论依据，更进一步地揭示一切主体自由的本源。所以，“自由儒学”对自由的阐释既不是各种西方自由理论的“中国版本”；也不同于原教旨主义儒家对传统儒学理论的“复制”，而是作为一种当代儒学理论形态，发挥“生活儒学”的理论旨趣，进行“现代性诉求的民族性表达”③。

基于此，笔者所构想的“自由儒学”拟从本源自由、形上的良知自由、形下的政治自由三个层级展开论述。

（一）本源自由

本源自由是提出并解答自由的本源问题，即自由何以可能的问题，这是任何一个有本有源的自由理论所要解答的首要问题，其中包括何谓本源自由、本源自由与主体自由的关系等内容。本源自由作为源始的“生生”始终敞显着无

---

① 黄玉顺：《国民政治儒学》，《东岳论丛》2015 年第 11 期。

② 黄玉顺：《国民政治儒学》，《东岳论丛》2015 年第 11 期。

③ 黄玉顺：《儒学与生活：民族性与现代性问题——作为儒学复兴的一种探索的生活儒学》，《人文杂志》2007 年第 4 期。

限可能性，由是让主体自由的绽出成为可能，而在儒家看来，这种敞开的“生生”就是本源仁爱的涌现。也就是说，仁爱在本源意义上乃是“让……自由”，它对于主体自由的确立具有原初的奠基意义：共时地讲，本源仁爱作为自由之渊源使主体自由得以可能；历时地讲，它又使新的主体自由成为可能。据此，自由儒家将从思想之源头处区别于一切西方的自由理论。

（二）良知自由

良知自由是自由儒学力图构建的形上自由观念。无疑，自由首先是一个政治哲学层面的问题，但政治自由势必有其本体论基础，这就需要有一个奠基性的哲学观念。即便西方自由主义者不承认形上自由的存在，而实际上一切政治自由的主张却无法脱离本体论承诺而存在。据此也不难发现，当前儒家政治哲学的前沿理论虽然声势浩大，但也由于缺少形上学的奠基而显得脚跟不稳。总之，形上自由观念的缺席势必让政治自由的讨论陷入无休止争执，却得不到根本解决。因此，“自由儒学”有意在展开政治自由的阐释之前“先立乎其大”，通过形上自由的重建为政治自由奠定形上学基础。

事实上，历代儒家所言说的形上自由观念无不是对本源仁爱良知的对象化理解，这在思孟心学传统中尤为突出。众所周知，儒家从孟子开始就提出了“良知”概念[①]，而后发展到阳明建构“良知”本体的心学体系完成了传统儒学对“良知”的理论解释，再到现代新儒家张君劢、牟宗三等也继续以“良知”为本体建构现代儒学的理论体系。在这个意义上，“良知”早已成为历代儒家所持守的一种绝对主体性观念。笔者也将继承这一观念，建构“良知自由”为核心的形上自由观念。据此，“自由儒学”将区别于西方自由主义所依赖的先验理性的意志自由；同时也区别于传统儒学基于家族伦理价值的自由观念，旨在立足现代性生活确证现代个体主体的绝对地位，为现代政治自由奠定本体论基础。

（三）政治自由

“自由儒学”的最终要落实在现代政治自由的发展问题上，笔者希望通过对政治自由的儒学阐释，为现代政治核心问题的解决提供一种儒学的思路。

现代政治核心问题集中体现为两个问题，这也是“自由儒学”在政治自由层面论述的重点。其一，如何阐明现代个体自由权利的合理性，这既是现代政治自由的核心问题，也是当代形下主体性建构的核心问题。可以说，这一问题是超越前现代观念的最直接的体现，如若不给予个体自由权利以合理地位就根本

---

① 孟子曰：“人之所不学而能者，其良能也；所不虑而知者，其良知也。”（《孟子·尽心上》，《十三经注疏》，中华书局1980年影印版，第2765页）

谈不上传统与现代的汇通,也谈不上传统儒学的现代转化。其二,如何超越民族国家的问题。超越民族国家乃是更好地发展个体自由的必然趋势。我们知道,欧盟虽然是当前超越民族国家的尝试中最成功的实例,但其面临的严峻考验也暴露着西方自由主义难以克服的困境。事实上,西方各国在发展个体自由的进程中,要么因奉行古典自由主义而导致孤立无序,要么因推崇新自由主义而埋下通往奴役的种子,这种两难困局意味着西方自由主义根本无法超越民族国家的局限性。"自由儒学"将阐明现代政治自由的实现不是孤立个体的理性为前提的、冷漠的利害计算的结果,而是以仁爱为本源、以个体良知为根本依据来保障每个人的自由权利。这将为超越民族国家的理想提供一种新的可能。

当代儒家文献学

崔 罡

【编者按】此文原载陈炎、黄俊杰主编:《当代儒学》第1辑(创刊号),广西师范大学出版社2011年版,原题为《问题、立场与文本——试论当代儒家文献的形成》,此处标题为编者所拟。崔罡建构"当代儒家文献学"的文章尚有:《构建中国当代历史哲学的思想视域问题》(《安徽史学》2008年第5期)、《文献本义辨——〈论语·八佾〉文献考释》(《求索》2009年第12期)、《文献之争的问题意识》(《中国出版》2010年第1期)等。

进入21世纪的前十年来,儒学的研究者们尝试着去完成这样的历史使命:立足于新千年的开始,回望过去的整个世纪,实现对儒学的总体性反思,从而开启未来儒学研究的诸多可能性。对"当代儒家文献"的研究亦是在此风气下展开的。但令人不满的是,几乎所有被冠以"世纪"之名的总结性论著,要么成为思想史的某种形态(断代思想史),要么就直接成为简单的资料汇编。这些在20世纪再常见不过的学术类型,能够承担起总结与反思的历史性使命吗?我们不禁要问:公元纪年的方式(所谓新千年显然只有这唯一的意味)与儒学自身的发展脉络之间存在着必然的、内在的联系吗?如果没有的话,"断代"如何断得?"汇编"又如何编得呢?

比反思更为先行的是反思的视角。然而,研究者们恰恰对这一问题缺乏足够的警醒。不妨试问:目前的反思是在怎样的视角下实现的?这一视角是唯一的还是众多视角中的一个?如果是唯一的,它的唯一性如何获取?如果是众多中的一个,它的优先性又如何保证?更进一步的问题是,倘若连反思的视角都无法得到充分论证,反思的价值又由谁来保障呢?

要实现对当代儒学真正具有成效的反思,首要的问题在于我们必须捕获一个恰当的视角。

这一视角是且只能是文献。

这种提法无疑是令人惊讶的。通过“当代儒家文献”来通达“当代儒学”本身即是常规性套路，我们又凭什么说此“文献”非彼“文献”呢？更有反对者会问，文献不就那些资料的汇总吗？它难道也能够被称为一种视角？它固然是一切学术活动的起点与归宿，但它和观望学术对象的“视角”（我们通常就是这样理解“视角”的）是一个层面的存在吗？

事实上，此“文献”确实非彼“文献”。正因为我们存在着对文献的想当然的把握，文献本身所具备的深刻价值遭到了忽视。

为讨论之需要，我们必须首先清理文献的观念。

一、文献的本质

在通常意义上，我们会把文献把握为“以字符、声像等为信号的、以便于长期保存和广泛传播的物体为信道和载体的人类精神信息的固态品”[①]。从学者共识性的角度来看，这一定义无疑是正确的。正是在此基础上，我们会把其中的一部分具有某种特征的“资料”命名为“某某文献”。例如，当看到“当代儒家文献”这一语词之时，我们会不假思索地将其理解为“那些具有当代儒学特征的资料集合”。

由于文献是一特定的存在者群体，按照现代学术分工的基本精神，需要有特定的学科、特殊的学者群体以特有的方式去处理这些对象，此即诸文献学。文献，是且仅是诸文献学的研究对象。既然文献已被分配给了特定的学科，大多数的研究者是可以对其淡然处之的。文献是如此浩如烟海、汗牛充栋，文献整理是如此枯燥乏味、令人望而却步，文献学家是如此令人肃然起敬、顶礼膜拜。

如果以上理解并无偏差的话，那么，在现实的学科分类中应当存在着一门“当代儒家文献学”的学科，或者在更宏观的意义上，应当存在着一门“儒家文献学”的学科，并且有儒家文献学家们对儒家文献展开专业化的处理。但遗憾的是，这一学科并不存在。

事实上，对文献简单化的理解，乃至于整个诸文献学学科基本规范的构建，都恰恰出自对“文献之为文献”本身的遗忘。

此话怎讲？

---

① 朱建亮：《论文献观》，《图书情报工作》1986 年第 6 期。

可以从这样一些问题开始：诸文献学科作为今天学术分科体系下的学科，其存在的意义何在？它们是以怎样的方式参与到宏观的学术活动中？它们从学术分科中领受的使命从何而来？

正如绝大多数发展较为成熟的学科那样，这些曾经再也明确不过的问题，如今却不再被反复提及了。文献学家们一方面能够意识到诸文献学科“是一门实践性很强的科学”[①]。“实践性”意味着工具性。但另外一方面，文献学家们却不得不对文献的定义挠头不已。根据飞燕卓有成效的研究成果，我们看到，目前对文献的定义竟然有上百种之多。[②] 或许有反对者会说，在学术研究中，一些重大的关键词往往是不可定义的，例如，根据布罗代尔的研究，“文化”就有超过了161种定义。[③] 但我们必须意识到的是，几乎全部不可定义的关键词都是宏观性的语词，而文献恰恰是工具性的。试想一下，我们会对锤子、计算机等工具的定义产生分歧吗？具体来说，文献学家们不关心、至少不首先关心文献所提供的信息。他们的关注点在于字义的考据、字音的演绎、版本的变迁、体例的更替等等。至于这些载体所反馈出来的信息是否重要，他们则谨慎地不予评价。这就在事实上造成了诸文献学的困惑，并最终形成了一场旷日持久的“信息与载体之争”[④]。

困惑的缘由来自被学科分工之后的诸文献学对其自身曾领受的使命的遗忘。在日益缜密的社会分工背景下，现代学术之所以能够承担并最终完成其社会使命，正是因为它必须具备与前人成果的承接、与同时代社会问题的契合以及对后继研究的开启。而使命的完成，其基石正是文献。诸文献学科首要和基本的任务，不是别的，正是为其他学科提供相关的服务，使之能够在需要使用文献之时，以更高的效率达成目的。无论是传统的目录学、版本学、校勘学，还是现代学术分科以来的图书情报学、图书馆学、档案学，乃至新兴的IT业、传播学、信息学、文献计量学等等，均是如此。

文献的本质是信息性。

这一特质令人意外吗？一点都不。恰恰相反，这一点是被所有的学术从业者们无一例外地充分领会到了的。文献，其首要和根本的含义，压根儿就不是什么神秘地、难以把握的东西，它就是学者中的每一个都无比熟悉的、是现代学术规范所要求了的、必须在每一篇学术论著中都占据相当核心位置的参考文

① 刘琳、吴洪泽：《古籍整理学》，四川大学出版社2003年版，第4页。

② 参见飞燕：《文献定义刍议》，《广西师范大学学报》（哲学社会科学版）1995年增刊。

③ 参见[法]布罗代尔：《文明史：过去解释现时》，《资本主义论丛》，顾良、张慧君译，中央编译出版社1997年版，第129页。

④ 崔罡：《“文献之争”的问题意识》，《中国出版》2010年第2期。

献。当我们提及“文献”这一语词之际，我们首先应当想到的不就应当是参考文献吗？所谓“参考文献”，指的是：

> 对一个信息资源或其中一部分进行准确和详细著录的数据，位于文末或文中的信息源。①

文献之于现代学术的重要性在于，它绝非是某一些学科特有的关键词，而是所有学科共享的、构成现代学术基石的核心词。毫不夸张地说，理解今天一切学术活动，最佳的乃至于唯一的切入点，正是文献。

理解和把握当代儒学自然也是如此。

那么，文献的信息性本质意味着什么呢？它在学术活动中怎样发挥着作用呢？其构成方式又是怎样的呢？我们信手举例。试看如下这则表述：

> “仁”的最初含义是人与人之间的亲善关系，孔子说，仁者“爱人”，“夫仁者，己欲立而立人，己欲达而达人”，“己所不欲，勿施于人”。②

研究者所引文字，是要证成一个结论，即“仁的最初含义是人与人之间的亲善关系”。为达成这一结论，作者使用了三条参考文献，即引《论语》中的三条为证。在作者看来，这种证成不仅是有力的，也是充分的。

然而，这种证成方式极易遭受批评。批评者会尖锐地指出：《论语》三则并未表达出作者所认为（或者是所期望）的那层意思。为了澄清这一点，研究就此转入下一层（这种转入并不能被视为思考的推进和深化），研究主题从“仁的最初含义”转变为“《论语》三则意义考察”。于是，大量关于《论语》的注疏在讨论中被反复提及，而相互的指责也由此形成：有的研究者看重何晏之《集解》，有的肯定孔颖达之《注疏》，有的强调朱熹之《集注》，也有的重视程树德的《集释》，还有包咸、郑玄、邢昺，乃至钱穆、杨伯峻等等。而最终的结果会是怎样呢？由于缺乏真正具有权威意义的评价标准，讨论只能不了了之。也有轻率者会说：我们唯一需要的是合乎孔子本义的阐释。但问题是，除非复起先贤于地下，否则谁又能宣称自己已然切合了圣人之意呢？

这一信手拈来的例证（包括研究者的论述以及对论述的批评）充分地展示出了我们对于文献最深刻的日常领会。把握文献本质的首要原则来自如下论断：在最严格的意义上，一则文献被引用，只能表明一件事情，那就是：某人曾在某时以某种方式做出过某一陈述，而这一陈述被记载在某出版社于某年出版的某部书的某一页，仅此而已。它意味着什么？它什么都不意味。它意味着的一

---

① 中华人民共和国国家质量监督检验检疫总局、中国国家标准化管理委员会发布：《信息与文献——参考文献著录规则 GB/T 7714—2015》，中国标准出版社 2015 年版，第 1 页。

② 李亚彬：《孔、孟、荀义利观研究》，《哲学研究》1997 年第 11 期。

切都是研究者赋予它的。它的内在性、它的重要性或者它作为证据的有力性，全部都是研究者赋予它的。研究者从何处获得了这一权力呢？无处！我们在争论什么？我们在争论的就是研究者的这一权力。

所有学术活动都可以在此意义上得到还原。学术活动是以某种方式对一些现实的社会问题的回应。这一回应是且仅是全社会对此问题诸多回应中的一种。学术的崇高或卑微都是被赋予的，从根本上来说，无从证明。而在回应过程中，研究者强调了某种立场（如儒学）在此问题上的优先性，甚至更进一步地指出某些文本（如《论语》）中的某些观点的优先性。此处的优先性未必是赞同性的，亦有可能是批判性的。但无论如何，优先性总是意味着重要性和必要性。研究者以优先性为依据重新激活了一些载体中留存的信息，从而使得这些信息参与到了这一社会问题的回应中来。在通常情况下，我们把存有这些信息的载体称之为“文献”。但是，如果没有前两者，文献是完全不可能的。

于是，文献，就其本质而言，由三个环节构成：其一为来自现实问题的事先引导；其二为研究者所认可的优先性原则，由于此优先性无法得到证明，我们在通常意义上将其称为研究者的立场或前提；其三是某种载体中所留存的信息。

这种对文献的把握构成了研究学术问题的基本线索。对于当代儒家文献的研究亦当依此进行梳理。我们的工作显然应当按照如下方式逐步展开：当代儒家文献是对怎样的现实问题的回应？当代儒家文献凸显了怎样的立场与前提？当代儒家文献又再次激活哪些沉寂已久的信息？

二、当代儒学：20世纪儒学演历的脉络之一

由于公元纪年与儒学的自身演历之间不存在任何的内在勾连，我们必须摒弃对当代儒学的流俗性理解。事实上，基于过去一百年来中国社会的特殊状况，儒学的自身演历亦呈现出多重脉络。多重脉络意味着多重问题意识，也造成了儒学的多重形态。简单来说，可以分为三种：前现代儒学、现代儒学以及当代儒学。现分而述之。

（一）前现代儒学

仅就数量而言，儒学的前现代形态才是过去百年儒学的基本形态。此种形态之所以是“前现代”的，是因为在研究中缺乏对现代性问题和当代性问题的明确回应。从这个意义上说，前现代儒学来自一种零问题意识的引导。由于问题意识的缺乏，导致了儒学的优先性在研究中是完全不存在或不必要的。但是，研究者毕竟是以种种方式不断对古典儒学文本进行重新清理和把握，我们又只

能将其归入到儒学的范围。

当然，并不存在完全意义上的零问题意识的引导。前现代儒学的问题意识来自思想史学科整体的问题意识。具体说来，也就是把古典儒学进行对象化研究，以揭示其本义、构建其历史形态的“真相”为己任。不妨试想，自冯友兰两卷本的《中国哲学史》之后，对儒学史的研究还有多少令人满意的、有着明确问题意识的成果呢？这些数量众多的成果，又有多少能够和思想史的研究界限分明呢？几乎没有。

回顾儒学的研究史，我们可以看出这样一条清晰的走向：随着研究的不断深入（此处的深入只是涉及范围的扩张），研究者们不得不把目光投向那些未曾被前辈们注意到的人物。台湾学者王汎森颇有感触地说：“一大批未参与近代的主流论述的所谓保守派或旧派人物的著作，陆续引起注意，刘咸炘的《推十书》即是一例。此外像王闿运、王先谦等人的作品也被陆续整理出来，提供许多的方便。”[①]葛兆光不无讥诮地将此种状况称为“思想史和哲学史肯下顾‘二三流人物’”[②]。

“下顾”显然是一种退而求其次。“下顾”的背后是研究者们颇为无奈的“资料不足”。“资料不足”并非由于前辈学者们的成果不够丰硕，而在于缺乏能够实现突破的研究范式。事实上，我们在绝大多数儒学的研究者身上，看到的不是冯友兰、牟宗三等儒学前辈的身影，甚至也不是任继愈、肖箑夫等哲学史家的影响，而是侯外庐、张岂之等思想史家的模板。儒学的研究正是在侯外庐《中国思想通史》[③]奠定的范式基础上勉为其难地寻求转机。如果不考虑马克思主义历史唯物主义在侯氏范式中的优先性地位的话，这一范式基本来自蔡尚思的《中国思想研究法》[④]。而蔡尚思的理念，不过是梁启超《中国历史研究法》[⑤]在思想史领域的翻版而已——以遗忘了梁启超本人问题意识的方式翻版。这种史学范式，一言以蔽之，是以历史实在论为前提的、是以科学主义或材料主义为指导的、是以寻求并能构建起“真正的历史真相”的“终极历史学”为最终诉求的。那么，从其学术脉络而言，更远的范式来自英国著名历史学家阿克顿的《剑桥近代史》。其史学观秉承的是德国兰克学派的精神。其基本的信念是：如果自然科学可以通过实验和实证的方式最终完整对世界的真正理解（完整的理

---

① 王汎森：《中国近代思想文化史研究的若干思考》，康乐、彭明辉主编：《史学方法与历史解释》，中国大百科全书出版社 2005 年版，第 76 页。

② 葛兆光：《什么可以成为思想史的资料》，《开放时代》2003 年第 4 期。

③ 侯外庐：《中国思想通史》，人民出版社 1962 年版。

④ 蔡尚思：《中国思想研究法》，复旦大学出版社 2001 年版。

⑤ 梁启超：《中国历史研究法》，上海古籍出版社 1998 年版。

解)，人文科学也可以。[1]

之所以花费大量篇幅来梳理思想史研究范式的脉络，我们是想揭示这样一个现象：对20世纪儒学产生最深刻影响的精神，不是来自儒学自身，而是来自近代以来极具启蒙意味的科学主义精神。这种精神是现代性问题的前身，是前现代的。

而现代儒学则有着来自现代性问题的事先引导。

(二)现代性儒学

现代性问题是以理性主义为前提、以科学至上为信仰、以个体或单子精神为基础，并最终表现为人类进入资本主义时代以来，民族国家如何在现有的国际体系中寻求和发展的问题。简言之，“现代性问题也就是民族性问题”[2]。一般来讲，现代性问题的核心信念是民族国家自决的原则。这一原则是在欧洲反抗拿破仑的战争中逐渐成型，随着欧洲对全世界的殖民扩张得到了推广，并在一战之后的“凡尔赛—华盛顿体系”中得到了最终确认。

就中国而言，自从意识到中国不过是世界诸国中的一国，现代性问题就进入了国人的视野。我们可以把清政府成立总理各国事务衙门视为具有标志性的事件。近代以来中国的救亡图存全部在此问题意识下展开。尽管这一问题意识并未得到清晰表述，但无论是洋务派与顽固派的争论、维新派与保守派的争论或是革命派与改良派的争论，都受此影响。

寻求作为民族国家的中国的崛起，始终是20世纪中国学术探讨的核心问题。众所周知，由于在此基本问题上所认可的优先性原则存在差异，中国的学术思潮分为的三大流派，即：马列派、西化派与保守派。现代儒学通常被视为保守派的一种。其中的代表人物冯友兰曾明确说：

> 我经常想起儒家经典《诗经》中的两句话：“周虽旧邦，其命维新。”就现在来说，中国就是旧邦而有新命，新命就是现代化。我的努力是保持旧邦的同一性和个性，而又同时促进实现新命。……这就是我已经做的事和我希望做的事。[3]

而对现代性问题的回应，则被现代新儒家表述为两个方面：“由‘返本’而求‘内圣’所指向的中华民族的民族性生活；由‘开新’而求‘外王’或‘新外王’所指

---

① 关于阿克顿以及兰克学派的述评，参见[英]杰弗里·巴勒克拉夫：《当代史学主要趋势》，杨豫译，北京大学出版社2006年版。

② 黄玉顺：《儒学与生活：民族性与现代性问题》，《人文杂志》2007年第4期。

③ 冯友兰：《三松堂全集》第一卷，河南人民出版社2000年版，第312页。

向的中华民族的现代性生活。”[①]

这一问题意识并未随着中华人民共和国的成立而消亡。恰恰相反，在中国改革开放取得巨大成就的背景下，向世界发出中国的声音成为主流呼声。蒋庆将他所致力的问题分为了六个方面，包括“马列主义问题”“虚无主义问题”“道德沦丧问题”“民主政治问题”“经济发展问题”“教育危机问题”等。[②] 不难看出，这是在基本问题未发生改变的前提下，具体的问题由原先的“救亡图存”转化为“中国的制度安排”“中国的文化问题”等等。这些问题无一不是指向中国如何在今天的世界格局中如何谋取大国地位的。而引发学界空前关注的“中国哲学合法性问题”以及引发社会热议的“汉服运动”“读经运动”都是现代儒学的一种演历形态。

有必要指出的是，虽然现代儒学的基本特征是强调儒学在现代性问题中的优先性地位，但这一地位并未得到充分论证。例如，被誉为现代新儒学哲学之最高成就的牟宗三哲学，其著名的“良知坎陷”说，就是一种非常笨拙的理论设计。[③] 而蒋庆则说：

> 儒学绝不是意识形态，儒学是天道的体现。
>
> 儒学绝不是个别人只用理性构想出来的观念体系，不是代表某些人或阶层私利的意识形态，儒学是人类生命对神圣天道的体证，是人类精神对形上本源的把握……是世界上见天道的伟大宗教中的一种。[④]

我们承认，这是作为现代人、同时亦作为儒学信仰者的一种呼唤。但呼唤只是呼唤，呼唤显然不能代替有力的论证。因此，方克立讥之为“更加武断、更加极端、更加情绪化”[⑤]。

现代儒学发展到第四期之时，其分裂已不可避免。其中真正能够代表儒学未来走向的，则是当代儒学。

（三）当代儒学

当代儒学需要来自当代性问题的事先引导。当代性问题是对现代性问题

---

① 黄玉顺：《现代新儒学研究中的思想视域问题——〈现代新儒学的现代性言说〉导论》，黄玉顺主编：《现代新儒学的现代性哲学》，中央文献出版社 2007 年版，第 4 页。

② 参见蒋庆：《中国大陆复兴儒学的现实意义及其面临的问题》，（台湾）《鹅湖》1989 年第 170、171 期。

③ 参见黄玉顺：《“伦理学的本体论”如何可能——牟宗三“道德的形上学”批判》，《西南民族大学学报》（人文社科版）2003 年第 7 期。

④ 蒋庆：《中国大陆复兴儒学的现实意义及其面临的问题》，（台湾）《鹅湖》1989 年第 170、171 期。

⑤ 方克立：《评大陆新儒家“复兴儒学”的纲领》，《晋阳学刊》1997 年第 4 期。

的继起与回应。有必要指出的是，迄今为止，"西语中并没有'当代主义'(Contemporarism)这个词语"[①]，这表明"当代性"问题仍然是一个全新的、尚未得到充分展开的问题。

从理论上来讲，现代性问题应当被纳入近代以来科学主义盛行的大脉络当中，而当代性问题则应当被归入与科学主义共生的人文主义的传统。从历史的发展线索来看，科学取代上帝成为人类新的信仰之后[②]，人文主义在相当长的历史时期是较为沉寂的。伴随着工业革命的完成，人类社会以前所未有的速度积累起了巨大的财富，自然科学的地位得到进一步巩固。但是，伴随着工业文明的，是迄今为止仍然无法解决的各种社会问题。历史主义在19世纪中叶的兴起，即是对这些问题的回应。回应最初体现为人文科学希望获得与自然科学不同的、属于自身的研究方式，最终则发展为对休谟和康德以来的、以"主—客架构"为前提的知识论的批判与超越。胡塞尔的工作是这一脉络的顶峰。胡塞尔现象学的核心观念是"意向性"[③]。他试图以此为前提实现对知识论问题的最终解决，但最终不了了之。有必要说明的是，包括胡塞尔在内的这一时期的全部工作，其基本的问题意识仍然是"欧洲科学危机"。尽管他们确实对现代性问题构成一定程度的批判，但这种批判是温和的、是以认可现代性的某些基本理念(如科学精神)为前提的，因此，应当被纳入现代性问题的范畴。

即便如此，胡塞尔的尝试仍然得到了最大程度的继承与发挥，也成为当代性问题提出的最重要的理论资源。

20世纪前半叶，两次规模空前的世界大战席卷全球。在现代性观念安置下的现代人类社会遭遇了前所未有的危机。科学主义的正当性开始受到怀疑。对现代性问题的各种反思逐渐提出，并表现为各式各样的理论形态。例如，舍勒将其表述为：

> 现代欧洲人指的是一种通过其体验的结构来规定的群体类型……人为忙碌本身之故而投入到商业交易的漩涡之中，但这种空前的忙碌并不产生某种意义和目标，相反，事情倒好像是，在他的精神运动学上装置了焦躁不安——作为对这一人之类型的无存在价值状态和形而上学的绝望的一

① 黄玉顺：《现代新儒学研究中的思想视域问题——〈现代新儒学的现代性言说〉导论》，黄玉顺主编：《现代新儒学的现代性哲学》，中央文献出版社2007年版，第7页注3。

② 关于科学成为新的上帝的论述，参见[美]卡尔·贝克尔：《启蒙时代哲学家的天城》，何兆武译，江苏教育出版社2005年版。

③ 目前对于胡塞尔"意向性"的研究仍然是极为不充分的，即便是胡塞尔本人亦在此问题上摇摆不定。主要问题包括："意向性"本身的内涵、"意向性"与主客架构模式为前提的知识论问题的关系、"意向性"与心理主义的关系、"意向性"与存在问题的关系，等等。这既关涉到对胡塞尔的定位和评价问题，也关涉到如何把握现代性问题向当代性问题转换的问题。

种深刻意识的结果——时候才使自己产生出一种无限制的工作和营利的冲动,以之作为自己生存的一个表面意义。[①]

20世纪的三大哲学主流,即现象学、分析哲学与后现代主义,以及由三大主流衍生出的各种理论流派,均是对现代性问题内在危机的回应。不过,所谓"现代性问题内在危机"只是一个模糊的问题指向。而从具体的理论化了的表述来看,有上引舍勒表述的信仰危机,有伦理危机(普世伦理)、环境危机(环境主义)、正义危机(大国霸权与制度安排)等等多重形态。也正是因为存在多重问题指向,当代性问题在目前的西方学界仍然是一个模糊不清的概念。同样因为如此,当代性问题仍然处在清理问题、提出问题、明确方向的阶段。

由于当代性问题从一开始就表现为全人类共同的问题,因此,必然是超越了民族国家界限的。对于中国而言,如果说现代性问题是一个"古今问题"或"中西问题"的话[②],当代性问题则完全不存在这些困惑。中国最早的旅欧学者都已经开始注意到这一问题。如清末洋务派思想家王韬、中国革命的先行者孙中山等人,在强调向西方学习之际,已经开始思考如何避免或解决西方社会的问题了。当然,这些思考完全淹没在了"救亡图存"的大潮流之中了。中国学者对当代性问题的思考从一开始就和现代性问题纠缠在了一起,时至今日,尚未得到清晰的分疏。

当代儒学亦是在现代儒学当中孕育和逐步发展的。我们几乎可以从每一个现代新儒家学人的身上看到对当代性问题指向不明的回应,同时,我们也很难把某位学人完全视为超越了现代儒学的当代儒学人物。

这也意味着,对于当代儒学的基本把握,不能简单地采取以人定学的方式,而应当以文定学。因此,我们对于当代儒家文献的清理,就更为有必要了。当代儒家文献的形成过程,恰恰正是当代儒学自身的演历过程。

三、从对话到批判:当代儒家文献的形成

当代儒学的自身演历,就发展脉络而言,可以大约分为三个阶段:第一个阶段是意识到以现代西方社会可能存在着重大隐患的萌芽时期;第二阶段是以儒学为背景与西方学者展开对话,亦是儒学主动参与到当代性问题的争论之中;第三阶段则是以儒学为思想资源对西方的观念展开批判,并开启当代性问题全

---

① [德]舍勒:《死亡·永生·上帝》,孙周兴译,中国人民大学出版社2003年版,第29页。

② 现代性问题在中国学者身上鲜明地体现为中国向西方学习的问题。冯友兰将其明确表述为中西问题。这一点是几乎所有中国学者的共识。其区别仅仅在于,向西方学习什么、以什么样的方式学习、在多大程度上学习等等。

新的可能性。

第一次世界大战造成的灾难成为萦绕在全世界人民心头的阴云。对于中国学术界而言，这一时期的两大文化现象刺激了学者们对现代性问题的反思。其一是梁启超《欧游心影录》的发表。梁启超本人虽然是政治运动中的温和派，但其西化的取向一直是坚定不移的。《欧游心影录》标志着梁启超对西方社会认识的进一步深化。几乎是与此同时，罗素、杜威等西方学者访华。他们在承认西方社会的现代性危机的同时，也认可中国文化对于当代性问题的价值。这对中国学者是一大鼓舞。

而在现代新儒家群体中，梁漱溟正是在此背景下最早开始讨论欧洲社会问题的。在《东西文化及其哲学》一书中，他提出了著名的“文化三路向”说。梁漱溟以为，所谓“文化”，“不过是那一民族生活的样法罢了”，而“生活”则是“没尽的意欲(will)”，文化就是“意欲及其满足状况”。[①] 由于人生存在三种不同的问题，即人对物质的问题、对他人的问题、对因果必至之势的问题，而这三种问题只能采取三种不同的生活态度，即向前要求、调和持中、返身向后，于是形成了三种不同的文化路向。[②] 西方文化只能解决人对物质的问题，其态度是向前要求的。梁漱溟以为西方文化只能代表人类早期发展的需要，而在人类早期，生存为第一需要，意欲向前的精神引领人类不停止地去探索大自然的奥秘、以求从大自然中获得更多的物质以满足维持生命的需要。[③] 但这一路向在面对更高阶段的需求，即人的身心需求之时，就无能为力了。因此，他说：“个人本位的、生产本位的经济正归位到社会本位、分配本位，这出来要求改正的便是社会主义，西方文化的转变就萌芽于此。”[④]

无独有偶，冯友兰亦持有相似的观点。冯友兰本人曾经留学美国并游历欧洲，他对西方社会的感触和体会要比梁漱溟深刻得多。他在评价梁漱溟《东西文化及其哲学》之时说道：

> 其实梁先生及现在一般人所说之西方文化，实非西方文化，而乃是近代西方文化。……所谓奋斗向前的态度，即我书(即《一种人生观》——引者注)中所谓进步主义，实西方近代之产物，未可即以秃头的西方文化名之。……至于一时因某种哲学得势而有某种之历史，某种之文化，则为“孽

① 参见梁漱溟：《梁漱溟全集》第一卷，山东人民出版社 1989 年版，第 353 页。

② 参见郑志峰：《在“尚情无我”与“用心致意”之间——梁漱溟“新孔学”的内在紧张》，黄玉顺主编：《现代新儒学的现代性哲学》，第 38 页。

③ 参见杨必仪：《梁漱溟的文化心路与文化模式》，重庆社会科学院哲学研究所编：《文化与人生——梁漱溟先生诞辰 110 周年纪念文集》，重庆出版社 2004 年版，第 41 页。

④ 梁漱溟：《梁漱溟全集》第一卷，山东人民出版社 1989 年版，第 491 页。

镜台"之历史(记述事情的历史)自然照出,不必空言争论。[①]

冯友兰剖判西方文化,指出近代西方文化与古希腊之不同,并以为古希腊文化与儒学实有共通之处,具有相当宽阔的视野。甚至从思路的角度来看,他与同一时期的海德格尔有不谋而合之处。据此,冯友兰强调:"我书中特意将所谓东西之界限打破,但将十种理想人生,各以一哲学系统为代表,平等地写出,而比较研究之。"[②]而在《人生哲学》一书中,冯友兰将中西方哲学分为十种不同的人生观,并一一辨析其"见""蔽"之处。这种打破中西、超越文化民族国家界限的写作方法迄今为止都是不多见的。

然而,现代新儒家早期对于当代性问题模糊的回应,最终都让位于"救亡图存"大主题。梁漱溟自承"人生问题"让位于"社会问题",而冯友兰亦以"阐旧邦以辅新命"为自己的学术旨归,可见当代性问题对于他们而言,并不具有重要性与紧迫性。事实上,现代新儒家对于当代性问题的探讨,在更大程度上是为了提高中国文化地位、提升中国文化自信心而作的。毕竟,现代性危机是实现了现代化之后才出现的,而中国仍然走在现代化的路上。

从学术类型上来看,西方学者对于现代性危机的反思,基本上是以批判近代以来的形而上学建构为方式的。当然,这种批判本身仍然是形而上学式的,是不彻底的。而现代新儒家无一不以建构形而上学为己任。不妨试问,冯友兰批判十家人生观各有其"见""蔽",而其"见""蔽"的根源在于其哲学建构,那么,他的"一个新人生论",这一充满了"新实在论"[③]意味的建构,就能够有"见"而无"蔽"吗?显然不能。

因此,在当代儒学的第一阶段,学者们开始意识到了当代性问题,当然这种意识是非常模糊的。但由于他们的思考中存在着当代性问题的事先引导,并强调了儒学在此问题中的优先性,应当被归入当代儒学的范畴。

在当代儒学发展的第二阶段,重要代表人物包括了牟宗三、唐君毅、杜维明等。在这一时期,基本的问题意识由"中国的"逐步向"世界的"转换。对待西学的方式由向西方学习(这是现代儒学的基本特征)逐步转换为与西方对话。对待现代性危机的态度由置身事外转变为主动参与。而在问题的提出方式上,也逐渐与西方形成了一定程度的契合。

---

① 冯友兰:《人生哲学之比较研究》序言,《三松堂全集》第二卷,河南人民出版社 2001 年版,第 32 页。

② 冯友兰:《人生哲学之比较研究》序言,《三松堂全集》第二卷,第 32 页。

③ 冯友兰自称:"此书第十二、第十三章(即一种新人生观——引者注),大体与《一种人生观》相同,但内容扩大,而根本意思亦有更趋于新实在论之倾向。"(冯友兰:《人生哲学》自序,《三松堂全集》第二卷,第 39 页)

例如，牟宗三将现代性危机称为“上帝退隐”的问题。他说：

> 人的呼唤就是人对于上帝的呼唤，也就是对于人自己的呼唤。这是一种悲情的呼唤。这种悲情是一种对于时代的悲情，眼看到人的“无家性”，一般生活之庸俗、陷落、趋于“非人格性”，眼看到一般的概念思想之停滞于“事法界”而不进的风气，眼看到马派的毁灭人类的“物势观”之可惧，这都不能不令人怵惕兴悲。[①]

在这个意义上，牟宗三讨论了海德格尔关于“神性”的一些看法，“海德格以为在我们这个‘上帝退隐’的时代，有四步工作要做：(1)重新发现实有的意义，(2)引起神圣之感，(3)寻求神性，(4)弄清上帝一词的意义”。他说：“道德宗教生活的圈幅历程中所显示的真理，由圣哲人格宗教所体验所证会的境界皆当是哲学家进入理法界时所当从事的领域。不必限于明智悟有一路。因为这还只是智一面的事。而诚意启化亦是需要的。这是仁智双彰的路。不能接触到仁一面，哲学家的工作总不能算完全，对于上帝的呼唤亦总是隔一层。神圣智感固须诗人之唤起，而神圣之名亦须神圣人格之证实。神性之寻求以及上帝一词之意义之澄清与确定俱须圣贤人格之证实，由其所证实的寻求而确定。”[②]

不难看出，牟宗三对现代性危机的提法，与舍勒具有很大的共通之处。在此问题上，儒学比基督教更加具有优越性，“天道高高在上，有超越的意义。天道贯注于人身之时，又内在于人而为人的性，这时天道又是内在的(Immanent)。因此，我们可以康德喜用的字眼，说天道一方面是超越的(Transcendent)，另一方面又是内在的(Immanent 与 Transcendent 是相反字)。天道既超越又内在，此时可谓兼具宗教与道德的意味，宗教重超越义，而道德重内在义。……所谓内在的遥契，即不再要求向上攀援天道，反把天道拉下来，收进自己内心，使天道内在化为自己的德性，把人的地位，通过参天地而为三的过程，与天地并列而为三位一体”[③]。

唐君毅在此问题上亦持类似看法。

如果说牟、唐是当代儒学第二阶段的先驱性的人物，那么，杜维明则是代表性的人物了。毕竟牟、唐等人的基本问题意识仍然是具有鲜明民族性取向的现代儒学，而杜的工作则更具有世界性的视野。

杜维明将自己的学术旨归明确表述为两项。其一为“儒学的理论体系与发

---

① 牟宗三：《论“上帝退隐”》，台湾学生书局 1992 年版，第 200 页。

② 参见牟宗三：《论“上帝退隐”》，第 201 页。

③ 牟宗三：《中国哲学的特质》，台湾学生书局 1974 年版，第 30～31 页。

展前景”[①]，其二为“为儒学的发展不懈陈辞”[②]。这二者其实可以合二为一，那就是把不同文明之间的“文明对话”视为21世纪新儒家的新使命。[③] 而他的基本问题意识何在呢？他说：

> 面对21世纪，我们要积极参与关于儒学与宗教、儒学与生态环保、人权、政治自由主义、新马克思主义、女性主义或女权运动、人文精神、全球伦理的对话、尊重并相应各方面对儒学和现代新儒家的批评、倡导儒学的精神在当代学术、商业、企业、媒体、民间社会、社会运动、政治制度与意识形态等各领域、各层面发挥积极作用。[④]

这种姿态已经与梁、冯、牟、唐等人完全不同了。杜维明所陈述之众多问题无一不是今天全世界共同面临的问题，也无一不是可以被涵盖在现代性危机之下的问题。尽管没有使用“当代性问题”这一提法，但其问题意识的转换已十分明显。而在此过程中，儒学的价值又当如何呢？杜维明“对儒学的一个最基本的信念，就是认为它所讲的做人的道理，可以适用于全人类”[⑤]。而杜维明的基本姿态则是：

> 我想假若儒家人文精神的重建能继承启蒙理性（自由、理性、法制、人权和个人尊严的基本价值）而又超越启蒙心态（人类中心主义、工具理性的泛滥、把进化论的抗衡冲突粗暴地强加于人、自我的无限膨胀），并充分证成个人、群体、自然与天道面面俱全的安身立命之坦途，应能为新轴心文明时代提供思想资源。[⑥]

至此，当代儒学的定位已然成型：儒学作为一种思想资源以一种完全独立的姿态进入当代性问题之中，并最终完成对当代性问题的回应。然而，杜维明却始终未能回答一个更加具有现实性的问题，那就是：如此众多、如此凌乱、如此驳杂的现代性危机问题，儒学能够一一做出回应吗？要不要回应是一回事，能不能回应是另外一回事。在儒学中，我们真正能够挖掘出应对这些问题的资源吗？正如有的研究者指出的那样，杜维明的思想中蕴含着“问题意识方面的‘跟风’‘救火’现象。西方流行什么问题，自己就有必要炒作什么问题吗？哪里

---

① 杜维明：《儒学的理论体系与发展前景》，《中华文化论坛》1999年第1期。

② 杜维明：《为儒学的发展不懈陈辞》，《读书》1995年第10期。

③ 参见杜维明：《新轴心时代的文明对话——兼论二十一世纪新儒家的新使命》，（马来西亚）《南洋商报》2001年1月1日。

④ 杜维明：《为儒学的发展不懈陈辞》，《读书》1995年第10期。

⑤ 郭齐勇：《论杜维明的学术思想》，《中国哲学史》2002年第4期。

⑥ 杜维明：《新轴心时代的文明对话——兼论二十一世纪新儒家的新使命》，（马来西亚）《南洋商报》2001年1月1日。

出现问题，哪里就要有儒学吗？如果缺乏理论上的支撑，不仅救不了火，反而会惹火上身”[①]。

然而，此种状况归根结底并非由杜维明决定的，而是由当代性问题自身的发展状况决定的。20世纪以来的西方学界对于现代性危机的探讨，最终被表述为上述诸多问题。如果这些问题无法进行进一步收拢与归并，并在最根本的层次上提出最具有涵摄性与根本性的问题的话，当代性问题的解决是完全不可能的。而事实已然证明，西方的学术传统无法完成这一使命。突破西方学术的桎梏，寻求更深层次的视野，才是当代性问题的可能方向。而当代儒学的第三阶段正在尝试完成这一使命。

当代儒学在思维取向上实现对杜维明突破的是林安梧。林安梧对于以建构形上学为基本形态的现代儒学有着明确的批判意识。他致力于“后新儒学”的建构，认为：

> （后新儒学）大概分两个向度在走，一个基本上是继承着牟宗三先生原来所建构的那个哲学结构而继续往前走。……另一个称之为“批判的新儒学”。……“批判的新儒学”基本上是对牟宗三先生的系统作一个历史的回溯之后，给予一个分判。[②]

这就开启了一种新的思想视域。那么，此种“分判”如何实现呢？这就是林安梧强调的“生活世界”的观念。他说：

> 强调“生活世界”的优先性，而与此“生活世界”同时俱起的则是人之作为“活生生的实存而有”，进到此生活世界之中，而开启了新的生活世界之感知，进而再由此新的生活世界之感知经由一对象化之历程，推提而上，并再回向于生活感知中，此时自然就起了一新的认知之历程。[③]

毫无疑问，林安梧的问题指向已经不再是如何去建构儒学的哲学结构，而在于建构哲学结构何以可能了。然而，就林安梧的整体思考而言，仍然缺乏两方面的警醒。其一，他本人所说的“生活世界”究竟指的是什么？如果指的就是现实的人生感知的话，又与个体的经验有何差别？如果形上学的建构立足于个体经验的话，又如何应对近代以来以先验建构为主流的哲学传统？在这个意义上，林安梧的思想视域是经验主义的。其二，他的“生活世界”能否实现对整个

---

① 崔发展：《让儒学的活水流向世界——杜维明对“儒学第三期发展前景”的探索》，黄玉顺主编：《现代新儒学的现代性哲学》，第297页。

② 林安梧：《John Makeham访谈林安梧论“新儒学”与“后新儒学”》，（台湾）《鹅湖》2005年第356期。

③ 林安梧：《儒学与中国传统社会之哲学省察》，台北幼狮文化事业公司1996年版，第6～7页。

西方学术的批判与超越？如果不能的话，又如何来应对从一开始就具备世界性意义的当代性问题呢？

无论如何，以批判形上学为目的的当代儒学取向已经被提出了，进一步的问题显然是如何完成批判这一使命。而在此问题上做出有益尝试的是黄玉顺的生活儒学。

就笔者的阅读视野而言，黄玉顺是最早明确提出要严格区分"现代儒学"与"当代儒学"的，甚至"'当代主义'(Contemporarism)"这个词都是他根据英文构词法生造的。他说：

> 这里所谓"当代"，是指的这样一种思想视域：既不同于正在接受深刻反省的"现代性"思想，也不同于所谓"后现代"思想。我们用"当代"来标志这样一种思想视域，这种思想视域不仅超越了前现代的视域，而且超越了现代性的视域。①

那么，如何最终实现这种"超越"呢？那就首先要对"现代性"与"当代性"进行更为精准的定位。黄玉顺认为现代性的全部建构是一种形上学的乃至于形下学的建构，此种建构是存在一定的问题的：

> 从观念建构的角度讲，作为形而下学的知识论及科学理论、伦理学及道德原则，本身都需要某种终极"根据"(Grund)来为之"奠基"(Fundierung)；这种为之"奠基"的终极"根据"，也就是形而上学所思考的东西："存在者整体"、或"存在者之为存在者"，亦即传统哲学所谓"本体"。②

这事实上就把现代性危机最终哲学化和理论化了。那么，最终的出路又当如何呢？他认为：

> 当代思想的视域，就是生活—存在的视域。这种视域不仅追问"形而下学何以可能"，而且追问"形而上学何以可能"；这种视域追问"主体性何以可能""存在者何以可能"；这种视域之所思，是存在本身、生存本身、生活本身。如此这般的生活—存在，是一切物与人的大本大源所在，是一切存在者与主体性的源头活水所在。③

至此，当代儒学的基本问题已经初步得到了提出。按照此种精神，黄玉顺

---

① 黄玉顺：《现代新儒学研究中的思想视域问题——〈现代新儒学的现代性言说〉导论》，黄玉顺主编：《现代新儒学的现代性哲学》，第1页注1。

② 黄玉顺：《现代新儒学研究中的思想视域问题——〈现代新儒学的现代性言说〉导论》，黄玉顺主编：《现代新儒学的现代性哲学》，第2页。

③ 黄玉顺：《现代新儒学研究中的思想视域问题——〈现代新儒学的现代性言说〉导论》，黄玉顺主编：《现代新儒学的现代性哲学》，第3页。

主编完成了《现代新儒学的现代性哲学》。此书的构想是要在当代儒学的视域下，实现对现代儒学的反思和批判。从这个意义上来讲，这应当是目前较为重要的当代儒学文本了。

但是，构想只是构想。当代性问题仅仅是被初步提出。这种提法尚未得到学术界更大范围的认可，更未曾与今天的西方学界发生交锋。这意味着，以"生活—存在"为基本视域的生活儒学式的当代性问题尚有很长的路要走。从其自身的理论构建而言，对"生活—存在"尚无更为充分的阐释，对于此本源如何实现为形而上学的奠基也缺乏足够的论证，它如何避免成为一种情境主义？又如何避免成为类似海德格尔"此在"式的形上学设定？这些问题仍需要足够的警醒。从其外部的理论遭遇而言，如何实现与其本身有着极大亲缘关系的海德格尔现象学的最终分离、如何实现与现代儒学的最终分别，研究者如何摆脱自身所处于其中的中国现代化问题、如何完成对西方学术的全面批判，也都是需要进一步完成的。

当然，即便在未来的学术发展中，生活儒学只是一家之言，但其在当代性问题上的开拓性进展也是不容置疑的。当代儒学应当以更高的姿态参与到关乎全人类的重大问题上。在最低程度上，当代儒学应当成为继 20 世纪三大西方学术主流之后、对现代性危机做出回应的第四种可能性。在此意义上，则需要学者做出更多的努力，提出更多的可能性。

修身儒学

孙铁骑

【编者按】此文原载《衡水学院学报》2015年第5期，原题为《从"生活儒学"到"修身儒学"》，此处标题为编者所拟。此文原为作者的专著《当代儒学复兴的文化进路——从"生活儒学"到"修身儒学"》（山东大学博士后研究工作报告2012年6月至2014年12月）的"结论"部分，原题"正义的实现之路：从'生活儒学'到'修身儒学'"。该书后来正式出版，书名改为《正义及其文化进路——从"生活儒学"到"修身儒学"》，山东人民出版社2018年版。

生活儒学开启了孔子儒学的本源视域，以此本源视域为理论地平重建当代儒家哲学的思想体系已成为一个可能，本课题以体系化的方式对这一构建过程进行了试探性展开，而最终得到的结论就是儒学的重建最终要回到孔子儒学的修身之本，以修身为核心理念构建当代儒学的整体架构，才能使孔子儒学复活于当下，重新进入百姓的日用伦常之中。故沿着生活儒学的轨迹，当代儒学应当发展为修身儒学，才能实现儒学的真正复兴。

一、儒学的修身之本

修身从始以来即为儒学之本，"修己以安人，修己以安百姓"（《论语·宪问》），这是只有儒家才有的文化情怀，亦是只有儒家才有的可以真正进入百姓日用伦常之中的至理大道。这是理解儒家思想与哲学理念的逻辑起点，以修身为根本理据，由内而外生发而进入家、国、天下的日用伦常与社会治理之中，才能真正理解儒家思想的真谛。这是儒家的智慧，其不是"思的事情"，而是"存在的事情"，但却不是言说"存在是什么"，而是言说"如何去存在"，从而儒家思想就是对现实人生的行为指导,告诉每个人如何去生活,如何去存在。而此"如何去存在"的设计就是指导你如何去修身,如何去实现生命的安顿。在这种"如何去存在"的修身之中,"中人以上"的上根之人就能够领悟到天道的存在,与道合一,从而"朝闻道,夕死可也"(《论语·里仁》),生命获得超越性的终极安顿;而对于"中人以下"的下根之人,虽然其不能领悟到天道的存在,做到"朝闻夕死"的终极安顿,但其亦可在在圣人的指导下在客观上做到天道的要求,从而将生命安顿在现实的生活世界中。这就是孔子言"中人以上可以语上也,中人以下不可以语上也"(《论语·雍也》)与"民可使由之,不可使知之"(《论语·泰伯》)之本义,"中人以上"不但可以自觉行道,而且可以与之言道,可以在内在的生命修为与外在的生命行为上都做到与道合一,而"中人以下"无能领悟到道的存在,当然无法与之言道,即"不可使知之",故子贡言"夫子之言性与天道,不可得而闻也"(《论语·公冶长》),但"中人以下"可以在圣人的指导下遵道而行,安顿自我的现实生命,即为"民可使由之"。这是儒家高于道家与佛家之处,虽然佛道都有道济天下与普度众生的宏愿,但其理路却只是为上根之人所设,也就是孔子所说的"中人以上"才可能通过道家的修炼与佛家的修行而得道成佛,而且道家与佛家只有生命的超越性终极安顿一个维度,对于现世的日用伦常终有相当距离。而作为"中人以下"的下根之人却不可能领悟佛道的至理,因"不可使知之"而不可能得道成佛,故在事实上,道家与佛家对于"中人以下"是没有办法的,或者说是"置之不理"的。而儒家则兼顾了"中人以上"与"中人以下","中人以上"有"内圣"的修身功夫可以通达天道而获得生命的终极安顿,此一维度可以与佛、道的终极追求相通或称一致,儒家的圣与佛家的佛、道家的仙一样,都是做人之极致,而不是彼岸世界的神。而"中人以下"则要听从"内圣"之人的安置与指导,此为"内圣"之人的"外王"事业,圣人通过纲常名教、伦理习俗及"神教设教"等方式来安顿"中人以下"的身心性命,使"中人以下"可以在客观上遵道而行,以"百姓日用而不知"的方式使其生命在现实的生活世界中得到现实性的当下安顿。

故儒家思想不是一种简单的入世之学,而是修身而入世,或者说是入世以修身。儒家修身之过程即为入世之过程,但入世并非修身之目的,相反,修身为入世之目的,这是当代儒学要回归孔子儒学修身之本所需要的观念转变,儒学在本质上是修身之学,而不是入世之学,尽管在客观上儒学会有入世的行动,但那只是儒学的生命存在方式,而不是儒学的终极价值诉求,"穷理尽性以至于命"的修身之道才是儒学的终极价值诉求。佛家以出世的方式修行,道家以"避世"与"游世"的方式修炼,从而界于出世与入世之间,而儒家则以入世的方式来修身,《大学》的"正心、诚意"是修身的内功,而"齐家、治国、平天下"则是修身的外功，通过安人、安百姓、安天下而使“内圣”的修身达到更高的境界，可比于道家的“三千功满，八百行圆”与佛家的“普渡众生”。“内圣”与“外王”同为修身所涵摄，并不只有“内圣”才是修身，“外王”同样是修身，而且是“明明德于天下”与“达则兼善天下”的更高层次的修身。而儒家的“内圣”修身已经兼容了道家与佛家的修炼与修行，而由“内圣”而承担的“外王”却是道家与佛家所没有的事业，从而可以说儒家相对于道家与佛家更有济世情怀，更为可长可久之道。

在对儒学的理解中，尤其不能将之作为政治统治术，作为服务于政治统治的思想，这将严重误导儒学的价值宗旨，并使儒学的入世之路发生扭曲，从而使儒学背上“罪天下”的罪名。儒学的入世情怀起源于由修身而安己之后的“仁者，爱人”之心，是由“我善养吾浩然之气”(《孟子·公孙丑上》)而产生的“沛然莫之能御”(《孟子·尽心上》)的仁义之心与道义之行。故儒家并不是从社会治理或社会制度设计的角度去构建自己的思想体系，而是从修身实践出发，从生命的自我修养与修炼出发，如何培育自我的生命，增益自我的生命，培育圣贤人格，实现个体生命的成圣成德，从而使个体生命得以安顿。而圣贤人格之伟大就在于，其在实现自我生命安顿的基础上更期望于能救他人、救世人生命于水火，故要齐家、治国、平天下。但此齐家、治国、平天下不是独立于修身之外的特异事件，而是内含于修身之中的自在逻辑，如果人人皆知修身成圣，则自然天下之家皆齐、天下之国皆治、天下自然太平。故《大学》言：“自天子以至于庶人，壹是皆以修身为本，其本乱而末治者，否矣；其所厚者薄，而其所薄者厚，未之有也。此谓知本，此谓知之至也。”如果“自天子以至于庶人，壹是皆以修身为本”，则何止一家可齐，一国得治，虽天下亦无不治，无不太平矣！但在天下人皆不知修身之时，圣人仅以一己之修身显然不足以完成平天下之事业，那么孔子为何仍然要“知其不可而为之”(《论语·宪问》)呢？其内在的理论逻辑是圣人以自己的修身之行风化社会，为他人立德垂范，从而可以使他人、使社会知所效法，人人皆知自我修身，从而自然达于天下之家皆齐，天下之国皆治，从而天下自然太平。但这还不足以成为孔子“知其不可而为之”的充足理由，还不足以支撑起孔子生命中现实的修身逻辑，其现实的修身逻辑应当是此“齐家、治国、平天下”之“外王”事业是孔子修身成圣所必须承担之使命，故孔子自言“五十而知天命”，不承担此使命就不能实现修身之完满，不能达于成圣之目的，不能获得生命之终极安顿。而最终此“外王”事业能否成功却无碍于成圣之实现，因其只是成圣之过程与方式，故孔子“外王”之事业终生未成，却“七十而从心所欲不逾矩”而成圣成德。故孔子可坦言自己“栖栖惶惶，如丧家之犬”，并非可怜，而是为求道所必须，在生命的表象上是在为世俗奔走，但在生命的本质上却是修身成圣之手段与过程。面对避世而耕的长沮、桀溺，孔子自言：“鸟兽不可与同群，吾非斯人之徒而谁与？天下有道，丘不与易也。”(《论语·微子》)长沮、桀溺是在避世修行，而孔子是在入世修身，在修行与修身的生命超越层面上，二者实乃一致，故孔子以“斯人之徒”自认。但孔子作为儒家的修身与长沮、桀溺的修行却有入世与避世之别，孔子言“天下有道，丘不与易也”(《论语·微子》)，即为如果天下有道，自己会与他们过一样的生活，而此时是天下无道，恰是需要自己以身行道，故要入世修身以行大道。这是孔子的道义担当，亦是他的修身方式，从而孔子才最终做到“七十而从心所欲不逾矩”(《论语·为政》)，这是人生修为的最高境界，通于庄子的“逍遥”与佛家的“了生死”，故孔子显然为得道之人，但却是入世得道，而非佛老的出世与避世。无论入世、出世、避世，皆是以求道为目的的实现生命终极安顿的方式，而儒家的入世修身则显然更具担当精神而有利于天下人，从而儒家才会成为中国传统社会的核心思想。

二、儒学修身之本的沦丧

回顾儒学发展史，修身为历代儒家所重，但对于如何修身的具体功夫论路径却逐渐迷失，尤其是孔子于《周易》哲学中所阐释的“穷理尽性以至于命”的功夫论已经彻底丧失，以至于后世儒学空有修身理论，而无具体可行之修身方法，只能在外在的伦理道德的层面上理解修身问题，最后沦为空谈心性，无益身心，使儒家修身之道沦落为生命外在的道德说教，甚至出现戴震所指责的“以理杀人”，成为近代以来反封建、反儒家的借口。而孔子身后的儒家何以会在事实上丧失儒家的修身之道呢？这就要区分儒学的自在本质与儒学的现实发展之间的差别，儒学在本质上是性命之学，是安顿身心性命的学问，孔子在《周易》中所表达的“穷理尽性以至于命”的价值追求是儒学自在的价值论承诺。儒学的这一价值追求与道家“性命双修，长生久视”的价值追求是本质一致的，从而可证中国文化本质为一，在庄子所言的“道术将为天下裂”之前是同源共根的。但儒道二家面对“道术将为天下裂”的文化事实所采取的态度是不一样的，孔子作为儒家的开创者与代表者是继承文武、周公之道，希望承续“古之斯文”，使天下皆知大道所在，实现天下大同，故要“明明德于天下”。而道家则认可了“道术为天下裂”的事实，认为世人已经不能理解至理大道，“以天下为沉沦，不可以庄语”(《庄子·天下》)，只能独善其身，故要“独与天地精神相往来”，所以老子最终骑青牛而去，庄子要逍遥于“无何有之乡”。也就是说，儒家的价值追求是要在实现自救的基础上救天下人，而道家则认为天下人已无法得救，故要绝世离俗，不与众游。但道家的出世又不同于佛家的出世，在道家的精神深处，实有着与儒家同源的济世情怀，只是因世人不可语大道才遗世独立，故在可以济世之时，中国历史舞台上亦不乏道家人士的身影。总体而言，自古儒家就入世求功名，以内圣外王的精神担当天下，而道家则游走在入世与出世之间，与现实人生和社会保持着一定距离。如此相较，儒家实比道家具有更高的价值情怀与道义担当精神。但在孔子的儒学进路中，儒家的担当要以修身为前提，即《大学》所言的“古之欲明明德于天下者，先治其国；欲治其国者，先齐其家，欲齐其家者，先修其身”与“自天子以至于庶人，壹是皆以修身为本”。修身是治国、平天下的前提，而不是治国、平天下的手段，治国、平天下只是修身所至之一定境界，而不是修身之外在目的。故修身本身就是儒学的目的与核心，治国、平天下皆内在于修身之事中。但这里所言的修身是作为可实践、可操作的功夫论中的修身，而不是作为理论或道德说教的修身。儒学的修身应当是与道家的修炼、佛家的修行相对应的培育个体生命及整个民族大生命的功夫论进路，而不是附属于治国、平天下之下的社会道德诉求。而儒学在后世发展中逐渐丧失了修身的功夫论路径，并在理论上错解了修身为本的价值宗旨，只是将修身作为治国、平天下的前提性手段，而将治国、平天下作为儒学的终极目的，从而在事实上失去了儒学以修身为本的价值宗旨，使儒学从安顿性命的修身之学沦为治国、治人的政治哲学。

这一儒学修身功夫的遗失过程可以通过对儒学史的考查清晰的梳理出来。孔子“述而不作”，其修身功夫自然就在“六经”之中，前文已经论述《周易》内蕴的“损益之道”及“咸”“艮”二卦所内含的生命修炼原理，可以证明孔子儒学的功夫论进路可以直接贯通道家的内丹修道。而《大学》与《中庸》内含的功夫论进路亦可以贯通《周易》，从而可以看出孔子儒学的功夫论进路是“一以贯之”的。故可以断言，孔子的“吾道一以贯之”不是就其理论的直接表达而言，因孔子以“六经”载道，而“六经”各有系统，各有其表达方式，各有其所言之事，何以能“一以贯之”？只有从孔子的修身实践，从生命安顿的不同方式与进路去理解才能将“六经”贯通起来。“《诗》以道志，《书》以道事，《礼》以道行，《乐》以道和，《易》以道阴阳，《春秋》以道名分”（《庄子·天下篇》），如何“一以贯之”？贯之于生命，志、事、行、和、阴阳、名分，皆为生命之事，“六经”系统“一以贯之”于生命修为之中。而此修身功夫已经不是理论与“文章”之事，而是生命实践与操作层面的“性与天道”之事，非寻常人所能理解，故孔子言“中人以上，可以语上也，中人以下，不可以语上也”（《论语·雍也》），子贡言“夫子之文章，可得而闻也，夫子之言性与天道，不可得而闻也”（《论语·公冶长》）。从而颜渊死后，孔子弟子之中已经无人能理解孔子的“性与天道”，也就是无人真正能传承孔子的修身功夫。故孔子才会在晚年编撰“六经”，即在无人可传的情况下，只能用文以载道的方式将自己的“性与天道”之学传之后世，而孔子“老而好易，韦编三绝”的原因就是其将儒家的生命修炼之道直接载写在对《周易》的解读之中，通过作传解经的方式揭示如何“穷理尽性以至于命”，是为孔子的“性与天道”之绝学。而后世儒家又不解《周易》的生命之道，从而使儒学空有修身之说，而缺少具体可行的修身之道。

孔子身后的大儒首推孟子与荀子。孟子尚有“我善养吾浩然之气”及“尽心知性”等论述，并自言“四十不动心”，“君子所性，仁义礼智根于心。其生色也，睟然见于面，盎于背，施于四体，四体不言而喻”（《孟子・尽心上》）。可见孟子自有一番修身功夫，但孟子对修身功夫并没有系统论述，从而后世所重者，乃是孟子所言的“仁义”之学。后世儒家对仁义的强调实直接导源于孟子，而非孔子。就孔子以“六经”系统载道而言，仁义之学在“六经”之中并非核心，《论语》虽多言仁，但其只是日常语录，而非“六经”注解，从而《论语》只能附证“六经”，而不能居于“六经”之上，故仁义之学在孔子思想中绝非至上之学，“性与天道”才是孔子的终极追求，故孔子言“朝闻道，夕死可也”，又言“志于道，据于德，依于仁，游于艺”（《论语・述而》），孔子只是“依于仁”，其所志则是道。而仁义之学能够得以大倡，并被奉为儒学核心，在儒学理念上实导源于孟子，《孟子》通篇多言仁义，“王何必曰利，亦有仁义而已矣”（《孟子・梁惠王》），仁义为孟子作为儒家代表人物入世而为帝王师之核心话语。后世儒学沿着孟子的轨道，将仁义之术推至儒学巅峰，反倒淹没了孔子的性与天道之学，遗失了孔子的修身之道。

荀子作有《修身篇》，可见其在理论上亦重视修身：“见善，修然必以自存也；见不善，愀然必以自省也。善在身，介然必以自好也；不善在身，灾然必以自恶也。”但其所论皆为生命外在之修养，只是在生命外在的社会性存在之中寻找生命的安顿之道，已无孟子的“养气”“尽心知性”“睟面盎背”等生命内在的修炼之道。这从荀子的性恶之论亦可看出，其只在人之生命存在的外在表现而言人性之恶，而孟子则在人之生命的内在本质层面而言性善，“君子所性，仁义礼智根于心”（《孟子・梁惠王》），孟子之性善实乃尽心知性而后达于生生之至善，即《大学》所言的“止于至善”之“善”，而“性善”之性又是由尽心而至之“生生之性”。故孟子之性善实有生生之道的本体论支撑，而荀子则完全从外在道德规范角度而言人性之恶，实与孟子不在同一个层面上。孟子在形而上的层面上言人性本于生生之至善，而荀子则在形而下的层面上而言人性失去生生之本后而呈现出的伤生之恶，故荀子与孟子比又更加丧失了孔子儒学的修身之道。

儒学在汉武帝“罢黜百家，独尊儒术”之前一直是以“学在民间”的方式自在传播，而在秦始皇“焚书坑儒”之后，儒家经典已经不全，儒家的修身之道自然更加暗而不彰，而董仲舒专治《公羊春秋》，其《春秋繁露》只能属于儒家的政治哲学，离孔子的“性与天道”更远，从而可知汉武帝与董仲舒所独尊之儒学远非儒学之正宗，在如此政治儒学的笼罩之下，儒家的修身之说只能沦为政治统治的工具，而不可能真正安顿世人的身心性命。正是因此，外来的佛学才会在独尊儒术的汉代进入中国，佛学承诺就是对身心性命的安顿，此为人性所必须，而其时的儒学已经失去安顿身心性命的修身之道，从而给佛学的进入提供了契机。其后魏晋玄学的大倡亦是因此，固守中国文化的士人学子在儒学中找不到精神寄托，找不到身心安顿之法，自然就要到道家玄学之中寻找生命安顿的思想资源，这都是儒家丧失修身之道所导致的必然结果。以古为鉴，儒学在当代中国的式微，同样根源于修身之道的丧失，此论点亦可求证于宋明理学的兴衰之中。

宋明理学之所以能实现"儒学中兴"，不只在于其实现了对儒学的理论重建，更主要是因为宋明诸儒重兴了儒家的修身功夫，从周敦颐到程、朱、陆、王，都有自己的静坐修心，诚敬涵养等修身功夫与方法，从而使宋明理学可以让人在身心性命之中得到切实的受用与提升。但宋明理学的修身功夫是以理学与心学体系为支撑，而不是孔子于《周易》哲学中所揭示的"性与天道"之学，故理学与心学已经偏离了儒学以《易》为宗的学术宗旨，偏离了孔子之道，其已经不是真正的"我注六经"，而是"六经注我"，本质上是在孔子的"六经"系统之外另建一套儒家哲学体系，与孔子的"述而不作""六经载道""以易为宗"的学术体系相去甚远，从而其功夫论亦不是孔子儒学自在的功夫论进路。虽有其时代性的历史作用，风化社会，安顿世道人心长达千年，但其并没有彻底实现孔子儒学"穷理尽性以至于命"的终极价值追求，从而才会在长久偏离后，忘而不返，最终出现空言心性、道德僵化、以理杀人等负面问题。

而自近代开始的西化运动及对传统文化的彻底抛弃则使中国人完全失去了传统的修身之道，现代人的生命只能依靠现代文化的社会公德、法律制度等进行规范，已经没有了道德自觉意识，亦没有了自我完善的能力，必需依赖外在规范来指导自己的行为，对于孔子的"从心所欲不逾矩"已是无能理解，更无能做到。整个社会大群之中已经失去自我修身养性的文化动力，对于如何修身的具体方式与方法更是无人顾及。而当代儒学复兴运动中的各家儒学在事实上还停留在与西方文化对抗，甚至是为中国儒学的合法性正名的层面上阐释儒家的义理，也就是对传统儒学进行一种当代化的理论解读，远没有达到将儒学义理运用于自己的身心性命之中，以之安顿自我的生命，培育自我的圣贤人格，从而以自己成圣成德之生命去风化社会，"明明德于天下"而兼善众人的程度。而这样一个以儒学安顿自我与世人生命的过程就是儒学修身功夫论的践行过程，而践行儒学的修身功夫又以明晓儒家修身功夫的具体进路为前提，从而对儒家修身功夫的研究就成为当代儒学研究中的迫切问题，亦是最终决定儒学能否真正复兴的核心问题。

三、从生活儒学到修身儒学

儒学的复兴是一个宏大的文化工程,亦将是一个漫长而艰难的历史过程,因中国人的文化生命与儒学传统已经彻底断裂了,中国人的文化生命皆是西化的生命,此真为“数千年未有之大变局”。要实现儒家文化生命的回归,实要经历一种彻底的文化变迁,而这将是一个漫长的过程。而在“人能弘道,非道弘人”的意义上,儒学之复兴有待于儒者的出现与奋起,而“十年树木,百年树人”,儒家群体的培育亦必然是一个漫长的过程。故可以想见,儒学的复兴,尚任重而道远。但只要“天之未丧斯文”(《论语·子罕》),人类要有未来,则儒学必然复兴。因为儒家文化是实现生命安顿的文化,为人性所必须,人类要追求一种美好安乐的生活,要安顿自我的身心性命,就必须归宗于儒学的生命宗旨,“儒乃人之需”,此乃儒学复兴的根本力量所在。在当代儒学复兴的各种进路之中,生活儒学开启了一个本源视域,提出了儒家哲学重建的基本思路,但距离完成重建当代儒家哲学的目标尚有相当漫长的道路要走,因为儒学的复兴不只是理论的重建,更是儒学重新走入儒者的生命与生活之中、走入百姓社会生活的日用伦常之中的过程。而这一儒学进入生活实际的现实起点就是儒者的修身,故本课题对当代儒学复兴的文化进路研究得出的最终结论就是“生活儒学”最终要走向“修身儒学”。

生活儒学本源视域的开启清除了现当代哲学思维所固有的思维视域的局限,使当代的儒学复兴可以在一个新的思维地基上展开对儒学的哲学反思,这是本课题要以生活儒学为基础展开思考和研究的根本原因。而生活儒学对儒家哲学的重建还只是完成了儒学复兴的理论证明任务,即证明儒学复兴的理论合法性与具体的理论进路,但儒学的现实复兴是真正走入百姓的日用伦常之中,从而必须要有具体可行的实践进路,此实践进路只能通过儒者的修身实践,以化成天下的方式来实现,而不只是书斋里的理论的证明与社会上的文化传播而已。这是以儒学为代表的全部中国哲学的根本特质,亦是中国哲学区别于西方哲学的根本所在。西方哲学是“思的事情”,可以抛开实践而“载之空言”,而中国哲学则是“存在的事情”,要现实的指导现实人生如何去生存,如何去存在,抛开实践的儒学就不是真正的儒学。

基于以上理解,本课题以生活儒学为基础参照系,在理论进路上按照现代学术标准,遵循当代哲学体系化的基本要求,分别从复兴论、本源论、本体论、价值论、认识论、知识论、正义论、功夫论等方面对当代儒学复兴的具体进路展开哲学反思,力求以一种体系化的理论形式给出当代儒学复兴的文化进路。这条儒学复兴的文化进路以生活儒学为基础参照系，在回归孔子儒学本源视域的基础上，按照孔子儒学“穷理尽性以至于命”的价值宗旨重建孔子儒学的当代理论形态。在实践的层面上则是回归孔子儒学“自天子以至于庶人，壹是皆以修身为本”(《礼记·大学》)的文化进路，以“修身养性”为核心具体展开孔子儒学当代复兴的实践之路，最终学术取向是将“生活儒学”推进为“修身儒学”。

“生活儒学”是以生活为核心，强调回归“生活—存在”的大本大源，但儒学在回归生活本源之后，还要具体给出现实人生的“如何去生活”“如何去存在”的生命指引，这就需要一种具体而可操作的文化进路，而此可操作的文化进路又必须符合儒学的宗旨，既要有儒学史的经典文本依据，又要有儒者生命践行的实践依据，尤其是孔子本人的生命践行的实践依据。符合如此要求的可操作的儒学复兴进路就只能是“修身儒学”，由“生活儒学”到“修身儒学”可以建立起统一的思想理路与具体可行的儒学复兴进路。当代儒学复兴运动中的各种文化进路都是以社会生活的某一方面为切入点展开儒学复兴的具体思考，或者是政治儒学，或者是经济儒学，或者是制度儒学，或者是宗教化儒学，等等，而且都是对生命外围的思考，而不是对生命本身的思考，这就没有把握到孔子儒学的生命宗旨，没有领悟到孔子儒学以修身为本、化成天下的核心价值，从而只能具有儒学研究的理论意义，而不能真正转化为由个体生命安顿而达于天下化成的儒学实践。从而本课题给出的当代儒学复兴的文化进路就是在回归生活本源的基础之上，以修身为核心去复兴儒学，去重建儒学的整个思想与文化体系。

这一由“生活儒学”到“修身儒学”的儒学复兴进路以生活本源为文化基点，以生生本体论为学理依据，以“穷理尽性以至于命”为价值论承诺，以中道的思维方式，追求安顿生命的知识与学问，以中国正义论解决社会问题，以修身功夫论指导个体生命实践，共同构建而成一个当代儒学复兴与重建的思想文化体系，其核心宗旨就是生命的安顿。这就要求真正的儒者要以自我的生命去体验、去体悟、去修证、去证成孔子儒学的生命宗旨，将儒家的哲学理念内化为儒者自身的生命体证，再将儒家的生命之道外化为儒者的儒行，推己及人，由近及远而达之于家、国、天下，风化社会，是为儒家的人文化成之道。这就是儒家由成己而成人，由修身而达于天下化成的生命培育过程，这才是真正的儒家，这才是真正可行的儒学复兴之路。

四、修身儒学的当代意义

修身儒学的研究在当代具有重大的理论意义与现实意义。前文已经论述修身在儒家思想中的根本意义，没有修身之道的儒学就不具有作为儒学存在的理论合法性，而没有修身之道的儒学亦无法实现儒学思想体系自身的理论自洽，从而无法在当代重建起体系完备的当代儒学新体系。在当代大陆新儒家的儒学思想体系构建之中，已经显露出由于缺少儒家修身之道的研究而导致的理论虚弱性，没有一个现实的根基可以将各位新儒家的思想真正现实的应用于个体的生命实践与社会生活之中，从而只能在事实上成为一种理论上的空中楼阁，或许看上去很美，但却没有现实的可行性，这是当代儒学研究的根本问题所在。无论前文已经介绍的政治儒学、经济儒学、制度儒学、现象学儒学、宗教化儒学，还是仅仅提出口号而无系统思想与理论论证的社会儒学、公民儒学、生命儒学等等，都只是一种理论的争论，而没有具体可行的现实切入个体生命与社会生活之中的具体路径，从而只是理论的空谈而已，已经违背了孔子“君子耻其言而过其行”(《论语·宪问》)的价值评判标准。

生活儒学回归生活本源的哲学视域转换已经内含了回归儒家修身之本的可能进路，只是其还没有明确而系统的提示出来，故本课题在以生活儒学为基本参照系反思当代儒学复兴的可能进路的基础上，提出生活儒学要完成其复兴儒学的历史使命，完成重建儒家哲学体系的历史任务，就必然要将生活儒学推进到修身儒学。这里提出修身儒学的概念并不是要在当代大陆新儒家群体已经提出的各种儒学主张之外另立一种儒学门派，而是回归孔子儒学的核心宗旨，揭示当代儒学的价值宗旨不是多元而是一元，由修身而达于生命安顿才是儒学的终极价值诉求。当代儒学复兴运动中所提出的各种价值诉求与具体路径实质都是在以西范中的范式内思考儒学的复兴问题，政治儒学、经济儒学、制度儒学、宗教化儒学、现象学儒学等，都是面对西方文化的拷问而运用儒学资源给出的当代回答，这种回答虽然力图证明儒学相对于西方文化的优越性与有效性，但只能停留于理论论证的层面，而无法给出现实有力的实践性的当下证明。因为当代世界就是西方文化横行的世界，儒学的理论论证在无情的现实面前显得苍白而无力，更为关键的是，这种回答并不代表儒学的修身宗旨，从而不能代表儒学真正的现实生命力，亦不能真正彰显出儒学相对于西方文化的优秀之处。而修身之道则是西方文化从来缺少的理论盲区，此理论盲区亦是西方文化在当代走向终结的根本原因。修身儒学才是儒学在当代复兴的最充足理由，亦是儒学优秀于西方文化的根本所在，西方人的生命安顿寄托于宗教的上帝，而“上帝死了”的事实已经使西方人的生命无所归依，从而陷入“怎么都行”的价值混乱与生命困境之中，而修身儒学于此处则挺立起自己的合法性与优越性。

修身儒学亦是当代儒学可以切入现实生命与生活的真实入口，而不是一种理论的推定与设想而已。一个简单的事实就是，当代中国的社会意识形态是马克思主义文化而不是儒学，在理论合法性上，儒学只可能通过与马克思主义相融通的方式进入主流意识形态，而即使已经进入主流意识形态之中，儒学又是否能够现实的进入民众的现实生命与社会生活之中呢？如果儒学空有理论合法性，却没有现实的可践行性，其理论复兴的现实意义又何在呢？只有回归儒学的修身之本才可以真正解决这一问题，生命的安顿是现实人生的自然而又必然的要求，而西方文化与马克思主义文化都没有具体可行的，可以安顿现实人生身心性命的修身之道，从而儒学在此可以找到真正复兴的现实切入点。即使儒学不能完全融入意识形态之中，也可以通过对世人身心性命的安顿而直接切入民众的现实生活与日用伦常之中，从而不需要意识形态的支撑也可以实现儒学的现实复兴，而不是仅仅追求一种思想与理论的复兴而已。儒学的生命力从来都自在于民间，儒学的复兴亦从来都是从"学在民间"走向"学在官府"，而"学在民间"就是儒者修身而化成天下的生命实践，而不是理论的空谈与说教而已。

再从当代中国的社会现实来看，当代的中国人由于抛弃传统文化已经太久，早已不知修身为何事。当代中国人的文化生命已经是西化的生命，在西化的文化理念与教育体系之下，尤其是在西方文化的对象性思维方式之下，只能看到社会个体之间彼此外在的"单子"式的存在方式，看不到贯通于所有个体生命之内的生生之道，当然无法领悟到生命本质的相通性，从而无视个体生命所具有的自主修身的可能性与自我修养的生命本性，只能以外在的伦理道德、法律制度等规范社会个体的行为。没有了修身自觉的社会道德也就没有了出于人性本质的原初动力，人们被动地依赖于外在的法律与制度规范来指导自己的行为，人的道德主体性沦丧了，不知道我应当如何去做，不知道什么是对，什么是错，不分善恶，从而催生了以法治国的现代国家治理理念。而孔子早就警告："道之以政，齐之以刑，民免而无耻，道之以德，齐之以礼，有耻且格。"(《论语·为政》)在重法而不重德，从而"民免而无耻"的社会观念下，在法律管控不到的道德领域自然会出现严重的道德失范与社会危机。当代中国社会面临的最严重问题就是道德沦丧问题，整个社会的诚信缺失、官僚腐败、奢侈浪费、精神堕落等问题已经彻底腐蚀了整个中华民族的民族精神。而在现实的维度上，道德沦丧反映的是生命存在自身的内在缺陷与缺失，而由此生命存在自身的内在缺陷与缺失必然产生生命外在的诸多问题，包括人与人的问题、人与社会的问题以及人与自然的问题，表现为人际关系紧张、社会矛盾激增、自然环境破坏、资源与能源枯竭等诸多难以解决的问题。而这种道德沦丧与民族精神的堕落不是用外在的法治或制度规范所能拯救的，必须诉诸每个社会个体生命的人性与道德自觉，通过自我修身，修养、修行、修炼自我的生命，实现个体生命与民族生命的内在统一，才能真正唤醒一个民族的觉醒，重塑一个民族的文化。

故当代应当加强修身儒学的研究，对儒家的修身之道进行当代化的理论解读与实践性操作研究,挖掘传统儒学的修身资源,并对传统的道学与佛学进行比较性研究,以寻找中国文化百家同源的思想根源,构建起儒家当代的修身体系,以修身为核心展开儒学的当代化理论体系建构,这将是实现儒学真正复兴的必由之路。

新礼教

胡骄键

【编者按】此文原载《东岳论丛》2020年第3期，原题为《生活儒学的“新礼教”蕴涵——中国正义论的“情义伦理”思想》，此处标题为编者所拟。胡骄键建构“新礼教”的著述尚有：《国族认同与“新礼教”建构》（《当代儒学》第17辑，四川人民出版社2020年版）、《建构—认同结构：国族认同的儒家式化解之道》（《探索与争鸣》2020年第2期）、《乡约的契约伦理色彩及其产生、变异分析》[《西南大学学报》（社会科学版）2020年第2期]、《“以礼行之”：“礼”的现代转化》（《学习与实践》2020年第9期）、《新礼教：新文化运动的一个观念蕴涵》（《江汉论坛》2020年第12期）等。

“生活儒学”思想体系是现代中国哲学“情理学派”的理论集大成形态，是现代中国哲学、儒家哲学的最新形态。“生活儒学”实际是给出了“人是情理的存在”这样一个存在论层级的哲学命题，而其具体的“中国正义论”则是在形而下学的维度建构了儒学现代“情义伦理”形态。由此，整个生活儒学思想体系实际是为建构儒家“新礼教”指明了方向，即在现代性生活方式的基础上重新“缘情制礼”，让儒学源于生活，归于生活。

众所周知，儒学的核心观念是“仁”，而“仁”的落脚点是“礼”。在黄玉顺的整个“生活儒学”思想体系里，也可以看到这样一个“由仁到礼”的思想延伸过程。作为一位原创力极强的哲学家，黄玉顺继承冯友兰、蒙培元以“情理”为致思中心的师门学统，完成了儒家哲学从“情理”向度追求现代转型的理论建构[①]，即“生活儒学”思想体系的创建，这实际是指明了“人是情理的存在”这一人的存

① 胡骄键：《儒学现代转型的情理进路》，《学习与实践》2019年第4期。

在实情。同时,黄玉顺还是一位有着很深现实关切的儒者,他在“生活儒学”的基础上又提出了儒家制度伦理学的基本理论——“中国正义论”,这实际是建构了儒家现代伦理形态:情义伦理。如果“生活儒学”侧重于“仁”的话,“中国正义论”则侧重于“礼”。从“生活儒学”到“中国正义论”正是“由仁而礼”的思想流动。这一思想流动实际是指明了在现代生活方式的背景下,儒家源于“情理”,基于“情义”,建构“新礼教”的思想方向。

一、情理:生活儒学的情感与理性观念

哲学总是追问存在,但是既有的追问方式始终是以追问存在者的方式来追问存在。在西方,从古希腊开始就主要以理性为进路追问存在,由此形成了西方的理性主义哲学传统;在中国,秦汉至清主要以德性的方式来把握存在,以致儒家哲学在这两千多年里一直被视作一种道德形而上学。事实上,不管是理性把握存在的进路还是德性把握存在的进路,都是一种主体性哲学的思路,即总是预先设定了一个绝对的主体、绝对的形而上者,并以此为地基构建庞大的哲学体系,进而以此绝对存在者来赋予人之存在的意义、生活的意义。于是,人就被这样一个自己构造出来的观念主体、绝对的形而上者牢笼了上千年。这种主体性哲学总是在生活之外去找寻生活的根源和意义,虽然号称穿透了生活的本质,指出了生活的意义,但却实实在在地错过了生活本身。因此,过往的哲学很多时候不但没能通达生活的真谛和给出生活的意义,反而肢解和异化了生活。对比起来看,“生活儒学”最重要的哲学意义莫过于把哲学带回了人间,带回了生活之中。“生活儒学”之所以能把哲学带回生活,走的是一条以情感切入存在的道路。

(一)生活儒学的情感观

黄玉顺认为,情感分为两个层级:前主体性的本源性的生活情感和主体的人的情感。前者他称为“事之情”“事情”“实情”“情实”[①],后者被他称为“人之情”“人情”[②]。

1.本源性的生活情感

如果说西方哲学主要通过理性、秦汉至清的儒家哲学(包括牟宗三哲学)主要通过德性来切入存在从而错过了存在的话,黄玉顺则是透过海德格尔关于存在论的区分,采取了通过情感切入存在的思想进路。

---

① 黄玉顺:《儒家的情感观念》,《江西社会科学》2014年第5期。

② 黄玉顺:《爱与思——生活儒学的观念》,四川大学出版社2006年版,第58页。

黄玉顺通过追问“主体是何以可能的”这一问题，瓦解了通过任何一种主体作为中介通达存在的道路，终结了过往哲学的先验预设。西方理性主义哲学传统不过是以先验预设作为起点，运用逻辑进行演绎，推出一套先验的逻辑秩序，并以此秩序来切割生活。按笛卡尔来说，这个起点就是“我思”，而作为主体的“我思”是何以可能的？笛卡尔之前与之后的哲学家都没有回答过这一问题。包括海德格尔，也没有说明“此在”作为一种可以通达存在的特殊存在者之特殊在何处。在中国，“天道”“天理”作为一种先验道德设定，乃是整个秦汉以后儒家哲学的起点。人世百态皆是“天道”“天理”流行播衍所生成。汉唐时期，这一流行播衍主要呈现为一种宇宙生成论模式；在宋明理学则表现为一种本末体用的逻辑奠基关系。但作为绝对形而上者的“天道”“天理”又是何以可能的呢？历代儒者并未回答此问题。因此，黄玉顺的追问是深刻的，这一追问实际是打破了主体性哲学“形上—形下”对举的旧框架，为敞开生活作为一切的大本大源奠定了基础。所以，黄玉顺自陈其思想的第一步就是“破解”，然后才是“回归”与“构造”。[①]

黄玉顺认为，人一直存在着、生活着，这才是最本源、最真实的事情。这种最本源的生活并非经验的现实生活，也不是某个人的生活，而是生活本身，是混沌，是无。“我们总是已经在生活了。我们向来就在阅历着生活、体验着生活了。”[②]尽管这里作为语言描述运用了一个主词“我们”，但实际上，“生活这种事情正在发生着。这里的‘生活’没有主词，生活本身就是主词”[③]。生活本身虽说是主词，可生活并非一个对象、一个存在者。可以看到，黄玉顺以极富智慧和极其敏锐的思想洞察力看到了过往主体性哲学得以可能的基础——生活本身，这才是一切存在的实情。“生活就是存在。”[④]任何思想创造都必须回归作为存在的生活本身，才能从这大本大源处汲取源头活水重新进行构造。

如何切中这一前主体性的生活本身呢？这其实也是“生活儒学”之所以称为儒学的地方。切中生活本身的乃是情感，仁爱情感。儒家的核心观念就是“仁爱”。在《爱与思——生活儒学的观念》一书中，黄玉顺举了很多例子来说明生活“首先显现为情感”[⑤]的例子。在黄玉顺看来，真正的情感、爱，比如母爱，并不是先有一个主体性的能够发出爱的行为的母亲去爱儿女，而是母子之间本来就爱着，是爱让母亲成其为母亲、儿子成其为儿子。这种爱、情感乃是前主体性

① 参见黄玉顺：《“生活儒学”导论》，《面向生活本身的儒学——黄玉顺“生活儒学”自选集》，四川大学出版社2006年版，第29页。

② 黄玉顺：《爱与思——生活儒学的观念》，第223页。

③ 黄玉顺：《爱与思——生活儒学的观念》，第223页。

④ 黄玉顺：《爱与思——生活儒学的观念》，第37页。

⑤ 黄玉顺：《存在·情感·境界——对蒙培元思想的解读》，《泉州师范学院学报》2008年第1期。

的生活本然的实情。所以，黄玉顺说：“爱先于任何事物，先行于任何存在者，是存在本身的事情，生活本身的事情。”[①]因此，“生活儒学”实际是敞开了存在、生活、仁爱本源性的浑然无别关系。从这个角度来说，“生活儒学”乃是一种“生活情感存在论”，它有别于西方的“理性存在论”和传统的“德性存在论”。从哲学史的角度来说，“生活儒学”实际是带来了一种哲学的“情感论转向”或曰“生活论转向”。

2.主体性的情感

生活并非一成不变，生活不是一潭死水，生活不断涌流变幻才是生活的实情。也就是说，人不能一直安驻于前主体性的情境之中。若如此，则生活就成了一个死的东西，生活就不在成其为本源的生活。从本源观念层级来讲，生活就是存在，是一切的大本大源。而生活并不在日常生活之外，生活就在日常生活之中。生活总是会展露自身为若干相对主体的生活，成为一个主体乃是生活之流无可抗拒的逼迫，只不过我们不能把主体性的生活把握为生活本身而已。生活就在我的生活、你的生活之中。正如海德格尔所说：“非本真状态并不意味着‘较少’存在或‘较低’存在。”[②]生活本身不是经验的主体性的生活，但生活本身又不在经验的主体性的生活之外。

继续用黄玉顺母爱的比方来说，在本源性的爱中生成的母亲在现实中恰恰是以一种主体性的母爱来呈现本源性的爱。在本源性的生活、爱中生成一个主体，这个主体自然就会有主体性的情感，这就是“人之情”“人情”。而此“人情”并不是和本源性的情感不同的另外一种情感，毋宁说“人之情”乃是本源性的“事之情”的现身方式。所以儒家承认差等之爱这样的主体性情感。我们不可以差等之爱的生活之外去找寻本源性的生活情感，也不可胶执于差等之爱，误以为这种主体性的生活就是本真的生活样态。过往哲学的问题主要就是把主体性的差等之爱把握为情感的唯一样式，于是对情感大加贬斥，强调要“以性制情”或“以理制情”。但是又无法摆脱“生活·情感·存在”的浑然无别之生活实情，于是他们又把情感进行形而上学提升，把情感把握为一种道德情感。这在休谟的“同情”、斯洛特的“移情”等道德情感主义理论中都可见到。

确实，单纯主体性的差等之爱是会带来问题，而且克服差等之爱所造成的问题也的确需要理智能力的参与，但根本上克服差等之爱所带来的问题的还是本源性生活情感的另一种主体性现象样式：一体之仁。换言之，在生活中产生的问题还是只有在生活中解决，我们不能诉诸生活之外的某种观念作为解决生活问题的标准。

---

① 黄玉顺：《儒学与生活：民族性与现代性问题》，《人文杂志》2007 年第 4 期。

② ［德］海德格尔：《存在与时间》，陈嘉映、王庆节译，三联书店 1999 年版，第 51 页。

总之,黄玉顺以其深刻的思想洞察力捕捉到了"生活·情感·存在"浑然无别的关系,颠覆了既有哲学的主体性预设困境,通过情感的进路把哲学真正带回了生活之中。

(二)生活儒学的理性观

成为一个主体乃是生活之流不可抗拒的事实,"我们总是要成为存在者,成为主体。……本源情境是不可避免地要被打破的"[①]。主体的生活又必须是一种理性主导的生活,因为形而下的主体性的非理性生活根本就不是生活。由于"生活情感才是'真实'的'事情本身'"[②],这就意味着作为一个理性主体事实上乃是生活之流、仁爱情感所造就成的,而且这种造就是不可避免的,因为生活的本源情境总是要被打破,我们总是要成为存在者。这就是说,情感总是要生成理性,"由爱生知"乃是生活之流无可抗拒的逼迫。这里,源于情感的理性展现为两个方面:认知理性和价值理性。

认知理性源起于本源性的"情感之思"。在"情感之思"中又会有所思、有所想,而此"思""想"中会怀有希望、向往、意愿、意欲,这就从情感之思转到了"意欲之思","正是在这种意欲之思当中,主体性被给出来了"[③]。于是,前主体性的本源情境被打破,主体开始以表象化的方式的打量世内存在者,这就从意欲之思转到了"认知之思",即认知理性。

价值理性也源起于本源性的生活领悟,这表现为"良知",此"良知"乃是对仁爱情感的一种直觉,这种直觉让人领悟到人是"能爱"的存在者;故此"良知"又曰"良能"。此良知良能具有判断善恶、熟知利害之能力,"唯仁者能好人,能恶人"[④]。此良知良能实际就是一种正义感,也是智之端,但还仅仅是端。同时,因情而有意欲,而意欲就会生思虑,所谓"由情生欲,由欲生虑"[⑤],这就使良知生成了知利知害的理智能力("价值理性"[⑥])。据此,理智能力就能把正义感实现为正义原则,进而为正义的制度规范奠定基础。对此"由爱生知"的主体性生成过程(实即本源情境被打破而生成存在者的过程),黄玉顺归纳为"思源于爱、思

---

① 黄玉顺:《爱与思——生活儒学的观念》,第109页。

② 黄玉顺:《爱与思——生活儒学的观念》,第65页。

③ 黄玉顺:《爱与思——生活儒学的观念》,第100页。

④ 杨树达:《论语疏证》,上海古籍出版社1986年版,第89页。

⑤ 黄玉顺:《中国正义论的形成——周孔孟荀的制度伦理学传统》,东方出版社2015年版,第432页。

⑥ 这里需要特别说明,"生活儒学"的"价值理性"并不是康德哲学里所说的价值理性、实践理性,而仅仅认为这种理智能力是实现正义感的工具,成就一定的价值观念而已。所以,黄玉顺说:"理性只是工具,而绝非建构伦理规则的动因、根据。理性尤其是所谓纯粹形式的理性,远远不是建构伦理原则的绝对基础。"(黄玉顺:《普遍伦理是先验理性的纯粹形式吗?》,《哲学动态》2002年第6期)

不是爱"[①]。

既然我们总是要成为存在者,成为主体,也就是意味着"爱"总是要成为"思","情感"(本源性的生活情感)一定会生成"理性"。这在观念上明显就有一个很大的翻转:"思"尽管源于"爱",但若没有"思"的"爱"不过是一种幽闭的爱,实际上也就不成其为"爱"了。因此,"爱"离不了"思"。"思确证爱"[②],"思着表明爱着"[③]。这就是说:尽管"思"源于"爱","理性"源于"情感",但"爱""情感"离不了"思""理性"。"思"由"爱"起,而"爱"又在"思"中;"理"由"情"起,而"情"又在"理"中。没有展露为"思"的爱并不是爱;没有理性筹划的生活也不是真正的生活。但"思"毕竟又不是"爱","思"仅仅是"爱"的显现方式而已;理性筹划也不是生活本身,而仅仅是生活本身的显现样式而已。

如果说"生活儒学"言"情"的维度偏重于消解主体性坚硬外壳的话,"生活儒学"说"理"的维度则偏重于主体性的重建。所以"生活儒学"瓦解了人是理性的存在、人是德性的存在等这样一些把人的存在视作一种坚硬主体性存在方式的理解。它揭示了人的存在实情:人是情理的存在。或者,更准确的表达是:人在情理中。

二、情义:中国正义论的伦理观

既然人是情理的存在,那么就应该合情合理地来安排人的生活,唯有合情合理的生活才是伦理上应当的生活,才是值得过的生活。"合情"当然是指要合乎生活之实情,而生活之实情就是生活本身、仁爱情感,又总会显现为特定的主体性情感和生活样态、生活方式,人只能在特定生活样态、生活方式下进行生活筹划,这就是"合理"。换言之,唯有合情才是合理,合情保证着合理,合理实现着合情,故合理也就是合情。因此,伦理上应当的生活乃是以生活之实情为内涵的生活,一种以情为义、以情为宜的生活。梁漱溟就认为儒家的伦理观实际是"因情而有义"[④],也就是一种情义伦理,但梁漱溟并没有对此情义伦理的结构予以阐明。黄玉顺基于"生活儒学"思想体系所提出的中国正义论正好阐明了情义伦理的内涵,从这个角度来说,中国正义论乃是儒家情义伦理的显现形态。

中国正义论有两条基本原则:一条是作为动机原则的正当性原则,另一条

① 黄玉顺:《爱与思——生活儒学的观念》,第101页。
② 黄玉顺:《爱与思——生活儒学的观念》,第101页。
③ 黄玉顺:《爱与思——生活儒学的观念》,第104页。
④ 梁漱溟:《中国文化要义》,上海人民出版社2011年版,第81页。

是作为效果论原则的适宜性原则。[①] 这两条原则实际就是"情与理""爱与思"在伦理上的呈现。

(一)仁爱情感之为正当

伦理问题无疑属于形而下的相对主体性的问题,主要是人际关系问题,关键是怎么处理人与人之间的利益问题。中国正义论作为一种情义伦理主张处理人际关系的基本原则是爱,因为生活本身就是爱。生活的有序性并不仅仅是指存在者层级的组织化,真正的有序乃是对存在者之存在的一种看护,否则,这种组织化只能是对生活本身、存在本身的异化。吉登斯就说:"无序并不仅仅是指组织上的无序,而且指人们对事物与他者的真实感本身的丧失。"[②]在主体性层级,本源性的仁爱情感呈现为两种主体性样式:"差等之爱"和"一体之仁"。即是说爱首先呈现为自爱,然后是爱亲,进而仁民爱物,从"差等之爱"到"一体之仁"的推扩过程,实际是一种对生活本身的浑然无别关系的向往,而生活本身的浑然无别之中有着最本源的自由、平等,有着最本源的痛痒相关的一体共属性关系。所以,中国正义论认为,伦理规范的制定必须以"一体之仁"这种主体性的仁爱情感为动机。

1.仁爱是自由、平等的本源

伦理规范的建构出于"一体之仁"的动机本质上是意图让人自由和平等。这里,自由分为两个层级:本源的自由和主体的自由。本源的自由就是生活本身,"生活即是自由"[③]。这是一切主体自由的本源。在生活中、在仁爱中,一切存在者都如其所是地自在存在着,正如海德格尔所说的自由——"便自行揭示为让存在者存在(das Seinlassen von Seiendem)"[④]"让存在者成其所是"[⑤]。所以,本真的爱不是占据性、吞噬性的拥有,爱是让他者成为他者自身,但这种本源境域中由于尚没有主体的自觉,因此,根本还谈不上自由不自由。现实的真正的自由一定是主体的自由,而主体的自由之所以可能乃是由作为生活本身的本源自由为其奠基的。前主体性的本源自由一定会涌现为主体性的自由。在生活的敞开涌动之中,"存在者由'在'中自发涌现、跃出、挺立……由此确立起新的主体性,也就赢获新的自由"[⑥]。"一体之仁"作为本源性仁爱情感的显现方式,以此为依据建构伦理规范的目的之一自然就是要保护每一个人的主体

① 参见黄玉顺:《情感与存在及正义问题》,《社会科学》2014年第5期。

② [英]吉登斯:《现代性与自我认同》,夏璐译,中国人民大学出版社2016年版,第34页。

③ 黄玉顺:《爱与思——生活儒学的观念》,第235页。

④ [德]海德格尔:《路标·论真理的本质》,孙周兴译,商务印书馆2000年版,第216页。

⑤ [德]海德格尔:《路标·论真理的本质》,第217页。

⑥ 郭萍:《自由儒学的先声——张君劢自由观研究》,齐鲁书社2017年版,第345页。

自由。

生活一定是一种共同存在、共同生活。而“共同生活意味着：没有人与物的分别，没有你与我的分别，因为在本源的生活中，根本就还没有人与物、你与我那样的存在者、物”[①]。也就是说在生活中不但有着本源的自由，还有着本源性的平等。这种本源性的平等才是一切存在者之间应当平等的本源。

因此，自由、平等并不是什么天赋的权利，而是生活本身的样态。伦理规范的制定之所以必须要以“一体之仁”这种主体性的仁爱情感为动机，目的就是为了守护存在者之间自由、平等共同存在这个生活实情与价值指向。也正是基于这种“一体之仁”正当性原则所建构的人伦规范才具有普遍性，而追求制度规范的普遍性乃是现代伦理的基本旨趣之一。

2.仁爱是善与恶的本源

中国正义论反对一切抽象的人性论预设。一切源于生活、源于情感，自然，善恶也源于生活，源于仁爱。本源性的仁爱情感首先呈现为“差等之爱”，这就是一切恶、一切利益冲突的根源。爱始终和利益相关，“爱则利之”[②]，爱一个人就希望这个人好，就会为他/她谋利，这势必引发利益冲突，这就是恶的起源。所以，恶源于生活，源于仁爱。黄玉顺认为：“唯有坚持这样的观点与立场，才是最彻底的儒家思想。”[③]恶又必须得加以控制，否则生活难以继续。如何控制恶，是情义伦理与前现代的德性伦理、现代义务论伦理、契约伦理之间一个重要的差别。

对前现代德性伦理来说，克制恶的办法在于尊崇一套形而上的先验道德法则，并认为此法则实际也是人性的内在法则，之所以会有恶，乃是因为此既超越又内在的法则被遮蔽所致，所以要“复性”，让既超越又内在的道德法则朗现于心，进而化为行动去克制恶。但此既超越又内在的先验道德法则是何以可能的？德性伦理观并无说明。义务论的思路其实和德性伦理的思路很接近，它主张道德的行为乃是出于对先验道德法则的敬重而强调理性的自律，尤其是要以此理性的意志自律去对抗感性的冲击与诱惑，从而实现道德的无条件绝对命令，以此来彰显一种理性化的意志自由。但当人完全按照按此绝对命令行事的时候，就出现了“不可向骗子撒谎”的伦理困境。而且义务论对于理性源于生活、源于情感的这一生成过程也未能明了，而是把理性看作先验的。所以，义务论最后只能陷入一种让理性宰割生活的尴尬境地。现代契约伦理是把人看作情感冷漠的理性自利者，并且也看到了单纯自利所带来的恶，于是采取契约的

① 黄玉顺：《爱与思——生活儒学的观念》，第187页。

② 黄玉顺：《中国正义论的形成——周孔孟荀的制度伦理学传统》，第371页。

③ 黄玉顺：《中国正义论的形成——周孔孟荀的制度伦理学传统》，第367页。

方式以互惠互利为目的建构伦理规则。但此理论问题在于契约“互惠互利”的追求实际上就把弱势者(如残疾人、重病者)排除在了道德之外,这显然是错的。

在情义伦理立场,克制因爱利引发的冲突不是依赖于先验的道德法则,也不能是冰冷的“互惠互利”契约规则,而是本源性仁爱情感的另一主体显现样式:一体之仁。爱不但是自由平等的本源,也是化解冲突的动力。冯友兰先生就认为儒家之仁爱“对于万物,有一种痛痒相关底情感”[①]。有此对万物的痛痒相关,人才会超越“差等之爱”的限制而走向“一体之仁”。爱德华·封·哈特曼也说:“爱者将被爱者的人格一同包含在本己的自己之中,被爱者的福祉与兴趣就会离他如此相近,就像他自己的福祉与兴趣曾与他如此相近一样。”[②]换言之,之所以能超越“差等之爱”,乃是因为生活本身就是爱。所以,“爱是一切真正美德的源头和标尺;……这个最高价值是其他所有事物的根基,但它自身却无须任何根基也能悠然矗立,而且,如果要彰显自己的能量,它必须不借助任何基础”[③]。生活着、爱着,就不断地超越着。

须要注意的是,“一体之仁”尽管是人与万物处于一种痛痒相关的本源性仁爱情感状态,但这种情感不是休谟、斯洛特等西方情感主义伦理学家所说的“同情”或“移情”。“一体之仁”超越“差等之爱”是因为生活本身是爱,人能爱并且总是在去爱,爱是生活的实情。正是在爱中人才成其为一个能爱并且去爱的主体。而“同情”“移情”是现成的主体之间的情感的一种共鸣,或情感的相同体验,但不同主体之间的相同体验共鸣是何以可能的,休谟、斯洛特等西方情感主义伦理学家并未予以很好的说明。

(二)生活实情之为适宜

中国正义论作为一种情义伦理,一方面以“一体之仁”为正当性根据建构普遍性伦理规范,另一方面又强调伦理规范的尘世性和人际的关怀,这就使得它相对于各种西方现代伦理思潮有极大的不同,甚至是优势。

任何正当的伦理规范都必须适宜于特定社会总体[④]的生活方式和人的具体

---

① 冯友兰:《贞元六书·新原人》,中华书局2014年版,第688页。

② [德]爱德华·封·哈特曼:《道德意识现象学》,倪梁康译,商务印书馆2012年版,第124页。

③ [英]西蒙·梅:《爱的历史》,孙海玉译,中国人民大学出版社2013年版,第110页。

④ 这里需要作一个说明,之所以说正义的制度规范必须适宜于特定社会总体的生活方式,意指制度规范并非适宜于一些个别的特殊的社会生活方式,如在两性关系上,现代社会的总体生活方式是男女平等,但是在某些特定地区的生活方式中还实行着前现代的男女不平等。在那些前现代地区走向现代的过程中,其制度规范必须适宜的就应该是现代社会的总体生活方式,而不是那一个具体地区的特殊生活方式。当然,制度规范必须尊重不同的文化传统,但尊文化传统不能以牺牲现代性的核心价值观念前提,否则,制度规范就谈不上普遍性,自然也就不再成其为制度规范。

生活境况。否则，此规范仍然是以一种生活之外的概念体系去裁剪生活，仍然不合情理。如何把握特定社会总体的生活方式和人的具体生活境况呢？首先当然是运用理性去认清特定社会及其生活处境。然后再运用理智能力去建构与特定社会总体生活方式相适宜的伦理规范或采取某种伦理行动。这是中国正义论之为情义伦理的第二个维度：生活实情之为适宜。

生活实情之为适宜。从宏观层面看，关键是要把握到特定社会的社会主体。所谓正义不过是伦理规范如何对待社会主体和配置社会主体所应得的各种社会资源而已。如在中国古代，中国社会的社会主体乃是家族，其社会结构讲究尊卑等级。因此，当时正义的制度规范的基本架构就是以三纲五常为纲领，以家族利益为中心进行社会资源配置。个人在那个时代是依附于家族的附属性存在，故当时不可能以个体为中心进行各种社会资源的配置。但是，生活方式已然变迁，当今世界的总体的生活方式呈现为以个体为中心的生活方式，因此，正义的伦理规范必然会和以三纲五常为中心的制度有所不同，且必须有所不同，这也正是新文化运动反旧礼教之根据。陈独秀就认为旧伦理、旧礼教“虽不可行之今世，而在宗法社会封建时代，诚属名产。吾人所不满意者，以其为不适于现代社会之伦理学说，然犹支配今日之人心，以为文明改进之大阻力耳。……盖以其伦理学说，与现代思想及生活，绝无迁就调和之余地也”[①]。应该说，有关中国正义论的适宜性原则，黄玉顺的论述主要集中在这一宏观层面，在个体道德行为方面还着墨不多。

从微观层面看，即个体道德行为方面，生活实情之为适宜，主要是要认清人的具体生活境况，这反映在以“差等之爱”为中心构建起来的个体特殊生活境况之中。“差等之爱”其实是对人的特殊伦理关系的强调，人的生活就是生活在具体而特殊的社会关系之中，而不是抽象的社会团体之中。所以，儒家讲究“门内之治”与“门外之治”。《礼记·丧服四制》言：“门内之治，恩掩义；门外之治，义断恩。”所谓“恩掩义”，就是在涉及自我、家人以及亲近者这一层的时候，伦理行为应该让“差等之爱”具有优先性；而“义断恩”则是在陌生人的社会里，伦理行为应该让“一体之仁”“一视同仁”的原则具有优先性，这主要反映在社会的整体制度安排上。“一体之仁”化解“差等之爱”带来的利益争夺，而“差等之爱”也防止“一体之仁”对人的特殊生活境况的忽视。所以，中国正义论作为一种情义伦理：既有情，又有义（宜），既合情（以情感为行为正当性的基础），也合理（强调对生活方式、生活境况的考虑）。

我们可以设想这样一个场景，当一个父亲面对自己的孩子和另一个能对社

---

① 陈独秀：《独秀文存》，安徽人民出版社 1987 年版，第 697 页。

会做出巨大贡献的人(如一个科学家)同时陷入火海的时候，这个父亲如果选择了去救那个人而不是自己的孩子，从情义伦理视角来看，这个父亲恰恰是一个在伦理上遭受蔑视的人而不是英雄；若从功利主义的伦理立场来看，这个父亲的行为在伦理上显然是应该受到赞扬的，而这正是功利主义的问题所在，他消解了人的特殊社会关系，跟义务论一样，完全把人抽象化、同质化了，这样的结果事实上是消解了人的生活。功利主义伦理学要求我们对陌生人的关怀和对亲人的关怀具有同等的程度，这并不是生活的实情。从这个意义来说，功利主义和义务论、德性伦理三者都是一种不在生活中的道德要求。义务论之所以不是一种在生活中的道德要求，乃是因为义务论要求"意志的准则始终能够同时作为普遍立法的原则"①，而任何普遍性其实都是以牺牲个体独特性为代价的。但生活总是具体的生活而不是抽象的生活，任何普遍性的生活事实上都是对真实的生活的一种概念制裁；德性伦理乃是因为德性伦理始终存在一个目的论(teleology)的指向，不管这个目的论是内在目的还是外在目的，都是对作为最本己的能在(即"自由")的一种压制。因此，德性伦理很大程度上总是表现为和自由相违背，而自由乃是现代社会必须守护的核心价值。这里就凸显了情义伦理的一个重要特征：对人的特定生活关系的注重，因为这是人的真实生活境况。

总体来看，中国正义论作为一种情义伦理有着很强的生活气息。情义的生活不是为了超越的德性提升，不是为了超凡入圣、远离生活以成贤成圣；情义的生活也拒绝理性义务论那种以生活之外的理性普遍法则来制裁生活的思路，但是在宏观层面不拒绝基于"一体之仁"所进行的制度安排，并且承认这种制度安排在特定生活方式下的普遍性；情义的生活虽然主张"爱则利之"②，但并不是功利主义所主张的那种为了追求社会总体功利而置个体特定生活境况于不顾的冷酷的生活。所以，中国正义论作为一种情义伦理，和"生活儒学"揭示了"人是情理的存在"并把哲学带回了生活一样，也把伦理学带回了生活，把生活的意义带回了生活，拒斥了生活之外的任何存在者作为生活的意义来源。因此，可以说，情义伦理就为在现代性的方式下重建儒家礼教奠定了理论基础。

三、情礼：情义伦理的新礼教思想意涵

任何伦理形态都必然表现为一套相应的制度规范——礼。中国正义论作为一种情义伦理也一定会走向自己的礼教体系建构。在黄玉顺"破解—回归—构造"的思想进路中，"构造"乃是其理论的落脚点，而"构造"实际就是以生活情

① 康德：《实践理性批判》，韩水法译，商务印书馆1999年版，第31页。

② 黄玉顺：《中国正义论的形成——周孔孟荀的制度伦理学传统》，第369页。

感为正当性的基础，依据生活的实情重新制礼，进而为人建构起合情合理、有情有义的生活秩序。因此，“生活儒学”与“中国正义论”实际都是为建构新的礼教规范做理论铺垫。尽管黄玉顺并未就新礼教的建构展开过详细的论述，但我们无疑可以根据“生活儒学”揭示的人是情理的存在这一生活实情，在现代性的生活方式下重新“缘情制礼”，让人过一种充满现代性的有情有义的生活。这里，所缘之情包含两个方面：仁爱情感和生活的实情。因此，新的礼教规范可称之为一种“情礼”，一种以仁爱情感为正当性内涵，以生活实情为制礼之适宜性原则，建构以个体为中心的新礼教规范体系。

（一）新礼教作为一种情礼

由于生活本身是爱，故新的礼教规范必须以仁爱为正当性基础才能与人的存在相一致，才不至于以生活之外的概念构想作为生活意义的根源来切割生活。

根据情义伦理立场，正当的情感有两个面向：差等之爱和一体之仁。差等之爱意味着私人领域，凸显着个体权利维度；一体之仁实指公共领域，凸显公共利益维度。新礼教的制作必须满足这两种情感的要求。不管差等之爱还是一体之仁，作为爱，其最大的特征就是：爱则利之。因此，新礼教必须既能满足自利的要求，也要有实现利他空间。不能让自利妨碍利他，也不能让利他消除自利。黄玉顺说：“在私的领域，即不侵犯他人权利的时候，这种差等之爱就是合乎情理的。然而孔子绝不会把这种差等之爱运用于公的领域，即决不会因此侵犯他人的权利；相反，在公共领域，包括在建构制度规范时，孔子恰恰要求克服差等之爱，追求一体之仁。”[①]

就旧礼教而言，对差等之爱（即个体权利）的克制是十分明显的。典型者如在聚族而居而大家族里不许个人储蓄私财和包办婚姻。《朱子家礼》说：“凡为子为父者，毋得蓄私财。俸禄及田宅所入，尽归之父母、舅姑。当用，则请而用之，不敢私假，不敢私与。”[②]更有家礼规定：“子孙倘有私置田业，私积货泉，事迹显然彰著，众得言之家长，家长率众告于祠堂，击鼓声罪而榜之壁，更邀其所与亲朋告与之，所私便即拘纳公堂，有不服者，告官以不孝论。”[③]不仅个体没有财产权，就连个体的人身权都是缺乏的。旧礼教主导的婚姻制度就是一显例。男女婚姻并不是出于当事男女之间的爱情，而是出于双方家族利益的考虑。《礼

① 黄玉顺：《制度文明是社会稳定的保障》，《学术界》2014年第9期。

② （宋）朱熹著，朱杰人等主编：《朱子全书》第七册，上海古籍出版社、安徽教育出版社2002年版，第881页。

③ 郑文融：《郑氏规范》，转引自徐扬杰：《中国家族制度史》，人民出版社1992年版，第376页。

记·昏义》说："昏礼者，将合二姓之好，上以事宗庙，而下以继后世也。"《白虎通·嫁娶》说："男不自专娶，女不自专嫁。必由父母。"①元代及以后进一步细化为"嫁女皆由祖父母、父母。父亡随母婚嫁。又嫁女弃妻皆由所由，若不由所由，皆不成婚"②。

但是，旧礼教对差等之爱的压制并没有带来一体之仁的单向发展，更多的是以宗族、家族为差等之爱的单位进行利益争斗。这一方面压制了个体的自爱、自利，另一方面却没有很好地在公共领域建立起体现一体之仁的礼教规范。以致论者多有感慨中国人呈一盘散沙状，但在这种感慨中却并不见散沙状的个人。所以旧礼教是一种既没能自利，也没有能利人，仅有利于宗族、家族的一种伦理规范。因此，新礼教必须在差等之爱和一体之仁之间，在自爱与爱人、自利与利人之间实现平等，使其两不妨碍。

(二)新礼教的主体

旧礼教之既不自利，也不利人，这与中国历史的社会生活方式有关，和奉行礼教的主体有关。根据黄玉顺的划分，先秦王权时代，社会主体是宗族；秦汉至清的皇权时代，社会主体是家族；民国以来的社会主体是个体。③ 也就是说，前现代的王权、皇权时代真正参与社会事务的并不是个体，而是宗族、家族。尽管各项事务的开展是由一个个具体的人来操作的，但此个人仅仅是作为宗族、家族的代表而出现，并不是现代意义上独立自主的个体人格——公民。所以，旧礼教的制作并不是瞄准一个个的人，而是瞄准宗族、家族进行制作的。自然，一切资源的分配就会以宗族、家族为中心进行。换句话说，在前现代社会，差等之爱主要体现为维持宗族、家族的整体利益。在旧礼教大行其道的皇权时代，特别是帝国后期，由于当时社会上各个家族和帝国主权者——皇族——之间的实力相差太大，各个家族很难对皇权构成有效的制衡。因此，皇族的自爱、自利是覆盖全社会的，"天无二日，民无二主"。这就意味着根本就不存在和皇族对等的可以将自爱"推扩"出去的他族，整个社会自然难以建立起基于"一体之仁"的制度规范，这就是黄宗羲所说的，"使天下之人不敢自私，不敢自利，以我之大私为天下之大公"④。但不自爱、不自利是不可能的，这不符合生活的实情。所以，皇权时代的历史主要就呈现为皇权的轮流坐庄，每个家族都窥伺着那个大私的位置，只要机会一到，蛰伏榛莽大泽中的豪杰就会趁势而起，去追求属于自己的

① (汉)班固：《白虎通德论》，上海古籍出版社 1990 年版，第 70 页。

② 郭成伟点校：《大元通制条格》卷三《嫁娶所由》，法律出版社 2000 年版，第 43 页。

③ 参见黄玉顺：《国民政治儒学》，《东岳论丛》2015 年第 11 期。

④ (明)黄宗羲著，段志强注：《明夷待访录·原君》，中华书局 2011 年版，第 8 页。

私天下。为适宜于这种宗族、家族为社会主体的生活方式,旧礼教必然会强调尊卑等级,并通过尊卑等级的道德化提升,把个人闭锁在宗族、家族之中。陈独秀就认为旧礼教"视上下尊卑贵贱之义,不独民生之彝伦,政治之原则,且推本于天地,盖以为宇宙之大法也矣"[①]。于是,"吾国自秦以降,为吾人自由之敌者,惟皇帝与圣人而已"[②]并非夸大之词。

毫无疑问,当今世界的社会总体生活方式是以个体为中心的现代社会,个体是一切社会活动的基点,这就是当代社会生活的实情。自然,新的礼教规范的主体就是自由而平等的个体,而不再是宗族、家族。黄玉顺说:"进行当代的制度建构时,无疑应当是个体主义的,这种个体就是现代生活方式的主体——公民。"[③]相比旧礼教而论,以个体为中心的新礼教必须平衡自爱与爱人、自利与利人。由于每一个个体都是国家的主权者,而且相互之间是平等的,这就意味着现代性的生活方式中,不允许有一个"以我之大私为天下之大公"的独一无二的主权者。作为制度规范的新礼教就是基于爱人利人的基本立场,为个体的自利行为建构一个公平竞争的制度空间,同时为有合理理由而需要帮助者实施一定程度的有效帮助。"遂其私所以成其公,是圣人仁术也。"[④]

新礼教以个体为中心进行建构,并不是要人过一种孤立的原子式生活,这事实上也不可能。人的生活有多种展开向度,扮演不同的角色,因此人就可以基于个体自主性意愿,在不同的向度与他人建构社会共同体。如果说旧礼教主要表现为以血缘为中心的宗法制度而把个体闭锁在宗族、家族这种共同体之中的话,新礼教则以个体为中心,可以依据血缘、地缘、业缘、趣缘、神缘等等建构新型的家族共同体、地域共同体、行业共同体、趣味共同体、宗教共同体等,由此形成多元的市民社会生活空间。

(三)新礼教之教

儒门重教,这已是共识。只是秦汉以来的儒家强调的都是道德教化,意在把人教化成能很好地融进宗族、家族的螺丝钉。在"自古及今,天下国家惟有个三纲五常"[⑤]的氛围下,"上以礼为教也,下以礼为学也。……盖天下无一人不囿

---

① 陈独秀:《复辟与尊孔》,《独秀文存》,第114页。

② 李大钊:《宪法与思想自由》,杨琥编:《中国近代思想家文库·李大钊卷》,中国人民大学出版社2014年版,第111页。

③ 黄玉顺:《制度文明是社会稳定的保障》,《学术界》2014年第9期。

④ (明)李维祯:《大泌山房集》卷105《万历三十九年序》,普林斯顿大学葛思德东方图书馆据东京内阁文库藏本影印,第28页。

⑤ (元)许衡著,(明)怡愉辑:《鲁斋遗书》卷一,《许衡集》,吉林文史出版社2010年版,第6页。

于礼，无一事不依于礼。……夫其所谓教者，礼也”[①]。所以，旧礼教旨在把人教化成具有孝顺、忠诚、牺牲、奉献等品质的附属性存在。所谓礼教，就是以道德的名义把人纳入宗族、家族的集团性生活之中。这种礼教当然不会给个体以自由、平等的对待，不会以个体权利和福祉为出发点，随时会因为宗族、家族的利益需要而让个人做出牺牲和奉献。可以看到，这种旧礼教正是以宗族、家族为礼教主体的产物。

新礼教的主体乃是个体。礼教旨在教以成人，成就个体主体性的人，所谓“古之学者为己”[②]。学以为己乃是说在礼教的生活中，人不断建构自身的主体性，“使本源之人成为主体性的人”[③]。从本源层级来说，人首先是一个仁者，一个能爱的人，一个自由的人。然后才能成为一个主体性的自主自利的人和拥有理性能力的人。为更好地自主自利，必须也让他人自主自利。于是，通过理性能力去建构新的礼教规范，在自利与利人之间实现均衡，这就是新礼教的基本思路。黄玉顺就说：“人首先是一个功利的人，然后才可能是一个道德的人。”[④]因此，新礼教之为教，重在个体独立自主能力的提升，这种独立自主能力主要表现为理性能力。换言之，新礼教是教人成为独立自由自主的个体，成为有能力去实现爱的个体。爱是生活的本来的情态，这不用教，也无法教。生活着就爱着。只要个体有自由，有足够的理性能力，爱的生活就一定可能。生活的意义不需要圣贤神仙皇帝给我们启示，生活的意义就在我们每一个人的“去生活”之中。只有生活，只有仁爱才能让我们超越我们自身，才能拯救我们自己。

儒学与其他哲学的最大特色在于以礼教为制度规范依托，合情合理、有情有义地呈现了生活的本然样貌。因此，礼教的生活才是儒学的指归。儒学作为一套思想体系，它源于生活，也必归于生活，而归于生活的落脚点就在礼。所以，合情合理、有情有义地建构新礼教，才能让儒学有效切中当下生活实情，这或许才是当前追求儒学复兴的必由之路，也是黄玉顺“生活儒学”思想体系给我们最大的启示。也因此，儒学势必不会出现余英时所说的“游魂”状态，儒学一定会适时地建构起自己精魂所系的礼教规范系统。

---

① (清)凌廷堪著，王文锦校：《校礼堂文集》，中华书局1998年版，第28～29页。

② 杨树达：《论语疏证》，第356页。

③ 黄玉顺：《爱与思——生活儒学的观念》，第246页。

④ 黄玉顺：《爱与思——生活儒学的观念》，第157页。

诗情易学

杨生照

【编者按】此文原载涂可国主编:《黄玉顺生活儒学研究》,齐鲁书社 2017 年版,原题为《诗情、易道与正义——论黄玉顺“生活儒学”中的易学思想》,此处标题为编者所拟。杨生照的易学著述尚有:《从孔孟到〈易〉〈庸〉——钱穆论先秦哲学衍化及其当代启示》(许嘉璐主编:《重写儒学史——“儒学现代化版本”问题》,人民出版社 2015 年版)、《试论钱穆史学视域中的“易学三期说”思想》(孙聚友主编:《国际儒学论丛》,社会科学文献出版社 2016 年版)、《〈周易·乾卦〉卦名释义》(杨永明主编:《当代儒学》第 10 辑,广西师范大学出版社 2016 年版)、《钱穆的易学思想:史学视域中的“易学三期说”与“德性天人观”》(此文为《现代新儒家易学思想研究》第八章,山东人民出版社 2016 年版)等。

在当代儒学中,黄玉顺延续近代以来中国知识分子一直致思的“中国的现代化”这一基本问题意识,从而建构的一套极具现代性精神且已渐呈体系的“生活儒学”思想,在相当程度上乃是通过对曾经作为“群经之首”的《周易》的研究和诠释展开的:他对作为存在本身和仁爱情感的“生活本源”观念的敞开,与他早年的《易经》古歌的“发现”研究之间有着深层的内在关联,就此而言,他的“生活儒学”不仅在一定程度上可以看作是“易诗学”的延续和展开,而且也是“生活”本身的注脚;他的形而上学构造工作,则是通过对《周易》中最为核心的“阴阳”与“变易”思想的诠释展开的,它向我们展示了一种富含现代个体精神的形而上学建构的可能性;他的儒家制度伦理学(即“中国正义论”思想)建构则不仅回溯了作为存在本身和仁爱情感的“生活本源”,而且在相当程度上正是依据易道精神(即“阴阳”与“变易”)展开的。

众所周知,儒学是中国传统哲学和传统文化的主体部分,而易学则构成了中国哲学与中国文化的内核所在。儒学与易学的这种密切联系启示我们：一方面，中国文化的当代复兴必然以儒学的重建为其题中之义，另一方面，儒学的重建又离不开对易学这一内核的研究诠释及其根本精神的汲取传承。在当代中国致力于儒学的重建和复兴的学者（亦即所谓"当代大陆新儒家"）中，黄玉顺不仅以其观念特异且已渐呈体系的"生活儒学"思想在学术界产生了广泛影响，而且他在易学领域也形成了许多富有创见的研究成果（如《易经》古歌的发现、《周易》文本的历史衍化与中国轴心时期文化转型的思想关联、阴阳和合的周易哲学精神阐释、以变易本体论为核心内容的易道形而上学建构等）。与儒学和易学在历史上紧密关联一样，黄玉顺的"生活儒学"思想理论体系与其易学研究之间也是不可分割的。依笔者之见，黄玉顺的"生活儒学"思想理论体系毋宁说在相当程度上正是在对《周易》这一中国文化首要经典的研究诠释的基础上创构出来的，他的易学研究在相当程度上构成了其"生活儒学"思想体系的内核所在。本文便试对黄玉顺所创构的"生活儒学"理论体系中所蕴含的易学思想展开全面的考察评述，从而一方面展现其在易学研究方面的重要创见，另一方面阐明其生活儒学思想与其易学研究之间的内在关联，以及其对中国哲学之易学内核与精神的传承与发展。或者，这也可以看作是从易学的角度对黄玉顺"生活儒学"思想内容的一次总体呈现。

值得说明的是，从开始踏上学术之路至今，黄玉顺的学术研究可大致分为两个大的阶段，即：前生活儒学阶段和生活儒学阶段。所谓"前生活儒学阶段"，是指其正式提出"生活儒学"概念、开始"生活儒学"理论体系建构之前的阶段，其中又包括早期的古典文学研究阶段和后来的转向哲学的过渡阶段。从他的"前生活儒学阶段"到"生活儒学阶段"之间，尽管在研究角度（从文学到哲学）、思想视域、具体观点，乃至理论的体系化程度等许多方面都有很大的变化，但是这些变化并不是一种完全绝对的自我否定，相反，从他早期的文学研究到后来的转向哲学直至近年来的"生活儒学"理论创构，其间更多是一种前后相续而呼应的关系，尤其是（正如黄玉顺所自述的）在"'生活儒学'与'易经古歌'（此为其早期文学研究阶段的主要易学研究成果——引者按）之间……存在着一种深层的内在关联"[①]（此中的"内在关联"下文将有详述，故此处不做赘言）。可以说，没有早期文学角度的《周易》研究和后来的哲学转向，就不可能有"生活儒学"思想体系的产生；或者也可以说，黄玉顺正是在早期文学角度的《周易》研究和后来的哲学转向的基础上才有了现在的"生活儒学"思想体系的创构。就此而言，所谓的"前生活儒学阶段"其实亦可看作是整个"生活儒学"创构过程中的一个

---

① 黄玉顺：《易经古歌考释·修订再版后记》，上海古籍出版社2014年版，第441页。

部分。所以,本文对黄玉顺"生活儒学"中易学思想的考察便并不仅限于其正式提出"生活儒学"概念从而创构生活儒学思想体系之后的"生活儒学阶段",而是也涉及其早期的文学研究阶段及后来的转向哲学的过渡阶段(即"前生活儒学阶段")的易学研究成果。

一、现代化:复归生活,重建个体
——"生活儒学"及其易学研究的问题意识与思想视域

当代著名易学家、哲学史家朱伯崑先生曾这样说道:"对古代哲学典籍的研究,向来有两种途径:历史的叙述和哲理的阐发。借用冯友兰先生的话说,前者可称之为'照着讲',后者称之为'接着讲'。"[①]具体到《周易》这一经典文本的研究来说,"历史的叙述"亦即"照着讲"主要侧重于"发现"《周易》文本的历史真相或本来面目,而"哲理的阐发"亦即"接着讲"则侧重于通过对《周易》文本及其思想的研究和诠释来建构自己的哲学体系以期解决自己当下的问题。黄玉顺通过对《周易》这一经典文本的研究诠释创构出他的"生活儒学"思想体系属于后者。读过黄玉顺"生活儒学"相关著作,或者对"生活儒学"思想稍有了解的人都知道,他的"生活儒学"其实并不"生活化"[②],毋宁说,那完全是一套"玄之又玄"的哲学化的思想表达和理论构造。然而,任何可以称得上是真正的严肃认真的哲学思考,不管有多抽象玄妙,都必定不是完全脱离现实而"不食人间烟火"的,"生活儒学"的哲学思考和建构也有其相应的现实指向和理论意趣(亦即是所谓"问题意识")。

黄玉顺曾说道:

> 当西方后现代思潮已经对"现代性"观念进行深刻反思的时候,我们中

---

① 朱伯崑:《易学哲学史》(一)之《台湾版序言》,昆仑出版社 2009 年版,第 49 页。

② 对于黄玉顺的"生活儒学"一直以来有两种常见的误解:一种是没有读过"生活儒学"相关著作的人会望文生义,把"生活儒学"只是理解为儒学的"生活化",即反对并要求摆脱某种抽象的哲学理论构造(如熊十力、牟宗三、唐君毅、冯友兰等现代新儒家学者所建构的那些高深的哲学形而上学理论体系),将儒学运用于现实生活,在现实的生活实践中践行儒学的伦理道德原则。其实"生活儒学"不仅反对这种简单的"生活化""实践化"的看法(因为这种看法是将过去历史上的某种伦理道德原则照搬到当下生活,这会导向某种原教旨主义),而且认为,儒学的复兴必须以儒家形而上学的重建为前提。另一种误解是读了一些"生活儒学"相关著作,但是囿于读者固有的思想视域,从而将"生活儒学"的"生活"理解为某种形而上的本体,与此相应,"生活儒学"也被看作是某种新的形而上学的理论构造。而就黄玉顺的"生活儒学"思想建构来说,形而上学的构造只是其整个体系建构的一部分,或者更确切地说,只是其中的一个层级而已。不过,在笔者看来,"生活儒学"究竟是否是一种形而上学理论构造,这其实取决于我们对"形而上学"概念的理解。

> 国人还未能实现现代化；在这个意义上，我们还不完全属于“现代人”。①
>
> “现代”其实只是一个文化类型观念，因为我们中国人还没有真正进入现代性；如果从历史时间的角度讲……“现代”应该是“未来”。②

在此，黄玉顺向我们强调了一个不可否认的事实，那就是：尽管我们中国人在“现代化”的道路上已走了一百多年，但是似乎与真正的“现代性”还有些距离，这种距离体现在科技、经济、政治、思想观念等各个方面。所以，与近代以来无数有着现实关怀的中国知识分子一样，黄玉顺也是以“中国的现代化”这一历久而又弥新③的问题作为其全部“生活儒学”哲思建构的问题意识所在。

同样，作为其“生活儒学”思想之内核的易学研究，也是紧扣着这一问题意识。他说：

> 我们今天研究《周易》，决不是为了发思古之幽情。在当今时势下，有两个问题是我们无法回避的：
>
> 《周易》对于我们应对西方文化的逼迫有什么意义？
>
> 《周易》对于我们解决中国当下的问题有什么意义？④

虽然黄玉顺在这里没有提到“现代化”或“现代性”等字眼，但是他不仅明确表示了他的易学研究并不是为了获得关于《周易》文本某种所谓的纯粹客观历史真相（即他所谓“发思古之幽情”），而且也指出了今天的《周易》研究（也是黄玉顺自己的《周易》研究）所必须面对的两个基本问题，即：一是“应对西方文化的逼迫”，二是“解决中国当下的问题”。这两个问题之间其实是一种“一而二，二而一”的关系，即：一方面，这两个问题正是“中国的现代化”这个总问题所包含的密不可分的两个方面，二者的结合正是近代以来中国哲学研究讨论的一个最为核心的基本问题——“中西古今之辨”；另一方面，这两个问题又各有其侧重，即前者（“应对西方文化的逼迫”）涉及的是中国文化与西方文化的关系（简称“中西之间”）问题，后者（“解决中国当下的问题”）涉及的是如何从传统向现代转换（即“古今之变”）的问题。

---

① 黄玉顺：《中西之间：轴心时代文化转型的比较——以〈周易〉为透视文本》，《易经古歌考释》修订本，第411页。

② 黄玉顺：《中西之间：轴心时代文化转型的比较——以〈周易〉为透视文本》，《易经古歌考释》修订本，第423页。

③ 说“中国的现代化”这一问题“历久而又弥新”，是因为：首先，这一问题是中国人早在一百多年前就开始为之奋斗的目标，故谓之“历久”；其次，今天的中国在经济、政治、军事乃至国际地位等许多方面相对于一百多年前来说亦已是今非昔比，所以，今天的中国知识分子在思考“现代化”问题时所面对的处境和具体问题与当年也发生了很大变化。

④ 黄玉顺：《中西之间：轴心时代文化转型的比较——以〈周易〉为透视文本》，《易经古歌考释》修订本，第410页。

在对“中西之间”与“古今之变”这两组关系和问题的讨论中，黄玉顺展示了其“生活儒学”体系创构及其易学研究的思想视域，并表达了他对“中国的现代化”之路的基本看法。

（一）超越中西之间，复归生活本源

众所周知，撇开某种潜在（假设）的历史可能性不论，至少从现实的近代世界历史的演进来看，“现代化”首先发生在西方世界，然后逐渐以一种“逼迫”的方式“扩展”至全世界，而中国也正是在西方世界的这种“逼迫”式的“扩展”之下才走上现代化之路的（西方世界的现代化过程本身在相当程度上与这种“逼迫”式“扩展”也是分不开的）。[①] 就此而言，思考“中国的现代化”问题也必然涉及如何“应对西方文化的逼迫”的问题。同时，尽管考虑到不同地区的经济、政治和民族文化的差异性，我们可以说“现代化”并不能完全等同于“西方化”，然而，对于尚未真正实现现代化的中国来说，已经进入现代化的西方世界及其文化（尤其是西方近代文化）显然又是我们无法摆脱和不能绕开的参照系，或者说，它们始终构成着我们了解“现代性”的基本依据。所以，对于探寻中国的现代化之路的中国人来说，首先便是要理清“中西之间”亦即中国（传统）文化与西方（近代）文化之间的关系问题。这也就是为什么自近代以降，对中西文化及其哲学的比较研究一直都被作为一个核心问题且相续不绝的根本原因。

然而，问题的根本和关键其实并不在于我们是否应该开展中西文化及其哲学的比较研究工作（因为这样的比较研究一直都在进行），而在于这种比较研究的工作究竟应该如何开展，后者乃是与我们持有一种什么样的比较研究的观念密切相关。对此，黄玉顺区分了两种截然不同的比较研究观念以及与之相应的比较研究模式：

一种是近代以来一直支配着中国学者的非常主流的比较研究观念，他称之为“流俗的比较观念”，与之相应的是几乎成为“中国学界普遍思维模式”的“主体性比较模式”：“有一个比较者，他对中国的情况和西方的情况进行比较；比较的结果是找出中西之间的若干相同点或相通点和若干相异点，尤其是相异点，成为做出选择的依据。”[②]通过对这种“流俗的比较观念”及其“主体性比较模式”的细致剖析，他进一步指出了其结果与要害，他说：

---

① 有学者根据宋明时期中国社会历史的研究，认为：如果没有蒙满入主中原和近代西方国家殖民侵略，也就是说，如果没有外在因素的侵入影响，那么，按照中国社会与文化的自身发展，其实是可以有自己的现代化之路的。笔者认为，这一观点只是揭示出了某种潜在的可能性（如市民社会的出现），这种潜在的可能性要想真正化为现实显然还受到许多其他因素的影响。所以，笔者认为，就此而言，这也只是一种假设而已。

② 黄玉顺：《比较：作为存在——关于“中西比较”的反思》，《社会科学战线》2015 年第 12 期。

> 这种比较研究的结果是：一方面，对象的既有差异被固化、强化了，以致造成了“中西对立”的思维定势；另一方面，主体的既有特性也被固化、强化了，以致造成了诸如“中国特色”之类的思维定势。这种中西比较的要害在于：主体与对象，例如中国与西方，都被剥夺了“去存在”即获得新的特性的可能性：主体丧失了获得新的主体性的可能，对象也丧失了获得新的规定性的可能。①

也就是说，这种“流俗的比较观念”及其“主体性比较模式”因其未能“真切”领会比较活动与作为研究者的主体及作为研究对象的中西文化之间的存在论奠基关系，即把比较主体和比较对象（中西方文化）都看作是先行于比较活动的某种现成的、固定不变的存在，而比较活动反而只是依附于某种现成化、凝固化的主体和对象之间的认知、对比关系。其结果是，这种“比较观念（模式）”既不能真正把握比较活动本身的存在意义，也不能全面而准确地理解中西文化各自特性及其相互关系。所以，黄玉顺认为，这种“流俗的比较观念”及其“主体性比较模式”在今天必须予以抛弃或转换，取而代之的则是另一种“真切的比较观念”以及与之相应的“前主体性比较模式”：

> 所谓“真切的比较观念”（real concept of comparison）是指的这样一种比较活动，这种活动生成了新的主体、新的对象，亦即给予了比较主体以新的主体性、比较对象以新的客观性意义。……于是，比较活动获得了存在——先行于存在者（包括主体性存在者）的存在——的意义。这并不是什么“存在论意义上的”比较（the comparison in the sense of ontology），而是作为存在的比较（the comparison as Being）。……存在乃是先行于任何存在者的事情，即是我们当下共在的生活情境。新的存在者、新的主体性正是在这共同生活情境之中生成的。此即真切的比较的意义。②

这是说，在真切的意义上，比较并非是依附于某种现成化、凝固化的主体和对象之间的认知、对比关系，而是存在本身（此“存在本身”也就是黄玉顺“生活儒学”所谓的“生活”本身，关于“生活儒学”的“生活”观念之思想内涵将在下文详述）的某种显现样式，也是“我们当下共在的生活情境”：它不仅先行于作为某种存在者的比较主体和比较对象，而且生成着比较主体和比较对象，即能够不断地给予比较主体以新的主体性、比较对象以新的对象性，所以称之为“前主体性比较模式”。具体到为了中国现代化而进行的中西文化及其哲学的比较研究来说，尽管中国和西方都有其各自的历史文化，但是在真切的比较观念中，从比

---

① 黄玉顺：《比较：作为存在——关于“中西比较”的反思》，《社会科学战线》2015 年第 12 期。

② 黄玉顺：《比较：作为存在——关于“中西比较”的反思》，《社会科学战线》2015 年第 12 期。

较研究者(比较主体)到中西双方(比较对象)的各自特性及其相互关系都不是完全现成而既定的,相反,作为主体的比较研究者的主体性与作为对象的中西双方的各自特性及其相互关系都是在作为存在本身的比较活动(亦即是“生活儒学”之所谓“生活”本身的一种显现样式)中被给予和被理解,比较研究者与中西双方不再是相互对立的,而是共属一体的,它们共同归属于当下的生活(比较活动)。也正是在此意义上,无论是全盘西化论,还是固守于某些传统价值的保守主义,他们分别把西方文化和中国文化予以现成化、凝固化,所以其实都是一种原教旨主义,都是站不住脚的。

由于“比较活动实质上也是一种诠释活动”,所以黄玉顺提出的这一“真切的比较观念”还关联着其“生活儒学”的诠释学观念(即关于理解和解释活动的观念)——“注生我经”:既非“我注六经”,也非“六经注我”,而是“注”这种活动生成了“我”(主体,即注释者)和“经”(对象,即被注释文本)。[①] 这一观念为我们更为真切地理解《周易》文本的经典性意义和重新审视“易学”这门学问提供了新的视野:

在传统的经学时代,《周易》因其被以为是古代圣人“仰观俯察”[②]之作(即所谓“人更三圣,世历三古”)而被赋予“群经之首”的重要地位,与之相应的“易学”则被看作是通过对《周易》这一经典(圣人之言)的研究进而把握宇宙变易之天道(同时也就是圣人之意);近代以来,随着传统经学权威的没落和科学疑古思潮的兴起,笼罩在《周易》之上的圣贤光环和神秘外衣逐渐被剥去,而其作为“卜筮之书”的性质则得到了重新确认,与之相应的“易学”研究则主要体现为两种,即一种是借助各种出土文献对《周易》文本展开实证性的史学研究,一种是对借助各种西方哲学思想对《周易》文本展开的哲学研究。其实无论是传统经学背景下的易学研究,还是近代以后的易学研究,它们无一不是预设了一个隐藏在《周易》文本之中(或者说是与《周易》文本有关)的某个永恒不变的客观历史真相的存在,而它们的工作正是要去发现或把握那个客观历史真相。

然而,从“生活儒学”的“注生我经”的观念或视域来看,那种所谓的等着我们去“发现”的某种现成的“客观历史真相”其实根本就是子虚乌有的,历史乃是在作为存在本身的一种显现样式的诠释活动中被生成和建构着。具体到《周易》文本来说,其思想内容并不是先于研究者而客观先在的,而是在(处于某种特定生活方式的)历代研究者的研究活动中被诠释出来的:一方面,从历史上看,《周易》文本的经典地位绝不是“先天固有的”,而是在后世历代易学研究者

---

① 参见黄玉顺:《比较:作为存在——关于“中西比较”的反思》,《社会科学战线》2015 年第 12 期。

② “仰观俯察”出自《周易 · 系辞下》,原文为:“古者包牺氏之王天下也,仰则观象于天,俯则观法于地,观鸟兽之文与地之宜,近取诸身,远取诸物,于是始作八卦,以通神明之德,以类万物之情。”

的实际应用(如春秋时期人们的卜筮活动)和思想(如战国时期学者通过对《易经》的研究和注解从而著成《易传》)中被逐渐确立起来的;另一方面,从当下及未来看,《周易》文本能够具有何种当代价值,也正在于当代及未来的学者基于某种当代的视域和观念对《周易》中能够契合当代生活的内容展开新的诠释。而无论是作为实际应用的卜筮活动,还是作为思想诠释的文本注解,它们本质上都是作为存在本身(也是"生活"本身)的某种显现样式。因此,所谓"易学"便不只是"研究《周易》的学问,探求宇宙万物变易规律的学术"[①]这么"流俗"(把《周易》和"宇宙万物"现成化、对象化),而首先是作为存在本身的生活本身的一种显现样式,是对作为存在本身的生活本身的一种理解和诠释。至于本来作为中国文化之内核的"易学精神""易学思维模式"(也是许多中国哲学家赖以建构自己哲学思想体系的基石)等,毋宁说,也是作为存在本身的一种显现样式的诠释活动的产物,并且还将在以后的研究诠释活动中得到更新和延续(是以"更新"的方式"延续")。

要而言之,黄玉顺以中西比较的研究模式问题为切入点而提出的从"流俗的比较观念"(及与之相应的"主体性比较模式")向"真切的比较观念"(及与之相应的"前主体性比较模式")的转换,不仅能够超越既有的且颇成问题的中西比较模式,而且更重要的是向我们敞开了一个比我们向来所持有的观念更为本源或源始或基础的思想观念,即:作为存在本身的生活的观念(简称"生活—存在"的观念)。以上讨论的比较活动与诠释活动都是此"生活—存在"的某种显现样式。在黄玉顺的"生活儒学"看来,此"生活—存在"的观念,是儒学及中国文化在当代得以复兴和重建的"大本大源"或曰"源头活水",故而也是其"生活儒学"之易学研究得以展开的基本视域与首要观念。[②]

(二)穿越古今之变,重建个体精神

中国的现代化不仅涉及对"中西(即中国文化与西方文化)之间"的共时性比较问题,而且更重要的还在于如何实现"古今之变",亦即从传统向现代的一种历时性转换的问题。或者说,所谓"中国的现代化"(包括在此过程中的"中西之间"的比较工作)其实质内涵就是要实现从传统向现代的转换(即"古今之

① 张其成主编:《易学大辞典·总绪·易旨·"易学"条》,华夏出版社 1992 年版,第 1 页。

② 不过值得说明的是,从黄玉顺本人的学术思想发展过程来说,其"生活—存在"观念并非是在对"流俗的比较观念"及其"主体性比较模式"的批判中形成的,而更多是在其从文学转向哲学以后通过儒学与现象学的比较研究的基础上形成的。他的"真切的比较观念"及其"前主体性比较模式"则是在他的"生活—存在"观念提出之后,从"生活—存在"的视域出发对比较活动及其模式所作的一种"生活儒学"式的理解和诠释。但是,也应当看到,作为其"生活—存在"观念的形成来源,他的儒学与现象学的比较研究,在相当程度上已然是后来的"真切的比较观念"及其"前主体性比较模式"的先行展示。

变”)。对此“古今之变”问题的思考,指向的是对传统与现代的比较和理解,同时也进一步标示着黄玉顺“生活儒学”理论体系及其易学研究的思想视域和建构方向(旨归)。

首先需要说明的是,这里把“传统”向“现代”的转换概括为“古今之变”,并不是说“传统”与“现代”只是一般时间意义上的过去和现在的古今关系,而是把“传统”与“现代”看作是两种不同的“文化类型观念”,即两种不同的生活方式及建基于两种生活方式之上的经济、政治和思想观念形态。此处所谓建基于某种生活方式之上的经济、政治和思想观念形态其实就是某种“文化类型”的具体展开形式。

其次,根据前述“真切的比较观念”,作为两种不同的“生活方式”和“文化类型”,如同“中国文化”与“西方文化”一样,“传统”与“现代”也不是现成而既定的存在,更不是两种完全对立的存在;相反,“传统”与“现代”也都归属于作为存在本身的当下的理解和诠释活动之中,它们的意义都是在当下的理解和诠释活动中得以生成。这就意味着,从“传统”向“现代”的转换并非(如从A到B那样)简单的断裂式的否定或代替,而应该是从“传统”(如《周易》及以易学为内核的整个中国文化)中发掘出某种能够与现代性的生活方式及其观念(即所谓现代性观念)相契合、相适应的因素或精神,并对其展开新的诠释,从而使曾经作为“传统”的观念重新获得一种现代性的意义。或者说,对传统中所蕴含的现代性精神的发掘本身就体现为从某种现代性观念出发对某种“传统”观念所做的新的诠释活动,而“传统”本身也通过这种发掘—诠释活动得以重建更新乃至于延续复兴。

所以,实现“古今之变”的一个首要的关键问题,就在于搞清楚“何谓现代性”。对此,黄玉顺曾说:

> 何谓“现代性”?……对此,后现代思想者已有纷纭淆乱的许多说法,因为现代性本身有许多方面的呈现。但在我看来,可以一言以蔽之:现代性的根本是“第一实体”(Primary Substance)观念,亦即个体精神(Individual Spirits)。①

在关于“现代性”的“纷纭淆乱”的说法中,黄玉顺把“现代性”观念或精神直接概括和规定为“第一实体”的观念,也就是“个体精神”,这可以说是既独到精辟又切中实质的。基于对“现代性”的上述理解,他进一步指出了中国的现代化之路和未来中国哲学重建的可能方向,后者同时包含了对其易学研究旨归的

① 黄玉顺:《中西之间:轴心时代文化转型的比较——以〈周易〉为透视文本》,《易经古歌考释》修订本,第412页。

阐明：

> 中国的现代化，首先是观念的现代化；而观念的现代化，核心在于重建第一实体。请注意，我讲的是“重建”。我的意思是：中国的前轴心期不仅有过第一实体的观念，而且这种个体精神虽然在后轴心期的专制时代遭到了削弱，但是从来没有丧失尽净，它主要存在于儒家心学文化与道家文化中。这是中国文化传统的重要基因，是我们的观念现代化的大本大源。[①]
>
> 未来中国哲学的方向是个复杂的问题，不是三言两语能说清楚的，但我认为，核心一点应该是：重建第一实体；但是，并非回到那种神学的个体精神，而是建立人文的个体精神。这就是说，我们既要重新激活我们前轴心期的个体精神资源，但又不抛弃轴心期以来的世俗的人文精神遗产。……在这方面，重新阐释作为中国文化轴心期大转型的经典文本标志的《周易》，是具有重大意义的。[②]

首先，在黄玉顺看来，作为现代性之核心的“个体精神”，它既是一种生活方式，也是一种思想观念。然而，一方面，由于近代中国受到西方世界的强势侵扰，中国传统的社会—政治结构遭到严重破坏，进而使得中国人被迫从一种传统的生活方式逐渐转入一种现代性的生活方式；另一方面，由于各种原因（如李泽厚曾提到的“救亡压倒启蒙”等，以及新中国成立以后的一些历史原因），中国人又始终未能确立起一种现代性的思想观念。正是在此意义上，黄玉顺不断强调：我们当代中国人尚未真正进入现代性。而要想真正进入现代性，首要的前提便是“观念的现代化”，亦即是确立起现代性的思想观，即个体（也叫“第一实体”）观念。

其次，黄玉顺也认为，通过确立现代性观念进而实现观念现代化，并不意味着要完全抛弃我们固有的传统文化。这是因为：中国传统文化并不是纯粹单向度的，而是有其非常丰富而复杂的面向。具体到从群己之辩的角度来说，中国文化尽管在轴心期（从殷周之际到春秋战国时期）文化转型以后，群体精神得到了强化，甚至占据主导地位，与之相对的个体精神则被严重削弱。但是，个体精神也并没有“丧失尽净”：从作为中国文化之源头（也是儒道两家文化得以产生的共同源头）的《周易》到后来的儒家心学及道家文化中依然蕴藏着丰富的个体精神的思想资源。正是这些微弱残存的个体精神为中国传统文化实现其“古今

---

① 黄玉顺：《中西之间：轴心时代文化转型的比较——以〈周易〉为透视文本》，《易经古歌考释》修订本，第413页。

② 黄玉顺：《中西之间：轴心时代文化转型的比较——以〈周易〉为透视文本》，《易经古歌考释》修订本，第423页。

之变"即现代转换提供了可能性。所以,黄玉顺"生活儒学"思想体系的创构在实质上就是通过对整个中国传统文化中的现代性观念展开一种当代的诠释和激活,从而建构一种新的现代性的儒学形态(或者说是现代形态的新儒学,故而亦可称之为一种"现代新儒学")①,而他对《周易》文本中的个体精神的挖掘与诠释,则正是这一"现代新儒学"建构工作的具体展开。与此同时,曾经作为群经之首的《周易》也只有在此诠释和激活中才可能获得某种新的当代意义和价值。

综上所述,以"中国的现代化"为问题意识,黄玉顺"生活儒学"及其易学研究的思想视域(亦可时候是"思想旨归")可概括为:在复归生活本源中超越"中西之间",以重建个体精神来穿越"古今之变"。

与本源的"生活—存在"观念的敞开相联系,黄玉顺把我们的思想观念划分为三个层级,即:生活—形而上者—形而下者;与此相应,包括儒学在内的一切理论建构也包含着三个层次,即:生活感悟—形而上学—形而下学。所以,作为其"生活儒学"体系建构之内核的易学研究,也主要展开为这样三个方面,即:一是从《易经》古歌的"发现"②到生活本源的敞开,二是通过对《周易》之阴阳和变易思想的诠释进而试图建构一种新的易道形而上学,三是以现代性的个体精神为指向,建构一种蕴藏(黄玉顺所诠释的)易学精神的新的儒家制度伦理学——中国正义论。借用黄玉顺关于儒学(中国哲学)与易学之间的两种关系的说法,即:显性关涉和隐性关涉。③ 因此,这里的前两个方面更多体现了其"生活儒学"思想与其易学研究的显性关涉,而第三个方面则更多展现了其"生活儒学"思想与易学研究的隐性关涉。以下便分别从上述这三个方面展开对黄玉顺易学思想的具体论述。

---

① 黄玉顺曾说:"儒家没有新的,儒学是常新的。因为:'儒家'是指的一种立场态度,这种立场态度源于对作为生活情感的仁爱的一种领悟与肯认,那是一种先于理论学术的明觉。这种生活感悟乃是超越时空、超越历史时代的,正是在这个意义上,我们才说'人天然是儒家'。而'儒学'则是指的儒家这种仁爱情感之领悟与肯认在学术话语中的一种表达,它是一种理论形态的建构,这种学术表达是在回应着具体的历史时代的生活境遇,因而乃是'常新'的。"(黄玉顺:《儒学当代复兴的思想视域问题——"儒学三期"新论》,《儒家思想与当代生活——"生活儒学"论集》,光明日报出版社 2009 年版,第 80～81 页)

② 这里的"发现"之所以加引号是因为,"发现"总是指向某个现成先在的客观历史真相,然而若按照一种彻底的生活儒学的诠释学观念来说,那么,黄玉顺对《易经》古歌的"发现"其实也是对《周易》的一种新的诠释。

③ 参见黄玉顺:《易学对于中国哲学当代重建的意义——现代新儒家哲学与易学的深度关涉》,《社会科学研究》2014 年第 3 期。

二、诗与思：从诗性的生活到生活的注脚
——黄玉顺“易诗学”与“生活儒学”的内在关联

如果要为黄玉顺的“生活儒学”思想体系找一个最核心的概念，那恐怕不是“儒学”，而应该是“生活”[①]——一个离我们最近又最远，我们好像很熟知，却又是最容易被误解的概念。说它离我们最近，是因为我们每个人向来都已经在“生活”之中，都在以某种方式“生活”着，此“生活”就是我们最切近的家园；但是又说它离我们最远，是因为这种作为“家园”的“生活”观念往往很容易被人所遗忘（即海德格尔所说的“存在的遗忘”）。说它很熟知，是因为我们经常会用到它，它涵盖了我们的一切活动；但是说它又是最容易误解的概念，是因为我们很容易基于某种熟知而把“生活”理解为形而下的具体个人的具体的社会实践活动，而这其实根本不是真正的“生活”本身。那么黄玉顺所说的这个“生活”概念到底是什么意思呢？尤其是，它与《周易》（黄玉顺的易学研究）有何关系呢？

黄玉顺曾经自述道：“近年来（指提出并创构‘生活儒学’思想体系之后——引者按），我逐渐意识到：事实上，‘生活儒学’与‘易经古歌’之间还是有关系的，甚至存在着一种深层的内在关联。”[②]他这是说，若从思想观念之间的关联性和层级的对应性来说，作为“生活儒学”之核心概念的“生活”乃是与黄玉顺早年从文学角度展开《周易》研究进而“发现”《易经》古歌相关联和相对应，这种关联性和对应性是在“生活儒学”思想创构开始之后才被他自己所意识到的，因此可以说，只有在基于一种本源性的“生活”观念被领会从而开始其“生活儒学”思想创构之后，他所“发现”的《易经》古歌也才被赋予了某种新的独特的观念史意义。所以，尽管从黄玉顺本人的学术研究之发展过程来看，《易经》古歌的“发现”在先，领会到“生活”观念进而创构“生活儒学”思想在后，但是，由于本文的主题是对“生活儒学”中的易学思想的研究（而非单纯易学研究），故而我们在此将其对《易经》古歌的“发现”研究看作是其“生活儒学”创构过程的一部分，即“前奏”部分，换言之，《易经》古歌其实只是本源的“生活”观念的一种“注脚”。正是基于以上看法，本文这一节的论述顺序将不再按照黄玉顺的学术研究先后（正如本节标题所列示的那样）来展开，而是将先讨论黄玉顺的“生活”观念，然后再论述他对《易经》古歌的“发现”研究，最后再进一步在此基础上揭示“生活”观念与

---

① 黄玉顺自己就曾提到过：“生活儒学的最核心的一个观念，就是‘生活’的观念。”（黄玉顺编著：《生活儒学讲录》，安徽人民出版社2012年版，第20页）

② 黄玉顺：《易经古歌考释》（修订本），上海古籍出版社2014年版，第441页。

《易经》古歌的“深层的内在关联”。

(一)“生活”之为存在与仁爱:一种本源观念的敞开

作为“生活儒学”思想体系中最为核心的一个概念,黄玉顺对“生活”的论释不可谓不多,而其中最主要的内容概括来说有两点:一个是“生活即是存在”,一个是“生活显现为仁爱”。

首先,在黄玉顺对“生活”概念的各种论释中,最重要且又最形式化的表达莫过于这句“生活即是存在”。当然,仅仅停留于这句话,对于我们理解“生活”似乎也是无甚助益的,甚至还可能增加我们误解“生活”的可能性,因为:“通常我们在很多学术文本、哲学文本当中看到‘存在’这个词语的时候,我们对它的理解,作为名词,它所指的是一个对象性的东西,或者用中国话语来说,一个‘物’,一个‘东西’。实际上在今天的思想话语当中,这不是‘存在’,而是‘存在者’。”[①]这就是说,在我们今天的许多日常使用(也包括很多哲学用法)中,“存在”一词往往更多是用来意指某种“存在者”,而非真正的“存在”本身。而如果我们从这个“存在者”的意义上理解“生活”,恰恰导向的是对“生活”的误解。所以,笔者认为,黄玉顺说“生活即是存在”其实并不是将“生活”径直规定为“存在”这么简单,而是要在“生活”与“存在”之间展开一种互释,即:一方面,可以从“存在”的观念来理解“生活”(黄玉顺称之为“作为存在的生活”),另一方面,也可以以“生活”的观念理解“存在”(黄玉顺称之为“作为生活的存在”)。

具体而言,从“存在”的观念来理解“生活”(即作为存在的生活),这是与黄玉顺对现象学,尤其是对海德格尔前期的存在论现象学的研究和汲取(或者用黄玉顺自己的话说,是他“与现象学——胡塞尔、舍勒,尤其是海德格尔的平等对话”[②])直接相关。[③] 黄玉顺认为,海德格尔一生的哲学思想中最重要的内容,就是他所提出的著名的“存在论区分”(der Ontologische Unterschied),亦即是“存在者”(das Seiende)与“存在”(das Sein)的区分。这一区分有两层意义:第一,存在者是有(某物),存在本身则是无(或者说是“无物”),所以,存在不等于存在者,这意味着我们不能把存在者当作存在来追问,否则就会像苏格拉底之后的两千多年西方哲学一样“遗忘存在”从而错失“存在”的真意;第二,存在与存在者之间存在着一种奠基关系,即存在本身先行于存在者,且正是存在本身

---

① 黄玉顺编著:《生活儒学讲录》,第 21 页。

② 黄玉顺:《“生活儒学”导论》,《面向生活本身的儒学——黄玉顺“生活儒学”自选集》,四川大学出版社 2006 年版,第 29 页。

③ 可能也正因为与现象学尤其是海德格尔的这种“对话”,黄玉顺“生活儒学”在其创立之初的许多著作中几乎言必称“海德格尔”,从而使“生活儒学”展现出非常“严重”的“海德格尔化”,渗透着非常浓厚的“海德格尔味”。

给出了存在者，从而使存在者得以存在，这就意味着，只有回到存在本身才能真切的理解和把握存在者。黄玉顺说“生活即是存在”，首先指的就是海德格尔所说的这种与“存在者”相区别且使“存在者”得以可能的“存在本身”的观念，或者也可以说，黄玉顺就是把海德格尔的这个“存在”改名为“生活”。也正是在此意义上，黄玉顺经常强调，我们不能问“什么是生活”这样的问题，因为：

> “什么是生活”这样的问法是不恰当的。当我们问“什么是生活”或者“生活是什么”之际，生活就已经被看成了一个存在者、一个物，而不再是存在本身、生活本身了。这是因为，但凡“什么”总是意味着一个东西，一个对象，一个在形而上学“主—客”架构中的客体。但生活并不是“什么”——生活不是一个东西。[①]

又，以“生活”的观念理解“存在”（即作为生活的存在），这主要体现在黄玉顺采用文字学、训诂学的方式对“生”“活”“存”“在”等汉字的原初意义的考证和揭示。所以，它其实并不是说我们先有了某种“生活”的观念，然后以此“生活”的观念去把握“存在”，毋宁说：“生活”与“存在”的意义都在他的考证工作中被揭示。通过考证，黄玉顺发现，从文字的最初构造来说，“生”（上中下土）、“在”（上才下土）都是意指草木初生于大地之上，“活”乃是水流声，意指水的川流不息（水也是万物得以生长之源），“存”（上才下子）则表达了草木与人的共同存在。这四个字——“生”“活”“存”“在”的原初意义都共同表达了一个远古先民的重要观念，即一种先在于或先行于一切存在者（如草木、人、大地乃至万物）的存在本身或生活本身的观念。[②] 这就是黄玉顺所说的“生活—存在”的观念。

这种“生活—存在”既然不是存在者，所以它并不存在，而只是不断地显现自身（万物或存在者正是在“生活—存在”的显现中得以生成，从而获得其规定性）。也因为如此，黄玉顺把“生活—存在”看作是一切存在者（包括“形而上的唯一绝对存在者”与“形而下的众多相对者”）的共同本源。

其次，既然“生活—存在”（即作为存在的生活，或作为生活的存在）并不存在，而只是显现自身，那么它到底是如何显现自身的，也就是说，它有哪些显现样式呢？前面曾提到的“真切的比较观念”中的“比较活动”“注生我经”中的“注”（即诠释活动），都可以说是“生活—存在”的某种显现样式。但是，黄玉顺认为，仅仅谈到这种“生活—存在”的观念还“不一定是儒家的观念”，因为：“儒

---

① 黄玉顺：《面向生活本身的儒学——“生活儒学”问答》，《面向生活本身的儒学——黄玉顺“生活儒学”自选集》，第 55 页。

② 参见黄玉顺：《生活本源论》，《爱与思——生活儒学的观念》附论二，四川大学出版社 2006 年版，第 185～199 页；或参见黄玉顺编著：《生活儒学讲录》，第 24～26 页。

家讲的观念……还有进一步的引申，这个引申就是儒家的‘仁爱’的观念。在儒家的思想观念当中，这种作为大本大源的生活本身、存在本身，就是仁爱；或者说，生活本身、存在本身，对儒家来讲，它首先显现为仁爱这样的情感。”[①]所以，黄玉顺的“生活儒学”不仅讲作为存在的生活，更要进一步讲作为仁爱情感显现的生活。

需要进一步强调指出的是，黄玉顺所说的这种作为“生活—存在”本身的显现样式的仁爱情感，并非传统儒学中以“性→情”为基本架构（这种架构的基本表达是“性本情末”“性体情用”：“性”为“形而上”的“本体”，“情”为“形而下”的“发用”）的心性论中的“情”——“个体在经验生活当中面对对象性存在者所发生的一种情感”。黄玉顺认为，这种仁爱情感作为“生活—存在”本身的显现，不仅先在于、先行于一切主体性存在者（包括作为形而上者的本体之“性”和作为形而下者的个体之人），而且正是这种“原初的、作为大本大源的、作为存在本身、生活本身的显现”的“仁爱情感”，“给出一个本体形而上者，叫作‘性’。这个‘性’在经验生活当中落实在个体的身上，面对外物、感触外物的时候，发而为人的情感”，所以，在黄玉顺看来，真正的儒家心性论不应该只有“性→情”这两个层次，而应该是体现为“情→性→情”这样三个层级的架构。[②]

要而言之，在“生活儒学”看来，“生活即是存在”，同时“生活显现为仁爱”。这种作为存在本身和仁爱情感的“生活”，既是一切存在者（形而上者与形而下者）得以存在的终极基础，也是一切理论建构（包括形而上学和形而下学）的“大本大源”。也正是通过对此作为存在本身和仁爱情感的“生活本源”的“发现”或揭示，他把人类的全部思想观念按照“生成”和“奠基”的关系划分为三个层级：

> 生成：生活感悟→相对存在者→绝对存在者（或：生活存在→形而下者→形而上者）[③]
>
> 奠基：生活本源→形而上学→形而下学[④]

一方面，根据“生成”关系的三个层级解释人的思想观念之间的产生过程；另一方面，根据“奠基”关系建构新的形而上学和形而下学，这就是黄玉顺“生活儒学”的全部工作。

① 黄玉顺编著：《生活儒学讲录》，第27页。

② 参见黄玉顺编著：《生活儒学讲录》，第29～30页。

③ 黄玉顺：《主体性的重建与心灵问题——论当代中国哲学的形而上学重建》，《山东大学学报》（哲学社会科学版）2013年第1期。

④ 黄玉顺：《爱与思——生活儒学的观念》，第150页。

(二)"生活"的注脚:从《易经》古歌的"发现"到"易诗学"的"创辟"

如前所述,从思想观念之间的关联性和层级的对应性来说,黄玉顺"生活儒学"的"生活"观念乃是与其早期从文学角度展开的《周易》研究进而对《易经》古歌的"发现"有关。那么,黄玉顺究竟是如何"发现"《易经》古歌的呢?作为存在本身和仁爱情感的"生活"与《易经》古歌到底存在着什么样的"深层的内在关联"呢?

1.《易经》古歌的"发现"

在20世纪90年代初,中国大陆悄然兴起了一场"易经热"。彼时的黄玉顺正处于充满"文学梦""诗人梦"的青年时代[①],他亦乘风而起,加入了《易经》研究的队伍。当然,与他的"文学梦""诗人梦"相应,他的《易经》研究亦是从文学、诗学、文献学的角度切入而展开的。众所周知,诗歌等文学作品往往都有押韵的特征,所以,一般古典的文学、诗学研究必然涉及音韵学的内容,这使得他在广泛阅读各种易学文献的同时又深入研读了许多古典音韵学的著作。就在研究古音学奠基人顾炎武的《音学五书》之一《易音》时,他发现一个奇怪现象:

> 《易经》筮辞用韵极其杂乱无章。一爻之中,时而有韵,时而无韵;有韵的,或者仅前半爻用韵,或者仅后半爻用韵,或者仅中间用韵、两头不用韵;无韵的,爻与爻之间却又偶尔有韵。宗旨很不规则。这种毫无章法可寻的韵例,在古往今来的韵文中绝无仅有。即使是那种骈散兼行的韵文,其用韵也是有章法的。[②]

这使他深信:"《易经》筮辞用韵的不规则,绝非它本身没有规则,只是我们尚未发现这种规则而已。"[③]带着这个疑问,黄玉顺按照朱熹倡导的"熟读正文,莫看注解"的读《易》之法对"《易经》本身加以深入反复的研究","结果发现一条规律":

> 《易经》筮辞中用韵的和不用韵的,在性质上有显著的区别。凡用韵的地方,筮辞内容往往是关于叙事描写的,是一些生动具体的形象,并且往往采用类似民歌的一些手法,如排比、反复等;凡不用韵的地方,往往是关于吉凶祸福的断语,是一些笼统抽象的判断,并且反复使用一些大致相同的术语。古人称前者为"象"或"象辞",称后者为"占"或"占辞"。[④]

---

① 参见黄玉顺:《易经古歌考释》修订本,第442页。

② 黄玉顺:《易经古歌考释》修订本,第1页。

③ 黄玉顺:《易经古歌考释》修订本,第1页。

④ 黄玉顺:《易经古歌考释》修订本,第2页。

由此,他在进一步对《易经》中“象辞”的用韵情况作了集中研究的同时,又把这些“象辞”与《诗经》以及其他一些先秦古谣做比较。结果让他确信:“《易经》中隐藏着一部比《诗经》还古老的诗集。”[①]这部“诗集”就是殷周时期的中国先民在他们的生活中创作的古代歌谣。此后,他从“韵的和谐”“卜辞的启示”“句式的整饬”等方面列举了十二条理由非常详细地证明了《易经》中确实引用了古代歌谣,并且对《易经》六十四卦的卦爻辞的内容逐一展开了具体的考证研究,认为《易经》每一卦都隐含着一首或两首古代歌谣。他不仅将每一卦所含古代歌谣全部析出,而且用现代汉语对它们进行逐字逐句翻译,并从文学、诗学的角度和手法对它们展开了细致地品评。以《乾卦》为例:

> 乾:元亨,利贞。
> 初九:潜龙,勿用。
> 九二:见龙在田,利见大人。
> 九三:君子终日乾乾,夕惕若,厉无咎。
> 九四:或跃在渊,无咎。
> 九五:飞龙在天,利见大人。
> 上九:亢龙有悔。
> 用九:见群龙无首。吉。

黄玉顺通过卦爻辞中的用韵情况及其具体内容的分析,认为其中所隐含的古代歌谣为:“见龙在田,或跃在渊,飞龙在天。”今译为:“有的龙出现在田间,有的龙跳跃在水潭,有的龙飞腾在云天。”并对之做出了这样的品评:

> 这是一首群龙出没之歌。从体裁看,这首古歌类似于《诗经》的“风”。从艺术手法看,这首古歌用“赋”的白描手法,描绘出一幅群龙百态图:有的在田野上出没隐现,有的在水泽中跳跃嬉戏,有的在天空中飞舞翻腾。龙是中国远古先民们日常生活的一部分,对龙的赞美表现了他们对自己生活的热爱。[②]

这就是黄玉顺对《易经》古歌的“发现”。限于文章篇幅,这里不再多作赘引。与以往的研究更多是将《周易》尤其是其中的古经部分(即《易经》)当作一个整体性的文本来研究不同,黄玉顺对《易经》中所隐含的古代歌谣的“发现”,这首先是一种分解式的研究:他不仅把《易经》与《易传》分解、区别开来,而且还将《易经》中的卦爻象、象辞及占辞分解、区别开来。这种分解式研究的意义在

---

① 黄玉顺:《易经古歌考释》修订本,第 2 页。

② 黄玉顺:《易经古歌考释》修订本,第 44 页。

于:第一,它让《周易》走下"神坛"[1],从而向我们展示了《周易》非常贴近"生活"的一面——摆脱了《易传》的哲学形上学观念,剔除了"占辞"的神学观念,剩下的就只有远古先民对生活本身的领会,其中有对生活场景的描绘,也有对生活情感的抒发,等等。第二,就是当代著名哲学家张岱年先生所说的,这是"易学研究别开生面的新探索","为易学研究开辟了一条新途径,同时亦为古代诗学研究开辟了一个新区宇"。[2] 张岱年先生所说的这个易学研究的新途径和诗学研究的新区宇,就是对作为一种更为古老的诗歌形式的《易经》古歌的研究。黄玉顺称之为"易诗学":鉴于《易经》中所隐含的这些古代歌谣的久远性及其在体裁上与《诗经》的相似性(或者也可以说是一致性),黄玉顺还将他所"发现"的这些古歌称之为"易诗",并信心满满地预测道:"'易诗'是一块诱人的处女地,我相信对它的开垦必将兴起一门'易诗学'。"[3]不过有意思的是,黄玉顺对"易诗"的发现,从其被广泛引证来看,它在易学界应该说是基本得到了认可;但是他所预期的这种"易诗学"研究,20余年以来,无论是在易学界,还是在诗学界,乃至于广义的文学界,却似乎并未得到广泛的重视而深入开展。当然,这种"易诗学"研究也并不是完全没有,因为:不仅黄玉顺本人对《易经》古歌的"发现"研究工作可以被看作是最早的"易诗学"的开展,而且黄玉顺现在正在建构中的"生活儒学"在相当程度上可以说也是一种"易诗学",后者(把"生活儒学"看作是一种"易诗学"的展开)正是基于其《易经》古歌的"发现"与"生活儒学"思想创构之间的内在关联的肯认。

2."生活儒学":作为一种"易诗学"

"易诗学",顾名思义,如果存在,那应是对作为一种诗歌形式的《易经》古歌的研究;"生活儒学",用黄玉顺自己的话说,就是"面向生活本身的儒学":它首先是要揭示或敞开一种作为存在本身和仁爱情感的"生活本源"观念,然而在复归这种"生活本源"的基础上重构一种新的当代的儒学理论体系,从而不只是为了解释我们的生活,而且更要改变我们的生活。说"生活儒学"在相当程度上就是一种"易诗学",这其实就是说:"生活本源"的观念与"易诗"之间存在着某种内在关联。黄玉顺借用了海德格尔的说法,把这一关联称之为"诗与思"的关联。

如前所述,"生活儒学"的理论建构以"面向生活本身",亦即是以揭示或敞开作为存在本身和仁爱情感的"生活本源"为基础与核心,这种"揭示和敞开"活

---

① 此所谓"神坛"有两重意义:一是指《周易》因其作为"卜筮之书"而具有的"神秘性",二是指《周易》因其曾为"群经之首"而具有的"神圣性"。

② 张岱年:《易经古歌考释·序》,黄玉顺:《易经古歌考释》修订本,第1页。

③ 黄玉顺:《易经古歌考释》修订本,第34页。

动一方面要求的是对“生活本源”的领会和诠释，同时也必然关联和指向着一种本源或本真的言说和表达方式，因为“这种存在之领会与诠释是与本真的言说同在的”①。其中，对作为存在本身和仁爱情感的“生活本源”的领会与诠释，海德格尔前期称之为“生存领会”，后期直接称之为“思”，黄玉顺则把它称之为“生活感悟”，而那种本源或本真的言说和表达方式就是诗歌。所以说，“‘诗与思’的关系就是诗歌与生存领会的关系”②：

> 我所谓“生活感悟”，包含本真的生活情感和原初的生活领悟，这些都是先于理性、先于科学、先于伦理、先于哲学的事情。这种本真的生活感悟，尤其情感，往往都是由诗歌来传达的，即陆机《文赋》所说的“诗缘情”。③

阅读黄玉顺对“生活本源”的描述时，我们不难发现这样一个现象，那就是他经常举诗歌的例子。这是因为：“诗歌这样的言说方式，是情感性的言说方式，实际上所表现的就是情感之思。”④

对于诗的这种本源或本真言说功能，我们还可以从“诗”与语言的起源来理解。许慎《说文解字·言部》云：“诗，志也。从言，寺声。”古人常有所谓“诗以言志”之说，又“志”即是“心之所之”。⑤ 由此看来，“诗”作为一种特殊的语言形式，它所表达的是一种与“心”相关的东西。如果更确切地说，那首先就是“情感”，其次才是“理性”。这一点从“情”“感”二字皆“从心”亦可得到某种意义上的体现和说明，而就“理性”来说，又“性即理也”（伊川、朱子语），“理”则是从“玉”，与某种主体性存在者的行为有关，诸如琢磨、治理。诗歌之所以能够作为一种本源性的言说和表达方式，这乃是与语言的起源有关的。卢梭曾在其《论语言的起源》一书中这样说道：

> 语言起源于何处？精神的需要(moral needs)，亦即激情(passion)。激情促使人们联合，生存之必然性迫使人们彼此逃避。逼迫着人类说出第一个词[voix]的不是饥渴，而是爱、憎、怜悯、愤怒。⑥
>
> 需要造就了第一句手语，激情逼出了第一句言语[voix]。⑦

卢梭在这里提出了一个非常重要的观念，即语言乃是起源于“爱、憎、怜悯、

---

① 黄玉顺：《易经古歌考释·修订再版后记》，第 442 页。

② 黄玉顺：《易经古歌考释·修订再版后记》，第 442 页。

③ 黄玉顺：《易经古歌考释·修订再版后记》，第 441 页。

④ 黄玉顺：《爱与思——生活儒学的观念》，第 105 页。

⑤ 参见《论语集注·为政》，(宋)朱熹：《四书章句集注》，中华书局 1983 年版，第 54 页。

⑥ [法]卢梭：《论语言的起源——兼论旋律与音乐的摹仿》，洪涛译，上海人民出版社 2003 年版，第 15 页。

⑦ [法]卢梭：《论语言的起源——兼论旋律与音乐的摹仿》，洪涛译，第 14 页。

愤怒"等"激情"，其实也就是情感，而非物质或生理层面的需要，亦非理性的进展。正是因为如此：

> 古老的语言系统不是系统性的或理论性的，而是生动的、象征性的。我们以为第一个开口说话的人的言语（假使曾经存在过），是一种几何学家的语言，可是在实际上，那是一种诗人的语言。①
>
> 在简约化和系统化之前，最古老的语言像诗歌一样，饱含激情。②

这一点，在我们古老的《易经》古歌，即"易诗"中也有非常显著的体现。而使得诗歌这种本源性的言说方式发生蜕变的正是理性的发展和哲学形上学的产生。卢梭说：

> 哲学研究和理性的进展使语法更趋完善，语言的活力及其激情的语调却因之而丧失，而正是这种活力与激情，最初时产生了如歌的语言。③

这一点在后世的许多哲学家身上也表现得非常明显。历史似乎总是这样的吊诡：在诗词歌赋等艺术创作方面非常有成就的人，在哲学形上学的理论体系建构方面往往有所欠缺，而在哲学形上学的理论体系建构方面相当有成就的人，在艺术创作方面又往往略逊一筹。

黄玉顺还曾根据我们的观念显现层级（生活感悟→形而上学→形而下学），把我们的全部言说方式划分为两种，即：一种是"言之无物"，一种是"言之有物"。其中，"科学、哲学、形而上学都是'言之有物'的，而诗歌、艺术、本源性的言说是'言之无物'的"④。这里的"科学"就是一种形而下学，它与"哲学"（也就是"形而上学"）一道，都是对某种存在者（物）的思考与追问，只不过形而下学是对"众多相对存在者"，亦即个别具体事物的研究，而"形而上学"是对"存在者整体"（"宇宙万物"），或者说是对"唯一绝对存在者"的探究。而在作为存在本身和仁爱情感的"生活本源"的显现中，无物存在，或者用黄玉顺常用的表达方式来说："生活"就是"无"。既然如此，那么对"生活本源"的言说，亦即是本源的言说方式就必定是"言之无物"的。黄玉顺曾这样论述诗之言说的本源性：

> 当你读诗的时候，你去品味，就能发现：诗诚然是想象—形象的，但是，诗却又是"言之无物"的。这里所谓"言之无物"是说：这里没有物，没有存在者。诗中显现的想象是形象，不是存在者，不是物，不是我们的认识对

---

① ［法］卢梭：《论语言的起源——兼论旋律与音乐的摹仿》，洪涛译，第14页。

② ［法］卢梭：《论语言的起源——兼论旋律与音乐的摹仿》，洪涛译，第15页。

③ ［法］卢梭：《论语言的起源——兼论旋律与音乐的摹仿》，洪涛译，第122页。

④ 黄玉顺：《爱与思——生活儒学的观念》，第106页。

> 象。本源性的言说是“言之无物”的，意思是说，在本源性的言说当中，在一首好诗的言说当中，诚然出现了很多想象的形象，但这不是你所“看到”的形象。你所看到的，只是情感本身的流淌，情感本身的显现。假如你“看到”了这些形象，那就是把它们作为一种对象来打量，那就完了！①

以上是对作为一种思想观念的“生活感悟”与作为一种言说方式的“诗歌”（即“诗与思”）的本源性以及它们之间所存在的一种“深层的内在关联”的讨论。黄玉顺在修订他的《易经古歌考释》时，曾从他现在的“生活儒学”思想出发，以脚注的方式对其中个别《易经》古歌添加了一些新的“品评”。这些新的“品评”其实就是对一种对“易诗”的研究，并且，这种研究正是意在揭示“生活感悟”与“易诗”（即“诗与思”）之间的内在关联。这里引《谦卦》为例。（在《易经古歌考释》修订本中，黄玉顺以添加脚注的方式来说明这种“诗与思”之关联的其实并不多，此处的《谦卦》就是其中为数不多且最具代表性的一卦）

首先，黄玉顺析出的《谦卦》古歌为：

> 鸿渐于干；鸿渐于磐，饮食衎衎。
> 鸿渐于陆；夫征不复，妇孕不育。
> 鸿渐于木，或得其桷。
> 鸿渐于陵；妇三岁不孕，终莫之胜。
> 鸿渐于阿，其羽可用为仪。

在《易经古歌考释》的初版中，黄玉顺这样品评道：

> 这是一首征夫怨妇之歌，类似于“风”。诗人运用“比兴”的手法，通过鸿与人的对比叙写，充分表现了这位妇女对丈夫的思念、对养育儿女的渴望，抒发了孤凄、感伤之情。这样的优美的抒情诗，绝不逊色于《诗经》的同类作品。②

在修订本的脚注中，黄玉顺做了这样的品评：

> 这首歌谣以鸿雁的栖止为隐喻指引，极为本色地显现了一位妇女对“家”的独特生活感悟：远行不归的丈夫，过去夭折的，乃至将来尚未受孕的孩子，他们原来也都在她的生活中“在”着。这里是她的家园：高地椽屋，依山傍水，俯石瞰鸿。大雁由低处向高处登进：水—干（岸）—磐（水边大石）—陆（高平地）—木（树上）—桷（屋上）—陵（土丘）—阿（山陵）。随着大雁的渐进于高处，她的悲伤也渐深，直到不堪忍受；可是最后忽然笔锋陡

---

① 黄玉顺：《爱与思——生活儒学的观念》，第 105 页。

② 黄玉顺：《易经古歌考释》修订本，第 300 页。

> 转，进入一种极为平静、甚至愉悦的境界：鸿雁的羽毛，可以用作仪态的装扮。这是怎么可能的呢？我们千万别用“自我排解”之类的话来搪塞，因为那痛苦已经是“终莫之胜”的了。那么这是为什么呢？必定是因为她领会到了：“我”的“在家”也就是“我们”的“在—家”，因为“家”并不是那个外在的东西，“家”就在“思”中。唯其如此，《易经》的编者才从中领会到一种少有的吉祥。[①]

对比这两则不同时期且风格迥异的“品评”，我们可以看到：在早期的品评中，他只是运用了惯常的，甚至在今天看来有些俗套的文学评论方式对《谦卦》古歌进行了简单地评论，即：先从体裁上做出界定（如“风”），然后指出其中的艺术表现手法（如“比兴”），最后再点明主人公的思想感情，或作者要表达的思想内容，等等。然而在新添加的品评中，显然已经超越了原来的那种惯常而俗套的叙述方式：我们看不到文学评论中那些俗套的概念和模式，在如“诗”般的字里行间所呈现出来的只有真情实感的流淌和本源的生活感悟。作为品读者的“我们”及“妇女”“大雁”在这里其实都不存在，存在的只是由于空间位置的变动而导致的画面的转换，以及由画面转换带来的对“家”的“思—念”，“我们”及“妇女”“大雁”共在于（被带进）这个画面和“思—念”之中。从黄玉顺的这种品评中，我们不禁有这样一种感觉：从“易诗”的创作者到《易经》的编纂者，他们不仅有着本源而深刻的“生活感悟”，而且他们甚至在相当程度上已经有了一种“生活儒学”的思想。

综上所述，在黄玉顺的“生活儒学”思想中，作为存在本身并显现为仁爱情感的“生活”本身，不仅是一切存在者得以存在的“大本大源”，而且也是一切形而上学与形而下学之建构得以可能的“大本大源”。这种“生活本源”的敞开要求一种本源性的言说和表达，这就是“诗歌”（乃至一切真正的艺术）。如果说，黄玉顺借助文字学、训诂学等方法研究《周易》古经从而发现的《易经》古歌（又称“易诗”）是中华民族的远古先民（也是中华文明最初的创造者）对作为存在本身和情感显现的“生活本源”的最源始的领会和表达，那么，他以“面向生活本身”为口号与旨归而建构的“生活儒学”思想则是可以说是对“生活本源”的一种当代领悟与诠释。就此而言，不仅《易经》古歌在相当程度上是“生活本源”的注脚，就连“生活儒学”其实也是“生活本源”的注脚。同时，从早期《易经》古歌的“发现”到现在正在进行的“生活儒学”思想的建构，其实也都可以看作是“易诗学”的展开。

当然，在论述了黄玉顺“生活本源”的思想与其“易诗”的“发现”（“诗”与

---

① 黄玉顺：《易经古歌考释》修订本，第 300 页脚注。

“思”)之间的内在关联之后,这里还有这样一个问题值得我们去思考:是不是只有诗歌等艺术形式才可能通达(言说和表达)那种“生活本源”的领悟或观念?有没有可能存在着其他的言说和表达方式?抑或,我们可以反过来把一切言说和表达那种“生活本源”之领悟或观念的方式都称之为诗歌或艺术?如果真的是如此,那么是否意味着,无论是形而上学建构,还是形而下学建构,要想“面向生活本身”,就只有阅读诗歌或欣赏艺术?是否存在着其他通往“生活本源”的可能性?之所以有这样的问题,还有一个重要原因就是:黄玉顺的“生活儒学”创构开始之后,“尽管学界对生活儒学颇为关注”,但是他却说“真正理解的人并不多”,这里的确应该有他所说的“我的生活儒学之所以使许多人感觉难懂,主要是因为这种理论建构的思想视域问题”的原因,[①]亦即很多人可能是囿于其固有的传统形而上学的视域,从而没有意识到或不能理解这种作为存在本身和仁爱情感的“生活本源”观念,但是是否与黄玉顺对他所领会到的“生活本源”观念的表达方式有关呢?

值得补充的是,黄玉顺对于作为本源的“生活”观念的描述,除了“作为存在本身”和“显现为仁爱情感”两点外,还有一个作为生成观念的“生生”。此“生生”就是《易传》中“生生之谓易”的“生生”[②],意谓“生而又生”,生生不息;而所谓“生生之谓易”的“易”,既是指《周易》,也是宇宙万物的变易。“生生之谓易”,意思就是说,《周易》就是要揭示宇宙万物之“变易”发生的根源,这种根源其实就是万物自身的不断自我生成。所以,尽管黄玉顺在解释此作为生成观念的“生生”时更多是从《中庸》中“诚”的观念展开,即:作为存在本身和仁爱情感显现的“生活”在儒家思想之中同时也被表述为“诚”,此“诚”不断生成着一切存在者(万物),即所谓“成己成物”[③];但是事实上,当他以作为生成观念的“生生”来诠释“生活”之际,或者说当他借用《易传》“生生之谓易”之“生生”来描述“生活”观念之际,这已然是对《周易》的一种诠释了。所以,在此意义上,“生活儒学”本质上也就是一种易学,或者说,“生活儒学”和“易学”都是“生活本源”的注脚。

三、阴阳与变易:二元实体与绝对本体的确立
——黄玉顺“生活儒学”的易道形而上学建构

如前所述,在黄玉顺的“生活儒学”中,对《周易》的研究和诠释并不是为了

---

① 参见黄玉顺:《只有儒家的仁爱才能拯救我们——〈儒风大家〉采访黄玉顺》,《生活儒学讲录》附录,第142～143页。

② 黄玉顺编著:《生活儒学讲录》,第20页。

③ 参见黄玉顺编著:《生活儒学讲录》,第32～34页。

"发思古之幽情",而是为了重建一种新的现代性的儒学(中国哲学)从而推动中国的现代化。那么,到底如何重建儒学(中国哲学)呢?他通过对《周易》文本从《易经》古歌(它是对作为存在本身和仁爱情感显现的"生活本源"的领悟)、占辞(它蕴含的是一种神学形而上学的观念)到《易传》(它通过对《易经》的注解,基本摆脱了《易经》中原有的神学观念,并建构了一种)的转换跃迁之路的考察,指出了"易学对于中国哲学当代重建的最大启示"就是:"从生活本身、生活情感、生活领悟出发,去重建哲学——重建形而上学、形而下学(伦理学、知识论)。"[①]所以,在领会并敞开作为存在本身和仁爱情感的"生活本源"之后,黄玉顺并没有像许多西方哲学家(如以海德格尔为代表的后现代主义思想家)和当代中国的某些儒家学者(如张祥龙)那样止步于此,从而拒绝形而上学甚至排斥科学(形而下学),而是要求在"生活本源"之领悟的基础上进一步重建新的形而上学和形而下学。从已有的研究成果来看,黄玉顺的形而上学建构主要体现在通过对《周易》中的"阴阳"和"变易"思想的阐释进而尝试建构一种以"变易本体论"为核心内容的新的"易道形而上学"[②],而他的形而下学建构则主要体现在对一种当代的儒家制度伦理学,即中国正义论的建构。

又,如前所述,黄玉顺曾根据"生成"和"奠基"的关系将人类的思想观念和理论建构划分为两个序列,即:

生成:生活存在→形而下者→形而上者

奠基:生活本源→形而上学→形而下学

从黄玉顺"生活儒学"体系建构的现有开展情况及已有成果来看,他更多是依据"生成"关系来进行的,即在充分诠释了作为存在本身和仁爱情感的"生活本源"观念之后,从当代中国(乃至世界)问题的紧迫性程度出发,首先展开了他的"形而下学"的建构——作为儒家制度伦理学的一种当代诠释的"中国正义论"思想,它以当代中国社会的制度规范建构为基本问题。[③] 不过本文的论述顺

---

① 黄玉顺:《易学对当代中国哲学重建的意义——现代新儒家哲学与易学的深度关涉》,《社会科学研究》2014 年第 3 期。

② "易道形而上学"是笔者对《易传》作者融汇先秦诸子百家思想,在对《易经》的注解诠释中从而建构起来的一整套哲学形上学理论体系的一个概括,而之所以称之为"易道形而上学"有两方面考虑:一者,此"形而上学"以"道"为形而上之本体,而"道"也就是"易";二者,曾有学者围绕《易传》的学派归属问题(即《易传》哲学是儒家思想还是道家思想)争论不休,笔者认为,这样的争论完全没有意义,称之为"易道形而上学"正可免于此种无谓的争论。此处用"易道形而上学"称谓黄玉顺的形而上学建构工作,乃是由于他的形而上学建构正是基于对《周易》及易学思想精神的当代诠释。笔者还认为,不仅过去的传统形而上学建构是各种"易道形而上学",当代的,乃至未来的中国哲学的形而上学建构依然是"易道形而上学"。

③ 参见黄玉顺:《中国正义论的重建——儒家制度伦理学的当代诠释》,安徽人民出版社 2013 年版,第 18 页。

序更愿意从"奠基"的顺序展开，这一方面是因为形而上学的建构是为了阐明、论证某种形而下学建构的根据或意义，另一方面是因为这一顺序可能更能展现黄玉顺的形而上学和形而下学建构工作与易学（或易道）之间的关联，即正是根据易道形而上学的某些核心观念来建构他的形而下学的。所以，本节首先讨论他的"易道形而上学"建构的思想内容。

黄玉顺的形而上学建构工作，从总体来看，主要分为两大部分，即：一是阐明形而上学的基本内涵、申明形而上学建构的必然性和解构传统形而上学的必要性；二是探寻当代中国哲学形上学建构的可能方向。相较而言，前一部分其实更多是一种准备性的前奏工作，而后一部分才是更为实质性的工作。而且，也正是在后一部分中涉及他的《周易》研究。所以，本节对前一部分工作只作简单概述，更多的论释工作放在第二部分上。

在中国有许多研究哲学的学者（尤其以西方哲学学者为多）从中西语言与文化的差异性出发，认为中国文化没有哲学，理由就是中国没有形而上学："中国古代既无'形而上学'之名，亦无'形而上学'之实。"黄玉顺指出："这是一种极为常见、却极成问题的逻辑。"[①]他借用了韩愈的"定名"与"虚位"的关系思想，认为在不同的民族文化系统之间，尽管它们使用的语言、概念不同，从而使得它们各自的准确含义也并非完全"等同"，但是它们之间却有着某种"对应性"。正是这种"对应性"关系的存在才使得不同民族的语言和文化之间的相互翻译、理解及比较得以可能。所以，他说：

> 在"定名"上，中国当然没有 metaphyscis；但是在"虚位"上，中国当然有自己的"形而上学"的。否则我们为什么用汉语的"形而上学"去翻译亚里士多德的 metaphysics 并且能够理解呢？《易传》就是中国形而上学的建构，它说："形而上者谓之道，形而下者谓之器。""器"就是"物"，就是形而下的存在者……而"道"就是形而上的存在者。思考这样的形而上的存在者的，就是形而上学！[②]

他通过对中西形而上学概念及其内涵的细致比较，指出了"形而上学"的基本内涵就是："形而上学就是对'道之为物'这种存在者化的形而上者或终极实体或本体的思考与言说，意在据此阐明所有形而下者、'万物'何以可能。这样的形而上者、绝对实体就是本体。因此，形而上学的核心是本体论。"[③]这是中西

---

① 黄玉顺：《形而上学的黎明——生活儒学视域下的"变易本体论"建构》，《湖北大学学报》（哲学社会科学版）2015 年第 4 期。

② 黄玉顺：《爱与思——生活儒学的观念》第 4～8 页。

③ 黄玉顺：《形而上学的黎明——生活儒学视域下的"变易本体论"建构》，《湖北大学学报》（哲学社会科学版）2015 年第 4 期。

形而上学的共同本质，也是人类各大文明哲学思考所共有的“自然倾向”（康德语）。[①]

作为对“存在者化的形而上者或终极实体或本体的思考与言说”的“形而上学”，它的存在不仅在人类历史上有其实然性，而且从人类的生活需要和思维逻辑来说，有其必然性。

首先，从人类生活来说，黄玉顺指出：

> 哲学——形而上学、本体论等，绝非经院中、书斋里的概念游戏；哲学是一种生活，或者说是生活的可能性的一种敞开——通过建构一个可能世界，从而获得一种可能生活；哲学就是由“在生活”而积极地“去生活”。更通俗地说，哲学的宗旨就是从根本观念上解决生活问题。[②]

这就是说，只要我们人类“在生活”，并且还要积极地“去生活”，就必然要求某种形而上学的构造。

其次，从人类思维活动的内在逻辑来说，黄玉顺指出：

> 形而上学之所以是必然的，根本原因乃在于人类思想观念之构造的一种内在的逻辑承诺：对任何一个存在者领域之存在、甚至对任何个别存在者之存在的承诺，都已蕴含着对存在者整体之存在的承诺。当我们说“a 是 B”或者“A 是 B”的时候（小写字母表示个体，大写字母表示一个集合、种类），对 a 或 A 的存在承诺已经蕴涵了对 B 的存在承诺；如此递进下去，我们最终必然走向对一个终极 X 的承诺，这 X 就是存在者整体，亦即本体或上帝之类的形而上者。
>
> 这一点最典型地体现在定义的规则中：定义始终意味着我们必须为这个被定义概念找到一个上位概念——比被定义概念外延更大的概念；如此递进下去，我们最终会找到一个不可定义的最高概念，这就是形而上者的观念。例如，从“某某是……的人”“人是……的动物”“动物是……的生物”一直到“……是造物”就是这样的递进序列。形而上学的本质，就是用唯一绝对的存在者来说明众多相对的存在者何以可能；而任何一个陈述，最终都指向了形而上学。[③]

正是基于上述理由，黄玉顺多次明确强调：形而上学是不可逃逸的。当然，

---

① 康德把“形而上学”看作是“人的自然倾向”，这也正是对“形而上学”建构之必然性的一种认定。

② 黄玉顺：《形而上学的黎明——生活儒学视域下的“变易本体论”建构》，《湖北大学学报》（哲学社会科学版）2015 年第 4 期。

③ 黄玉顺：《形而上学的黎明——生活儒学视域下的“变易本体论”建构》，《湖北大学学报》（哲学社会科学版）2015 年第 4 期。

“形而上学”的无法逃避性并不意味着我们照搬传统的乃至别国的旧形而上学即可了事，因为：“生活的流变要求我们不断地解构旧形而上学，建构新形而上学。”[①]这就意味着，对于生活在当代的我们来说，以个体精神为核心的现代性生活方式决定和要求我们必须重建一种新的形而上学理论，即一种以现代性观念为内容的形而上学。

那么，黄玉顺是如何展开他的现代性形而上学重建的尝试的呢？在“生活儒学”思想创构之初（即在《“生活儒学”导论》的一文中），他就曾这样说道：

> 生活儒学的形而上学构造工作，就是：在生活本源的地基上，重建主体性，重建实体性，重建本体论，重建范畴表。[②]

从上述“工作列表”来看，黄玉顺正在循着他最初的设想，循序渐进地展开他的形而上学建构工作：随着“生活本源”观念的敞开，形而上学的地基已被奠定，即一是阐明了当代形而上学的重建必须从现代性的生活方式出发，二是以仁爱情感作为形而上学重建的“大本大源”。主体性、实体性及本体论的重建已初露端倪。范畴表的重建则可能正在酝酿之中。与他对“生活本源”观念的揭示与敞开一样，黄玉顺的形而上学重建也不是凭空而起，而是通过发掘传统文化与现代性精神和观念相契合的思想资源展开一种新的诠释来展开的。也就是说，正是在作为存在本身的生活本身的一种显现样式的诠释活动中，新的主体性与实体观念被生成，新的形而上学和本体论得以被重建。而他赖以展开这种诠释—建构工作的首要资源，就是《周易》。《周易》哲学的核心可概括为“阴阳”与“变易”，黄玉顺正是通过对这两个范畴的诠释来建构他的“生活儒学”的形而上学。也正是在这个意义上，我们把黄玉顺“生活儒学”的形而上学也称之为“易道形而上学”。

（一）阴阳之为实体与主体

虽然在《易经》中尚未出现后来哲学意义上的“阴阳”范畴，但是这并不影响我们把“阴阳”作为《周易》哲学的首要且核心的范畴（“变易”也是《周易》哲学的核心概念，但是它实则来源于“阴阳”）。因为正是《易传》从“阴阳”范畴出发，通过对《易经》的注解诠释进而建构起中国哲学最早的形而上学体系，从而使本来只是众多“卜筮之书”之一种的《周易》跃升为“群经之首”，而《易传》也因此成为《周易》文本不可或缺的一部分。在相当程度上可以说，没有《易传》的出现，就

---

① 黄玉顺：《形而上学的黎明——生活儒学视域下的“变易本体论”建构》，《湖北大学学报》（哲学社会科学版）2015 年第 4 期。

② 黄玉顺：《“生活儒学”导论》，《面向生活本身的儒学——黄玉顺“生活儒学”自选集》，第 47 页。

不会有《周易》哲学。黄玉顺认为,《周易》的“阴阳”范畴是一种“生命的结构”,蕴含着一种“和合精神”,对于解决当代中国乃至世界的问题具有重要意义和价值。

作为“生命的结构”的“阴阳”范畴,涉及内容与形式两个方面:

从内容上来说,《周易》“阴阳”哲学的建构乃是出于一种“生命关怀,或曰生命忧患意识”。此即《易传》所谓:“作易者其有忧患乎!”(《周易·系辞传下》)黄玉顺认为,这种“生命忧患意识”是中国哲学永恒的主题,也正是在此意义上,他把中国哲学看作是一种“东方生命哲学”。这种“生命哲学”关心“群体生命与个体生命”的关系,关心“生命的维持与提升”,关心“生命的存在与超越”。[①] 就此而言,黄玉顺立足于当代生活从而建构他的“生活儒学”思想以回应和解决当代中国乃至世界问题,也是这种“生命忧患意识”和“生命哲学”传统的延续。

从形式上来说,《周易》的“阴阳”哲学体现为一种“二元一体”的关系模型:

> 所谓“二元”,是讲阴阳双方的差异对立,其经典表述为“一分为二”,可界定为“同类异性”。男女是同类异性,乾坤、天地、阴阳也都是同类异性。非同类不相交,这是一个生命法则:“同声相应,同气相求”(《乾文言》);“风马牛,不相及”。非异性亦不相交,这又是另一个生命法则:“二女同居,其志不同行”(《周易·艮彖》);“和实生物,同则不继”(《国语·郑语》)。所谓“一体”,是讲阴阳双方的亲和统合,其经典表述为“合二为一”,可界定为“共存互补”。此即所谓“和”(孔子)(《子路》)、所谓“交”(方以智)(《东西均·反因》)。不和不交,“夫妻反目”(《周易·小畜》)、“上下敌应”(《周易·艮象》),这是不符合生命结构法则的。[②]

其实,黄玉顺所说的“阴”“阳”之间的这种“二元一体”关系,就是我们通常所说的“对立统一”。不过,他还指出,《周易》“阴阳”之间的这种“二元一体”关系模型具有双重意义:

> 一是富于伦理精神的宇宙论模式,一是富于实体精神的存在论模式。……(也就是说)对于“阴阳”,既可以作宇宙论的理解,亦可作存在论的理解。而这两种理解,可以导致两种截然不同的观念。其共同性在于,“阴阳”总是一种关系范畴;但是,这里存在着……两种不同意义的关系:宇宙论意义上的阴阳,是那种“无实体性前提的纯粹关系”,即阴和阳均非独立的实体;而存在论意义上的阴阳,则是以实体为前提的关系,即阴和阳本是两个独立的实体。……

---

① 参见黄玉顺:《生命结构与和合精神——周易哲学论》,《易经古歌考释》修订本,第386～387页。

② 黄玉顺:《生命结构与和合精神——周易哲学论》,《易经古歌考释》修订本,第388页。

> 其宇宙论模式富于群体伦理精神……但这里……缺乏独立个体的位置。
>
> 而其存在论模式则富于个体精神……西方的第一实体始终追求绝对的独立价值，它可以生长出现代性的基础观念，但也可能造成“人对人如豺狼”那样的斗争哲学；而中国的“阴”“阳”实体则追求和谐。阴阳观念在于互补和谐，但从今天的立场看，它应是一种多元互补的和谐，这就要求我们把阴、阳理解为两个独立的实体。①

显然，在黄玉顺看来，对“阴”“阳”之间的“二元一体”（“对立统一”）关系做不同的理解，将导向完全不同的观念和结果，而其中的后一种理解，则不仅蕴含着一种导向以“个体精神”为核心的现代性观念的可能性，而且可以继承发扬中国哲学与中国文化的一种固有精神价值，（即一直以来为我们所崇尚和且引以为豪的“和谐”的价值观念），从而使之获得一种世界性的普遍意义，这就是：我们可以，而且应当从一种“存在论模式（或意义）”出发把“阴”和“阳”看作是两个独立的相对实体（亦即是“个体”），首先承认它们彼此各自的差异性（此即所谓“二元”）；推而广之，整个世界万物也可被看作是各自独立的个体（此即所谓“多元”）；然后在此基础上追求各自之间的和谐互补、共同发展的可能（此即所谓“一体”）。反之，如果否定“阴阳”乃至万物之间的差异性、独立性，强行将它们全部抹平，即归于“一元”，那么不仅谈不上和合，甚至可能导向斗争、冲突。而当我们把“阴”“阳”乃至世界万物都看作是独立的实体（即个体）之际，“我们”和“它们”同时也就被赋予了一种新的主体性，即个体化的相对主体性。这种个体化的相对主体性也就是“生活儒学”的“形而上学”所要重建的新的主体性。

对“阴阳”之间的“二元一体”关系的这种“存在论意义”的理解，其实也就是《周易》中所说的“一阴一阳之谓道，继之者善也，成之者性也”（《周易·系辞上》）：“道”就是“易道”，它展开为“一阴一阳”，也就是“阴”“阳”之间的“二元一体”（“对立统一”），即在承认事物彼此之间的差异性、独立性的基础上寻求相互之间的和合共存、互补发展。只有依循此“二元一体”之“易道”而行才能成就善业，从而成就自己的德性人格。

（二）变易之为本体

如前所述，一方面，形而上学的建构不是一劳永逸的，因为生活方式的流变本身又要求不断地解构旧形而上学，建构新形而上学；另一方面，形而上学是对

---

① 黄玉顺：《中西之间：轴心时代文化转型的比较——以〈周易〉为透视文本》，《易经古歌考释》修订本，第437～438页。

存在者化的形而上者、绝对终极实体的思考和言说，而所谓存在者化的形而上者、绝对终极实体也就是"本体"。所以，形而上学的核心就是本体论。这就意味着："新形而上学首先需要建构起新的本体论。"[①]而新的本体论其实也就是确立一个新的本体作为已有的形而下的相对存在者得以存在的根据。那么，黄玉顺"生活儒学"的新形而上学提出的新的本体是什么呢？简言之，就是"变易"，即把"变易"看作是形而上的本体，这显然也出自《周易》。《周易·系辞传下》：

> 《易》之为书也不可远，为道也屡迁，变动不居，周流六虚，上下无常，刚柔相易，不可为典要，唯变所适。

黄玉顺对此解释说：

> 这里的《易》实质上是指的《易传》；其为书，实言道；此道即"形而上者谓之道"，其特征是周流变动、相易无常，既非唯物，亦非唯心，乃"唯变"。换言之，变就是作为形而上者的本体。亚里士多德讲"存在者之为存在者"，《易传》则讲"变之为变"。这样的本体论，可谓"变易本体论"。[②]

这就是说，与西方哲学中更多的是把形而上之本体看作是永恒不变的、静止不动的实体不同，由《易传》所建构的作为中国哲学之核心的易道形而上学则正是以变易本身作为本体，亦即是"道"。正是在这个意义上，变易本体论是易道形而上学的核心，或者甚至可以说，易道形而上学其实就是变易本体论。那么问题来了，黄玉顺所说的这个"变易本体论"不就是《易传》哲学所固有的吗？它何新之有呢？又何来重建之说呢？

其实，黄玉顺"生活儒学"的这个"变易本体论"与传统形而上学中的"变易本体论"有着很大的不同，这种不同正是源于上述"阴阳"观念的不同理解：传统形而上学中的"变易本体论"更多是与对"阴""阳"之间的一种"宇宙论意义"的理解有关，即把"变易"只是看作一种"纯粹关系"的存在形式，只是各种关系在变易，如天人关系（即人与自然的关系）、夫妇关系、君民关系等的变易，而无个别实体的存在。而黄玉顺的"变易本体论"则是基于对"阴""阳"之间的一种"存在论意义"的理解，即把"变易"看作是不同实体（作为多元实体的万物其实可以化约为作为二元实体的"阴"与"阳"）之间因相互的交感关系而发生的变易。他通过对《周易》之"易"的文字学考证，进而指出：

---

① 黄玉顺：《形而上学的黎明——生活儒学视域下的"变易本体论"建构》，《湖北大学学报》（哲学社会科学版）2015 年第 4 期。

② 黄玉顺：《形而上学的黎明——生活儒学视域下的"变易本体论"建构》，《湖北大学学报》（哲学社会科学版）2015 年第 4 期。

> “易”本义当指交易(交换)而变易。《易》之为书,旨在变易;而之所以变易,乃源于阴阳之交易(交感)。①

这就是说,作为本体的“变易”并非先在于作为实体的“阴”“阳”,恰恰相反,正是由于作为实体的“阴”“阳”的交感互动才有了作为本体的“变易”。这种阴阳交感,其实就是前述作为阴阳和合互补。从作为二元实体的“阴阳”到作为本体的“变易”,这也正是黄玉顺所说的观念层级之间的“生成”关系:“存在的实情并非形而上者为形而下者奠基,而是我们从形而下者中抽绎出了形而上者。”②或者也可以说,“阴阳”与“变易”,就是“二元”与“一体”的关系。这就是黄玉顺从现代性生活方式出发建构的一种新的易道形而上学,它从《周易》中发掘诠释而来。

不过,我们也应当看到的是,无论是从他最初的“形而上学构造”的设想来看,还是从现有成果的体系化程度来说,正如他的《形而上学的黎明——生活儒学视域下的“变易本体论”建构》一文的标题所显示的,黄玉顺的“易道形而上学”建构其实只是为我们打开了一个突破口,从而向我们展示了一种可能的方向而已,更为全面的建构工作则还有待进一步展开。

四、仁爱、礼乐与正义:一种“中国正义论”的重建——黄玉顺“儒家制度伦理学”建构中的易道精神阐释

如前所述,形而上学建构之所以必然和必要,在于我们总是要为自己的形而下的生活找寻某种依据,从而阐明和论证某种形下生活和观念的存在的意义,而这同时也表明了:形而下者的存在是先于形而上者的,形而下学的建构也是先于形而上学的建构的。这也就是为什么黄玉顺的“生活儒学”在打好了“生活本源”的地基之后,首先开始的是一种形而下学的建构,即作为一种儒家制度伦理学的“中国正义论”③。

作为“生活儒学”体系建构的一部分(即形而下学建构部分),黄玉顺的“中国正义论”思想也是为了回应和解决当下的中国乃至世界的共同问题的。这个问题就是制度规范的建构的问题,或者说是社会规范建构及其制度安排问题,

---

① 黄玉顺:《形而上学的黎明——生活儒学视域下的“变易本体论”建构》,《湖北大学学报》(哲学社会科学版)2015年第4期。

② 黄玉顺:《主体性的重建与心灵问题——论当代中国哲学的形而上学重建》,《山东大学学报》(哲学社会科学版)2013年第1期。

③ 就形而下学的层级来说,它包括伦理学和知识论两个部分,显然,黄玉顺现已形成的“中国正义论”思想属于前者,而后者(即知识论部分)似乎尚未真正展开。当然,可能他已经在酝酿之中,所以,我们也期待着他的“知识论”思想早日问世。

亦即“群体生活的秩序安排或组织形式”问题。当然，与一般的政治学乃至具体的政治实践活动（它们更多是要提供某种具体的秩序建构方案或行动策略）不同，正义论的研究则是要探究制度规范建构所依据的基本原则或价值依据，而“中国正义论”则是要通过对中国传统文化中所蕴藏的正义思想的发掘和诠释，从而为当代社会的制度规范建构提供原则参考或价值依据。如果借用中国传统哲学的话语系统来表达，那么，“制度规范建构”属于“礼”的问题，或者也可以说是“礼乐”的问题（因为在中国传统文化中，“乐”不只是作为一种艺术形式存在，它同时也某种政治观念的表达和政治秩序的体现。正是在这个意义上，在传统文化中往往是“礼乐”并称，而中国文化也常被称为“礼乐文化”），而作为“制度规范建构的基本原则或价值依据”的“正义论”则属于“义”的问题。[①]

从思想观念来源和具体展开情况来看，黄玉顺的“中国正义论”建构，一方面与他跟罗尔斯“正义论”思想的“对话”[②]有关（因为在当代西方的政治哲学中，罗尔斯的“正义论”无疑就是最大的显学）；另一方面，主要体现在对周（包括周公、《周礼》与《周易》）、孔、孟、荀的“正义”思想的研究和阐释。本文此处不拟对他的“《周易》正义思想研究”的全部具体内容展开论释，而更多侧重于对他的整个“中国正义论”思想的核心观念中所蕴含的易道精神的考察，意在表明：他的“中国正义论”其实是基于易道精神（即上述“阴阳”与“变易”的“二元一体”思想）来展开的，是对于以易学为内核的中国文化的一种当代继承。

从总体来说，黄玉顺的“中国正义论”思想建构主要体现在这样一个“最基本的观念序列”中：

仁→利→智→义→知→礼→乐
仁爱→利益→良知→正义→理智→规范→和谐[③]

在这个观念序列中，其实最为核心的环节就是“仁→利→义→礼→乐”，或者也可以这样来表达：“仁→利→义→礼乐”。这个观念序列不仅从儒家的角度解释了“正义”问题之发生与研究的必然性，而且也以儒家的方式为“中国正义论”的建构敞开了一种可能性，而这里所谓“儒家的角度”“儒家的方式”，其实同时也是对《周易》思想及易道精神的诠释与运用。

---

① 参见黄玉顺：《中国正义论纲要》，《中国正义论的重建——儒家制度伦理学的当代阐释》，安徽人民出版社2013年版，第23页。

② 其实更多的是一种批判，因为在黄玉顺看来，罗尔斯的“正义论”所关注和阐发的更多属于一些具体的制度建构方案，即属于“礼”的问题，而不能算是严格意义上的“正义论”。

③ 黄玉顺：《中国正义论纲要》，《中国正义论的重建——儒家制度伦理学的当代阐释》，第40页。

(一)"正义"何以必然——从"爱利"到"礼乐"

如前所述,正义论的研究与建构指向的是社会的制度规范建构,亦即群体生活的秩序安排,那么,我们首先要回答,人类为什么要建构制度规范呢,也就说,"正义"问题何以是必然的?对此,黄玉顺指出:

> 对于制度规范的建构来说,正义原则之所以是必要的,是由于群体生活中的利益冲突问题。这是古今中外一切正义论所共有的论域。……正义问题乃是利益问题。……
>
> 正义问题是与利益问题密切相关的,人们之所以提出正义原则,并由此来建立制度规范,就是为了解决利益冲突问题。[①]

这就是说,制度规范的建构就其直接目的而言,就是为了解决群体生活中的利益冲突问题。正是利益冲突这一人类社会群体生活的共同问题,把西方的"正义论"与中国的"义利之辨"及"礼乐"建构纳入到了同一论域,进而一方面使得它们之间的有了可资比较与对话的可能,另一方面也使中国"正义论"[②]的当代建构得以可能。可以说,社会群体生活中的利益冲突问题不仅是一个在当代实然存在的现实问题,而且在相当程度上也是贯穿人类社会始终的问题的(不管人类社会是否真的有终点)。当我们试图致力于去解决这样的问题的时候,一个必要的工作就是追问这样的问题得以产生的根源,因为往往在问题产生的根源处也蕴藏着问题的解决之道。所以,我们首先追问和思考:社会群体生活中的利益冲突是何以可能的?而黄玉顺的"中国正义论"的观念序列或观念架构中起点的两个环节("仁→利"即"仁爱→利益"),就是要解释和回答这一问题。对此,黄玉顺的回答是:"在儒家思想中,仁爱既然是所有一切事物的本源所在,那么仁爱必定也同样是利益冲突的本源所在。"[③]这就是说,利益冲突乃是导源于仁爱情感,或者说,正是本源的仁爱情感导致了利益冲突。这一思想乍听起来可能觉得"惊世骇俗",尤其是会让某些儒家原教旨主义者完全无法接受,会认为这是在给儒家抹黑。然而,这却是"生活"的"实情"。

作为"生活本源"的首要的、原初的显现样式,首先,仁爱情感给出或生成了施爱者(爱的主体)与被爱者(爱的对象)这两个彼此相异的形而下的实体性存在者(即"己"与"非己"),又由于仁爱情感的显现呈现差等性(即所谓"差等之

---

① 黄玉顺:《中国正义论纲要》,《中国正义论的重建——儒家制度伦理学的当代阐释》,第25~26页。

② 注意:是中国"正义论",而不是"中国正义论"。如果我们承认应当建构中国的"正义论",那么,黄玉顺的"中国正义论"则可以看作是中国的"正义论"建构的一种展开形式。

③ 黄玉顺:《中国正义论纲要》,《中国正义论的重建——儒家制度伦理学的当代阐释》,第28页。

爱”),故而作为爱的对象的被爱者(“非己”)也被同时赋予了各自的差异性,即亲人、人民、万物。此即孟子所谓“亲亲而仁民,仁民而爱物”(《孟子·尽心上》)这就出现了“己”—“亲”—“民”(或“人”)—“物”这样的差等序列。这个序列还可以推而极之到整个宇宙万物,它反映的就是形而下的众多相对存在者之间的差异性,他们都是作为某个独立的实体性存在者而存在。其次,仁爱情感的显现必然要展开并落实为施爱者与被爱者(即主客体)之间的“利欲”行为关系,即“我们爱一个人,自然就希望他或她好,就会为他或她谋利。爱亲则欲利亲,爱民则欲利民;爱人则欲利人,爱物则欲爱利物”[①],这就是所谓“爱而利之”,亦即荀子所谓“爱利”。而社会中的利益冲突的发生正是源于仁爱情感显现的这两个方面,即“爱的差等性”与“爱而利之”的行为诉求。

当社会中出现利益冲突,人们为了不至于相争,或者为了缓解斗争冲突,这就是必然要制定一定的社会规范及制度,以保障和实现社会中每个人的正当利益。而唯当社会中每个人的正当利益都得到了保障和实现,不同的个体之间才能进入一种和谐的状态,与此同时,由所有个体组成的群体的存在也才能得到维持。这就是上述观念序列中的“仁→利→礼乐”,它体现的其实是前述从“生活本源”到“形而下者”及“形而下学”的一种“生成”关系。

那么,问题是,上述思想中哪里体现了《周易》思想或易道精神呢?

首先,从对仁爱情感的领会来说,黄玉顺指出:

> 《易传》秉持儒家的仁爱立场。如《系辞上传》说:“安土敦乎仁,故能爱”;《明夷象传》说:“王假有家,交相爱也”;《复象传》也说:“休复之吉,以下仁也”;《乾文言传》也说:“君子学以聚之,问以辩之,宽以居之,仁以行之”;如此等等。[②]

其次,从“爱而利之”来说,黄玉顺也曾指出:

> 整部《周易》古经作为卜筮之书,其实就是“谋利”的,故其筮辞屡言“利贞”“利见大人”“主利”“利建侯”“利用狱”“利用行师征邑国”……“利用祭祀”等。其正面的极端是“无不利”,而负面的极端是“无攸利”。简而言之,就是《系辞下传》所说的“变动以利言,吉凶以情迁”。……后来《易传》继承了这种“谋利”的指导思想。[③]

---

① 黄玉顺:《中国正义论纲要》,《中国正义论的重建——儒家制度伦理学的当代阐释》,第 29 页。

② 黄玉顺:《制度规范之正当性与适宜性——〈周易〉正义思想研究》,《中国正义论的重建——儒家制度伦理学的当代阐释》,第 204 页。

③ 黄玉顺:《制度规范之正当性与适宜性——〈周易〉正义思想研究》,《中国正义论的重建——儒家制度伦理学的当代阐释》,第 202 页。

第三，就为了解决利益冲突而展开的制度规范建构（即“礼”之建构）来说：首先，在目的上，制度规范建构指向的是群体生活的和谐，这显然正是对《周易》“阴阳”哲学的“生命忧患意识”的继承；其次，在方式上，它是在承认和根据社会中不同个体的差异性的基础上，通过某种社会秩序的制定，从而一方面保障个体自身的利益（即“礼以别异”），另一方面推动个体之间的良性互动，进而最终实现整个社会群体的和谐（即“乐以和同”）。正如黄玉顺所说的：“和谐以差异为前提，差异以和谐为旨归。”[①]这种“差异—和谐”其实就是前述“阴阳”之间的“二元一体”关系结构的体现。

（二）“正义”何以可能——从“礼乐”到“正义”

阐明“正义”问题的必然性，这只是黄玉顺“中国正义论”思想建构的第一步，更重要且实质的问题当然还是：用以解决利益冲突，从而实现社会和谐（“乐”）的制度规范之“礼”的建构何以可能？这才是“正义”问题的核心主题，即：确立制度规范建构所依据的基本原则或价值根据，也就是“为建构群体生存的制度规范而提出若干原则”，即所谓“正义原则”。[②] 黄玉顺在研究《周易》正义思想时就指出：“《周易》正义思想的核心是‘义’，亦即正义原则本身。”[③]那么，黄玉顺的“中国正义论”提出了什么样的“正义原则”呢？这就是黄玉顺“中国正义论”思想中的第二个核心内容，即他提出了“两条基本的正义原则”：“正当性原则”与“适宜性原则”。[④] 这两条正义原则的思想不仅在《周易》中有许多具体而明确的表达，而且它们在相当程度上也体现着易道精神。

首先，就“正当性原则”来说。黄玉顺指出：“正当性原则要求社会规范及其制度安排是正当的。”也就是说，它并不是指“依据某种现存既有的制度规范来判定行为是否正当”，而是指“这种制度规范本身是否正当”。[⑤] 这种正当性原则在《周易》（尤其是《易传》）中的最集中的体现和表达就是“当位”的思想：这个“当位”绝不只是象数学意义上的，即所谓“阳爻在阳位，阴爻在阴位”，毋宁说，象数学意义上的“当位”思想反而正是一种“正当”观念的反映。因为象数中的

---

① 黄玉顺：《中国正义论纲要》，《中国正义论的重建——儒家制度伦理学的当代阐释》，第 39 页。

② 参见黄玉顺：《中国正义论纲要》，《中国正义论的重建——儒家制度伦理学的当代阐释》，第 23 页。

③ 黄玉顺：《制度规范之正当性与适宜性——〈周易〉正义思想研究》，《中国正义论的重建——儒家制度伦理学的当代阐释》，第 206 页。

④ 参见黄玉顺：《中国正义论纲要》，《中国正义论的重建——儒家制度伦理学的当代阐释》，第 33 页。

⑤ 参见黄玉顺：《中国正义论纲要》《中国正义论的重建——儒家制度伦理学的当代阐释》，第 33～34 页。

爻位在相当程度上所象征的就是社会群体生活中的“位”，后者实质上就是所谓“名分”，也就是作为制度规范的“礼”。[①] 这就是说，当且仅当一种制度规范的制定与社会中的不同“位置”“名分”的划分相匹配，它才是正当的。

进一步来说，这种正当性原则又具体体现为“公正性准则”与“公平性准则”两个方面：“如果说公正是对群体公利的尊重，那么，公平就是对他者私利的尊重。”[②]显然，这里的“群体公利”与“他者私利”的区分，所涉及的其实也就是“群体”与“个体”的关系，这又与《周易》的“阴阳”结构哲学有关：对个体私利的尊重，体现的是前述“存在论意义”上的“阴”“阳”之间“二元实体”关系；而对群体公利的尊重则关注和指向的是“阴”“阳”这二元实体（推而广之，其实就是所有个体）之间的和合“一体”、互补共存的关系。当然，黄玉顺还进一步指出，尽管本源的仁爱情感（即差等之爱）导致了利益冲突，但是，这种冲突的解决，依赖于对群体公利和个体私利的双重尊重，而这种尊重依然源于本源的仁爱情感——即以“推己及人”为特征的“一体之仁”。这就意味着，一种制度规范建构的制定必须是出于本源的仁爱情感，才可能是正当的。

其次，就“适宜性原则”来说。黄玉顺指出：“一种正当的制度规范，未必就是适宜的。……假如先后两种制度，都出于仁爱中的一体之仁，从而都是正当的，这就表明正当性不能保证适宜性。”[③]所以，“在中国正义论看来，只有正当性原则是不够的，还须有适宜性原则”[④]。同时，与前面的“正当性原则”一样，黄玉顺也强调：“适宜性原则要求社会规范建构及其制度安排是适宜的。”也就是说，它也不是指“某种行为是否符合现存既有的制度规范”，而是指“这种制度规范本身是否符合人们当下的生活情境”。[⑤] 这种“符合”要求“制度规范的建构应当适应于不同时间和不同地域的不同生活方式”。[⑥] 所以，与前面的“正当性原则”相类似，这里的“适宜性原则”也体现在两个方面，即：“地宜性准则”和“时宜性准则”。这两个准则意味着，制度规范建构并不是一劳永逸的，而必定是随时随地的“变易”的，这也就是孔子所说的“礼有损益”。这种适宜性原则，尤其是其中的“时

---

① 参见黄玉顺：《制度规范之正当性与适宜性——〈周易〉正义思想研究》，《中国正义论的重建——儒家制度伦理学的当代阐释》，第 208 页。

② 黄玉顺：《中国正义论纲要》，《中国正义论的重建——儒家制度伦理学的当代阐释》，第 34～36 页。

③ 黄玉顺：《制度规范之正当性与适宜性——〈周易〉正义思想研究》，《中国正义论的重建——儒家制度伦理学的当代阐释》，第 211 页。

④ 黄玉顺：《中国正义论纲要》，《中国正义论的重建——儒家制度伦理学的当代阐释》，第 36 页。

⑤ 参见黄玉顺：《中国正义论纲要》，《中国正义论的重建——儒家制度伦理学的当代阐释》，第36～37 页。

⑥ 参见黄玉顺：《制度规范之正当性与适宜性——〈周易〉正义思想研究》，《中国正义论的重建——儒家制度伦理学的当代阐释》，第 211 页。

宜性准则”在《周易》中的思想体现几乎是随处可见，尤其是《易传》中所特力阐发的“时义”思想：与时偕行、顺时而动、时中等等；至于“适宜性原则”所要求的“礼”之“损益”变动，可以说，就更是《周易》的本旨表达了。如果说，展开为时宜性和地宜性两个准则的适宜性原则体现的是一种“阴”“阳”之间的差异性（即前述的“二元”），那么，适宜性所要求的“礼”之“损益”变动则体现的正是“变易”的本体性（即前述的“一体”）。当然，从“生活本源”上来说，这种“适宜性原则”与礼之“损益”变动，其实都是由作为“生活本源”的一种显现样式的生活方式的流变所决定。

或许有人会说黄玉顺在建构“中国正义论”过程中对《周易》思想（包括正义思想）的研究诠释完全是一种“六经注我”的方式。然而，实情本身恐怕并非“六经注我”，而是：正是通过他的这种诠释工作，一方面，作为一种现代性的儒家制度伦理学建构的“中国正义论”思想才得以确立；另一方面，古老的《周易》文本也才能获得一种新的意义和价值。而这也就是黄玉顺所谓的“注”（他对《周易》正义思想的研究阐释）—“生”—“我”（“中国正义论”思想）—“经”（具有一种现代性意义的《周易》）。

综上所述，在当代儒学中，黄玉顺延续近代以来中国知识分子一直致思的“中国的现代化”这一基本问题意识，从而建构的一套极具现代性精神且已渐呈体系的“生活儒学”思想，在相当程度上乃是通过对曾经作为“群经之首”的《周易》的研究和诠释展开的：他对作为存在本身和仁爱情感的“生活本源”观念的敞开，与他早年的《易经》古歌的“发现”研究之间有着深层的内在关联，就此而言，他的“生活儒学”不仅在一定程度上可以看作是“易诗学”的延续和展开，而且也是“生活”本身的注脚；他的形而上学构造工作，则是通过对《周易》中最为核心的“阴阳”与“变易”思想的诠释展开的，向我们展示了一种富含现代性精神的形而上学建构的可能性；他的儒家制度伦理学（即“中国正义论”思想）建构则不仅回溯了作为存在本身和仁爱情感的“生活本源”，而且在相当程度上正是依据易道精神（即“阴阳”与“变易”）展开的。

当然，“生活儒学”与“易学”之间的这种“深度关涉”或许有其更深层次的缘由，即：一方面，我们与《周易》作者，乃至所有中国历史上的思想家，都是被共同的生活本身所给出，从而我们尽管与《周易》作者相隔千年，却有着共同的生活感悟，而只有儒家在言说着这样的本源的生活感悟，所以黄玉顺说“人天然是儒家”；另一方面，从历史上的情况来看，正是先秦的一些儒家学者以儒家的观念、立场注解《易经》从而形成的《易传》，在后世不仅成为作为“群经之首”的《周易》文本不可或缺的一部分，而且也是后世儒家学者赖以建构自己思想体系的核心资源及易学精神得以延续和发展的根本原因。所以，在一定程度上可以说，只要我们在面向生活本身建构着儒学，那么，我们就在延续和展开着易学。

儒家生活语言建构

刘　宏

【编者按】此文原载涂可国主编:《黄玉顺生活儒学研究》,齐鲁书社2017年版,原题为《当代儒学复兴中的概念建构与生活语言的关系问题——以"生活儒学"为视域》,此处标题为编者所拟。

儒学的特色之一,表现为儒学概念的生活化特质和生活语言表征。在"生活儒学"的视域中,"生活"是一切的一切的大本大源。在"生活"的本源上,当代的儒学复兴应当汲取当代的生活语言,从而创新儒学的概念体系,进而推动儒学的大众化进程。

20世纪末以来,尤其是21世纪以来,儒学渐趋复兴,已是一个事实;而儒学能否真正实现复兴,则是一个问题。从当下的形势来看,围绕着儒学复兴产生了诸多的学术争论。而这些学术争论的产生,其一个根本的原因,就在于目前的儒学界尚未形成一套统一的概念体系。这里不拟谈论既有儒学概念在具体学术之争上的体现,而在于探讨为建构统一的儒学概念体系,应当更为关注的一个基本问题,亦即:当代儒学复兴中的概念建构与生活语言之间的关系问题。

一、儒学的生活化特质

从中西哲学比较的视野来看,不难发现,西方哲学家在建构自己的哲学体系时,大都发明了各自专属的哲学概念。可以说,西方哲学的历史,就是一部西方哲学概念的发明史、演化史。这些概念及概念之间的逻辑思辨,也大都只有哲学家本人才有解释权,普通大众是难以理解的、无法理解的,也是不需要去理解的。而中国哲学,尤其是儒学的特色之一体现为儒学并非一套纯粹概念化的理论思辨，而是直接干预日常生活的学问。这并非是说，西方哲学远离于日常生活、无用于日常生活，而是说，西方哲学的表现形式过度拉大了与日常生活之间的距离。而反观我们所身处的儒学传统，儒学不仅与日常生活紧密相连，而且可谓是直接相连。所谓“直接相连”，指的是：儒学并非儒家学者的专属，而是直接存身于每个生活个体的一言一行之中。可以说，儒学首先并不仅是一种理论上的“概念”思辨，而且是一种日常化的生活“学问”。某种意义上说，儒学言说的只是“人云亦云”的东西，儒学关注的只是切近常人的生活问题。

儒学与日常生活的直接相连，并不意味着儒学只是西方哲学家（比如黑格尔）所批评的缺乏逻辑、缺乏思辨的经验之谈。毋庸置疑，作为学术形态的儒学并不缺乏逻辑思辨性。问题是，我们发现，历来儒学所使用的概念与生活语言之间具有很大程度的同构性。其中，有些核心概念甚至就是直接源出于生活语言。反之，通过儒学的理论化解释，又可以作为生活语言而再度运用于日常生活之中。正是在儒学概念与生活语言的双向互动中，儒学能够直接切入普通大众的日常生活，从而作为“百姓日用而不知”的价值观直接指导着人们的日常行为方式。一言以蔽之，儒学是源于生活而又入于生活的学问。这表现在理论上，就体现为儒学概念具有浓厚的生活化特质。

二、儒学概念的生活语言表征

关于儒学概念的生活化特质，可以从儒学的历史中得到证实。对于既往儒学史的划分，如果以“学术形态”为标准的话，大致可以分为以下三个阶段：一是先秦的“原始儒学”时期，以孔、孟、荀为代表；二是秦汉之后的“传统儒学”时期，尤以宋明的程、朱、陆、王为代表；三是西学东渐以来的所谓“现代新儒学”时期。综观这些不同时期的儒学核心概念与生活语言之间的相关度，可见儒学对于生活的影响力之旺盛程度。

众所周知，以原始儒学而言，孔子所面临的时代问题乃是“正名”问题。[①] 而所正之“名”，无非“仁”与“礼”而已。从《论语》中弟子多次问及这两个概念，即可推知这是当时社会最为关注的生活问题。此外，孔子所推崇的“忠”“恕”“孝”“悌”等价值观本来就是先秦时期一致认可的生活观念，而且在孔子和孔门弟子的阐发下一直延续到了后世的生活语言之中。再比如，孟子讲“仁义”，荀子讲“礼法”，在理论上都是对孔子所创立的儒学的推进，而作为一种生活观念则同样深深地影响到了后世人们的日常生活。

---

① 《论语·子路》：“子路曰：卫君待子而为政，子将奚先？子曰：必也正名乎！”

表面上看，程、朱、陆、王等宋明理学家忙于形而上的哲学体系构建，他们的理论带有极强的思辨性，已经远离了日常生活。但实际上，他们思辨理论的背后依然不过是针对现实生活中的具体伦理、政治问题而发。以宋明理学最为核心的两个概念"天理""良知"为例，这些都不是超出生活之上的纯粹思辨概念。用程颢的话来说，"天理"是需要自家在日常生活中"体贴"出来的[①]；由程颐、朱熹阐发的"存天理，灭人欲"的伦理观更是成为当时日常生活的主流价值标准[②]；而王阳明"致良知"口号的意思，也是"良知"是需要"致"的，是需要践行到日常生活之中去的[③]。其实，以上两个概念早在宋明之前就已存在。然而，只有在经过宋明理学家的赋义、阐扬之后，才得以真正进入当时的生活语言。甚至可以说，这两个概念作为活生生的生活语言依然存在于当下现代性的日常生活之中。

西学东渐以来，现代新儒家自认是接着宋明理学讲的。从现代新儒学的学术形态来看，不仅在理论上汲取了西方哲学的思辨资源。而且就理论的思辨程度而言，更可谓是之前的儒学传统所不及。然而，现代新儒学之所以"新"，却体现为他们所关注的问题乃是宋明理学传统与"民主""科学"等现代生活观念的融通问题。遗憾的是，由于种种条件的限制，现代新儒学停留在学院化的学术领域，而并未直接面对现代性的日常生活方式。最起码，他们所使用的哲学话语并未见转化为日常生活中的生活语言，从而对现实的伦理、政治的影响也极为有限。事实情况也是，现代新儒学并未导出像宋明时期所出现的那种儒学复兴运动。

以上的儒学发展史告诉我们，儒学概念总是与生活语言之间保持着适度的张力。凡是能切中日常生活语言的儒学概念将会推动儒学的大众化，否则只能停留在学术层面的论争园地。总之，由儒学概念体系的建构，才使儒学得以理论化为一种学术形态而挺立；由儒学概念的生活语言表征，才使儒学得以大众化为一种日常生活中的学问。有鉴于史，当下正在复兴中的儒学，同样需要在"理论性"和"大众化"两个方向加以创新和推进。

---

① 程颢："吾学虽有所授，然天理二字却是自家体贴出来。"(宋)程颢、程颐：《二程集》，中华书局1981年版，第424页。

② 朱熹："圣贤千言万语，只是教人明天理，灭人欲。"(宋)黎靖德编：《朱子语类》卷十二，中华书局1986年版，第207页。

③ 王守仁："所谓致知格物者，致吾心之良知于事事物物也。"(明)王守仁撰，吴光等编校：《王阳明全集》上，浙江古籍出版社2011年版，第51页。

三、当代儒学复兴的可能展开

那么,回到当代的儒学复兴运动,不得不说以上两个方向的努力都已经取得了一定程度的成果。然而,在抛开考察这些具体成果的利弊得失之前,更为首要的问题是:当代的儒学复兴何以必须以儒学概念的生活化特质为总方向?或者说,儒学传统中的概念建构何以皆表露出强烈的生活语言表征?这不仅是一个儒学在当代社会继续推进的时代性问题,同时也是一个事关儒学基本原理的超时代问题。

当然,抛开考察儒学复兴中具体成果的利弊得失,并不意味着这些新成果对于我们问题的回答没有积极意义。情况恰恰相反,这些先行的理论成果事实上已经为我们的问题提供了一定程度的指引。毋庸置疑,既然要坚持儒学的生活化特质、坚持儒学概念的生活语言表征,就必须首先将"生活"领会为儒学概念创新的源泉所在。在此,需要明确指出的是,当代儒学中"生活"二字已经逐渐进入了儒家学者的视野。比如,在儒学的大众化推进方面,台湾学者龚鹏程教授就主张:"我希望在当代新儒家所讲'生命的学问'之余,也能开展出'生活的学问'。"[①]显然,龚教授的意思是,应将儒学应用于当下的生活实践中,使得儒学得以在现代生活中发挥价值导向作用。以龚教授为代表的儒学的生活化诉求,可谓是当代儒学渐趋复兴的呼声体现。再比如,在儒学的理论创新方面,山东大学黄玉顺教授已经创立了一套"生活儒学"[②]思想体系。当然,这里不可能详述"生活儒学"的整个思想体系。对于本文的问题而言,只需要指明的是:这样一种以"生活"为标识的新儒学对于理解儒学的生活化特质和儒学概念的生活语言表征有何启发意义。

要理解"生活"之于"生活儒学"甚至整个儒学传统的意义,首先必须理解"生活"之于理论建构的本源地位,亦即一种"生活本源论"或"生活存在论"[③]。用黄教授的话来说,"生活儒学"的一个基本观念就是:"生活即是存在,生活之外别无存在。这是因为:一切的一切都源于生活而归于生活、出于生活而入于

---

① 龚鹏程:《生活的儒学》自序,浙江大学出版社2009年版,第3页。

② 关于"生活儒学",参见黄玉顺:《面向生活本身的儒学——黄玉顺先生"生活儒学"自选集》,四川大学出版社2006年版;《爱与思——生活儒学的观念》,四川大学出版社2006年版;《儒学与生活——"生活儒学"论稿》,四川大学出版社2009年版;《儒家思想与当代生活——"生活儒学"论集》,光明日报出版社2009年版;《生活儒学讲录》,安徽人民出版社2012年版。

③ 黄玉顺:《爱与思——生活儒学的观念》附论二,四川大学出版社2006年版,第185~248页。

生活。正是在这个意义上，生活才是一切的一切的大本大源。"[①]所谓"大本大源"，指的是：不仅现实世界中一切具体的人和物皆是被"生活"给出的，而且一切对世界做出解释的各种形下学（知识论、伦理学）乃至形上学（哲学）同样是被"生活"给出的。回到儒学概念建构的问题上，也就是说，儒学价值观的成立是以"生活"为其本源的，以儒学价值观为指导的日常生活世界又将作为一种生活样式而融入"生活"的整体衍流中去。由此，不同时代的儒学皆将"生活"自觉或不自觉地设置为了最基本的视域。在此视域之上，儒学方能体现出一种生活化的特质，儒学概念建构方能流露出一种生活语言的表征。

然而，反观当代儒学复兴中的常用儒学概念则可谓是各说各话，也就是并未形成一套统一的概念体系。究其原因，大致有三：

第一，汉语言本身带有模糊性、多义性的特点。受到汉语言特点的限制，同一儒学概念在不同的时代甚至在同时代的不同儒学家那里，都有着不同的含义。这种"旧瓶装新酒"的现象，在儒学的概念史上可谓是屡见不鲜。这一现象，一方面使得儒学概念本身保持着极大的开放性和延展性，另一方面却使得当下的儒学理论研究需要针对同一概念的多重含义加以铢分毫析。

第二，当下习用的儒学概念受到西方哲学、马克思主义哲学甚至当年日本哲学翻译带来的影响。当然，这不是说，凡是一切借用来的外来概念都不可用。但是，由于此种影响的存在，却给儒学带来了某些错解甚至是歪曲，也是不争的事实。如何清除和避免这些误解的可能，恐怕不仅需要中、西、马多方就这些儒学概念在字词上进行切磋，而且需要面向当下的生活在思想上加以融通。

第三，是以上两点的交涉。有些儒学概念，在儒学史中已经被批判，已经被遗弃，而现代人简单承袭带来的后果，要么是这些概念早已失去了生命力，无关于当下人的生活；要么是在不自觉地宣扬有违现代生活方式的价值观念，有碍于当下人的生活。而失却现代生活方式的本源，儒学的未来复兴只能是食古人之余唾，只能成为口号式的复古呐喊，而无助于儒学的真正复兴。

统而观之，以上状况是中国当下社会转型期所带来的中西古今之辨在学术领域上的折射。而有鉴于不同时期儒学概念与生活语言的相关性，诸种问题的解决则需要从当下生活中汲取适宜的生活语言加以改造、提炼，以期形成一套系统性的理论化表达。至于哪些生活语言可承担儒学的概念建构，则同样有赖于回到生活的再检验。

与儒学理论创新相关涉的另一方面，是儒学的大众化推进。在此方面，同样任重而道远。首先面临的问题是，在当下的学科体制建设中，儒学尚未纳入

---

① 黄玉顺：《论生活儒学与海德格尔思想——答张志伟教授》，《四川大学学报》（哲学社会科学版）2005年第4期。

正规的教育体制之中。目前，虽然各种“读经热”“国学热”蔚为大观，但这些课余学习培养的更多的是一种“技能”而非一种“价值观”。而且，其中所传授的某些观念未必就是符合现代生活方式的应有观念。在此意义上，如何为儒学的复兴奠定坚实而又合理的大众化基础，就不仅是一个急需行动的实践问题，而且是一个亟待思考的理论问题。其实，儒学的大众化推进必当以儒学的理论研究为先导。因为只有在理论上认清儒学究竟为何，才能在实践中明确儒学应当何为。

在“生活”的视域上，未来儒学的理论研究，当时时观照当下的日常生活，儒学的概念建构也应当与生活语言之间保持在适度的张力范围之内。总之，不论是学术形态的儒学概念建构，还是儒学价值观的大众化推进，皆应以当下的现代性日常生活为理论来源和实践导向。也就是说，只有立足于现代生活的本源之上，儒学才能复而有兴！

心灵儒学

李海超

【关键词】此文原载黄玉顺、杨永明、任文利主编：《人是情感的存在——蒙培元先生80寿辰学术研讨集》，北京大学出版社2018年版，原题为《"心灵儒学"导论——儒家心灵哲学的新开展》，此处标题为编者所拟。李海超"心灵儒学"建构的著述尚有：专著《阳明心学与儒家现代性观念的开展》（中国社会科学出版社2019年版）、《心灵的修养：一种情感本源的心灵儒学》（四川人民出版社2020年版），文章《本真而不神秘：儒家本源体验的特质》[《中南大学学报》（社会科学版）2015年第6期]、《儒家境界论的心理学转向与情感论转向——评蒙培元的"心灵境界"说》（黄玉顺主编：《"情感儒学"研究——蒙培元先生八十寿辰全国学术研讨会实录》，四川人民出版社2018年版）、《超越"超绝的心灵学"——探索儒家心灵哲学开展的新路径》（《云南社会科学》2018年第6期）、《艺术化人生的魅惑——中国近代以来之美育观反思》（《天府新论》2019年第1期），合著《论阳明学的良知自然观》（《伦理学研究》2019年第4期），等等。

21世纪以来，儒学家们有意绕开心性儒学的讨论，将儒学研究的重心转向政治制度建构和社会治理方面，从而扭转了宋代以来儒家偏重心性修养方面的传统，恢复了先秦以及汉唐儒学强调社会伦理和制度规范建构的传统。这是一千多年来儒学传统的一次重要转型，也是儒家自我解放和重建的一次重要机遇。如今，"走出宋明心性儒学"已成为大陆儒学前沿理论建构的标识，但儒家应"走向何方"却尚未形成共识。这里暂不讨论"走向何方"的问题，且说说"走出宋明心性儒学"的问题。所谓"走出"主要有两种方式：一种是超越，即建构一种比原有理论更为完善、合理的解决问题的理论；一种是绕过，即避开既有理论，另辟新径，重新谈起。应该肯定的是，当代大儒新儒学的开展，对宋明心性儒学以及延续宋明儒学道统的 20 世纪现代新儒学是有所超越的。但这种“超越”，在一些注重政治制度建构和社会治理的新儒学中，主要表现为对宋明心性儒学之“外王”局限性的认识，而不是对宋明心性儒学之心灵哲学缺陷的认识。例如在蒋庆先生之“政治儒学”中，他虽指出心性儒学不适用于解决政治制度建构问题，但他亦承认心性儒学擅长解决人的修养问题，并认为“心性儒学是儒学传统中的第一义谛之学”[①]。由于对宋明心性儒学所关注之核心问题——心灵的认识与安顿问题——没有做出根本的批评，亦没有提出更完善的构想，因此这些学者对心性儒学传统之“超越”，在某种程度上，亦确实只是“绕过”(李明辉语)。[②]

以上论述所要说明的是，尽管今天儒学转型、儒学“重建”的浪潮波涛汹涌，宋明心性儒学这座巨大的冰山却从未被真正撼动，它在儒家心灵哲学上的阵地——这才是其主要阵地——从未失守。而本文将要指出的是，若不构建一种区别于宋明心性儒学的新型心灵哲学，儒学现代转型的任务将不能圆满，甚至一切现代性的政治儒学、制度儒学、社会儒学、公民儒学建构都会受到制约。本文的任务，就是探讨这种新型儒家心灵哲学——心灵儒学——建构的意义及其基本框架。事实上，关于儒家心灵哲学的新可能，蒙培元先生的“儒家心灵哲学”研究和“情感儒学”以及黄玉顺先生以仁爱情感为本源的“生活儒学”，已提供了很多有价值的思想资源，本文所欲建构的“心灵儒学”实是借鉴两位先生的思想而做出的进一步探索。

一、心灵儒学的意义

在当下，现代性价值观念的构建、制度规范的制定、社会治理的举措、公民意识的培育等问题是中国社会亟须解决的核心问题，也因此成为儒学研究的热点问题。对这些问题的密切关注，是儒学扎根当代生活、走出宋明心性儒学的一个重要突破口。在这种情况下，欲回答心灵儒学建构的意义和必要性，需阐明两个问题：第一，必须阐明心灵哲学对伦理学与政治哲学的意义；第二，必须阐明宋明心性儒学的根本缺陷，特别是其与儒家现代道德哲学、政治哲学建构之间不可消弭的鸿沟。

先来看心灵哲学对伦理学与政治哲学的意义。需要指出的是，讨论心灵哲学对伦理学(或道德哲学)、政治哲学的意义或必要性，并不是坚持“内圣开外王”的思路。心灵哲学对伦理学和政治哲学的意义主要体现在两个方面：一是

---

① 蒋庆：《王道政治优胜于民主政治》，儒家网：http://www.rujiazg.com/article/5088/。

② 参见《首届“两岸新儒家会讲”·李明辉》，《天府新论》2016 年第 2 期。

心灵修养对道德规范与制度规范之实践的意义；二是心灵认识对伦理道德观、政治观之建构的意义。而“内圣开外王”的内涵则是心灵修养对伦理道德观、政治观之建构的意义。可见“内圣开外王”的思路正好将心灵哲学对伦理学、政治哲学之意义的两个方面交错、混淆在一起，从而对两者的关系产生了错误的认识。事实上，心灵修养直接关系的是人们对伦理道德观、政治观之实践，而与伦理道德观、政治观之建构没有直接的关联。正因如此，“内圣开外王”的思路是不可取的。

虽然心灵修养与伦理道德观、政治观之建构没有直接的关联，但心灵认识却是伦理道德观、政治观建构的必要前提。一切伦理学与政治哲学的建构都是为了人更好的生存，为了给人提供和谐、幸福的社会环境。所以一切伦理学、政治哲学都是以对人或人性的认识为基础的，即人性论是伦理学和政治哲学的基础。当然，这里所谓的人性论，是广义的人性论，指的是对人的需求、特性、能力等多方面的认识，而不单纯指人性善恶问题。这种广义的人性论与心灵哲学之间有着密切的关系。所谓心灵，顾名思义就是指人的灵明，也就是指人心。王阳明曾问弟子：“人又什么教做心？”他的弟子说：“只是一个灵明。”[①]当然在阳明心学中，“心”有时候专指本心或良知，这时候作为人之灵明的心，是一种超越的“虚明灵觉”。但人心不仅有超越的一面，也有经验的、世俗的一面，如人有欲望、有情感、有理智、有意志，这些都是灵明的体现。所以在儒家文化中，心灵就是指人的一切能动性的能力，或者说，心灵就是人的主体性的体现。如此说来，人的一切特性、需求皆可通过心灵得到表现，真正了解人的心灵，便可了解人，便可建构圆满的人性论，从而建构真正合乎“人性”的伦理学与政治哲学。有人或许会说，人除了具有心灵，还有身体，人的身体的特性亦是“人性”，心灵哲学能够包含对身体特性的探讨吗？当然。无论在中国传统哲学还是在西方哲学中，身心关系都是心灵哲学的重要议题之一，而身心关系的探讨必然要求对身体特性有深入的了解。所以，心灵哲学并不会忽视对人的身体的认识。正因如此，心灵哲学是人自我认识的理论，是伦理学和政治哲学开展的重要基础。相反，缺乏心灵哲学奠基的伦理学和政治哲学则是非常危险的，因为它们很有可能坚持违反“人性”的原则和教条。

既然如此，儒家欲实现现代转型，建构合乎现代人和现代社会需要的伦理学与政治哲学，必然需要完善的心灵哲学的奠基。不可否认，当代儒学确实缺乏深入的心灵哲学探讨。那么，宋明心性儒学，作为儒家心灵哲学发展的一个高峰，能否用来做儒家现代伦理学和政治哲学建构的人性论基础呢？不能。之

---

① (明)王守仁撰，吴光等编校：《王阳明全集》，上海古籍出版社2015年版，第109页。

所以不能,是因为宋明心性儒学对人的心灵的认识与现代人的自我理解之间有着极大的分歧。例如,宋明心性儒学对人的理智一面的轻视,对人的基本欲求的压抑,体现了其对人的理智与情感在心灵中之地位的认识不足,而这显然会妨害现代主体观念(即个体主体性)的建构。以牟宗三为代表的现代新儒家,试图在保留宋明心性儒学基本范式的前提下,修正其心灵哲学的缺陷,使之正视理智的地位,从而开出现代性的个体主体。先不说大多数现代新儒家们大都像宋明理学家、心学家一样,没有真正重视情感在心灵中的地位,从根本上来看,宋明心性儒学的基本范式与现代个体主体性之间有着不可逾越的鸿沟。现代主体的一个最基本的特征,就是人与人之间拥有平等的人格,并且人格的平等是现成的而不是现实上“可能”的。这在心灵哲学中,就体现为心灵的现实平等。宋明心性儒学虽然肯定了人心中之“性”(先天德性)在本体上的平等,却不可能许诺其在现实上的平等。因为宋明心性儒学将人之为人的“性”,赋予道德的含义,因此在现实上,不可能承认人们在道德上的无差别。所以,只要保留“德性”在心灵哲学中的绝对优先性,就不可能肯认现实上人之为人的平等心灵,也就不可能以此为基础建构出现代性的个体主体。

有学者认为,阳明心学的“凡圣平等”,是儒家人格理论的根本变革,具有现代人格平等的影子。[①] 但阳明心学中所谓的“凡圣平等”,从来都是良知本体的平等,而不是现成良知的平等,现成良知的平等到了泰州学派才真正实现。而泰州学派,正是由于提出了“良知现成”说,才真正成为中国早期启蒙思潮的先行者。如果我们深入研究泰州学派的理论,就会发现“良知现成”说的提出,从根本上消解了“先天德性”的地位。因为,人们不必再考虑“性”,而可以直接依现成的心而行,这使人的现实的心灵,而不是形而上的超越心灵,真正成为人们行为的根据。这实际是对宋明心性儒学理论范式的根本颠覆。这是泰州学派成为“启蒙”先行者的根本原因。由此反思 20 世纪的大多数现代新儒家,便知道他们保守宋明心性儒学范式的儒学现代化方案是行不通的。

所以,当代儒家学者在构建现代儒家伦理观、政治观、治理观、公民观的同时,决不能忽视为现代性个体主体奠基的心灵儒学的建构。

二、心灵儒学的思想视域

心灵儒学的建构,一定要在最广阔的思想视域下开展。关于儒家哲学的思想视域,唐君毅先生的“心通九境”说论述最为细致。不过,唐先生对心灵境界

① 参见刘同辉:《王阳明“凡圣平等论”的人格心理学解读》,《上海师范大学学报》(哲学社会科学版)2008 年第 2 期。

的阐发贵在精细，其视域之广度，并未出宋明心性儒学之外。即心之九境，约而言之，亦不过形而上之道境（本体境）与形而下之器境（现象境）。21 世纪以来，黄玉顺的生活儒学又在形而上学之本体境与形而下之现象境外，提出本源观念（可称为本源境）①，可谓当今儒学最为前沿、最为广阔的思想视域。本文对心灵儒学思想视域的讨论，实是对生活儒学思想视域的发挥。

形而上之本体境、形而下之现象境与本源境三者之间究竟有什么不同呢？其实，三者的差别皆因我们看世界的方式不同而产生。以对象化的方式看世界，则世界便显现为万物并存的殊相境；以万象归一的方式看世界，则世界显现为如如不变的本体境。这两种看世界的方式有一个共同点，即都是为了展现世界之真相或实相——以佛家思想言之，前者为俗谛，后者为真谛。除了以真相或实相的方式看世界之外，还有一种看世界的方式，即以"显相"的方式看世界。以这种方式看世界，并不呈现世界之真相，而是呈现世界之所从来。本源境所显示的正是万物所从来之最终的源泉。

探讨世界之真相或实相的学说可称为"实相论"，它包含两个分支即作为形而上学的本体论和作为形而下学的广义知识论（包含自然科学之知识与人文社会科学之知识），其最根本的观念是本体。探讨世界之显相的学说可称为"显相论"，其最根本的观念是本源。实相论与显相论都包含着生成论，但两者关于"生"的理解有很大的不同。以湖为喻，从实相论之本体论的角度言之，此湖由水生成；从形而下的知识论角度言之，湖水之形状、深浅由所在地貌和水的性质生成；从显像论言之，此湖由湖底之泉眼生成。水是湖之本体，泉眼是湖之本源，湖水之方圆、深浅是湖之殊相。所以实相论探讨的是本体与现象之间的体用关系和现象之间的经验因果关系；而显相论探讨的是一切相（本体与现象）与其显现源泉之渊源关系。

实相论与显相论是可以互摄的，以实相论摄显相论，则本源论便化作对万象生化（本体生现象、现象生现象）的机制的探讨；以显相论摄实相论，则本体论与广义的知识论皆化作对本源生成物的研究。从实相论看来，本源不过是本体的一个功能或属性；但从显像论看来，本体乃是本源的生成者，无本源亦将不会有本体。试举一例：

> 庄子与惠子游于濠梁之上。庄子曰："倏鱼出游从容，是鱼之乐也。"惠子曰："子非鱼，安知鱼之乐？"庄子曰："子非我，安知我不知鱼之乐？"惠子曰："我非子，固不知子矣；子固非鱼也，子之不知鱼之乐，全矣。"庄子曰：

---

① 生活儒学将一切观念分为三个层级，即本源层级、形而上学层级和形而下学层级，并讨论了三个层级的观念之间的奠基与生成关系，指出生活（本真生活感悟）是一切观念的大本大源。（黄玉顺：《生活儒学讲录》，安徽人民出版社 2012 年版，第 35 页）

“请循其本。子曰‘汝安知鱼乐’云者,既已知吾知之而问我,我知之濠上也。”(《庄子·秋水》)

庄子与惠子的这段对话,表面看来,只是一个答非所问的语言游戏,但其中蕴含着丰富的意义。就语言的含义来说,“安知鱼之乐”的确有两重含义,即“怎么(以什么方式)知道鱼的快乐”和“在哪里知道鱼的快乐”。前者是惠子之所问,后者是庄子之所答。问与答似乎毫不相关。但若深入分析,就会发现,此对话中蕴含着庄子对两种探讨问题方式的不同态度。显然,惠子之所问,属于实相论范畴,追问到最后,必将论及本体,通过本体对认识之可能做出究极的保证;而庄子之所答,则属于显相论范畴,即“鱼之乐”这一情景的显现,乃渊源于庄子游于濠上或者从濠上观鱼的行为。庄子对这一问题的回答,与王阳明“你未看此花时,此花与汝心同归于寂。你来看此花时,则此花颜色一时明白起来。便知此花不在你的心外”①的说法有很大的相似性。在王阳明开来,花的显现皆因人的观看,人不来到山中观看,此花便不会显现。庄子的意思亦是如此:他若不站到濠上,此鱼以及此鱼从容的形态皆不会显现。所以,濠上之观,是庄子知鱼之乐的本源。

此外,庄子不从实相论而是从显相论的角度回答惠子,体现了庄子肯认显相论优先的态度,即他支持以显像论摄实相论的态度。正因如此,他才迅速结束了与惠子的辩论,没有扫了游玩的兴致。若顺着惠子的问题一直讨论下去,恐怕游玩的兴致早没了。游玩固是一件小事,但若由此引申到人的生存,则庄子的态度实能保住人生的意义;而惠子的态度会使人的生活沦为“真理”的奴隶。这并非否定求真,而是要明白求真的意义,要使求真服务于人的生存。若明白这一点,便知道人的生活中,并非时时要求真、事事要求真。这才是生活的智慧,也是中国哲学的根本精神。

既然中国哲学倡导以显相论统摄实相论,也就是以本源论为一切哲学的基础。因此,人们在生活中的最大智慧,就是要守住本源、疏通源流。本源就是阳明所说的“寂”的开口,万事万物从此开口源源不断地流出,这开口里面有什么,我们什么都不知道,我们所知道的一切,都是从此开口流出者、显现者。一切显现者皆有体、有用,但体、用之显现皆因有源。

那么什么是一切的本源呢?就儒家而言,仁爱是一切的本源。② 从本源的意义上讲,仁爱即本真的爱。本真的爱有两个维度:在程度上,仁爱包含从微弱的关注、关心到热烈、深沉的挚爱(爱有差等);在方向上,仁爱包含对自我的爱

---

① (明)王守仁撰,吴光等编校:《王阳明全集》,第94页。

② 参见黄玉顺:《生活儒学讲录》,安徽人民出版社2012年版,第29页。

（自我伤害亦是不仁）与对他者的爱。因为本真的爱，人们才有兴致去感受世界、认识世界，主体与事物才能显现在世界中。若一个人生无所爱，他必将视而不见、听而不闻，他的生活必将是灰暗的。因为本真的爱，人们才去爱护自己、爱护世界，才能化解利益的冲突。所以，人的一切其他情感与认知甚至行为，皆因本真的爱才有可能、才能维持长远，人类的生命和世界才能永葆生机。

仁爱是本真的情感，而不是先天的德性；是本源，而不是本体。孔子曰："仁者，爱人。"（《论语·颜渊》）这是"指爱为仁"。而宋明儒却严别仁、爱，以仁为形而上之性，以爱为是形而下之情。[①] 这样一来，仁被塑造成先天的德性，成为本体，而作为本真情感的本源却成为被压制的对象。原来的生生不息的本源，在本体论的视野下，已经变成了本体的一个功能，即生化现象的机制："仁是造化生生不息之理""这性之生理，便谓之仁。"[②]但我们知道，在本体论的视域下，仁作为本体之"生理"，乃是体用关系之生，而不是渊源关系之生。因此，真正的本源，在本体论中是被遮蔽的。正因如此，宋明心性儒学家们以为本体即是本源，殊不知他们正遮蔽、扼杀了本源。这正犹如，人们以为水即是湖之本体和本源，保住现有的湖水就可保住湖的生机，他们由此甚至将泉眼之水对湖水的更换看作是对湖水的伤害，于是扼杀其真正的源泉，从而使此湖真正变成一潭死水。所以，宋明心性儒学家们自以为守住了宇宙生机，却最终造成了戴震所谓的"以理杀人"[③]的结果，并险些使儒家文化丧失了随时代而自我转型的生命力。

可见，以实相论摄显相论将会导致本源视域的遮蔽，只有以显相论摄实相论——即以本源论摄本体论和广义的知识论，才能保证思想观念的鲜活和生存意义的永驻。因此，心灵儒学的研究一定要在显相论（本源论）、实相论（本体论和广义的知识论）的广阔视域下展开，并以显相论为根本。

三、心灵儒学的思想方法

以显相论摄实相论，也就是使一切关于"实相"的探索服务于本源的生生不息。本源的生生不息是一种原初的创生活动，但不是一种"实相"。一切实相皆因原初的活动而呈现，但原初的活动却无"相"可见。这种原初的活动并不神秘，它时时发生在我们的日常生活之中。例如，上文提到的庄子的"濠上观鱼"，王阳明的"南镇观花"，皆是这样的活动。由于他们的"观看"，鱼以及鱼的快活、

---

① "仁义礼智信，于性上要言此五事，须要分别出。若仁则固一，一所以为仁。恻隐则属爱，乃情也，非性也。"[（宋）程颢、程颐：《二程遗书》，上海古籍出版社 2020 年版，第 215 页]

② （明）王守仁撰，吴光等编校：《王阳明全集》，第 23、32 页。

③ （清）戴震：《戴震集》，上海古籍出版社 1980 年版，第 188 页。

花以及花的颜色才得以显现。所以这“观看”的活动就是创生性的原初活动。当然，如果换一个视角，将此“观看”看作是一个认识对象的行为，此时花与鱼便成为先于此观看活动存在的存在者，观看活动就不是本源了。这里涉及两种观看的方式，一种是认识事物的实相观，一种是使事物显现的显相观。上文讲过，实相观的问题在于对本源的遮蔽，而本源的遮蔽，也就意味着原初活动之意义的丧失。依实相观，庄子之观鱼的活动总有一个原因，比如为了散心。但事实上，心中总有一个“散心”的念头，观尽所有的鱼也达不到散心的目的。因为“散心”实质上是“换心”，即换一种心情，使心能够随所遇而变化，而心情之转换，贵在忘掉曾经的心，重建崭新的心。只有这样，心才能如实地反映生活，才能与生活紧紧相连。这里，心情的转换，正是通过显相之“观”实现的。通过显相之观，那个要“散心”的“我”被遗忘，才能无先入之见的、充分的感受当下的情景——“儵鱼出游从容”。由于原有的“我”被遗忘，这个观鱼的我便成为崭新的“我”。所以，若没有一个原初的活动发生，则“散心”的目的将永不能达成，一个人的心情必将永远陷于曾经的某个时空，不能随生活境遇的变化而转换。

因此，心灵儒学的根本思想方法，就是以显相的方式去看事物，即显相观或本源观。那么如何才是以显相的方式看事物，而不是以实相的方式看事物呢？两者的区别就在于，前者必须契入事物显相的原初活动，而后者则是对既成事物做认识与解释活动。比如对于经典的学习。依实相观，学习经典就是要如实的了解经典中字、句的含义，并去把握这些字、句所体现的义理。但依显相观，我们必须契入经典的创作活动，体会圣贤创作经典之心情。这与陈明所说的“把握”“圣贤之用心”[①]很相似。然而，这里必须指出，“把握”圣贤之用心，很容易被看作是实相观之认识与理解。若从显相的视角看，说成“感受圣贤之心”更为准确。感受圣贤创作经典之心，实际就是感受圣贤当时本真的情感。唯有如此，才能契入本源，深刻把握圣贤创作经典的意义。同时，我之所以能够契入圣贤之心，是因为我以真情去感受圣贤的感受；我之所以将圣贤的文字视作经典，是因为我对生活的感受与圣贤之感受相契，而不是经典中的方法能很好地解决当今的问题。所以，显相观就是真情观，就是去真诚的感受事物，感受他人的感受，以情絜情。

可见，一个活动之所以被看作是原初的显相活动，乃是因为其中包含着本真的情感体验，当然最根本的，就是仁爱的体验。虽然其他种种情感皆基于仁爱而产生[②]，但在具体的生活中，情感体验并非都是令人愉悦的，也有很多是令

---

① 陈明：《文化儒学：思辨与论辩》，四川人民出版社2009年版，第18页。

② 关于仁爱与其他情感的关心，在此不能详述，不过，仁爱实是其他情感产生的前提。比如恨一个人是因为爱他伤害的人、悲伤是因为失去了所爱的东西等等。以此类推，皆是如此。

人痛苦的。令人愉悦的，人们想要使之延续；令人痛苦的，人们想要使之消失。总之，要使发于真情的意愿得到满足，人们便要去改变世界，而改变世界就需要知识，即需要实相观。尽管我们需要知识，但知识乃是满足真诚的情感需要的手段，而不是相反。由此可以得出心灵儒学的另一个思想方法，即知识出于真情、用于真情。由于最本源的情感是仁爱，因此也可以说："知识出于仁爱、用于仁爱。"知识出于仁爱，才能保证求知的意义；知识用于仁爱，才能实现知识的价值。这里，本真的情感或仁爱并不是一个道德的准则，不是一个对象化的事物，本真的情感永远是一种发生的状态，是发生着的感受，是最为原初的感受活动和显相活动。所以确切地说，本真的情感是一种实践活动，而不是一个理论观念。因此"知识出于情感、用于情感"，亦可以理解为"理论出于实践、用于实践"。这和马克思主义的思想方法有很大的相似性。但马克思主义的"实践"主要指物质生产实践。而本文所谓的实践，乃是具有原初显相意义的活动，即本真的情感活动。

四、心灵儒学的理论特色

心灵儒学的理论特色是与西方心灵哲学和宋明心性儒学对比而言的。

当前，心灵哲学是西方哲学界，特别是英美哲学界比较热门的研究领域，成果非常丰硕。心灵儒学的建构需要吸收西方心灵哲学的研究成果并与之进行深度的对话。不过，由于文化传统的不同，英美心灵哲学与中国传统心灵哲学有着不同的理论特色。用高新民的话说，英美心灵哲学与中国传统心灵哲学正好代表了"广义心灵哲学"的两大研究领域，即：

> 一是以心灵之"体"为对象的心灵哲学。它主要从"体"的方面研究心理语言的本质特征、所指的对象及范围、表现形式及其特殊本质，各种心理现象的共同本质、不同于物理现象的独特特征，心与身的关系等。这一领域是关心心灵的科学精神的体现。二是以心灵之"用"为研究对象的心灵哲学。它主要从"用"的方面研究人类心灵在其生存中的无穷妙用，从幸福观、苦乐观、价值观、解脱论等角度研究人的心态与人的生存状态的关系，心理结构、感受结构对生活质量高低、幸福与否、苦与乐、价值判断与体验、解脱与自由的程度的作用等。这一研究是心灵研究中的人文精神的张扬。[①]

显然，英美心灵哲学侧重对心灵之"体"的研究，而中国传统心灵哲学侧重

---

① 高新民：《广义心灵哲学论纲》，《华中师范大学学报》（社会科学版）2000 年第 4 期。

对心灵之“用”的研究。事实上，心灵哲学的这两大研究领域是相互补充的：没有对心灵之用的渴望，对心灵本身的认识活动就会失去意义；而没有对心灵的客观认识，心灵亦难以恰当地发挥其功用。因此，一种健全的心灵哲学理论，应该将两者结合起来。

心灵儒学的建构，当然要将这两大领域的研究有效地结合在一起，但就理论特色而言，心灵儒学依然会延续传统，即偏重心灵之功用的探讨。这是因为，儒学之为儒学，一定要以人的幸福生活归旨。“老者安之，朋友信之，少者怀之。”(《论语·公冶长》)这是孔子的志愿，也是儒家矢志不移的理想。因此，心灵儒学，作为儒家思想的一个方面，也应该以儒家永恒的理想为导向，以探讨心灵的功用为重心。

同是以心灵之功用的探讨为导向，本文所欲建构的心灵儒学与宋明心性儒学有什么区别呢？从根本上说，宋明心性儒学以先天德性为根本，以追求心灵的超越为目标，是一种“超绝的心灵学”(牟宗三语)[①]。而心灵儒学，以人的本真情感为本源，以解决人的本真情感需求为目标，因而不仅仅是、甚至在很大程度上不是“超绝的心灵学”，而是现实的心灵学。[②] 本真情感是人们对自身生存境遇的最原初感受，这些情感所包含的欲求，由于尚未经理智的考量，因此是人在具体的情境中表现出的最真诚的生存动机。就大多数人所面对的大多数情境而言，本真的情感欲求可能只是远离饥饿、远离孤独、远离漂泊、远离疾病、远离无辜的伤害。如果这些欲求没有得到满足，心灵超越的欲求对他们而言可能只是一闪而过的念头，或人生某一阶段的渴望，而不会成为他们一生执着的追求。当然，这并不是说，心灵超越的需求一定是建立在基本生存需求的基础上的。有些人，由于特殊的境遇，可能毫不在乎外在的生存条件，唯有精神的超越能安他们的心。就像颜回，粗食陋巷不足忧，唯心灵之安乐是求。但颜回毕竟只是一个榜样，不能代表大多数常人。研究颜回这样的贤人的心灵需求及其应用，成就的是超越的心灵学；而研究常人之心灵需求及其应用，成就的是现实的心灵学。

心灵儒学既包含超越的心灵学，也包含现实的心灵学，但现实的心灵学应更为优先。如前文所说，儒家的目标是要建立一个人人各得所安的社会，而对人类社会的建设而言，伦理规范和制度规范的建构，即礼和义的建构是最重要

---

① 转引自蒙培元：《心灵超越与境界》，人民出版社1998年版，第6页。

② 以情感为本解决人的存在以及人与世界的关系问题，是合乎儒家特别是先秦儒家的传统的。蒙培元指出：“将情感作为真正的哲学问题来对待……将其作为心灵的重要内容，成为解决人与世界关系的主要话题，则是儒家哲学所特有的。”他还指出：“孔子也从另一种意义上谈论人的存在问题，即人作为人而言，首先是有情感的动物，就是说，人是情感的存在。”(蒙培元：《情感与理性》，中国社会科学出版社2002年版，第9、24页)

的。一个社会的伦理和制度规范的设计，是为了满足大多数人最本真的情感欲求，即荀子所谓的“养人之欲、给人之求”(《荀子·礼论》)，因此需要对常人的心灵需求和心灵功能有充分的认识，即需要以常人心灵为研究对象的心灵学。由于常人的心灵需求通常不是超越的，所以这种心灵学是现实的心灵学，而不是超越的心灵学。特别是在今天，中国社会乃至全世界最需要的是新秩序和秩序准则的构建，这是儒学现代转型需要完成的任务。因此，研究现实的心灵学是现代社会和儒学的当代开展所亟须的。而作为超越心灵学的宋明心性儒学并不适合解决上述问题。

另外，即便对于心灵的超越，宋明心性儒学亦不是没有问题。宋明心性儒学以为本体即是本源，故以悟本体作为实现心灵超越的方式。参悟本体固然是对万象流变的一种超越，能够得到某种光风霁月的体验。但以本体为本源，必然将人视作本体之用，视作万象流变之一环。人的喜，不过因为物之当喜；人的怒，不过因为物之当怒。人的一切努力，初看来是自由的争取，是真诚惨怛之不容自已，但到头来，不过是天地流转的安排，不过是随顺了自己的宿命。在宋儒之中，对本体体悟最深者，莫过明道。我们看明道给横渠的《定性书》，其所谓“定性”(即悟体)，亦不过是“情顺万事”“物来而顺应”[①]。所以，通过参悟本体所实现的心灵超越，所获得的那点自由和喜悦的感觉，就和一个下级总能猜透上级的安排并主动完成任务所获得的自由和喜悦的感觉一样。这样的境界是“顺天地化育”的境界，不是“参天地化育”的境界。前者无需将迎，后者却需要在必要时帮衬一下；前者要听天由命，后者能应时造命。前者以天地化育之原则为至善的，以人为天地化育之一环，故无所谓帮衬；后者以天地之化育为自然的，固应在生灵陷溺时扭转乾坤。从心灵的自由与无限而言，后者是一种更为自由的境界。

须知，在本体论的视域下，一切现象皆由本体来支撑，有用必有体。如果本体蕴含着至善的原则，则一切现象都不可能不善。如果天地是至善的，一切自然灾害都不应该发生，因为遭遇灾害的人并非都是恶人，天地何以对其如此不仁？但天地确实“不仁”。老子曰：“天地不仁，以万物为刍狗。”(《老子·第五章》)孔子曰：“逝者如斯夫，不舍昼夜。”(《论语·子罕》)万物皆自然的生、自然的灭，天地并未对谁有特别的怜惜。可见，“仁”并不是天地之“生理”，而是人与其世界在相互遭遇时得以相互呈现的源泉，即本真的情感感受。万物皆有其本体，在人未与其照面时，它们都在自然的生化。当人与之照面，仁心发露，便会因其丰茂、活泼而喜，枯萎、惨死而悲，从而养护它们，使之欣欣向荣，不至灭绝。

---

① (宋)程颢、程颐：《二程集》，中华书局2016年版，第460页。

所以,仁是人与天地万物并生之本源,而不是天地万物之本体。培育仁心,不离仁心,与万物共生,赞天地之化育,这或许才是孔子所赞成的心灵的超越境界吧?

无论如何,对于心灵的超越问题,孔子是很少谈的。所以,心灵儒学的建构,亦不以超越的心灵学为主体,而是以研究常人的心灵及其现实应用——现实的心灵学——为主体。这是心灵儒学与宋明心性儒学的一个重要区别。

五、心灵儒学的心灵观

作为一种偏重探讨常人心灵及其功用的心灵哲学,心灵儒学必须明确给出自己对心灵的基本认识。这里涉及的问题很多,在此只能探讨两个比较重要的问题。

第一个问题是:心灵观念是如何显相的?当我们谈论心灵时,它是作为人的一切心理现象的载体和主体存在的,这就是心灵之相。那么,心灵观念作为一种形而下的实相,是如何呈现的呢?这是一个显相论的问题,而不是实相论的问题。依实相论,特别是形而下的实相论,心灵的存在或者与人脑的结构有关,或者与人的神经系统的构造有关。但依显相论,心灵之所以向人们呈现,与人们原初的实践活动有关,从终极的意义上看,与人们本真的情感活动有关。有人或许会质疑,情感不是心灵的一种功能吗?怎么能优先于心灵观念而存在?从实相论看,情感的确是心灵的一种功能。然而从显相论来看,情感是未显相的原初活动,一切实相皆渊源于原初的情感活动。即出于对思维、想象、意志、欲求等心理现象的关心,作为心理现象之载体和主体的心灵才显现出来。因此,本真的情感,特别是本真的仁爱,依然是心灵之本源。

有人会问,探讨心灵之显相有什么意义呢?须知,由于生活境遇的不同,人们对生活的本真感受也会不同,由此,心灵所呈现之相亦不会相同。犹如一个鸡蛋,从某个角度看是椭圆形的,从另一个角度看却是正圆形的。心灵也是如此,在某种情形下,显相之心可能主要是情感心,在另一种情形下,显相之心可能主要是认知心。这时候,若一定要拿综合各种情形而成的整体性、多功能心灵观念处理问题,就可能出错,或者不合时宜。因此,只有了解心灵如何显相,把握心灵显相之源,才能很好地运用心灵。以显相的方式谈论心灵,在中国传统文化中和人们的日常语言中都是极为常见的,这表现为,人们在很多情况下使用的“心”字,其实专指心灵的某个方面。如某人说:“看到朋友日子过得落魄,我就心疼。”这里的“心”专指心灵的同情、怜悯功能。心固然还有其他的功能,但我们不能说这个人的表述不够准确。因为在这个时候,他的心灵只显现为同情心、怜悯心，这是他的心灵在此情境中所呈现的全部相状。

第二个重要的问题是：心灵的存在样态及其发挥功能的基本模式是什么？这是实相论的问题。不妨先从宋明心性儒学对心灵存在及其功能模式的认识谈起。宋明心性儒学家皆以“性”为心之本体，以情、意、知为性之用。[①] 也就是说，现实之人心虽有多种功能，但皆源于一本，并且由此一本主宰其他心灵功能的存在与运用。这种心灵观可以称之为“心灵一元一主论”。牟宗三先生的“良知坎陷说”正是对这种心灵观的继承与发挥。“良知坎陷说”所要解决的问题是道德心（性、良知）对心灵之认知功能的压迫，其目的是恢复认知心应有的独立地位。但即便如此，牟先生的心灵观与宋明心性儒学家是完全一致的，即心灵的认知功能须由良知下转而成，并且认知心终归要接受良知的主宰。他说：

> 吾心之良知决定此行为之当否，在实现此行为中，故须一面致此良知，但即在致字上，吾心之良知亦须决定自己转而为了别。此种转化是良知自己决定坎陷其自己：此亦是天理中之一环。坎陷其自己而为了别以从物。从物始能知物，知物始能宰物。及其可以宰也，它复从坎陷中涌出自己而复会物以归己。成为自己之所统与所摄。如是它无不自足，它自足而欣悦其自己。此入虎穴得虎子之本领也。此方是融摄知识之真实意。[②]

所以从根本上看来，牟先生的心灵观亦是“心灵一元一主论”，此“元”与“主”即是先天德性。

这种以先天德性为根本的“心灵一元一主论”至少存在以下几方面的问题：第一，以德性为心灵之体与源，这和孔子以本真的仁爱情感为心灵和道德之源的观点是不同的；第二，以道德心为根本，将会扼杀了心灵超越道德世界的可能性；第三，以圣人完满之性作为人性的本来面目，会忽视大多数常人现成人性的存在合法性；第四，会忽视对常人现实心灵各功能及其关系的认识；第五，以先天德性为根本，容易对道德原则产生固化认识，不利于人们依据对现实生活情境的本真感受去校准道德原则和规范。

鉴于上述问题，心灵儒学不得不提出另一种心灵观。首先，由于心灵儒学主要是一种现实的心灵学，因此它不以形而上的本心、本性为基础，而是以常人

---

① 朱子曰：“性即心之理，情即性之用。”可见情发于性。又批评张载曰：“合性与知觉有心之名，则恐不能无病，便似性外别有一个知觉了！”可见知觉亦出于性。阳明曰：“心之所发便是意；意之本体便是知。”知即良知，良知即性，可见意亦由性所发。［参见（宋）黎靖德编：《朱子语类》，中华书局 1986 年版，第 91～92 页；（明）王守仁撰，吴光等编校：《王阳明全集》，第 5 页］

② 牟宗三：《从陆象山到刘蕺山》，台北联经出版事业公司 2003 年版，第 206～207 页。

现实的心灵功能为基础。[①] 对现实的心灵而言，心灵之基本功能，如情感功能、认知功能、意志功能等都是共在的，它们之间并无实相上的生成关系。或许有一些复杂的心灵功能是由几种基本心灵功能共同构成的，但心灵的基本功能并不是一元的，而是多元的。其次，在心灵的基本功能中，心灵儒学站在情感主义哲学的立场，以情感为最基础的心灵活动，认为其他一切心灵功能皆在情感的背景下展开（由情感所推动或伴随情感而发挥功能）。因此，在发挥着功能的心灵中，情感与其他心灵功能的关系是一种前台/幕后关系，而不是此转成彼的关系。例如，在情感与认知的关系上，认知由情感所发动，当认知在心灵的前台发挥功能时，情感并未彻底消失，而是退居幕后，作为认知的背景，源源不断地为认知提供动力并引导着认知的方向。综上，心灵儒学的心灵观亦可以看作是"一主"的，即以情感为主导的；但不是一元的，而是多元的。简言之，是"多元一主"的。

由于心灵儒学所探讨主要对象是常人现实的心灵存在方式和功能模式，因此心灵儒学可以与一切心理学和认知科学展开对话，并及时吸收这些领域的研究成果。事实上，上述观点在很大程度上是基于当代心理学、精神医学等经验科学的研究成果的，只是限于篇幅，不再展开论述。

六、心灵儒学的主体观与伦理学

在前现代社会中，人们虽很早就自觉为能动的、有认识和改变世界之能力的主体，但并未自觉为独立、平等的主体。也就是说，在前现代观念中，主体与主体之间是有尊卑、优劣之别的。主体之尊卑、优劣的区分，一方面与血缘、种族、家庭出身等方面的差异有关，另一方面也与心灵之高尚、聪慧与否有关。这两个方面结合在一起，形成了不平等的主体观念，并在此基础之上衍化出一整套前现代的伦理观与政治观。

在儒家文化中，以血缘、种族、家庭出身等差异来论证主体之不平等的现象很早就消失了。儒家注重的是人的心灵，以心灵为主体性的体现。因此，在很长时间里，儒家是以心灵特别是道德心灵的差异来论证主体之不平等的。这集中体现在宋明心性儒学中。宋明心性儒学虽然在本体层面肯定心之理或本心的平等，但在现实上又以气质或习气的差异否定了现成心灵的平等性。这意味着在现实生活中，除了圣人，常人并不能完全依照自己的心灵去做是非判断。

---

① 蒙培元特别注重心灵的功能性存在。他说："无论就道德创造或艺术创造而言，'作用心'才是最重要的。作用表现为过程，过程是功能性的，功能是存在的显现，其中便有目的性、意向性。"（蒙培元：《心灵超越与境界》，第11页）

即便阳明心学极大了提高了常人良知的可依赖性，拉小了圣人与常人之间的差别，认为“满街人都是圣人”[①]，但常人依然只是原本的圣人和可能的圣人，不是现成的圣人。因此，在阳明心学中，常人现成心灵的可靠性依然是打了折扣的。由于心灵是主体性的体现，承认常人现成心灵的不平等，也就是承认主体性的不平等。以此为基础，宋明心性儒学为中国前现代的尊卑观念和皇权观念做了有力的辩护。20世纪的现代新儒家们，虽然在形而下的层面接受了现代性的观念，但是不得不承认，他们对现成的平等主体性的论证是十分不够的。由于继承了宋明心性儒学的形而上学架构（以圆满德性为心之本体，常人现成的心灵总是有限的、不可靠的，常人与圣人在主体性上总是不平等的），现代新儒家的形而上学和形而下学之间存在着不可逾越的鸿沟。现代新儒学因此没能完成儒学现代转型的任务。所以，欲完成儒学现代转型的任务，建构现代性的儒家伦理观与政治观，核心任务是建构现代性的主体观念，即独立、平等的个体主体观念。

既然在儒家传统中，心灵是主体性的体现，那么，现代性主体观念的建构必然要以现代性心灵观的建构为基础。这正是心灵儒学的任务。宋明心性儒学之所以无法肯认平等的主体性，是因为它是超绝的心灵学，而超绝的心灵学总是以圣人的心灵为健全主体性的标准，这就不可避免地造成现成主体性的不平等。因此，平等的主体性只能通过现实的心灵学实现，即不能以圣人的心灵能力为健全主体性的标准，而只能以常人的心灵能力为标准。可是，常人的心灵能力是什么样的？我们能给常人的心灵能力划一个客观的标准吗？给出一个精确的标准似乎很难，但这并不妨碍我们在实践上、甚至在理论上形成关于常人心灵能力的观念和判断。我们在日常生活中很容易判断一个人在情感、心智上是不是“正常”，并且经常在做这样的判断，甚至也可以由某些医疗机构、心理研究机构做出相应的鉴定。所以，只要在正常心灵能力范围内的人，心灵儒学就许诺其具有健全的主体性，这个人就可以在家庭中、在社会上和其他正常人一样享有权利和履行义务。这个人就是具足主体性的，独立、平等的现代性个体。

需要澄清的是，这里所谓的现代性的个体或主体，并不是西方主流启蒙哲学所建构的、以心灵之理性能力为本质的个体主体。而是以心灵之情感能力为主导的、多种心灵功能相互作用而生成的个体主体。由于情感是多样的，情感根据人们生活处境所反映的欲求也是多样的、情感与心灵其他功能的合作方式更是多种多样的，因此心灵儒学所构想的个体主体观念不是本质化、同一化的。

① （明）王守仁撰，吴光等编校：《王阳明全集》，第102页。

但心灵儒学又与后现代主义哲学不同，它不宣称“人的死亡”或“主体的死亡”[①]，也不反对人们对“主体”的理性化言说和规定。心灵儒学只是指出，一切对主体的理性化言说和规定都不可能是特别精确的，更不可能是本质性的。也就是说，任何一个个体，其主体性的内核都是尚未被认清的甚至无法被认清的，一切对主体的理性化规定都只能是外在的、片面的、有实效的和模糊的（但这些认识和规定并不是无意义的，我们在日常生活中需要这些认识和规定）。因此，心灵儒学所理解的主体，是外在边界较为清晰而内在规定性较为模糊的个体。

此外，心灵儒学反对“主体间性”“交互主体性”这样的提法，认为就现代人而言，主体都是个体性的，所谓“主体间性”或“交互主体性”，不过是为达成主体间的平等和尊重，避免“自我孤立”和“自我中心主义”而做的形而上学预设，而这样的预设是缺乏经验根据的。那么，心灵儒学是如何解决这些问题的呢？其实，人与人之间，本来就具有非自我中心的交流能力，比如利他的情感能力。一个人产生关怀他人、帮助他人的动机未必一定要经过理性的计较，也可以通过的“同情”“爱”等情感发生。并且利他的情感并不都蕴含着利己的因素，孟子“乍见孺子将入于井”（《孟子·公孙丑上》）的例子就是证明。因此，心灵儒学认为，个体虽然是独立的个体，但可以通过情感达成个体之间的平等尊重和互助。不过，不得不承认，并非所有的情感都能达到这个目的。

如何通过情感达成个体间的尊重与互助，这是伦理学的问题。由于心灵儒学以情感为心灵的主导功能，因此它将一切伦理的冲突最终归因于情感的冲突。其实，情感的冲突与利益的冲突是等价的，情感与利益不过是内外其说而已。情感总会包含着一定的动机或欲求，欲求的载体是情感，而欲求之对象即是利益。虽然情感的冲突和利益的冲突是等价的，但心灵儒学并不像宋明心性儒学一样，倾向于通过情感的调适来解决冲突，而是倾向于通过利益的调试来解决冲突。这是因为，人们本真的情感欲求是因特定的生活境遇而产生的，它们体现的是人们本真的生存需要。如果偏重于情感的内在调节，忽视外在利益的满足，这不仅不利于人的生存，而且亦不能使人们情感的冲突在根本上得到解决。所以，心灵儒学的伦理学，是以情感欲求为心灵基础、以调节利益冲突为导向的伦理学，这与荀子儒学在思想倾向上是一致的。对于利益调节的准则，荀子的标准也是可借鉴的，即：“使欲必不穷于物，物必不屈于欲。两者相持而长。”（《荀子·礼论》）对于荀子儒学，人们通常只关注荀子讨论情感致恶的一面，而忽视他讨论情感致善的一面。其实在荀子儒学中，“致善”之根本亦是情感，确切地说，就是仁爱。在荀子那里，圣人正是本着仁爱之心，制定礼仪法度，

① ［法］福柯著，杜小真编选：《福柯集》，上海远东出版社1998年版，第80页。

解决人们之间的利益冲突的。[1] 不过,荀子并不认为常人具有充足的仁爱之心,虽然他说“涂之人也,皆有可以知仁义法正之质,皆有可以能仁义法正之具”(《荀子·性恶》)。但常人毕竟不是圣人,常人只是具备成为圣人的可能性。

心灵儒学同样不认为常人即是圣人,但它肯定现代个体可以本着仁爱之心(真诚的自爱,又能真诚的爱他人),通过理智的运用和个体间的宽容、妥协,解决一切利益的冲突,从而安顿自己的情感需求。因此,心灵儒学的伦理学,同样是仁爱伦理,它主张:仁爱是一切的本源,利益需求由仁爱而起,利益冲突由仁爱解决。[2]

关于心灵儒学,还有很多话题值得讨论,在此不能一一尽述。不过,就致力于“走出宋明心性儒学”的儒家心灵哲学建构而言,上面的论述已经初具规模了。

---

① 荀子曰:“先王恶其乱也,故制礼义以分之。”(《荀子·礼论》)又曰:“仁者爱人,爱人故恶人之害之也。”(《荀子·礼论》)所以在荀子那里,礼义之源亦是仁爱之情。

② 这与黄玉顺的观点是一致的。黄玉顺认为,差等之爱导致利欲冲突,一体之仁使冲突得以解决。(参见黄玉顺:《荀子的社会正义理论》,《社会科学研究》2012 年第 3 期)

新基础主义

杨　虎

【编者按】此文原载杨永明、郭萍主编:《当代儒学》第12辑,广西师范大学出版社2017年版,原题为《论"新基础主义"——〈泉城之会〉编者前言》,此处仅节选该文的第四部分"余论:哲学的新生——新基础主义道路:'反基础主义'之'后'",标题为编者所拟。此文是为《泉城之会:林安梧与黄玉顺对谈录》(杨永明、郭萍主编:《当代儒学》第15辑,四川人民出版社2019年版)所做的编者前言。杨虎建构"新基础主义"的论著尚有:《情性论:儒家情感论再省察》(《原道》2014年总第24辑)、《论冯梦龙的情感本体论》(《阴山学刊》2015年第2期)、《论唐君毅哲学的"感通"与"心灵"》(《理论月刊》2015年第7期)、《从无生性原在到有死性此在——重读海德格尔的"存在论区分"》(《河北学刊》2015年第4期)、《论唐君毅与海德格尔的存在之思》(《宜宾学院学报》2015年第7期)、《绝对的显现与主体性的挺立——〈精神现象学〉的二重奏》(《宜宾学院学报》2015年第9期)、《哲学的新生——新基础主义道路:传统基础主义与反基础主义之"后"》(《江汉论坛》2016年第10期)、《心性的牢笼——儒家心性形上学根本传统的一种阐明》(《当代儒学》2016年总第10辑)、《论感通与格物——朱子格物论的一种阐释》(《中国文化论衡》2019年第1期)、《阳明心物说的存在论阐释》(《当代儒学》2019年总第15辑)、《论观心与感通》[《北京理工大学学报》(社会科学版)2020年第2期]等。

《泉城之会:林安梧与黄玉顺对谈录》一书以两位当代著名哲学家、儒家思想家黄玉顺先生和林安梧先生的对谈整理稿为主体,并附录两位先生的相关论文6篇(黄先生的3篇、林先生的3篇),构成全书。笔者的这篇前言,分为四个部分:第一部分,林安梧、黄玉顺"泉城之会"的主要内容;第二部分,林安梧、黄玉顺"泉城之会"的现实定位和思想意义；第三部分，黄玉顺"生活儒学"与林安梧"后新儒学"之比较；第四部分，余论：哲学的新生——新基础主义道路："反基础主义"之"后"。

……

无论是黄先生的生活儒学思想体系，还是林先生的后新儒学思想体系，都有"宏大叙事"的特点。尤其是生活儒学，更是具有"基础主义"的性格。那么，在"反基础主义"业已成为重要思潮的当代世界，这种"基础主义"的思想性格有无弊端？理据何在？这就需要首先探究一番所谓的"基础主义"以及"反基础主义"各自有何意义。

(一)传统基础主义与反基础主义

"基础主义"(Foundationalism)一词来源于美国哲学家罗蒂对传统哲学的批判，意指这样一种信念：存在着某种"知识基础""绝对的基础"；"反基础主义"(Anti-Foundationalism)则是作为其对立面的一种信念。学界通常认为，"基础主义"是属于现代哲学的尤其是认识论层面的，而"反基础主义"则是属于后现代哲学的理论倾向，后现代哲学是对现代哲学的批判。这些理解是非常狭隘的。

1."基础主义"信念：一切存在物及其相应的知识、价值等都奠定在某种"基础"之上

首先，罗蒂从知识论层面展开了对传统哲学的基础主义的批判，但传统基础主义思路并不局限于这个层面。万事万物在哲学看来都是有其某种"基础"的。在这个广泛意义上说，"基础主义"就是这样一种信念：一切存在物及其相应的知识、价值等等都奠定在某种"基础"之上。R.伯恩斯坦的界定大致是不错的，他认为基础主义是这样一种信念："存在着或必须存在着某种我们在确定理性、知识、真理、实在、善和正义的性质时能够最终诉诸的永恒的、非历史的基础和框架。这个基础或框架也就是一个'阿基米德点'，基础主义者认为，哲学家的任务就是去发现这种基础是什么，并用强有力的理由去支持这种发现基础的要求。"[①]

因而，其次，基础主义信念不能局限于现代哲学，反基础主义信念也并不局限于后现代哲学。例如有的学者的观点："现代哲学是对基础的探求；当代哲学

① 转引自王治河：《扑朔迷离的游戏——后现代哲学思潮研究》，社会科学文献出版社1998年版，第85页。

则广泛地把这种探求作为错误而加以摒弃。”[①]这个说法是不对的。

其一，古往今来的一切哲学形而上学必然是“基础主义”的。众所周知，形而上学的核心是“本体论”(ontology)，是关乎“本体”这种“形而上者”的思考，它首先要追问一切形而下的存在物是何以可能的，在它看来，形而下的存在物之所以存在，乃是最终决定于某种形而上的“根据”“本质”“本体”。这进一步决定了关乎形而下存在物的知识、价值等等；相应地，形而上学乃是“知识论”“科学”“伦理学”“价值论”等等文化诸层面的“基础”。这是古今一切哲学形而上学的基本思路：“形而上者”为“形而下者”奠定“基础”，形而上学为形而下学奠定“基础”。

其二，“反基础主义”并不局限于“后现代哲学”。众所周知，后现代哲学拒斥形而上学、反对理性中心主义、反对本质主义等等，这些都是“反基础主义”的各种表现。由此看来，哲学史上的某些怀疑论、经验论思想也具有“反基础主义”的性格，因为它们同样拒斥形而上学、反对本质主义、反对理性中心主义。当然，后现代哲学的“反基础主义”对于传统哲学的冲击是巨大的，故而我们的讨论材料局限于此。

其三，后现代哲学的“反基础主义”理论倾向并不仅仅是对现代哲学的一种批判，而是对整个传统哲学的批判，因为整个传统哲学都是“基础主义”的。

为此，我们进一步厘清传统哲学的基础主义之历史展现。

2.传统哲学的“基础主义”之历史展现

(1)关于“世界”“本质”的预设和信念

可以说，没有基础主义信念就没有哲学。哲学开端于早期形而上学的建构。由此，哲学在本质上就是形而上学，即关乎“形而上者”“存在者整体”的思考。正如海德格尔所说：“哲学即形而上学。形而上学着眼于存在，着眼于存在中的存在者之共属一体，来思考存在者整体——世界、人类和上帝。”[②]这样的思考，其核心旨在说明一切形而下存在者及其相应的东西是何以可能的。古希腊哲学早期关于世界本原的追问就是这样的形而上学思考。到了柏拉图，哲学正式从粗糙的宇宙论形而上学转变为本体论形而上学。柏拉图有个著名的说法：

---

① [美]范·弗拉森：《基础主义之后：恶性循环与无穷后退之间》，郑祥福译，《哲学译丛》1994年第4期。

② 当然，海德格尔的这个论断直接针对的是传统西方哲学形上学，其中包含了对传统形而上学的批判，故在海德格尔哲学有“形而上学奠基”(Foundation for Metaphysics)之问题。显然，“奠基”即是指奠定基础，这仍然是某种“基础主义”，但它与反基础主义者所批判的传统基础主义是不同的。(参见[德]海德格尔：《哲学的终结与思的任务》，《面向思的事情》，陈小文、孙周兴译，商务印书馆1999年版，第68页)

“拯救现象。”[1]按照这样的理解，现象是变动不居的，为了说明现象的存在，就需要寻求其背后的存在根据。柏拉图认为，世界的本质就是理念，现象世界是对理念世界的模仿：“一件事物之所以能开始存在，无非是由于它分沾了它所固有的那个实体。”[2]理念世界由各种等级、层次的理念组成，最高的理念是“善”的理念，因此也就是世界的“本原”“本质”“基础”。对理念的预设，其实旨在为形而下的存在物及其相应的知识、价值等问题提供形上学的说明。

罗蒂认为：“自希腊时代以来，西方思想家一直在寻求一套统一的观念，这种想法似乎是合情合理的；这套观念可被用于证明或批判个人行为和生活以及社会习俗和制度，还可为人们提供一个进行个人道德思考的框架。‘哲学’（爱智）是希腊人赋予这样一套映象现实结构的观念的名称。”[3]罗蒂的说法不无道理，例如“善”和“正义”的理念就是对于现实世界中的价值判定和伦理秩序提供形上学的说明，或者说提供一个“合法的”“地基”（康德语）。这种基础主义的思维方式不唯西方哲学，中国哲学也是如此，例如王弼的“本末”论也是这样的基础主义思路。王弼在《老子指略》一文中指出：“崇本以息末，守母以存子。”[4]这乃是王弼对老子思想的一种理解：“无”是世界的本体，是一切相对的、形而下存在者的存在根据。“守母以存子”，质同于“拯救现象运动”。在王弼的理解中，“无”是一切的“基础”，一切伦理规范等形而下的东西都是“以无为本”的，所以他虽然说“崇本以息末”，其实还是旨在为“末”奠定“本”，而“本”即是他所理解的一切事物的“基础”。要而言之，中西哲学形上学关于世界及其本质、本体的思考，都是“基础主义”的一种展现。

（2）关于“上帝”或“天”的预设和信念

不仅如此，中西形上学关于“上帝”或“天”的言说也是基础主义的一种展现。西方宗教哲学中的“上帝”，就是对世界本体的一种神性化言说，毫无疑问，“上帝”被视为万事万物的“基础”，没有“上帝”就没有一切。举例来说，关乎人类生活的伦理规范“摩西十诫”就是上帝所规定的，这是典型的先验论设定。

中国哲学中也有类似的神性形而上学的言说，例如董仲舒的“天”论。为了给形而下的伦理规范“三纲”提供合法性说明，董仲舒以“天”“天道”作为“基础”来说明。“三纲”是指：君为臣纲，父为子纲，夫为妻纲。君为臣纲，其理论基础在于：“唯天子受命于天，天下受命于天子。”[5]父为子纲、夫为妻纲亦然：“天子受

---

① “拯救现象运动”出自柏拉图对天体运动的讨论，后来引申为这样一种思维模式：为一切形而下存在者提供形上学的基础说明。

② ［古希腊］柏拉图：《柏拉图对话集》，王太庆译，商务印书馆2004年版，第266页。

③ ［美］理查德·罗蒂：《哲学和自然之镜》，李幼蒸译，商务印书馆2003年版，第4页。

④ （魏）王弼注，楼宇烈校释：《老子道德经注校释》，中华书局2008年版，第196页。

⑤ （汉）董仲舒：《春秋繁露·为人者天》，中华书局1992年版，第319页。

命于天,诸侯受命于天子,子受命于父,臣妾受命于君,妻受命于夫。诸所受命者,其尊皆天也。”[①]按此,形而下的社会伦理秩序是以“天”“天道”为“基础”所推衍出来的,因而具有“先天的合法性”。毫无疑问,这些神性形而上学的言说也是“基础主义”的。

(3)关于“主体性”或“心性”的预设和信念

海德格尔曾经指出,康德哲学关于人的发问是一种“人类学”,这里的“人类学”即是他所说的形而上学关于“人类”这种“存在者整体”的思考。亦即,这里的“人类”被把握为“主体性”,“人类学”是指主体性形而上学。所以海德格尔说:“哲学之事情就是主体性。”[②]“作为形而上学的哲学之事情乃是存在者之存在,乃是以实体性和主体性为形态的存在者之在场状态。”[③]近代以来的西方哲学,笛卡儿、康德、黑格尔,甚至其师胡塞尔,在海德格尔看来都是典型的主体性形而上学。海德格尔的这些评论所直接针对的更是黑格尔的“实体即主体”“绝对即精神”,它就是关乎“主体性”的形而上学思考。黑格尔说:“一切问题的关键在于:不仅把真实的东西或真理理解和表述为实体,而且同样理解和表述为主体。”[④]实体是能动的,所以同时也是主体,二者其实是一个东西——(绝对)精神——的二重性,真理就是精神从实体转化为主体的历程。因此,世界就是“现象诸历程”“意识诸形态”,是绝对的自身展现。这种绝对主体性就是世界的本质、“基础”。

中国哲学关乎“心性”本体的言说,例如宋明理学的心性论也是“基础主义”的。李泽厚先生认为:“宋明理学是一种伦理学主体性的本体论。”[⑤]这个表达并不确切。宋明理学的心性本体论确乎是一种主体性哲学,但不是伦理学层面上的东西,而是旨在为伦理学提供“基础性”说明的形上学。例如周敦颐的“诚”本体论,诚作为心性本体,它乃是“五常之本,百行之源”[⑥];换句话说,形而下的伦理规范是以“诚”为“基础”而推衍出来的。从宋明理学至现代新儒学的心性论,皆以某种心性本体、绝对主体性作为一切形而下者的根源和“基础”,例如现代新儒家牟宗三先生的“良知坎陷”论,民主制度和科学这些形下学的东西是与知性主体相应的,为此,建构民主制度和现代科学,就要首先从“良知”这种心性本体(绝对主体性)坎陷出相对的知性主体。显然,这也是“基础主义”的思路。

总而言之,传统中西哲学关于“世界”及其“本质”,“上帝”或“天”,“主体性”

---

① (汉)董仲舒:《春秋繁露·顺命》,第413页。

② [德]海德格尔:《哲学的终结和思的任务》,《面向思的事情》,陈小文、孙周兴编译,第77~78页。

③ [德]海德格尔:《哲学的终结和思的任务》,《面向思的事情》,陈小文、孙周兴编译,第76页。

④ [德]黑格尔:《精神现象学》上卷,贺麟、王玖兴译,上海人民出版社2013年版,第61页。

⑤ 李泽厚:《中国古代思想史论》,人民出版社1985年版,第236页。

⑥ (宋)周敦颐著,陈克明点校:《周敦颐集》,中华书局1990年版,第15页。

或“心性”这些“形而上者”的思考和言说，都是旨在为一切事物提供一个先验的“基础”，都是“基础主义”的。

3.“反基础主义”信念：不存在万事万物最终奠定于其上的某种“基础”

“基础主义”是一种信念，同样，“反基础主义”也是一种信念。既然传统哲学形而上学都是“基础主义”的，那么反基础主义自然“拒斥形而上学”“拒斥本体论”。也即是说，“反基础主义”的核心在于“拒斥形而上学”。尤其是后现代哲学的“反基础主义”理论倾向，不承认人类的知识和价值乃至于一切存在物都存在着某种先验的“基础”，它否认这种“元叙事”的合法性；相应于此，它反对中心化、先验本质主义、逻各斯中心主义，主张边缘化、实用化、差异化，等等。

例如德里达对“在场形而上学”的批判。德里达吸收了海德格尔的相关思想，认为传统存在论把“存在”理解为“在场”，并进一步把握为诸如“真理”“理念”“实体”等等。德里达认为这与“逻各斯中心主义”“语音中心主义”是不可分割的：“对真理的一切形而上学规定，直接与逻各斯的理性思维密不可分……”[①]为此，德里达主张消除传统哲学的语音—书写的等级秩序，因为“语音”“逻各斯”相比于“书写”与“在场”更具有密切关系，传统形而上学可以说就是语音中心论的、逻各斯中心论的。德里达提出了“延异”思想，认为所谓“第一性”的东西可以在“延异”作用中消除。易言之，德里达拒斥具有同一性的“基础”以及被进一步把握为“逻各斯”“真理”“实体”等等这样的东西，因为所有这些“同基础、原则或中心联系在一起的名字都指定了一个永恒的在场”[②]。

再例如，罗蒂虽然没有直接从“形而上学”的角度对基础主义展开批判，但在他的言说中，认识论的即是形而上学的。例如，罗蒂经常提到“认识论的或形而上学的保证”[③]“认识论的或形而上学的基础”[④]等等，他明确反对这种“认识论—形而上学基础”：“我们应当摒弃西方特有的那种将万事万物归结为第一原理或在人类活动中寻求一种自然等级秩序的诱惑。”[⑤]由此，罗蒂提出了“后哲学文化”的说法，主张以一种“教化哲学”代替“系统哲学”“大哲学”，这意味着在“后哲学”时代建立“形而上学体系”是不必要也是不可能的了。从这种观点来看，任何试图再建立作为科学、伦理学等等形而下学基础的“形而上学大厦”（康德语）都是不合法的，正如利奥塔说的：“大叙事失去了可信性。”[⑥]

总之，反基础主义是这样一种信念：不存在万事万物最终奠定于其上的某

---

① 转引自《西方哲学史》（学术版）第七卷，凤凰出版社2005年版，第1077页。

② 转引自《当代西方著名哲学家评传》第一卷，山东人民出版社1998年版，第368页。

③ ［美］理查德·罗蒂：《哲学和自然之镜》，李幼蒸译，商务印书馆2017年版，第301页。

④ ［美］理查德·罗蒂：《后哲学文化》，黄勇编译，上海译文出版社1992年版，第81页。

⑤ ［美］理查德·罗蒂：《哲学和自然之镜》，李幼蒸译，第15页。

⑥ ［法］利奥塔：《后现代状态：关于知识的报告》，车槿山译，三联书店1997年版，第80页。

种“基础”。

(二)传统基础主义与反基础主义对“基础”的共同误置

传统哲学的基础主义主要展现为形而上学思维模式:“形而上者”为“形而下者”奠定基础,形而上学为形而下学奠定基础。由此,反基础主义矛头最终也是指向形而上学:并不存在为形而下者奠定基础的形而上者,形而下学亦无须形而上学的奠基。可见,无论是传统基础主义还是反基础主义对“基础”的理解都局限于某种“形而上者”。但是,这其实是对“基础”的误置。

为此,这里必须要辨明的是:传统基础主义把某种“形而上者”视作一切事物的“基础”,并不意味着发现了真正的“基础”。同样,解构传统形而上学并不等同于要解构“基础”和抛弃“基础主义”信念。例如,海德格尔哲学既是对传统形而上学的一种解构,同时也是一种重返“基础”的思考。有的学者把海德格尔归入“温和的反基础主义”阵营[①],这是不对的。海德格尔并不反对、也从没停止过对“基础”的追思,倒毋宁说他是一个彻头彻尾的“基础主义”者,他所反对的乃是以某种“存在者整体”“形而上者”为“基础”的传统形而上学,他认为传统存在论是“无根”(无基础)的存在论。所以,海德格尔冀图通过对“存在问题”的重新发问,建构为形而上学奠定基础的“基础存在论”。

按照海德格尔的区分,基础存在论不是说的“奠立根据”(gruenden),因为“根据”(Grund)正是传统哲学的“形而上者”之所在,它恰恰是需要被解构、被奠基的东西。这种区分,正相应于“存在论区分”,由此可以得出如下奠基层序:

存在领会→存在者(“存在者整体”及诸存在者)
基础存在论→形而上学

然而,海德格尔把此在的生存这种存在者的规定性作为先行的存在建构:“其他一切存在论所源出的基础存在论(Fundamentalontologie)必须在对此在的生存论分析中来寻找。”[②]以生存领会为“基础”固然不同于以“存在者整体”为“基础”,但生存乃是“此在”这种存在者的规定性,仍然是以某种存在者为先行,这仍然是对“基础”的误置,对“基础存在论的误置”[③]。

尽管如此,我们今天应该“接着”海德格尔讲,而非“接着”罗蒂等“反基础主义”者讲。“反基础主义”思潮的积极意义在于揭示了传统形而上学的危机,但

① 参见章忠民:《基础主义的批判与当代哲学主题的变化》,《哲学研究》2006年第6期。

② [德]海德格尔:《存在与时间》(修订译本),陈嘉映、王庆节合译,第16页。

③ 杨虎:《从无生性原在到有死性此在——重读海德格尔的“存在论区分”》,《河北学刊》2015年第4期。

并未超越它，而反倒陷入了某种经验化立场。如果我们不再像传统形而上学那样独断地设定一个先验“根据”，摆在我们面前的无非有两条“道路”：一是拒斥这种设定，返回到形而下的、经验化的立场；二是继续追问形而上学的“基础”何在。反基础主义者沿着第一条道路在走，这并不可取：

其一，“反基础主义”仍然是以“基础主义”为标准的。相应地，边缘化、反理性中心化等等，其实是以中心化、理性中心化等等为标准的。这就犹如海德格尔说的：“什么叫作非理性的观念？这只能根据一种理性的观念来界定。”①这仍然没有摆脱罗蒂等人自己所批评的“二元对立”的思维方式。

其二，反对先验的设定而走向经验化思路，这就会陷入“认识论困境”②。例如，胡塞尔所揭示的：“在客观科学那里存在着超越的可疑，问题是：认识如何能够超越自身，它如何能够切中在意识框架内无法找到的存在？”③“对切中事物本身的认识可能性的反思陷入这样一种困境之中，即：认识如何能够确信自己与自在的事物一致，如何能够‘切中’这些事物？”④反基础主义者拒绝哲学为认识和科学提供任何先验设定、“合法化元叙述”（利奥塔语），例如利奥塔说：知识和科学的合法性“是一种通过事实达到的合法性”⑤。显然，这种“事实”乃是经验性的，但它是如何“切中”自身的“事实”的呢？反基础主义并不追问这样的问题，毋宁说，他们根本置这些问题于不顾，这在罗蒂的相关思考中也可见一斑。尽管罗蒂自己说他吸收了现象学尤其是海德格尔的思想，但在对待这个问题的思路上与海德格尔可以说是截然不同的。

众所共知，胡塞尔现象学面对两大问题：欧洲科学的危机和人性的危机。前者主要表现为“认识论困境”，胡塞尔有针对性地提出了“意向性”理论；针对后者，胡塞尔提出了“生活世界”“主体间性”理论。可以说，这两大问题在其弟子海德格尔那里都有延续：科学奠基问题和主体性奠基问题。并且，二者最终都收摄在主体性奠基问题，在海德格尔看来，为主体性奠基就是要对“人之有限性本质”做出“存在论上的分析”⑥，此即他所说的存在问题的首要目标：

> 存在问题的目标不仅在于保障一种使科学成为可能的先天条件（科学对存在者之为如此这般的存在者进行考察，于是科学一向已经活动在某种

---

① ［德］海德格尔：《存在论：实际性的解释学》，何卫平译，人民出版社2009年版，第51页。

② “认识论困境”一词是借用黄玉顺先生对胡塞尔现象学的问题意识的一种理解和概括。黄先生的表达是：“内在意识如何可能‘确证’外在实在？即便我们承认了这个外在实在，我们的内在意识如何可能‘通达’这个外在实在？”参见黄玉顺：《儒家思想与当代生活》，光明日报出版社2009年版，第117页。

③ ［德］胡塞尔：《现象学的观念》，倪梁康译，上海译文出版社1986年版，第9页。

④ ［德］胡塞尔：《现象学的观念》，倪梁康译，第7页。

⑤ ［法］利奥塔：《后现代状态：关于知识的报告》，车槿山译，第96页。

⑥ ［德］海德格尔：《康德与形而上学疑难·导言》，王庆节译，上海译文出版社2011年版，第1页。

存在之领会中），而且也在于保障那使先于任何研究存在者的科学且奠定这种科学的基础的存在论本身成为可能的条件。①

如果说一般存在论为科学奠定基础，那么基础存在论就是为一般存在论奠定基础。这种基础存在论被海德格尔规定为关乎人之有限性的生存论。罗蒂对海德格尔的“有限性”思想有所吸收，但并未因此走向“生存论”进路，而毋宁说走向了被海德格尔视为“流俗化”的经验化道路。作为一位自觉的实用主义者，罗蒂提出在“后形而上学”时代以“希望”代替“知识”的“新实用主义”：(1)没有与实在相符合的真理；(2)没有本体或本质的世界；(3)没有原则的伦理学。②显然，这些都是经验化的思考和言说。罗蒂明确表示拒斥本质、本体的预设，这集中体现了他的拒斥形而上学的立场，在知识和价值、伦理问题上也主张不从某种“基础”或“原则”出发。但是，没有本体的世界依然成立为一世界，却是一个无所措足的世界；没有存在者整体之存在的承诺，我们关于万事万物的言说将是不可能的；没有与实在相符合的真理，则科学所赖以成立的客观性预设和因果性预设亦不复存在；没有原则，伦理学亦能成立，但却会是任意为之的。无论如何，罗蒂并不会追问“认识论困境”“科学的奠基”“主体性的奠基”等等这样的问题，因为他反对任何“知识基础”“基础”的思考。

总之，传统基础主义主要表现为哲学形而上学，反基础主义主要表现为拒斥形而上学、拒斥本体论；而无论是传统基础主义还是反基础主义都误置了“基础”；当前的反基础主义道路并不可取。此故，我们今天应当走第二条“道路”：解构传统哲学形而上学，发现更加本源的“基础”，并在此基础上重建我们时代的哲学。

（三）新基础主义道路：返源—立相——源论、体论、用论的建构

这第二条道路仍然是“基础主义”的，但绝非展现为形而上学的传统基础主义，毋宁说是一种新基础主义（Neo-Fundationalism）：承认反基础主义对传统形而上学之批判的积极意义，但并不因此就走向“拒斥形而上学”的道路，而是进一步追问形而上学的“基础”，从而为形而上学及以其为“根据”的形而下学奠定“基础”。这即是说，我们不仅要通过解构形而上学而发现真正的“基础”，还要在此基础上重建形而上学、形而下学。相应地，首先从“存在者”返回到“存在本身”，其次在此基础上重新给出一切存在者（形而上存在者、形而下存在者），笔

① [德]海德格尔：《存在与时间》（修订译本），陈嘉映、王庆节合译，熊伟校，陈嘉映修订，三联书店2014年版，第13页。

② 参见[美]理查德·罗蒂：《后形而上学希望：新实用主义社会、政治和法律哲学》，张国清译，上海译文出版社2003年版，第1页。

者曾把这两种向度称之为“返源”与“立相”。[①] 如果说，在一个狭义的理解上，哲学就是形而上学，形而上学的核心在于对“形而上者”“本体”的追思，而“本体”“形而上者”对于形而下存在者具有奠基意义，那么，这就意味着哲学的“新”“生”：通过“返源”，发现了“形而上者”及其所给出的“形而下者”的“基础”，在此基础上，关乎“形而上者”的哲学（形而上学）得以“生成”；但它不同于传统哲学，而是我们时代的“新”的哲学。

从而，“返源”的任务所指向的不仅是从形而下存在者返回到形而上存在者，而且要返回到一切存在者的“基础”。由此，在这个层级上的言说构成“源论”。“立相”的任务不仅是要给出一切形而下存在者，也要给出作为本体的形而上存在者，即不仅要挺立“相对相”，也要挺立“绝对相”，这两个层级的言说构成“体论”（形而上学本体论）和“用论”（伦理学、知识论、价值论等形而下学）。自奠基层序言之，无论是用论还是体论都奠基于源论，因为无论是形而下的“用”还是形而上的“体”都奠基于作为“基础”的“源”，此即“源→体→用”的观念构成。[②]

1.哲学即形而上学，其核心是本体论

新基础主义道路并不是“哲学的乡愁”，因为它理解的“基础”超越了形而上学的“根据”，而在一个狭义的定义上，哲学就是形而上学。不仅基础主义者如海德格尔曾经下过这个判断，反基础主义者也敏锐地注意到了这一点，例如罗蒂有“后哲学文化”和“后形而上学”的提法，在他的语境中，“哲学”就是“形而上学”。

从西方哲学来看，“形而上学”（metaphysics）这个词与“哲学”（philosophy）这个词的渊源也可验证这一点。众所周知，“形而上学”（metaphysics）一词出自亚里士多德的《形而上学》，其原意是“物理学之后”，亚氏去世之后二百多年，编者将亚氏著作当中讨论超越经验以外对象的若干卷安排在《物理学》一书之后，汉译本叫作《形而上学》。亚氏认为，“第一哲学”讨论的对象乃是“作为存在的存在”：“我们应当把握的是作为存在的存在之最初原因。”[③]但这里说的“存在”与海德格尔的理解不同，因为在亚氏看来，不管存在有多少种意义，“全部都与

---

① 参见杨虎：《从无生性原在到有死性此在——重读海德格尔的“存在论区分”》，《河北学刊》2015年第4期。

② “源、体、用”的提法，是笔者针对小程“体用一源”（小程《易传序》）一语的改造。当然，小程是个传统形上学家，他的意思是说形上之体和形下之用是相即不离的。我们这里则取这样不同的理解：体、用出于一源，此源并非形而上存在者，而是存在本身，无论是形而上的体，还是形而下的用都出于此源，它乃是一切形而下、形而上存在者之“源”。

③ ［古希腊］亚里士多德：《形而上学》，苗力田译，中国人民大学出版社2003年版，第58页。

一个本原相关”[1]，这个本原就是实体，所以“哲学家应做的事就是掌握实体的原因和本原”[2]。在亚氏看来，哲学(形而上学)的任务就是对“实体”的追问，从而，“作为存在的存在”被把握为了“实体”。海德格尔批评亚里士多德混淆了存在与存在者，由此，所谓“作为存在的存在”也只能是“作为存在者的存在者”。由此可见，对某种原初“实体”“本体”的追问乃是作为形而上学的哲学之核心所在，这就是本体论。

中国哲学的“形而上”一词也是对某种终极实体、本体的描述。中国哲学史上并无“形而上学”一词，但有“形而上者”一词，例如《周易·系辞上传》：“形而上者谓之道，形而下者谓之器。”孔颖达解释说：

> “是故形而上者谓之道，形而下者谓之器”者，道是无体之名，形是有质之称。凡有从无而生，形由道而立，是先道而后形，是道在形之上，形在道之下。故自形外已上者谓之“道”也，自形内而下者谓之“器”也。形虽处道、器两畔之际，形在器，不在道也。既有形质，可为器用，故云“形而下者谓之器”也。[3]

正如黄玉顺先生所指出的：“这就是将一切存在者区分为有形的‘器’和无形的‘道’，即‘形而下者’和‘形而上者’。”[4]所谓“形而下者”就是指一切相对的、形而下的存在者，“形而上者”则是指作为一切形而下存在者之根据的绝对的、形而上的存在者，这在中西哲学中被把握为诸如“本体”“实体”“存在者整体”等等。所以，汉语“形而上学”即关乎“形而上者”的思考和言说，这正对应于西语“metaphysics”一词的含义。无论是汉语的“形而上学”还是西语的“metaphysics”，其核心都是关乎这种“形而上者”的追问，亦即“本体论”(ontology)。

尚需提及的是，“meta”这个前缀，汉语可以翻作“元”或者“后”。“元”字本义为“首”，引申为“本来”“开端”“基础”等意思，例如《春秋繁露·垂政》：“元犹原也。”再如“元初”“元气”“元始”等说法也都体现了这一点。这正对应于：如果说“physics”乃是作为“自然学”的形而下学，那么“meta”所指向的乃是作为形而下学“基础”的形而上学，即亚里士多德的所谓“第一哲学”。同时，“meta”也可以翻译为“后”。“后”的本义正是“元”的引申义之一“君主”，例如《尚书·尧典》：“班瑞于群后。”《诗经·周颂·时迈》：“允王维后。”这里的“后”指的是“君

---

① [古希腊]亚里士多德：《形而上学》，苗力田译，第59页。

② [古希腊]亚里士多德：《形而上学》，苗力田译，第59页。

③ 《周易正义》，《十三经注疏》，中华书局1980年影印版，第83页。

④ 黄玉顺：《形而上学的黎明——生活儒学视域下的“变易本体论”建构》，《湖北大学学报》(哲学社会科学版)2015年第4期。

主”,“君主”在当时的语境中又称为“首”“元”,这正对应于一种形象的说法:形而上学乃是一切科学的“女王”(康德语)。“后”还可以表示时间和空间的次序、位置。这两种含义是截然不同的。在前者的意义上,“后”和“元”都表示先行的意义。

罗蒂所说的“后哲学”“后形而上学”并不是这种意义上的“后”,他使用的不是“meta”而是“post”,这对应于汉语的时间次序在后的含义。其实,我们可以更好地来理解所谓“后哲学”“后形而上学”的“后”,亦即“哲学”“形而上学”之“后”,即形而上学的“基础”。由于罗蒂等反基础主义者缺乏更加本源的思想视域、反对任何“元”(基础)思考的狭隘立场,终究错失了这一可能性。今天的诸多“后……”的提法,例如“后现代主义”的“后”也是“post”而非“meta”,这说明,它们都缺乏这一思想视域。所以,我们今天要探讨“哲学”之“后”“基础”,屏蔽反基础主义的思路,在这个意义上说更是“反基础主义”之“后”。

2.形而上学、本体论不可避免

为此,我们继续“返源”,即返回到形而上学之“后”“基础”“源”。但这就需要首先处理一个问题,即为何不是像反基础主义者那样直接“拒斥形而上学”“拒斥本体论”了事,这一方面是因为上文提及的反基础主义道路之不可取,另一方面乃是由于形而上学、本体论不可避免。

其一,对存在者领域、“形而下者”的言说必然包含了对“存在者整体”“形而上者”的承诺。

当我们言说某种存在者领域或者某个存在者时,必然包含对存在者整体的先行设定,这是人类语言当中所体现的内在的思想逻辑。就此而言,笔者认同黄玉顺先生的一种解释:

> 形而上学之所以是必然的,根本原因乃在于人类思想观念之构造的一种内在的逻辑承诺:对任何一个存在者领域之存在、甚至对任何个别存在者之存在的承诺,都已蕴涵着对存在者整体之存在的承诺。[①]

如前所论,形而上学的核心就是本体论,就是关乎“存在者整体”“本体”的言说,没有这种先行观念,则对一切存在者、存在者领域的言说便是不可能的。其实蒯因的“本体论承诺”(Ontological Commitment)多少也触及了这一点。蒯因认为任何理论陈述都有它的“本体论承诺”,亦即关于“言说中何物存在”的承诺。这里需要注意的是:(1)本体论承诺旨在把本体论问题转化为语言哲学问题。作为一位分析哲学家,蒯因的“本体论承诺”思想是旨在消解传统形而上

---

① 黄玉顺:《形而上学的黎明——生活儒学视域下的“变易本体论”建构》,《湖北大学学报》(哲学社会科学版)2015年第4期。

学本体论问题的,他提出了本体论的两种区分:事实问题和承诺问题。蒯因把本体论的事实问题简化为"事实上何物存在"并予以悬搁,主张从"承诺问题"出发,把本体论问题转化为一个语言学问题:"当我探查一个给定学说和理论的本体论承诺时,我只是问根据那个理论存在什么。"①亦即,本体论的承诺问题局限在理论陈述层面。(2)本体论承诺直接指的并不是对某种"存在者整体""本体"的承诺,而只是作为理论陈述所涉及对象的"某物存在"。"某物"既可能是形而下存在者,也可能是形而上存在者例如"上帝""本体"等等。尽管如此,当我们陈述形而下存在者时,总还是可以追溯到形而上存在者,因此,本体论承诺非但不能消解形而上学本体论问题,反倒是从语言哲学层面证明了它的必然性。

其二,形而上学本体论并不仅仅是一个语言、陈述的理论设定问题,它乃是渊源于我们的存在领悟,是对存在领悟的本体化言说。

语言陈述中的"存在者整体""本体"观念渊源于我们的存在领悟,存在者整体、本体这样的观念乃是对存在的本体化言说。古往今来,这种本体化言说主要表现为神性化的和理性化的,由此而成立哲学形上学和神性形上学。也由此,我们才能解释,为什么古往今来形形色色的形而上学本体论不断地解构、建构?就是由于每个时代的存在领悟有所不同。例如奥古斯丁的"上帝"、黑格尔的"绝对观念"、董仲舒的"天"、朱熹的"天理"等等,其实也是对他们的存在领悟的一种(神性化或理性化的)本体化表达。我们固然可以批评传统形而上学本体论"遗忘了存在"(海德格尔语),但不能否认它们也是渊源于存在领悟的。

显而易见,人类两千年来的形而上学本体论解构、建构历程也是对"形而上学不可避免"的事实证明,换句话说,"该不该建构形而上学"并不是个问题,真正的问题是"建构什么样的形而上学"。

其三,关乎相对存在者的形而下学奠基于关乎存在者整体的形而上学。

如果说,形而下的相对存在者观念奠基于形而上存在者、存在者整体观念,那么,关乎相对存在者的形而下学就奠基于关乎存在者整体的形而上学。例如,科学需要相应的知识论,而知识论的核心在于范畴表。所谓范畴(categories),其实指的就是高层级的存在者领域,它必然包含了对存在者整体的承诺。不仅知识论如此,伦理学也是如此。在某种意义上说,伦理学也有它的(广义的)范畴表,例如中国古代的"三纲""五常""六纪"观念,其实就是指的几种大的伦理领域、存在者领域。以"五常"为例,仁、义、礼、智、信这几种伦理学范畴,在传统儒学的言说中都有它的形上学根据。例如,大程子说:"学者须先识仁。仁者,浑然与物同体。义、礼、智、信皆仁也。"②需要注意的是,当把

---

① 涂纪亮、陈波主编:《蒯因著作集》第2卷,中国人民大学出版社2007年版,第197页。

② (宋)程颢、程颐:《二程集》,中华书局2016年版,第16页。

“仁”单提出时，就不再是伦理学层级上作为“五常”之一的“仁”了，而是指的“一体之仁”，大程子又称之为“仁体”，亦即形而上的本体，这乃是大程子对“与物同体”这种存在领悟的理性化、本体化表达。仁体是五常的根据，故说“义、礼、智、信皆仁也”，亦即它们都是由“仁体”所给出的，这即是说关乎相对存在者的形而下学奠基于关乎存在者整体的形而上学。

形而下学奠基于相应的形而上学，随着形而下学问题的变化，其形而上学也在不断地变化，此即传统形而上学的解构、建构之历程。所以，尽管形而上学不可避免，但我们今天绝不能延续某种传统形而上学，而是要解构传统的形上学、本体论，因为我们时代的形而下学问题（知识论、伦理学、价值论等）发生了变化，这是渊源于存在方式及其存在领悟的变化。

3.返源：源论——对原初存在结构的揭明

为此，我们首先需要“返源”，以发现形而下学、形而上学之“源”“基础”，在这个层级上的言说构成“源论”（Theory of Source as Being）。“源”的本义为水源，引申义为本源、源头，它的古字是“原”，如“原泉混混”（《孟子·离娄下》），此“原”字又作动词用，意为推究本源、本情，如“原情立本”[①]。

通过返源发现一切存在者之源，此源即先行于一切存在者的存在本身，即原初存在结构，源论就是要揭明原初存在结构。笔者注意到，有两位思想家自觉地要建构源论，一个是海德格尔，一个是黄玉顺先生。[②] 海德格尔认为一切存在者之源、基础是此在的“生存”，这是原初的存在结构：以“牵挂”（Sorge）为中心的时间性生存结构。上文已经提及海德格尔的生存论并未完成返源的任务，从而误置了基础存在论。黄玉顺先生的生活儒学揭示了先行于一切形而下、形而上存在者的“生活本身”（Life as Being），生活本身的本源结构即：在生活并且去生活。[③] 唯其“在生活”，才有主体性的生成；唯其“去生活”，才有新的生活方式的显现，从而不断生成新的主体性，也才有存在境界的转化。

着眼于生活本身的本源结构，能够解释古往今来的形而上学之不断解构、建构的历程：一切存在者都生成于生活本身，每个时代的生活方式都是生活本身的显现样式；随着生活方式的变化，关乎相对存在者的形而下学问题变化，从而需要解构旧的形而上学，建构新的形而上学。而无论是形而下学还是形而上学观念都渊源于生活本身。要言之，生活儒学的生活本源论其实就是一种源

---

① （汉）陆贾：《新语·道基》，王利器：《新语校注》，中华书局2012年版，第21页。

② 参见黄玉顺：《爱与思——生活儒学的观念》，四川大学出版社2006年版；《面向生活本身的儒学——黄玉顺“生活儒学”自选录》，四川大学出版社2006年版；《生活儒学讲录》，安徽人民出版社2012年版。

③ 参见黄玉顺：《爱与思——生活儒学的观念》，第229页。

论，是对一切存在者之源、原初存在结构的揭明。

总之，我们今后的哲学建构必然是以某种先行的存在论建构——源论为基础的。

4.立相：建构我们时代的体用论（形而上学、形而下学）

在此基础上，重建我们时代的形而下学及其相应的形而上学。相应地，这乃是说从原初存在结构挺立、绽出形而下的相对存在者和形而上的绝对存在者。笔者把这种向度称为"立相"。"立"即挺立、绽出的意思，如孟子谓"先立乎其大者"之"立"。"相"之一词有取于佛教，而有二义。一是差别的相状，当"性"与"相""体"与"相"相对说时，意味着某种现象、状态，而与本体、本质不同。例如"别相"之谓，这是指的相对之相，对应着相对存在者。二是等同于本体、本质的"总相"。例如《大乘起信论》谓"心真如者，谓一大总相法门体"[①]，此"总相"即是指"真如之体"，这就是对"存在者整体""本体"的规定。再如华严家法藏谓："总相者，一舍多德故；别相者，多德非一故。"[②]此"总相"即超越差别相的"一"，即"一真法界"通于一切相状之谓，即对应着某种"存在者整体""本体"之绝对相。

所以，立相这一向度包含了立"绝对相"和立"相对相"这两个层级，分别对应着绝对存在者和相对存在者。相应于这两个层级的言说构成关乎本体的体论（本体论）和关乎相对存在者的用论（形而下学）。

（1）用论：建构我们时代的基础范畴论以及知识论、伦理学和价值论等

形而下学的对象是各种存在者领域，所关涉的乃是相对存在者之间的关系。例如，科学需要知识论范畴表，尤其是"关系性范畴"（康德语）：实体性、因果性、协同性。[③] 不仅知识论如此，伦理学也是如此，伦理学所处理的就是人类群体生活的问题；同样，价值问题也涉及相对存在者之间的关系。归根结底，所有关乎存在者领域、相对存在者的形而下学问题，都关乎相对存在者之间的关系问题。

由此，我们发现，在这些知识论、伦理学和价值论等形而下学之先，存在着某种更加先行的关系结构。关系可以说是一种"感应"，这可以用"阴—阳"来表示，它既可以体现为某种认识论的"主—客"结构，也可以体现为伦理学的"我—他"结构等等，总之是一种感应结构、关系结构。自范畴的角度言之，它乃是最高层级的范畴，是介于"存在者整体"和各种存在者领域、相对存在者之间的东西。例如，《易传》的哲学形而上学以"太极"为"存在者整体""本体"，从太极到

---

① （南朝梁）真谛译；高振农校释：《大乘起信论校释》，中华书局1992年版，第17页。

② （唐）法藏：《华严一乘教义分齐章》卷四，《大正藏》第45卷。

③ 参见［德］康德：《纯粹理性批判》，邓晓芒译，人民出版社2004年版，第72页。

万事万物的逻辑中介就是“阴阳”这种最高层级的范畴。

要建构我们时代的形而下学，就要建构作为“存在者领域”的“范畴表”（知识论的、伦理学的、价值论的），那么，在这之前需要建构更为基础的最高层级的范畴表：关于阴—阳结构的基础范畴论。

（2）体论：建构我们时代的体论（形而上学本体论）

如果说各种存在者领域以最高层级的基础范畴为前提，那么基础范畴更是以存在者整体、本体为前提。关于存在者整体、本体层级的言说就构成了体论，亦即形而上学本体论。鉴于伦理学、知识论、价值论等等形而下学问题的转化，我们要建构相应的形而上学本体论。

其相应、不相应的判断标准，则在于“基础范畴”，亦即我们时代的“阴—阳”结构之表现。这里以伦理学为例，传统儒学的“三纲”就是指三种伦理领域、存在者领域，即父—子、君—臣、夫—妻，这些伦理范畴最终可以归结为基础范畴：“阴—阳”结构。在中国古代，“君—臣”就是当时的“阴—阳”结构最集中的表现。而今天则不同，众所周知，现代性社会的主体是个体，因此最为集中的“阴—阳”结构表现为“个体—个体”（“我—他”）。从而，我们时代的形而上学本体论应当是与“个体—个体”这种“阴—阳”结构相应的，而个体性乃是某种主体性，相应于形而下的相对的个体主体性，形而上学本体论则要追问形而上的绝对主体性。

总之，新基础主义道路不仅要建构体论、用论，更是要以源论为基础，由此，作为形而上学的哲学得以新生。归根结底，所谓“源、体、用”并非是指三个“东西”，而是存在本身各层级的显现，这是一而三、三而一的，这就是笔者曾经提出的“切转”[①]之意谓。

唯其如此，我们才能够理解生活儒学之观念的三个层级：生活本身、形而上存在者、形而下存在者。这并非是指三个东西，乃是指生活本身各层级的显现，乃是生活自身的“切转”。也唯其如此，我们才能够理解，“基础主义”不可避免，我们要超越传统基础主义和反基础主义，走在新基础主义的“道路”上；如此，则无论是黄玉顺先生的生活儒学，还是林安梧先生的后新儒学，这种“宏大叙事”之必要与必然，明矣。

---

① 杨虎：《从无生性原在到有死性此在——重读海德格尔的“存在论区分”》，《河北学刊》2015 年第 4 期。

实践儒学

郑建钟

【编者按】此文原载胡骄键、张小星主编:《生活儒学:研究·评论·拓展——第三届"生活儒学"全国学术研讨会论文集》,四川人民出版社2020年版,原题为《"实践儒学"的出场——从生活儒学的"实践"观念出发》,此处标题为编者所拟。

"生活儒学"需要回答"生活儒学"是什么和"生活儒学"如何"生活"的问题。黄玉顺先生以"存在即生活,生活即存在"为本源,从"生活→形而上→形而下"的形而上学统合儒家制度伦理和国民政治哲学的形而下学,整体地建构了"生活儒学"体系。然"生活儒学"蕴涵丰富的"实践"问题,并没有被充分的开显,以至于从马克思学说的"实践哲学"主题和现代西方主流哲学"终结"之后的"实践哲学"转型中,"生活儒学"作为中国大陆"现代新儒学"的代表之一,似乎存在着"实践"方向的融通的道路,或者说,从广义的现代性儒学的建构上,经由"生活儒学"的思路,"实践儒学"是否具备出场的必要性和可能性?本文正是从这样的方向,比较系统地考察了西方"实践"观念的主要流变及生活儒学的两大核心议题,提出"实践儒学"的出场问题:因何出场?何以可能?"实践儒学"认为,其出场是为了回应:马克思主义理论体系的主流意识形态地位;以胡塞尔、海德格尔的现象学运动和欧美分析哲学为主轴的西方哲学的冲击;现代中国大陆整体性生活方式发生了"三千年未有之大变局"之后,儒学走向当代中国人社会生活的切实性和可能性问题。"实践儒学"认为,根据儒学的特质及其回应现代性社会的"人心—秩序"问题,依据黄玉顺先生提出的"实践"的三个层级思路并结合"实践儒学"所必须面对的"生活世界"的固有之特征,提出不同于亚里士多德对"实践活动"的三个横向轴划分的方式,而从奠基性角度提出"实践儒学"的纵向轴的三个层级思路:本源实践层级、价值实践层级和客观实践层级。

黄玉顺先生在《答干春松教授》一文中，对干春松先生认为儒学在“实践化”转向的大背景下，生活儒学却是立足于哲学的、理论的基础来重建儒家哲学时的批评时指出，在生活儒学看来，儒学发展的真正“动力”不在儒学之中，而在生活之中，或曰“实践”之中。在《与李幼蒸先生商榷》一文中黄玉顺先生指出，李幼蒸先生的“理论仁学”和“实践仁学”是“理论—实践”二元分法，是近乎同于中国思想史上的知行二元论的逻辑，若从王阳明的思想角度看，是明显地“将知行分作两件事去做”，而不是“知行合一”儒家致思方向。重提黄先生的这两篇旧文，不是想重挑过往的“论争”，而是意欲思考一个当代思想的重要转向，即从海德格尔现象学的“思”哲学和分析哲学的“语言学转向”后的当代世界思想界的“实践转向”趋势中，现代社会生活中的儒学的遭遇和资源。而在大陆新儒家群体中，要探讨“实践转向”中儒学“阐旧邦以辅新命”的代表，当属黄玉顺先生的“生活儒学”无疑，不仅是因为黄先生在儒学开新中的重要成就，更重要的是黄先生对“实践”观念的独特理解散落在其众多的文献之中。作者通过梳理“实践”观念的历史流变并突显阐释黄玉顺先生“实践”观念的内涵，由此提出从生活儒学出发的“实践儒学”的出场问题。

一、“实践”观念的发动：从三元论到二元论

活动（`ε´ργον）一词是亚里士多德哲学里的一个重要范畴，他认为每一种存在物都具有“活动”的性质。无生命的物的活动，主要是指其相对于人或有生命的物的合目的性而言。在亚里士多德的观念里，目的是一种最终善的状态，而要实现这个最终善就需要通过活动。目的具有层级性，一般而言，较高等级的生命的最终善是其种属中较低等生命的活动的目的。一般来说，活动是人类存在的本质性部分，人类通过一个特定的活动来实现某种目标。活动既具有表示性，即把人的情感或态度表达出来，这种情感或态度的表达不是外在于一个目的性的行动，而只是人心内在之“情”的表现；活动也具有根据一个目标或目的进行满足某个欲望而具有的行动，这是人类活动与理性能力相结合的表现，是人心内在之“理”的表现。依据人“情”所据倾向于“非理性”层，那么基于人“理”而具有的行动，则倾向于“理性”层。

在亚里士多德的哲学里，“活动”一般是指运用肉体与灵魂的力量而进行的运动，包括道德活动和技艺（制作）活动，而实际上，活动还包括理论领域的活动。因此，按亚里士多德的分类，活动可以分为三种。第一种是理论领域的活动，主要探讨普遍性的问题，属于科学知识范畴，这种活动以自身为目的，活动过程和活动目的在活动者那里是统一的。第二种是实践活动，这种活动主要涉

及政治和伦理领域，是因人的努力而改变事物的、基于某种善的目的所进行的活动，伦理或政治的实践与行为表达着逻各斯(理性)，体现人作为一个整体的质量。[①] 古希腊语“phronesis”，拉丁语是 prudentia，英文则为“Prudence”，其含义是“practical wisdom”，即“实践智慧”，在亚里士多德的思想里，“实践理性”涉及特殊性事物，而“科学知识”只针对普遍性、必然性的事物，因此，实践理性不是科学知识。亚里士多德认为，“Nous(理性)”与“实践智慧”是对立的，因为“普遍”与“特殊”是对立的，也就说，理论活动是普遍性、必然性范畴，实践活动则是特殊性、偶然性范畴。第三种活动是创制领域的活动，是知识应用上的能力、灵巧或技巧等，创制活动的目标是增进诸如适当的住房、生活的舒适度、物质产品的丰富等。创制的结果是产品，创制活动没有理论活动的普遍性，也没有实践活动的主观性，创制的产品是为了外在的目的而存在，缺乏自身的目的善，只具有手段性。但在亚里士多德的思想里，由于创制活动和实践活动都不是普遍的善、永恒的善、必然的善，因此，都与理论活动相对立，而成为古希腊两种主要的“实践”形式：“Praxis”(伦理与政治的“实践”)和“Poiesis”(物质生产的“实践”)。

根据亚里士多德上述的思想，以色列学者内森·罗滕斯特里奇在其所著的《理论与实践》[②]一书中，进行了这样的分类：

	理论领域 (Theoretical sphere)	实践领域 (Practical sphere)	创制领域 (Poetic sphere)
1.活动 (activity)	观察 (viewing)	行动 (act)	做 (doing)
2.知识类型 (type of knowledge)	科学 (science)	审慎 (deliberation)	技艺 (skill)
3.达到目的 (end attained)	幸福 (happiness)	恰当的生活 (proper life)	福利 (welfare)

根据亚里士多德的分类，其“实践”所特指的领域，既不包括理论领域的智力活动，也不包括参与物质生产的创制活动，也就从源头提出了“理论与实践”对立、“实践与创制”二分的用法，这是与当时的社会阶级分层紧密相关的，正如柏拉图把人的社会身份和灵魂层次分成三等一样，具有现实的社会基础。

到了近代，由于人与自然的关系日益紧密，实践的范畴开始逐步扩大，比如

① 参见[古希腊]亚里士多德：《尼各马可伦理学》，廖申白译，商务印书馆2003年版，第3页。

② Nathan Rotenstreich, *Theory and Practice: An Essay in Human Intentionalities*, Martinus Nijhoff / The Hague, 1977, P.18.

弗兰西斯·培根和百科全书学派的学者将人对自然的认识、手工业者的技艺、各种类型的科学实验都纳入“实践”的范畴，进而开始了人类认识自然的本然面目的进程。同时，培根还认为，古希腊以来过于注重政治与道德实践的做法是阻碍自然科学进步的因素。德国哲学家沃尔夫改经院式的亚里士多德哲学的三分法为“二分法”：理论哲学和实践哲学。康德则沿着沃尔夫的用法，提出“理论理性”与“实践理性”，前者主要是认识功能，后者主要是意志功能、本性和原则的问题。康德在“理论”与“实践”关系上颠倒了自亚里士多德以降的传统哲学将理论高于实践的教条，明确提出实践高于理论的主张。康德认为，人类对理性的最高把握必须在实践中才能获得，理论理性是现象界法则的来源，实践理性则是物自体界法则的源泉，对应于物自体界的实践理性是理论理性的来源、目的和意义，因此实践高于理论，而这种实践主要还是在道德领域。费希特为消除康德理性与实践的矛盾，突破“物自体”对理性的束缚，以实践理性为桥梁将理性与实践相结合，把实践引入认识论，赋予实践以认识论的意义，突破康德实践高于理论的优先性。黑格尔则综合康德与费希特，将实践活动的特有形式的“劳动”概念引入哲学体系之中，突破哲学史上的机械性与目的性的对立，指出以劳动为基础的实践包含“目的—手段—客体”的三个环节，具有了主体能动性。但是也必须清楚，黑格尔的主体能动性的劳动仅仅只是抽象的精神劳动，是一种特殊的精神实践活动，实际就是一种理论理性的活动形式，实践在黑格尔哲学体系里，只是概念达到自我认识的一个阶段，因此，理性实践作为一种实践类型逐渐被人们认识。

二、“实践”观念的现代阐释：“生活世界”的回归

19世纪的马克思从人与自然的物质交换和人对自然的否定关系中引入实践的概念，将亚里士多德思想中有关物质生产的“创制(Poiesis)”活动与作为政治伦理的“实践(Praxis)”活动概念相融合，并统一于人的感性的实践活动，“这种活动，这种连续不断的感性劳动和创造，这种生产，正是整个现存的感性世界的基础”[①]。马克思指出：“人的思维是否具有客观的真理性，这并不是一个理论的问题，而是一个实践的问题。人应该在实践中证明自己思维的真理性，亦即自己思维的此岸性。”[②]纯粹的理论理性并不能证明自身的真理性，唯有实践活动能够证明，而这个实践，包括“环境的改变和人的活动的一致，只能被看作是并合理地理解为革命的实践”，这个“革命的实践”当然包括“政治制度的变革并

① 《马克思恩格斯选集》第2卷，人民出版社1995年版，第32页。

② 《马克思恩格斯选集》第2卷，第32页。

由此而带来的伦理关系的改革”这一传统意义上的“实践”。[①] 马克思哲学革命的实质还在于，“全部社会生活在本质上是实践的。凡是把理论引向神秘主义的神秘的东西，都能在人的实践中以及对这个实践的理解中得到合理的解决”[②]。因此，“哲学家们只是用不同的方式解释世界，而问题在于改变世界”[③]。实践的根本特征是“改变世界”，这个世界既包括思辨的世界，也包括物质的世界，既包括理论的世界，也包括实践的世界。有学者认为，道德实践论和技术实践论是西方两种实践哲学传统，进而指出马克思的实践哲学是综合了道德实践和技术实践的“人类学实践哲学”这种整体性、综合性的“实践哲学”，是过去两大传统的辩证综合的新“范式”。[④] 实际上，这种新范式依然没有走出“理论—实践”二元化的解释模式，因为综合“道德和技术”的“实践哲学”之外，还留有“理论实践”或曰“理性实践”的领域(Sphere)，因此，从人之存在的多元性、多面性着眼，综合所谓两种传统而成的新范式的“实践论”，还不能称之为严格意义上的“人类学实践哲学”。其实，在马克思本人的思想中，“实践”就是人的存在方式，实践哲学实际也就是人的存在方式的哲学之思。

20世纪，在人对自然和自身认识不断加深的近代化历程里，人类对自身生命的研究出现了多元化、多角度、多学科的趋势，比如解剖学研究人体的物质构造，心理学研究人类的心理活动，思想家研究人类自身的思想等。在人类知识的获取体系中，每个单一的多维度的观察视角都无法独立承载对人类及世界探求的完整性和综合性的期待，尤其是近代欧洲实证主义的兴起，将科学的理念还原为纯粹事实的科学，进而丧失其对生活的意义，因此，“解蔽”认知世界的方式，无疑是“回到生活世界本身”。现象学创始人胡塞尔认为，“生活”是具有基源性的存在，“生活世界”是一个奠基性、先被给予的世界，是前科学的，是先验自我通过意向性所照见的世界，因此，认识人与世界及其关系，首先需要回到“生活世界”本身这个起始点来观照和反省。在海德格尔看来，回到生活世界，实际上就是以“此在”为依托、为通道，通过生存的经验性反省，找回“生命”在现代科技围追堵截中丢失的本真的意义。因此，海德格尔说：“‘生命’(Leben)=‘此在’(Dasein)，在生命中并通过生命存在。”[⑤]当然，这里的“生命”不是被“人类学”“心理学”或“生物学”单向度地“解剖”的存在者，而是作为一个整体“在世界之中存在”来领会“此在”意义的存在。

① 参见《马克思恩格斯选集》第2卷，第32页。

② 《马克思恩格斯全集》第1卷，人民出版社1986年版，第56页。

③ 马克思：《关于费尔巴哈的提纲》，《马克思恩格斯全集》第3卷，人民出版社1986年版，第6页。

④ 参见丁立群等：《实践哲学：传统与超越》，北京师范大学出版社2012年版，第65页。

⑤ [德]海德格尔：《存在论：实际性的解释学》，何卫平译，人民出版社2009年版，第14页。

"此在"的本质在于"去存在",而且总是我的存在。此在的展开方式,是以"在之中"的一系列与"实践"相关的过程所构成,尽管海德格尔并不使用"实践"[①]这个词,而是使用诸如领会、筹划、操劳、操持、解释、好奇、沉沦、操心等词汇。"领会"是同现身一样源始地构成此之在,它的含义是"能够领受某事""会某事"或"胜任某事""能做某事"。[②] 领会是此在本身的生存论意义上的存在,是此在关涉"在世界之中存在"的基本建构,也是称之为"筹划"的生存论结构,领会是此在的展开状态,是在世的整体,因此,作为生命活动的所有环节,都是由领会这一源始而来的"活动"类型。此在的存在结构,是在本源性的、现实性的境遇中交融一起的"生活世界"中,"在大多数情况下,我们首先以日常的方式来把捉我们自身。我们不会费神去剖析灵魂生活。我们以日常的,而非严格意义上的本真的方式来领会自己;我们不是持续不断地从我们本己生存之最本己、最极端的可能性,而是以非本真的方式来领会自己的。"[③]以本真的方式来领会自己,就是要"去蔽",而"去蔽"就是真理的获得过程,"a-letheueein(古希腊语:真理)说的就是:将某某从其遮蔽状态中领出来、彰显。对于希腊人而言,真理意味着去蔽、发现、揭示。"[④]而对此在生存的解蔽,则有赖于通过三重世界的划分来清晰地敞开此在生存的结构:周围世界、共在世界和自身世界。对应于此,海德格尔亦提出三种实践方式:与周围世界是操劳的打交道,以制作的方式带入存在者的此在;与共在世界是闲言打交道,以闲言的默然姿态建构此在的生存;与自身世界是操心打交道,以决断与逾越敞开此在生存的本真性。

从《存在与时间》中阐述"存在"的遗忘和追寻到《哲学献文》中对"存在"的旁置而突显"此在"的敞开和"存有"的转向,就是海德格尔对"自然"真理的重新发现。在《哲学献文》中,海德格尔通过对艺术作品的分析,认为技艺创制的活动是"诗与思"的统一,因而,技艺的实践性活动实是通达情、理、行这种此在生存世界的重要表现形态之一。在这里,创制的物不再只是"器具",而是"居有四重整体之际,物化聚集四重整体入于一个当下栖留的东西"[⑤]。这个东西在"物化之际,物居留统一的四方,即大地与天空,诸神与终有一死者,让它们居留于在它们的从自身而来统一的四重整体的纯一性中"[⑥]。"四重整体"是对"三重世

① 在陈嘉映翻译的《存在与时间》一书中,海德格尔使用过一次"实践的"词汇,是与"经济的"并列使用。(参见[德]海德格尔:《存在与时间》修订第2版,陈嘉映、王庆节译,商务印书馆2018年版,第81页)

② 参见[德]海德格尔:《存在与时间》修订第2版,陈嘉映、王庆节译,第203页。

③ [德]海德格尔:《现象学之基本问题》,丁耘译,上海译文出版社2008年版,第213页。

④ [德]海德格尔:《现象学之基本问题》,丁耘译,第289～290页。

⑤ 孙周兴选编:《海德格尔选集》(下),三联书店1996年版,第1174页。

⑥ 孙周兴选编:《海德格尔选集》(下),第1178页。

界”的进一步推进，即是“天、地、人、神之纯一性的居有着的映射游戏，我们称之为世界(welt)”[①]，“世界”是“天、地、人、神”居于此而生存于此的，“此在”的生存方式就是创制、实践与思的统一，思在实践中、实践与创制统一、思与创制也不分离，因此，这里的实践就不再是此在的主体生存，而是自然之本性，存在之呈现、之展开的方式。从早期海德格尔到后期的海德格尔，实际上也就是从单一化理解实践的方式转向了“实践”观念的源始含义；从对技艺创制的活动、真理解蔽的阐释，自然和居住同世界一体的阐释中，展开了实践更原初意义上的“实践”内涵，破除主客二分认识论范畴的实践，以实践构成存在者存在的建构过程，即为基础存在论的实践观。

伽达默尔接续胡塞尔、海德格尔，以解释学的理论提出回归“生活世界”的实践哲学。伽达默尔认为解释就是一种实践，解释学是哲学，而且是实践哲学，“在我看来，正如哲学解释学与人们自己的自我理解之间的关系一样，对理解经验的高度理论认知与理解实践也同样是不可分割的”[②]。“实践哲学的伟大传统继续存活在一种对其哲学内涵有所了解的解释学当中。”[③]伽达默尔提出解释学也是实践哲学，是其理论自身发展的必然，更是由于近代以来，科学技术的发展导致“实践”概念越来越成为科技理论应用的代名词，而科学技术通过掌握自然的力量进而掌控人类的社会生活，已经和必将导致更加危险的作用，“通过对公众舆论的形成加以技术化的办法，技术渗透对社会产生作用，这种作用是很危险的”[④]。技术的推进、信息化的加深，乃至伽达默尔尚未见识到的人工智能的高速发展，导致社会中的人与人之间的认同、依赖和信任产生了深层次的危机，人类文明面临着科技所带来的前所未有的危机。因此，伽达默尔指出：“首先人们必须清楚‘实践’(Praxis)一词，这里不应予以狭隘的理解，例如，不能只是理解为科学理论的实践性运用。当然，我们所熟悉的理论与实践的对立使‘实践’与对理论的‘实践性运用’相去弗远，而且可以肯定的是对理论的运用也属于我们的实践。但是，这并不就是一切‘实践’还有更多的意味。它是一个整体，其中包括了我们的实践事务，我们所有的活动和行为，我们人类全体在这一世界的自我调整——这因而就是说，它还包括我们的政治、政治协商，以及立法活动。我们的实践——它是我们的生活形式(Lebensform)。在这一意义上的‘实践’就是亚里士多德所创立的实践哲学的主题。”[⑤]伽达默尔强调，“实践”与“理

---

① 孙周兴选编：《海德格尔选集》(下)，第1180页。

② [德]伽达默尔：《科学时代的理性》，薛华等译，国际文化出版公司1988年版，第99页。

③ [德]伽达默尔：《科学时代的理性》，薛华等译，第82页。

④ [德]伽达默尔：《科学时代的理性》，薛华等译，第62页。

⑤ [德]伽达默尔、杜特：《什么是实践哲学——伽达默尔访谈录》，金惠敏译，《西北师大学报》(社会科学版)2005年第1期。

论”不是对立的，“实践”也不只是一种行为模式，“实践”是广泛意义上的“生活”：“‘实践’这一语词和概念置身其中的概念系列，其自身规定根本不是从与理论的对立中获得的。正如约西始·利特尔(Joachim Ritter)在其书中已经指出的那样，构成实践的，不是行为模式，而是最广泛意义上的生活。”①“实践与其说是生活的动力(Energeia)，不如说是与生活相联系的一切活着的东西，它是一种生活方式，一种被某种方式(Bios)所引导的生活。”②伽达默尔将“实践哲学”建基于“生活世界”之上，其目的是将古希腊以来的理论、实践、创制三层次统一，将理论与实践二元统一于“生活世界”之中，因此，他明确指出：“生活是理论和实践的统一，是每一个人的可能性和责任。”③统一于“生活世界”，是要建立理想、健康的生活状态，这个状态就是“不只是去认识善，而且还要共同创造善”④。

三、黄玉顺“实践”阐释两个主题词：本源与价值

在当代中国大陆的儒学谱系中，黄玉顺先生倡导的“生活儒学”是为儒学的复兴建立价值奠基和理论源泉的独特创建范式。“生活儒学”以“生活本身”的大本大源、源头活水为基点，上承传统儒学的核心理念，融合西方现代哲学和马克思学说，进而重建了儒家形而上学。生活儒学以“三级架构”为思考层级，以“存在即生活，生活即存在”为立足点，在观念的生成上，从生活感悟生成形而下存在者，再由形而下存在者生成形而上存在者；在观念奠基上，生活本源奠基形而上学，形而上学奠基形而下学。“三级架构”的确立是为破除“本体—现象”“体用二分”的“二元化”思维。生活儒学以“生活”疏解“存在”的呈现，实是为“存在”的叙述导向“虚无”或“蹈虚”，一是确立“存在”的“根”而为“有根”之儒学；二是确立“存在”的“价值”属性，即生活。因为生活，一切有关的“价值”叙述方式才得以出现，这从揭示“存在”与“存在者”区别的20世纪最重要的存在主义哲学家的海德格尔却无专门的伦理学著作，就可以看出黄玉顺先生的“存在即生活”的名义所具有的儒家形而上学的价值哲学意味。而生活儒学的价值呈现或曰价值实现，就需要“实践”这个最一般意义上理解的“行动(Act)”或者“做(Doing)”，因此，生活儒学必然需要“实践”的出场。

汉语中的实践，是由“实”和“践”构成。最早的“实”是个会意金文，为，从

① ［德］伽达默尔：《科学时代的理性》，薛华等译，第79页。

② ［德］伽达默尔：《科学时代的理性》，薛华等译，第79页。

③ H. G. Gadamer, *Praise of Theory*, New Haven, Connecticut: Yale University Press, 1998, p.35.

④ 严平编选：《伽达默尔集》，上海远东出版社2003年版，第276页。

宀，从田，从贝，亦可从“贯”，是房子中充满钱粮之意，故其本义为充满、充盈，没有空地。䟫也是会意字，《说文》曰“履也，从足从戋”，楚竹简或见从辵(chuo)，或从彳；《汗简》所见从彳，或从行。辵、彳、行与足为义近形符，古文字中常可通，其本义为踩、践踏。“实践”合写在古代也不少见，如《宋史·理宗纪》：“至我朝周敦颐、张载、程颢、程颐，真见实践，深探圣域，千载绝学，始有指归。”明代徐渭《季先生祠堂碑》：“(先生)著书数百万言，大都精考索，务实践。”[①]这里的“实践”多是“知”之后进行的“行”，中国古人谈“实践”是在“知—行”为二事的基础上谈“实践”与“行动”的问题，因此，汉语的“实践”并没有上升到哲学的高度，并没有能够从形上学来思考“实践”，而这样的“实践”理论则在生活中获得了阐释。

(一)作为本源性实践的实践存在论

黄玉顺先生切入“实践”的主题，是从研究马克思实践观开始的。在马克思的理论传入中国之时，汉文化圈的人在以何种汉文字翻译德文的“Praxis”和英文的“Practice”时，就遇到翻译的“可对应性”及“非等同性”问题，即翻译在不同语言中“达意”的转述和解释学问题。以汉文的“实践”来翻译，显然就存在含义的变化，而这种变化与“实践”内涵在西方思想史上的源流呈现具有某种暗合之处。汉语中的“实践”本来是儒学的话语，首先是与“认识”对应的行动意义上的“实践”，意即“知行”关系中的“行”的问题，而儒家之“行”的主题显然是“道德”的“实践”与“践履”，包括日常生活的洒扫应对、修身养性、齐家治国平天下之“实践”。黄玉顺先生指出：

> 我们现在谈到马克思的“practice”这个观念，用中国儒家所固有的“实践”观念去翻译它，就存在这么一种关系：可对应性和非等同性。儒家所讲的“实践”和马克思所讲的“实践”是不同的，有很大的实质内容上的区别，但是它们之间又是相通的、可以互相理解的。它们在观念的系统中处于相对应的“位”上，这就说明它们之间具有相通性，是可以打通的。

正如我们前文所述亚里士多德的“理论、实践、创制”三分法中，“实践”所对应的实为伦理与政治领域，活动的方式是“行动”，需要取得的目标是“恰当的生活”，这与儒家对实践的阐释具有极大的切合性。所以，很显然，儒学的“实践”与同为古典时代的亚里士多德思想是可沟通的。然而，在马克思的思想中，其“实践”观有着更为丰富的内涵。马克思的时代是现代性社会成长的时代，这个时代发生了巨大的基本转变，那就是对古典时代神圣性的“祛魅”，以世俗的日

---

① (明)徐渭：《徐文长文集》卷二十五，凤凰出版社2018年版，第4页。

常生活为中心，也就是以亚里士多德时代“创制”活动的“实践”为主体成为当下行动的一个重要面向，在西方思想史上，这是对欧洲中世纪以蔑视视角看待世俗生活的否定和转向。马克思正是发现了这个新时代的“新人”的实际需求，故而开始关心日常生活，以及日常生活之所确立的生产、生产力及其效用。所以，马克思以“实践”运用于历史领域，花费毕生的精力研究和撰写《资本论》，这是对现实的、世俗的关怀，他要做的是对一切压制人性活生生而现实的市民生活的那种立基于“理论生产”的“精英性”和“贵族性”世界的“掘墓”。所以，一般而言，马克思的“实践”观念，首要的是很具体的“劳动”“生产”这种基于“物质生产”的最初含义。

那么相通之处是什么呢？马克思提出，社会存在决定社会意识，一切呈现为思想、意识的，都必定需要前置的“存在”为决定性根基。黄玉顺先生认为，这就是存在的本源性内涵，而这个存在，就是生活的本源结构，即“在生活并且去生活”：

> “在生活”是说，你首先要尊重生活，因为是生活给出了你而不是相反，然后你才可能获得自己的主体性，然后才是“去生活”，你才可能有自己的生活，才可能去改变自己的生活。①

在黄玉顺的思想里，以生活儒学的建构原则为总体走向，那么把“实践”与“存在”进行统合性考察，以“实践即存在”为基础的首要“实践观”，则是生活儒学建构和生长的必要环节。在马克思的思想中，实践乃是唯一的存在，实践即是存在，实践之外别无存在。此种“存在”并不是本体论意义上的终极“实在”(Reality)，因为西方思想史的“思维与存在的同一性”问题，实际是传统的本体论范式中，以终极实在性的“存在者”为思考方向，是站在认识论哲学上探讨认识何以可能的逻辑预设问题，即对终极实在的“本体论”承诺。思维与存在同一性，必定需要有个终极的“实在”，一个客观的“实体”呈现，作为思维的活动才能与作为活动的对象同一，然而，以客观实在为目标的理路已无可避免地生成了“认识论困境”，进而转向了“语言哲学”，通过语言的分析深化了人类的思维结构和认识层次，为当代人工智能技术的发展提供了重要的理论基础。但语言哲学转向并没有根本上解决作为“实在”的存在论问题，只是“悬置”抑或排斥了“实在”。回到马克思的视角，我们能够发现，马克思提出“实践”也是旨在回答“思维与存在”的矛盾问题，他的回答不是通过“思维”另一个“实体性”的“存在”，进而“思维”与这个“实体”同一，而是认为“思维”就在“实践”之中，思维的“存在”与“实践”的“存在”是本质的统一：

---

① 黄玉顺编著：《生活儒学讲录》，安徽人民出版社 2012 年版，第 100～102 页。

> 只有在社会中，自然界对人说来才是人与人联系的纽带，才是他为别人的存在和别人为他的存在，才是人的现实生活要素；只有在社会中，自然界才是人自己的人的存在的基础。只有在社会中，人的自然的存在对他来说才是他的人的存在，而自然界对他说来才成为人。因此，社会是人同自然界完成了的本质的统一……①

马克思以“实践”来解决“思维与存在”的矛盾，不是要造出另一个“实体”的“实践”作为“思维”的“对象物”，而是在社会中、在实践中，人作为人存在的基础才得以呈现。现实生活本质上是实践的，而作为人的根本属性之一的“思维”正是在“实践”中才得以呈现其为“思维”的样态，现实生活要素的“实践”并不外在于“思维”，不是一个特殊的存在者，而是“存在”本身。马克思作为西方思想史阵营中一位杰出和特异的成员，本质上也是在以他自己的独特方式来回答西方思想的主流问题：理念与表象、思维与存在、本质与现象、理性与经验、人文与科学等这一系列相关性的二元对立问题。马克思以其“实践即存在”的形而上学方式，构建了实践存在论、实践本源论哲学，并突显被西方主流思想家忽视的“创制”这种形而下的“实践”活动方式，以世俗的、市民的视角切入“实践”的现世主题：日常劳动、物质生产、财富创造、科技研发等，突显了“实践”的革命性力量，而这种革命性力量在“创制”活动中，是人之为人的一般性存在的前提。所以，“劳动创造了人”，在国家政治生活的“实践”革命力量，就是政治制度的变革，进而推进人伦关系的变革，所以，马克思的“实践”观念不仅是形而上学的“存在”，还是新生活、新人类的创造性呈现的“创制”，更是政治与伦理的革命性的“实践”。在生活儒学中，政治与伦理的“实践”就是中国正义论的儒家制度伦理的建构。

（二）作为价值实现的实践价值论

汉语中的价值，是由“价”与“值”构成的。“价”始见于篆文，𠆴，从人，介声，《说文》解释为“善”，本义为美好之意。𠊊，从人从直，《说文》解释为“措”，本义为措置、处置、安排、照料。汉语中“价值”之语，有“价格”之意，如清代李渔《闲情偶寄》云：“香皂以江南六合县出者为第一，但价值稍昂。”也有表示“积极作用”之义，如清代的酉阳撰《女盗侠传》云：“此主人所以赠君者，嘱君载之以行，有无量价值。”在哲学话语中，“价值”一词通常被翻译为英文的“Value”、德语的“Wert”、拉丁语的“Valere”、希腊语的“$\tau\iota\mu\eta$”，约在 13 世纪时，英文“Value”的含义为事物内在价值的价格（price）；约在 14 世纪晚期，则可以表示事物有用或可

---

① 《马克思恩格斯全集》第 42 卷，人民出版社 1986 年版，第 122 页。

估价的程度，其含义都源于拉丁语中对价值界定中的“价格、道德价值、地位、声誉”等多重含义。中西方对“价值”的使用都有积极性、正面性、美好性的倾向，与日常用语中的“善”“好”“美”“优”有着共通性。作为与“存在论”“认识论”一道作为“哲学体系”的一部分的“价值论”所要响应的问题是：世界的存在及其意义对于人的意义如何？①

马克思的《1844年经济学—哲学手稿》提出人类劳动的两个“尺度”思想：“动物只是按照它所属的那个种的尺度和需要来建造，而人却懂得按照任何一个种的尺度来进行生产，并且懂得怎样处处都把内在的尺度运用到对象上去：因此，人也按照美的规律来建造。”②这句话阐释了人类活动的“客体对象尺度”和“主体内在尺度”的区分，但这两个“尺度”统一于人的主体性活动，即人类的实践。何为“价值”？德国价值哲学创始人威廉·文德尔班认为，价值哲学是为世界立法的“规范”，价值即是“意味着”，属于意义的范畴，是人类根据意义的需求，构造科学知识与文化的对象，即客观世界③，人类以“意义的世界”为“自然立法”，此“意义”之“法”即是“价值”的同义语。另一德国价值哲学代表人物亨利·李凯尔特认为，价值是以主体、客体为综合的“现实”世界之外的另一个王国，只有存在（客体的世界）和价值（主体的世界）的总和才构成了世界。④ 这意味着，“价值”的实现过程是客体主体化的过程，也就是说，价值是主体性的内容和尺度。因此，李德顺认为：“‘价值’是对主客体相互关系的一种主体性描述，它代表着客体主体化过程的性质和程度，即客体的存在、属性和合乎规律的变化与主体尺度相一致、相符合或相接近的性质和程度。”⑤“价值”的主体性特征与中文字形构成都极为切合：属“人”的特性，而这个“人”显然是以“人与动物”的差异的“种差”来建构的，这就是“主体性”。黄玉顺先生以“形而上学和形而下学”来区分“价值与伦理”的关系，认为伦理学的对象是针对人类社会这种形而下的众多相对存在者的区域，实际也就是人与人之间的关系；而价值论则是对这个区域理论的奠基，即给出其更靠近形而上的依据。⑥

传统形态的价值论奠基于传统本体论之上，也就是基于绝对主体性的终极根据之上。黄玉顺先生认为，这个终极价值原则、绝对尺度，在中国为“是非”之“是”，即“‘是’最初指代神圣、正义的人、物、事、行，而神圣、正义就是正确，概言

---

① 参见李德顺：《价值论》，中国人民大学出版社2013年版，第4页。

② 《马克思恩格斯全集》第42卷，第97页。

③ 参见［苏］巴克拉捷：《近代德国资产阶级哲学史纲要》，转引自李德顺：《价值论》，第52页。

④ 参见［苏］巴克拉捷：《近代德国资产阶级哲学史纲要》，转引自李德顺：《价值论》，第52页。

⑤ 李德顺：《价值论》，第53页。

⑥ 参见黄玉顺：《“价值”观念是何以可能的？——基于“生活儒学”阐释的中国价值论》，《四川大学学报》（哲学社会科学版）2007年第1期。

之,就是是非之'是'"[①]。在西方,则是上溯至外在客观实在性的"命运"之中。这种终极观念的生成,通常是对相对主体性的绝对化的过程,董仲舒《春秋繁露·俞序》曾云:"霸王之道,皆本于仁;仁,天心,故次之以天心。"从当代思想范畴来看,"天"何曾有"心"? 这显然是"人心"的外化,是将"人心"附着于"天"之中的结果。实际上,人类进入"祛魅"时代、去神圣化时代,绝对观念的设定是为一种"虚构"性,进而被"悬置",甚至被"排斥",是思想家们的普遍观念。然而,解构"虚拟"的绝对观念的一个直接后果是,人类价值源泉的奠基问题、人类价值可能存在"虚无"的问题,因此,尼采说"上帝死了"之后,"虚无主义"就"趁虚而入",为了避免这种价值上的"虚空化",就必须重建价值观念,重建形而上学,建立形而上学的"本源"观念,而不是回归过去那种已不可能的形而上学之"本体"观念。海德格尔通过对"存在"的揭示,而非对实体性的"存在者"的分析,提出了"传统存在论"和"基础存在论"的区分,指出"传统存在论"的"实体化"是"遗忘"了"存在"问题,而把"存在者"当成"存在"来处理,导致的根本性的观念误区。海德格尔对"存在"问题的揭示和对"此在"的生存论分析,提出了"本源"的观念问题,但由于"存在"面对现实世界的不可经验性,因而,不可避免地具有"神秘主义"色彩,在价值确立上,"存在"并不能给出"价值"的"源泉"依托。黄玉顺先生认为,对现代社会的人而言,要重建价值论、伦理学的来源问题,必须回归儒家的"大本大源""源头活水"的生活,一切源于生活、一切归于生活。这就是价值及价值哲学的"生活世界"的本源学说的奠基性。

价值及价值哲学奠基于"生活"——这个"大本大源、源头活水"的"存在"的基点上,而"生活世界"的本质是"实践"的,回归存在、回归生活,就是回归当代的生活方式,也是回归当代的实践方式。那么,什么是当代的生活方式或曰实践方式? 抑或是说,什么样的生活方式或实践方式,才是当代中国人最紧迫的、最要紧的事情? 黄玉顺先生认为是,以儒家制度伦理学为主体的当代中国正义论和国民政治儒学,正是现代中国人最要紧的生活维度、实践维度。

当代中国正义论的提出,并非是"正义论"在当代中国的"创造",而是"重提""重建",其背景不是"正义论"的中国"例外",而是面对同样"正义问题"的中国解释和理解,正如"哲学问题"并非中国没有,而是"哲学表述"的中国范式一样。根据正义论纲要所展示的,中国正义论分为六个部分:

中国正义论的指向是以"礼"为基准的制度规范,从正义原则的"义"到制度规范的"礼",即孔子所说的"义以为质,礼以行之"。儒家之"礼"起源于"人情",就是说"人情之实也,礼义之经也,非从天降也,非从地出也,人情而已矣"(《礼

---

① 肖娅曼:《汉语系词"是"的来源与成因研究》,巴蜀书社 2006 年版,第 352 页。

记·奔丧》)。"礼"包括三个层次,作为制度存在的"礼制"、作为制度外在表现形式的"礼仪"和作为制度存在的内在根据的正义原则。中国正义论的论域是以"利"为中心的各种利益的冲突和调适,这里的利益不仅仅指的是物质利益,还指人们情感欲望所倾向的更广泛的利益对象。"利"起于人生而有"欲",有了"欲望"就希望百般求索以可得之,"欲望"没有尽头、没有边界就会产生纷争,因此,先人为了止暴治乱,就制定礼仪规范区分不同人的不同的利益范围,使人的欲望不会无度索求,使人与人之间的"利"在制度规范中达到平衡。中国正义论的本源是以"仁"之"爱"为本源。儒家之仁爱是一切事物之本源所在,而正义问题由利益之冲突而起,而利益源自人的欲望,因此,源自人的欲望之所爱,定然也源自儒家之仁爱,既爱自己,也爱他人,"仁"者之"爱"是一切冲突的本源,也是解决一切冲突之方案的本源。中国正义论的要件是以"知",即"理智和良知"为中心。以知识、理智的认知性之"知"沟通正义原则之"义"和制度规范之"礼",以智慧、良知的感悟之"智"沟通利益欲望和正义原则。中国正义论的原则是以"义",即"正当和适宜"为中心。正当性原则是公平性准则、公平性原则,适宜性原则是地宜(空间)性原则和时宜(时间)性原则。中国正义论的目标是以"乐",即"和谐"为中心。正义论的建设乃是为人之幸福、爱之落实给予"相宜所得"的"和谐"。"兴于诗,立于礼,成于乐",诗是本源仁爱情感之显现,礼是仁爱情感发动适宜规范之制约,乐是本源情感的复归,以达到一体之仁的境界,这就是中国正义论的独特呈现范式:"差异—和谐"。

黄玉顺先生认为,国民政治儒学的建构是运用中国正义论的原理对现代社会政治的具体演绎和操作。"政者,正也。"(《论语·颜渊》)伦理政治化和政治伦理化是中国儒家政治哲学的一体两面,因此,黄玉顺先生的国民政治儒学实际也就是对中国正义论的制度性安排和实践的操作指南,是属于中国正义论的一部分。正如罗尔斯的《正义论》既是一本伦理学著作,同时也是一部政治哲学著作一样,黄玉顺先生的中国正义论既是儒家制度伦理的建构,也是儒家政治哲学的模板,都属于作为价值实现的构成,也就构成了实践价值论。

四、"实践儒学"的出场:因何出场?何以可能?

儒学经两千多年的发展,到了20世纪,形成了以熊十力、梁漱溟、马一浮、冯友兰、贺麟、牟宗三等人为代表的一批当代新儒家。冯友兰作为当代新儒家的重要代表,建构了"新理学"体系。冯先生以西方的"实在论"为基础,融合了西方理性主义的传统,接着宋明理学,将程朱理学的道德形而上学进行了现代性的阐释。蒙培元作为冯先生的高足,切身体悟其师"新理学"之"理"的绝对化、实体化之后必然存在的"限度",进而提出"情感儒学"的命题,从人之"情—理"之"情"的角度,阐释了儒学中的"情感"问题:"儒家不仅将情感视为生命中最重要的问题,两千年讨论不止,而且提升到很高的层次,成为整体儒学的核心内容。"[①]而且,蒙先生还明确指出,他讨论"儒家情感"问题,并不从本体论、认识论和知识学的角度出发,而是从"存在"入手,"探讨儒学在人的存在、价值及其人生体验问题上的基本主张"[②]。黄玉顺先生正是从蒙先生"以情定性""性情之乐"出发,以"仁爱"为本源,以胡塞尔、海德格尔的"现象学"为融合与对话的对象,建构了其"生活儒学"的形而上学体系。黄玉顺先生"生活儒学"的提出及其理论创构,必然面临着一种"问难":生活儒学如何生活?意即生活儒学如何"实践"的问题。这个问题有两个方面:一方面是干春松先生提出"实践转向"中判断"生活儒学"是为"哲学性""理性化",也就是"生活儒学"是为"知识化"的理论体系;另一方面是,黄玉顺先生自身亦指出"生活儒学"的两种范式——以他本人为代表的"理论范式"和以龚鹏程为代表的"实践范式"。同时,港台新儒学代表人物林安梧先生亦提出"如其型"的儒学实践观,以应对儒学观念在现代社会中的生成。无论从哪个方面讲,"生活儒学"都面临着"实践"这个绕不过的议题。

面对这个问题,黄玉顺先生在其多篇文献中对"实践"问题进行了阐释,正如前文已经集中阐释了"生活儒学"建构过程中"实践"的两个核心主题:本源与价值。这两个核心主题也承载着黄先生对"实践"概念三个层级的划分:一是客观实践论层级,包括认识论、伦理学在内的形而下学的"实践"观念,在这个层级中,"实践"是作为一种客观存在的对象而存在,实践与真理具有一致性和对应的关系,因此,"实践"是"客观的"东西;二是实践本体论层级,以形而上学或本体论的"实践"为范畴,这一层级是以"实践"的"主体化"方式的诠释,意即"实体性"的"绝对根据";三是生活实践论层级,即前文已经论述到的"本源"的"实践"观念,人或主体的生成是生活实践给出的,生活实践是人之所以为人、主体之所以生成的根源。生活儒学体系如此重视"实践"问题,绝非生活儒学"域内话题"的"画蛇添足",这为"实践儒学"的出场提供了必然的契机和需要。对于从生活儒学出发的"实践儒学"的出场,需要回答两个问题:"实践儒学"因何出场?"实践儒学"如何出场?

(一)"实践儒学"因何出场?

"实践儒学"因何出场的问话方式,是响应"实践儒学"在当代生成的背景和

---

① 蒙培元:《情感与理性·自序》,中国社会科学出版社2002年版,第1页。

② 蒙培元:《情感与理性·自序》,第1页。

理由。儒学从孔子时代开始，就体现了其主体内涵的“实践性”，两千五百余年后的我们重谈儒学、发展儒学，再提儒学的“实践”问题，进而创生“实践儒学”的命题，是否多余？毫无疑问，“实践儒学”的提出，是在现代哲学普遍危机的背景下复兴“实践哲学”的必然要求，“实践儒学”的提出不仅进一步揭示了儒学固有特质，也指示着儒学在当代中国大陆的出路，因为当代大陆儒学的复兴首先需要面对的第一问题是，如何响应马克思主义理论体系的主流意识形态地位；第二个需要面对的问题是，以胡塞尔、海德格尔的现象学运动和欧美分析哲学为主轴的西方哲学的冲击；第三个需要面对的问题是，现代中国大陆整体性生活方式发生了“三千年未有之大变局”之后，儒学走向当代中国人社会生活的切实性和可能性问题。

1.回应马克思主义的主流地位，“实践儒学”具有契合度

中国进入近代工业文明的历程，是伴随着以儒学为代表的传统学术的逐步凋零。依照历史的传统叙述，1842 年《南京条约》的签订标志着中国开始沦为半殖民地半封建社会，传统中国的制度模式随着清帝退位诏书的颁布而彻底进入了历史尘埃之中。伴随着中华帝制的落幕，儒学作为制度化建构的基础倒塌了，儒学自汉武帝时代的“罢黜百家、表章(彰)六经”而进入中国古代的“经学”，此时再次成为“子学”。民国时代的现代新儒学的阐发，自熊十力、梁漱溟、马一浮、冯友兰、贺麟等先生开启，尤其是梁漱溟先生发起乡村建设运动，践履传统儒生的社会建设和人生追问相统合的“平治天下”的“试验”。然，中华人民共和国的成立，彻底宣告中国古代制度在中国大陆的终结，以马克思主义为主流的治国理政之思想重塑、社会改造和制度构建的全方位、系统性的国家转型，彻底消除了传统儒学赖以生存的土壤，制度化儒学早已失去了其“合法性”的根基，“儒学”成为“游魂”之论自此而来。

当代儒学的发展需要面对的不是要不要响应马克思主义的问题，而是儒学自身发展必须呼应的问题，因为，这既是现有政治架构的必然性命题，也是儒学自身不孤立于现有社会生活的必然要求。儒学的新发展介入新社会的场域、提供新话语的范式，“创造性转化和创新性发展”从来不是“谁消灭谁”的问题，而是以儒学的特质理念为基础创生新成果、生成儒学的“新主体”问题。当然，对于现有的政治体制，民国以降新儒家中有不同的三种态度：“政统”和“道统”皆否认为一派，以海外新儒家为主；以现有政体之“道统”承继并将“道—政”联系起来阐释的一派，以梁漱溟、熊十力、冯友兰等人为代表；以现有政体的“政统”之既有事实的承认并在“道统”上予以否定为主，以改革开放以来的大陆部分新

儒家为代表。[1] 断然地、全盘地否定现有的、既定的政治体制的“道统”或“政统”之“合法性”的“原儒”主义立场，是否具有“原教旨主义”的特征，需要仔细辨析，但以马克思主义哲学具有的“实践论”核心特征[2]的立场，贯通儒家思想的“实践性”特质，以“实践儒学”的面貌出场，生成儒学的“新主体”，则是“实践儒学”提出的一个重要因素，也是接续大陆第一代新儒家学者所开启的思考范式的道路向前拓展的“接着讲”。

2.回应西方哲学主流的强势冲击，“实践儒学”具有生命力

“儒门淡薄，收拾不住”（《宗门武库》），这已不是王安石时代儒学面对佛教冲击的场景，如今这个局面中的儒学面对的是，以古希腊文明、希伯来—犹太教文明和古罗马文明综合而成的西方文明系统的全面性冲击和挑战。如果说，佛教自公元1世纪的东汉初年传入中国，而后对儒学思想系统逐渐形成了压倒性的挑战，直至程朱理学体系建构的公元11世纪，历经了近千年的过程，那么今天，儒学面对的挑战力度远比佛教要大，挑战的多元性、全面性也远比佛教要彻底。然而，这并不意味着中国的儒家思想对西方哲学的理论体系没有任何可以通约之处，相反，中国儒学的会通精神与西方哲学的共同性之间，亦给新儒学的生长提供了契机。

以胡塞尔和海德格尔为代表的现象学运动，最重要的收获在于“把极端的主观主义和极端的客观主义在关于世界和合理性的概念中结合起来”[3]。从笛卡尔提出“我思，故我在”以来，西方哲学进入对立性的两难境地：以自我意识为世界的本体，并以此为开端推演出自明的意识主体哲学而导向了绝对的“唯我论”；然而，如果以外物的诸多表象而为开端构建绝对的主体，那么诸多主体的构建无法自明，无疑有可能导向对“我”的异化，因而，这种建构必将陷入独断的形而上学或神学。胡塞尔以意识的意向性为基础，将意识与事物通过意向性结构达到统一，也就是以交互主体性想象学为方向，揭示了构造自然和世界的本原并非单个主体而是交互主体，这也就使得不同的主体对同一世界的认识具有先天的可能性。在这个意义上，胡塞尔晚期通过对欧洲科学之危机的考察，提出了在科学之前的、之外的“生活世界”（Lebenswelt）概念。这是交互主体现象学还原之后，从“严格科学”的世界走向“生活世界”的旅途，而这个旅途的逻辑起点就在于“实践活动”的提出。海德格尔在其师胡塞尔的道路上继续前进，为

---

[1] 参见丁耘：《大陆新儒家与儒家社会主义——以梁漱溟为例》，《文化纵横》2010年第2期。

[2] “实践论”在马克思主义哲学中的核心地位是毋庸置疑的。马克思在《关于费尔巴哈的提纲》里旗帜鲜明地提出：“哲学家们只是用不同的方式解释世界，而问题在于改变世界。”而在毛泽东的哲学创作生涯中，《实践论》是其唯有的两本著作之一。

[3] Merleau-Ponty, *The Phenomenology of Perception*, transl. by C. Smith, New York: Routledge, 1962, p.6.

“生活世界”安顿了一个从“存在者”通达“存在”的本源性的根基，并以基础存在论和传统存在论的对立方式，揭示了“存在”被遗忘进而以“此在”的“存在论”方式，去体悟存在的真谛。然而，依于语言本质启动的“存在之家”的思索，并不能导向对世界复杂性、多样性、开放性和流动性的既敞开、又隐匿的全部意义的揭示，海德格尔以“存在”为根基的“生活世界”的构造，最后就只能归于“思”和“诗”的“感悟”之中，对中国传统儒学以“天地大德”“生生之德”为旨归的“仁爱”精神，无疑具有价值之根的奠基功效：独立之语言无法穷尽之处，便是“生生之德”的“实践活动”所给予的“天行健、君子以自强不息”“地势坤，君子以厚德载物”的价值之根。

20 世纪西方哲学的另一个主导思潮是，一开始就以“理性和科学”的结盟为根基的分析哲学运动。分析哲学的致力方向就是推翻思辨的形而上和哲学上的神秘主义，并通过细致的语言关系及其语法研究刻画其哲学思潮推进的途径。分析哲学运动的主题依然是主体和客体、思维与存在的关系问题，即通过语言的途径、依据逻辑的工具使主体如何认识客观、思维与存在如何同一。分析哲学运动企图以语言中介来沟通主体与客体、思维与存在，就如同以“心灵作为反映自然的镜子”一样，并不能彻底解决“理性与经验”二元对立世界观的同一性问题。因此，后现代解构主义的盛行，正是对以现象学运动和分析哲学运动为代表的西方哲学的“否定”和“终结”的回应。西方哲学“终结论”话语普遍盛行的背后，实际上是哲学“转变论”的开始，即从纯粹的哲学思辨走向以“实践哲学”为方向的道路，而在这个道路上，“实践儒学”的提出有着东方哲学参与哲学重建的积极意义。有学者指出：“中国古代哲学在本质上是一种实践哲学，而理论哲学则未获发展。与之相反，在西方，只有理论哲学获得了极度的发展，而实践哲学则被完全压抑了。”①这正是“实践儒学”提出的意义所在。

3.响应现代社会生活的整体变迁，“实践儒学”具有价值性

思想史的研究表明，社会生活的时空状态对思想家的观念生成具有极为重要的影响，这就是思想观念的社会性要素。马克思主义主张“经济基础决定上层建筑”并非是说作为上层建筑之“思想”的所有方面都由经济基础所决定，而是思想形态的运动变迁历程的决定转换是经济基础给出的，所以，著名的马克思主义史学家，“史学五老”之一的侯外庐先生提出：“思想史系以社会史为基础而递变其形态。因此，思想史上的疑难就不能由思想的本身运动里求得解决，而只有从社会的历史发展里来剔抉其秘密。”②要准确地理解思想家的思想内核、理论意图、发展趋势，需要从思想的当下状况及其“以自然史的精确性”对思

① 王南湜：《辩证法：从理论逻辑到实践智能》，武汉大学出版社 2011 年版，第 195 页。

② 侯外庐：《中国思想通史》第 1 卷，人民出版社 1957 年版，第 28 页。

想家所处的社会历史情境和经济形态着手，方能有准确的把握和理解，因此，以“思想史”和“社会史”相结合的角度，同时以体系化、制度化的法典形态来把握“思潮”的走向及其每个思想家所具有的思想脉络，才是准确掌握时代思想特征的要义所在。

当然，准确把握思想史的时空状态及其情境中思想家的理论内涵，并非是以“文物学”“博物馆学”的方式去掌握思想家的“史料”，而是通过理解历史情境的连续性、传统与现代的承接处，对于不一样的时空背景不做第一直觉的先定的“本质主义”区隔和断裂。因此，古典时代的思想家、古典时代的儒学者“究天人之际，通古今之变”的思想追索、“极高明而道中庸”的思想创造的超越时空的意义和价值将能够得以呈现。我们通过把握和理解历史的脉络，从来不是“为史而史”，而是以通“天人—古今”来体悟和贯通思想的现代性，因此，“一切思想史都是当代史”。以古典儒家的思想脉络融通当代社会生活的整体变迁，绝非“我注六经”还是“六经注我”对立话语在当代的回响，而是以现代性“生活世界”的真实情景，以“回到孔孟”但非“原教旨主义”的思索方式，寻求现代社会再出发的诸多可能性之选择：我是谁？我从哪里来？我要到哪里去？古典时代的儒学创生，以其独特的“实践性”回应了那个时代的历史性命题，现代性的“生活世界”则可以“实践儒学”的创生范式出场，因为，“中国古代哲学的基本倾向和特质是实践哲学”[①]，以儒学为代表的中国哲学没有神圣与世俗、经验与超验、本质与现象、此岸与彼岸等区隔，破解了西方古典时代的“魅”，进入现代性“生活世界”，化解二元对立观的“实践儒学”能够为现代性的社会生活世界提供一种独特的思想活水。

(二)“实践儒学”如何出场？

“实践儒学”如何出场的问题，是其作为一种主张的构成性要素的分析。林安梧教授在其《儒学革命论》中提出了“后新儒学”的“实践面向”问题，提出由内在主体导向生活世界的外在客体的“实践”理路和切入点。龚鹏程教授“实践范式”的“生活的儒学”亦主张：“现今应将生命的儒学，转向社会实践；扩大儒学的实践性，由道德实践及于生活实践、社会实践。”[②]从其所著《儒学与生活》一书的主旨来看，其“生活的儒学”是将既有之儒学在现代社会生活实践中的直接运用，对于这样的主张，黄玉顺先生指出“在这个意义上，‘生活的儒学’并不理解生活”[③]是恰当的，因为现代性社会和当代性生活，并不允许古有之儒学条款直

---

① 张汝伦：《实践哲学：中国古代哲学的基本特质》，《文汇报》2004年7月25日。

② 龚鹏程：《生活与儒学》，东方出版社2018年版，第67页。

③ 黄玉顺：《生活儒学与现代性问题》，四川人民出版社2019年版，第9页。

接运用于当下的条件和可能。亚里士多德提出"理论—实践—创制"三元关系以对应三种不同的关系:"理论"是人与自身的关系与活动、"实践"是人与人的关系与活动、"创制"是人与物的关系与活动,到了近代则转变为"理论与实践"的二元以解决思维自身与对象实践的关系,而到了20世纪,西方的"实践哲学"则以回到"生活世界"的方式,提出了"实践"对于"生活世界"的基源性"存在"的问题。因此,"实践儒学"将依据黄玉顺先生提出的"实践"的三个层级思路并结合"实践儒学"所必须面对的"生活世界"的固有之特征,提出不同于亚里士多德对"实践活动"的三个横向轴划分的方式,而从奠基性角度提出"实践儒学"的纵向轴的三个层级思路:本源实践层级、价值实践层级和客观实践层级。

1.本源:作为存在的实践

"本源"是指根本之源,并非任何一个形而下的特殊存在者,亦非形而上的唯一存在者,而是奠基形而上者和形而下者的"存在本身"。主体之所以生成和成立,是由作为存在的实践给定的。此在的实践之所以可能、主体的实践之所以出现,是因为"实践"先在于人的"存在",实践固然是人的实践、实践固然是主体的实践,但恰恰是"实践"的存在,才生成了"实践的人"和"实践的主体"。儒家所言之"生生"正是主体不断生成的力量源泉,是"实践"不断否定自我而又成就自我的过程,因此,才有"天地之大德曰生",若是"无生"则"天地不仁",天地若是"不仁"则万事万物无从谈起之意义世界和价值世界。作为存在的实践,是人世间万物生长的本源性的、源泉性的、基础性的,因为"实践",人世间的万事万物才呈现出精神世界的可能性,才具有改造世界的可能性,在这个意义上说,实践是人的存在方式,确立了主体之人之所出现的基础存在论的奠基。

传统实践思维所具有的固有之弊乃是以"二元化"的方式介入"生活世界",比如中国儒学传统固有的"知行学说"之发达,实际就是三种模式在历史上的变种:先知后行、先行后知、知行合一,此种二元化的思维方式所产生的"知行"问题,在中国儒学史上此起彼伏,争论不休。在西方思想史界,亦存在着主观与客观、个人与社会、自由和必然等二元化的实践思维方式,这种方式必然生成两个极端点的某一个作为实体化的方式出现,进而成为绝对主体的对象化,进而成就传统存在论的表现形式。实践本体论正是在这样的思维方式下建构起的"实践哲学"范式,而当这样范式的"实践哲学"完成了对"讲坛哲学"和"教科书哲学"的拒斥之后,这种"实践"观念的生成范式也必然成为批判的对象。脱离具体历史和文化语境,"实践"的存在超越性被消解于具体的"存在者"范畴,把本就缺乏超验的价值的奠基一同消解,因而,对本就非常崇尚"实用理性"的汉语思想界,"实践活动"的现实性和当下性的庸俗化就出现,现实的"实践活动"所应具有的历史性与价值性的统一就不复存在,虚无主义的主体实践成了一种流

行的存在样态,造就了“实践暴力”的思想性前提。对于这个问题,学者樊志辉指出:

> 实践的自我神圣化据说是源于人类的一切伦理规范和理论知识都根植于人类的实践。不仅人类的一切文化形态根植于人类的实践并且自然界离开了实践也只是“无”。于是“实践”就具有了“上帝”的全能。在此,作为自由意志质料的“实践”,摈弃了作为自由意志的形式——超验价值与纯粹理性——而成了自由意志自身。于是“实践”成为“上帝”,从前被粗俗化的实践被神圣化为全部生活的奥秘。如此,原来被超验价值和纯粹理性所约束的实践,就一跃而成为价值与真理的批发地。因为一切价值与真理都是实践的产物,故而就只有历史性的相对价值,而作为价值与真理的根基的实践反而成为绝对的不可置疑的存在。[①]

“实践儒学”的提出,正是要应对“实践”被“神圣化”的企图。作为“存在”的“实践”并非是将“实践”作为“实体”的神圣化为“全能”之“上帝”的自然而然的现世性,“实践儒学”之“实践”的“存在”意义犹如孟子所言的“善端”之“端”的缘起之“存在”,然缘起之“存在”并非必然的“规律性”和“不可抗拒”的遵循性。以“存在”作为“实践”的解释范式,旨在说明因为“实践”之存在,人之主体才得以显现出来,“实践”是人之存在的“力量源泉”这一天地之第一大德,然这个“生生之大德”乃是原初之大德,但并不能概括为“全德之德”,因为有时候的“个体”之“死”本身所成就的才是更大的“德”,所以,儒家说“杀生以成仁”。“实践儒学”的提出,本就有救治“实践哲学”的极端主义问题即走向“虚无主义”的弊病。

倡导“实践儒学”,同时决不等于说中国儒家学说就只是实践哲学,不能把中国儒家学说的大部分问题都还原和化约为实践哲学,但中国儒家学说的大部分问题都与之有直接关系或间接的关联应该是没有疑义的。《大学》的“三纲领”“明明德”和“亲民”无疑需要践履的工夫的落实,方能达到“止于至善”的目标,“八条目”从格物、致知的发动开始,通过与事事物物的接触来通达正心、诚意的养成,以自身的修养来协调管理家族事务,最后就能做到治理一国、平治天下的目标。《中庸》从天命开始,就以实践性的品格之“率性”而“修道”,进而“戒慎”,“喜怒哀乐之未发”,“未发”不是没有“发”,而以心性修养工夫控制而“未发”,以“未发”与“已发”的工夫践履来达到“致中和”,其目的是与“天地相参”和与“万物并育”。儒家学说是以实践、践履为主体的思想范式,是没有异议的。

2.价值:基于自由的实践

以“存在”释“实践”来构建“实践存在论”是突显“实践儒学”的根基和本源,

① 樊志辉:《马克思哲学研究的诠释视域及其误区》,《求是学刊》2005年第5期。

意即通过儒学特质的揭示以为儒学在现代性社会生活中生成提供力量源泉。儒学的当下显现无法通过“抽象继承”以奠基其牢固的根基，而是需要儒者基于“一以贯之”的“实践”精神和品质建构其在现代性生活中的价值。因此，最为关键的就是，作为“存在”的“实践”之“儒学”在现代性社会生活中最核心、最终极的价值基础是什么？也就是说，由“存在”即“实践”出发的“儒学”因何才是人们所信赖的？因何才是人们所渴望的？作为“存在”的“实践儒学”解决了它在当下的开端性，这种开端性不是认识论的，而是生命论的、活动性的、生活世界的，那么，依此而确立作为“价值”的“实践儒学”，则是第二层级的“实践”的必然性需要的命题，意即解决“实践儒学”在当下的应然性，也就是阐释“实践儒学”的价值属性。

“实践儒学”的价值属性之所以如此紧迫，一方面是上文提到“实践”的极致化在现实的生活世界中容易被“庸俗化”或者“意识形态化”；另一方面，是在“最高价值之贬黜”[①]不可避免出现的现代性社会里，正如海德格尔指出的，价值贬黜的要义是“目标”的缺失，而目标是一个个“存在者”，相对于“存在”而言，作为“存在者”的“价值”缺乏整体性效用，因此，作为“目标”的“价值”往往是主体“心理需要”的结果。可以说，“虚无主义”的出现，是海德格尔“存在”学说的必然逻辑，依据韩愈的“定名—虚位”论来说，“实践儒学”就是需要给“虚位”的“存在”予以“定名”的意义和价值之基础。

我们赞同“价值”乃是“世界的存在及其意义对于人的意义如何”[②]这个核心命题，那么，在“实践儒学”看来，什么才是“价值”的关键钥匙呢？什么才是“价值”命题的形而上学的基础呢？“实践儒学”认为，正是“实践”的“自由”属性才构成了意义和价值之域的形而上学基础，也就是说，“实践儒学”的价值源泉是“自由”，因为“实践”是“自由”的，所以，“实践儒学”的“自由”无疑是儒者的主体性在价值域上的最高陈述。某种程度上说，“实践”构成了“人生成为人”的“本源存在”的基础，而“自由”则构成了“人之所以为人”的“主体价值”的基础。康德指出，两种“实践”是要区分的：“遵循自然概念的实践”和“遵循自由概念的实践”，也就是说，“实践即存在”，是“自然与自由”的共通性“存在”，但“自由”是“人成为人”的“特殊性范畴”，因此，必然从属于主体价值视域，而且是“人”的“最高价值视域”。清华大学著名学者黄裕生提出，从权利到自由的陈述，需要将“实践哲学”的“自由”过渡到“存在论”的“自由”。[③] 我认为，他的这个论断没

① ［德］海德格尔：《尼采》下卷，孙周兴译，商务印书馆 2010 年版，第 729 页。

② 李德顺：《价值论》，第 4 页。

③ 参见黄裕生：《从实践哲学的自由到存在论的自由——从权利到自由》，《浙江学刊》2011 年第 1 期。

有从"存在论"上来理解"实践哲学",而是把实践理解为一种"实体",是依据"存在—存在者"的分法而将实践理解为"存在者",或可以说他是割裂了或者对立性地误解了康德的"两种实践",并以"一种实践"反对"另一种实践",这是不完整的。中国社科院著名学者赵汀阳则提出,"自由"是一种通达"可能生活"的"存在论"状态,无论从个人还是从社会出发,"自由"都只是一种必要的手段,"自由"不能是"目的",他认为的"目的"乃是"某种美好的生活价值"。[①] 我以为,这种与"存在"本身有异曲同工之处的"可能生活"如果不能"溢流出"某种"价值",这种"生活"其实也就会在"虚位"的层次上树立以"可能生活"为必然性的"虚无主义",意即以"美好"为修饰词的"可能生活"存在虚无化的倾向,反思"积极自由"和"消极自由"并不是将"自由"下降到"手段""途径",而是反思"何种自由"与"谁的自由"及其作为价值的"自由"的边界问题,因为作为价值的"自由"是其他价值实现的源泉。宋明儒家学者建构儒学的历程,就是批判佛教的"中观"之"空"学、"唯识"之超越世俗意义和价值的"蹈虚"化,"自由"被"虚空化"和"手段化",在人类历史上,正是各种"强迫"和"奴役"的开端处。"实践儒学"是反对"自由"的"庸俗化""手段化"的,"为仁由己"既是"成德"与否在"己",其实"仁"何尝又不是"人"也? 所以孟子说"仁也者,人也",是"人"都该以"己"来主宰,所以,"人之所以异于禽兽者,几希"也。"自由"于"人"是"人与动物"微小差别的地方,如果稍有不慎,人就会沦为"禽兽",因此,"自由"是"有德"与"无德"的边界处,这就是作为"价值"的"自由"的真实意义。

然而,"自由"毕竟是人的主体性的最高价值属性,在现实性的"生活世界",就必须处理具体的"人与人的关系和活动",这里的"人与人"既包括"个体化"的"自然人",也包括"国族"建构的共同体。因此,以"自由"为价值基础,就必须将"伦理关系"和"政治关系"作为形而下者的具体事务予以建构和操作,也就是由"自由"的价值出发而过渡到"制度化"的建构,而具体化的制度的建构,则必须建立在"自由"的最高价值的基础上,以为现代性"生活世界"的伦理生活和政治生活提供"良善"的路径。

第一,儒家自有其"五伦"的说法,《孟子·滕文公》云:"父子有亲,君臣有义,夫妇有别,长幼有序,朋友有信。"这里的"五伦"都是相互性的:父慈子孝;君使臣以礼,臣事君以忠;兄友弟恭;朋友之间讲诚信。古代五伦中的"君臣"在现代社会中不存在了,但是当代社会依然存在"领导和被领导"的"上下级"的"工作关系",所以,处理好"新人伦关系"是"实践儒学"需要回应的问题。何怀宏先生的《新纲常》著作,探讨了当代中国人"生活世界"的道德根基,就是一部依据

---

① 参见赵汀阳:《关于自由的一种存在论观点》,《世界哲学》2004年第6期。

儒家理论而建构的当代国人的新伦理生活准则。“实践儒学”将基于自由价值的基础构建一种现代性社会中的中国人的“伦理生活”的“实践规范”和“伦理范本”,依据的价值理念是“自由”,而这个“自由”的价值理念,则需要沟通基于“血缘亲情”关系型的儒家范式伦理和基于“契约合作”的原子型的卢梭范式个体伦理的差异。“实践儒学”认为关系型和原子型二者之间的差异是可通约的:卢梭式的契约伦理并没有全然否定人的血缘关系的客观事实性,而儒家式的关系型伦理也并没有否定主体对于伦理的担当,因此,关键是在何种“视域融合”交叉点上来讨论中西方伦理的关系,进而构建一个融合中西文明形态的当代中国人的新型伦理生活的范式。

第二,以“自由”为基础的政治生活实践,“实践儒学”倡导现代性的民主政治,即依据“自由”价值理念下的人民主权至上的现代性政治民主化,因此,首先需要构建现代性的儒家政治哲学范式。就目前大陆新儒家政治哲学的状况而言,黄玉顺先生根据主要倾向进行了分类:第一类属于“前现代”的“原教旨主义”儒家政治哲学,这类思潮基本拒绝现代文明价值,以回归古代的生活方式,以君权、族权、父权、男权为价值取向,甚至公然鼓吹回复“三纲”,反对以“人权、自由、民主”为代表的现代性价值和文明,具有典型的“原教旨主义”特征。第二类属于极权主义附庸的现代性政治怪胎的儒家政治哲学,这类思潮通常与民粹主义结合,与权力、国家主义或极端民族主义结合,比如某些“贤能政治”的“毛儒”、儒教的极端倡导者,以“中西之异”代替“古今之变”,以批判“西方”作为抗拒现代文明价值的手段。第三类属于适宜的、正常的现代性理解和主张的儒家政治哲学,通常寻求儒家传统与现代性文明相融合以开显文明前进的方向和动力的儒家政治哲学建构。黄玉顺先生就当代儒家政治哲学的建设和发展需要融合哪些现代性的政治价值,提出了八个基本范畴,它们是:个体、自由、平等、博爱、民主、共和、宪政、法治。[①] 从“生活儒学”出发的“实践儒学”是赞同第三类现代性新儒家政治哲学建构的理念和价值要素的。

3.教化:作为客观的实践

“实践儒学”必然需要回答“如何实践”的问题。因此,这就需要一个恰当的“实践”概念。本课题从三个层级来诠释“实践”:本源的实践,回答“实践”的奠基问题;价值的实践,回答“实践”的意义问题;客观的实践,回答“器”的应对问题。《易经·系辞传上》云“形而上者谓之道,形而下者谓之器”,实践的客观对象无疑是形而下的“器”范畴,此“器”当包括“接事应物”的“人事”和“物器”,传统儒家并不认为有一个没有人参与实践和理解的绝对客观化的道德物性,以

---

① 参见黄玉顺:《大陆新儒家政治哲学的现状与前景》,《衡水学院学报》2017年第2期。

《中庸》之语言,就是“率性之谓道,修道之谓教。道也者,不可须臾离者也,可离非道也。”故而,中国古典哲学总结者王夫之说:“夫所云尽人物之性者,要亦于吾所接之人、所用之物以备道而成教者,为之知明处当,而赞天地之化育。若东海巨鱼,南山玄豹,邻穴之蚁,远浦之苹,虽天下至圣,亦无所庸施其功。”[①]对中国儒家而言,对不可“修道”的“器”缺乏兴趣、不重视是有根据的,在这个意义上说,传统儒家并非是对“器物”本身缺乏兴趣,也不能天然地认为,儒家应该对“现代科学技术”没有在中国自然地生发承担不应有的责任,因为,除非我们承认“现代科学技术”没有“载道”之功能,不能推进儒家所主张的“生生之德”,不能给现代性价值之“道”提供“生成”的基础。但很显然,现代科学技术具有强大的“载道”之功能,对现代民主、自由之精神的确立和拓展提供了强大的“物质力量”,传统儒家主张“当然之则”与“器物之性”融合的思想,同现代性生活与现代性科技发展相匹配在思路上是一致的。如果将儒家主张的“当然之则”与“现代科技”的“器物”进行对接,那显而易见会出现“儒学缺陷”的假问题。对此,台湾学者李明辉指出,“我们可以坦然承认儒学之‘不足’。但这种‘不足’并非以儒学内部的标准来判定,而是相对于已改变的历史情境和社会条件而言”,因此,“就应用问题的层面而言,我们所能要求于儒学的是保持对生活世界的开放性”。[②] 我以为这是非常恰当的判断。

儒家思想需要进一步发展,就需要通过一代又一代新儒家的努力创发,以提供给现代人“安身立命”“社会建设”和“国族凝结”之道。林安梧先生在《儒学革命论》中提出,“后新儒学”时代的儒学需要加强对实践性问题的思考。他提出,以往的儒学实践乃是“心性论式”的道德实践,这样的道德实践是不全面的,因此,当代的儒学实践需要走向生活世界,进入社会历史的总体之中,需要将内在的主体力量展现于生活世界,需要在“生产工具—生产力—生产关系”的互动关系中,找到儒学实践的切入点,“一方面是将心性论导向语言哲学来处理,另一方面则要回到更为彻底的带物质性的、主体对象化的把握方式来重新处理”[③]。我赞同李明辉先生所说“保持儒学对生活世界的开放性”,在这个意义上,林安梧先生的这个思考是一种可能的“实践路径”,这是开放性的。但就“实践儒学”的建构在当下生成的首要性、紧要性的工作,或许尚不在促进“生产工具”的变革以推动“生产力”的提升,而在如下三个方面:促进个体的修身、推动公民的教化和重建社会的批判。

① (明)王夫之:《船山全书》第6册,岳麓书社2011年版,第456页。

② 参见李明辉:《儒学与现代意识》,台湾大学出版中心2016年版,第48页。

③ 转引自龚鹏程:《生活与儒学》,第75页。

(1)促进个体的修身

“自天子以至于庶人,壹是皆以修身为本。”(《礼记·大学》)根据《大学》“八条目”的逻辑,“格物、致知、正心、诚意”之后的结果是“修身”,意即达到“身修”的目的,而“身修”之后,方能“齐家、治国、平天下”。这个逻辑并非必然的逻辑,而是必要的逻辑,前者是后者能够获得的必要条件。而《大学》明确认为,自统治阶层、社会精英直至平民百姓,修身都是各自生活环境中适用的根本性环节:“修身在自我与形形色色的政治、社会、文化团体构成的社群的链环中居于中心地位。就个人方面而言,修身涉及复杂的经验学习与心智锻炼过程。就人类总体发展而言,修身则为家庭稳固、社会有序和世界和谐的基础……修身的核心地位促使中国思想家们将伦理付诸实施,将审美作为经验,将形上学转化为智慧,将认识论运用于沟通。”[①]那么,修什么样的“身”[②]呢?

第一,修“形躯之身”,对不符合道德的行为,在身躯上要做到:“非礼勿视,非礼勿听,非礼勿言,非礼勿动。”(《论语·颜渊》)这样做,就会“故理义之悦我心,犹刍豢之悦我口。”(《孟子·告子上》)儒家一方面将物质性的形躯之身与生命实践活动相统一,对形躯之身充分肯定;另一方面,对身之修不止于形体之躯,还是对形体之躯内的精神世界予以强调,故从“礼”的形式上着手,“故冠而后服备,服备而后容体正,颜色齐,辞令顺”(《礼记·冠义》)。儒家礼仪制度非常丰富繁杂,某种意义上看,就是通过对“形体之躯”的改造和修饰,以达到上通天道、下启百姓,规制秩序,所以,“君子不可以不学,见人不可以不饰;不饰则无根,无根则失理;失理则不忠,不忠则失礼,失礼则不立。夫远而有光者,饰也;近而逾明者,学也”(《大戴礼记·劝学》),身体形躯的修饰与道德品质的形成有着重要的关联。所以,《孝经》说:“身体发肤,受之父母,不敢毁伤,孝之始也。”身体外形保持与“孝”有关,跟政权认同也有关系。比如满清入关,“削发垂辫”,“留头不留发,留发不留头”都成了一个重大的法律事件,名曰“剃发令”。当然,满清政府的“削发令”是违背“儒家经义”的,但不能不承认,形体之躯是具有“义理”内涵的。因此,孔孟都认为,为了“仁义之道”是可以“舍生而取义”的:“志士仁人,无求生以害仁,有杀身以成仁。”(《论语·卫灵公》)“生,亦我所欲也;义,亦我所欲也,二者不可得兼,舍生而取义者也。生亦我所欲,所欲有甚于生者,故不为苟得也;死亦我所恶,所恶有甚于死者,故患有所不辟也。”(《孟子·告子上》)

第二,修“浩气之身”,以人体之内外流通之“气”,通达对天地宇宙之“气”的贯通,成就伟大的人格形象。《论语》中,对“气”的描绘不少,如:“摄齐升堂,鞠

① 杜维明著,郭齐勇,郑文龙编:《杜维明文集》第4卷,武汉出版社2002年版,第614～615页。

② 赵方杜:《论传统儒家思想中的身体观念》,《兰州学刊》2011年第6期。

躬如也，屏气似不息者。”（《论语·乡党》）这是自然呼吸之气；“君子有三戒：少之时，血气未定，戒之在色；及其壮也，血气方刚，戒之在斗；及其老也，血气既衰，戒之在得。”（《论语·季氏》）这是特定时段里身体状态和精神气质融合在一起的“血气”；“出辞气，斯远鄙倍矣。”（《论语·泰伯》）这是说话表达的语气。因此，当公孙丑问孟子长于哪方面的时候，孟子说他“善养吾浩然之气”，何谓“浩然之气”，孟子回答：“难言也。其为气也，至大至刚，以直养而无害，则塞于天地之间。其为气也，配义与道；无是，馁也。是集义所生者，非义袭而取之也。行有不慊于心，则馁矣。”（《孟子·公孙丑上》）

第三，修“心性之身”。孟子云：“心之官则思，思则得之，不思则不得也。”（《孟子·告子上》）儒家所修之心是从身体器官生成而来。《孟子》一书中“心”字出现了117次，如何修“心”、修何种“心”，孟子探讨了很多，其中“四端之心”最为重要，“恻隐之心，人皆有之；羞恶之心，人皆有之；恭敬之心，人皆有之；是非之心，人皆有之……非由外铄我也，我固有之也”（《孟子·告子上》），“恻隐之心，仁之端也；羞恶之心，义之端也；辞让之心，礼之端也；是非之心，智之端也。人之有四端也，犹其有四体也。有是四端而自谓不能者，自贼者也”（《孟子·公孙丑上》）。后来的陆九渊、王阳明则专门发展出了“心学”：“宇宙便是吾心、吾心即是宇宙”“心外无物、心外无事、心外无理”“心即理也”等等，“修心”成了儒家核心的工夫、最要紧的事情。

（2）推动公民的教化

“儒学就像任何形态的理想主义一样，永远要面对‘如何落实’的问题。”[①]儒学的开创者孔子在“如何落实”他的理想社会图景时走了三种道路，也就是通过三种“实践方式”践履他的思想和理论：政治理论、讲学教化和著书立说。由于现代性社会是一种社会组织庞大、职业分工明确和专业壁垒森严的“条块化”的社会模型，“实践儒学”要发挥它的“实践性”特质，就需要从儒学自身所有的主体性特征出发，方能有直接的实际效应，而“教化”一直是“儒学”所具有的“轴心”环节。余英时认为，“以政统言，王侯是主体，以道统言，则师儒是主体”[②]，故需要以“学统”述传“道统”，以“道统”制衡“政统”和“治统”，故“实践儒学”需要：第一，兴讲学之风，传德性之教。在孔子之前的“师者”皆为“政府官吏”，然春秋之世，天下道术裂解、学术文化下移，所以，孔子开启了聚徒讲学之风，故钱穆曾说：“孔子一生主在教。”[③]这是非常恰当的。儒者讲学，首先需要将儒家之经典

---

① 李明辉：《儒学与现代意识》，第47页。

② 余英时：《士与中国文化》，上海人民出版社2003年版，第92页。

③ 钱穆：《论语新解》，巴蜀书社1985年版，第3页。

文脉传承下去，通过讲学活动“并心同志，务求其实，以身明道学”[①]。王阳明提出两种不同的讲学：“世之讲学者有二：有讲之以身心者，有讲之以口耳者。讲之以口耳，揣摸测度，求之影响者也；讲之以身心，行著习察，实有诸己者也，知此则知孔门之学矣。”[②]以身心统一、行著习察的方式行“道德之教化”。第二，融诗教之美，倡诗意人生。孔子曾云：“兴于诗”，大意是说人们的情感大体都源自“诗”的表达，通过“诗”不仅可以学习到知识，还可以获得德性修养，所以，《毛诗序》就说：“故诗有六义焉：一曰风，二曰赋，三曰比，四曰兴，五曰雅，六曰颂。上以风化下，下以风刺上，主文而谲谏，言之者无罪，闻之足以戒，故曰风。至于王道衰，礼仪废，政教失，国异政，家殊俗，而变风、变雅作矣。”诗歌是人类本源情感的抒发，是仁爱之情的直接表露，故而，通过“诗教”扩大仁爱之情，化解人际之冲突，以诗意的生活度过美好的人生。第三，行礼乐之教，潜移风易俗。以成践行、以乐成和，儒家历来重视礼乐教化，孔子说：“不学礼，无以立。”（《论语·季氏》）“上好礼，则民易使。”（《论语·宪问》）荀子也说：“先王之制礼乐也，非以报口腹目之欲也，将以教民平好恶而反人道之正也。”（《荀子·乐论》）“实践儒学”需要以适合现代社会的“损益”方式倡导“新礼教”，发挥音乐的教化功能推进社会生活的“和谐”。正如《礼记·经解》所云：“礼之教化也微，其止邪也于未形，使人日徙善远罪而不自知也。是以先王隆之也。”而《礼记·乐记》所云“乐”则认为：“乐也者，圣人之所乐也，而可以善民心，其感人深，其移风易俗，故先王著其教焉。”

（3）重建社会的批判

如果说前二者是从建构性的角度践履儒家的理想价值追求，那么重建儒家的批判精神，则是从解构性的角度对社会、政治中的“固化的”“非德的”和“不义的”状态予以揭露、批判和否弃的实践方式。《论语·阳货》载有宰我之问：“三年之丧，期已久矣。君子三年不为礼，礼必坏；三年不为乐，乐必崩。”此后的人们便用“礼坏乐崩”形容孔子时代礼制丧乱、人心败坏的状态。儒家以“人能弘道”的“道统意识”揭露和批判“君不君、臣不臣”的社会现实，孔子谈到季氏时说：“八佾舞于庭，是可忍也，孰不可忍也？”（《论语·八佾》）这是为“臣”的僭越了“礼仪”所应有的规范，乱了为“臣”的本分；“君使臣以礼，臣事君以忠”（《论语·八佾》），君与臣的责任和义务是对等的、互为条件的。所以，郭店楚简《语丛一》曰：“君臣、朋友，其择者也。”[③]《语丛三》云：“友，君臣之道也。”[④]这就是

① （明）王守仁撰，吴光等编校：《王阳明全集》第5卷，上海古籍出版社1992年版，第184页。

② （明）王守仁撰，吴光等编校：《王阳明全集》第2卷，上海古籍出版社1992年版，第75页。

③ 荆门市博物馆：《郭店楚墓竹简》，文物出版社1998年版，第197页。

④ 荆门市博物馆：《郭店楚墓竹简》，第209页。

说，君臣应当如朋友那样互相选择、相互对待。孟子也说，“君之视臣如手足，则臣视君如腹心；君之视臣如犬马，则臣视君如国人；君之视臣如土芥，则臣视君如寇雠”（《孟子·离娄下》），君臣之道是相互性的。同时，贤人之臣有劝谏君主之义务，“唯大人为能格君心之非”（《孟子·离娄上》），“君子之事君也，务引其君以当道，志于仁而已”（《孟子·告子上》），作为臣子只有格君心之非，引导君往仁道之路走，才是为臣的本分：“责难于君谓之恭，陈善闭邪谓之敬，吾君不能谓之贼。”（《孟子·离娄上》）而当君不能再行“天道”与“人道”，便可以“有道伐无道”：“君有过则谏，反复之而不听，则去。”“君有大过则谏，反复之而不听，则易位。”“贼仁者谓之贼，贼义者谓之残，残贼之人谓之一夫。闻诛一夫纣矣，未闻弑君也。”（《孟子·万章下》）传“有道”之“学统”，言“道统”之最高价值，批判“无道”之“政治”，乃是儒家批判精神的重要面向，乃至有些学者指出，这是“儒家革命精神”的源头之一，并认为：“追求人世和人的完美性正是儒家精神的基本品格，亦是儒家革命精神的理念基础。”[①]关于儒家的思想脉络是否生成了现代中国的“革命”话语和“革命”运动，是需要更加细致地辨析和解释的，但无可否认的是，儒家思想内在存在着强大的“入世”生态、“理性”精神、“德性”追求，进而以超越的价值理念审查、批判现实社会与政治，并参与社会的改造。

传统儒学具有的社会批判精神使儒学内在地具有批判的品质、批判的功能和抗议的精神，它包含着三层含义：一是政治的批判，引“政统”以合“道统”；二是社会的批判，促进良善社会的建制；三是文化的批判，以求文化的守正开新。[②]现代性儒学的建构，是基于现代性“生活世界”的儒学形态的转化，儒学“阐旧邦”以“辅新命”需要保持强烈的“入世情怀”和“现实品格”。现代性儒学的建构，“不是指儒学屈从现实需要，躬身而行，认定现实的就是合理的。而是说现代性儒学必须对自己身处的现代状况具有深切的感知、理性的剖析和应对的理论建构”[③]。批判性精神的重建，既是否定过去认为儒学只是“既得利益”维护者的错误印象，更重要的是建设儒学批判精神在现代性社会的场域中的价值判断的延续、融通和更新，建构儒学回应现代性社会的针对性、精准性和有效性。而这种回应，并不能以传统儒学没有事实地生成现代性社会的某些“道器”面向，就应获得拒斥、否定和打倒的必然性理由。正如前文所论，没有一种固有的、曾有的理论范式能够具有阐释现代社会所有面向的功能和可能，因此，现代性儒

---

① 刘小枫：《儒家革命精神源流考》，三联书店 2000 年版，第 2 页。

② 参见韩星：《先秦儒家道统意识与批判精神》，《陕西师范大学学报》（哲学社会科学版）2014 年第 3 期。

③ 任剑涛：《复调儒学：从古典解释到现代性探究》，台湾大学出版中心 2013 年版，第 369 页。

学建构的“实践儒学”就需要积极介入现实社会，创构当下“生活世界”的理论阐释，在建构和批判中推动人类生活从必然世界走向自由王国，以现实地面对和理想地追求推动儒学的现代性转型。这或许就是“实践儒学”的构想和出场的使命吧！

个体儒学

赵立庆

【编者按】此文原载2018年6月26日《中国社会科学报》，原题为《儒家的个体观——以〈论语〉为例》。赵立庆建构"个体儒学"的著述尚有：《儒学现代转型的逻辑与启示》[《南京大学学报》(哲学社会科学版)2020年第2期]、《生活儒学视域下的"身"观念》(胡骄键、张小星主编：《生活儒学：研究·评论·拓展——第三届"生活儒学"全国学术研讨会论文集》，四川人民出版社2020年版)。

个体思想有其历史性，套用现代意义上的独立自由的个体概念从而认为中国古代社会没有个体思想有失公允。事实上，《论语》中蕴含着丰富的个体思想，不仅国内学者意识到这一点，海外汉学家更是比较注重《论语》的现代性研究。例如，赫伯特·芬格莱特在《孔子：即凡而圣》一书中指证《论语》中的自我概念是一个自我省察和自我调节的个体，这个个体自我的特征是有意志的。通过《论语》我们看到，孔子对个体的价值有着全面的理解。

一、何谓个体

所谓个体，指依靠自我(己)实现人性的人。陆九渊说："人生天地间，为人当自尽人道。"[①]自尽人道即依靠自我实现自身的人性。荀子认为"君子之学也以美其身，小人之学也以为禽犊"(《荀子·劝学》)。人道的实现意即善的实现。在儒家哲学论域下，自身实现不仅指涉根据内在善性完善自身，而且关乎他者善性的共同实现。所谓"诚者，非自成己而已也，所以成物也"(《礼记·中庸》)，

---

① (宋)陆九渊著，钟哲点校：《陆九渊集·语录下》，中华书局1980年版，第470页。

"修己以安人","修己以安百姓"(《论语·宪问》)。如此看来,自我实现关系到己、性(天命)与他者三个维度的相互关系。

个体的实现呈现出过程性。孔子强调"知命""立命",即个性的自我建立,亦即个人主体性的探索追求。对唐君毅而言,谈及一物之"性",要者不在其性为何,而在其生存方向为何。个体既不是伦理学指责的利己主义者,也不是莱布尼茨的封闭的单子,亦不是霍布斯自然权利下的个人。个体是于杂然共在的生存状态中觉醒之后自我选择最后自我实现的人。个体是自我创造的结果,亦即个体通过自己的力量,对自身的身体、灵魂、行为、生存方式进行操持,以期达到生命的一种完美状态。

在儒学论域下,一个人自由自觉地"志于仁"后,才算一个儒者样式的个体。当个体意识到仁是"己任"时,仁对个体才是有效的,才具有规范性。个体意识到仁是"我欲"的结果,为仁才能"由己"。也就是说,为仁不能是非自觉的,更不能是受迫的行为,亦不是以功利为终极目的的。

个体在自身中建立起与仁的内向性联系,就转入到形而下的关系或者角色中。我们不否认,人是关系的存在。但是,倘若一个人没有经过生存反思,没有经历自我筹划,直接进入现存性的或子或臣的"角色"中,随之而来必将是个体的沉沦。人存在的根源性条件就在于自我分裂。人的自我分裂即人自身的对象化:一方面,人将自身作为对象而进行"内自讼"和自审;另一方面,人将自身对象化在表现和确证自己生命的活动对象之中,把自己的生命活动对象当作自己的"异在"或另一个"我"。一个人只有先扎入自我的深渊中,然后返回到现实世界,从关系性的存在进行生存反思后,再次进入自己的角色中,才能成为一个个体。个体首先与仁关联,其次在自我筹划中与自身关联,然后在仁这一中介下与他者及万物关联。质言之,在形而上层面上讲,个体是最高价值中介下的个体;从工夫论或生存论层面上讲,个体是与自身关联的个体;从形而下层面上讲,个体是与他者、万物共在的个体。

二、为仁由己

"仁"是《论语》中的核心范畴。段玉裁注"仁"为:人偶相与为礼仪皆同也。按人耦犹言尔我亲密之词。独则无耦,耦则相亲。故其字从人二。这里的人耦关系主要是指父子、兄弟、友朋、夫妻、君臣等人伦关系,即己—人关系。根据郭店、上博简,仁多作"上身下心"。先秦典籍中常有"仁者,人也"的说法,应是对仁之本义的基本训释。所谓"仁者,人也",意即仁是人之为人的本质和特征。也就是说,"依于仁",人才是人。可见,在不同的文本语境中,儒家所说的"仁"

有时指形而下的道德情感、道德规范,有时指形而上的心性本体。儒者始终追求修身成仁,因而具有终极价值和终极关怀。

仁是一个极具张力的概念,既指普遍的人性,又指具体的仁者;既是道德根据,一种形而上的存在,又必须由人来实现。但无论如何,仁基本上是与人的自我更生、自我精进和自我完成的过程联系着的。孔子讲“克己复礼为仁”,一个人如果能做到克己复礼,那么他就是有道德追求的人。如此一来,孔子就把周礼与周代贵族的宗族群体来了个大剥离,落实到全社会每个人都应该追求和实践的道德上。

综观《论语》全文,其核心关切是自我修养。一个通过“切、磋、琢、磨”,学会以礼待人、以诚待人,克己复礼,实现自我的个体,其典型人格形象就是君子。孔子认为,理想的学者应该通过“学”和“习”来完善自我,“古之学者为己,今之学者为人”(《论语·宪问》)。孟子把“为己”解释为,“君子深造之以道,欲其自得之也。自得之,则居之安;居之安,则资之深;资之深,则取之左右逢其源。故君子欲其自得之”(《孟子·离娄下》)。朱熹引程颐的见解,“古之学者为己,其终至于成物,今之学者为人,其终至于丧己”①。

《论语》中表示自我(个体)的词语主要有:己、予、吾、我。这四个概念具体含义略有不同,但其在指涉自我这一要点上是相通的。孔子明确把自己与“天”这一终极存在联系起来,把修身成仁看作自己的“天命”,“天生德与予”。德性是普遍的、自然的,必然内化于“我”,“仁义发乎内”,才能“为仁由己”(《论语·颜渊》)。为仁对于每个个体来说,既是自觉的选择,也是不可替代的伦理责任。“仁远乎哉?我欲仁,斯仁至矣。”(《论语·述而》)在此,“己”和“欲”强烈地表现出主体性、个体性。笔者认为,恰恰由于“仁”的内涵中这种道德意义和宗教意义的含混性或互涵性,仁才消融了生存结构中的自我与“绝对他者”之间的断裂。仁既然是天地万物的“形而上学的实在”,自然也在每个人的心性之中。但这并不意味着,仁无须“觉识”就会主动支配人的行为。相反,仁性需要个体自由自觉地去建立。

孔子孜孜追求作为最高境界的“仁”的缘由在于:一方面,仁为“礼”“乐”等价值规范的支撑。“人而不仁,如礼何?人而不仁,如乐何?”(《论语·八佾》)另一方面,仁是可“欲”而不可“违”的,“君子无终食之间违仁,造次必于是,颠沛必于是”(《论语·里仁》)。作为人之“欲”,仁是普遍的,但体现在个体中的仁性又是特殊的。普遍性指道是每个儒者追求的终极依据;个体性是指每个人的成“道”之路是不同的。孔子认为,自我修养的目的是通过学习获得仁,从而成为

---

① 《论语集注·宪问》,(宋)朱熹:《四书章句集注》,中华书局1983年版,第155页。

有德性的人。一个人要成为有德性的人，不能仅仅进入到关系之网中，而是要发展一种品质去适宜地对待其他人。对孔子而言，人的品格不会随着关系的改变而改变。品格一旦形成，不但清楚独特，而且赋予主体很强的个性与完整性。个体不是离群索居或者单子式的存在者。孔子是伦理客观主义者，他相信存在着一个客观的善，它是每一个人都能够获得的，而且为每一个有德性的人所分享。对于孔子而言，自我实现就是成为一个完美的人，而不是成为一个与其他人区分开来的独特个体。

进入 21 世纪，各路儒学粉墨登场，然而各种儒学之间缺乏对话，其原因在于彼此之间对立。笔者认为，儒学要复兴，就必须解决每个人的安身立命问题。因此，若各种儒学皆承认个体为目的，并在此基础上构建出多样性的儒学样态，儒学的复兴方可落到实处。

哲学训诂学

张小星

【编者按】此文原载《浙江社会科学》2020年第12期，原题为《从西方“哲学诠释学”到中国“哲学训诂学”建构》，此处标题为编者所拟。张小星建构“哲学训诂学”的著述尚有：《生活儒学与“哲学训诂学”建构》[《吉林师范大学学报》(社会科学版)2021年第3期]。

对于建构“中国诠释学”来说，除了吸纳西方诠释学，尤其是20世纪以来“哲学诠释学”(die philosophische Hermeneutik)之外，更为重要的是充分考察中国本土的经典诠释传统，这显然已经成为一种不言自明的共识。然而，“中国诠释学”的具体形象至今仍然模糊。本文旨在勾勒一种中国诠释学理论——“哲学训诂学”(Philosophical Exegetics)，作为对上述问题的进一步探索。

一、“Hermeneutics”与“训诂学”的对应性

对经典的理解与解释乃是普遍性的人类生存经验，然而目前学界有关“Hermeneutic”译名[①]的争论无形之中掩盖了其与汉语“训诂学”之间可对应的事实，这既导致了对“中国经典诠释传统”本身的认知错位，又使得“Hermeneutic”规定了“中国诠释学”建构的理论指向，进而成为这种建构成功与否的检验标准。但事实上，正如西方的“Hermes”往来于神圣世界与世俗人

---

① 目前学界对“Hermeneutic”的译名有“诠释学”“解释学”“阐释学”“释义学”等。为行文方便，笔者在此采用“诠释学”的译法。

间而进行“语言转换”[①]一样，中国的“训诂”也在以“语言转换”的方式[②]沟通着“古语”与“今言”“主体”与“经典”。在此意义上，汉语“训诂学”与西语“Hermeneutic”具有可对应性，尽管二者并不完全等同。就古典时代来看，尽管中西经典诠释传统呈现出不同的发展样态、表现出各自的独特性，但都历经了“特殊性形态”“方法论形态”等历史阶段。

1.“特殊性形态”阶段[③]

之所以称之为“特殊性形态”，是因为被诠释文本的特殊性，即这些文本并非普通的日常文本，而是对当时社会之运行具有规范性功能的权威性经典，而且这种诠释本身尚未成为专题化的研究对象[④]，而只是偏重于实践与应用。在西方，这主要是指中世纪以来以解释“罗马法”为核心内容的“法学诠释学”、以解释《圣经》为核心内容的“圣经诠释学”以及由此而形成的“语文学诠释学”[⑤]，因此又被称为“特殊诠释学”或“局部诠释学”。而在中国，这主要是指形成于汉代、昌明于唐代、以解释儒家经典为核心内容的“经学训诂学”，主要以“随文释义”的方式[⑥]展开，比如《毛诗故训传》《毛诗笺》《五经正义》等，其核心观念即孔颖达所总结的“诂训者，通古今之异辞，辨物之形貌，则解释之义尽归于此”[⑦]。这是首次对“训诂”做出明确定义，由此观念主导的训诂实践一直延续到清代乾嘉汉学。

---

① 伽达默尔在《古典诠释学与哲学诠释学》一文中写道：“hermeneus(诠释)的任务却恰好在于把一种用陌生的或不可理解的方式表达的东西翻译成可理解的语言。”“‘诠释学’的工作就总是这样从一个世界到另一个世界的转换，从神的世界转换到人的世界，从一个陌生的语言世界转换到另一个自己的语言世界。”参见[德]伽达默尔：《真理与方法——补充和索引》(修订译本)，洪汉鼎译，商务印书馆2010年版，第114、115页。

② 比如传统训诂学的“形训”“声训”“义训”等方式。近代学者黄侃将“以语言解释语言”作为“训诂”的构成原理。参见黄侃：《黄侃国学讲义录·训诂学笔记》，中华书局2006年版，第231页。

③ 在“特殊性形态”阶段之前，中西经典诠释活动都有一段准备期或曰“前史”，比如西方古希腊时期亚里士多德《解释篇》：“言语是心灵过程的符号和表征，而文字则是言语的符号和表征。”此为古代诠释学阶段；中国自东周以来，与训诂相类似的释义活动已经产生，比如《左传·庄公三年》：“凡师一宿为舍，再宿为信，过信为次。”《易传·序卦传》：“屯者，物之始生也。”“夷者，伤也。”《论语·颜渊》：“政者，正也。子帅以正，孰敢不正?”《孟子·滕文公上》：“彻者，彻也；助者，藉也。”等等，此为“前训诂学”时期。

④ 宋代王应麟《玉海》指出：“文字之学有三：其一，体制，谓点画衡从曲折之殊，《说文》之类；其二，训诂，谓称谓有古今雅俗之异，《尔雅》《方言》之类；其三，音韵，谓呼吸有清浊高下之不同，沈约《四声谱》及西域反切之学。”这种说法将“小学”具体细分为体制(形)、训诂(义)、音韵(音)三科，标志着“小学”(时称“文字之学”)在宋代开始从经学中解脱出来而走向独立学科。

⑤ 参见洪汉鼎：《诠释学：它的历史与当代发展》(修订版)，中国人民大学出版社2018年版；潘德荣：《西方诠释学史》第2版，北京大学出版社2016年版；洪汉鼎主编：《理解与诠释——诠释学经典文选》，东方出版社2006年版。

⑥ 此外，还有编撰训诂专书的方式，比如《尔雅》《说文解字》《方言》等。

⑦ 《十三经注疏·毛诗注疏》，上海古籍出版社2013年版，第1页。

2.“方法论形态”阶段

“方法论形态”经典诠释活动的目的在于解决“如何理解与解释经典”的问题,并致力于总结与归纳“经典解释的原则与方法”。在西方,随着“诠释学”[①]作为独立学科的确立,“方法论诠释学”逐渐形成,其理论基础渊源于施莱尔马赫的“普遍诠释学”,即将“语文学诠释学”发展成作为理解与解释科学的“普遍技艺学”;其现实背景是人文学者面对自然科学的挑战而需要为人文科学的有效性进行辩护,狄尔泰在指认“说明”(explain)与“解释”(interpretation)构成自然科学与精神科学各自独特的方法的基础上,将关于理解与解释的诠释学规定为人文科学的普遍方法论,从而为其提供认识论基础。而在中国,“方法论形态”的训诂学虽然是随着近代以来中国传统学术的现代转型而逐渐形成的,传统经学的解体导致古典训诂学被建制化地归入语言文字学,在此背景下,“章黄学派”借助于现代语言学的相关理论,明确提出建构“理论训诂学”[②]“方法论训诂学”[③],其典型观念即黄侃提出的“真正之训诂学,即以语言解释语言”[④];但其理论基础则渊源于清代乾嘉汉学之文字、音韵、训诂[⑤],尤其是随着古音学的深入发展,汉学家们开始自觉地展开对训诂方法的总结,“因声求义”[⑥]成为训诂实践的基本原则与方法。但是,与西方“方法论诠释学”不同的是,中国的“方法论训诂学”本身并不希图自身成为一种普遍性的方法论。

进入现代以来,以海德格尔“此在诠释学”、伽达默尔“哲学诠释学”的建构为标志,西方“Hermeneutic”展开自身的现代转型,当然这种转型并不彻底(详下)。而中国“训诂学”却因建制化地归入文学而使得自身所蕴含的经典诠释资源遭到“遗忘”,未能真正展开现代转型,而这正是我们当下讨论“中国诠释学”建构问题的出发点。

---

① “Hermeneutic”(诠释学)作为书名第一次出现是在丹恩豪尔的著作《圣经诠释学或圣书文献解释方法》(*Hermeneutica sacra sive methodus exponendarum litterarum*, 1654)。丹恩豪尔极力表明:“在所有科学(即基本的科学,属哲学的范围)的入口处一定包含着一门解释的普遍科学。”([加拿大]让·格朗丹:《哲学解释学导论》,何卫平译,商务印书馆2009年版,第84页)

② 黄侃:《黄侃国学讲义录·训诂学笔记》。

③ 陆宗达、王宁:《训诂方法论》,中华书局2018年版;许嘉璐:《语言文字学论文集》,商务印书馆2005年版。

④ 黄侃:《黄侃国学讲义录·训诂学笔记》,第231页。

⑤ 参见王力:《中国语言学史》,中华书局2013年版,第111页。

⑥ 比如段玉裁《广雅疏证·序》:“学者之考字,因形以得其音,因音以得其义。治经莫重于得义,得义莫重于得音。”王念孙《广雅疏证·自序》:“窃以诂训之旨,本于声音。”《说文解字注·序》:“训诂声音明而小学明,小学明而经学明。”

二、“哲学诠释学”评析

尽管伽达默尔在发问方式上以“理解何以可能”取代了“如何理解”，将诠释学由认识论层级推进到本体论层级，但其并未真正突破认识论范式中主体性先行的观念架构，其所建构的“哲学诠释学”依然属于“主体性诠释模式”[①]，而未能彻底阐明诠释者的主体性、历史流传物或文本的客观性何以可能等问题。

首先，伽达默尔沿袭了狄尔泰“自然科学”与“精神科学”的二元划分。在《真理与方法》“导论”中，伽达默尔明确表达了一种诉求：挣脱科学方法论对于人文学科主宰的局面，寻求一种区别于科学认识论的新“方法”，去获得人文科学、精神科学领域内的“真理”。为此，他通过引入柏拉图的“对话”理论、黑格尔的“辩证法”思想以及海德格尔的“前理解结构”观念，建构出一种“哲学诠释学”：通过追问“理解何以可能”来探讨“理解实现的一般条件”以及“理解的完成方式”等问题，展开对“理解”之本体论基础的考察。由此可见，“哲学诠释学”的问题意识是基于“自然科学”与“精神科学”二分的。然而，无论“自然科学”还是“精神科学”，本身都属于专题化的、以某种“存在畿域”为研究对象的“科学”[②]，其所面临的问题在于：这种“存在畿域”的划分、即“自然”与“精神”等存在者观念是何以可能的？尽管这些问题本身并不属于“哲学诠释学”的讨论范围，但这种有意识的“区分”作为一种“前见”却始终贯穿其中。

其次，基于海德格尔的“此在诠释学”，伽达默尔将“理解”规定为此在本身的存在方式：“理解怎样得以可能？这是一个先于主体性的一切理解行为的问题，也是一个先于理解科学的方法论及其规范和规则的问题。我认为海德格尔对人类此在(Dasein)的时间分析已经令人信服地表明：理解不属于主体的行为方式，而是此在本身的存在方式。”[③]然而，这种说法乃是自相矛盾的：既然理解乃是“此在本身的存在方式”，那又何以“不属于主体的行为方式”呢？因为在海德格尔那里，“此在”本身属于一种存在者观念：“彻底解答存在问题就等于说：就某种存在者——即发问的存在者——的存在，使这种存在者透视可见。这种存在者，就是我们自己向来所是的存在者，就是除了其他可能的存在方式以外还能够对存在发问的存在者。我们用此在(Dasein)这个术语来称呼这种存在

---

① 黄玉顺：《前主体性诠释：主体性诠释的解构——评“东亚儒学”的经典诠释模式》，《哲学研究》2019 年第 1 期。

② [德]海德格尔：《存在与时间》(修订译本)，陈嘉映、王庆节合译，三联书店 2014 年版，第 11 页。

③ [德]伽达默尔：《真理与方法——补充和索引》(修订译本)，第 554 页。

者。”[①]显然，既然“此在”是一种“特定的存在者”，即是一种主体性存在者观念，亦即“此在”的存在即“生存”并非“存在本身”，而只是帮助“发问者”通达和领会“存在本身”的道路。由此不难发现，“理解”在伽达默尔这里事实上依然属于一种主体性观念。

再次，“理解”被认为是一种“置自身于传统过程中的行动”[②]。这里涉及“视域融合”的问题。事实上，“视域融合”包含两个层面：(1)在历时性上，它是主体自身视域的扩展方式。伽达默尔认为，理解传统要求主体自身具有一种历史性的“现在视域”，但这种视域并非现成的，而是主体自身在“与过去的照面”中不断累积而成的：“只要我们不断地检验我们的所有前见，那么，现在视域就是在不断形成的过程中被把握的。这种检验的一个重要部分就是与过去的照面(Begegnung)，以及对我们由之而来的那种传统的理解。所以如果没有过去，现在视域就根本不能现成。”[③]在此意义上，“现在视域”的形成其实是一种“视域融合”的过程，即主体自身历时性地提升“自我理解”的过程，进而由此为理解传统或历史流传物赢得前提条件。显然，这种“视域融合”是由“此在”本身的生存论结构所决定的，“此在”作为主体在反思自身有限性的基础上，通过“与过去照面”而实现自身视域的历时性“融合”，但这种“融合”并不意味着“此在”可以将自身“置入”异己性的外在传统或历史流传物中。(2)在共时性上，“视域融合”是理解行动本身的展开结构。伽达默尔认为，理解行动呈现为一种“自身置入”过程，即主体将自身的“现在视域”置入传统的历史性处境中，“这样一种自身置入，既不是一个个性移入另一个个性中，也不是使另一个人受制于我们自己的标准，而总是意味着向一个更高的普遍性的提升，这种普遍性不仅克服了我们自己的个别性，而且也克服了那个他人的个别性”[④]。这种普遍性使得“我们自己”与“异己的过去”融合成一个自内而运动的、历史性的“大视域”[⑤]，过去与现在、客体与主体、自我与他者在此“融合”中得以经常地中介成一个统一整体。然而，需要追问的是：这种“自身置入”是如何展开的？即便我们承认这种“自身置入”是可能的，那么“我们自己”如何能够与“异在的过去”实现“融合”呢？而且，经由“置入”所构造的“统一整体”并不意味着作为“此在”的我们必然可以“切中”传统或历史流传物[⑥]，毋宁说只是集合成某种“存在者整体”，而问题在

---

① [德]海德格尔：《存在与时间》(修订译本)，陈嘉映、王庆节合译，第9页。

② [德]伽达默尔：《真理与方法——哲学诠释学的基本特征》(修订译本)，洪汉鼎译，商务印书馆2010年版，第411页。

③ [德]伽达默尔：《真理与方法——哲学诠释学的基本特征》(修订译本)，洪汉鼎译，第433页。

④ [德]伽达默尔：《真理与方法——哲学诠释学的基本特征》(修订译本)，洪汉鼎译，第431页。

⑤ [德]伽达默尔：《真理与方法——哲学诠释学的基本特征》(修订译本)，洪汉鼎译，第431页。

⑥ 参见[德]胡塞尔：《现象学的观念》，倪梁康译，商务印书馆2016年版，第22页。

于:构成"存在者整体"的存在者本身何以可能?

最后,"理解"的实现方式是通过语言。"哲学诠释学"最后落脚于语言,这与西方哲学的"语言学转向",尤其是后期海德格尔的语言哲学有着密切关联,基于海德格尔"语言是存在之家"①观念,伽达默尔提出"能够被理解的存在就是语言"②的命题。"语言"首先被认为是诠释学经验的媒介,"语言就是理解本身得以进行的普遍媒介。理解的进行方式就是解释","而一切解释都是通过语言的媒介而进行的,这种语言媒介既要把对象表述出来,同时又是解释者自己的语言"。③ 这显然是对上述"自身置入"问题的回答,即"此在"可以经由"语言媒介"将自身"置入"传统之中,从而实现作为解释者的自身与作为被解释者的他者彼此一致的相互理解、相互融合。然而,这种回答仍然是不透彻的,因为在伽达默尔这里,"语言"归根结底是属人的,"语言是人的存在的真正媒介"④,尽管"语言的真正存在就在于它所说的之中,它所说的东西构成我们生活于其中的共同世界"⑤,但此"共同世界"依然属于上述"存在者整体",而构成这种"存在者整体"的语言性存在者仍然处在"无家可归"的状态。⑥

总之,在伽达默尔"哲学诠释学"的建构中,"此在"作为主体性存在者观念(在一定意义上具有绝对主体性的意味)总是先行的。而彻底的诠释学建构应当不仅探讨"理解何以可能",而且需要回答"此在作为主体性存在者何以可能"。一味强调"此在"的优先性,必然会导致主体性诠释观念之困局积重难返。对于当下"中国诠释学"的建构来说,这无疑是我们必须加以警惕的。

三、"哲学训诂学"构想

基于上文对中西经典诠释传统的回溯及对西方"哲学诠释学"的评析,笔者尝试提出"哲学训诂学"(Philosophical Exegetics)的理论构想,旨在为中国经典诠释传统的现代转型探索一种切实可行的理论路径。首先要申明的是,"哲学训诂学"并不只是要建构一种有助于文本解释的方法论,即并非那种为哲学研

---

① [德]海德格尔:《关于人道主义的书信》,《路标》,孙周兴译,商务印书馆2011年版,第366页。

② [德]伽达默尔:《科学时代的理性》,薛华、高地、李河等译,国际文化出版公司1988年版,第97页。

③ [德]伽达默尔:《真理与方法——哲学诠释学的基本特征》(修订译本),洪汉鼎译,第547页。

④ [德]伽达默尔:《人与语言》,《真理与方法——补充和索引》(修订译本),洪汉鼎译,第193页。

⑤ [德]伽达默尔:《人与语言》,《真理与方法——补充和索引》(修订译本),洪汉鼎译,第189页。

⑥ 参见黄玉顺:《语言的牢笼——西方哲学根本传统的一种阐明》,《四川大学学报》(哲学社会科学版)2002年第1期。

究与哲学创作提供一种方法的所谓"训诂哲学"[①]，而是一种存在论(the theory of Being)性质的研究，但并非那种致力于探讨"关于理解本性以及理解如何可能"[②]的理解存在论，而是通过揭示"训诂"的存在论意义，进而探讨"训诂"活动如何生成新的意义世界的问题。

诠释学史表明，任何一种诠释学理论都必然奠基于某种存在论形态。在思想视域上，"哲学训诂学"的建构得益于生活儒学的"生活存在论(Theory of Life as Being)"[③]，即认为："生活"乃是一切的本源，而生活本身并非某种主体的生活，即并非海德格尔所谓"此在的生存"——"特殊存在者的存在"，而是先行于任何主体性、任何存在者的存在本身[④]，"生活即是存在，生活之外别无所谓存在"[⑤]；生活本身作为"事情本身"，总是如此这般地显现为"有事无物"[⑥]的生活情境，即无分别的"境遇"[⑦]，而"境遇"正是一切作为存在者的"物"得以生成的本源；生活本身呈现为"在生活并且去生活"[⑧]的结构，"在生活"表明生活本身作为"事情"总在发生着，而"去生活"则意味着生活本身总在超越着，"事情"总是蕴含着向前运动的可能。而"诠释"作为一种活动，正是生活本身、存在本身所显现出的一种生活情境，所有实体性、存在者性质的东西，都是在此事情当中生成并显现出来[⑨]；而且，尽管这种情境总是表现为主体在理解并解释经典文本，但其本身也同时在生成着新的主体性以及新的文本客体。

具体到"训诂"来看，情形同样如此。所谓"训诂"，最初指"解释古语"，如《说文解字》讲的"训，说教也"，段玉裁注："说教者，说释而教之。"《说文解字》讲"诂，训故言也"，段玉裁注："训故言者，说释故言以教人。"随着后世语言研究的发展，凡是对古代典籍上的语言进行解释说明的活动，皆可称为"训诂"[⑩]；而这种活动之所以发生，正是因为"时有古今，犹地有东西、有南北，相隔远则言语不

---

① 张丰乾：《训诂哲学——古典思想的辞理互证》，巴蜀书社2020年版，第22页。

② 傅永军：《论中国经典诠释传统现代转型的路径选择》，《哲学研究》2020年第1期。

③ 黄玉顺：《论"生活儒学"与"生活的儒学"》，《中州学刊》2016年第10期。"生活存在论"又称"生活本源论(Theory of Life as the Source)"，参见黄玉顺：《爱与思——生活儒学的观念》(增补本)，四川人民出版社2017年版，第210页。

④ 参见黄玉顺：《论生活儒学与海德格尔思想——答张志伟教授》，《四川大学学报》(哲学社会科学版)2005年第4期。

⑤ 黄玉顺：《爱与思——生活儒学的观念》(增补本)，第220页。

⑥ 黄玉顺：《爱与思——生活儒学的观念》(增补本)，第253页。

⑦ 黄玉顺：《爱与思——生活儒学的观念》(增补本)，第233页。

⑧ 黄玉顺：《爱与思——生活儒学的观念》(增补本)，第254页。

⑨ 参见黄玉顺：《注生我经：论文本的理解与解释的生活渊源——孟子"论世知人"思想阐释》，《中国社会科学院研究生院学报》2008年第3期。

⑩ 张永言：《训诂学简论》(增订本)，复旦大学出版社2015年版，第2页。

通矣。地远则有翻译，时远则有训诂。有翻译则能使别国如乡邻，有训诂则能使古今如旦暮，所谓通之也”[①]。可见“训诂”本是一种常见的“生活境遇”。按生活儒学的观念，“训诂”活动可被视为生活即存在本身的一种显现情境。在此意义上，所谓“通之”便不是存在者层级上的主体在沟通“古今异辞”和“南北异言”，即孔颖达所谓“通古今之异辞，辨物之形貌”[②]，而是生活或存在本身给出存在者，即训诂活动生成“古今”（时间）、“南北”（空间）、“注者”以及“物”等存在者观念的过程。

事实上，“训诂”给出存在者的过程，是一种“由言而成”的过程，即“言—说”给出了新的存在者。此即儒家所讲的“不诚无物”：“‘诚’本身是说的一种本源性的言说，是讲的由‘言’而成。‘成己’‘成物’，存在者成为存在者，他们是怎么被给出的？由言而成。”[③]因此，无论是孔颖达所谓“释”“通”“辨”，还是黄侃所谓“语言解释语言”[④]，皆属于“言—语”活动。这种“言—语”活动的发生，既确证了“言说者”自身之主体性，即“（我）言，故我在”，同时又生成了“被言说者”之对象性。在此意义上，所谓“通辞”“辨物”并不是对文献词义、名物的训释与考证，而是“物”本身之生成（“人”本身亦归属于“物”），即“存在者”的生成，而作为“言—语”的“训诂”在此意义上即成为一种前主体性、前存在者的活动。

“训诂”生成存在者的过程，同时也是一个构造新的意义世界的过程。尽管当下发生的训诂活动表现为主体对经典及其语词的训释与考证，但这种活动事实上却构造出一个新的意义世界，在此世界中，主体被赋予新的主体性，经典文本被赋予新的经典性。具体来说，由“言语不通”引起的理解障碍使得“训诂”成为必要，这种障碍表面上体现在语言文字方面，但实际上是作为主体观念中的事情而归属于“读者”自身，所以“训诂”实则是在消除主体之于文本意义所形成的“疑惑”，而扫除语言文字障碍的过程便展现为对主体自身之疑问的“疏释”[⑤]过程；“训诂”完成即读者之“疑惑”得以“疏释”，使得读者自身实现了自我观念的更新，即实现了自我超越而赢获新的主体性，从而成为新的主体。比如说，传统训诂所讲的“注（註）”正是如此这般的“言—说”活动，孔颖达《毛诗正义》：“注者，著也，言为之解说，使其义著明也。”[⑥]文义著明的过程同时亦是主体实现自

① （清）陈澧著，杨志刚编校：《东塾读书记》，中西书局2012年版，第218页。

② 《十三经注疏·毛诗注疏》，第1页。

③ 黄玉顺：《爱与思——生活儒学的观念》（增补本），第126页。

④ 黄侃：《黄侃国学讲义录·训诂学笔记》，第231页。

⑤ 传统经典的注本大多以“疏”“释”等概念定名，可见一语双关。

⑥ 《十三经注疏·毛诗注疏》，第4页。

我理解与自我解释的过程，新存在者就生成于这种“注(註)”之中。[①] 与此同时，经典文本也被赋予新的意义，即读者经由“声训”“形训”“义训”等“疏释”方式而赋予经典以新的意义，亦即通过语言文字之意义的扩充，经典文本的面貌得以焕然一新，从而生成为新的经典。这就是说，经典之所以成为经典，正是被历时性的“训诂”活动所塑造的，经典文本由此而不断获得“去存在”的可能性。比如说，在目前“儒学现代转型”进程中，古代儒家经典之所以具有现代性意义，正是被当下的诠释活动所赋予的，而这种“训诂”无疑归属于现代性的生活方式。

最后需要补充的是，以西方“哲学诠释学”为“媒介”展开中国“哲学训诂学”的建构，不是为了强调并突出“中西之异”，而是在承认“古今之变”的基础上为当下“经典诠释”问题的讨论寻求一种“民族性表达”[②]。

---

① 参见黄玉顺：《“直”与“法”：情感与正义——与王庆节教授商榷“父子相隐”问题》，《社会科学研究》2017 年第 6 期。

② 黄玉顺：《现代新儒学研究中的思想视域问题》，《儒学与生活——“生活儒学”论稿》，四川大学出版社 2009 年版，第 221 页。

附录:“生活儒学”研究文献总目

第一部分　图书

1.崔发展、杜霞主编:《生活·仁爱·境界——评“生活儒学”》,安徽人民出版社2012年版。

2.孙铁骑:《生活儒学与宋明理学比较研究》,安徽人民出版社2014年版。

3.涂可国主编:《黄玉顺生活儒学研究》,齐鲁书社2017年版。

4.杨永明、郭萍主编:《当代儒学》第11辑(黄玉顺生活儒学全国学术研讨会特辑),广西师范大学出版社2017年版。

5.杨生照主编:《生活·情感·思想——评黄玉顺“生活儒学”》,四川人民出版社2018年版。

6.孙铁骑:《正义及其文化进路——从“生活儒学”到“修身儒学”》,山东人民出版社2018年版。

7.杨永明、郭萍主编:《当代儒学》第16辑(第二届“生活儒学”全国学术研讨会特辑),四川人民出版社2019年版。

8.胡骄键、张小星主编:《生活儒学:研究·评论·拓展——第三届“生活儒学”全国学术研讨会论文集》,四川人民出版社2020年版。

第二部分　文章

1.鞠曦:《黄玉顺的“生活儒学”论》,节选自《略论与刘泽华学派的争论和当前的儒学研究》,2004年5月首发于“儒学联合论坛”(www.yuandao.com);收入崔发展、杜霞主编:《生活·仁爱·境界——评生活儒学》,安徽人民出版社2012年版。

2.段炎平:《哲学的终结——评黄玉顺“生活儒学”》,写于2004年9月,首发于“儒学联合论坛”(www.yuandao.com);收入崔发展、杜霞主编:《生活·仁爱·境界——评生活儒学》,安徽人民出版社 2012 年版。

3.张志伟:《关于海德格尔与中国哲学之间关系的几点思考——对黄玉顺〈生活儒学导论〉的批评》,原载《四川大学学报》(哲学社会科学版)2005 年第 3 期,人大复印资料《外国哲学》2005 年第 12 期全文转载;收入崔发展、杜霞主编:《生活·仁爱·境界——评生活儒学》,安徽人民出版社 2012 年版。

4.杨万江:《现代新儒学之诚论的问题性和意义——与黄玉顺教授谈“生活儒学”问题》,首发于“复兴华夏网”(www.hxfx.net);收入崔发展、杜霞主编:《生活·仁爱·境界——评生活儒学》,安徽人民出版社 2012 年版。

5.邓曦泽:《生活敞开儒学,儒学化成生活——评黄玉顺“生活儒学”》,写于 2005 年 2 月;收入崔发展、杜霞主编:《生活·仁爱·境界——评生活儒学》,安徽人民出版社 2012 年版。

6.葛安台:《对“生活儒学”的批评——致黄玉顺先生的一封信》,写于 2005 年7 月,首发于“中国儒学网”(www.confuchina.com);收入崔发展、杜霞主编:《生活·仁爱·境界——评生活儒学》,安徽人民出版社 2012 年版。

7.吴伯天:《体在成仁与生活儒学》,转自“敏思博客”(www.blogms.com/blog);收入崔发展、杜霞主编:《生活·仁爱·境界——评生活儒学》,安徽人民出版社 2012 年版。

8.任文利:《生活、哲学与信念——评黄玉顺的“生活儒学”》,原载《四川大学学报》(哲学社会科学版)2006 年第 6 期;收入崔发展、杜霞主编:《生活·仁爱·境界——评生活儒学》,安徽人民出版社 2012 年版。

9.李幼蒸:《请用“仁学”代替“儒学”——给儒学朋友的一封信》,原载《四川大学学报》(哲学社会科学版)2007 年第 2 期;收入崔发展、杜霞主编:《生活·仁爱·境界——评生活儒学》,安徽人民出版社 2012 年版。

10.干春松:《多元化的儒学面向》,2007 年 9 月 9 日在四川大学的学术报告,原载张志伟、干春松主编:《在人大听国学》,江西人民出版社 2009 年版;收入崔发展、杜霞主编:《生活·仁爱·境界——评生活儒学》,安徽人民出版社 2012 年版。

11.杜霞:《理性·情感·生活——对冯友兰、蒙培元、黄玉顺之间学术嬗变的考察》,收入崔发展、杜霞主编:《生活·仁爱·境界——评生活儒学》,安徽人民出版社 2012 年版。

12.干春松:《儒学复兴声浪里的“生活儒学”——评黄玉顺重建儒学的构想》,原载 2007 年 11 月 9 日《文汇读书周报》;收入崔发展、杜霞主编:《生活·仁爱·境界——评生活儒学》,安徽人民出版社 2012 年版。

13.崔罡:《生活儒学与现代新儒学》,节选自崔罡《阐旧邦以辅新命——冯友兰"新理学"的问题意识》,即《现代新儒学的现代性哲学》第四章,中央文献出版社 2008 年版;收入崔发展、杜霞主编:《生活・仁爱・境界——评生活儒学》,安徽人民出版社 2012 年版。

14.李广良:《现象学视野中的儒学》,节选自李广良《现象学视野中的中国哲学》,原载李广良《佛法与自由》,宗教文化出版社 2008 年版;收入崔发展、杜霞主编:《生活・仁爱・境界——评生活儒学》,安徽人民出版社 2012 年版。

15.邓曦泽:《断裂与传承:"中国哲学"的学统问题——以冯友兰、蒙培元、黄玉顺为例》,原载《学术界》2009 年第 6 期;收入崔发展、杜霞主编:《生活・仁爱・境界——评生活儒学》,安徽人民出版社 2012 年版。

16.李龙:《仁爱的"层级"观念——评黄玉顺对孔子仁学的理解与诠释》,收入崔发展、杜霞主编:《生活・仁爱・境界——评生活儒学》,安徽人民出版社 2012 年版。

17.汪纽孜:《忘记了天或天的忘记——与黄玉顺"生活儒学"对话》,转引自"儒学联合论坛"(www.yuandao.com);收入崔发展、杜霞主编:《生活・仁爱・境界——评生活儒学》,安徽人民出版社 2012 年版。

18.米继军:《再谈"重建(传统/绝对)"——写给黄玉顺教授》,转引自"大一统"网站(www.da1t.com);收入崔发展、杜霞主编:《生活・仁爱・境界——评生活儒学》,安徽人民出版社 2012 年版。

19.周剑铭:《作为阐释学的"生活儒学"》,首发于"中国儒学网"(www.confuchina.com);收入崔发展、杜霞主编:《生活・仁爱・境界——评生活儒学》,安徽人民出版社 2012 年版。

20.李明:《"生活儒学"批判》,转引自"孔子 2000"网(www.confucius2000.com),原题为《"生活儒学"和"情感儒学"批判》;收入崔发展、杜霞主编:《生活・仁爱・境界——评生活儒学》,安徽人民出版社 2012 年版。

21.龚传星:《错误层出的批判——评所谓〈"生活儒学"和"情感儒学"批判〉》,首发于"儒学联合论坛"(www.yuandao.com);收入崔发展、杜霞主编:《生活・仁爱・境界——评生活儒学》,安徽人民出版社 2012 年版。

22.宋大琦:《生活的第一义是什么?》,首发于"儒学联合论坛"(www.yuandao.com);收入崔发展、杜霞主编:《生活・仁爱・境界——评生活儒学》,安徽人民出版社 2012 年版。

23.蒋孝军:《情感与制度——近十年来中国哲学研究的突破》,原载《哲学动态》2010 年第 8 期,原题为《突破与重构——中国哲学研究的三个方向与未来之发展》;收入崔发展、杜霞主编:《生活・仁爱・境界——评生活儒学》,安徽人民出版社 2012 年版。

24.宋大琦:《“由仁义行”与“行仁义”——与黄玉顺先生探讨生活儒学及其实践化》,首发于“儒学联合论坛”(www.yuandao.com);收入崔发展、杜霞主编:《生活·仁爱·境界——评生活儒学》,安徽人民出版社2012年版。

25.杨生照:《“生活儒学”与“情感儒学”》(《孔子百科辞典》辞条),张岱年主编:《孔子百科辞典》修订版,上海辞书出版社2010年版。

26.吴光:《生活儒学——中国当代儒学的两种新形态之一》,节选自《中国当代儒学复兴的形势与发展方向》,首发于2010年11月24～28日韩国成均馆大学主办的儒学思想国际学术会议;收入崔发展、杜霞主编:《生活·仁爱·境界——评生活儒学》,安徽人民出版社2012年版。

27.李慧子:《生活儒家与当代生活——评黄玉顺〈儒家思想与当代生活〉》,原载《孔子研究》2011年第2期;收入崔发展、杜霞主编:《生活·仁爱·境界——评生活儒学》,安徽人民出版社2012年版。

28.崔罡:《“生活儒学”与“当代性”观念》,节选自崔罡:《问题、立场与文本——试论当代儒家文献的形成》,原载陈炎、黄俊杰主编:《当代儒学》第1辑(创刊号),广西师范大学出版社2011年版;收入崔发展、杜霞主编:《生活·仁爱·境界——评生活儒学》,安徽人民出版社2012年版。

29.汪纽孜:《评黄玉顺“生活儒学”的思想视域》,节选自《论宗教儒学——一个新的儒学学派的创建》,首发于“儒教复兴论坛”(www.rjfx.net);收入崔发展、杜霞主编:《生活·仁爱·境界——评生活儒学》,安徽人民出版社2012年版。

30.石永之:《评黄玉顺“儒学三期”新论》,节选自石永之《从文化融合看儒学分期》,原载《周易研究》2011年第2期;收入杨生照主编:《生活·情感·思想——评黄玉顺“生活儒学”》,四川人民出版社2018年版。

31.张乃芳:《“生命儒学”与儒学之“三学并建”》,转引自“国学网”(www.guoxue.com)2011年4月19日;收入杨生照主编:《生活·情感·思想——评黄玉顺“生活儒学”》,四川人民出版社2018年版。

32.宋大琦:《生活儒学的儒学特质及其实践性格》,首发于“中国儒学网”(www.confuchina.com);收入崔发展、杜霞主编:《生活·仁爱·境界——评生活儒学》,安徽人民出版社2012年版。

33.周良发:《儒学展开的新向度:略评黄玉顺的“生活儒学”》,原载《渭南师范学院学报》2011年第7期(此文属安徽省哲学社会科学规划项目[AHSK09-10D151]、安徽大学研究生学术创新项目[cfy090033]);收入杨生照主编:《生活·情感·思想——评黄玉顺“生活儒学”》,四川人民出版社2018年版。

34.杨生照:《张祥龙“现象学儒学”和黄玉顺“生活儒学”的若干比较》,节选自杨生照《后现代主义儒学:从现象学到孔夫子——评张祥龙的“现象学儒学”

思想》，原载崔罡主编：《新世纪大陆新儒家研究》，安徽人民出版社 2012 年版；收入杨生照主编：《生活·情感·思想——评黄玉顺"生活儒学"》，四川人民出版社 2018 年版。

35.崔发展：《论"儒学复兴运动"说》，载崔罡等：《新世纪大陆新儒家研究》，安徽人民出版社 2012 年版；收入崔发展、杜霞主编：《生活·仁爱·境界——评生活儒学》，安徽人民出版社 2012 年版。

36.龚传星：《当代儒学的观念转向——生活儒学评论》，收入崔发展、杜霞主编：《生活·仁爱·境界——评生活儒学》，安徽人民出版社 2012 年版。（另见龚传星：《论当代儒学的"生活论转向"——评黄玉顺的"生活儒学"思想》，陈炎、黄玉顺主编：《当代儒学》第 2 辑，广西师范大学出版社 2012 年版）

37.［美］安靖如（Stephen Angle）：《作为一种综合儒学的生活儒学》，节选自安靖如：《走向进步儒学的当代儒家政治哲学》，（美国）政治出版社 2012 年版（Stephen Angle: *Contemporary Confucian Political Philosophy Toward Progressive Confucianism*, Polity Press, 2012, pp10-17）；收入杨生照主编：《生活·情感·思想——评黄玉顺"生活儒学"》，四川人民出版社 2018 年版。

38. Chen Xin, "Huang Yushun: Confucianism and Contemporary Life: Collected Essays on 'Life Confucianism'", *Dao: A Journal of Comparative Philosophy*, Vol.11, No.3(2012)（［美］陈欣：《生活儒学评介——读黄玉顺〈儒家思想与当代生活〉》，载美国《道：比较哲学》杂志 2012 年第 3 期）；收入杨生照主编：《生活·情感·思想——评黄玉顺"生活儒学"》，四川人民出版社 2018 年版。

39.田超：《公义语境下的儒家社会正义原则——与黄玉顺教授商榷》，原载《学术界》2012 年第 11 期；收入杨生照主编：《生活·情感·思想——评黄玉顺"生活儒学"》，四川人民出版社 2018 年版。

40.郭沂：《黄玉顺"生活儒学"之理论创构》，节选自《当代儒学十家撮要》，原载陈炎、黄俊杰主编：《当代儒学》第 1 辑，广西师范大学出版社 2011 年版；收入崔发展、杜霞主编：《生活·仁爱·境界——评生活儒学》，安徽人民出版社 2012 年版。郭著原文原拟作为《开新——当代儒学理论创构》一书的编者导读（北京大学出版社 2013 年版）。

41.魏东林：《蜀中自古出名士》，收入崔发展、杜霞主编：《生活·仁爱·境界——评生活儒学》，安徽人民出版社 2012 年版。

42.李慧子：《黄玉顺先生侧影》，首发于博客"My Land"（http://myownland.blog.sohu.com）；收入崔发展、杜霞主编：《生活·仁爱·境界——评生活儒学》，安徽人民出版社 2012 年版。

43.崔发展、杜霞:《〈生活·仁爱·境界——评生活儒学〉前言》,崔发展、杜霞主编:《生活·仁爱·境界——评生活儒学》,安徽人民出版社 2012 年版。

44.陈君:《“诗三百”与流行歌曲——与黄玉顺教授》,转引自“宪政理想”网站(http://lonh0507.q.sohu.com)。

45.李幼蒸:《请用“高等仁学研究所”替换“高等儒学研究院”——给黄玉顺副院长的一封公开信》,转引自“中国思想论坛”网站(www.zhongguosixiang.com)、新浪博客“临雍斋”(http://blog.sina.com.cn)等;收入杨生照主编:《生活·情感·思想——评黄玉顺“生活儒学”》,四川人民出版社 2018 年版,题为《请用“仁学”替换“儒学”——给黄玉顺教授的一封公开信》。

46.王建毅:《从生活到制度的思考——评干春松对黄玉顺“生活儒学”的评论》,转引自多家网站;收入杨生照主编:《生活·情感·思想——评黄玉顺“生活儒学”》,四川人民出版社 2018 年版。

47.李海超:《生活儒学多元开展之可能与必要——与黄玉顺先生商榷》,原载杨永明主编:《当代儒学》第 3 辑,广西师范大学出版社 2013 年版;收入杨生照主编:《生活·情感·思想——评黄玉顺“生活儒学”》,四川人民出版社 2018 年版。

48.杨生照:《冯友兰中国哲学研究范式之赓续及其嬗变——现代中国哲学中的“清华传统”研究》,原载杨永明主编:《当代儒学》第 3 辑,广西师范大学出版社 2013 年版;收入杨生照主编:《生活·情感·思想——评黄玉顺“生活儒学”》,四川人民出版社 2018 年版。

49.刘宏:《生活的儒者、儒者的生活——〈生活儒学讲录〉读后》,原载杨永明主编:《当代儒学》第 3 辑,广西师范大学出版社 2013 年版;收入杨生照主编:《生活·情感·思想——评黄玉顺“生活儒学”》,四川人民出版社 2018 年版。

50.徐庆文:《“生活儒学”与“当代新儒学”》,节选自《应当严格区分“当代新儒学”与“现代新儒学”——评〈新世纪大陆新儒家研究〉》,原载《社会科学研究》2013 年第 2 期;收入杨生照主编:《生活·情感·思想——评黄玉顺“生活儒学”》,四川人民出版社 2018 年版。

51.李慧子:《生活儒学对现象学与现代新儒学的回应》,节选自《探索儒学创新之路——第一届“尼山新儒学论坛”述评》,原载《哲学动态》2013 年第 3 期;收入杨生照主编:《生活·情感·思想——评黄玉顺“生活儒学”》,四川人民出版社 2018 年版。

52.杨虎:《别具一格的“非人的生活”——评生活儒学对“生活”与“人的生活”的区分》,原载杨永明主编:《当代儒学》第 4 辑,广西师范大学出版社2013 年版;收入杨生照主编:《生活·情感·思想——评黄玉顺“生活儒学”》,四川人民出版社 2018 年版。

53.蒙培元、安乐哲(Roger Ames)、余涌、田辰山、李存山、李翔海、干春松、傅有德、傅永军、颜炳罡、郭沂、孙春晨、白彤东、罗传芳、丁耘:《中国正义论——中国古典制度伦理学系列研究启动仪式专家发言》,原载杨永明主编:《当代儒学》第 4 辑,广西师范大学出版社 2013 年版;收入杨生照主编:《生活·情感·思想——评黄玉顺“生活儒学”》,四川人民出版社 2018 年版。

54.周良发:《生活儒学的建构》,节选自《儒学复兴与大陆新儒学》,原载《郑州轻工业学院学报》(社会科学版)2013 年第 5 期;收入杨生照主编:《生活·情感·思想——评黄玉顺“生活儒学”》,四川人民出版社 2018 年版。

55.丁礼庭:《中西文化研究的基本原则——与黄玉顺的“中国正义论”商榷》,转引自“爱思想”网:www.aisixiang.com/data/67511.html。

56.石永之:《中国正义思想研究综述》,原载《东岳论丛》2013 年第 11 期;收入杨生照主编:《生活·情感·思想——评黄玉顺“生活儒学”》,四川人民出版社 2018 年版,题为《中国当代正义理论的一种建构——黄玉顺“中国正义论”述评》。

57.孙铁骑:《作为儒家哲学体系重建的生活儒学——〈生活儒学与宋明理学比较研究〉自序》,见孙铁骑:《生活儒学与宋明理学比较研究》,安徽人民出版社 2014 年版;收入杨生照主编:《生活·情感·思想——评黄玉顺“生活儒学”》,四川人民出版社 2018 年版。

58.李海超:《情感观念比较:生活儒学与情感主义德性伦理学》,原载《江西社会科学》2014 年第 5 期;收入杨生照主编:《生活·情感·思想——评黄玉顺“生活儒学”》,四川人民出版社 2018 年版。

59.杨虎:《“情性”论:传统“性情”论的突破——黄玉顺的儒学情感论》,节选自《情性论:儒家情感论的再省察》,原载陈明、朱汉民主编:《原道》第 24 辑,东方出版社 2014 年版;收入杨生照主编:《生活·情感·思想——评黄玉顺“生活儒学”》,四川人民出版社 2018 年版。

60.张丰乾:《规矩的实践意义、价值原则及其根本缺陷——略评“中国正义论”》,原载杨永明主编:《当代儒学》第 6 辑,广西师范大学出版社 2014 年版。

61.杨万江、宋大琦:《“生活儒学”评议》,节选自宋大琦、杨万江、洪范:《儒学的机遇与方向——大陆新儒家评议》,原载杨永明、郭萍主编:《当代儒学》第 7 辑,广西师范大学出版社 2015 年版;收入杨生照主编:《生活·情感·思想——评黄玉顺“生活儒学”》,四川人民出版社 2018 年版。

62.孙铁骑:《当代儒家的当代主义——评〈新世纪大陆新儒家研究〉》,节选自孙铁骑:《新世纪儒学复兴的几条进路——评〈新世纪大陆新儒家研究〉》,原载杨永明、郭萍主编:《当代儒学》第 7 辑,广西师范大学出版社 2015 年版;收入杨生照主编:《生活·情感·思想——评黄玉顺"生活儒学"》,四川人民出版社 2018 年版。

63.李海超:《关于正义问题的中国理论——评黄玉顺〈中国正义论的重建〉》,原载杨永明、郭萍主编:《当代儒学》第 7 辑,广西师范大学出版社 2015 年版;收入杨生照主编:《生活·情感·思想——评黄玉顺"生活儒学"》,四川人民出版社 2018 年版。

64.张新:《当代儒学复兴运动的思想视域问题——以黄玉顺先生的"生活儒学"为例》,原载《衡水学院学报》2015 年第 5 期;收入杨生照主编:《生活·情感·思想——评黄玉顺"生活儒学"》,四川人民出版社 2018 年版。

65.孙铁骑:《从"生活儒学"到"修身儒学"》,节选自《当代儒学复兴的文化进路——从"生活儒学"到"修身儒学"》(山东大学博士后研究工作报告 2012 年 6 月至 2014 年 12 月),原载《衡水学院学报》2015 年第 5 期,山东人民出版社 2018 年版;收入杨生照主编:《生活·情感·思想——评黄玉顺"生活儒学"》,四川人民出版社 2018 年版。

66.郑治文:《两种不同的"生活儒学"》,节选自曲阜师范大学博士学位论文《生活儒学——"后新儒学"时代儒学重建的路径抉择》前言(2016 年度);收入杨生照主编:《生活·情感·思想——评黄玉顺"生活儒学"》,四川人民出版社 2018 年版。

67.刘宏:《生活的儒者·儒者的生活——"生活儒学"创始人黄玉顺先生略记》,台湾《国文天地》2016 年第 6 期;收入杨生照主编:《生活·情感·思想——评黄玉顺"生活儒学"》,四川人民出版社 2018 年版。

68.涂可国:《从正义论到责任论——儒家之"义"的多元指向》("黄玉顺生活儒学全国学术研讨会"参会论文),原载涂可国主编:《黄玉顺生活儒学研究》,齐鲁书社 2017 年版;杨永明、郭萍主编:《当代儒学》第 11 辑,广西师范大学出版社 2017 年版。

69.傅有德:《生活儒学:一种西绪福斯式的形而上学努力》("黄玉顺生活儒学全国学术研讨会"参会论文),原载杨永明、郭萍主编:《当代儒学》第 11 辑,广西师范大学出版社 2017 年版。

70.林存光:《"生活儒学"之我见》("黄玉顺生活儒学全国学术研讨会"参会论文),原载涂可国主编:《中国文化论衡》第 2 期,社会科学文献出版社 2017 年版;涂可国主编:《黄玉顺生活儒学研究》,齐鲁书社 2017 年版;杨永明、郭萍主编:《当代儒学》第 11 辑,广西师范大学出版社 2017 年版。

71.徐国利:《儒家历史哲学建构的新探索——评"生活儒学"的历史哲学》

（"黄玉顺生活儒学全国学术研讨会"参会论文），原载《山东大学学报》（哲学社会科学版）2017 年第 6 期，题为《"生活儒学"的历史哲学述评》；杨永明、郭萍主编：《当代儒学》第 11 辑，广西师范大学出版社 2017 年版。

72.谢爱华：《"生活儒学"与儒学在中国的第三期复兴》（"黄玉顺生活儒学全国学术研讨会"参会论文），原载《山东大学学报》（哲学社会科学版）2017 年第 6 期；涂可国主编：《黄玉顺生活儒学研究》，齐鲁书社 2017 年版；杨永明、郭萍主编：《当代儒学》第 11 辑，广西师范大学出版社 2017 年版。

73.孙铁骑：《黄玉顺"生活儒学"的存在观》（"黄玉顺生活儒学全国学术研讨会"参会论文），原载涂可国主编：《中国文化论衡》第 2 期，社会科学文献出版社 2017 年版；涂可国主编：《黄玉顺生活儒学研究》，齐鲁书社 2017 年版；杨永明、郭萍主编：《当代儒学》第 11 辑，广西师范大学出版社 2017 年版。

74.石永之：《中国正义论的兴起》（"黄玉顺生活儒学全国学术研讨会"参会论文），原载涂可国主编：《黄玉顺生活儒学研究》，齐鲁书社 2017 年版；杨永明、郭萍主编：《当代儒学》第 11 辑，广西师范大学出版社 2017 年版。

75.蔡祥元：《感通本体引论——兼论当代儒学的实体论与情感论》（"黄玉顺生活儒学全国学术研讨会"参会论文），原载涂可国主编：《黄玉顺生活儒学研究》，齐鲁书社 2017 年版；杨永明、郭萍主编：《当代儒学》第 11 辑，广西师范大学出版社 2017 年版。

76.崔罡：《"去生活"的哲学——生活儒学的生活观念论》（"黄玉顺生活儒学全国学术研讨会"参会论文），原载涂可国主编：《黄玉顺生活儒学研究》，齐鲁书社 2017 年版；杨永明、郭萍主编：《当代儒学》第 11 辑，广西师范大学出版社 2017 年版。

77.杨生照：《诗情、易道与正义——论黄玉顺"生活儒学"中的易学思想》（"黄玉顺生活儒学全国学术研讨会"参会论文），原载涂可国主编：《黄玉顺生活儒学研究》，齐鲁书社 2017 年版；杨永明、郭萍主编：《当代儒学》第 11 辑，广西师范大学出版社 2017 年版。

78.郭萍：《生活与自由——论"生活儒学"对"自由儒学"的启示》（"黄玉顺生活儒学全国学术研讨会"参会论文），原载涂可国主编：《黄玉顺生活儒学研究》，齐鲁书社 2017 年版；杨永明、郭萍主编：《当代儒学》第 11 辑，广西师范大学出版社 2017 年版。

79.刘宏：《当代儒学复兴中的概念建构与生活语言的关系问题——以"生活儒学"为视域》（"黄玉顺生活儒学全国学术研讨会"参会论文），原载涂可国主编：《黄玉顺生活儒学研究》，齐鲁书社 2017 年版；杨永明、郭萍主编：《当代儒学》第 11 辑，广西师范大学出版社 2017 年版。

80.郑治文:《"后新儒学"时代的生活儒学——兼与黄玉顺先生"生活儒学"的比较》("黄玉顺生活儒学全国学术研讨会"参会论文),原载涂可国主编:《黄玉顺生活儒学研究》,齐鲁书社 2017 年版;杨永明、郭萍主编:《当代儒学》第 11 辑,广西师范大学出版社 2017 年版。

81.李海超:《去生活——生活儒学中的实践哲学》("黄玉顺生活儒学全国学术研讨会"参会论文),原载涂可国主编:《黄玉顺生活儒学研究》,齐鲁书社 2017 年版;杨永明、郭萍主编:《当代儒学》第 11 辑,广西师范大学出版社 2017 年版。

82.高春林:《生活儒学视域下的经典诠释》("黄玉顺生活儒学全国学术研讨会"参会论文),原载涂可国主编:《黄玉顺生活儒学研究》,齐鲁书社 2017 年版;杨永明、郭萍主编:《当代儒学》第 11 辑,广西师范大学出版社 2017 年版。

83.郝兴宏:《当代儒学复兴与"科学的复位"——简论黄玉顺"生活儒学"的科学观念》("黄玉顺生活儒学全国学术研讨会"参会论文),原载涂可国主编:《黄玉顺生活儒学研究》,齐鲁书社 2017 年版(题为《"科学的复位":生活儒学论儒学与科学的关系》);杨永明、郭萍主编:《当代儒学》第 11 辑,广西师范大学出版社 2017 年版。

84.杨虎:《论变易的三重显现:不易·简易·交易——黄玉顺"变易本体论"的一种启示》("黄玉顺生活儒学全国学术研讨会"参会论文),原载涂可国主编:《黄玉顺生活儒学研究》,齐鲁书社 2017 年版;杨永明、郭萍主编:《当代儒学》第 11 辑,广西师范大学出版社 2017 年版。

85.王硕:《论"纯阳终极形而上存在者"的设定——"生活儒学"三级架构视域下佛教的阴阳问题与判教问题》("黄玉顺生活儒学全国学术研讨会"参会论文),原载涂可国主编:《中国文化论衡》第 2 期,社会科学文献出版社 2017 年版;涂可国主编:《黄玉顺生活儒学研究》,齐鲁书社 2017 年版;杨永明、郭萍主编:《当代儒学》第 11 辑,广西师范大学出版社 2017 年版。

86.张新:《儒家政治哲学复兴的新向度——评黄玉顺"中国正义论"》("黄玉顺生活儒学全国学术研讨会"参会论文),原载涂可国主编:《黄玉顺生活儒学研究》,齐鲁书社 2017 年版;杨永明、郭萍主编:《当代儒学》第 11 辑,广西师范大学出版社 2017 年版。

87.张小星:《〈易传〉形上学的双向开展——以"变易本体论"为指引》("黄玉顺生活儒学全国学术研讨会"参会论文),原载涂可国主编:《中国文化论衡》第 2 期,社会科学文献出版社 2017 年版;涂可国主编:《黄玉顺生活儒学研究》,齐鲁书社 2017 年版(题为《立变与成业:〈易传〉形上学的双向展开——从黄玉顺先生〈形而上学的黎明〉谈起》);杨永明、郭萍主编:《当代儒学》第 11 辑,广西师范大学出版社 2017 年版。

88.吴越强:《批评·回应·丰富——学界关于“生活儒学”的论辩》(“黄玉顺生活儒学全国学术研讨会”参会论文),原载涂可国主编:《中国文化论衡》第 2 期,社会科学文献出版社 2017 年版;涂可国主编:《黄玉顺生活儒学研究》,齐鲁书社 2017 年版;杨永明、郭萍主编:《当代儒学》第 11 辑,广西师范大学出版社 2017 年版。

89.涂可国:《从正义到责任——黄玉顺“中国正义论”略评》(“黄玉顺生活儒学全国学术研讨会”发言),原载杨永明、郭萍主编:《当代儒学》第 11 辑,广西师范大学出版社 2017 年版。

90.王学典:《儒家应当打造一种高于自由主义的生活方式》(“黄玉顺生活儒学全国学术研讨会”发言),原载杨永明、郭萍主编:《当代儒学》第 11 辑,广西师范大学出版社 2017 年版。

91.傅永军:《超越国族叙事,走出儒西对抗——评黄玉顺“生活儒学”》(“黄玉顺生活儒学全国学术研讨会”发言),原载杨永明、郭萍主编:《当代儒学》第 11 辑,广西师范大学出版社 2017 年版。

92.杨永明:《生活儒学:现代生活方式的儒学建构》(“黄玉顺生活儒学全国学术研讨会”发言),原载杨永明、郭萍主编:《当代儒学》第 11 辑,广西师范大学出版社 2017 年版。

93.王新元:《立足现代生活,重新认识儒学》(“黄玉顺生活儒学全国学术研讨会”发言),原载杨永明、郭萍主编:《当代儒学》第 11 辑,广西师范大学出版社 2017 年版。

94.任剑涛:《启蒙、复魅与儒学重建》(“黄玉顺生活儒学全国学术研讨会”发言),原载杨永明、郭萍主编:《当代儒学》第 11 辑,广西师范大学出版社 2017 年版。

95.王庆节:《感动与儒家伦理的生活基础》(“黄玉顺生活儒学全国学术研讨会”发言),原载杨永明、郭萍主编:《当代儒学》第 11 辑,广西师范大学出版社 2017 年版。

96.程志华:《生活儒学:当代儒学发展的一种哲学向度》(“黄玉顺生活儒学全国学术研讨会”发言),原载杨永明、郭萍主编:《当代儒学》第 11 辑,广西师范大学出版社 2017 年版。

97.赵法生:《儒家性情论诠释的新模式》(“黄玉顺生活儒学全国学术研讨会”发言),原载杨永明、郭萍主编:《当代儒学》第 11 辑,广西师范大学出版社 2017 年版。

98.林存光:《怎样对待生活?——略评生活儒学与大陆新儒家》(“黄玉顺生

活儒学全国学术研讨会”发言），原载杨永明、郭萍主编：《当代儒学》第 11 辑，广西师范大学出版社 2017 年版。

99.胡波：《回到“存在”而重构“存在者”——关于生活儒学思想进路的一些思考》（“黄玉顺生活儒学全国学术研讨会”发言），原载杨永明、郭萍主编：《当代儒学》第 11 辑，广西师范大学出版社 2017 年版。

100.罗传芳：《儒学的现代形态与现实生活》（“黄玉顺生活儒学全国学术研讨会”发言），原载杨永明、郭萍主编：《当代儒学》第 11 辑，广西师范大学出版社 2017 年版。

101.杨海文：《以简朴的生活态度践行现实生活》（“黄玉顺生活儒学全国学术研讨会”发言），原载杨永明、郭萍主编：《当代儒学》第 11 辑，广西师范大学出版社 2017 年版。

102.徐国利：《生活儒学的历史哲学》（“黄玉顺生活儒学全国学术研讨会”发言），原载杨永明、郭萍主编：《当代儒学》第 11 辑，广西师范大学出版社 2017 年版。

103.谢爱华：《生活儒学与现象学及正义论问题》（“黄玉顺生活儒学全国学术研讨会”发言），原载杨永明、郭萍主编：《当代儒学》第 11 辑，广西师范大学出版社 2017 年版。

104.沈顺福：《生活儒学与儒家情感理论的关系》（“黄玉顺生活儒学全国学术研讨会”发言），原载杨永明、郭萍主编：《当代儒学》第 11 辑，广西师范大学出版社 2017 年版。

105.魏彦红：《生活儒学对儒学与生活的意义和价值》（“黄玉顺生活儒学全国学术研讨会”发言），原载杨永明、郭萍主编：《当代儒学》第 11 辑，广西师范大学出版社 2017 年版。

106.陈治国：《对生活儒学“中国正义论”的几点困惑》（“黄玉顺生活儒学全国学术研讨会”发言），原载杨永明、郭萍主编：《当代儒学》第 11 辑，广西师范大学出版社 2017 年版。

107.任文利：《哲学性与现代性问题——评“生活儒学”在当代大陆儒学中的两个特点》（“黄玉顺生活儒学全国学术研讨会”发言），原载杨永明、郭萍主编：《当代儒学》第 11 辑，广西师范大学出版社 2017 年版。

108.徐庆文：《时代的主题与儒学发展的理路——读“生活儒学”有感》（“黄玉顺生活儒学全国学术研讨会”发言），原载杨永明、郭萍主编：《当代儒学》第 11 辑，广西师范大学出版社 2017 年版。

109.朱雪芳：《生活儒学的形而上与形而下建构》（“黄玉顺生活儒学全国学术研讨会”发言），原载杨永明、郭萍主编：《当代儒学》第 11 辑，广西师范大学出版社版社 2017 年版。

110.宋大琦:《生活儒学与缘情制礼》(“黄玉顺生活儒学全国学术研讨会”发言),原载杨永明、郭萍主编:《当代儒学》第 11 辑,广西师范大学出版社 2017 年版。

111.石永之:《评“生活儒学”及其“中国正义论”》(“黄玉顺生活儒学全国学术研讨会”发言),原载杨永明、郭萍主编:《当代儒学》第 11 辑,广西师范大学出版社 2017 年版。

112.孙铁骑:《破除对“生活儒学”存在观的误读》(“黄玉顺生活儒学全国学术研讨会”发言),原载杨永明、郭萍主编:《当代儒学》第 11 辑,广西师范大学出版社 2017 年版。

113.陈晨捷:《论生活儒学中“仁爱”之地位的合法性》(“黄玉顺生活儒学全国学术研讨会”发言),原载杨永明、郭萍主编:《当代儒学》第 11 辑,广西师范大学出版社 2017 年版。

114.巴文泽:《从儒家正义论到“中国正义论”》(“黄玉顺生活儒学全国学术研讨会”发言),原载杨永明、郭萍主编:《当代儒学》第 11 辑,广西师范大学出版社 2017 年版。

115.杨生照:《生活儒学的易学思想》(“黄玉顺生活儒学全国学术研讨会”发言),原载杨永明、郭萍主编:《当代儒学》第 11 辑,广西师范大学出版社 2017 年版。

116.蒋孝军:《儒家政治哲学的源头活水——论民本原则的价值性及其普适意义》(“黄玉顺生活儒学全国学术研讨会”发言),原载杨永明、郭萍主编:《当代儒学》第 11 辑,广西师范大学出版社 2017 年版。

117.王堃:《从生活儒学到儒家商业伦理的诗性构建》(“黄玉顺生活儒学全国学术研讨会”发言),原载杨永明、郭萍主编:《当代儒学》第 11 辑,广西师范大学出版社 2017 年版。

118.郭萍:《自由儒学:“生活儒学”自由之维的开展》(“黄玉顺生活儒学全国学术研讨会”发言),原载杨永明、郭萍主编:《当代儒学》第 11 辑,广西师范大学出版社 2017 年版。

119.张新:《中国正义论:儒家政治哲学复兴的新向度》(“黄玉顺生活儒学全国学术研讨会”发言),原载杨永明、郭萍主编:《当代儒学》第 11 辑,广西师范大学出版社 2017 年版。

120.高春林:《生活儒学视域下的经典诠释》(“黄玉顺生活儒学全国学术研讨会”发言),原载涂可国主编:《中国文化论衡》第 2 期,社会科学文献出版社 2017 年版;杨永明、郭萍主编:《当代儒学》第 11 辑,广西师范大学出版社

2017 年版。

121.王硕:《生活儒学视域下的佛教阴阳观念与判教问题》(“黄玉顺生活儒学全国学术研讨会”发言),原载杨永明、郭萍主编:《当代儒学》第 11 辑,广西师范大学出版社 2017 年版。

122.张小星:《生活儒学与〈易传〉的形上学》(“黄玉顺生活儒学全国学术研讨会”发言),原载杨永明、郭萍主编:《当代儒学》第 11 辑,广西师范大学出版社 2017 年版。

123.吴越强:《学界“生活儒学”论辩的启示》(“黄玉顺生活儒学全国学术研讨会”发言),原载杨永明、郭萍主编:《当代儒学》第 11 辑,广西师范大学出版社 2017 年版。

124.孙海燕:《现代人应该行拜礼吗?——兼议黄玉顺先生对集体跪拜孔子的批评》,儒家网 2016-10-24(发布时题为《现代人应该行拜礼吗——与黄玉顺先生商榷》)。

125.沙见龙:《中美儒学专家大明湖畔共话世界儒学发展新动向》,中国新闻网:http://www.chinanews.com/cul/2017/04-25/8208931.shtml。

126.Joshua Mason(West Chester University), “Book Review: Voice from the East: The Chinese Theory of Justice”, *Journal of Chinese Humanities*, Vol.3, No.2(2017)(《中国正义论的重建》英文版,原载《文史哲》英文版 2017 年第 2 期);收入杨生照主编:《生活·情感·思想——评黄玉顺“生活儒学”》,四川人民出版社 2018 年版,题为《评〈东方之声:中国正义论〉》。

127.[美]安靖如(Stephen Angle):《对话“生活儒学”》,节选自《生活儒学与进步儒学的对话》,原载《齐鲁学刊》2017 年第 4 期;收入杨生照主编:《生活·情感·思想——评黄玉顺“生活儒学”》,四川人民出版社 2018 年版。

128.杨虎:《论“新基础主义”——〈泉城之会〉编者前言》(对黄玉顺“生活儒学”与林安梧“后新儒学”的比较分析),原载杨永明、郭萍主编:《当代儒学》第 12 辑,广西师范大学出版社 2017 年版;收入杨生照主编:《生活·情感·思想——评黄玉顺“生活儒学”》,四川人民出版社 2018 年版,题为《生活儒学与“新基础主义”——〈泉城之会〉编者前言》。

129.姚新中:《爱、思与存在——对生活儒学基本概念的商榷》,原载《社会科学家》2018 年第 1 期。

130.董平:《儒学与生活:“转俗成真”与“回真向俗”》,原载《社会科学家》2018 年第 1 期。

131.赵法生:《存在、性情与工夫——生活儒学之性情理论的贡献与局限》,原载《社会科学家》2018 年第 1 期。

132.余治平:《黄玉顺"生活儒学"的理论勇气与关键问题》,原载《社会科学家》2018 年第 1 期。

133.方旭东:《正义的中国面孔——评"生活儒学"的"中国正义论"》,原载《社会科学家》2018 年第 1 期。

134.刘梁剑:《生活儒学与观念问题》,原载《社会科学家》2018 年第 1 期。

135.程志华:《存在即生活,生活即存在——"生活儒学"之形而上学的建构》,《河北大学学报》(哲学社会科学版)2018 年第 2 期。

136.杨生照:《评"生活儒学"及其"中国正义论"建构》,原载杨永明、郭萍主编:《当代儒学》第 14 辑,四川人民出版社 2018 年版;此文为《生活·情感·思想——评黄玉顺"生活儒学"》编者前言,四川人民出版社 2018 年版。

137.郭萍:《儒学的启蒙:关于制度正义的思考——与吴兴明教授和黄玉顺教授商榷》,原载杨永明、郭萍主编:《当代儒学》第 14 辑,四川人民出版社 2018 年版。

138.程志华:《"追问根源"与"哲学困难"》,原载《社会科学研究》2018 年第 3 期。

139.胡骄键:《"生活儒学"全国学术研讨会在苏州大学举行》,首发于"当代儒学"公众号,2019 年 4 月 22 日。

140.胡骄键:《儒学现代转型的情理进路——以冯友兰、蒙培元、黄玉顺为中心》,原载《学习与实践》2019 年第 4 期。

141.林安梧:《从生活儒学看儒学的生长》,原载杨永明、郭萍主编:《当代儒学》第 16 辑(第二届"生活儒学"全国学术研讨会特辑),四川人民出版社 2019 年版。

142.周可真:《"生活儒学"与后现代"文化哲学"》,原载杨永明、郭萍主编:《当代儒学》第 16 辑(第二届"生活儒学"全国学术研讨会特辑),四川人民出版社 2019 年版。

143.谢文郁:《生活儒学与生存分析》,原载杨永明、郭萍主编:《当代儒学》第 16 辑(第二届"生活儒学"全国学术研讨会特辑),四川人民出版社 2019 年版。

144.李广良:《关于生活儒学"大本大源"观念的若干思考》,原载杨永明、郭萍主编:《当代儒学》第 16 辑(第二届"生活儒学"全国学术研讨会特辑),四川人民出版社 2019 年版。

145.涂可国:《关于"生活儒学"研究的若干问题》,原载杨永明、郭萍主编:《当代儒学》第 16 辑(第二届"生活儒学"全国学术研讨会特辑),四川人民出版社 2019 年版。

146.胡发贵:《生活儒学与儒家道统:感想与疑惑》,原载杨永明、郭萍主编:

《当代儒学》第16辑(第二届“生活儒学”全国学术研讨会特辑),四川人民出版社2019年版。

147.高秀昌:《关于“生活儒学”哲学创新的若干问题》,原载杨永明、郭萍主编:《当代儒学》第16辑(第二届“生活儒学”全国学术研讨会特辑),四川人民出版社2019年版。

148.谢晓东:《关于生活儒学的三个问题》,原载杨永明、郭萍主编:《当代儒学》第16辑(第二届“生活儒学”全国学术研讨会特辑),四川人民出版社2019年版。

149.郭美华:《关于生活儒学的几个问题》,原载杨永明、郭萍主编:《当代儒学》第16辑(第二届“生活儒学”全国学术研讨会特辑),四川人民出版社2019年版。

150.何善蒙:《生活儒学:儒家哲学面向时代的系统建构》,原载杨永明、郭萍主编:《当代儒学》第16辑(第二届“生活儒学”全国学术研讨会特辑),四川人民出版社2019年版。

151.翟奎凤:《生活儒学与儒学史的贯通问题》,原载杨永明、郭萍主编:《当代儒学》第16辑(第二届“生活儒学”全国学术研讨会特辑),四川人民出版社2019年版。

152.吴忠伟:《关于生活儒学的“生活”“情感”概念的讨论》,原载杨永明、郭萍主编:《当代儒学》第16辑(第二届“生活儒学”全国学术研讨会特辑),四川人民出版社2019年版。

153.周建刚:《大本大源是儒学复兴的根本——关于宋明理学与生活儒学的对比》,原载杨永明、郭萍主编:《当代儒学》第16辑(第二届“生活儒学”全国学术研讨会特辑),四川人民出版社2019年版。

154.王正:《儒学与现代生活之张力》,原载杨永明、郭萍主编:《当代儒学》第16辑(第二届“生活儒学”全国学术研讨会特辑),四川人民出版社2019年版。

155.陈畅:《回到大本大源激活中国哲学的创造性》,原载杨永明、郭萍主编:《当代儒学》第16辑(第二届“生活儒学”全国学术研讨会特辑),四川人民出版社2019年版。

156.郭萍:《生活儒学的哲学突破》,原载杨永明、郭萍主编:《当代儒学》第16辑(第二届“生活儒学”全国学术研讨会特辑),四川人民出版社2019年版。

157.胡骄键:《生活儒学在现代中国哲学“情理学派”中的地位》,原载杨永明、郭萍主编:《当代儒学》第16辑(第二届“生活儒学”全国学术研讨会特辑),四川人民出版社2019年版。

158.朱光磊:《“生活儒学”献疑》,原载杨永明、郭萍主编:《当代儒学》第

16 辑(第二届“生活儒学”全国学术研讨会特辑),四川人民出版社 2019 年版。

159.尚文华:《生活儒学的西方哲学审视》,原载杨永明、郭萍主编:《当代儒学》第 16 辑(第二届“生活儒学”全国学术研讨会特辑),四川人民出版社 2019 年版。

160.孙钦香:《生活儒学的政治哲学及其问题》,原载杨永明、郭萍主编:《当代儒学》第 16 辑(第二届“生活儒学”全国学术研讨会特辑),四川人民出版社 2019 年版。

161.林柏宏:《诠释学、心性论与生活儒学》,原载杨永明、郭萍主编:《当代儒学》第 16 辑(第二届“生活儒学”全国学术研讨会特辑),四川人民出版社 2019 年版。

162.刘琳娜:《关于“生活”“儒学”的几点困惑》,原载杨永明、郭萍主编:《当代儒学》第 16 辑(第二届“生活儒学”全国学术研讨会特辑),四川人民出版社 2019 年版。

163.李广良:《生活儒学的“大本大源”》,原载杨永明、郭萍主编:《当代儒学》第 16 辑(第二届“生活儒学”全国学术研讨会特辑),四川人民出版社2019 年版。

164.张小星:《后新儒学的“公民儒学”建构及其问题——与生活儒学的“中国正义论”比较》,原载《东岳论丛》2019 年第 11 期;收入郭萍主编:《“生活儒学”研究》,四川人民出版社 2020 年版。

165.胡骄键:《儒学现代转型的情理进路》,载《学习与实践》2019 年第 4 期;《社会科学文摘》2020 年第 1 期主体转载(另一更详版本《现代中国哲学的情理学派》,杨永明、郭萍主编:《当代儒学》第 16 辑,四川人民出版社 2019 年版)。

166.郭美华:《生活:本源、展开及其意义——关于“生活儒学”三个问题的讨论》,载《东岳论丛》2020 年第 3 期。

167.胡骄键:《生活儒学的“新礼教”蕴涵——中国正义论的“情义伦理”思想》,载《东岳论丛》2020 年第 3 期。

168.崔罡:《爱,所以思——评生活儒学代表作〈爱与思〉》,载胡骄键、张小星主编:《生活儒学:研究·评论·拓展——第三届“生活儒学”全国学术研讨会论文集》,四川人民出版社 2020 年版。

169.邓曦阳:《孔子“礼有损益”的生活儒学诠释——生活本源论的“生活”观念和中国正义论的“仁—义—礼”原理》,载胡骄键、张小星主编:《生活儒学:研究·评论·拓展——第三届“生活儒学”全国学术研讨会论文集》,四川人民出版社 2020 年版。

170.郭萍:《生活儒学的哲学突破》,载胡骄键、张小星主编:《生活儒学:研究·评论·拓展——第三届“生活儒学”全国学术研讨会论文集》,四川人民出版社 2020 年版。

171.何刚刚:《论“中国正义论”的理论创新及其存在的问题》,载胡骄键、张小星主编:《生活儒学:研究・评论・拓展——第三届“生活儒学”全国学术研讨会论文集》,四川人民出版社 2020 年版。

172.何晓:《“真”与“圣”:“生活境界论”探微》,载胡骄键、张小星主编:《生活儒学:研究・评论・拓展——第三届“生活儒学”全国学术研讨会论文集》,四川人民出版社 2020 年版。

173.胡骄键:《情义:生活儒学敞开的“新礼教”意涵》,载胡骄键、张小星主编:《生活儒学:研究・评论・拓展——第三届“生活儒学”全国学术研讨会论文集》,四川人民出版社 2020 年版。

174.李海超:《领会天命以超越宿命——对生活儒学“生活之为际遇”的解读》,载胡骄键、张小星主编:《生活儒学:研究・评论・拓展——第三届“生活儒学”全国学术研讨会论文集》,四川人民出版社 2020 年版。

175.李妮娜:《儒家个体主义何以可能?——论“生活儒学”中的“个体自我”观念》,载胡骄键、张小星主编:《生活儒学:研究・评论・拓展——第三届“生活儒学”全国学术研讨会论文集》,四川人民出版社 2020 年版。

176.林柏宏:《有限性之觉知——谈诠释学、心性论与生活儒学》,载胡骄键、张小星主编:《生活儒学:研究・评论・拓展——第三届“生活儒学”全国学术研讨会论文集》,四川人民出版社 2020 年版。

177.刘文鹏:《“天下”的限度——论生活儒学的天下观》,载胡骄键、张小星主编:《生活儒学:研究・评论・拓展——第三届“生活儒学”全国学术研讨会论文集》,四川人民出版社 2020 年版。

178.刘兴鲁:《中国正义论的情感问题研究》,载胡骄键、张小星主编:《生活儒学:研究・评论・拓展——第三届“生活儒学”全国学术研讨会论文集》,四川人民出版社 2020 年版。

179.秦晓:《中国正义论对于利益问题的阐释》,载胡骄键、张小星主编:《生活儒学:研究・评论・拓展——第三届“生活儒学”全国学术研讨会论文集》,四川人民出版社 2020 年版。

180.孙铁骑:《黄玉顺“生活儒学”本源视域的思想史意义》,载胡骄键、张小星主编:《生活儒学:研究・评论・拓展——第三届“生活儒学”全国学术研讨会论文集》,四川人民出版社 2020 年版。

181.王堃:《情—性—情:本于仁爱的语言层次——生活儒学对于第三期儒学的突破》,载胡骄键、张小星主编:《生活儒学:研究・评论・拓展——第三届“生活儒学”全国学术研讨会论文集》,四川人民出版社 2020 年版。

182.王培坤:《“中国正义论”视野下“礼”的优劣性比较》,载胡骄键、张小星主编:《生活儒学:研究·评论·拓展——第三届“生活儒学”全国学术研讨会论文集》,四川人民出版社2020年版。

183.王绪琴:《生活儒学与过程哲学》,载胡骄键、张小星主编:《生活儒学:研究·评论·拓展——第三届“生活儒学”全国学术研讨会论文集》,四川人民出版社2020年版。

184.吴多键:《论儒家乐教的现代转型问题——从生活儒学存在观念出发的一种研究》,载胡骄键、张小星主编:《生活儒学:研究·评论·拓展——第三届“生活儒学”全国学术研讨会论文集》,四川人民出版社2020年版。

185.吴依涵:《浅析“生活儒学”对冯友兰哲学的传承与发扬》,载胡骄键、张小星主编:《生活儒学:研究·评论·拓展——第三届“生活儒学”全国学术研讨会论文集》,四川人民出版社2020年版;另载杨永明、郭萍主编:《当代儒学》第18辑,四川人民出版社2020年版。

186.吴越强:《儒学·哲学·经学——“生活儒学”视域下的讨论》,载胡骄键、张小星主编:《生活儒学:研究·评论·拓展——第三届“生活儒学”全国学术研讨会论文集》,四川人民出版社2020年版。

187.杨虎:《论“生活领悟”与“形式显示”之道路——生活儒学与海德格尔生存论的根本差异》,载胡骄键、张小星主编:《生活儒学:研究·评论·拓展——第三届“生活儒学”全国学术研讨会论文集》,四川人民出版社2020年版。

188.张小星:《“训诂”的存在论意义——基于生活儒学的考察》,载胡骄键、张小星主编:《生活儒学:研究·评论·拓展——第三届“生活儒学”全国学术研讨会论文集》,四川人民出版社2020年版。

189.赵嘉霖:《存在者观念的生成——论生活儒学的问题意识》,载胡骄键、张小星主编:《生活儒学:研究·评论·拓展——第三届“生活儒学”全国学术研讨会论文集》,四川人民出版社2020年版。

190.赵立庆:《生活儒学视域下的“身”观念》,载胡骄键、张小星主编:《生活儒学:研究·评论·拓展——第三届“生活儒学”全国学术研讨会论文集》,四川人民出版社2020年版。

191.郑建钟:《“实践儒学”的出场——从生活儒学的“实践”观念出发》,载胡骄键、张小星主编:《生活儒学:研究·评论·拓展——第三届“生活儒学”全国学术研讨会论文集》,四川人民出版社2020年版。

192.王定宇:《〈哲学断想〉新书发布辞》,载胡骄键、张小星主编:《生活儒学:研究·评论·拓展——第三届“生活儒学”全国学术研讨会论文集》,四川人民出版社2020年版。

193.王培坤:《第三届“生活儒学”全国学术研讨会——首届“生活儒学”青年学者论坛成功举行》,载胡骄键、张小星主编:《生活儒学:研究·评论·拓展——第三届“生活儒学”全国学术研讨会论文集》,四川人民出版社2020年版。

194.胡骄键:《“生活儒学”之哲学贡献及持续开展——第三届“生活儒学”全国学术研讨会学术总结》,载胡骄键、张小星主编:《生活儒学:研究·评论·拓展——第三届“生活儒学”全国学术研讨会论文集》(代序),四川人民出版社2020年版。

195.尚文华:《正义观:参与式的,还是解构式的?——评苏州科技大学的“中西对话中的正义概念”对谈》,载杨慧林主编:《基督教文化学刊》(第43辑·2020年春),宗教文化出版社2020年版。

196.胡骄键:《儒学院黄玉顺教授“生活儒学”代表作在美国出版》,首发于山东大学儒学高等研究院网站2020年4月1日;载杨永明、郭萍主编:《当代儒学》第18辑,四川人民出版社2020年版。

197.赵晓、邱江波:《儒学专家黄玉顺海外出书,向西方读者展示东方特色哲学思考》,中国新闻网(www.chinanews.com)2020年6月23日。(http://www.chinanews.com/cul/2020/06-23/9219978.shtml)

198.胡骄键:《〈生活儒学:面向现代生活的儒学〉编者弁言》,见黄玉顺著,胡骄键编:《生活儒学:面向现代生活的儒学》,济南出版社2020年版。

199.毕景媛:《黄玉顺“生活儒学”的〈论语〉诠释及其本体诠释意蕴》,载《当代儒学》第18辑,四川人民出版社2020年版。

200.赵嘉霖:《重建超越之维:现代性进程中“世俗与超越”之张力的应对——评黄玉顺“变易本体论”思想》,载杨永明、郭萍主编:《当代儒学》第18辑,四川人民出版社2020年版。

201.李晓辉、石瑞莹:《刍议贤能政治:以贝淡宁和黄玉顺争议为中心》,载《宜春学院学报》2020年10期。

202.何刚刚:《当代儒学的情感转向——兼对一桩学术公案的澄清》,载《周易研究》2021年第1期。

203.李海超:《中美当代情感哲学比较》,载《江西师范大学学报》(哲学社会科学版)2021年第1期。

204.张小星:《生活儒学与“哲学训诂学”建构》,载《吉林师范大学学报》(哲学社会科学版)2021年第3期。